미학

미학

초판1쇄 발행 2017년 7월 15일
초판2쇄 발행 2019년 10월 30일

지은이   베네데토 크로체
옮긴이   권혁성 · 박정훈 · 이해완
교정교열   정난진
펴낸이   이찬규

펴낸곳   북코리아
등록번호   제03-01240호
주소   13209 경기도 성남시 중원구 사기막골로 45번길 14
           우림2차 A동 1007호
전화   02-704-7840
팩스   02-704-7848
이메일   sunhaksa@korea.com
홈페이지   www.북코리아.kr

ISBN 978-89-6324-545-4 93100
값 27,000원

* 본서의 무단복제를 금하며, 잘못된 책은 구입처에서 바꾸어 드립니다.
* 이 저서는 2007년 정부(교육과학기술부)의 재원으로 한국연구재단의 지원을 받아 수행된
  연구임. (NRF-2007-361-AL0016). This work was supported by the National Research
  Foundation of Korea Grant funded by the Korean Government. (NRF-2007-361-AL0016)
* 이 도서의 국립중앙도서관 출판예정도서목록(CIP)은 서지정보유통지원시스템
  홈페이지(http://seoji.nl.go.kr)와 국가자료공동목록시스템(http://www.nl.go.kr/kolisnet)에서
  이용하실 수 있습니다.(CIP제어번호: CIP2017015297)

베네데토 크로체   Estetica

미학

베네데토 크로체 지음

북코리아   권혁성·박정훈·이해완 옮김

서문

1901년 초판의 저자 서문 - 베네데토 크로체

이 책은 '이론'과 '역사'라는 상호 독립적인, 그러나 또한 상호 보완적인 두 부분으로 구성되어 있다.

이론 부분의 근간을 이루는 것은 「표현학과 일반 언어학으로서 미학의 기본 주제들」이라는 제목의 논문인데, 이것은 1900년 2월 18일부터 5월 6일까지 한 학기 동안 나폴리의 아카데미아 폰타니아나에서 발표되고 『액츠』지 제30권에 게재되었다. 실질적으로 본다면 그 논문으로부터 거의 수정된 것이 없는 셈이다. 그러나 다시 쓰는 과정에서 적지 않은 부분을 추가하고 보충했으며, 또한 설명을 평이하게 하기 위해 순서를 조금 바꾸기도 했다. 역사 부분의 제5장까지는 「잠바티스타 비코, 미학의 첫 발견자」라는 제목으로 나폴리의 평론지 『플레그레아』에 실렸다(1901년 4월). 이것 역시 증보되었고, 나머지 부분들과의 조화를 고려해서 재구성했다.

필자는 특히 앞부분인 이론 부분에서 지금까지의 미학 저서들이 다뤄온 주제들에 비춰볼 때 부수적이라고 여겨질지도 모르는 일반적인 문제들에 관해 숙고해보았다. 그러나 엄밀히 말해 독자적으로 존립할 수 있는 개별 철학이란 없음을 기억하는 사람들에게는 이것이 탈선으로 비쳐지지는 않을 것이다. 철학은 통일체인 까닭에 미학을 다루건 논리학을 다루건 윤리학을 다루건 항상 철학 전체를 다루는 것이다. 비록 교육을 위한 목적으로 불가분한 통일체 중의 어느 한 면만이 예시되기는 하지만 말이다. 철학의 각 부분이 이런 식으로 밀접하게 연관되어 있는 까닭에 생산적 상상력의 전형적인 형태이며 정신적 활동의 첫째 단계이자 다른 모든 활동의 대들보가 되는 미적 활동에 대한 부정확하고 그릇된 이해는 다른 모든 분야, 즉 논리학이나 실천 철학은 물론이고 심리학과 역사에서도 오해와 부정확과 실수를 야기한다. 정신이 최초로 자신을 드러내는 모습이 언어라면, 또한 이것이 뜻하는 바를 진정 학문적으로 확장해나간 결과 그러한 언어가 바로 미적 형식에 다름 아니라면, 정신의 그러한 가장 단순한 최초 계기에 대한 이해가 그릇되거나 불완전하거나 불명확한 채로 추후의 더욱 복잡한 국면들을 이해하려고 드는 것은 헛된 노력이다. 이러한 미적 활동의 해명을 통해 기존의 몇몇 개념에 수정이 가해지고 그 결과 해결이 불가능한 것처럼 보였던 일단의 철학적 문제들에 답변할 수 있을 것으로 기대한다. 이것이야말로 본 저술로 하여금 생명력을 갖게 하는 핵심이다. 그리고 만일 이러한 시도와 그에 따른 역사적 예증들이 같은 학문을 연구하는 동료들에게 그들이 나아가야 할 길을 알려주고 거기에 놓인 장애물들을 제거하게끔 도움을 줄 수 있다면, 특히 그러한 일이 매우 품격 높은 미적 전통을 갖고 있는 이곳 이탈리아에서 일어나게 된다면, 필자의 목적과 가장 절실한 욕구가 충족된 것으로 생각하려 한다.

나폴리, 1901년 12월

1907년 제3판의 저자 서문 - 베네데토 크로체

필자는 이번 제3판에서 세밀한 문맥상의 수정과 더불어(이것을 하는 데 있어, 또한 주석의 교정에 있어서도 필자는 친구인 파우스토 니콜리니로부터 큰 도움을 받았다) 이론 부분인 제1부의 10장과 11

장에서 개진한 이론에도 몇 가지 수정을 가했다. 이는 추후의 계속된 천착과 필자 스스로의 평가에 따른 것이다.

　그러나 정신철학의 전체적 개요를 바탕으로 하여 구성된 간결하면서도 완성된 미학 이론이라고 하는 당초의 의도가 훼손될 정도의 수정이나 첨언은 피했다.

　철학의 다른 분야들에 대한 좀 더 자세한 설명이나 일반적 혹은 부수적 주장들의 완성된 모습(예컨대 예술의 서정성 같은 것)을 보고자 하는 독자들은 『논리학』과 『실천철학』을 참고하면 된다. 이 두 권은 본서와 더불어 정신철학을 구성하며, 필자의 견해로는 철학의 전 분야를 망라한다고 생각된다. 그러나 이 세 권은 한 번에 구상된 것이 아니라는 것을 먼저 밝히고 싶다. 만약 동시에 구상했더라면 몇몇 부분을 지금과는 다르게 썼을 것이다. 첫째 권을 집필할 당시 필자는 거기에 지금과 같은 두 권의 저술이 추가되리라고는 생각하지 않았다. 따라서 앞서도 말했지만 필자는 그 첫째 권인 『미학』을 그 자체로 완성된 것이 되게끔 고안했다. 또 『미학』의 경우에는 이론적 설명과 더불어 미학의 전체적인 역사를 함께 펴내는 것이 현재의 미학 연구 수준으로 볼 때 바람직하다고 여겨졌지만, 다른 저술에서는 필자 나름대로 그 분야의 최선의 역사라고 생각되는 간략한 주석 정도로 연구를 한정시킬 수 있었다. 마지막으로, 다양한 철학적 연구들에 대한 체계적 해명을 시도하고 난 지금의 입장에 서게 되니 더욱 밀접한 연계성을 가지고 좀 더 분명히, 아니 최소한 과거와는 다른 시각으로 보게 된 것들이 많았다. 『미학』의 이곳저곳에서, 특히 미학 자체와는 조금 덜 밀접한 주제들을 다루는 부분에서 보였던 자신 없음과 이론상의 오류는 이제 더 이상 정당한 것이 되지 못할 것이다. 이러한 이유들로 해서 이 세 권의 책은 실질적으로는 같은 정신과 목적하에 저술되었지만 각기 다른 모습을 보여주고 있으며, 출간 순서에 따른 일련의 진보라고까지 해석될 만큼 그것들이 서술된 서로 다른 시기의 모습을 드러내고 있다.

　미학에 있어서 소위 '부차적 문제'라고 불릴 수 있는 것들, 또 필자의 이론에 가해졌던, 혹은 앞으로 제기될 논박들에 대한 해명은 과거에도 그래왔듯이 별도의 논문을 통해 다루고자 한다. 필자는 이 글들을 모아서 첫 논문집을 곧 출간할 예정인데, 그렇게 되면 그것은 아마도 이 책에 대한 일종의 해설임과 동시에 논쟁적인 성격을 띤 부록으로 간주될 수 있을 것이다.

1907년 11월

1909년 영문 초판의 역자 서문(발췌) - 더글러스 에인즐리

아메리카 대륙은 아니라 할지라도 최소한 나는 콜럼버스를 발견했다고는 주장하고 싶다. 그의 이름은 베네데토 크로체. 그는 지중해 연안, 옛 파르테노페*의 도시 나폴리에 살고 있다.

내가 처음 이 미학자를 만난 것은 1907년 겨울 나폴리에서였다. 비록 출생지는 아퀼라 지방의 아브루치이지만(1866년), 그는 기질적으로 나폴리인이며 그 외의 도시에는 오래 머물러본 적도 없다. 한때는 오디세우스가 항해했으며, 지금도 때로 아말피 근처에서는 세이렌의 노랫소리가 들려오는 신비로운 바다 지중해. 그리고 그 바닷가의 도시 나폴리. 그러나 내게 세이렌의 노래보다 더욱 놀랍게 느껴지는 것이 표현학으로서의 미학 이론이다. 이 놀라움으로 인해 나는 많은 어려움에도 불구하고 이 이론 — 나는 이것이 매우 타당한 이론임을 믿고 있다 — 을 영어권에 내놓을 결심을 하게 되었다.

* * *

미학의 문제에 대한 해답은 뮤즈의 선물 속에 있는 것이 아니다.

이 정신철학은 19세기 후반의 조야한 유물론에 대한 20세기의 반동을 예고하는 청신호다. 예술작품에 가치를 부여하는 것은 정신이지 이런저런 배열이나 색, 운율 같은 것이 아니다. 그런 것들은 유능한 모사가에 의해 언제고 복제될 수 있다. 그러나 창조자의 정신은 그럴 수

---

*   Parthenope: 옛 나폴리 영웅의 딸 이름이자 나폴리의 옛 이름

없다. 영국에서는 (자연)과학의 명성이 과거 철학이 누리던 지위를 빼앗아버렸다. 자연과학도 물론 그 나름대로 무척 훌륭하다. 그러나 인류에게는 예컨대 그것이 비행기 발명 같은 것이라 할지라도 정신철학에 대한 매우 사소한 기여만도 못할 것임에 틀림없다. 실증주의를 동반한 경험철학은 철학의 외투를 훔쳐갔다. 그것은 마땅히 반환되어야 한다.

* * *

크로체는 평론지 『비평』의 편집인으로서 엄격하면서도 매우 공정하다. 그는 해당 작가들을 다루는 데 있어 결코 개인적 혐오나 질투, 그 외의 다른 어떤 외적인 고려도 개입시키지 않는다. 많은 천박한 영국 비평가들이 그의 이런 장점에 주목한다면 상당히 많은 것을 배우게 될 것이다. 물론 그는 다른 많은 측면에서도 그들보다는 우월하지만 말이다. 쇼펜하우어에 대한 비평은 그의 불편부당함의 좋은 예다. 크로체는 쇼펜하우어의 체계에 전혀 동의하지 않고 있지만, 그럼에도 불구하고 그의 방대한 저술 속에 어떤 진리가 포함되어 있을지도 모른다는 가능성은 배제하지 않고 있다.

* * *

『비평』에 실린 문학과 철학에 대한 비평문들이 무게를 갖는 것은 바로 이러한 철저함 때문이다. 크로체의 방법은 항시 역사적이며, 그가 예술작품에 접근하는 목적은 작품에 표현된 저자의 정신을 분류하기 위해서다. 그는 한 권의 책을 비평하는 데 고려되어야 할 것은 두 가지뿐이라고 주장한다. 첫째는 작품의 '고유성(peculiarity)'으로서 어떤 식으로 그것이 독자적이며 다른 작품들과 어떻게 구별되느냐 하는 것이다. 두 번째는 작품의 '순도(purity)'라고 할 수 있는 것인데, 즉 하나의 표현, 하나의 서정적 직관으로서 작품의 완성과 관계없는 다른 모든 생각으로부터 저자가 얼마나 자유로울 수 있었는가 하는 것이다. 크로체는 이 두 질문에 대한 답변이면 만족한다. 그는 마테를링크처럼 작가가 자동차를 가졌는지, 또 스윈번처럼 작가가 퍼트니 히스에서 산책을 즐기는지 하는 따위에 대해서는 알려고 하지 않는다. 결국 그는 모든 예술작품은 그것 자체의 기준에 의해 판단되어야 한다고 말한다. 작가는 그 자신이 의도한 바를 얼마나 성공적으로 수행했는가?

* * *

크로체의 일반적인 철학적 입장에 대해 말하려면, 그가 추종자라는 의미에서의 헤겔주의자가 아니라는 점을 이해하는 것이 중요하다. 그는 자신의 후기 저술들 중 하나에서 대가다운 방식으로 헤겔의 철학을 다루고 있는데, 그것이 『헤겔 철학에 있어서 살아있는 것과 죽은 것』이다. 여기서 그는 헤겔의 위대한 사상체계를 과거 어느 누구보다 명쾌하게 설명해주고 있는데, 이를 통해 우리는 크로체가 칸트나 스피노자로부터 독립적인 것과 마찬가지로 헤겔이나 비코로부터도 독립적임을 알게 된다. 물론 모든 사상가들은 앞선 이들의 영향을 받으며 나아가 그 자신도 그를 뒤따르는 사상가들에게 영향을 준다. 그런 방식으로라면 그가 헤겔의 장점들을 이용했다고도 할 수 있다. 그러나 헤겔주의의 입장에 선 채, 그의 미학은 반(反)헤겔적이고 논리학도 헤겔을 전적으로 수용한 것은 아니며 실천철학에서는 헤겔의 흔적이 거의 보이지 않는다고 그를 비난하는 것은 옳지 않다. 예를 들어보자. 헤겔의 위대한 업적이 대립의 변증법이라면 그의 큰 실패는 대립하는 것과, 대립관계는 아니면서 다만 서로 구별될 뿐인 것을 혼동한 것이다. 크로체는 이 점에 대해, 예컨대 우리가 생성을 공식화해주는 헤겔의 삼각형(정, 반, 합)을 적용할 때 진-위, 선-악, 존재-부재 같은 대립자들에게는 이것이 적용될 수 있으나 예술과 철학, 미와 진, 유용성과 도덕성 등 서로 구별될 뿐 대립자는 아닌 것들에는 적용되지 않음을 발견하게 된다고 말한다. 이러한 혼동이 헤겔로 하여금 예술의 종언을 언급하게 했으며, 역사철학이 가능한 것으로 생각하게끔 했고, 자연철학을 구성하려는 불합리한 작업에 자연과학을 적용하도록 한 것이다. 대립자들 간의 만남은 좀 더 상위의 종합을 낳게 되겠지만, 구별은 될 뿐 대립자는 아닌 것들로부터는 이러한 종합이 생겨나지 않는다. 이 경우에는 서로가 상부와 하부라는 관계로 연결되어 있기 때문이다. 따라서 하부는 상부 없이도 존재할 수 있지만 그 역은 성립하지 않는다. 크로체는 이 사실을 보여줌으로써 헤겔의 난점들을 모두 치워버렸다. 그러므로 우리는 철학은 예술 없이 존재할 수 없지만, 더 낮은 단계를 점유하고 있는 예술은 철학 없이도 존재할 수 있는 이유를 알게 된다. 이 간략한 예로도 크로체가 헤겔의 문제를 다루는 데 있어 독자적이었음을 알 수 있다.

나는 과거건 현재건 자신과 같은 분야에 몸담았던 다른 학자들을 칭찬하고 해명하는 데 있어 크로체만큼 관대한 철학자를 본 적이 없다. 헤겔은 차치하고라도 예컨대 칸트도 『순수 이성 비판』과 『실천 이성 비판』에 견주어 대체로 간과된 『판단력 비판』의 탁월성에 주목하도록 해준 그에게 감사해야 할 것이다. 바움가르텐의 이름이 세상에 알려지고 '미학'이라는 용어가 처음 등장하는 그의 라틴어 논문이 재출간된 것도 크로체의 덕이다. 그는 자신의 미학사에서 당시까지는 경시된 슐라이어마허의 천재성에 찬사를 보내고 있다. 『비평』지 역시 크로체와 또 한 사람의 심오한 사상가 젠틸레가 동료 학자들에게 보여준 관대한 칭찬으로 가득 차 있다.

* * *

크로체의 저술들은 교육적 영향력의 측면에서도 의심할 바 없이 높은 가치를 지닌다. 하나의 철학체계를 그것이 다른 이들에게 불러일으킨 반향의 측면에서만 판단한다면 정신철학은 매우 높은 평가를 받아야 마땅하다. 시인 카르두치가 죽은 이후 이탈리아에서 베네데토 크로체만큼 영향력을 가진 인물이 없었다고 하는데, 이것은 분명한 사실이다.

* * *

어려운 주제임에도 불구하고 『미학』이 이탈리아에서 이미 제3판에 돌입했고 그 덕분에 철학이 소설보다 더 잘 팔리고 있다는 사실에서도 우리는 그의 체계와 가르침이 획득하고 있는 대중성을 짐작할 수 있다. 프랑스와 독일, 심지어 체코에서도 『미학』의 번역본이 출간된 지 오래다. 그의 『논리학』도 재판이 나오기 직전이며 『실천철학』역시 종국에 가서는 앞선 저서들과 마찬가지로 대중성을 얻을 것이라고 확신한다. 영국에서는 이탈리아 사상의 중요성과 가치가 너무 오랫동안 간과되어왔다. 라틴적 요소인 명석한 통찰력이 철저함과 박식함이라는 독일적 전통의 장점과 만나는 크로체 같은 인물에게서 우리는 결코 무시될 수 없는, 보기 드문 역동성과 실용성의 결합을 보게 된다.

이 철학자는 자신의 커다란 임무를 감지하고 있다. 조야한 경험주의와 실증주의에 의해 황폐화된 사고를 정신에 대한 믿음으로 돌아가게 하는 것이 바로 그것이다. 철학이란 종교를 포함한 인간의 모든 고상한 활동들을 집약하는 것이어서 제대로만 수행된다면 어떤 문제도 해결할 수 있다는 것이 그의 철학관이다. 그러나 문제들은 끝이 없다. 어떤 문제의 해결은 또 다른 문제를 야기하며, 계속 그런 식이다. 인간은 삶을 만들어나가며 인간의 정신은 항시 낮은 단계의 완성으로부터 높은 단계의 완성으로 나아가는 것이기 때문이다.

* * *

나는 크로체가 언젠가는 인문주의의 몇 안 되는 위대한 스승 중의 하나로 간주될 것이라고 믿는다. 현재 그는 그의 가치만큼 완전한 평가를 받지는 못하고 있다. 시종일관 진리에 접근해 있는 듯한 느낌을 주는 그의 철학을 읽고 난 후 얻게 되는 것은 여타 다른 철학의 경우와는 많이 다를 것이다.

* * *

크로체는 자신의 능력을 확신하고 있기에 종종 심오하고 진지한 논증의 와중에도 농담이나 일상생활에서 일어난 재미있는 예화를 끌어들이곤 한다. 이러한 명랑한 정신은 바로 우월성의 징표다. 자기 자신을 확신하지 못하는 사람이라면 웃음을 지어내는 데 쓸 여력이 없다. 그는 자신을 비난하는 사람들에 대해서도 그냥 웃어넘기길 좋아한다. 또 친구들과 웃고 즐기는 자리도 좋아한다. 그래서 이 나폴리의 철학자는 해변가에 앉아 듣고자 하는 모든 이들에게 우주를 설명해주고 있다. "인간은 어디서고 사색할 수 있다." 그러나 그는 의미심장하게도 나폴리에만 머물러 있다.

미학

이 정도로 『미학』의 저자에 대한 이 짤막한 글을 마칠까 한다. 이 책의 연구에 시간과 정열을 기울이는 사람은 고대 파르테노페의 왕관으로부터 나온 값비싼 진주가 자신들 손에 들어오게 된 것에 대해 분명히 감사하게 될 줄로 확신하면서.

1909년 5월, 팔 말 아테네움에서 더글러스 에인즐리

1911년 제4판의 저자 서문 - 베네데토 크로체

네 번째 판을 내기 위해 이 책을 한 번 더 개정한다. 이 기회에 지난번 약속한 바 있던 논문집이 1910년 『미학의 문제들 및 이탈리아 미학사에 대한 논구』라는 제목으로 출간되었음을 알려드린다.

1911년 5월, B. C.

1920년 두 번째 영어판의 역자 서문 - 더글러스 에인즐리

이번 『미학』의 제2판에는 초판에서 요약할 수밖에 없었던 역사 부분이 완전히 번역되어 실려 있다. 이론 부분에도 이탈리아어 제4판(확정판)에 따라 많은 것을 수정·보완·추가했다. 그 과정에서 사루스베리 여사로부터 많은 가치 있는 조언과 조력을 받았는데, 그녀에게 큰 감사의 뜻을 표한다. 나는 이번 신판이 이를 공부하려는 모든 이들에게 저자의 생각을 직접 대하는 것과 다름없는 느낌을 주리라고 믿는다.

1920년 11월, 더글러스 에인즐리

목차

제2부 미학의 역사

• 이 번역서의 대본이 된 것은 Benedetto Croce, Aesthetic as Science of Expression and General Linguistic, translated from the Italian by Douglass Ainslie, Noonday Press, New York, 1965입니다. 이는 영역본 개정판(Macmillan & Co., 1922)의 Noonday Press edition으로서 이탈리아어 제4판(1911)의 영역본입니다.

• 참고한 이탈리아어 본은 Benedetto Croce, Estetica come scienza dell'espressione e linguistica generale Teoria e storia, CDE s.p.a, Milano, 1998입니다. 현재 이 책의 판권은 밀라노의 Adelphi Edizioni s.p.a.가 소유하고 있습니다.

• 참고한 독일어 본은 Benedetto Croce, Aesthetik als Wissenschaft vom Ausdruck und allgemeine Sprachwissenschaft. Theorie und Geschichte, nach der 6. erw. ital. Aufl. übertragen von Hans Feist und Richard Peters, Mohr (Siebeck), Tübingen 1930입니다.

• 이론 부분에 대해 참고한 또 다른 영역본은 Benedetto Croce, The Aesthetic as the Science of Expression and the Linguistic in General, translated by Colin Lyas, Cambridge University Press, 1992입니다.

• 본문의 각주는 역자주입니다. 역사 부분에 등장하는 크로체의 주는 거의 대부분 서지 정보를 다룬 것으로 이 책에서는 모두 미주로 처리했습니다. 인명과 서명의 원어 표기는 색인을 참조하시기 바랍니다.

제1부
미학의 이론

I. 직관과 표현

직관적 지식

지식의 형태는 두 가지다. **상상력**을 통해 획득되는 **직관적**(intuitive) 지식과 **지성**을 통해 얻어지는 **논리적** 지식이 그것이다. 전자는 **개별자**, 즉 개별적인 사물에 관한 지식이며 후자는 **보편자**, 즉 개별적인 사물 간의 관계들로 구성된 지식이다. 그러므로 지식은 이미지를 만들어내거나 개념을 만들어낸다.

일상생활을 하면서 우리는 끊임없이 직관적 지식에 의존하고 있다. 예를 들어보자. 정의를 내릴 수도 없고 삼단논법에 의해 논증할 수도 없는 어떤 사실들이 있을 때 우리는 흔히 그저 직관적으로 이해할 수밖에 없다는 말을 하곤 한다. 정치가들이 추상적 공론가들을 비난할 때 그 이유로 제시하는 것이 그들은 현실상황에 대한 생동감 있는 직관을 결여하고 있다는 것이다. 교육이론가들에 따르면 다른 무엇보다도 앞서 어린아이들의 직관능력이 계발되어야 한다고 한다. 예술작품을 평가하는 평론가들은 이론이나 추상적 사고에 의존하기보다는 직접적인 직관으로 작품을 판단하는 일을 오히려 더 명예롭게 여긴다. 현실을 살아가는 사람은 추론보다는 직관에 의지해서 살아간다고 공언하고 있다.

그러나 일상생활에서는 이렇게 광범위하게 용인되고 있는 직관적 지식이지만 이론과 철학의 영역에서는 그에 합당한 충분한 대접을 받지 못하고 있다. 소위 논리학이라는 지성적 지식에 관한 학문은 예나 지금이나 아무런 이의 없이 받아들여지고 있다. 그러나 직관적 지식에 관한 학문은 극히 소수에 의해 그것도 간신히 명맥을 유지해왔을 뿐이다. 논리적 지식은 지금껏 사자의 몫(lion's share)을 차지해왔다. 물론 그것이 자신의 동료인 직관적 지식을 아예 집어삼켜버린 것은 아니라 해도 그에게 악의적으로 하녀나 문지기 같은 미천한 지위만을 허락하고 있는 것은 분명하다. 지성적 지식이 비춰주는 빛이 없다면 직관적 지식이 도대체 무엇일 수 있으랴? 주인 없는 종에 불과하지 않겠는가? 비록 그 종이 유능할지는 모르지만 종에게는 주인이 꼭 필요하다. 주인이 그를 먹여살려주기 때문이다. 직관은 장님이다. 지성이 그에게 눈을 빌려준다.

직관은 지성적 지식으로부터 독립적이다

그러나 이제부터 명심해야 할 것이 있다. 직관적 지식은 주인이 필요치 않을 뿐만 아니라 어느 누구에게도 의지할 필요가 없다는 점이다. 그는 그 자신의 탁월한 눈을 가지고 있으므로 다른 이의 눈을 빌릴 필요가 없다. 물론 개념과 혼합되어 있는 직관도 있지만 그러한 혼합이 필연적인 것은 아니다. 순수한 직관이 많이 있기 때문이다. 화가가 떠올린 달빛 어린 정경의 인상, 지도 제작자가 그린 어느 한 나라의 윤곽선, 부드럽거나 활기찬 음악의 주제 선율, 애조 띤 서정시의 단어들, 또 우리가 일상생활에서 묻고 명령하고 한탄할 때 사용하는 단어들, 이 모든 것은 지성과의 관계라곤 그림자도 찾을 수 없는 직관적 사실들이라 해도 좋을 것이다. 그러나 이런 예들을 부인하지 않으면서도 다른 한편으로는 교육받은 이들의 직관이 대부분 개념과 결부되고 있다는 주장도 인정할 수 있다. 그러나 이는 더욱 중요하고 함축적인 문제를 아직 고찰하지 않았기 때문이다. 직관과 혼합되고 직관 속에 용해되어

미학

있는 개념들은 그것들이 정말로 그렇게 되어 있기만 하다면 더 이상은 개념이라고 할 수 없다. 왜냐하면 독립성과 자율성을 모두 잃었기 때문이다. 그것들은 개념이었지만 이제는 단순히 직관의 요소가 되어버린 것이다. 비극이나 희극에 등장하는 인물의 입에 오르내리는 철학적 공리들은 그 경우 개념이 아니라 그러한 극중 인물의 특성을 드러내는 기능을 수행한다. 같은 식으로 얼굴 그림에 칠해진 붉은색은 거기서 물리학자들이 말하는 것과 같은 붉은색이라는 개념을 드러내고 있는 것이 아니다. 그것은 그 초상화의 특징적인 한 가지 요소다. 전체가 부분들의 성격을 결정한다. 하나의 예술작품이 철학적 개념들로 가득 차 있을 수도 있다. 즉, 예술작품이 철학 논문보다 더 풍부하게 개념들을 가지고 있고 그래서 그것보다 더욱 심오할 수도 있다. 물론 반대로 철학 논문이 묘사와 직관으로 넘쳐흐를 수도 있다. 그러나 개념이 아무리 풍부하다 해도 예술작품의 전체적 효과는 직관이며 직관이 아무리 풍부하다 해도 철학논문의 전체적 효과는 개념이다. 『약혼자들』*에는 방대한 양의 윤리학적 관찰과 분류가 포함되어 있지만 그렇다고 해서 그것이 전체적으로 소설로서의, 즉 직관으로서의 특징을 잃게 되는 것은 아니다. 마찬가지로 예컨대 쇼펜하우어 같은 철학자의 저술에서 예화적이고 풍자적인 언급이 발견된다고 해서 그로 인해 지성적 논문으로서의 특징이 반감되는 것은 아니다. 학문적 저술과 예술작품, 즉 지성적인 것과 직관적인 것이 다른 이유는 그 각각의 저자들에 의해 의도된 총체적 효과가 다르기 때문이다. 각각의 부분들을 규정하고 지배하는 것은 바로 이러한 총체적 효과이지 제각기 추상적으로 취급되는 분리된 부분들이 아니다.

---

* 1827년 출간된 만초니의 역사소설. 가장 많이 읽힌, 혹은 『신곡』 다음으로 가장 많이 연구된 이탈리아 소설로 간주되기도 한다.

그러나 직관을 개념으로부터 독립시킨 것만으로는 직관의 윤곽을 제대로 정확히 파악했다고 할 수 없다. 직관이 지성에 의존하지 않는다는 것을 명백히 알고 있는 사람들도 직관의 진정한 본질을 모호하게 하고 혼동을 가져오게 할 또 다른 잘못을 저지르곤 한다. 그들은 직관이 곧 지각(perception)이라고, 즉 현실에 존재하는 것에 관한 지식, 다시 말해 어떤 것을 실재하는 것으로 파악하는 것을 의미한다고 이해한다.

물론 지각은 분명히 직관이다. 내가 글을 쓰고 있는 방, 내 앞에 놓인 잉크병과 종이, 내가 쓰고 있는 펜 등 글을 쓰면서 거기 존재하고 있는 나라는 사람에 의해 감촉되고 도구로 쓰이고 있는 모든 사물에 대한 지각은 다 직관이다. 그러나 그 순간 나의 뇌리를 스쳐가는 이미지, 즉 다른 종이와 펜과 잉크를 가지고 다른 도시의 다른 방에서 글을 쓰고 있는 나의 모습을 떠올리는 것, 이 역시 직관이다. 이것은 결국 실재하느냐 실재하지 않느냐의 구별이란 직관의 본질과는 아무런 관계가 없는 부수적인 것이라는 뜻이다. 인간의 마음이 최초로 직관을 갖게 되었을 경우를 상상해보자. 그럴 때라면 그 직관은 분명히 현실에 존재하는 것에 관한 직관이었을 것이다. 즉, 실재하는 것에 대한 지각이 그의 직관의 전부였을 것이다. 그러나 어떤 것이 실재하는지 아닌지를 안다는 것은 어떤 이미지가 존재하는 것에 대한 이미지이며 어떤 이미지가 존재하지 않는 것에 대한 이미지인지를 구별할 줄 안다는 전제하에서 가능한 일이다. 그런데 최초의 순간에는 이러한 구별이 있을 리 없으므로 그때의 직관이란 실재하는 것에 대한 직관도 아니고 실재하지 않는 것에 대한 직관도 아니다. 따라서 지각이 아닌, 그야말로 순수한 직관이다. 있는 것이라곤 모두가 실재하는 것뿐이라면 굳이 실재한다고 이름 붙여야 할 것은 아무것도 없는 셈이다. 참과 거짓, 역사와 동화를 구별할 줄 모르기에 이것들이 다 같은 하나일 수밖에 없는 어린아이의 경우를 예로 들어본다면 앞서 말한 순수한 상태가 어떤 것인지 대략적으로나마 짐작할 수 있을 것이다. 그러므로 직관이란 실재하는 것에 대한 지각과 가능적인 것에 대한 단순한 이미지가 서로 구별되지 않은 채 통합되어 있는 상태를 말한다. 직관을 할 때 우리는 경험적 존재로서 우리 자신을 외적인 실재에 맞서게 하는 것이 아니라, 어떤 것이 되었건 우리가 받은 인상(impression)들을 단순히 객관화시킬 뿐이다.

직관과 시간·공간의 개념

그렇다고 할 때 직관이란 감각(sensation)을 시간과 공간이라는 범주로서 형태지우고 정리한 것에 다름 아니라고 생각하는 사람들도 있을 것이다.[*] 얼핏 이러한 주장은 사실인 것처럼 보이기도 한다. 그들은 말하기를 시간과 공간이 바로 직관의 형식이라고 한다. 직관을 갖는다는 것은 그것을 시간과 공간의 연속선상에 놓는 일이라는 것이다. 따라서 직관 활동이란 시간성과 공간성이라는 두 가지 동시 발생적인 기능 안에서 이뤄진다고 한다. 그러나 우리는 이 두 범주가 앞서 직관과 혼합되어 있는 지성적인 성질들을 설명했을 때와 같은 방식으로 취급되어야 한다고 생각한다. 우선 우리는 시간과 공간 없이도 직관을 갖는다. 우리의 의식 속에서 객관화된 하늘의 색, 감정의 질감, 고통스러운 절규나 의지의 힘 같은 것이 가진 색채, 이들 모두는 우리가 가질 수 있는 직관이지만 시간과 공간과는 전혀 무관한 채로 만들어진다. 어떤 직관에서는 시간성 없이 공간성만 발견되기도 하고 그 반대인 경우도 있다. 그러나 시간성과 공간성이 모두 개입되어 있는 경우라 할지라도 이러한 것들은 추후의 반성 작용에 의해 지각되는 것이다. 직관을 구성하고 있는 다른 많은 요소들이 그러하듯이 시간이나 공간도 직관 속에 혼합되어 있을 수 있다. 이것은 이들이 형식이 아

---

[*]   칸트에게서 발견되는 입장이다.

닌 재료이며, 직관을 규정하는 것이 아니라 직관의 구성성분일 뿐이라는 의미다. 잠시일망정 자신의 관조적 활동을 방해하고 나서는 반성적 행위가 없다면 어느 누구인들 그림이나 풍경을 보면서 공간을 생각할 수 있을 것인가? 또한 소설을 읽거나 음악을 듣는 중에도 같은 식의 반성적 행위가 있어야만 시간적 흐름을 의식하게 되는 것이 아닌가? 직관이 예술작품에서 드러내주고 있는 것은 시간이나 공간이 아니라 **특성**(character) 또는 **개별성**(individual physiognomy)이다. 이러한 견해는 현대 철학의 몇몇 분야를 통해서도 확인해볼 수 있다. 시간과 공간에 대한 최근의 해석들은 그것들을 단순하고 원초적인 기능으로 보지 않고 오히려 굉장히 복잡한 성격의 지성적 구성물로 간주하고 있다. 뿐만 아니라 더 나아가서 시간과 공간이 형식을 부여하는 원리, 범주, 기능으로서의 성질을 갖고 있음을 어느 정도 인정하고 있는 사람들조차 이 범주들을 하나로 통합해서 일반적으로 생각되는 것과는 다른 방식으로 간주하려 한다는 것을 볼 수 있다. 어떤 이들은 시간마저도 공간을 수단으로 해서 직관될 수 있다고 주장하면서 직관을 순전히 공간성의 범주에다 단독으로 국한시키는가 하면 다른 이들은 공간의 3차원성이 철학적으로 꼭 필요한 것이 아니라고 하여 포기해버린 채 아무런 구체적인 공간 규정이 없는 공간성을 구상하기도 한다. 그러나 시간까지도 결정한다고 하는 단순한 규정으로서의 공간성의 기능이란 대체 무엇일 수 있겠는가? 이것이야말로 많은 비평과 반박에도 불구하고 어떤 종류의 직관적 활동 일반을 승인해야 함을 적나라하게 보여주는 것이다. 그러한 활동에 한 가지 기능만이 허락되어야 한다면 그것은 공간화나 시간화 같은 기능이 아니라 특성화(characterizing)의 기능이라고 해야 할 것이고 그럴 때만이 그 활동을 올바르게 규정지은 것이 아닐까? 즉, 이 활동을 구체적이고 개별적인 사물들에 관한 지식을 우리에게 제공하는 범주 혹은 기능이라고 규정해야 하는 것이 아닐까?

지금까지 우리는 모든 주지주의적 해석으로부터, 즉 외부로부터 나중에 직관에 덧붙여진 것들로부터 직관을 해방시켜왔다고 볼 수 있다. 이제 우리는 그것을 다른 측면에서 설명해보고, 그와 같은 방향에서 볼 때 직관의 한계를 설정함으로써 또 다른 종류의 혼동이나 침해로부터 직관을 보호해야 할 것이다. 직관의 아래쪽 경계선 이하에 있는 것이 감각인데, 이것은 형태를 갖추고 있지 못한 질료로서 그것 자체로는 정신에 의해 어떤 간명한 것으로 파악될 수 없는 것이다. 감각이란 항시 형식을 갖춘 후에만, 즉 형식 안에서만 파악될 수 있는 것이지만 그 개념만큼은 단순한 한계로서 상정해볼 수 있다. 질료란 추상적으로 말하자면 기계적인 것(mechanism), 수동적인 것을 뜻한다. 그것은 인간의 정신이 그저 겪게 되는 것일 뿐 만들어내는 것이 아니다. 그것이 없다면 인간의 지식이나 활동이 불가능할지도 모른다. 그러나 단순히 질료만 가지고서라면 인간에게 있어 동물적이고 본능적인 어떤 것, 즉 '동물성'이라고 부를 수 있는 것만을 산출할 수 있을 뿐 결코 '인간성'이라고 하는 정신적 영역을 생산할 수는 없다. 우리의 마음속을 스쳐 지나가는 어떤 것을 분명하게 이해해보려고 노력한 적이 얼마나 많았던가! 우리는 무엇인가가 얼핏 떠올랐다는 것을 눈치 채기는 하지만 그렇다고 그것이 객관화되고 형태를 갖춘 것으로 마음속에 나타난 것은 아니다. 바로 이러한 순간을 통해 우리는 질료와 형식 간의 깊은 차이를 가장 잘 느껴볼 수 있다. 그러나 이 둘을 서로 대조되는 두 가지 인간의 행위로 이해한다면 오류다. 차라리 질료란 우리의 외부에 있는 것으로서 우리와 마주쳐 우리를 사로잡는 것으로 보고, 반면 형식은 우리 내부에 있는 것으로서 외부로부터 들어온 것을 포용하여 자기 자신을 그것과 동화시키려 하는 것으로 보는 것이 좋겠다. 형식이 질료를 정복하고 질료가 형식이라는 옷을 입게 되어야 비로소 형식은 구체성을 가진 것이 된다. 그러므로 우리의 직관이 모두 제각각인 이유는 바로 이 질료, 즉 내용 때문이다. 형식이란 고정불변한 정신의 활동을 말한다. 반면 질료는 변화무쌍하다. 따라서 질료가 없다면 정신의 활동은 자신의 추상성을 극복할 수 없게 되고 결국 구체적이며 실재적인 활동, 즉 이것 혹은 저것이라는 확실한 직관이나 정신적으로 질서 지워진 내용이 되지 못할 것이다.

우리 시대의 참으로 이상한 현상들 중 하나가 바로 이러한 형식, 즉 우리의 본질이라고 할 수 있는 바로 이러한 정신의 활동이 너무나 쉽게 간과되거나 부정되고 있다는 것이다. 혹자는 이러한 인간의 정신활동을 소위 '본능(nature)'이라는 은유적이고 신화적인 활동과 혼동하는데, 본능이란 그저 기계적인 것으로서 우리가 이솝의 우화에서처럼 "짐승은 물론 나무도 말을 한다"고 상상한다면 모를까, 그렇지 않고는 인간의 활동과 유사점이라곤 없는 것이다. 또 어떤 이들은 단언하기를 자신들은 이러한 '놀라운' 활동을 본 적이 없다고 한다. 이는 마치 땀 흘리는 것과 생각하는 것, 추위를 느끼는 것과 의지력 사이에 아무런 차이도 없다거나 혹은 차이가 있다 하더라도 다만 양적일 뿐이라고 하는 것과 다름이 없다. 좀 더 합리적인 이들은 활동적인 것과 기계적인 것 — 양자는 확연히 구분됨에도 불구하고 — 을 통합한 좀 더 일반적인 개념을 만들어내려고 한다. 이러한 최종적인 통합이 가능한지 아닌지, 만일 가능하다면 어떤 의미에서 그런지는 차치하기로 하자. 그러나 어찌되었건 이러한 시도가 있을 수도 있다는 것 — 즉, 두 개념을 제3의 개념에 통합한다는 것 — 은 그 출발부터 분명히 둘 사이에 차이가 있음을 함축적으로 인정한다는 뜻이다. 우리가 관심을 두는 것은 바로 이러한 차이이며, 우리는 그것으로 족하다.

직관과 연합
***

이제 직관과 단순한 감각을 혼동한다는 것은 결국 상식에 배치되는 일임이 밝혀진 셈이다. 따라서 좀 더 자주 채택되는 전략은 직관과 감각이 다르면서도 같다는 것을 동시에 노리는 것이다. 즉, 직관은 감각이기는 하지만 단순 감각이 아니라 연합된 감각이라고 주장되어온 것이다. 여기서 '연합(association)'이라는 말에는 두 가지 의미가 숨어 있다. 만일 그것이 기억, 기억에서 이뤄지는 연합, 의식적인 상기로 이해되는 경우라면, 어떤 식으로건 아직 정신에 의해 직관되거나 분류되거나 소유되지 않은, 다시 말해 의식에 의해 산출되지도 않은 요소들을 기억 속에 결합시킨다는 위의 주장은 어불성설이다. 그렇지 않고 '연합'이 무의식적 요소들의 연합으로 이해된다면 이 경우 우리는 아직 감각의 세계, 본능의 세계에 머물러 있는 것이다. 그러나 한편 어떤 특정한 연합이 있어 그것이 기억도 아니고 감각의 흐름도 아닌 **생산적 연합**(형식적이며 구성적이고 분류적인)을 의미한다면 이는 용어만 다를 뿐 우리의 주장과 똑같은 모양이 된다. 왜냐하면 생산적 연합이라는 것은 더 이상 감각론자들이 말하는 의미의 연합이 아니라 정신적 활동으로서의 **종합**(synthesis)을 뜻하기 때문이다. 종합을 연합이라 불러도 상관없다. 그러나 그것이 생산의 개념을 갖고 있는 한 거기에는 수동성과 능동성의 구분, 감각과 직관의 구분이 이미 전제되어 있는 것이다.

직관과 표상

또 다른 심리학자들이 감각과 구분해보려고 애쓰는 것으로서 **표상**(representation) 혹은 **이미지**라고 부르는 것이 있는데, 이것은 더 이상 감각은 아니지만 아직 지성적 개념도 아닌 어떤 것을 가리킨다. 그들이 말하는 표상 또는 이미지라는 것과 우리의 직관과는 무엇이 다른 것일까? 완전히 다르기도 하고 조금도 다름이 없기도 하다. 왜냐하면 표상이란 매우 애매한 단어이기 때문이다. 만일 표상이 감각이라는 심적 기반으로부터 분리되어 있는 어떤 것이라면 표상은 곧 직관이다. 반면 그것이 복잡한 감각을 뜻한다면 우리는 다시 조야한 감각의 세계로 돌아가는 것이 된다. 감각이란 풍부하건 빈약하건 그 성질에는 변함이 없으며 감각이 나타나는 기관이 미발달한 것이건 과거의 감각들의 흔적으로 가득 찬 고도로 발달한 것이건 마찬가지이기 때문이다. 또한 표상을 감각과 관련해서 두 번째 단계의 심적 생산물—감각이 첫 번째 단계를 점하고 있는 것으로 간주되므로—이라고 정의해도 모호함은 사라지지 않는다. 대체 두 번째 단계가 의미하는 것은 무엇인가? 질적·형식적 차이인가? 그렇다면 표상은 감각을 손질하여 다듬은 것이므로 곧 직관이다. 그러나 그것이 감각보다 좀 더 복합적이고 복잡하다는, 즉 양적·질료적 차이를 의미한다면 직관은 단순한 감각과 또다시 혼동된다.

직관과 표현

진정한 의미의 직관, 진정한 의미의 표상을 그보다 저열한 것들과 구별하는, 즉 정신적인 것을 기계적이고 수동적이고 본능적인 것과 구별하는 확실한 방법이 있다. 모든 진정한 직관, 진정한 표상은 곧 **표현**(expression)이다. 표현 속에 자기 자신을 객관화시키지 못하는 것은 직관이나 표상이 아니라 감각이며 단순한 본능적 사실일 뿐이다. 정신은 형성하고, 형상화하고, 표현함으로써만 직관한다. 직관과 표현을 분리하는 사람은 그들을 결코 재통합시키지 못한다.

　직관 활동은 스스로가 표현하는 만큼의 직관만을 가지고 있다. 이 명제가 역설적으로 들리는 이유 중의 하나는 일반적으로 '표현'이라는 단어에 너무 제한된 의미가 주어져 있기 때문이다. 표현은 보통 언어적 표현만을 의미하는 것으로 국한된다. 그러나 선, 색, 소리 같은 비언어적 표현 또한 존재한다. 따라서 우리의 주장은 이런 것들에게까지 확대되어야 하며 웅변가로서, 음악가로서, 화가로서, 또 다른 어떤 것으로서 인간의 모든 종류의 표현을 포함하는 것이어야 한다. 그러나 그것이 회화적이건 언어적이건 음악적이건 어떠한 형태로 나타나건 간에 그 형태의 한 요소로서 직관을 결여하고 있는 표현은 있을 수 없다. 실제로 표현은 직관의 분리할 수 없는 한 부분이다. 우리가 어떤 기하학적 형상에 대해 종이와 칠판 위에 즉석에서 그려낼 수 있을 정도의 정확한 이미지를 가지고 있지 않다면 어떻게 그 형상의 직관을 가졌다고 할 수 있겠는가? 우리가 어떤 지역, 예컨대 시실리 섬의 윤곽을 그 모든 세부적 곡선까지 그대로 그려낼 수 없다면 어떻게 그것의 직관을 가졌다고 하겠는가? 모든 사람들은 자신들의 인상과 감정을 자신들 속에 성공적으로 형상화시킨 연후에는 내적으로 밝아지는 경험, 즉 불분명했던 것이 분명해지는 경험을 할 수 있다. 그러나 단지 형상화시킬 수 있는 만큼에 한해서다. 그러므로 감정이나 인상은 단어를 수단으로 해서 영혼의 불분명한 영역에서 관조적 정신의 밝음으로 옮겨간다. 이런 인식의 과정 중에 직관과 표현을 분리하기란 불가능하다. 직관은 표현과 동시에 나타난다. 그들은 둘이 아니라 하나이기 때문이다.

직관과 표현 간에 차이가 있다는 환상

우리의 견해가 이치에 맞지 않는 듯 보이는 이유는 주로 편견, 즉 우리가 실제 가지고 있는 것보다 더 완벽한 직관을 소유할 수 있을 것이라는 환상에 기인하는 것이다. 사람들은 자신들 마음속에 훌륭한 생각들이 많이 있지만 그것을 표현할 수 없다고 말하곤 한다. 그러나 만약 그들이 정말로 그러한 생각들을 가졌다면 그들은 거기에 꼭 맞는 아름답고 듣기 좋은 말로 그 생각들을 주조해냈을 것이다. 즉, 표현해냈을 것이다. 만일 그렇게 훌륭한 생각들이 표현의 과정에서 작고 보잘것없어지고 희미해진 듯 보인다면 그 이유는 실제로는 그런 생각이 존재하지 않았거나 애초부터 그것이 작고 보잘것없는 생각이었기 때문이다. 사람들은 우리 보통 사람들도 화가나 조각가와 똑같이 어떤 지역이나 형상, 풍경, 인체를 상상하고 직관할 수 있다고 생각한다. 다만 화가나 조각가는 그러한 이미지들을 그려내고 깎아내는 방법을 아는 반면 우리는 그것들을 우리의 영혼 속에 표현되지 않은 채로 간직하는 것이 다를 뿐이라는 것이다. 누구든지 라파엘로의 성모상을 상상할 수 있었다. 그러나 그들은 라파엘로가 라파엘로인 것은 그 성모를 캔버스 위에 그려낸 그의 기술 덕분이라고 믿고 있다. 그러나 이보다 더 잘못된 생각은 없다. 일반적으로 우리가 직관하는 세계는 매우 작다. 거기에는 표현이 거의 포함되어 있지 않다. 표현이란 어떤 순간에 정신을 집중해야만 거기에 따라 점차 커지고 넓어지는 것이기 때문이다. 우리가 우리 자신에게 던지는 말, 침묵 속에 행하는 우리의 판단이란 "사람이 있군. 말이 한 마리 있네. 무거워. 날카롭군. 이건 아주 재미있는데……" 정도가 고작이다. 그것은 회화로 치자면 우연히 튀겨진 물감에 의해 표현된 것만큼도 가치가 없는, 그래서 그것으로부터 식별해낼 특수하며 구별되는 특징이란 아무것도 가지지 못한 그저 연속되는 빛과 색에 불과하다. 하지만 일상생활에서 우리가 소유하고 있는 것은 이것이 전부다. 이것이 우리 일상 행위의 기초다. 책으로 말하자면 이것은 목차다. 사물에 붙여진 이름표, 지금껏 그 사물을 불러왔던 이름이 사물 그 자체를 대신하고 있는 것이다. 작은 욕구와 작은 행동을 위해서는 이러한 목차와 이름표(그 자체도 표현이기는 하다)로도 충분하다. 그러나 우리는 가끔씩 목차에서 책으로, 이름표에서 그 사물로, 작은 직관에서 좀 더 큰 직관으로, 또 여기서부터 가장 크고 고상한 직관으로 옮겨갈 때가 있다. 이러한 이행은 결코 쉬운 것이 아니다. 예술가의 심리에 정통한 사람들이 관찰한 바에 따르면, 분명히 어떤 사람을 보긴 보았지만 예컨대 그의 초상화를 그릴 목적으로 그에 관한 올바른 직관을 모아보려고 하면 그렇게 정확하고 생생한 듯 보였던 전체적인 영상은 정말 아무것도 아닌 것이 되고 만다고 한다. 남아 있는 것이라고는 기껏해야 캐리커처를 그리기에도 불충분한 몇 몇 피상적 특징들뿐이라는 것이다. 그려질 사람은 마치 발견할 세계처럼 예술가 앞에 서 있다. 미켈란젤로는 "손이 아니라 머리로 그린다"는 말을 했다. 레오나르도 다빈치는 여러 날 동안 붓도 한 번 대지 않은 채 「최후의 만찬」을 응시하며 서 있기만 해서 수도원장을 놀라게 했

　　　　　　　미학

다. 그는 이러한 태도에 대해 "고상한 천재성을 가진 사람의 마음은 최소한의 외부적인 작업을 할 때 가장 활발하게 발명을 해낸다"고 했다. 다른 사람들이 보지 못한 채 다만 느낄 뿐이거나 무엇인지 모르는 채 힐끗 볼 뿐인 것을 제대로 보기 때문에 화가인 것이다. 우리가 미소를 보고 있다고 생각할 때에도 실제로 우리는 미소의 희미한 인상밖에는 가진 것이 없다. 우리는 화가가 하는 것처럼 캔버스에 고정시킬 수 있을 정도로 미소의 모든 특징을 지각하지는 못한다. 우리와 매일매일 하루 종일 함께 있는 친한 친구의 얼굴에 대해서도 우리가 직관적으로 소유하고 있는 것은 고작해야 다른 사람들과 구별되는 그의 가장 유별난 특징 정도다. 음악적 표현을 생각해본다면 이런 식의 그릇된 환상을 갖게 될 소지가 좀 줄어들 것이다. 작곡가가 아닌 사람의 마음속에도 똑같은 주제 선율이 이미 떠올라 있었는데, 작곡가는 거기에다만 음표를 붙였을 뿐이라고 말한다면 이는 마치 베토벤의 「9번 교향곡」이 베토벤만의 직관이 아니었다는 식의 주장으로서 누구에게나 이상하게 들릴 것이 당연하다. 자신의 재산이 얼마쯤 되는지에 대해 허풍을 떠는 사람에게는 계산을 통해 그 정확한 양을 깨우쳐주는 수밖에 없다. 마찬가지로 자신의 생각과 이미지의 풍부함에 대해 잘못된 생각을 가지고 있는 사람은 표현이라는 다리를 건너야만 한다는 사실 때문에 진실이 무엇인지 알게 된다. 전자에게는 세어보라고 하면 된다. 그리고 후자에게는 말해보라고, 아니면 여기 연필이 있으니 그려서 네 자신을 표현해보라고 해주기로 하자.

물론 우리 모두는 조금씩은 다 시인이며 조각가, 음악가, 화가, 소설가다. 그러나 인간 본성에 대한 고도의 보편성과 정열을 소유한 까닭에 진정 그러한 이름으로 불릴 자격이 있는 사람들과 견줘본다면 우리가 가진 것은 얼마나 보잘것없는가! 화가가 가진 시인의 직관이란 얼마나 작고 보잘것없는가! 한 화가가 가진 다른 화가의 직관 역시 작기는 마찬가지다. 그럼에도 불구하고 이 작고 보잘것없는 것이 우리가 가진 직관 혹은 표상의 실제 양이다. 이들 너머에는 인상, 감정, 느낌, 충동, 정서 등 이름이야 무어라 불리건 정신을 결여하고 있어 인간이 결코 다 이해할 수 없는 것들이 있을 뿐이다. 이러한 것들은 설명의 편의를 위해 상정될 뿐 실제로는 존재하지도 않는 것들이다. 어떤 것이 존재한다는 것부터가 이미 정신의 소산이기 때문이다.

직관이 곧 표현이다

그러므로 우리는 이 책의 첫머리에서부터 주목해온 직관에 대한 다양한 설명에 다음의 사실을 추가해도 좋을 것이다. 직관적 지식은 표현적 지식이다. 지성적 기능으로부터 독립적이며 자율적이다. 추후의 경험적 구분과 무관하며, 존재하는 것, 존재하지 않는 것과도 무관하고, 역시 추후적인 시간과 공간의 지각, 그것에 의한 형식 부여와도 무관하다. 직관 혹은 표상은 형식이기 때문에 그저 느껴진 것, 경험된 것, 감각의 파동이나 흐름, 심리적인 질료 등과는 구별된다. 그리고 이러한 형식, 이러한 점유가 바로 표현이다. 직관한다는 것은 표현한다는 것이다. 그리고 표현 이외의 어떤 것일 수도 없다. (더도 아니며 덜도 아니다.)

II. 직관과 예술

귀결과 설명: 예술은 직관적 지식이다

더 나아가기 전에 이미 확립된 사실들로부터 따라 나오는 것이 무엇인지 생각해보고 몇 가지 설명을 덧붙이는 것이 좋겠다.

우리는 직관적 혹은 표현적 지식이 곧 미적인 것 또는 예술적인 것이라고 생각한다. 즉 예술작품이 곧 직관적 특징을 가진 것이며, 또 직관적 지식의 좋은 예가 바로 예술작품이라고 간주한다. 그러나 직관이 곧 예술이라는 우리의 견해는 예술을 전적으로 특별한 종류의 직관이라고 생각하는 견해—심지어는 많은 철학자들조차 이렇게 주장한다—와 충돌을 빚고 있다. 그들의 주장은 다음과 같다. "예술은 직관일 수 있다. 하지만 직관이 항상 예술인 것은 아니다. 예술적 직관은 일반적 직관과는 다른 그 이상의 어떤 것을 가진 특수한 종류다."

특별한 차이란 없다

그러나 아무도 이러한 '그 이상의 어떤 것'이 무엇인지를 지적해준 적이 없다. 때로 예술은 단순한 직관이 아니라 직관의 직관이라고 생각되기도 하는데, 이러한 주장을 펴는 이들은 학문에서 사용되는 개념이 일상적 개념이 아닌 개념의 개념으로 정의된다는 것을 그 증거로 들고 있다. 따라서 사람들은 보통의 직관이 발생할 때처럼 자신의 감정을 객관화하는 것이 아니라 직관 자체를 객관화함으로써 예술에 이르게 된다고 한다. 그러나 이러한 두 번째 능력으로의 상승이라는 과정은 존재하지 않는다. 게다가 그것을 증명하는 수단으로 일상적 개념과 학문적 개념과의 비교를 든 것도 온당한 일이 못 된다. 학문적 개념이 개념의 개념이라는 주장부터가 다분히 의심받을 소지가 있기 때문이다. 오히려 이러한 비교에 의해 증명되는 것은 정반대의 사실, 즉 "일상적 개념은 그것이 단순한 표상이 아니라 진정한 개념이기만 하다면 아무리 빈약하고 제한된 것이라 할지라도 완전한 개념"이라는 사실이다. 학문은 표상을 개념으로 대체하고, 빈약하고 제한된 개념들을 더 크고 포괄적인 다른 개념들로 대체하며, 심지어 새로운 관계를 발견하기도 한다. 그러나 그 방법에 있어서는 가장 보잘것없는 인간의 두뇌 속에서 가장 작은 보편자가 형성되는 방법과 다를 바 없다. 이와 마찬가지로 일반적으로 탁월한 예술이라고 불리는 것도 우리가 일상으로 경험하는 직관들보다는 더 폭넓고 복잡한 직관들이 모여 이뤄지는 것은 분명하지만, 그러한 직관들도 어김없이 감각과 인상의 직관일 뿐 직관의 직관이 아니다.

집약도에서 차이가 나는 것도 아니다

같은 이유로 해서 예술적이라 불리는 직관은 더욱 집약적인 직관이므로 보통의 직관과 다르다는 주장도 사실일 수 없다. 직관이 같은 질료에 대해 서로 다르게 작용할 수 있다면 이것이 가능할지 모른다. 그러나 예술적 직관은 포용하는 범위가 좀 더 넓을 뿐 방법 면에서는 보통의 직관과 다르지 않다. 따라서 그들 사이의 차이란 질적인 것이 아니라 양적인 것이다. 수많은 사람의 입에서 아무 때라도 나올법한 사랑 이야기를 읊조리고 있는 평범한 대중가요의 직관이라 할지라도 질적으로는 그 자체의 빈약한 단순성 안에서 완벽할 수 있다. 물론 레오파르디의 연가에 나타난 복잡한 직관에 견준다면야 양적으로 훨씬 많이 제한되어 있지만 말이다.

차이는 양적이며 경험적인 것이다

모든 차이는 양적이며, 따라서 질적인 차이만을 다루는 학문인 철학과는 무관하다. 영혼의 어떤 복잡한 상태를 온전하게 다 표현해내는 재주나 기질이 남다르게 뛰어난 사람들이 있는데, 우리가 일상어로 '예술가'라 부르는 이들이 바로 그런 사람들이다. 또 우리가 예술작품이라고 부르는 것은 매우 복잡하고 어려운 표현이어서 자주 얻어지지도 않는 것이다. 하지만 흔히 비예술의 반의어로서 예술작품이라 부르는 표현(곧 직관)의 한계는 경험적인 것으로서 정의가 불가능하다. 풍자시가 예술이라면 간단한 단어 하나도 예술이고, 소설이 예술이라면 기자의 뉴스 원고도 예술이며, 풍경화가 예술이라면 지형학적 스케치도 예술이다. 이런 의미에서 몰리에르의 희극에 나오는 철학교수의 다음과 같은 말은 옳았다. "무슨 말이건 할 때마다 우리는 시를 짓고 있는 셈이지요." 그러나 자신이 무려 40년간이나 시를 지어왔으면서도 그것을 몰랐다는 사실에 경악하는 주르댕 씨처럼* 하인에게 슬리퍼를 가져오라고 시키는 것이 어떻게 해서 손색없는 한 편의 시가 되는지를 도저히 납득하지 못하는 학자들이 있을 것이다.

그럼에도 불구하고 우리는 이 사실을 굳게 주장해야 한다. 예술의 뿌리는 인간의 본질에까지 뻗쳐 있음에도 그것을 일상의 정신적 삶과 유리시켜 특수 기능이나 귀족 애호물의 한 종류로 만들어버린 까닭에 이제껏 미학이나 예술학이 예술의 참된 본질을 드러내지 못했던 것이다. 생리학의 발달로 모든 유기체가 세포들로 구성되어 있으며 동시에

---

* 몰리에르의 희극 『귀족 수업』의 주인공

개개의 세포 역시 하나의 유기체라는 사실은 이제 상식에 속한다. 역시 높은 산과 작은 돌조각이 똑같은 화학 요소들로 구성되어 있다는 것을 알아도 아무도 놀라지 않을 것이다. 작은 동물의 생리학과 큰 동물의 생리학이 따로 있지 않은 것처럼, 산에 대한 화학 이론과 돌에 대한 화학 이론이 별도로 있지 않은 것처럼, 좀 더 큰 직관에 대한 학문과 좀 더 작은 직관에 대한 학문이 따로 있는 것이 아니다. 예술적 직관에 관한 학문은 일상적 직관에 관한 학문과 구별되지 않는다. 따라서 하나의 미학이 있을 뿐이며 이는 곧 직관-표현적 지식에 관한 학문을 의미한다. 직관-표현적 지식이 미적인 것이며 예술적인 것이다. 그리고 이 점에서라면 미학과 논리학은 매우 유사하다. 논리학 역시 가장 작고 일상적인 개념의 형성과 가장 복잡한 학문적·철학적 체계의 형성이 본질에 있어서는 같은 것임을 간파하고 있다.

예술적 천재

보통 사람들의 범박함과 대비되는 천재성이니 예술적 천재니 하는 말도 양적인 의미 이상의 중요성을 가진 것이 아니다. 위대한 예술가는 인간의 본모습을 드러내준다는 말이 있다. 그렇다면 이것은 예술가들의 상상력과 우리의 그것과의 사이에 아무런 본질적인 차이가 없다고 할 때에만, 또한 차이가 있다 하더라도 단지 양적일 뿐이라는 가정 하에서만 가능하지 않은가? "시인은 태어난다"는 말이 있는 것으로 아는데 이는 차라리 "모든 인간은 시인으로 태어난다"로 바뀌는 것이 나을 것 같다. 어떤 이는 큰 능력을 가진 시인으로, 어떤 이는 좀 더 작은 능력을 가진 시인으로 태어나는 것이 다를 뿐이다. 천재에 대한 숭배와 그에 따르는 모든 미신은 양적인 차이를 질적인 차이로 간주한 데서 유래한다. 천재성이란 하늘에서 떨어진 것이 아니라 결국 인간성이라는 것을 잊어서는 안 된다. 인간성과 유리된 천재성은 어쩌면 조롱거리에 불과한 것으로 보인다. 낭만주의 시대의 천재, 우리 시대의 초인

등이 다 그런 예다.

한편 무의식이 예술적 천재성의 중요한 특징이라고 주장하는 사람들도 있다. 그러나 이는 천재성을 인간성 이상의 탁월함에서 인간성 이하의 위치로 끌어내리는 것임을 지적하고 싶다. 인간 활동의 모든 형식과 마찬가지로 직관이나 예술적 천재성 역시 항상 의식적이다. 그렇지 않다면 맹목적인 기계성에 불과하다. 만일 예술적 천재성이 의식을 결여하고 있다는 말이 사실이라면 이는 반성적 의식, 즉 역사가나 비평가에게 요구되는 부가적인 의식을 뜻하는 것이리라. 이것이라면 예술적 천재에게 필수적인 것은 아니다.

미학에서의 내용과 형식

질료와 형식, 혹은 내용과 형식의 관계는 미학에서 가장 많이 논쟁거리가 되고 있는 문제 중 하나다. 미적인 것이란 내용인가 형식인가, 아니면 둘 다인가? 이 질문은 각각의 경우마다 많은 의미를 지니고 있다. 그러나 이러한 단어들의 의미가 앞서 우리가 정의했던 것과 같다면, 즉 질료는 미적으로 조탁되지 않은 정서 혹은 인상을 뜻하며 형식은 지성적 활동이자 표현을 의미한다면 우리는 추호의 의심도 없이 미적인 것이 내용만으로(즉, 단순한 인상만으로) 이뤄진다는 주장 및 형식과 내용의 결합, 즉 인상에 표현이 덧붙여져서 이뤄진다는 주장 둘 다를 거부해야 한다. 표현 활동은 단순히 인상에 추가되는 것이 아니라 인상을 조탁하고 형태화시키는 것이다. 마치 필터에 의해 걸러진 물이 그전과 똑같은 물이면서도 질적으로는 완전히 다른 물이듯이 인상은 표현 속에서 자신의 모습 그대로를 드러내지만 그것은 더 이상 인상이 아니다. 따라서 미적인 것이란 형식뿐이며 그 외의 다른 것일 수는 없다.

이것이 곧 내용은 불필요한 것이라는 뜻은 아니다. (오히려 반대로 내용은 표현을 위해 꼭 필요한 출발점이다.) 그러나 내용이라 부를 수 있는 모종의 성질이 있고 그것이 어떤 경로를 거쳐 형식이라는 성질로 옮겨가는 것은 아니다. 즉 미적인 것이 되기 위해, 다시 말해 형식으로 변형되기 위해서는 내용도 어떤 일정한 성질을 갖고 있어야 한다는 생각은 옳지 않다. 만일 그렇다면 형식과 내용, 표현과 인상은 같은 것이 되어버리기 때문이다. 내용이 형식으로 변형될 수 있음은 사실이지만 그러한 변형이 일어나기 전에는 내용은 아무런 정해진 성질도 가지고 있지 않으며 그것이 무엇인지 알 수도 없다. 내용은 실제로 변형되고 난 후에야 비로소 미적인 내용이 되는 것이지 그 이전에는 아니다. 한편 미적인 내용을 관심을 끄는 것(the interesting)이라고 정의해보기도 하는데, 완전히 틀린 것은 아니다. 하지만 무의미하다. 도대체 무엇의 관심을 끈다는 것인가? 표현 활동? 물론 표현 활동이 내용에 대해 관심을 가졌기에 내용을 형식이라는 위치로까지 상승시킨 것이다. 관심을 갖는다는 것은 정확히 말하면 내용을 형식이라는 위치로 격상시켰다는 것에 다름 아니다. 그러나 '관심'이라는 말은 또 다른 부적합한 의미로도 쓰여온 것이 사실이므로 이에 대해서는 더 많은 설명이 필요할 것이다.

자연의 모방과 예술적 환상에 대한 비판

예술이 자연의 모방이라고 하는 명제 역시 여러 가지 의미를 지닌 것으로 해석된다. 때로는 불변의 진리로, 아니면 최소한 진실에 거의 가까운 것으로 간주되기도 했고, 또 때로는 받아들일 수 없는 오류라고 취급되기도 했다. 그러나 그에 관한 사상적 배경이 명확히 드러나지 않은 채 그냥 이야기되는 경우가 더 흔했다. '모방'이라는 말이 학문적으로 적합한 의미를 갖는 것은 그것이 자연의 표상 혹은 자연의 직관인 것으로, 따라서 지식의 한 형태로 이해될 때다. 그리고 동일한 맥락에서 다만 모방 과정의 정신적 측면을 좀 더 강조하고자 한다면 위 명제를 다음과 같이 고쳐 불러도 무방하다. 즉, 예술은 자연의 이상화 혹은 자연의 이상적 모방이라고. 그러나 자연의 모방이라는 말의 의미가 "예술은 자연 대상을 기계적으로 복사하거나 어느 정도 완벽하게 복제한다"는 것으로 이해된다면 그러한 명제는 분명히 그릇된 것이다. 왜냐하면 그 같은 복사나 복제품에서는 자연 대상 그 자체가 환기시켜주는 것과 다를 바 없는 인상의 혼란함이 다시 나타나고 있을 뿐이기 때문이다. 박물관 같은 곳에 있는 밀랍 인형은 실제 인물을 너무도 똑같이 모방해서 우리로 하여금 착각을 일으키게 할 정도이지만 결코 미적 직관을 주지는 못한다. 환상이나 착각은 우리의 고요한 예술적 직관과는 아무 관계가 없다. 그러나 반면 예술가가 밀랍 인형 전시관의 내부를 그리고 있다거나 또는 배우가 무대 위에서 한 인간의 익살스러운 초상을 연기하고 있다면 그것은 정신적 작업이며 곧 예술적 직관이다. 심지어 사진의 경우도 그 안에 사진작가의 직관 — 예컨대 그의 관점이라든가 그가 얻고자 의도한 포즈, 배치 등 — 이 얼마나 개입되어 있느냐에 따라 예술적 특징을 지닐 수 있다. 만일 사진이 결코 예술이 아니라고 주장할 수 있다면 그 근거는 사진 속의 자연 요소들이 정복되지 않았거나 어느 정도는 첨삭되지 않은 채로 담겨 있기 때문이다. 실제로 우리는 최상의 사진 작품을 대하더라도 완전한 만족감을 느끼지는 못하는 것이 사실 아닌가? 예술가라면 그 사진들에서 무언가를 삭제하거나 추가하고 다소간의 수정을 가하고 싶지 않겠는가?

예술을 이론이 아닌 감정적인 것으로 간주하는 데 대한 비판

"예술은 지식이 아니다. 예술은 진리와 무관하다. 따라서 이론의 세계에 속하지 않고 감정의 세계에 속한다" 등의 자주 눈에 띄는 진술들은 실상은 단순한 직관의 이론적 성격을 정확히 인식하지 못한 데서 비롯된 것이다. 이 단순한 직관은 그것이 실재의 지각과 구별되듯이 지성적 지식과도 분명히 구별된다. 앞서 말한 것과 같은 그릇된 진술들이 생겨나는 이유는 이러한 지성적 인식만이 지식이라는 믿음 때문이다.

우리는 이제까지 직관도 지식이며 개념으로부터 자유롭고, 소위 실재의 지각이라고 하는 것보다 더 단순한 것임을 보아왔다. 따라서 예술은 지식이며 형식이다. 예술은 감정의 세계나 심리적인 질료에 속하지 않는다. 많은 미학자들이 예술은 가상(Schein)이라고 주장한다는 것은 결국 예술의 순수한 직관성을 인정하는 것과 같다. 즉, 그들은 그렇게 함으로써 좀 더 복잡한 사실인 지각과 예술을 구별하려는 것이기 때문이다. 예술이 감정(feeling)이라는 주장도 같은 배경에서 나온 것이다. 즉, 예술의 영역에서 그 내용이 되는 개념이나 역사적 사실을 제외시켜버린다면 남는 내용이란 결국 생생한 충동이나 감정을 통해 순수하고 직접적으로 파악된 실재뿐이기 때문이다. 그러나 다시 한 번 말하지만 그것이 바로 순수 직관이다.

미적 감각들의 이론에 대한 비판
─────────────────────────────

미적 감각들(aesthetic senses)에 대한 이론 역시 인상과 표현, 질료와 형식이라는 서로 구분되는 특징들을 파악하지 못한 데서 유래한다.

　이 이론은 앞에서도 지적했듯이 내용이라는 성질이 어떤 형식이라는 성질로 발전되는가 하는 전환 과정을 찾아내려고 한 오류에서 기인한 것이다. 사실 어떠한 것이 미적 감각들인가를 묻는다는 것은 "미적 표현에 개입될 수 있는 감각적 인상들이란 어떤 것들인가?", 또 "어떠한 감각적 인상이 반드시 미적 표현이 되어야 하는가?"라는 질문을 함축하고 있다. 이에 대해 우리는 즉각 다음과 같이 답해줘야 한다. 즉, 인상이라면 어떤 것이든 미적 표현이 될 수 있으며 특별히 그렇게 되어야 하는 인상이 별도로 있지는 않다고. 단테는 "사파이어의 부드러운 빛깔"(시각적 인상)뿐 아니라 "빽빽한 공기", 마른 목을 "더욱 태우는 신선한 개울물" 같은 촉각이나 온도와 관계된 인상까지도 형식으로 승화시켜놓고 있는 것을 볼 수 있다. 또 그림이라고 해서 단지 시각적 인상에만 호소한다고 믿는 것은 잘못이다. 활짝 핀 볼, 젊은 육체의 온기, 과일의 달콤함과 싱싱함, 칼날의 날카로움과 예리함, 이 모든 것들도 다 그림에서 얻게 되는 인상인데 과연 그것들이 단지 시각적일 뿐인가? 여타의 감각을 모두 결여한 채 단지 시각만을 가진 사람이 있다면 그런 사람에게 한 폭의 그림은 도대체 무엇을 의미할 수 있겠는가? 그의 눈에는 우리가 바라보고 있는, 틀림없이 우리가 두 눈만을 사용해서 보고 있다고 믿는 그 그림이 물감으로 얼룩진 팔레트와 별 차이 없이 보일 것이다.

그럼에도 불구하고 특정 종류의 인상들(예를 들어 시각적·청각적 인상)만이 미적 특성을 가진 것으로 고집하고 기타의 인상들을 배제하려는 사람들은 다음과 같이 생각하고 있다. 즉, 시각적·청각적 인상들은 **직접적으로** 미적인 것이 되지만 나머지 감각들은 [이들과] 연계되어서만 미적인 것이 된다는 것이다. 그러나 이러한 구분은 전적으로 작위적이다. 미적 표현이란 종합으로서 그 안에서는 직접·간접을 구별할 수 없다. 모든 인상은 일단 미적인 것이 된 이상 동일한 수준의 것이다. 한 폭의 그림이나 한 편의 시에 몰두하고 있는 사람이라면 자신의 앞에 놓인 그것이 일련의 인상들로 보이지는 않을 것이며, 따라서 그 안의 어떤 인상이 다른 것들보다 더 탁월하고 우선적인지 가려낼 수는 없을 것이다. 그는 자신이 몰두하고 있는 것의 그 이전 상태에 대해서는 알 방도가 없다. 이는 추후의 반성에 의한 구분이 그러한 예술과 아무 관련이 없는 것과 마찬가지다.

미적 감각의 이론은 또 다른 방식으로 제기되기도 한다. 미적인 대상을 산출하기 위해서는 어떤 생리적 기관들이 필요한지를 확정하려는 시도가 그것이다. 생리적 기관이라는 것은 결국 일군의 세포들이며 그것들이 특정한 방식으로 구성·배열된 것에 지나지 않는다. 즉 그것은 단순한 물리적·자연적 사실 혹은 개념일 뿐이다. 그러나 표현은 생리적인 것과 무관하다. 표현이 인상을 그 출발점으로 한다는 사실과 이 인상들이 이러저러한 생리적 과정을 거쳐 마음에 이르게 되었다는 사실은 전적으로 별개의 것이다. 어떤 경로를 거쳤건 관계가 없다. 그들이 인상이기만 하면 충분하다.

물론 어떤 특정 기관, 다시 말해 특정한 일군의 세포들이 결핍되어 있다면 그와 관계된 인상을 형성하는 데 장애가 따를 것이 분명하다. (그것이 어떤 다른 기관에 의해서도 결코 보충되지 않는다면 말이다.) 날 때부터 맹인인 사람은 빛을 직관하지도 표현하지도 못한다. 그러나 인상이란 반드시 감각기관에 의해서만 만들어지는 것이 아니며 기관에 작용하는 자극에 의해서만 주어지는 것도 아니다. 바다에 대한 인상을 가져보지 못한 사람은 결코 바다를 표현할 수 없을 것이며, 마찬가지로 상류사회와 정치계에 대한 인상을 가져보지 못한 사람은 그것들을 결코 표현할 수 없을 것이다. 그러나 그렇다고 해서 이 사실들의 표현적 기능이 자극이나 기관에 의존하고 있다는 것의 증거가 되지는 못한다. 이것은 이미 우리가 알고 있는 사실의 반복에 불과하다. 즉, 표현은 인상을 전제로 하고 있으며 특별한 표현은 특별한 인상을 전제로 하고 있다는 것 말이다. 그 밖에도 모든 인상은 그것이 지배적인 순간만이라도 여타의 인상들을 배제하는데, 이러한 사정은 표현의 경우에도 마찬가지라는 것도 이 사실을 통해 알 수 있다.

예술작품의 통일성과 개별성

표현을 활동으로 간주하는 데서 오는 또 하나의 당연한 귀결이 예술작품의 개별성이다. 모든 표현은 하나의 단일한 표현이다. 활동이란 인상들을 하나의 유기체적 전체 속에 융합시킨다는 뜻이다. 이 생각을 드러내고 싶었기에 예술작품은 **통일성**을 가져야 한다거나, 달리 말하자면 **다양성 속의 통일성**을 가져야 한다는 주장이 늘 있어왔다. 표현이란 다양한 것들을 하나로 종합하는 것이다.

우리가 예술작품을 부분으로 나누는 것, 즉 시를 장면이니 삽화니 비유니 문장이니 하는 따위로 가르거나, 그림을 인물이나 대상에 따라, 배경과 전경에 따라 나누는 것 등은 단순히 위의 주장에 위배되는 것 정도로만 생각될지 모른다. 그러나 이것은 예술작품의 생명을 빼앗는 일이다. 우리가 신체의 기관들을 심장, 뇌, 신경, 근육 등으로 나눈다면 더 이상 생명체일 수 없는 것과 마찬가지다. 물론 분리되더라도 계속 살아갈 수 있는 유기체가 있기는 할 것이다. 그러나 이 경우 예술작품과 유기체와의 비유를 계속 염두에 두고 있다면, 다음과 같은 결론이 가능하다. 나누어진 예술작품의 부분들도 어느 순간 하나의 완결된 표현으로 성장할 수 있는 수많은 생명인자를 포함하고 있는 것이라고.

표현이 경우에 따라서는 또 다른 표현으로부터 생겨난다고 하는 이들도 있는 모양이다. 즉, 단순 표현과 복합 표현이 있다는 것이다. 이들은 아르키메데스가 자신의 발견의 기쁨을 표현한 "유레카!"라는 외침과 5막짜리 정통 비극의 표현적 연기 사이에는 분명히 차이가 있다고 주장한다. 그러나 절대 그럴 수 없다. 표현은 항시 인상으로부터 직접 생겨난다. 한 편의 비극을 구상하고 있는 작가를 예로 들어보자. 그는 막대한 양의 인상들을 자신의 도가니 속에 집어넣는다. 인상들뿐 아니라 다른 경우에 쓰려는 목적으로 고안된 표현들도 그 속에 녹아든다. 그렇게 해서 하나의 새로운 표현이 만들어진다. 이는 마치 용광로 속에 청동 원석뿐 아니라 이미 제련된 다른 금속조각들도 함께 넣어 녹이는 것과 유사하다. 이 금속조각들은 청동과 함께 녹아서 새로운 형태를 만들어내기 위한 재료가 된다. 마찬가지로 일단 만들어진 표현도 새롭고 단일한 표현 속에서 종합되기 위해서는 반드시 인상의 단계로까지 다시 내려가야 한다.

해방자로서의 예술

우리는 우리의 인상을 조탁하는 과정을 통해 그 인상으로부터 해방된다. 인상들을 객관화시킴으로써 그것들을 우리로부터 분리시키고 그리하여 인상을 지배할 수 있게 된다. 예술의 이러한 자유화·순수화의 기능이야말로 예술을 활동으로 특징지을 때 부수되는 또 다른 측면이다. 활동이란 해방자다. 왜냐하면 수동성을 제거해주기 때문이다.

　이 사실은 또한 왜 예술가에게 늘 최대한의 감수성, 즉 **열정**과 최대한의 냉정, 즉 신과 같은 **평정함**이 동시에 요구되는지에 대한 설명으로 적합하다. 이 두 가지 특징은 동일한 대상에 관계되는 것이 아니므로 얼마든지 양립이 가능하다. 감수성 혹은 열정이라고 하는 것은 예술가가 자신의 심리적 기관 속에 흡수하는 풍부한 양의 질료와 관련이 있다. 한편 냉정함 혹은 평정함은 형식과 관계한다. 예술가는 이 형식을 가지고 감각과 열정의 혼란스러움을 통제하고 지배한다.

III. 예술과 철학

지성적 지식은 직관적 지식으로부터 분리될 수 없다

미적인 지식과 지성적인, 곧 개념적인 지식이라는 두 가지 형태의 지식은 판이한 것이다. 그러나 그렇다고 해서 그들을 분리한다거나 또는 그들을 서로 다른 방향으로 작용하고 있는 두 종류의 힘으로 간주하는 것은 옳지 않다. 지금껏 우리는 미적인 형식이 지적인 것과는 완전히 별개의 것이며 아무런 외적인 도움 없이도 자립할 수 있다는 점에 주목해왔다. 그러나 지성적인 지식도 미적인 지식 없이 독자적으로 존재할 수 있다고 말한 적은 없다. 양자를 상호 독립적이라고 기술하는 것은 오류가 될 것이다.

그렇다면 개념에 의한 지식이란 무엇인가? 그것은 사물들 간의 관계에 대한 지식이다. 직관이 인상이라는 질료 없이는 불가능한 것과 마찬가지로 개념은 직관 없이는 존재할 수 없다. 직관이란 이 강물, 이 호숫물, 이 시냇물, 이 빗물, 이 컵의 물 같은 것들이다. 반면 개념이란 이런저런 형태를 갖추고 있는 개별자로서의 물이 아니라 시간과 공간에 구애받지 않고 존재하는 물, 무수히 많은 직관들의 재료로서가 아니라 하나의 불변하는 개념의 재료로서의 물, 즉 물 일반을 말한다.

그러나 개념, 즉 보편자는 어느 측면에서 보면 더 이상 직관이 아니지만 또 다른 측면에서 보면 여전히 직관이며, 사실 직관일 수밖에 없다. 사유하는 인간은 그가 생각하고 있는 한 인상과 감정을 갖게끔 되어 있다. 그러나 이 말은 특정인이나 특정 사물에 대한 애증 같은 비철학적 인상·감정이 생각 속에 포함되어 있다는 뜻이 아니다. 오히려 이때의 인상과 감정이란 생각이라는 노력 그 자체를 말하는 것으로, 고통이나 즐거움, 사랑과 증오 따위는 다만 거기에 부수될 뿐이다. 이러한 노력이 정신에 대해 객관적인 것이 되기 위해서는 하나의 직관적 형식을 띨 수밖에 없다. 모든 직관이 반드시 개념인 것은 아니다. 즉, '말하다'라는 것(직관)이 모두 '논리적으로 말하다'(개념)라는 것은 아니다. 그러나 그 역, 곧 '논리적으로 말하다'가 '말하다'임은 자명하다.

이 주장을 반대하는 자들에 대한 비판

말이 없으면 사유도 없다는 것은 일반적으로 받아들여지고 있는 사실이다. 오해나 잘못에 기인하지 않는 한 이를 부인하기는 어렵다. 이 같은 오해의 첫 번째 유형은 말하지 않고서도 인간은 사유할 수 있다는 주장이다. 심지어 머릿속에 자신도 거의 느끼지 못할 정도로 조용하게 발음되는 어떤 단어조차 떠올리지 않고서도 기하학적 도형이나 숫자, 표의적 기호를 가지고 사유가 가능하다는 것이다. 한편 무언가를 표현하기 위해서는 반드시 문자 기호를 수반해야 하는 언어도 있다고 한다. 즉, 음성 기호만으로는 아무것도 표현하지 못하는 언어도 있다는 것이다. 그러나 우리가 '말하다'라고 할 때, 그것은 '표현' 일반을 지칭하는 좀 더 폭넓은 의미다. 우리는 이미 표현이 소위 언어적 표현에만 국한되는 것이 아님을 지적해왔다. 음성적으로 표명되지 않고서도 어떤 개념이 사유될 수 있는지 없는지는 모르겠다. 그러나 이러한 사실을 보여주기 위해 채택된 예들이야말로 그러한 개념들이 표현 없이는 존재할 수 없다는 점 또한 증명해주고 있다.

한편 어떤 이들은 동물, 특히 어떤 특정 동물들은 말은 못하지만 사유하고 추리한다는 점을 지적한다. 그 동물들이 어떻게 무엇을 사

미학

유하는지, 정말 사유하는지 못하는지, 또 과거의 유심론자들이 말했듯이, 단순한 생리적 기계들이라기보다는 문명화되지 않은 야만인과 비슷한 초보적 단계의 인간인 것인지 등은 여기서 다루고자 하는 문제가 아니다. 철학자가 동물을 말하는 경우, 즉 동물적이고 충동적이고 본능적인 특징 등에 대해 말하는 경우 그가 염두에 두고 있는 것은 개나 고양이, 사자나 개미 같은 것이 아니다. 그가 기초로 삼고 있는 것은 인간 속에서 발견되는 소위 동물적 성질을 관찰한 결과다. 즉, 우리 스스로 느끼고 있는 우리의 동물적 측면을 말한다. 만일 개나 고양이, 사자나 개미 같은 동물들이 인간의 활동과 유사한 어떤 것을 가지고 있다면 그들에게는 좋을 수도 있고 나쁠 수도 있다. 이는 우리가 그들에 대해 이야기할 때도 역시 총체적인 모습으로서의 '본능'에 대해 말하는 것이 아니라, 그들의 동물적 성질을 인간이 가지고 있는 동물성으로부터 유추해서—아마 그들이 가진 것이 우리가 가진 것보다 훨씬 폭넓고 강력하리라는 추측하에서—말하고 있음을 의미한다. 그리고 만에 하나 동물도 생각을 하고 개념을 구성한다는 것을 인정한다 해도 그것이 표현을 결여한 채 이뤄진다고까지 말할 수 있는 증거는 없지 않은가? 인간과의 유추, 정신과 심리에 대한 탐구, 그리고 동물심리학을 통해 추측할 수 있는 모든 자료는 오히려 정반대, 즉 동물들이 생각한다면 그들 역시 어떤 방법으로건 말을 할 것이라는 추측을 가능케 할 뿐이다.

한편 심리학, 특히 문예심리학에서 제기되는 반론도 있다. 생각은 제대로 되었지만 써지는 과정에서 잘못된 책들이 있음을 예로 들어 언어 없이도 개념이 존재할 수 있다는 주장이 그것이다. 즉 표현을 능가하는 생각, 혹은 잘못된 표현에도 불구하고 존재하는 생각이 있다는 것이다. 그러나 생각은 제대로 되었지만 잘못 써진 책이란 결국 책의 어떤 부분, 어떤 페이지, 어떤 문장이나 명제는 잘 생각되고 잘 써졌지만 다른 부분(아마 덜 중요한 부분)이 잘못 생각되고 잘못 써졌다는—그런 부분은 아예 생각조차 되지 않았고 따라서 실제로는 표현되지도 않았다는—뜻으로밖에는 해석할 수 없다. 따라서 만일 비코의『신학문』이 잘못 써진 것이라 한다면 그것은 결국 잘못 생각된 것이다. 한 권의 책 전체를 예로 들지 말고 간단한 한 문장을 생각해보면 그러한 주장의 오류나 부정확함이 눈에 들어올 것이다. 단순 구조의 문장 하나가 어떻게, 생각은 명확하게 했으면서도 쓰기는 난삽하게 쓰인 경우일 수 있겠는가?

그러므로 그러한 주장들을 통해 다만 인정할 수 있는 것은 우리가 갖게 되는 직관 형태의 사유(즉, 개념)가 때로는 지나치게 축약되었거나 특수한 형태의 표현이어서 우리 스스로에게만 충분할 뿐 타인에게 전달하기는 쉽지 않은 경우가 있다는 사실이다. 따라서 표현 없이도 생각을 가질 수 있다는 말은 옳지 않다. 차라리 표현을 가지고 있지만 그것을 타인에게 전달하기가 어렵다고 하는 편이 사실에 가깝다. 그러나 이것은 매우 가변적이고 상대적이다. 진행 중인 우리의 생각을 중간에서 이미 다 파악해버리는 사람 혹은 축약된 형태로 된 생각을 더 선호하는 사람들이 있게 마련이고, 그들이라면 타인에 대한 전달을 고려해서 방만하게 전개·발전시킨 생각에 오히려 싫증을 느낄지도 모른다. 다른 말로 하면 그들에게는 추상적 사고와 논리적 사고가 다르지 않을 것이다. 그러나 미학적 입장에서라면 우리는 각기 다른 심리적 요소들이 개입하는 두 가지 서로 다른 직관-표현을 다루고 있는 것이다. 그러므로 이 같은 논거에 의하면 내적인 언어가 있고 외적인 언어가 있다는 구분 역시 전적으로 경험적인 것으로서, 파기해버리거나 바르게 재해석하는 것이 마땅하다.

예술과 학문

우리가 알고 있는 바와 같이 직관적 지식과 지성적 지식의 극치, 저 높은 곳에서 빛나고 있는 그들의 최고 수준의 현현은 예술과 학문이라고 통칭된다. 예술과 학문은 서로 다른 것이지만 또한 상호 연결된 것이기도 하다. 그들이 공유하고 있는 접점은 미적인 측면이다. 모든 학문적 저작은 동시에 예술작품이다. 우리의 마음이 학자들의 사상을 이해하고 그것의 진위를 검증하려는 노력에만 전적으로 경도되어 있을 때라면 미적인 측면은 도외시된 채로 있다. 그러나 일단 이해라는 활동을 넘어서서 관조의 단계로 접어들게 되면, 그래서 그러한 사상이 과도함이나 부족함 없이 적당한 리듬과 억양을 지닌 정선된 언어로 명료하고 정확하게 우리 앞에 전개되는지, 아니면 혼란되고 단절되고 불분명하고 암시적으로 펼쳐지는지를 볼 때라면 미적인 측면은 상당히 중요하게 부각된다. 따라서 위대한 문필가이며 동시에 위대한 사상가인 사람도 있는 반면 학문적 가치의 측면에서는 조화롭고 일관되며 완벽한 작품으로서 간주될 부분들을 지니고 있음에도 불구하고 다소간 옹색한 문필가로 처지게 되는 사상가들도 있다.

　　우리는 사상가나 학자들이 문학적으로 미숙하다고 해서 그들을 나무라지는 않는다. 우리는 그들의 단상이나 반짝이는 단편적 영감만으로도 대체로 만족한다. 숨겨진 불씨가 있으면 불꽃을 일으키기 쉬운 것처럼 천재의 단상들을 토대로 하여 그 구성을 잘 정돈하는 일이 천재적 발견 그 자체보다는 훨씬 쉽기 때문이다. 그러나 전적으로 예술가일 뿐인 사람들의 표현이 미숙하다면 어떻게 그것을 용납할 수 있을까? "신도 인간도 서적상도 시인에게 평범함을 용납하지 않았다."* 형식을 소유하고 있지 않은 시인이나 화가라면 모든 것을 결여하고 있는 셈이다. 그것은 그가 자기 자신을 결여하고 있다는 의미이기 때문이다. 시의 재료는 모든 이의 영혼 속에 스며들어 있다. 그러나 시인을 만드는 것은 표현, 즉 형식일 뿐이다.

내용과 형식의 또 다른 의미: 산문과 시

그러므로 내용이라는 말이 지성적인 개념을 의미하는 한 예술이 내용

---

* 　　호라티우스의 『시학』 372-373행의 내용

이 있음을 부정하는 견해는 일리가 있다. '내용'이 '개념'과 같다고 간주된다면 예술이 내용으로 구성되어 있다는 말이나 예술이 어떤 내용을 갖는다는 말조차 결코 사실이 아니다.

시와 산문을 구별하는 것도 그것이 예술과 학문을 구별하는 것이 아니라면 정당화될 수 없다. 고대 이래 이러한 구별은 리듬이나 박자 같은 외적 요소들이나 형태, 즉 그것이 운율을 갖췄는지 여부에 기초한 것이 아니었다. 오히려 정반대로 그러한 구별의 기준은 전적으로 내적인 것이었다. 즉, 시는 감정의 언어이며 산문은 지성의 언어라는 식이다. 그러나 지성이 곧 구체화된 실재의 감정이기도 하므로 모든 산문은 시적인 면을 가지고 있다.

두 단계 간의 관계

직관적 지식(혹은 표현)과 지적 지식(혹은 개념) 간의 관계, 예술과 학문, 시와 산문의 관계는 **이중의 단계**라는 관계라고밖에는 달리 정의할 길이 없다. 첫째 단계가 표현이며 둘째 단계가 개념이다. 첫째 것은 둘째 것 없이도 존재할 수 있지만 그 역은 성립할 수 없다. 산문적 성격이 없는 시는 있어도 시적 성격이 없는 산문은 없다. 표현은 진정 인간 활동의 최초의 확인이다. 시가 곧 "인류의 모국어"이며 최초의 인간은 "태어나면서부터 숭고한 시인"이었다. 혼연한 영혼으로부터 명석한 정신으로 이행하는 일, 동물적 활동으로부터 인간적 활동으로 옮겨가는 일이 언어를 수단으로 해서 이뤄진다는 관찰 역시 이러한 주장을 뒷받침한다. 그리고 그러한 언어가 곧 직관이요 표현이라고 할 수 있다. 그러나 언어나 표현이 본능과 인간성 사이의 **중간 고리**로서 마치 양자의 성질을 모두 가진 것처럼 정의하는 것은 어딘가 부정확해 보인다. 인간성이 발현되었다 함은 이미 다른 것들은 사라져버린 상태임을 뜻하기 때문이다. 즉 인간이 자기 스스로를 표현한다는 것은 그것이 본능의 상태로부터 비롯된 것이긴 하겠지만, 이미 본능에서 벗어나 있다는 것이다. '중간적 고리'라는 말이 함축하고 있는 식으로 절반은 그 속에 절반은 그 밖에 있는 것이 아니다.

인식하는 정신에는 이 두 가지 형식밖에는 없다. 표현과 개념이 그 전부다. 인간 정신의 모든 활동은 이 둘 사이를 오가면서 수행된다.

역사성과 예술의 공통점과 차이점

역사성(Historicity)이 제3의 이론적 형식인 것으로 주장되기도 하는데 이는 옳지 않다. 역사는 형식이 아니라 내용이다. 만일 형식이라면 그 것은 직관이나 미적인 것에 다름 아니다. 역사란 법칙을 찾는 것도 개 념을 구성하는 것도 아니다. 귀납이나 연역을 사용하지도 않는다. 역 사란 이야기되어야 하는 것이지 증명되어야 할 것은 아니다. 역사는 보편자를 구성하지도 않고 추상화와도 무관하며 다만 직관들을 나열 할 뿐이다. '이것'이나 '여기' 같이 완전히 확정된 개별자들이 역사의 영 역이다. 그런데 이것은 동시에 예술의 영역이기도 하다. 따라서 역사는 예술이라는 보편적 개념에 포함된다.

지식의 제3 형식은 고려될 수 없다는 주장에 대한 반발이 심심치 않게 제기되고 있다. 이러한 반대 의견이 주장하고 있는 것은 역사와 관련을 맺고 있는 것은 예술이 아니라 지성적 지식 또는 학문적 지식 이라고 한다. 이러한 주장을 하는 사람들 대부분은 역사로부터 개념 적·학문적 특징이 빠져나가버리면 역사의 가치나 권위가 손상될 것 이라는 편견을 가지고 있다. 그러나 이는 예술에 대한 그릇된 사고, 즉 예술을 필수적인 이론적 기능으로 보지 않고 단순히 향락이나 잉여 혹은 천박한 것으로 간주하는 데서 비롯된 것이다. 이에 대해 다시 지 루한 논의를 시작하고 싶지는 않다. 우리가 아는 한에서라면 이러한 논의는 결국 종지부를 찍게 될 것이다. 다만 우리는 여기서 예부터 지 금까지 광범위하게 반복되고 있는 궤변에 가까운 주장 하나를 거론해 보려 한다. 이 주장이 노리는 바는 역사의 본질이 논리적이며 학문적이라는 것이다. 이 궤변은 역사적 지식의 대상이 개별자라는 점은 인정하지만 그러한 개별자의 표상이 아니라 오히려 개별자의 개념이라는 점을 덧붙이고 있다. 이러한 논거로 역사도 논리적·학문적 지식의 한 형태라고 주장하는 것이다. 역사는 샤를마뉴 대제나 나폴레옹 같은 인물, 르네상스나 종교개혁 같은 시대, 프랑스 혁명이나 이탈리아 통일 같은 사건의 개념을 구명하는 것이며 이는 기하학이 공간적 형태의 개념을 구명하고 미학이 표현의 개념을 밝혀내는 것과 같은 방식이라고 한다. 그러나 이 모든 것은 사실이 아니다. 역사는 나폴레옹과 샤를마뉴, 르네상스와 종교개혁, 프랑스 혁명과 이탈리아 통일을 개별적 특징을 지닌 개별적 사실들로서 표상할 수밖에 달리 어쩔 수 없기 때문이다. 즉 논리학자들은 사람은 개별자에 대한 개념은 가질 수 없고 다만 그것의 표상만을 가질 수 있다고 말하는데, 바로 그러할 때 사용하는 '표상'의 의미로서 위의 여러 사실들을 표상하는 것이다. 앞서 언급된 소위 개별자의 개념이란 보편적이거나 일반적이어야 할 개념이 개별적 특징들로 가득 차 있다는 뜻이겠는데, 그러나 제아무리 개별적 특징으로 가득 차 있다 하더라도 그것이 개념이라면 그 개별성은 역사적 지식이나 미적 지식이 도달할 수 있는 개별성에는 미치지 못한다.

예술을 역사까지도 포함하는 유개념으로 본다는 전제하에서, 역사적 지식과 좁은 의미의 예술적 지식이 어떻게 구별되는가를 알려면 직관 혹은 최초의 지각의 특징을 이야기하면서 관찰했던 바, 즉 모든 것이 실재하는 까닭에 아무것도 실재하는 것이 없다고 했던 바를 상기해야 한다. 정신이 외적과 내적, 발생한 일과 바라는 일, 객관과 주관 등의 개념을 형성하는 시기는 추후의 단계다. 즉 정신은 단지 이 추후의 단계에서만 역사적 직관과 비역사적 직관, 실재와 비실재, 실재하는 것에 대한 상상과 그저 순수한 상상을 구별하는 것이다. 내적 사실들, 즉 바라는 것이나 상상된 것, 예컨대 공중누각이나 무릉도원 같은 것들도 나름대로의 실재를 가지고 있다. 영혼에도 역사가 있다. 개인이 품고 있는 꿈이 마치 실재의 사실인 것처럼 그 개인의 전기 일부가 되기도 한다. 그러나 그렇더라도 개별적인 영혼의 역사는 역사다. 실재하는 것 그 자체가 곧 환상일 경우라도 그 속에는 항상 실재와 비실재의 구분이 작용하고 있기 때문이다. 그러나 이러한 구분에 의해 만들어지는 개념들은 학문의 개념들과 같은 방식으로 역사 속에 존재하지는 않는다. 그들이 나타나는 방식은 비록 역사의 입장에서는 전적으로 특수한 방식이라고 주장하겠지만, 이제껏 우리가 보아온 바 미적 직관에 녹아들어 융합되어 있는 개념들의 방식과 유사하다. 역사는 실재·비실재의 개념을 구성하는 것이 아니다. 다만 그러한 개념들을 사용할 뿐이다. 사실 역사와 역사의 이론은 서로 다른 것이다. 그러므로 우리 삶에서 일어난 어느 한 사건이 실재냐 상상이냐를 알고자 한다면 단순한 개념적 분석은 아무 소용이 없다. 그때라면 우리는 마치 처음 그 직관들이 생겨날 때인 것처럼 가능한 한 완전한 형태로 그 직관들을 마음속에 재생시켜야 한다. 어떤 한 직관이 다른 직관과 구별되는 것과 똑같은 방식으로 구체적인 역사적 사실은 그 구체적 형태에 있어서 순수한 상상과 구별된다. 기억 속에서.

역사적 비평

그러나 이것이 여의치 못할 경우, 즉 실재적 직관과 비실재적 직관의 묘하고 얇은 차이가 너무나 근소하여 양자를 혼동하게 되는 경우라면 우리는 최소한 잠정적으로나마 무엇이 실제로 일어났는가에 대해 알려는 시도를 포기하거나(우리는 자주 이 입장을 택한다) 아니면 추측, 개연성, 가능성 등에 의존해야 한다. 실제로 모든 비판적인 역사를 지배하는 원리는 개연성과 가능성이다. 근원과 전거에 대한 탐구는 곧장 어떤 증거가 가장 믿을 만한가를 확정해준다. 그리고 가장 신빙성 있는 증거란 결국 최상의 관찰자들, 정확히 기억하는 사람들, 우리가 이해하는 한 사물의 진실을 왜곡할 의도나 동기가 없었던 사람들에 의해 제공되는 증거를 말한다.

사정이 이와 같기에 주지주의적 회의주의는 역사의 확실성을 일축해 버린다. 역사의 확실성이 학문의 확실성과 다르다는 것이 그 이유다. 즉, 그것은 기억과 전거의 확실성이지 분석과 논증의 확실성이 아니라는 것이다. 역사적 귀납법이니 역사적 논증이니 하는 말은 다 은유적 표현으로서 그 의미는 그 말들이 학문에 쓰일 경우 함축하고 있는 바와는 판이하다. 배심원은 확신을 얻기 위해 증인의 증언을 듣고 사안을 세밀히 경청하지만 최종적으로는 자신에게 영감을 달라고 하늘에 기도하는 수밖에 없다. 역사가의 확신이란 이와 유사한 것으로서 논증될 수 없는 신념이라는 것이 그들의 주장이다. 그렇다. 분명히 역사가는 때때로 실수를 저지른다. 그러나 그 실수는 그가 진실을 파악하는 경우들과 견줘볼 때 무시해도 좋을 만큼 적은 양이다. 역사를 신뢰하는 건전한 상식, 역사가 "합의된 이야기"가 아니라 개인과 인류가 가진 과거에 대한 기억이라고 믿는 것이 주지주의자들의 생각보다 올바른 이유는 바로 이것이다. 희미한 부분도 있고 매우 명확한 부분도 있겠지만 어찌되었건 우리는 이 역사의 기록들을 확대하고 될 수 있는 한 정확히 하려고 애쓴다. 이러한 까닭에 또 전체적으로 본다면 역사는 진실로 가득 차 있는 것이므로 우리는 역사 없이는 아무것도 할 수 없다. 그리스나 로마, 알렉산드로스나 카이사르가 정말 실존했는지, 유럽의 봉건제가 정말로 일련의 혁명들에 의해 타파되었는지, 1517년 11월 1일 비텐베르크 성당의 문에 루터의 공개 질문서가 나붙었다는 것이 사실인지, 혹은 1789년 7월 14일 바스티유 감옥이 파리 시민에 의해 습격당한 것이 사실인지 등을 의심한다는 것은 단지 궤변을 즐기는 사람들에 의해서만 가능한 것이다.

소피스트들은 "이 모든 것들에 대해 당신은 대체 어떤 증거를 가지고 있지?"라고 빈정댄다. 이에 대한 인류의 대답은 이것이다. "내가 기억하고 있다."

이미 발생한 일들로 이뤄진 세계, 구체적인 것의 세계, 역사적 사실의 세계란 실재적 또는 자연적이라 불리는 세계이며 그 정의상 물리적 실재와 정신적·인간적 실재 둘 다를 포함한다. 그런데 이러한 세계의 모든 것은 직관이다. 만일 그것이 실재한다면 역사적 직관이요, 가능한 것, 즉 허구적인 측면을 드러낸다면 상상적 직관 혹은 좁은 의미의 예술적 직관이다.

직관이 아니라 개념인, 개별성이 아니라 보편성인 진정한 학문은 결국 정신학(science of the spirit), 즉 보편적 실재의 학문 이외의 것이 될 수 없으며 그러므로 곧 철학이다. 만일 자연과학들이 철학과 무관하게 거론된다면 우리는 이들이 완전한 학문이 아니라는 점에 주목해야 한다. 그들은 임의로 추상화되어 고착된 인식의 집합에 불과하다. 소위 자연과학이라 불리는 것들은 자신들이 어떤 제한에 둘러싸여 있음을 자각하고 있다. 이러한 제한이란 바로 역사적이고 직관적인 자료다. 자연과학들은 계산하고 측정하며 동일성과 통일성을 확립해 내고 등급과 유형을 창조하며 법칙을 공식화하고 나름대로의 방법으로 하나의 사실로부터 다른 사실이 발생하는 방법을 보여준다. 그러나 이렇게 하는 동안에 그들은 계속해서 직관적·역사적으로 알게 된 사실들에 의존한다. 심지어는 기하학조차 이제는 전적으로 가설에 근거한 것으로 이야기된다. 3차원 혹은 유클리드 공간 같은 것도 연구의 편의를 목적으로 하여 채택된 가능한 공간들 중 하나이기 때문이다. 자연과학에서 진리인 것은 철학이거나 역사적 사실이다. 그들이 지니고 있는 고유하게 자연적인 것이라곤 추상과 변덕뿐이다. 자연과학들이 완벽한 학문이 되려면 자신들의 영역을 떠나 철학에 편입되는 길밖에 없다. 실제로 이러한 일은 일어나고 있다. 그들이 나열하고 있는 불확장 원자, 에테르, 파동, 생명력, 비직관적 공간 등의 비자연주의적 개념들이 바로 그것이다. 그저 무의미한 단어들이 아니라면 이들은 진정하고 적절한 철학적 시도라고 하겠다. 자연과학의 개념들은 의심할 바 없이 매우 유용하다. 그러나 우리는 이들로부터 어떤 체계를 얻을 수는 없다. 체계란 단지 정신에만 귀속되어 있는 것이기 때문이다.

한때는 진리인 줄로 믿었던 것들이 지식의 진보에 따라 신화적 믿음과 터무니없는 환상의 수준으로 서서히 침강하게 되는 이유, 또한 자연과학자들 중에서 몇몇은 추론의 근거가 되는 자신들 과학의 모든 것들이 결국은 신비적인 것이거나 말뿐인 것, 혹은 관습에 불과하다고 하는 이유는 바로 자연과학과 떼려야 뗄 수 없는 이러한 역사적이고 직관적인 자료들 때문이다. 아무런 준비도 없이 인간의 정신에 대한 연구를 시도하는 자연과학자들이나 수학자들은 이러한 정신적인 성질들은 접어둔 채 철학적인 관습을 운운하곤 한다. 즉, 이러저러한 성질들은 "사람이 그렇게 선언했기에 그렇다"는 것이다. 그들은 진리도 관습이며 도덕도 관습이고 그런 것들 중 최고의 관습이 바로 정신 그 자체라고 한다! 그러나 관습으로 만들어질 어떤 것이 존재하기 위해서는 관습을 만드는, 그 자신은 결코 관습이 아닌 어떤 것이 존재해야 한다. 그것이 바로 인간의 정신적 활동이다. 자연과학의 한계가 뜻하는 것은 바로 철학의 무한계성이다.

현상과 본질

이상의 분석을 통해 확고하게 수립된 것이 있다면 순수한 혹은 근본적인 지식의 형태는 두 가지라는 사실이다. 직관과 개념—예술과 학문 또는 예술과 철학이다. 역사는 이들 속에 포함될 수 있다. 사실 역사란 개념과 접촉하는 위치에 있는 직관의 산물이다. 다시 말해 그 자신 속에 철학적 특징을 받아들이면서도 구체적이며 개별적인 채로 남아 있는 예술의 산물이다. 나머지 모든 형식들(자연과학과 수학)은 실천적인 데서 연유한 외적 요소들과 결합된 것이므로 순수한 것이 아니다. 직관은 우리에게 세계, 즉 현상을 제공하며 개념은 본질, 즉 정신을 제공한다.

미학

Ⅳ. 미학에서의 역사주의와 주지주의

우리는 이제 직관적, 즉 미적인 지식과 근본적이건 파생적이건 간에 그와는 다른 지식 형태들 간의 관계를 확실히 알게 되었다. 따라서 우리는 지금껏 혹은 현재에도, 미학 이론이라고 간주되어온 일련의 이론들의 오류를 드러내 보일 수 있는 위치까지 온 셈이다.

개연성과 자연주의에 대한 비판

개연적인 것이 예술의 목표라는 이론(오늘날에는 그 근거를 잃었지만 한때는 지배적이었다)은 유개념으로서의 예술에서 요구되는 것과 그것의 한 종개념인 역사에서만 요구되는 것을 혼동한 데서 비롯된 것이다. 그릇된 명제들의 경우가 보통 그렇듯이 옛날이건 요즘이건 개연성이라는 개념을 사용하는 사람들의 의도만큼은 그들이 그 단어에 내린 정의보다 훨씬 타당했다. 실제로 '개연성'이라는 말은 표상의 예술적 정합성, 즉 표상이 완벽하고 효과적으로 드러났음을 뜻하는 말로 쓰였다. 만일 '개연성'이 '정합성'으로 번역될 수 있다면 이러한 의미의 쓰임은 이 말을 사용하는 비평가들의 논의나 예증, 판단에서 제법 적절하게 쓰인 경우가 될 것이다. 있을법하지 않은 인물, 희극에서는 있을법하지 않은 결말 등의 말은 실제로 잘못 그려진 인물, 잘못 꾸며진 결말을 의미하는 것으로, 거기에는 예술적 동기가 결여되어 있음을 뜻한다. 심지어 요정 같은 것이라 할지라도 개연성을 가져야 한다고, 즉 요정으로서의 정합적인 예술적 직관이어야 한다고 말하는데 이는 타당성이 있는 이야기다. 때로는 '개연성 있는'이라는 말 대신에 '가능한'이라는 말이 쓰이기도 한다. 우리가 앞서 지나치면서 지적했다시피 '가능한'이라는 단어는 '상상할 수 있는' 혹은 '직관할 수 있는'과 동의어다. 제대로, 즉 정합성을 가지고 상상된 모든 것은 가능하다. 그러나 또 다른 많은 비평가들과 이론가들은 가능한 것이란 '역사적으로 믿을 만한 것', '논증될 수는 없어도 추측할 수 있고, 사실은 아닐지라도 있을법한 역사적 진실'을 뜻한다고 생각했다. 이 이론가들은 바로 이러한 성격을 예술에 부과하려 했다. 십자군의 역사를 기초로 하여 『해방된 예루살렘』*을 혹평한다든지 왕이나 황제들의 관행에 견주어 호메로스의 시들을 비난하는 따위의 가능성에 기초한 평론이 문학사에서 얼마나 큰 역할을 수행해왔는지 기억하지 못하는 사람이 있을까? 어느 때였는지 예술의 임무가 역사적 실재를 미적으로 재생산해내는 것이라고 했던 시대도 있었다. 이 역시 예술은 자연의 모방이라는 이론에 의해 저질러진 또 다른 형태의 오류다. 소재를 현실에서 취하겠다는 사실주의나 자연주의 역시 미적인 것과 자연과학적 활동을 혼동한 진풍경을 제공하고 있을 뿐이다. 그들이 목표로 하고 있는 몇몇 종류의 실험적 연극이나 소설을 보면 알 수 있는 일이다.

예술에서의 이념, 주장, 전형적인 것에 대한 비판

예술의 방법과 철학의 방법을 혼동하는 일은 훨씬 빈번히 발생해왔다. 따라서 예술의 임무가 개념들을 상술하는 것이라고, 즉 지성적인

---

* 르네상스 후기의 이탈리아 시인 타소(1544~1595)의 대표적 영웅 서사시. 십자군의 첫 번째 예루살렘 원정을 내용으로 하고 있다.

것을 감각적인 것과 결합시키는 것, **이념이나 보편자를 재현하는 것**이라고 종종 주장된다. 이는 예술을 학문의 위치에 놓는 것으로서, 다시 말해 일반적인 예술 활동을 미적이면서 동시에 논리적이 되어버린 특수한 예술 활동과 혼동한 것이다.

예술이 어떤 주장을 옹호하기 위한 것이라는 이론, 예술이 학문적 법칙을 예증해주는 개별적 표상이라는 이론도 같은 방식으로 사실이 아님을 증명할 수 있다. 예란 그것을 통해 예시되는 사물, 즉 보편자를 드러내는 것이다. 따라서 약간은 대중적이거나 조야한 면이 없지는 않지만 예증이란 학문의 한 형태로 보아야 할 것이다.

전형적인 것(the typical)에 관한 미학 이론에 대해서도 같은 말을 할 수 있다. 이때의 전형(type)이란 보통 추상화 혹은 개념으로 이해되는데, 이 이론은 예술이 종개념들을 개별자 속에서 드러나게 해야 한다고 주장한다. '전형적인 것'이라는 말이 이런 식의 개별자를 뜻하는 것이라면 이 역시 같은 용어를 말만 바꾼 것에 불과하다. 이 경우 전형화란 '특성화(characterize)'에 다름 아니다. 즉, 개별자를 결정하고 표상하는 것이다. 돈키호테는 하나의 전형이다. 하지만 그가 전형화하는 것이란 모든 돈키호테들이지 그 외의 것일 수 없다. 이른바 그 자신의 전형이다. 그는 분명히 현실감의 상실이라든가 영화로움에 대한 애착 같은 추상 개념들의 전형은 아니다. 이러한 개념들 하에서라면 돈키호테가 아니더라도 수없이 많은 인물들이 생각될 수 있다. 다른 말로 하자면, 우리는 우리의 인상과 똑같은 인상이 시인의 표현 속에서(예컨대 시적 인물 속에서) 완벽하게 실현된 것을 볼 때가 있는데, 그러한 표현이 바로 전형적 표현이다. 우리는 그것을 그냥 미적 표현이라 불러도 좋다. 그러므로 때때로 시적 보편자니 혹은 예술적 보편자니 하는 말을 하긴 하지만 이는 예술적 생산이 전적으로 정신적이며 관념적이라는 것을 보여주는 것일 뿐이다.

오류들을 바로잡거나 그릇된 이해를 배제해가는 과정의 일환으로 우리는 또한 상징이 때때로 예술의 본질로 간주되어왔음을 지적해야 할 것이다. 만일 상징이라는 것이 예술적 직관과 분리될 수 없는 것이라면 상징은 항상 관념적 성격을 갖는 직관의 동의어다. 이 경우라면 예술의 토대는 둘이 아니라 하나다. 즉, 예술에서의 모든 것은 상징적이다. 모든 것이 관념적이기 때문이다. 그러나 만일 상징이 분리될 수 있는 것이라면, 즉 한편에 상징이 있고 다른 한편에 상징되는 사물이 있는 것이라면 우리는 다시 주지주의자의 오류에 빠지게 된다. 이 경우의 소위 상징이란 추상개념의 드러냄이며, 따라서 이는 알레고리다. 이는 학문이거나 학문을 흉내 낸 예술이다. 그러나 우리가 알레고리적인 것을 지향하기도 한다는 것 역시 분명한 사실이다. 때때로 알레고리는 전혀 해로울 것이 없다. 『해방된 예루살렘』의 알레고리는 그것이 완성된 이후 추가적으로 상상된 것이다. 마리노는 음탕하기 이를 데 없는 『아도네』를 발표하고 나서 나중에 이것이 "과도한 탐닉은 고통으로 끝난다"는 것을 보여주기 위해 쓰였다고 넌지시 덧붙였다. 아름다운 여인의 조각상이 완성된 후 조각가는 그것에다 '관용'이나 '선(Goodness)' 같은 제목을 붙이고, 그 조각이 표상하고 있는 것이 이런 것들이라고 할 수도 있을 것이다. "축제가 끝난 후", 즉 작품의 완성이 있고 난 후에 붙여진 이러한 알레고리는 그 예술작품을 변화시키지 않는다. 그렇다면 그것은 무엇일까? 그것은 하나의 표현에 또 다른 표현이 외부로부터 추가된 것이다. 『해방된 예루살렘』에 덧붙여진 몇 장의 산문은 시인의 또 다른 생각을 표현하고 있는 것이다. 『아도네』에 한 구절이 덧붙여진다 해도 이 역시 시인이 자신의 독자들에게 믿게 하려 했던 내용을 표현하고 있는 것이다. 조각상의 경우는 '관용'이니 '선'이니 하는 단어 하나가 그러한 표현을 달성한다.

그러나 뭐니 뭐니 해도 주지주의자의 오류 가운데 가장 위대한 것은 예술과 문학의 장르들에 관한 이론으로서 이는 아직도 문학 관계 논문에서 횡행하며 예술비평가들과 예술사가들을 괴롭히고 있다. 그 기원을 살펴보기로 하자.

인간의 마음은 미적인 것에서 출발하여 논리적인 것으로 진행할 수 있다. 미적인 것이 논리적인 것에 선행하기 때문이다. 보편자에 관한 사유로 인해 표현, 즉 개별자에 관한 사유는 파괴되기도 한다. 우리는 표현을 논리적 관계 속에 녹아들게 할 수도 있다. 우리가 앞서 살펴보았듯이 이 활동은 그 이후 표현 속에서 구체적인 형태를 얻는다. 하지만 이것은 최초의 표현들이 파괴되지 않은 채로 있다는 의미는 아니다. 그것들은 새로운 표현들, 즉 미적이며 동시에 논리적인 표현들에 그 지위를 양보했다. 우리가 두 번째 단계에 있다는 것은 이미 첫 번째 단계를 떠났다는 뜻이다.

화랑에 들어간 사람이나 시를 읽는 독자가 그림을 보고 나서, 혹은 시를 읽고 나서 거기에 표현된 사물들의 본질과 서로 간의 관계를 찾고자 하는 경우가 있을 수 있다. 이럴 경우 논리적인 작용으로는 도저히 파악할 수 없는 개별자인 각각의 회화나 시들이 역사화, 풍경화, 초상화, 풍속화, 전쟁화, 동물화, 꽃이나 과일을 그린 정물화, 바다 풍경, 호수 풍경, 사막 풍경, 비극, 희극, 감상적인 것, 비정한 것, 서정시, 서사시, 극시, 기사의 무용담, 전원시 등의 보편자와 추상개념으로 분석된다. 때로 이러한 것들은 단순히 양을 기준으로 분류되기도 한다. 즉 세밀화, 회화, 소상, 군상, 마드리갈, 발라드, 소네트, 운문, 시, 단편소설, 장편소설 등이 그런 것들이다.

우리가 풍속이니 기사니 전원이니 비정함이니 하는 등의 개념이나 혹은 위에서 언급한 양적인 개념들 중의 어느 하나를 생각하고 있을 때라면 우리의 출발점이었던 개별적 표현은 이미 포기된 상태다. 이를테면 탐미가의 입장에서 논리학자로, 표현의 관조자에서 이성적 추론가로 우리의 입장이 변했다는 뜻이다. 이러한 과정에 대해서는 반론의 여지가 없음이 분명하다. 학문이 성립되어 그 자신의 기능을 충족시킬 수 있기 위해서는 학문에 이미 전제되어 있는 미적 표현들을 극복해야 한다. 논리적 혹은 학문적 형식은 미적 형식을 배제한다. 학문적으로 생각하기 시작한 사람이라면 이미 미적으로 관조하는 것을 멈춰버린 것이다. 그러나—누차 이야기한 바 있어 또다시 되풀이하는 것이 번거롭게도 들리겠지만—학문적 사고의 단계란 반드시 미적 형식을 전제로 한 것임은 물론이다.

따라서 우리가 만일 개념으로부터 표현을 연역해내려 한다면 이는 이미 그 자리를 떠나버린 사물의 법칙을 뒤늦게 찾으려는 것과 마찬가지의 오류를 범하는 것이 된다. 즉, 첫 번째와 두 번째 단계 간의 차이를 알지 못하여 그 결과로 실제 우리는 두 번째 단계에 있으면서도 첫 번째 단계에 있다고 선언할 때 오류는 시작된다. 이러한 오류를 일컬어 예술과 문학의 장르론이라고 한다.

"풍속, 기사, 전원, 비정함 등의 미적 형식은 무엇인가? 이러한 내용들은 어떤 식으로 표상되어야 하는가?" 예술과 문학의 범주 이론이란 그 곁가지들을 잘라내고 단순한 공식으로 축소시켜보면 결국 이러한 어리석은 질문을 함축하고 있을 뿐이다. 범주들의 규칙과 법칙을 탐구하는 모든 노력이 모두 여기에 속한다. 풍속, 기사도, 전원, 비정함 등은 인상이 아니라 개념이다. 그것들은 내용이 아니라 논리적이면서 미적인 형식들이다. 형식은 표현될 수 없다. 형식 그 자체가 이미 표현이기 때문이다. 비정함, 전원, 기사도, 풍속 등의 단어가 그러한 개념들의 표현이 아니라면 대체 무엇이란 말인가?

이러한 구분이 제아무리 세련된 모습을 띠더라도, 예컨대 예술작품은 주관적 장르와 객관적 장르로 나뉜다고 하거나 서정과 서사로, 또 감정을 다루는 작품과 대상을 묘사하는 작품으로 나뉜다는 식으로 제법 철학적 외관을 갖추고 있다 해도 비난의 대상이 되기는 마찬가지다. 미적인 분석에서는 주관과 객관, 서정과 서사, 감정의 표상과 사물의 표상을 분리하는 것이 가능하지 않다.

미학

예술과 문학의 장르 이론은 예술작품에 대한 판단과 비평을 그릇된 양상으로 몰아간다. 즉 그런 이론 때문에 작품 앞에 서서 그것이 표현적인지, 무엇을 표현하는지, 그 작품이 무엇인가를 잘 말해주고 있는지 아니면 매우 서툴게나마 말해주는 것이 있는지 혹은 전적으로 아무것도 말해주는 바가 없는지 등을 묻는 대신에 그 작품이 서사시니 비극이니 역사화니 풍경화니 하는 것들의 법칙을 준수했는지 아닌지를 묻게 되는 것이다. 사실 예술가들은 말로는 동의한다고 하고 짐짓 복종하는 척하지만, 실제로는 이런 장르의 법칙을 항상 무시해왔다. 제대로 된 예술작품이라면 기존에 수립되어 있던 모든 장르들을 붕괴시켰고 비평가들의 관념을 뒤집어놓았다. 새로운 예술작품이 출현할 때마다 비평가들은 좀 더 확장된 장르를 제시하는 수밖에 없었고, 결국 그러한 장르마저 지나치게 협소해져 자연히 다시 새로운 물의를 빚고 이어서 새로운 혼란과 새로운 확장이 뒤따르게 되었다.

이와 같은 이론에서 유래한 편견 때문에 한때(과연 그것이 지나간 과거사일 뿐일까?) 이탈리아에는 비극이 없다는 둥(영광스러운 이탈리아의 머리 위에 이제껏 이탈리아가 가져보지 못한 유일한 장식인 비극이라는 화관을 씌워준 이가 나타나기 전까지), 프랑스에는 서사시가 없다는 둥(볼테르의 『앙리아드』가 비평가들의 갈등을 풀어주기 전까지) 한탄하곤 했다. 새로운 장르를 창안해낸 이에게 보내는 찬사 역시 편견과 관련되어 있다. 그래서 17세기에 영웅 풍자시가 등장한 것이 중요하게 여겨지고 그것을 창안해낸 자가 누구냐 하는 것이 마치 아메리카 대륙의 발견자가 누구냐 하는 식의 명예가 걸린 논쟁거리가 된다. 그러나 그런 이름으로 꾸며진 작품들(『도둑맞은 양동이』나 『신성모독』 같은 작품들)은 실패했다. 그도 그럴 것이 (조금은 모자라는 듯도 한) 그 작가들은 새롭게 혹은 독창적으로 말할 만한 것이 아무것도 없었기 때문이다. 보잘것없는 시인들은 인위적으로 새로운 장르를 창안해내려고 머리를 짜내기도 했다. 그래서 애초에는 농촌을 다룬 목가인 전원시라는 장르만이 있었다가 거기에 어촌을 주제로 한 목가가 새 장르로 덧붙여졌고, 심지어는 군대 목가까지 추가되었다. 아민타는 변형되어 알체오가 되었다.* 결국 이러한 장르들에 매료되어 몇몇의 예술사가, 문학사가들은 개개의 문학·예술작품들을 다루는 것이 아니라 공허한 환영에 불과한 그 장르의 역사를 기술하는 것이 자신들의 임무라고 주장하기에 이르렀다. 그들은 예술적 정신의 진화보다는 장르들의 진화를 그려낼 것을 주장한다.

예술과 문학의 장르들이 이제껏 공히 예술 활동이라고 수행되어온 것들이나 좋은 취미라고 인식되어온 것을 공식화하고 논증하려 할 때에는 철학적 비난을 면하기 어렵다. 만일 공식으로 축소된 좋은 취미와 실제 사실이 때로 역설적인 모습을 취한다면 어떻게 할 것인가?

분류의 경험적 측면
──────────

스스로의 이해를 위해, 또는 관심을 불러일으키고자 하는 일군의 작품들을 대략적으로 지적하고자 하는 경우라면, 비극이나 희극, 희곡, 소설, 더 나아가 풍속화, 전쟁화, 풍경화, 해변 풍경화, 시, 운문, 서정시 등을 거론하는 것이 학문적으로 부정확한 것은 아니다. 그저 어떤 단어나 어구를 사용한다고 해서 정의나 법칙이 수립되는 것은 아니기 때문이다. 그러므로 단지 문제는 그러한 단어가 마치 학문적 정의인 양 행세할 때, 그래서 우리가 천진하게도 그러한 용어법의 그물에 붙잡히게 될 때 발생할 뿐이다. 비유컨대 도서관의 책들은 분명히 이러저러한 방식으로 배열되어 있다. 보통은 대략적인 주제에 따라 배열되곤 한다. (거기에는 수필이니 괴기물이니 하는 범주가 빠지지 않고 포함된다.) 한편 그들은 크기나 출판자에 따라 배열될 수도 있다. 누가 이러

──────────

* Aminta는 이상화된 농촌생활을 노래한 목가이고, Alceo는 뱃사람들을 소재로 한 드라마다.

한 배열의 필요성과 효용성을 부정하겠는가? 그러나 만일 어떤 이가 오로지 실용성이 목적일 뿐인 이러한 전적으로 임의적인 구별로부터 문학적 법칙을 진지하게 탐구하기 시작했다면, 그래서 수필과 괴기물의 문학적 법칙, 심하게는 알도 문고와 보도니 문고[*]의, 혹은 서가 A와 서가 B의 문학적 법칙을 찾는다면 우리는 무어라 해야 할 것인가? 진지한 탐구의 자세로 예술과 문학의 장르들을 지배하는 미학적 법칙을 찾고자 하는 사람들은 바로 이와 같은 수고를 하고 있는 셈이다.

---

* 알도 문고는 16세기 베니스의 인쇄업자 마누치오가 중심이 되어 편집·출간한 그리스·로마 고전 문고이고, 보도니 문고는 인쇄업자이며 활자 디자이너인 보도니가 편집한 고전 문고다.

V. 역사 이론과 논리학에서 발생하는 유사한 오류들

이러한 비판을 더 잘 수행하기 위해 예술의 진정한 본질 및 예술과 역사, 예술과 학문 간의 관계를 무시한 데서 기인한 비슷하면서도 다른 오류들을 잠깐 살펴보는 것도 유용할 것이다. 이들 오류는 미학뿐 아니라 역사의 이론과 학문의 이론, 즉 역사적인 것(혹은 히스토리올로기아)과 논리적인 것에도 상처를 입혔기 때문이다.

역사철학에 대한 비판

유난히도 지난 두 세기 이래 현재까지 역사적 주지주의(Historical intellectualism)는 역사철학, 이념의 역사, 사회학, 역사심리학 등을 발견해내려고 시도했다. 이러한 것들은 이름이야 어찌 되었건 그 목적이 역사로부터 개념과 보편법칙을 추출해내려 한다는 점에서 공통적이다. 이들의 법칙, 이들의 보편자는 어떤 것이어야 할까? 역사적 법칙, 역사적 개념일까? 이 경우라면 지식에 관한 이론의 기초만 알고 있더라도 이러한 시도 자체가 어리석은 일임을 밝혀낼 수 있다. 역사적 법칙이니 역사적 개념이니 하는 표현이 일상 회화에서 쓰이는 비유가 아닌 다음에야 그러한 표현이 이미 모순적 용어이기 때문이다. 이들은 '질적인 양', '다원주의적 일원론' 같은 표현처럼 형용사와 명사가 부적합하게 연결된 경우다. 즉 역사라는 말에 함축되어 있는 것은 구체성과 개별성이며, 법칙과 개념이라는 말이 의미하는 것은 추상성과 보편성이다. 따라서 역사로부터 추출해낼 수 있는 것은 역사적 법칙이나 역사적 개념이 아니라 단순히 개념과 법칙이라고 주장해야 하며, 이럴 때에만 그러한 시도 자체가 경솔한 것이라는 비난을 면할 수 있다. 그러나 이렇게 해서 얻어진 학문은 역사철학이 아니다. 경우에 따라 그것은 철학이거나(단일한 하나이면서도 동시에 윤리학, 논리학 등으로 다양하게 한정될 수 있는), 아니면 무한한 분과들을 거느린 경험과학일 것이다. 실제로 그런 학문은 모든 역사적 구성의 기초에 놓여 있으면서 지각과 직관, 역사적 직관과 순수 직관, 역사와 예술을 구별해주는 철학적 개념들을 탐구하는 것이거나, 아니면 이미 형성된 역사적 직관들을 모아 그들을 유형과 범주들 속에 귀속시키는 것, 즉 자연과학의 방법을 의미한다. 때로 위대한 사상가들조차 역사철학이라는 맞지 않는 외투를 걸쳐 입는 경우가 있었다. 그러나 그들의 경우, 외관이야 어찌되었건 그 속에 위대한 철학적 진리가 들어 있었다. 즉, 잘못 입은 외투만 벗어버린다면 진리가 드러날 수 있다. 하지만 현대의 사회학자들은 가능치도 않은 학문인 사회학에 대해 환상을 품고 있는 것으로 보인다. 그러나 더 비난받아야 할 것은 이러한 환상 자체가 아니라 그것이 결국은 아무 결실도 맺지 못한다는 사실이다. 미학을 '사회학적 미학'으로 불러야 한다거나 논리학을 '사회학적 논리학'으로 불러야 한다는 문제는 어찌되었건 상관이 없다. 심각한 잘못은 그러한 미학은 모든 것을 감각에 귀속시키려는 부질없는 시도에 불과하며, 그러한 논리학은 단지 말만 그럴듯할 뿐 모순적이라는 점이다. 그러나 이제껏 언급한 철학적 움직임이 역사와 관련하여 두 가지 좋은 결실을 얻은 것은 사실이다. 우선 역사 이론에 관한 더욱 첨예한 욕구가 일어난 것을 들 수 있다. 역사 이론이란 역사의 본질과 한계에 관한 이론인데 앞서 행한 분석에 따르면 직관에 관한 일반학, 즉 미학에 의해서만 충족될 수 있다. 미학 안에서 역사 이론은 특수한 한 장을 형성하는데, 이는 보편성의 기능이 개입되기 때문이다. 한편 역사철학은 비록 그릇되고 염치없는 외투라고는 해도 그 속에 종종 역사적 사건들과 관련된 구체적 진리들을 담고 있다는 점을 들 수 있다. 수반되는 규칙들과 주의사항만 정해진다면 역사철학이 학생이나 평론가들에게 결코 무용한 것이 아님은 경험상 의심의 여지가 없다. 사적 유물론이라는 가장 최근의 역사철학에서도 이러한 효용성은 발견된다. 사적 유물론은 과거에는 무시되거나 잘못 이해되었던 사회적 삶의 많은 부분에 매우 생생한 빛을 던져주고 있다.

논리학으로 침입한 미학

학계를 지배하고 있는 권위 혹은 독단이라는 원리에 의지해서 역사는 과학과 철학의 영역에 개입한다. 그 결과 증거나 문서 혹은 믿을 만한 증언 같은 것들 — 역사의 경우라면 이런 것들은 필수 불가결하겠지만 — 이 내적 성찰과 철학적 분석을 대신하게 되었다. 하지만 사유와 지성적 지식의 학문, 즉 논리학을 가장 심각하고 파괴적으로 방해하는 것은 역사가 아니라 미적인 것에 대한 불완전한 이해다. 논리적 활동이 미적 활동 이후에 오며 그 자신 속에 미적 활동을 포함하는 것이라면 이는 당연한 결과가 아니겠는가? 부정확한 미학은 필연적으로 부정확한 논리학을 끌고 다녀야 한다.

아리스토텔레스의 『오르가논』으로부터 현대에 이르기까지 논리학에 관한 모든 저작들은 다 마찬가지로 언어에 관련된 것과 사유에 관련된 것, 문법적 형식과 개념적 형식, 미학과 논리학을 되는 대로 혼합시켜놓고 있다. 언어적 표현에서 벗어나 사유를 그 진정한 본질 그대로 파악하려는 시도는 아직껏 이뤄지지 않고 있다. 아리스토텔레스의 논리학조차 철저히 삼단 논법인 것은 아니며, 철저히 언어만의 논리학이라고 하기에도 애매함과 망설임이 존재한다. 중세에는 유명론자들과 실재론자들 그리고 개념론자들 사이의 논쟁이 논리학 고유의 문제라고 할 수 있는 것들을 종종 다뤘다. 근대 자연과학에서는 갈릴

레오와 베이컨 덕분에 귀납법이 각광을 받기 시작했지만, 한편 비코는 독창적인 방법을 가지고 형식 논리학과 수학적 논리학에 대항했다. 칸트는 선험적 종합에 주의를 집중했으며 절대 관념론은 아리스토텔레스의 논리학을 멸시했다. 헤르바르트의 추종자들은 비록 아리스토텔레스의 논리학에 충실하기는 했지만, 한편으로는 여타의 논리적 판단들과는 전적으로 다른 성질을 가진 판단들 — 그들은 이것을 '이야기하기(narrative)'라고 불렀다 — 을 강조했다. 마지막으로, 언어학자들은 개념과의 비교를 통해 언어의 비합리성을 주장하게 되었다. 그러나 논리학의 재구성을 위한 의식적이며 확실한 그리고 또한 근본적인 움직임은 미학을 기초로 해야 하며 미학 이외의 다른 어디에서도 그 출발점을 찾을 수 없다.

진정한 논리학

이러한 기초 위에서 제대로 재구성된 논리학은 우선 나머지 모든 결론들의 출발점이 되는 다음과 같은 사실을 선언한다. 논리적 사실에 해당하는 것은 유일하게 개념뿐이다. 곧 보편자이며 보편자를 형성해내는 정신이다. 한편 보편자들을 형성해내는 과정을 '귀납'이라 하고 그러한 보편자들이 언어적으로 전개된 것이 '연역'이라면, 진정한 논리학은 귀납논리학이 될 것임이 분명하다. 그러나 '연역'이라는 단어가 특정한 수학적 과정으로 이해되는 경우가 잦고 '귀납' 역시 자연과학의 한 방법론으로 생각되어왔으므로 이러한 용어들을 쓰지 않은 채 진정한 논리학을 개념의 논리학이라 부르는 것이 좋겠다. 개념의 논리학은 귀납과 연역, 둘 중 어느 하나만을 배타적으로 사용하지 않고 두 가지 방법 모두를 사용한다. 즉, 사변적이라고 불리는 그 자체 고유한 방법이다.

개념, 즉 추상적 보편자는 **표현될 수 없다.** 보편자에 적절한 단어란 있을 수 없다. 그러므로 언어의 형태는 변하더라도 논리적 개념은 항시 똑같다. 개념의 입장에서 본다면 표현은 단순한 기호이거나 지시다.

표현은 없어서는 안 될 것이지만 그것이 어떤 모습을 띠게 될지는 말하고 있는 개인의 역사적·심리적 조건에 의해 결정된다. 표현은 개념으로부터 연역되지 않는다. 단어들이 단 하나의 진정한(논리적) 의미를 갖고 있는 것은 아니며 개념을 형성해내는 개인들이 그때그때마다 그 단어에 부여하는 것이 그 단어들의 진정한 의미다.

논리적 판단과 비논리적 판단의 구분

사정이 이와 같다면 진정한 논리적(즉, 미적이면서 동시에 논리적인) 명제들, 다시 말해 엄밀하게 논리적인 판단들은 개념 정의를 내용으로 삼는 명제임에 틀림없다. 이러한 명제나 판단이 곧 정의다. 학문이란 정의들이 모여서 더욱 상위의 정의를 이룬 것에 불과하다. 즉, 개념들의 체계 혹은 최상의 개념이다.

그러므로 (최소한 예비단계로서라도) 보편자를 말하고 있지 않은 모든 명제들을 논리학에서 배제할 필요가 있다. 소위 이야기하는 판단들(narrative judgements) 또는 예컨대 욕망의 표출 같은 아리스토텔레스가 단언적이지 않은 것이라 명명한 판단들은 적절한 논리적 판단이 아니다. 그런 것들은 역사적 명제이거나 순전히 미적인 명제다. "피터가 지나간다. 오늘은 비가 온다. 나는 졸립다. 책을 읽고 싶다." 이 외에도 이와 같은 종류의 무수히 많은 명제들은 피터가 지나간다는 사실, 내리는 비, 잠자고 싶어 하는 나의 생리 기관, 읽고자 하는 나의 의지 등의 인상을 단순히 단어로 포장한 것이거나 아니면 그러한 사실들의 존재를 확인하는 것에 불과하다. 그것들은 실재하는 것의 표현, 실재하지 않는 것의 표현 중 어느 하나이며 그런 의미에서 그것들은 역사적이면서 상상적인 것 혹은 순수하게 상상적인 것, 둘 중 하나다. 그러므로 분명한 것은 그것들이 보편자에 관한 정의가 아니라는 사실이다.

지금까지의 논의 과정에 대해서는 큰 반론이 없을 것 같다. 이는 이미 거의 기정사실화된 것이며, 다만 이를 명확하고 확고하며 일관성 있게 만드는 일만이 요구될 뿐이다. 그러나 **삼단논증**이라 불리는 인간의 사유의 한 부분—삼단논증 역시 분명히 개념에 기초한 판단과 추론으로 이뤄진다—은 어떻게 간주되어야 할까? 삼단논증이란 무엇인가? 스콜라철학에 반발했던 인문주의자들, 절대적 관념론자들, 혹은 관찰과 실험이라는 자연과학적 방법론에 대한 우리 시대의 열광적 찬양자들이 그랬듯이 삼단논증을 쓸모없다고 경멸해야 할까? 삼단논증, 즉 형식적인 추론은 진리의 발견이 아니다. 자기 스스로 혹은 다른 이들과 더불어 해설하고 논쟁하고 의논하는 기술이다. 이미 형성된 개념이나 이미 관찰된 사실에서 출발하여 진리와 사유의 불변성(동일률과 모순율이 이런 것이다)에 의존하면서 그러한 자료로부터 나올 수 있는 당연한 귀결을 제시하는 것이다. 즉, 이는 이미 발견된 것의 재진술이다. 발견의 견지에서 볼 때라면 그저 같은 말을 되풀이하는 것이지만, 교육적으로 혹은 설명을 제시한다는 면에서는 매우 유용하다. 삼단논증의 형식을 따라 확인하는 것은 스스로 자신의 사유를 검토하고 타인의 사유를 비판하는 방법이 된다. 삼단논증을 비웃어 넘기기는 쉽지만 그것이 탄생하여 지속되어왔다면 그만한 이유가 있었음에 틀림없다. 물론 삼단논증의 남용은 빈정거려줄 만하다. 예컨대 사실이나 관찰, 직관에 관련된 의문들을 삼단논증으로 풀어보려고 하거나 삼단논증적 외형에만 의존하여 문제에 대한 깊은 성찰이나 편견 없는 조사를 무시하는 것이 그것이다. 아무튼 소위 **수학적 논리학**이 때로 우리의 기억에 편이를 도모해주고 스스로 사유의 결론을 빠르게 검토할 수 있도록 해주는 것이 사실이라면 이 삼단논증의 형식 역시 기꺼이 받아들이기로 하자. 이는 라이프니츠에 의해 예견되었으며, 우리 시대의 몇몇에 의해 다시 시도된 바 있다.

그러나 엄밀히 말해 삼단논증은 설명과 논증의 기술이므로 그 이론이 철학적 논리학의 최고봉을 차지할 수는 없다. 만일 그렇게 된다면 이는 개념에 관한 이론의 영역을 침범하는 것이 된다. 개념에 관한 이론이란 가장 중심적이고 지배적인 이론으로서 삼단논증이 가진 모든 논리적인 것은 하나도 남김없이 그 속에 포함될 수 있기 때문이다. (예를 들어 개념들 간의 관계, 종속, 통합, 동일함 등.) 또한 잊어서는 안 되는 것은 개념과 (논리적) 판단과 삼단논증이 동일선 상에 있는 것이 아니라는 사실이다. 즉, 유일하게 논리적인 사실은 개념뿐이며 판단이나 삼단논증은 개념이 자기 자신을 드러내는 형식들이다. 따라서 이들이 형식적인 한 이들은 반드시 미학에서 (문법적으로) 다뤄져야 할 성질의 것이다. 그러나 한편으로 그들이 가진 내용만큼은 논리적인 것이라 한다면 이 경우 형식은 차치한 채 개념의 이론으로 옮겨가야만 조사될 수 있다.

논리적 허위와 미적 진리

제대로 사유하지 못하는 사람은 제대로 쓰지도 못하고 말하지도 못한다거나, 정확한 논리적 분석이 훌륭한 표현의 기초가 된다는 등의 일상적 이야기들이 분명한 사실임은 지금까지의 논의를 통해 확인되었을 것이다. 사실 이러한 이야기들은 동어반복인데, 표현이 곧 논리적 사유를 직관적으로 파악하는 것을 뜻하므로 제대로 추론한다는 것과 스스로를 제대로 표현한다는 것은 결국 같은 것이기 때문이다. 모순율이라는 것도 기본적으로는 미적 정합성의 법칙에 다름 아니다. 한편 그릇된 개념들로부터도 제대로 된 추론이 나올 수 있다는 점과 마찬가지로, 비록 그 출발은 그릇된 개념들로부터였더라도 쓰거나 말하는 것은 매우 잘해낼 수 있다는 주장이 있을지 모르겠다. 이 주장에 따르면 비록 위대한 발견을 할 만큼의 재능은 없더라도 명쾌한 작가로서는 손색이 없는 사람들이 있다는 것이다. 글을 잘 쓴다는 것은—비록 그것이 오류일지언정—자신의 사유에 대해 명확한 직관을 갖고 있느냐 아니냐에 달린 것일 뿐이며, 따라서 이는 학문적 진리가 아닌 미적 진리와 관련되는 것이고, 미적 진리의 명확한 직관을 갖는 다는 것이야말로 곧 글을 잘 쓴다는 것과 같다는 것이 그 이유다. 쇼 펜하우어 같은 철학자가 예술은 플라톤적 이데아들의 표상인 것으로 생각했다고 치자. 이 주장은 학문적으로는 가치가 없는 주장이다. 그 럼에도 불구하고 그는 이 잘못된 지식을 미적으로는 최고로 진실하게 훌륭한 문장으로 전개할 수 있다는 것이다. 그러나 이러한 모든 반론 에 대해 우리는 이미 대답한 바 있다. 말하는 이나 글 쓰는 이가 잘못 사유된 개념을 언표하는 바로 그 순간 그의 말도, 그의 글도 그릇되어 버리는 것이다. 비록 그가 나중에 앞서 저지른 잘못과 무관한 올바른 명제들을 제시하고, 그래서 혼란된 표현에 뒤이어 명석한 표현이 이어 지더라도 말이다.

재구성된 논리학

사정이 이와 같으므로 여전히 논리학을 방해하는 요소들인 판단 형식 들이나 삼단논증 등에 관한 모든 연구는 사라져버리거나 아니면 다른 어떤 것으로 대체되어야 할 운명에 처해 있다. 그 대신 개념과 개념들 의 유기적 구조와 정의, 체계, 철학과 다양한 학문 등에 관한 이론이 그 분야를 차지하게 될 것이고, 그것들로만 진정하고 적절한 논리학이 구성될 것이다.

처음에는 미학과 논리학 사이의 긴밀한 관계가 약간은 의심스러 웠고 그랬기에 미학을 감성적 인식의 논리학으로 간주했던 사람들이 있 었는데, 특히 이들은 이 새로운 지식에 논리적 범주들을 적용하고자 몰두했다. 그들은 미적 개념이니 미적 판단이니 미적 삼단논증 등을 언급 했다. 그러나 강단에서 가르치는 전통 논리학이 영구불변한 것이라는 믿음을 비교적 덜 가지고 있으며 미학의 본질에 대해 더 많은 정보가 주어져 있는 우리로서는 논리학을 미학에 적용하기를 권하고 싶지 않다. 오히려 미적 형식들로부터 논리학을 해방하는 데 찬성한다. 미학과 결합된 논리학에서는 임의적이고 잘못된 구분들의 채택으로 인해 논리학에는 존재하지도 않는 형식들이나 범주들이 생겨났다.

그러나 이렇게 재구성된 논리학은 여전히 형식논리학이 될 것이다. 여기서는 진정한 사유의 형식이며 활동인 개념—그러나 개별적이며 특수한 개념들은 제외된다—이 연구된다. 과거의 논리학도 형식논리학이라 불렸지만 이는 잘못이다. 차라리 언어적 또는 **형식주의적** 논리학이라고 부르는 것이 나을 것 같다. 형식논리학은 형식주의적 논리학을 몰아내게 될 것이다. 이 목적을 위해서라면 몇몇 사람이 주장하듯이 진정한 논리학이니 실질적 논리학이니 하는 것에 의존할 필요도 없을 것이다. 이러한 논리학들은 사유에 관한 학문이 아니라 활동하고 있는 사유 그 자체다. 즉, 이들은 논리학일 뿐만 아니라 논리학까지도 포함된 철학 전체다. 상상력에 관한 학문(미학)이 표현학인 것과 마찬가지로 사유에 관한 학문(논리학)은 개념학이다. 두 학문의 번성은 그들 각각의 영역을 매우 세밀한 부분까지 얼마나 정확히 구별지을 수 있느냐에 달려 있다.

이탈리아어 제4판에서 추가된 노트

논리학에 관한 이 장에서의 관찰이 전적으로 다 명쾌하고 정확한 것 같지는 않다. 그러나 그러한 부분은 논리학을 주제로 한 **정신철학**의 제2권에서 좀 더 깊은 연구를 통해 분명해졌고 또 수정되었다. 그 책에서는 논리적 명제와 역사적 명제 사이의 구분이 다시 한 번 검토되며 그들 사이의 종합적 통일도 예시되고 있다.

VI. 이론적 활동과 실천적 활동

이미 지적한 바와 같이 정신의 이론적 영역은 직관적 형식과 지성적 형식으로 이뤄져 있다. 그러나 이에 대해 좀 더 완벽히 알려 한다면, 게다가 또 다른 일련의 그릇된 미학 이론을 비판하기 위해서라면 먼저 이론적 정신과 실천적 정신과의 관계를 분명히 해두어야 한다.

의지

실천적 형식 또는 활동이라고 하는 것은 곧 의지를 말한다. 여기서 말하는 의지란 어떤 철학 체계에서 이야기하듯 우주의 근본이고 사물들의 기초이자 진정한 실재라는 의미로 사용된 것이 아니다. 또한 좀 더 넓게 쓰이는 의미를 좇아 정신의 에너지라든가, 일반적으로 말하는 정신 혹은 활동 전반—이러한 때라면 인간 정신의 모든 활동은 의지의 활동이 된다—을 뜻하지도 않는다. 이런 식의 형이상학적이거나 은유적인 의미는 그 어느 것도 우리가 뜻하는 바가 아니다. 우리에게 있어서 의지란 일반적으로 이해되고 있는 것처럼 이론적 관조와 구별되는 정신의 활동으로서, 지식이 아니라 행위들을 낳는 것을 말한다. 행위란 의지에 기인하는 만큼에 한해서만 진정한 행위이다. 물론 무언가를 하려는 의지 속에는 보통 우리가 말하는 하지 않으려는 의지도 포

함되어 있다. 저항의 의지, 거부의 의지, 프로메테우스의 의지 등도 행
위다.

지식에 의존하는 의지

인간은 이론적 형식을 가지고 사물들을 이해하며 실천적 형식을 가지
고 사물들을 변화시킨다. 전자를 통해 우주를 전유하며 후자를 통해
우주를 창조한다. 그러나 전자는 후자의 기초가 된다. 양자 사이에서
는 앞서 우리가 미적 활동과 논리적 활동 사이의 관계를 언급할 때 거
론된 이중의 단계가 좀 더 큰 규모로 재현되고 있다. 의지로부터 독립
된 앎을 생각하는 일은 어떤 의미에서는 가능하다. 그러나 앎으로부
터 독립된 의지를 생각하는 것은 불가능하다. 맹목적 의지는 의지가
아니다. 진정한 의지는 눈을 가지고 있다.

　　우리에게 어떤 대상의 본질을 알려주는 것은 역사적 직관(지각)과
(논리적) 관계에 대한 지식인데, 이것들 없이 우리가 어떻게 의지를 지
닐 수 있겠는가? 만일 우리가 주위의 세계에 대해 아는 바가 없거나 행
위를 통해 사물들을 변화시키는 방법을 모른다면 대체 어떻게 실제로
[무언가를 행할] 의지를 지닐 수 있겠는가?

반론에 대한 논증

행위 하는 인간, 완벽한 실천인은 사색하거나 이론화하는 일이 거의
없다는 반론이 있다. 그러한 사람들의 에너지는 사색의 단계에서 머
뭇거리는 일 없이 곧장 의지로 돌입한다는 것이다. 한편 이와는 반대
로 사색적 인간이나 철학자는 실천적인 일에는 재능이 없고 의지가
약하기 때문에 혼돈스러운 생의 와중에서 도태되어버리기 쉽다고 한
다. 그러나 쉽게 알 수 있듯이 이러한 구분은 단지 경험적이며 양적일

뿐이다. 실천적 인간이 행위를 하는 데 있어 철학적 체계가 필요한 것은 분명히 아니다. 그러나 실제로 행위를 하는 국면에서는 인간은 자신이 완전히 명확하다고 생각하는 직관들과 개념들로부터 출발한다. 그렇지 않다면 가장 일상적인 행위들조차 행할 의지를 지닐 수 없다. 예를 들어 음식물을 알지 못하고 특정한 움직임과 특정한 만족이 원인과 결과로 서로 연결된다는 것을 알지 못한다면 먹을 의지를 지닌다는 것은 불가능하다. 좀 더 복잡한 행위의 형식들로 옮겨가서 정치를 예로 들어본다 해도 사회의 현재 상황 및 그에 따라 채택되어야 할 수단과 방편을 모르는 상태라면 정치적으로 좋은 것이건 나쁜 것이건 어떻게 의지를 지닐 수 있겠는가? 실천적 인간이 이러한 점들에 대해 다소간 모르는 것이 있다고 느끼든가 혹은 의심이 들 때에는 행위는 멈춰지거나 아예 시작되지도 않는다. 인간의 행위들이 재빠르게 연속될 때에는 거의 알아차릴 수 없거나 빠르게 잊히곤 하는 이론적 순간이 이런 때에는 중요하게 부각되고 우리의 의식 속에 오래 남아 있게 된다. 만일 이 순간이 길어진다면 실천적 인간은 상황 및 사용 수단에 관한 이론적 명석함의 결핍과 행위에 대한 욕구 사이에서 분열하는 햄릿이 되어버릴지도 모른다. 한편 그가 사색과 발견에 취미를 붙여서 범위야 어찌되었건 의지하거나 행위 하는 일을 포기해버린다면 그에게는 예술가나 학자 혹은 철학자—이런 사람들은 실천적인 면에서는 때때로 무능력하거나 매우 부도덕하다—의 조용한 성품이 형성되는 것이다. 이상의 모든 관찰들은 분명히 사실이며 부정할 수 없을 만큼 정확하다. 하지만 되풀이하거니와, 이것은 양적인 구분에 기초하고 있으며 하나의 행위는—아무리 미미한 것일지라도—인식적 활동이 선행하지 않는 한 결코 진정한 행위, 즉 의지에 따른 행위가 될 수 없다는 점을—반증하기는커녕 오히려—확인해주고 있다.

한편 몇몇 심리학자들은 실천적 행위가 있기 전에 전적으로 특수한 부류의 판단들이 있다고 하는데, 그들은 그것을 **실천적 판단 혹은 가치판단**이라고 부른다. 그들의 말에 따르면 하나의 행위를 수행하기로 결정하기 위해서는 "이 행위는 유용하다. 이 행위는 선하다" 같은 취지의 판단이 있어야 한다. 일견 우리의 의식을 통해 드러난 증거가 이러한 주장을 옹호해줄 것 같은 생각이 든다. 그러나 더 자세히 관찰하고 예리하게 분석해보면 그러한 판단들은 의지에 선행하는 것이 아니라 그에 뒤따르는 것이며 이미 행사된 의지에 관한 표현일 뿐임이 드러난다. 선한 행위, 유용한 행위란 의지에 따른 행위다. 사물들에 관한 객관적 연구로부터 유용함이나 선함을 증류해낸다는 것은 불가능한 일일 것이다. 우리가 어떤 사물들을 욕구하는 것은 그것들이 유용하고 선하다는 것을 알고 있기 때문이 아니다. 오히려 욕구하기 때문에 우리는 그것들의 유용성과 선함을 알게 된다. 이러한 일이 의식 속에서 너무도 재빨리 일어나는 까닭에 우리는 그 선후관계에 대해 잘못된 생각을 가졌던 것이다. 실천적 행위가 지식을 전제로 하는 것은 분명하지만 이 경우의 지식이란 실천적 지식, 아니 좀 더 정확히 말해 실천적인 것에 관한 지식이 아니다. 실천적인 것에 관한 지식이란 먼저 실천적 행위가 있어야만 얻어질 수 있는 것이다. 따라서 실천적 판단들이니 가치판단들이니 하는 제3의 계기는 전적으로 허구다. 이론과 실천이라는 두 계기 혹은 두 단계 사이에 제3의 계기란 없다. 한편 일반적으로 말해, 실천적 활동과 관련된 가치의 형태들을 찾아내기 위한 규범적 혹은 규정적 학문이란 존재하지 않는다. 사실 어떤 종류의 활동이건 간에 활동을 위한 학문이란 존재하지 않는다. 왜냐하면 모든 학문은 활동이 이미 발현되었음을 전제로 하여 그 활동을 자신의 학문의 대상으로 간주하고 있는 것이기 때문이다.

이러한 구분이 수립되었으므로 이제 우리는 미적 활동과 실천적 활동을 연계시키거나 실천적 활동과 관련된 법칙을 미적 활동에 도입하려는 모든 이론을 오류라고 비난해야 한다. 학문은 이론이요 예술은 실천이라고 자주 거론되어왔다. 이런 말을 하는 사람들, 또 미적인 것이 곧 실천적인 것이라고 생각하는 사람들은 결코 변덕스럽거나 뜬구름을 잡고 있기 때문에 그러는 것은 아니다. 그들은 실제로 실천적인 어떤 것을 겨냥하고 하는 소리다. 그러나 그들이 목적으로 삼고 있는 실천적인 것은 미학이 아니며 미학에 속하지도 않는다. 그것은 미학에서 제외되는, 미학 밖에 있는 것이다. 비록 종종 그 둘이 결합되기도 하지만 그 결합이 필연적인 것은 아니며 둘의 본질이 동일하기에 그런 것도 아니다.

　미적인 사실은 인상의 표현을 조탁함으로써만 완성된다. 머릿속에서 어떤 낱말 하나를 찾아냈을 때, 확실하고 생생하게 어떤 형태나 형상을 떠올렸을 때, 음악적 모티프를 발견해냈을 때 바로 그때 표현은 태어나고 또한 완성된다. 그 외에 다른 아무것도 필요없다. 그런 이후 만일 우리가 입과 목구멍을 벌려 말하거나 노래하기로 의지를 발휘한다면, 다시 말해 우리 속에서 이미 완전하게 말해지고 노래된 것을 입에서 나오는 단어나 들을 수 있는 멜로디로 중얼거리려 한다면, 또 만일 우리가 손을 뻗쳐서 피아노의 건반을 두드릴 의지를 갖거나 붓이나 끌을 들어 이미 우리 마음속에 작고 재빠르게 형성되었던 것을 다소 오랫동안 그 흔적을 남길 수 있는 재료들 속에다 좀 더 큰 규모로 만들고자 의지를 발휘한다면, 이러한 모든 것은 추가적인 일이며 전자와는 완전히 다른 법칙을 따르는 것이다. 비록 이제는 이 두 번째 움직임이 사물의 제작이며 실천적인 것이고 의지와 관련된 것임을 알게 되었지만 표현이 완성되는 그 순간은 이것과 아무 관련이 없다. 일상적으로 내적인 예술작품이니 외적인 예술작품이니 하고 구분하는데, 우리가 보기에 이 용어법은 부적절하다. 예술작품(미적 작품)은 항상 내적이기 때문이다. 외적이라 불리는 것은 더 이상 예술작품이 아니다. 또 어떤 이들은 미적인 것과 예술적인 것을 구분하기도 한다. 그들은 예술적인 것이란 미적인 것에 뒤따라올 수도 있는—실제로 보통 그러하다—외적이며 실천적인 단계를 의미한다고 한다. 그러나 이러한 구분은 단지 언어 사용의 문제일 뿐이다. 별 의심 없이 받아들일 수는 있다고 생각하지만 그리 권장할 만하지는 않다.

예술의 목적 및 내용 선택에 관한 이론 비판

우리가 예술을 이런 식으로 이해하는 한 예술의 목적을 탐구하려는 것 역시 어리석은 일이다. 예술로서의 예술이 예술의 목적이기 때문이다. 또 예술의 내용은 취사선택되어야 한다는 이론도 같은 오류의 또 다른 형태다. 왜냐하면 어떤 것을 선택한다는 것은 곧 예술을 어떤 목적에 고정시킨다는 것이기 때문이다. 인상들과 감각들 중에서 선택할 수 있다는 것은 이미 그들이 인상이나 감각이 아니라 표현이라는 것을 함축하고 있다. 그렇지 않다면 진행 중이고 불명료한 것들을 어떻게 선택할 수 있겠는가? 선택은 의지다. 이것에 대해 의지를 갖고 저것에 대해 의지를 갖지 않는 것이 선택이다. 그럴 때 이것과 저것은 표현된 것으로서 우리 앞에 제시되어 있어야 한다. 실천은 이론을 뒤따를 뿐 결코 선행하지 않는다. 표현은 자유로운 영감이다.

사실 진정한 예술가는 자신의 분야에서 자기가 훌륭하다는 것은 알고 있지만 어떻게 그렇게 되는지는 알지 못한다. 그는 다가오는 탄생의 순간을 느끼지만 그것은 의지에 달린 것일 수 없다. 만일 그가 영감의 반대 방향으로 움직이길 원한다면, 즉 임의로 선택하길 원한다면, 예컨대 아나크레온*으로 태어나서 아트레우스와 헤라클레스 같은 영웅을 노래하고자 한다면, 그의 이러한 거역의 노력에도 불구하고 그

---

* 고대 그리스의 서정 시인으로, 주로 사랑과 술에 대한 상찬을 노래했다.

의 악기인 리라는 아프로디테와 에로스 같은 사랑의 신만을 노래해서 그의 잘못을 깨우쳐줄 것이다.

예술은 실천적인 것에 책임이 없다

따라서 실천적인 면에서나 도덕적인 면에서는 [예술의] 주제나 내용을 칭찬도 비난도 할 수 없다. 예술 비평가가 어떤 주제가 잘못 선택되었다고 말할 때, 그 관찰이 그럴만한 근거를 가졌다면 이 질문은 주제의 선택을 비난하는 것이 아니라(이는 어리석은 일이다) 예술가가 주제를 다루는 방법, 즉 표현 속에 들어 있는 모순으로 인해 그 표현이 실패했음을 비난하는 것이다. 그리고 비평가가 예술적으로 완벽하다고 주장하는 작품에 대해 주제나 내용이 예술의 가치가 없고 오히려 비난받아 마땅한 것이라고 반박하는 경우, 만일 이 경우 그 표현들이 정말로 완벽하다면, 우리는 그 비평가들에게 예술가들은 그저 그들의 영혼을 감동시킨 것으로부터 영감을 뽑아냈을 뿐이니 그들을 그냥 내버려두라고 충고할 수밖에 없다. 이런 비평가들은 차라리 주위를 둘러싼 자연과 사회에 변화를 야기하는 쪽으로 주의를 환기하는 것이 낫겠지만 그런다고 해서 그런 인상이나 영혼의 상태가 늘 불러일으켜지는 것은 아니다. 만일 이 세상에서 추함이 사라져버리고 보편적인 미덕과 더없는 행복만이 존재한다면 예술가들 역시 아마도 더 이상 일그러지거나 염세적인 감정들이 아니라 진짜 아르카디아*의 사람들, 즉 고요하고 순진무구하며 즐거운 감정들만을 표상할 것이다. 그러나 추함과 악함이 자연에 존재하며 그런 것들이 예술가들에게 부여되는 한 그러한 감정들의 표현을 막는 것 또한 불가능한 일이다. 그리고 이미 그러한 표

---

* 17세기 말 로마의 시인들이 일으킨 문학운동의 이름이자 그들이 이상향으로 삼았으며, 소박한 자연을 간직하고 있다고 믿었던 고대 그리스의 도시국가 이름. 실제로 그리스 남부 펠로폰네소스 반도 중앙부에 위치해 있다.

현이 생겨났다면 되돌리기에는 이미 늦었다. 우리가 전적으로 미적인 관점에서, 순수한 예술 비평의 관점에서 이야기하는 것이라면 이런 식으로 말할 수밖에 없다.

우리는 '선택'과 관련된 비평이 예술가들로 하여금 스스로 편견을 만들게 하고, 그들의 예술적 충동과 비평가들의 요구 사이에 충돌을 야기함으로써 예술작품의 생산에 상처를 준 것이 사실이라고 생각한다. 하지만 그것을 따져보고 싶은 마음은 없다. 사실 때때로 그러한 비평은 제법 유용한 것으로 보이기도 한다. 즉 예술가들로 하여금 자기 자신─그들 자신의 인상, 그들 자신의 영감─을 발견하도록 해주며 그들이 살고 있는 역사적 시기와 그들의 기질이 그들에게 어떠한 과제를 부여하고 있는가 하는 점을 인식하게 해주기 때문이다. 그러나 이 경우에도 '선택'에 관한 비평이 표현을 발생시키는 것은 아니다. 단지 이미 형성된 표현들을 인식하고 지원해줄 뿐이다. 비평은 자신이 어머니인 줄로 믿고 있겠지만 기껏해야 조산원에 불과하다.

예술의 독립성

내용을 선택하는 일이 가능하지 않다는 지금까지의 결론을 통해 비로소 예술의 독립성이라는 원리가 완성된다. 또한 그러한 결론만이 '예술을 위한 예술'이라는 말이 뜻하는 바를 제대로 해석한 것이 된다. 예술은 학문으로부터 독립적이며 동시에 유용성 및 도덕으로부터도 독립적이다. 이렇게 되면 하찮거나 조야한 예술까지도 정당화될지 모른다고 걱정하겠지만 사실은 그렇지 않다. 정말 하찮은 것, 정말 조야한 것은 그것이 아직 표현의 단계까지 오르지 못했기에 그런 것이다. 바꾸어 말하자면 사소함이나 조야함이란 미적인 차원에서 형식이 내용을 파악하는 데 실패했다는 뜻이지 결코 내용 그 자체의 질료적인 성질이 그러하다는 뜻은 아니다.

"양식이 곧 그 사람이다(the style is the man)"라는 격언을 제대로 비판하려면 역시 이론적인 것과 실천적인 것의 구별 및 미적 활동의 이론적 성질을 그 출발점으로 삼아야 할 것이다. 인간을 단지 지식과 관조뿐인 것으로 볼 수는 없다. 인간은 의지다. 물론 그 의지 속에는 인식적 계기가 포함되어 있다. 따라서 이 격언은 하나마나한 이야기이거나 아니면 오류다. 즉 이것이 인간이란 다름 아닌 표현 활동일 뿐이라는 뜻에서 사실이라면, 이는 완전히 공허한 이야기에 불과하다. 한편 이것이 인간이 의지에 따라 행한 것은 그가 표현해놓은 것을 통해 추론될 수 있으며, 따라서 지식과 의지 사이에는 논리적 연관 관계가 있다고까지 주장하려는 시도라면 이는 오류다. 예술가의 전기에 등장하는 수많은 전설 같은 이야기들은 바로 이러한 잘못된 동일시로부터 유래한 것이다. 관대한 감정들을 표현으로 완성해내는 사람은 실제 생활에서도 고상하고 관대할 것 같으며, 찌르고 해치는 것으로 일관하는 연극의 극작가는 실제로도 그런 짓을 할 것 같기 때문이다. 예술가들은 "우리가 쓰는 글이 과장되었다 해서 우리의 삶까지 그런 것은 아니다"라고 반박해보지만 소용없는 일이다. 오히려 거짓말쟁이이며 위선자라는 꼬리표까지 덧붙여질 뿐이다. 한심한 베로나의 여인들이여, 단테가 실제로 지옥까지 내려가보았을 것이라고 그대들이 믿었던 이유가 그의 새까만 용모 때문이었다니 그대들은 정말 지나치게도 총명했구나! 그대들의 믿음은 어디까지나 역사적 억측이었다.

예술에 있어서 진실함의 개념에 대한 비판

마지막으로 예술가에게 부과되는 의무인 **진실함**(sincerity, 윤리적 법칙이지만 미적 법칙이기도 하다) 역시 또 다른 이중적 의미에 기초한 것임을 지적하고 싶다. 우선 진실함이란 "남을 속여서는 안 된다" 같은 도덕적 의무를 의미할 수 있다. 그러나 이 경우라면 예술가와는 상관없는 이야기다. 그는 아무도 속이지 않는다. 그는 이미 그의 영혼에 존재하고 있던 것에 형식을 부여한 것뿐이다. 그가 자신의 과제의 본질을 달성하지 못하여 예술가로서의 의무를 배신하는 때에 한해서만 그에게 속인다는 말을 할 수 있다. 만일 거짓말과 속임수가 그의 영혼 속에 있었다 하더라도 그가 이런 것들에게 부여한 형식은 분명히 미적인 것이기에 속임수나 거짓이 될 수 없다. 만일 예술가가 협잡꾼, 사기꾼 혹은 악한이라면 그는 이러한 자신의 또 다른 자아를 예술에 반영함으로써 그것을 정화하는 것이다. 두 번째로, 진실함이 표현의 충실함과 진리를 뜻한다면 이는 윤리적 개념과는 분명히 아무 연관이 없다. 이렇게 볼 때 윤리적 법칙이며 동시에 미적 법칙이라고 했던 것이 결국은 윤리학과 미학에서 공통으로 사용하는 하나의 단어에 지나지 않음이 드러난 셈이다.

VII. 이론적인 것과 실천적인 것의 유사점

실천적 활동의 두 형식

이론적 활동이 미적과 논리적이라는 이중의 단계를 가지고 있는 것처럼 실천적 활동도 유사한 구조를 가지고 있는데, 이것이 마저 설명되지 않고는 실천적 활동에 관한 논의가 끝났다고 할 수 없다. 실천적 활동 역시 두 단계로 나누어지는데, 둘째 것 속에는 첫째 것이 함축되어 있다. 실천적 단계의 첫 번째 것이란 단순히 유용한 혹은 **경제적인** 활동이며 두 번째 것은 **도덕적** 활동이다. 경제학은 실천적 생활의 미학이며 도덕은 그것의 논리학인 셈이다.

경제적으로 유용한 것

이제껏 철학자들이 이 부분에 대해 명확한 고찰을 한 적도 없고 경제적 활동이 정신의 체계 속에서 차지하고 있는 위치가 정확히 매겨진 적도 없으며 정치 경제학에 관한 논문들의 서문에서조차 이 부분이 불명료하고 발전되지 못한 상태로 방치되어온 이유는—여러 가지이겠지만 그중에서도—유용한 것이라든가 경제적인 것이라는 개념이 때로는 기술적인(technical) 것과 때로는 이기적인(egoistic) 것과 혼동되어왔기 때문이다.

유용한 것과 기술적인 것의 구별

기술이 특별한 정신 활동의 하나는 아니다. 기술은 지식이다. 지식이 실천적 행위의 기초가 된다면 기술이 곧 일반적 지식 그 자체다. 우리는 그렇게 되는 경우를 본 적이 꽤 있다. 실천적 행위로 곧장 이어지지 않는, 혹은 그렇게 되기 곤란하다고 여겨지는 지식을 우리는 "순수하다"라고 하며 같은 지식이라도 결과적으로 행위가 뒤따르면 "응용되었다"고 한다. 그리고 만일 그것이 손쉽게 실천적 행위로 연결될 수 있으리라 여겨진다면 그것을 일컬어 "응용 가능하다" 또는 "기술적이다"라고 한다. 따라서 이 단어는 지식이 처해 있는 — 또는 쉽게 처하게 되리라 생각되는 — 상황을 지적하는 말일 뿐 결코 지식의 어떤 특수한 형태를 가리키는 것이 아니다. 따라서 하나의 지식에 주어져 있는 질서가 본질적으로 순수한지 응용되었는지를 확증해내겠다는 것은 전혀 가당치 않은 일이 될 것이다. 모든 지식은 — 아무리 추상적이고 철학적이라 여겨지더라도 — 실천적 행위로 가는 길잡이다. 예컨대 순수한 지식이라고 할 수 있는 궁극적인 도덕법칙에 이론적 오류가 있다면 이는 항상 어떤 식으로건 실천적 생활에 반영될 것이다. 사람들은 대충 비학문적으로만 어떤 진리는 순수하며 어떤 진리는 응용되었다고 말할 수 있을 뿐이다.

기술적이라 불리는 지식을 유용한 지식이라고 할 수도 있다. 그러나 앞서 가치판단에 대한 비판에서 언급했던 바에 따르자면 여기서 '유용한'이라는 단어는 그저 말하는 방법의 하나일 뿐이거나 아니면 은유적으로 사용되었다고 이해할 수밖에는 없다. "물은 불을 끄는 데 유용하다"고 할 때의 '유용한'이라는 단어는 학문적 의미로 쓰인 것이 아니다. 불에 뿌려진 물은 '소화'라는 결과를 낳는 원인이 된다. 이것이 소방관의 행위의 기초가 되는 지식이다. 화재를 진압하는 사람의 유용한 행위와 그러한 지식 사이에는 본질적이 아닌 단순한 순서상의 연계가 존재할 뿐이다. 물의 효과에 관한 기술이란 [이런 행위에] 선행하는 이론적 활동을 일컫는 것이며 오로지 불을 끄는 인간의 행위만을 가리켜 유용한 것이라 할 수 있다.

이기적인 것과 유용한 것의 구별

몇몇 경제학자들은 유용성, 즉 단순히 경제적인 행위나 의지를 이기적인 것과 동일시한다. 여기서 이기적인 것이란 도덕 법칙과 무관한, 실제로는 그것과 완전히 정반대인 것, 즉 단지 개인적으로, 개인에게만 이익이 되는 것을 말한다. 따라서 이기적인 것이란 부도덕한 것이다. 사정이 이러하다면 경제학은 윤리학과 다른 정도가 아니라 오히려 완전히 정반대가 되는—마치 신에게 맞서는 악마나 시성식 도중에 악마를 찬양하는 사람처럼—매우 이상한 학문이 될 것이다. 따라서 이런 식의 개념은 결코 받아들일 수 없다. 부도덕에 관한 학문은 도덕에 관한 학문 속에 함축되어 있어야 마땅하다. 이는 마치 진리에 관한 학문인 논리학이 허위까지도 포함하며 성공적인 표현의 학문이 성공적이지 못한 표현까지도 포함하는 것과 같은 이치다. 그러므로 만일 경제학이 이기주의에 대해 학문적으로 다룬다면 그것은 윤리학의 일부가 되거나 윤리학 그 자체가 되어야 할 것이다. 모든 도덕적 결정에는 그와 동시에 반대되는 것의 부정이 포함되기 때문이다.

　더 나아가 우리의 양심은 경제적으로 행동하는 것이 곧 이기적으로 행동하는 것은 아니며—아무렇게나, 결과적으로 도덕과 정반대로 행위 하기를 원치 않는 한—가장 도덕적으로 양심적인 사람조차 유용하게(경제적으로) 행동해야 한다는 것을 알려주고 있다. 유용성이 곧 이기주의라면 이타주의자들도 이기주의자들처럼 행동해야 그들의 의무에 유용하다는 말인가?

経

경제적 의지와 도덕적 의지

우리가 실수만 하지 않는다면 이런 식의 난점은 표현과 개념, 즉 미학과 논리학의 관계라는 문제를 해결한 것과 똑같은 방식으로 해결될 수 있다.

경제적으로 의지를 갖는다는 것은 하나의 목적을 향해 의지를 갖는다는 것이며 도덕적으로 의지를 갖는다는 것은 합리적 목적을 향해 의지를 갖는다는 것이다. 하지만 유용함을 향한(경제적인) 의지를 가지고 행위하는 것이 아니고서는 누구도 도덕적인 의지를 가지고 행위 할 수 없다. 어떤 이가 합리적 목적을 향해 의지를 가졌다는 것은 이미 그가 그것을 자신의 개별적인 목적으로 의지했기 때문이 아닌가?

순수한 경제성

이상 언급한 것의 역은 성립할 수 없다. 미학에서 표현적 사실이 반드시 논리적 사실과 연결되어야 할 필요성은 없는 것과 마찬가지다. 도덕적인 의지를 가지지 않은 채 경제적인 의지만을 가지는 것은 불가능한 일이 아니다. 또한 객관적으로 혹은 의식의 좀 더 상위의 단계에서 볼 때 비합리적인(부도덕한) 목적을 추구하면서도 경제적으로는 완벽한 일관성을 견지하는 것도 가능하다.

도덕적 성질을 결여한 경제적인 것의 예로는 마키아벨리의 영웅 체사르 보르자*나 셰익스피어의 이아고 같은 인물을 들 수 있다. 비록 그들의 활동이 단지 경제적일 뿐이며 따라서 우리가 도덕적이라고 주장하는 것에 완전히 상반될망정 그들이 가진 의지의 강력함만큼은 뉘

---

* 르네상스 시대 이탈리아의 전제 군주. 목적을 위해 수단과 방법을 가리지 않는 냉혹한 처사로 사람들을 떨게 했으나, 마키아벨리는 이탈리아 통일의 희망을 걸 이상적 전제 군주로 보았다.

라서 칭찬하지 않겠는가? 보카치오의 치아펠레토*역시 같은 칭찬을
들을 만하다. 그는 임종할 때까지도 완벽한 악당으로서 자신의 이상
을 실현하고 추구한다. 그의 광적인 고해성사에 참석한 보잘것없고
겁 많은 좀도둑들은 다음과 같이 외친다. "이게 대체 어찌된 인간이냐?
나이도, 노쇠함도, 당장 그에게 닥칠 죽음에 대한 공포도, 잠시 후 그
가 서게 될 심판대의 주인인 신에 대한 공포도 그의 외고집을 움직일
수 없었다. 죽을 때만이라도 그가 살아왔던 방식과 다른 식이기를 바
랐으나 허사였다."

도덕의 경제적 측면

도덕적 인간은 체사르 보르자나 이아고, 혹은 치아펠레토의 집요함과
대담함에 성자나 영웅의 선한 의지를 결합한다. 선한 의지에는 그것을
선하게 만드는 측면과 더불어 그것을 의지로 만드는 측면도 포함되어
있다. 그렇지 않다면 선한 의지는 의지가 될 수 없을 것이며 그 결과 당
연히 선하지도 않을 것이다. 스스로를 표현하는 데 성공하지 못한 논
리적 사유는 사유가 아니라 기껏해야 아직 도래하지 않은 사유에 대
한 혼란된 예감에 불과한 것과 마찬가지다.
　　따라서 도덕과 무관한 인간이면 동시에 반경제적 인간이라고 간
주하거나 도덕을 생활 속의 행위들에서 시종일관하게 발견되는 요
소ー이것이 결국 경제성이다ー로 간주하는 것은 옳지 않다. 하나의
가설로서 전적으로 도덕의식이 결여된 한 인간을 생각하지 못할 이유
가 없다. (전 생애 동안은 아니더라도 최소한 어떤 시기, 어떤 순간에
는 이 가설이 사실임이 입증된다.) 그런 사람들에게는 우리에게 부도
덕한 것도 부도덕한 것이 아니다. 그렇게 느껴지지 않기 때문이다. 바
람직한 합리적 목적으로서 추구한 것과 그와는 무관하게 이기적으

---

*　보카치오의 『데카메론』에 나오는 인물

로 추구한 것, 이 양자가 모순된다는 의식, 즉 우리가 반경제성이라 부를 수 있는 이러한 모순이 그에게는 생겨날 수조차 없다. 도덕적 양심을 가지고 있는 사람에게만 비도덕적 행동이 곧 반경제적 행동일 수 있다. 사실 도덕적 가책―이것이 곧 그가 도덕적 양심을 가졌다는 징표다―은 동시에 경제적 가책이기도 하다. 경제적 가책이란 스스로를 감정에 휩쓸리도록 방치하는 대신에 완전하게 의지를 갖는 방법 및 처음에 소망했던 도덕적 이상을 획득하는 방법을 알고 있었어야 했다는 후회를 뜻한다. 즉, 그는 올바른 것을 알고 있었고 거기에 동의하면서도 결과적으로는 그릇된 것을 따랐던 것이다. 여기서 '알고 있었다'는 것과 '동의했다'는 것이 바로 처음에 소망했던 의지로서, 이 의지가 뒤집혀지고 모순을 일으켰기에 가책을 가지게 된 것이다. 도덕적 감각이 결여된 사람에게는 순전히 경제적인 가책만을 인정해야 한다. 예컨대 도둑이나 자객이 물건을 훔치거나 살인을 하려는 순간 긴장되고 혼란되어, 혹은 순간적으로 도덕의식이 되살아나서―결코 그의 품성이 변했기 때문이 아니라―하려던 일을 멈췄을 때의 가책 같은 것이 그것이다. 제정신으로 돌아왔을 때 그런 도둑이나 자객은 후회하며 자신의 일관성 없음을 부끄러워할 것이다. 그의 가책은 나쁜 짓을 했다는 것이 아니라 하지 않았다는 것에서 비롯된다. 따라서 도덕감각이 없는 것으로 가정한 이상 이는 경제적 가책이지 도덕적인 것이 아니다. 그러나 대부분의 사람들에게는 도덕의식이 살아 숨 쉬고 있으며 그것이 완전히 결여되어 있는 사람은 아마도 존재하지 않거나 만일 있다 하더라도 거의 보기 드문 괴물일 것이므로 일반적으로 도덕성은 일상의 행동에 있어서의 경제성과 일치한다고 보아도 무방할 것이다.

'도덕과는 무관한 것'이라는 오류, 그리고 순전히 경제적인 것

우리가 옹호하고 있는 이런 식의 비교가 학문의 영역에다 '도덕과는 무관한 것'이라는 범주를―실제로 행위이고 의지이지만 도덕적이지

도 비도덕적이지도 않은 것을—새로 개입시키는 것인지 아닌지 하
는 점은 걱정하지 않아도 좋다. 이러한 범주는 허락된 것, 혹은 허용된
것이라는 범주로서 이 범주의 팽배는 예수회 교단의 도덕성에서 보듯
이, 항시 윤리적 타락의 원인이었거나 결과였다. 도덕과는 무관한 행
위란 존재하지 않는다는 것이 분명하다. 왜냐하면 도덕적 활동은 인
간의 가장 최소한의 의지적 움직임에까지도 스며들어 있으며 또 그래
야만 하기 때문이다. 하지만 이 사실은 기존에 확립된 비교를 뒤집기
는커녕 오히려 확인해주고 있다. 학문과 지성적인 것—이들은 직관들
을 보편적 개념들 속에 용해시키거나 그들을 역사적 증언으로 변화시
킨다—은 필연적으로 모든 직관에 스며들어서 그들을 분석한다. 우
리는 이미 진정한 학문인 철학은 소위 '자연과학'이라 부르는 것들과
는 달리 자신의 진로를 방해하는 아무런 외적 한계도 갖고 있지 않음
을 살펴본 바 있다. 학문은 인간의 미적 직관들을, 도덕은 인간의 경제
적 의지들을 완전히 지배한다. 비록 직관적 형식이나 경제적 형식 없이
는 그 구체적 모습을 드러낼 수 없지만 말이다.

공리주의에 대한 비판, 윤리학과 경제학의 재구성

유용한 것과 도덕적인 것, 경제적인 것과 윤리적인 것이 이러한 동일성
과 차이점을 가진 채 결합되어 있다는 사실을 통해 우리는 오늘날 공
리주의적 윤리학 이론이 왜 성공을 거두고 있는지를 알 수 있다. 모든
논리적 명제에서 미적 측면을 드러내기가 어렵지 않은 것처럼 사실 모
든 도덕적 행위에서 공리주의적 측면을 발견하여 이를 예시하기란 쉬
운 일이다. 따라서 아무리 윤리적 공리주의를 비판하기 위해서라지만
이러한 사실을 외면한 채 어리석게 있지도 않은 **무용한** 도덕적 행위,
즉 공리적이 아닌 도덕적 행위의 사례들을 찾으려고 시간을 낭비해서
는 안 될 것이다. 공리주의적 측면은 인정되어야 마땅하다. 하지만 우
리는 그것을 오히려 도덕성의 구체적 형식이며, 도덕성이라는 형식의

내부에 존재하여 그것을 구성해내는 것이라고 설명해야 한다. 공리주의자들은 바로 이 내부를 고려하지 않는다. 이러한 생각들을 더욱 풍부하게 전개시키기에는 이 지면이 그리 적합한 장소인 것 같지 않다. 그러나 어찌되었건 (우리가 논리학과 미학에 대해 말했던 것과 마찬가지로) 윤리학과 경제학도 그들 간에 존재하는 관계를 좀 더 정확히 규정하는 것이 분명히 양자 모두에게 이득이 될 것이다. '유용함'이라는 개념을 활동의 한 형식으로 봄으로써 이제 경제학은 아직도 그것과 뒤섞여 있는 수학적 측면들을 초월하려고 시도하고 있다. 사실 이 수학적인 측면이라는 것도 이론적인 것과 역사적인 것의 혼동인 역사주의를 극복하고, 수많은 작위적인 분류와 그릇된 경제 이론을 파기함으로써 얻을 수 있었던 진보적인 국면이긴 했지만 말이다. 이 유용함이라는 개념을 가지고서라면 한편으로는 소위 순수 경제학이라 부르는 준철학적인(semi-philosophical) 이론들을 취합·검증하기가 쉬울 뿐만 아니라, 다른 한편으로는 계속적인 보완과 보충을 통해—그리고 우리가 본 대로 철학적 방법으로부터 경험적·자연주의적 방법으로 옮겨가기가 쉬웠던 것처럼—강단에서 가르치는 소위 정치 경제학이니 국가 경제학이니 하는 개별적 이론들도 쉽게 포용할 수 있을 것이다.

실천적 활동에서의 현상과 본질

미적 직관이 현상 또는 자연을 파악하고 철학적 개념이 본질 또는 정신을 파악하는 것과 마찬가지로 경제적 활동은 현상 혹은 자연에 대해 의지를 가지며 도덕적 활동은 본질 혹은 정신에 대해 의지를 가진다. 진정한 자아이며 경험적이고 유한한 정신 속에 존재하는 보편자인 **정신 자체에 대해 의지를 갖는 정신**, 이것이야말로 가장 적절하게 도덕의 본질을 정의해주는 말이다. 이러한 진정한 자아의 의지가 곧 절대적 자유다.

VIII. 여타 정신적 형식들의 배제

정신의 체계

이상과 같은 개략적인 스케치를 통해 정신철학의 전모가 그 기본적 계기들과 함께 드러났다고 본다. 정신은 네 개의 계기 혹은 단계로 구성된 것으로 생각할 수 있는데, 이론적 활동 다음에 실천적 활동이, 그리고 첫 번째 이론적 단계 이후에 두 번째 이론적 단계가, 또 첫 번째 실천적 단계 이후에 두 번째 실천적 단계가 오는 식으로 배열되어 있다. 이들 네 개의 계기는 구체성이라는 측면에서 볼 때 역순으로 서로를 함축하고 있다. 즉 개념은 표현 없이는 존재할 수 없으며 유용한 것은 이 둘 없이, 또 마찬가지로 도덕 역시 선행하는 세 단계 없이는 존재할 수 없다. 미적인 것만이 어떤 점에서 유일하게 독립적인 것이라면 나머지 것들은 다소간 의존적이라고 하겠는데, 논리적인 것이 가장 덜하고 도덕적 의지가 가장 심하다. 도덕적 의도는 주어진 이론적 기반에 기초하여 움직인다. 사실 우리가 예수회 교도들이 말하는 [지식 없이도 가능한] 의도의 조종 같은 불합리한 개념 — 이를 지지하는 사람들은 스스로도 너무나 잘 알고 있는 사실을 모르는 척하는 것이다 — 을 받아들이지만 않는다면 도덕적 의도가 이론적 기반을 결여하고 있다는 것은 생각할 수 없는 일이다.

인간 활동의 형식들이 이 네 가지라면 천재의 형식들 또한 이 네 가지다. 예술과 학문과 도덕적 의지에서 천재성을 부여받은 사람들, 혹은 영웅들이 있다는 것은 항시 지적되어온 바 있다. 그러나 순수한 경제성의 천재란 반감을 살 만하다. 그러나 사악한 천재들 또는 악마적 천재들이라는 범주가 존재해왔다는 것이 전혀 말도 안 되는 것은 아니다. 실용적인, 단순히 경제적인 천재, 즉 합리적 목적으로 향하지 않는 천재에게도 역시 놀라움과 함께 칭찬을 보낼 수밖에 없다. '천재'라는 단어가 단지 미적 표현의 창조자에게만 적용되어야 하는지 아니면 학문적 연구나 행위를 하는 인간에게까지 적용되어야 하는지를 논쟁하는 것은 단순히 단어의 문제에 불과할 것이다. 한편 '천재'는 어떤 종류이건 간에 항시 양적인 개념이며 경험적 구별이라는 점은 예술적 천재에 대해 설명했을 때 이미 언급한 것이어서 여기서 되풀이할 필요는 없을 것 같다.

활동의 다섯 번째 형식이란 없다: 법과 사회성

정신적 활동에 제5의 형식은 존재하지 않는다. 여타의 모든 형식들이란 결국 활동으로 간주될 수 없는 것들이거나 이미 살펴본 활동들을 문자 상으로만 변조한 것이거나 아니면 다양한 활동들이 섞여 있는 복합적이고 파생적인 것으로서 개별적인 것이고, 아무런 확정적인 내용을 담고 있지 않은 것이라는 사실을 쉽게 알 수 있을 것이다.

우리가 객관적인 법이라고 부르는 법적인 사실을 예로서 고려해보자. 이는 경제적 활동과 논리적 활동으로부터 파생된 것이다. 법이란 곧 규칙 또는 공식(불문법이건 성문법이건 여기에서는 문제가 안 된다)으로서 그 속에 개인과 사회의 의지에 따른 경제적 관계가 고정되어 있으며 바로 이러한 경제적 측면에서 법은 도덕과 결합되고 또 구별된다. 또 다른 예를 들어보자. 때로 사회학은 **사회성**이라고 하는 인간에게 있어 고유한 요소가 자신들의 연구 대상이라고 한다. (그리고 이것은 오늘날 사회학이라는 단어가 가지고 있는 주된 의미들 중 하나다.) 그러나 인간 이하의 존재들 사이에서는 발견되지 않고 인간 간의 만남에서만 발전되는 관계라는 이 사회성의 특징은 무엇인가? 결국 그것은 인간에게만 존재할 뿐 인간 이하에서는 존재하지 않거나 존재한다 해도 단지 희미한 정도일 것이라고 추측되는 바로 그 다양한 정신적 활동이 아니겠는가? 그러므로 사회성이란 고유하고 단순해서 더 이상 축소할 수 없는 개념이 아니라 오히려 매우 복합적이며 복잡한 것이다. 순수하게 사회학적이라고 할 수 있는 법칙은 하나도 없다는 점이 이를 증명해주는데, 이는 일반적으로 잘 알려진 사실이다. 사회학적 법칙이라고 잘못 불리고 있는 것들은 그것이 최소한 소위 진화의 법칙 같은 공허하고 막연한 일반화가 아닌 한 경험적이고 역사적인 관찰들이거나 정신의 법칙들—즉, 정신적 활동에 적용되는 개념들을 판단이라는 형태로 변형시켜놓은 것—이다. 또한 때로 '사회성'은 '사회적 규칙'에 다름 아닌 것으로, 즉 법 같은 것으로 이해되기도 한다. 따라서 사회학은 법학이나 법론과 혼동되기도 한다. 간단히 말해 법이나 사회성, 또 이와 유사한 개념들은 우리가 역사성이나 기술 등을 언급하고 분석했을 때 사용한 방식과 같은 식으로 다뤄질 수 있는 것들이다.

종교

종교적 활동은 다른 식으로 판정되어야 한다고 생각될지 모르겠다. 그러나 종교는 지식에 불과하며 우리가 언급한 지식의 두 가지 형식 및 그 부수 형식의 범위를 벗어나지 않는다. 종교란 실천적 열정과 이상의 표현이거나(종교적 이상), 역사적인 이야기이거나(전설), 개념적인 학문(교리학)이기 때문이다.

인간 지식이 진보하면 종교는 사라져버릴 것이라는 주장과 그때에도 종교는 항상 나타날 것이라는 주장은 둘 다 사실일 수 있다. 원시인에게 있어 종교는 그들이 가진 지적 재산의 전부였다. 우리의 종교 역시 우리의 지적 재산이다. 그 내용은 변하고, 더 좋아지고, 세련되어왔으며, 앞으로도 더욱 그렇게 될 것이다. 그러나 그 형식은 언제나 똑같다. 종교로 하여금 예술이나 비평, 철학 등의 인간의 이론적 활동과 같은 지위를 누리게 하겠다는 사람들에 의해 종교가 얼마나 유용하게 될지는 모르겠다. 하지만 종교 같은 불완전하고 열등한 종류의 지식을, 그것을 능가하며 오히려 그것을 반증하는 지식들과 나란히 보존하는 것은 불가능하다. 항시 일관성을 견지하고 있는 가톨릭 신앙은 그들의 견해나 교리와 모순되는 학문이나 역사나 윤리학을 결코 관용할 수 없을 것이다. 합리주의자들의 경우에는 일관성이 좀 덜한 편이다. 그들은 자신들의 전체 이론 세계와는 분명히 모순되는 종교를 위해 그들의 영혼에다 약간의 자리를 허락하고 싶어 한다.

그러나 우리 시대의 합리주의자들 사이에 만연해 있는 종교적인 체하려는 약점의 근원은 우리 시대가 너무도 성급하게 미신에 가깝도록 자연과학을 숭배하고 있다는 사실에 놓여 있다. 우리가 알고 있기로는 자연과학의 비중 있는 인사들까지도 과학이 온통 한계에 둘러싸여 있음을 인정하고 있다. 그러므로 학문이 곧 소위 자연과학이라는 잘못된 등식 때문에 그것이 밝힐 수 없는 나머지 — 이 나머지가 없다면 인간 정신은 지탱될 수 없다 — 는 종교에서 찾아질 것이라고 기대하게 된 것이다. 따라서 정치가를 위해서나 적당한, 그렇지도 않다면 병원에나 가는 편이 나을 듯한 불건전하고 불성실한 종교적 찬양이 재발하고 있는 이유를 우리는 유물론과 실증주의와 자연주의의 책임으로 돌려야 할 것이다.

철학은 종교를 대체하므로 종교가 존재해야 할 모든 이유를 제거해버린다. 정신에 관한 학문인 철학은 종교를 하나의 현상, 일시적이고 역사적인 어떤 것, 극복될 수 있는 심리적 조건으로 간주한다. 철학은 자연과학, 역사, 예술과 더불어 지식의 영역을 나누어 갖고 있다. 자연과학에 허용된 것은 열거와 측정과 분류이며, 역사는 개별적으로 발생한 것을, 예술은 개별적으로 가능한 것을 각각 드러내 보여준다. 종교가 차지해야 할 몫은 없다. 한편 이러한 이유에서 정신에 관한 학문인 철학은 정신이 직관한 자료에 관한 철학일 수 없다. 또한 지금까지 본 것처럼 역사철학도 자연철학도 아니다. 따라서 형식과 보편자가 아닌 질료와 개별자에 관한 철학적 학문은 있을 수 없다. 이러한 근거에서 형이상학은 불가능하다.

역사의 방법론 혹은 역사의 논리라고 하는 것이 역사철학이며 자연과학에서 사용되는 개념들에 관한 인식론이 자연철학이다. 철학은 역사에 대해서는 그것이 구성되는 방식(직관에 의해서냐, 지각에 의해서냐, 아니면 기록 자료, 가능성 등에 의해서냐)만을, 자연과학에 대해서는 그것을 구성하는 개념의 형식들(공간, 시간, 운동, 수, 유형, 범주 등)만을 연구할 수 있을 뿐이다. 그러나 위에서 설명한 의미에서 형이상학으로서의 철학은 이런 식으로 이미 적절하고도 효과적으로 자신들의 영역을 담당하고 있는 역사 및 자연과학과 경쟁할 것을 요구하고 있다. 이러한 도전은 도전하는 이의 무능함을 드러낼 뿐이다. 이러한 의미에서라면 우리는 반형이상학자들이다. 그러나 철학의 임무가 정신으로 하여금 자기 자신을 인식하게 하는 것으로서 자연과학의 단순히 경험적이고 분류적인 임무와는 구별된다는 사실을 주장하고 확인하기 위해 형이상학이라는 말을 쓸 수도 있을 것인데, 이 경우라면 우리는 스스로를 극단적 형이상학자로 칭할 수 있다.

형이상학은 그 자신을 정신에 관한 학문들과 같은 수준에 올려놓기 위해 형이상학을 생산해내는 특수한 정신적 활동의 존재를 주장하지 않을 수 없었다. 과거에는 이 활동을 정신적 상상력(mental imagination) 또는 상위의 상상력이라 불렀고, 현대에 와서는 심심치 않게 직관적 지성 혹은 지성적 직관이라 부르고 있다. 이 활동은 특별한 방식으로 상상력의 특징과 지성의 특징을 통합하고 있다는 것이다. 이 활동은 보편자와 특수자, 추상적인 것과 구체적인 것, 직관과 지성 양자 모두를 통찰하는 이상적인 능력을 가지고 있어서 연역법이나 변증법을 수단으로 하여 무한한 것에서 유한한 것으로, 형식에서 질료로, 개념에서 직관으로, 과학에서 역사로 움직여가는 방법을 제공한다고 한다. 진정 놀라운 능력이며, 소유하고만 있다면 최고로 가치 있는 능력임에 틀림없다. 그러나 그러한 능력을 가지고 있지 못한 우리로서는 그것의 존재를 입증할 방법이 전혀 없다.

신비주의적 미학

때로는 이러한 지성적 직관이 진정한 미적 활동으로 간주되기도 했다. 아니면 마찬가지로 놀라운 또 하나의 미적 활동—하여간 단순한 직관과는 전혀 다른 능력—이 지성적 직관의 바깥이나 아래쪽이나 위쪽에 놓여 있다고 생각되기도 했다. 사람들은 이러한 영광스러운 능력을 찬미해왔으며 예술의 창조—최소한 임의로 선택된 어떤 그룹들의 예술적 생산품들—는 바로 이러한 능력의 덕택이라고 한다. 예술과 종교와 철학은 결국 같은 것이라고 간주되기도 했고 아니면 때로는 하나이다가 때로는 그들 중 어느 하나가 좀 더 우월한 권위를 갖게 되는, 세 개의 구별되는 정신의 능력이라고 생각되기도 했다.

이런 식의 미학 개념 때문에 나타나고 있는, 혹은 나타날 만한 다양한 태도들은 일일이 다 열거하기가 불가능할 정도로 많다. 우리는 이것을 신비주의적이라고 부르고자 한다. 이 경우 우리는 상상력에 관한 학문의 영역이 아니라 상상력 그 자체, 즉 인상과 감정들로부터 뽑아낸 다양한 요소들을 가지고 자신의 세계를 창조해내는 상상력 그자체의 영역에 서 있는 것이다. 바로 이 신비로운 능력을 우리는 때로는 실천적인 것으로, 때로는 이론적인 것과 실천적인 것 사이의 중간자로, 또 때로는 철학 및 종교와 동등한 지위를 갖는 이론적 형식으로 간주해왔다.

예술의 필멸성과 불멸성

위에서 마지막으로 언급한 개념은 예술이 그의 자매들과 더불어 절대적 정신의 영역에 속한다고 간주하는 것으로서, 이로부터 예술의 불멸성이 추론되기도 했다. 반면 종교라는 것이 결국은 소멸하여 철학에 흡수된다고 보는 입장에서는 예술의 필멸성, 예술의 죽음 — 실제이든 아니면 최소한 임박한 것이든 간에 — 을 주장해오기도 했다. 이 문제는 우리에게는 아무 의미가 없다. 예술의 기능이 정신의 필수적 단계라는 것을 알고 난 지금, 예술이 제거될 수 있는지를 묻는 것은 감정이나 지성이 제거될 수 있는지를 묻는 것과 마찬가지이기 때문이다. 그러나 위에서 언급한 것과 같은, 스스로 작위적인 세계 안에 뿌리내리고 있는 형이상학의 세세한 구절까지 비판할 필요성은 없다. 이는 마치 우리가 알치나의 정원에 있는 나무들이나 아스톨포의 여정 같은 것을 비판해야 할 필요를 느끼지 않는 것과 마찬가지다.* 이 게임에 참

---

* 아리오스토의 『미친 올란도』라는 이야기에 등장하는 인물들로, 아스톨포에 매혹된 알치나는 그에게 싫증을 느끼자 그를 나무로 만들어버렸다고 한다. 나중에 마법에서 풀려난 아스톨포는 달에까지 가는 등 여러 놀라운 여행을 경험한다는 내용인데, 여기서 크로체가 말하고자 하는 바는 이 허구인 이야기를 비판하는 데는 세부적인 것까지 일일이 다 언급할 필요없이 그 전체가 허구라는 것으로 충분하며, 또 그렇게 하는 것만이 적절한 비판이라는 것이다.

여하길 거절함으로써만, 즉 형이상학을 여전히 위에서 지적한 의미로 이해한다면 바로 그러한 형이상학의 가능성을 거부할 때만 비판이 가능하다.

철학에는 지성적 직관이라는 것이 존재하지 않는다. 예술에도 마찬가지다. 거기에도 지성적 직관을 대신하는 것이라든가 그것의 등가물이라든가 하는 것은 아무것도 없으며, 이러한 가상의 기능을 부르거나 묘사하는 그 어떤 다른 방법도 존재하지 않는다. (다시 되풀이하자면) 다섯 번째의 단계, 다섯 번째의 능력을 위해 이론적인 능력 혹은 실천적이면서 동시에 이론적인 능력, 또 상상적이면서 지성적인 능력, 지성적이면서 상상적인 능력 등 그 어떤 것을 고려해보더라도 결론은 마찬가지다.

IX. 표현의 불가분성,
수사학에 대한 비판

예술의 특성

예술의 특성들에 대해서는 긴 목록이 제시되는 것이 보통이다. 그러나 여기까지 읽어온 독자라면, 즉 예술이 정신적 활동이며 이론적 활동이고 그중에서도 특수한 이론적 활동(직관적)임을 알고 있다면, 이러한 다양하고 수많은 특성들은 결국 우리가 미적인 것의 유로서의 성질이나 종으로서의 성질, 아니면 개별적 성질 등의 이름으로 이미 마주친 적이 있었던 것의 되풀이에 불과함을 발견하게 될 것이다. 이미 우리가 보아온 것처럼 통일성이니 다양성 속의 통일성이니 단순성이니 독창성이니 하는 특성들, 혹은 좀 더 정확히 말해, 그러한 특성들을 나타내는 단어들은 모두 유로서의 성질에 귀속될 수 있으며, 진리, 진실성 같은 특성들은 종으로서의 성질로, 생기, 명랑, 생동감, 구체성, 개성, 특징적 인상 등은 개별적 성질로 바꿀 수 있다. 단어들이야 얼마든지 다르게 변할 수 있다. 하지만 그렇더라도 그들이 학문적으로 무언가 새롭게 기여하는 바가 있을 것 같지는 않다. 표현의 분석은 이렇게 위의 몇 가지 성질들만 가지고 완전히 다 가능하다.

한편 이 시점에서라면 표현의 양태나 단계가 있는지를 물을 수도 있을 것이다. 즉 정신의 활동을 두 단계로 구분하고 그 각각을 다시 둘로 재분할했을 때, 그중 하나인 직관적-표현적인 것이 또다시 둘 혹은 그 이상의 직관적 양태들로, 이를테면 첫째, 둘째, 셋째의 표현 단계로 재분할될 수 있는지가 의문이라는 것이다. 그러나 이것은 불가능하다. 직관-표현들을 분류하는 일은 분명히 허용될 수 있겠지만 그것은 철학적인 일이 아니다. 개별적 표현들은 수많은 개별자들로서, 그들 간에는 표현이라는 공통점만이 있을 뿐 그중 어느 하나를 다른 것과 교환하는 일 같은 것은 가능하지 않다. 강단에서 쓰는 용어를 빌리자면 '표현'이라고 하는 것은 유개념으로는 기능할 수 없는 종개념이다. 인상이나 내용들은 변화한다. 모든 내용들은 제각기 다르다. 삶에는 똑같이 되풀이되는 것이 없기 때문이다. 더 이상은 축소될 수 없는 미적 형식들은 바로 이 내용들, 즉 인상들의 미적인 종합이 끊임없이 변화하기 때문에 다양성을 갖는다.

번역의 불가능성

이것으로부터 추론되는 당연한 결과가 번역의 불가능성이다. 번역이 마치 액체를 이런 모양의 그릇에서 저런 모양의 그릇으로 쏟아붓는 것처럼 하나의 표현을 또 다른 것으로 다시 주조한다는 의미로 이해되는 한 번역은 분명히 불가능하다. 이미 미적 형식으로 형성된 것이어야만 거기에 논리적인 작용을 가할 수 있다. 그러나 이미 미적 형식을 형성하고 있는 것을, 마찬가지로 미적인 또 다른 형식으로 축소할 수는 없다. 모든 번역은 정말이지 감소와 훼손이다. 아니면 기존의 표현을 도가니 속에 되돌려 넣고 소위 '번역자'라고 하는 사람의 개인적 인상과 혼합시켜 새로운 표현을 창조해낸 것이다. 전자의 경우라면 표현은 원래 모습 그대로 남아 있지만 번역이 다소간 결함이 있는 셈이다. 즉, 그 번역은 부적절한 표현이다. 후자의 경우라면 거기에는 분명히 두 개의 표현이 있다. "충실한 추함과 불충실한 아름다움"이란 모든 번역자들이 당면하고 있는 딜레마를 잘 표현해주고 있는 구절이다. 물론 단어와 단어를 바꾸거나 문장을 풀어쓰는 것과 같은 미적인 것과 무관한 번역은 원본에 대한 단순한 주석 정도로 간주될 수 있다.

수사학 범주들에 대한 비판

표현을 다양한 등급으로 나누는 일은 부적절한 일이지만 문학에서는 이것이 치장 이론(doctrine of ornament) 또는 수사학적 범주론이라는 이름으로 알려져 있다. 그러나 다른 예술 영역에서도 유사한 시도들이 없지 않다. 회화나 조각에서도 사실적 형식이니 상징적 형식이니 하는 말들이 매우 자주 입에 오르내린다는 사실을 상기해보라.

사실적과 상징적, 객관적과 주관적, 고전적과 낭만적, 단순한 것과 치장된 것, 은유적인 것과 문자 그대로의 의미만을 갖는 것, 은유의 열네 가지 형식들, 단어와 문장의 비유적 용법, 중복, 생략, 도치, 반복, 동의어, 동음이의어 등 표현의 양태나 단계에 대한 모든 범주화는 철학적으로 무가치한 것이다. 이들을 엄밀한 정의로까지 발전시키려는 모든 시도는 헛되거나 어리석은 것이기 때문이다. 이런 것들 중의 가장 전형적인 예가 은유에 대한 정의다. 은유는 보통 정상적인 단어 대신 쓰인 다른 단어로 정의된다. 하지만 도대체 왜 이런 귀찮은 일을 하는가? 왜 정상적인 단어를 부적절한 단어로 대신하는가? 빠르고 좋은 길을 알고 있는데 왜 길고 험한 길을 택하는가? 일반적으로 말하는 것처럼 정상적인 단어가 때로는 소위 부적절한 단어, 즉 은유만큼 표현적이지 않기 때문인가? 그러나 이 경우라면 은유가 바로 정상적인 단어이며 소위 '정상적' 단어라고 하는 것이 표현적이지 못한, 따라서 가장 부적절한 단어가 될 것이다. 다른 범주들에도, 예컨대 치장된 것에 관한 일반 이론에도 건전한 상식에 기초한 유사한 관찰을 적용해볼 수 있다. 여기에서는 예를 들어 치장이 어떻게 표현에 참여할 수 있는가를 질문할 수 있다. 외부적으로? 이 경우에 치장은 항상 표현과 분리된다. 내부적으로? 이 경우 치장은 표현을 보조하는 것이 아니라 표현을 훼손하는 것이다. 아니면 그것은 치장이 아니라 표현의 일부분으로서, 표현과 통합되어 있어 분리도 구별도 할 수 없는 표현의 구성요소다.

수사학의 구분에 의해 얼마나 많은 해악이 저질러졌는지는 말할 필요도 없다. 때로 수사학이 비난을 받았던 적도 있었다. 그러나 그것의 중요성에 대한 이견에도 불구하고 수사학의 원칙들은 잘 보존되어왔다. (아마도 철학적으로 일관성을 견지하고 싶어서 그랬던 모양이다.) 문학에서 수사학적 범주들이 기여한 바라고는 특정한 종류의 나쁜 글을 좋은 글 또는 수사학에 충실한 글이라고 부를 수 있게 했다는 것이다. 그런 글들이 좀 더 우월한 것이라고까지는 하지 않았을지 모르지만 최소한 그런 글들을 이론적으로 정당화한 것은 분명하다.

수사학 범주들의 경험적 의미

따라서 위에서 언급한 용어들은 다음 중 어느 하나의 의미로 사용되어야만 그 모든 것들을 우리에게 가르쳐준 학교 교육의 수준을 넘어설 수 있다. (그렇지 않고는 그것들은 미학적 논의에 직접 사용될 기회를 영영 찾지 못하거나 기껏해야 조롱하기 위한 희극적 의도로만 사용될 수 있을 뿐이다.) 첫째, 그들은 미적인 것을 나타내는 **다른 표현법**이다. 둘째, 미적이지 않다는 것을 지적하는 의미를 갖는다. 마지막으로 (이것이 가장 중요한데) 더 이상 예술과 미학이 아니라 학문과 논리학에 봉사하기 위해 사용된 것이다.

첫째의 경우를 살펴보자. 직접적이고 확실한 표현들은 여러 범주로 나
눌 수 없지만 어떤 것은 성공적이고 다른 것은 반쯤 성공적이며 또 다
른 것은 실패한 것이라는 구분은 있을 수 있다. 완전한 표현과 불완전
한 표현, 성공적인 표현과 성공적이지 못한 표현이 있는 것이다. 따라
서 앞서 언급한 용어들은 때로는 성공적 표현을, 또 때로는 여러 가지
형태의 실패를 지적해주는 것이다. 그러나 이 용어들의 사용은 매우
모순되고 변덕스러워서 똑같은 용어로 어떤 때는 완벽함을, 또 어떤
때는 비난받을 불완전함을 지적하는 경우가 자주 있다.

　예를 들어 어떤 이들은 두 장의 그림—하나는 영감을 받지 못한
작가가 자연의 대상을 아무런 지성의 개입 없이 베껴낸 것이고, 다른
하나는 영감을 받았으나 실재 사물과는 무관하게 그린 것—에 대해
전자를 사실적, 후자를 상징적이라고 말할 것이다. 반면 다른 이들은
일상생활의 한 장면을 재현한 것이 강렬하게 느껴지는 작품에 대해 사
실적이라는 말을 사용하고, 단지 차가운 비유에 불과한 작품에 대해
상징적이라는 말을 적용한다. 앞의 경우에서는 상징적이 곧 예술적이
며 사실적이란 비예술적임을 뜻하는 것인 데 반해 두 번째 경우에서는
사실적이 예술적과, 상징적이 비예술적과 각각 동의어로 쓰였음이 분
명하다. 어떤 이는 진정한 예술 형식은 상징적이며 사실적인 것은 비예
술적이라 하고, 어떤 이는 그 반대라고 서로 열띤 주장을 펴다니 놀랍
지 않은가? 우리로서는 둘 다를 옳다고 할 수밖에 없다. 왜냐하면 그
들 각각은 똑같은 단어를 서로 다른 의미로 사용하고 있는 것이기 때
문이다.

　고전주의와 낭만주의에 관한 논쟁도 이러한 애매함에 근거한 경우
가 많다. 때로 고전주의는 예술적 완벽함으로, 낭만주의는 균형감의
상실과 불완전함으로 이해되었다. 그러나 또 어떤 때에는 '고전적'은
냉정하고 인위적인 것을, '낭만적'은 순수하고 따뜻하며 강렬하고 진
정 표현적인 것을 의미했다. 이와 같이 고전적과 낭만적 양자의 자리

를 서로 바꾸어놓는 것은 언제나 가능했다.

양식(style)에 대해서도 똑같은 상황이 벌어진다. 모든 작가는 양식을 가져야 한다고 한다. 여기서의 양식이란 표현 혹은 형식과 동의어다. 그러나 한편으로 법전, 수학과 관계된 저술 등에는 양식이 없다고 할 때에는 표현의 다양한 양태들, 즉 치장된 형식이니 순수한 형식이니 하는 의미를 다시 받아들이는 것으로, 이는 이미 오류로 밝혀진 것이다. 양식이 곧 형식이므로 법전이나 수학 논문 역시 나름대로의 양식을 갖고 있다고 하는 것이 당연하기 때문이다. 또 어떤 때, 평론가들의 이야기를 들어보면 "양식이 너무 많은 작가"라거나 "양식을 쓰는 작가"라는 등으로 비난하는 소리를 들을 수 있는데, 이러한 때의 양식이란 형식이나 형식의 양태를 가리키는 것이 아니라 부적절하고 가식적인 표현, 즉 비예술적 형식을 뜻하는 것이 분명하다.

미적 불완전함을 의미하는 수사학 범주들

둘째, 즉 이러한 수사학적 범주에서 사용되는 단어나 구분 등이 그래도 의미를 가질 수 있는 경우는 우리가 작문시험에서 만날 수 있는 다음과 같은 진술들을 통해 알 수 있다. 여기에는 중복법이 쓰였고, 여기에는 생략법이 쓰였으며, 은유는 저기에, 동의어나 다의적 표현은 여기에 …… 등등. 그러나 이러한 것들의 의미란 결국 다음과 같다. 이것은 필요보다 많은 수의 단어가 쓰인 오류다(중복법). 또한 이것은 너무 적은 단어가 쓰인 오류이며(생략법), 또한 이것은 부적절한 단어의 사용(은유), 다른 사물을 말한다고 생각되지만 실제로는 같은 것을 가리키는 단어들의 사용(동의어), 같은 사물을 표현한다고 생각되지만 실제로는 다른 것을 가리키고 있는 단어들의 사용(다의적 표현) 등의 오류라는 것이다. 그러나 이는 [대상의] 문제를 지적하고 [이를] 교정하기 위해 이 용어들을 사용하는 경우로서 첫 번째 경우보다는 일반적이지 않다.

세 번째이자 마지막으로, 수사학의 용법은 앞서 살펴본 것과 같은 미학적 의미를 전혀 갖고 있지 않더라도 전적으로 무의미한 것은 아니다. 논리학과 학문에 봉사하는 것으로 사용된다는 측면은 주목할 만하다. 하나의 규정된 용어란 곧 작가에 의해 학문적 의미로 사용된 하나의 개념이라는 사실이 타당하다면 그 작가가 같은 생각을 나타내기 위해 부수적으로 사용한 다른 용어들은 그가 꼭 맞는 어휘라고 확정했던 것의 입장에서 볼 때 은유나 제유나 동의어나 생략적 형식 등이 된다는 것은 당연한 이치다. 우리도 이 글의 서술과정에서 우리가 채택한 단어들의 의미를 명확히 하기 위해 여러 번 그런 식의 언어를 사용해왔고 앞으로도 얼마든지 그렇게 할 의사가 있다. 그러나 이는 학문이나 철학적 비평과 관련된 토론에서나 가치가 있을 뿐 문학과 예술비평에서는 아무 가치가 없다. 학문에서라면 문자 그대로의 의미를 지닌 단어와 은유가 공존할 수 있다. 즉, 똑같은 개념이 심리적으로 다양한 상황에서 형성될 때 그 각각의 직관적 표현이 다를 수 있는데, 이 경우 그 학자의 학문적 용어법이 확립되어 있다면, 그래서 여러 표현들 중 어느 하나만이 정확한 것이라고 정해져 있을 때라면, 나머지 것들은 전적으로 비유가 되는 셈이다. 그러나 미적인 것에는 적절한 단어 이외의 것이란 없다. 만일 같은 하나의 직관이라면 그것이 표현되는 방법 역시 단 하나뿐이며 또한 같다. 그것이 개념이 아니라 직관이기 때문이다.

학교에서의 수사학 교육

한편 수사학 범주들이 미학적 존재가치가 없다는 점은 인정하면서도 어떤 이들은, 특히 문예학교 같은 곳에서라면 그러한 것들이 유용할 수도 있다는 점을 아직 유보해두고 있는 것 같다. 하지만 솔직히 말해 우리는 어떻게 오류나 혼란이 논리적 분별력을 키워줄 수 있는지 이해하기 힘들며, 교육을 방해하는 그러한 오류나 혼란으로부터 도움을 받을 수 있다는 것도 무슨 이야기인지 알 수 없다. 아마도 이런 상황이 의미하는 바는 이러한 경험적 구별이 앞서 우리가 문학과 예술의 분류에서 받아들였던 것과 같이 기억하거나 학습하기에 편리하다는 뜻인 것 같다. 이 점에 대해서는 아무 반대가 없다. 한편 수사학적 범주들이 학교 교육에서 계속 언급되어야 할 또 다른 목석이 있다. 비판받기 위해서다. 과거의 오류는 잊혀서도 안 되며 덮어두어서도 안 된다. 진리는 오류와 싸우도록 하지 않는 한 생생하게 살아있는 모습으로 유지될 수 없다. 수사학 범주들을 비판적으로 계속 언급하지 않는다면 그들은 항시 다시 소생할 위험이 있으며, 최근의 **심리학적** 발견들을 볼 때 어쩌면 일단의 언어학자들 사이에서 이미 소생하고 있는지도 모르겠다.

표현들의 유사성

그러나 우리가 서로 다른 표현, 서로 다른 예술작품 사이의 모든 유사성의 관계를 부정하려는 것은 아니다. 유사성은 존재하며 예술작품들은 그것을 기준으로 해서 이러저러한 그룹으로 배열될 수도 있다. 그러나 이러한 유사성은 개별자들 간의 닮음일 뿐 결코 추상적 결정요소에 따른 것이 아니다. 즉, 이러한 유사성들에다 개념들 사이에서나 가능한 관계들인 동일성이니 종속이니 종합이니 하는 관계들을 적용하는 것은 올바른 일이 아니다. 이러한 유사성들은 작품들이 출현했던 역사적 조건 및 예술가들의 정신의 상사 관계 등으로부터 유도된 **가족유사성**이 그 전부다.

번역이 상대적으로나마 가능한 것은 바로 이 유사성 때문이다. 최초의 표현과 똑같은 표현을 재생산해내는 것이 아니라(이는 시도조차 헛된 일이다) 다소간 원래의 표현과 닮은, 비슷한 표현을 생산해내는 것이 번역의 상대적 가능성이다. 좋다고 여겨지는 번역이란 그 자체만으로도 지탱할 수 있는 예술작품으로서의 독창적 가치를 갖고 있는 하나의 유사물이다.

X. 미적 감정들과 미·추의 구분

감정이라는 단어의 다양한 의미

좀 더 복잡한 개념들의 연구로 옮겨가면, 미적 활동과 결합하고 있는 활동들 중에 지금까지 우리가 보아온 것들과는 다른 종류의 것이 있음을 발견하게 되는데, 그 결합의 방식이나 복잡성을 살펴봄에 있어 우리가 우선 당면하게 되는 것은 감정(feeling)이라는 개념 및 소위 미적 감정이라고 불리는 것들이다.

'감정'이라는 단어는 철학의 용어법상 가장 풍부한 의미를 가진 단어들 중 하나다. 앞서 우리는 이 단어를 정신의 수동성, 예술의 질료 혹은 내용, 즉 인상 같은 의미로 받아들인 적이 있었다. 한편 (이와는 전혀 다른 의미로) 아무 개념도 정의하지 않고 아무 사실도 확정하지 않는 진리의 한 형식, 즉 미적인 것, 곧 순수 직관의 비논리적·비역사적 특성을 지적하는 것으로 이 단어와 마주친 적도 있었다.

활동으로서의 감정

그러나 여기서의 감정의 의미는 둘 중 어느 것도 아니다. 그렇다고 이것을 정신의 또 다른 인식적인 형식으로 간주하려는 것도 아니다. 감정은 비인식적 특징을 가진 특별한 활동이며 긍정적·부정적이라는, 즉 쾌와 고통이라는 두 개의 기둥을 가졌다.

　이 활동은 늘 철학자들을 크게 당황시켰다. 따라서 그들은 이것이 활동이라는 것을 부정하기도 하고, 또 이것을 본능이라고 치부해버림으로써 정신의 영역에서 제외하고자 했다. 그러나 이 두 가지 해답을 자세히 조사해보면 난점이 하도 많아 결국 받아들일 수 없다는 것이 증명될 것이다. 정신적인 것은 모두가 활동이며 활동이 곧 정신성인데, 비정신적 활동이니 본능의 활동이니 하는 것이 대체 어떻게 존재할 수 있겠는가? 이 경우 본능은 정의상 단순히 수동적이며 자력으로 움직이지 못하는 기계적 질료를 뜻한다. 그러나 감정 속에서 그 모습을 드러내고 있는 쾌와 고통이라는 두 개의 기둥은 감정이 구체적인 활동임을, 즉 그것이 움직이고 있음을 보여주는 것이며, 따라서 감정이 활동임을 부정하는 사람에게 강력하게 반론을 펼 수 있는 근거가 된다.

감정은 곧 경제적 활동이다

이러한 비판적 결론은 우리로 하여금 커다란 혼란에 봉착하게끔 한다. 왜냐하면 우리는 앞서 정신의 체계를 조감하면서 새로운 활동에 대한 여지를 남겨두지 않았는데, 이제는 그러한 것이 존재한다고 인정할 수밖에 없는 상황이 되었기 때문이다. 그러나 감정이라는 활동은—그것이 활동이라면—새로운 것이 아니다. 그것은 우리가 조망했던 체계 속에 이미 그 위치를 할당받았다. 경제적 활동이 바로 이것의 다른 이름이다. 즉 감정이라 불리는 활동은 좀 더 기초적이고 근본적인 실천적 활동을 말하는 것으로서 우리는 이것을 윤리적 활동과 구별했으며 도덕과도 무관한, 개인적 목적을 달성하기 위한 욕구와 의지로 이뤄진 것이라고 했다.

　감정이 때로는 생래적 혹은 본능적 활동으로 간주된 것은 그것이 논리적·미적·윤리적 활동들과 일치하지 않는다는 데서 유래한 것이다. 이들 셋의 입장에서 본다면 (한때는 이들 셋만이 용인되었으므로) 감정은 참된 존재인 정신의 외부에 놓여 있으며 정신의 귀족 계층에 속하지 않고 본능이나 영혼 — 영혼이 곧 본능이라면 — 의 소관사항으로만 생각되었던 것이다. 물론 이 경우에도 미적 활동 — 윤리적·지성적 활동도 마찬가지이지만 — 과 감정이 같지 않다는 것을 보여줄 수는 있다. 그러나 함축적으로, 또 무의식적으로 감정을 이미 경제적 의지로 이해하고 있었다면 이러한 주제는 논의의 대상이 될 것도 없다.

쾌락주의에 대한 비판

여기서 논박하고 있는 견해를 쾌락주의라고 부른다. 이것은 정신의 다양한 형식들을 하나로 축소시킴으로써 이뤄지는데, 그렇게 되면 자신만의 독특한 특징을 잃게 되어 불분명하고 신비적인 어떤 것이 된다. 마치 "밤에는 모든 소가 검게 보이는 것"처럼. 일단 이러한 축소와 불완전함이 초래되면 쾌락주의자들은 당연하게도 어떤 활동에서 쾌와 고통 이외의 것을 보지 못하게 된다. 그들은 예술의 즐거움과 소화가 잘되는 즐거움, 또 선한 행위의 즐거움과 가슴을 쭉 펴고 신선한 공기를 마시는 즐거움 사이의 현격한 차이를 발견하지 못한다.

감정은 다른 모든 활동 형식에 부수된다

이렇게 정의된 감정이라는 활동은 결코 다른 정신적 활동 형식들을 대체할 수 없다. 그러나 우리는 그것이 그들에 수반될 수조차 없다고는 말한 적은 없다. 사실 감정이라는 활동은 여타의 활동 형식들에 수반될 필요가 있다. 정신의 활동 형식들은 서로 간에 긴밀한 관련이 있으며 기초적인 의지의 형태와도 관련을 맺고 있기 때문이다. 따라서 그들 각각은 개별적 의지, 그러한 의지의 쾌와 고통을 부수물로서 가지고 있는데 그것이 바로 감정이다. 그러나 우리는 부수물과 주된 사실을 혼동하여 전자로 후자를 대체해서는 안 된다. 진리의 발견이나 도덕적 의무의 완수는 우리에게 즐거움을 주고 우리를 설레게 하는데, 이는 그러한 정신적 활동의 형식들이 목표로 하고 있는 바가 달성되었기 때문이며 이와 동시에 실천적으로 목표했던 것도 얻었기 때문이다. 그럼에도 불구하고 경제적 혹은 쾌락적 만족과 윤리적 만족, 미적 만족, 지성적 만족 등은 항시 구분된 채로 있다.

이는 동시에 가끔씩 제기되던 의문점에 대한 답변이 될 수 있다. 즉 감정과 쾌가 미적인 것에 앞서느냐 아니면 그것을 뒤따르느냐, 다시 말해 그들이 미적인 것의 원인이냐 효과냐 하는 것이 그러한 질문으로서, 이는 미학이라는 학문의 생사가 달린 문제라고까지—사실 그러하다—여겨져왔다. 우리는 이것을 다양한 정신적 형식들 간의 관계까지 포함하는 광범위한 질문으로 간주해야 한다. 따라서 정신이라는 통일체 안에서는 원인과 효과, 또 시간적 선후를 말할 수 없다는 것이 그 대답이 되어야 할 것이다.

일단 이상과 같은 관계가 수립되었다면, 이제는 미적 감정이니 도덕적 감정이니 지성적 감정이니 하는 것들, 또 가끔씩이긴 하지만 경제적 감정이라 불리는 것들의 본질을 탐구해야 할 모든 필요성이 사라져버린다. 마지막 경우에는 그것이 두 개가 아닌 하나의 용어에 관한 질문이며, 결국 경제적 감정에 관한 연구란 경제적 활동에 관한 연구에 다름 아님이 확실하다. 또한 다른 경우들에서도 우리가 주목해야 할 것은 오히려 형용사들이다. 즉, 감정의 빛깔이 미적이니 도덕적이니 지적이니 하는 것을 설명해주는 것은 각각의 미적·도덕적·논리적 특징이다. 감정에만 국한된 연구로는 결코 그것을 밝힐 수 없을 것이다.

더 나아가 우리는 더 이상 다음과 같은 잘 알려진 분류들을 존속시킬 필요가 없다. 즉 가치 있는 감정들—혹은 감정이라는 말을 빼고 그저 가치라고만 해도 같은 뜻이다—과 단순히 쾌락적인 무가치한 감정들 간의 구분, 무관심적(disinterested) 감정들과 그렇지 않은 감정들 간의 구분, 객관적인 삼성과 그서 동의나 단순한 즐거움을 드러낼 뿐인 주관적 감정들 간의 구분(독일어 *Gefallen*과 *Vergnügen*의 차이 같은 것)* 등이 그것이다. 이러한 구분이 사용된 이유는 진·선·미 삼화음이라는 세 가지 정신적 형식들이 아직 알려지지 않은, 따라서 불명예스럽고 음험한 제4의 형식과 혼동되는 것을 막기 위해서였다. 그러나 우리에게 있어서 이 삼화음은 [진·선·미라는] 존경받을 만한 정신적 형식들 속에다 이기적이고 주관적이며 단순히 쾌락적인 감정들을 수용할 때에야 비로소 그 임무를 완수하게 된다. 왜냐하면 그럴 때 우리는 훨씬 더 직접적으로 그들을 구분할 수 있기 때문이다. 한편 과거에는 가치와 감정 간의 관계가 마치 정신성 대 자연성 같은 대립으로 간주되었지만, 이제부터는 단지 가치와 가치 간의 차이에 불과한 것임을 알 수 있다.

가치와 반가치: 그 모순과 그들의 통합

이미 언급한 대로 감정 혹은 경제적 활동은 긍정적과 부정적, 즉 쾌와 고통이라는 두 기둥으로 나뉘어 나타난다. 이제는 이것을 '유용한'과 '유용하지 않은(혹은 해로운)'으로 바꾸어볼 수도 있겠다. 이 둘은 이미 설명한 바와 같이 감정이 활동이라는 징표이며, 모든 활동의 형식 속에서 발견되는 것과 같은 것이다. 그들 각각이 가치라면 그것에 반

---

* Gefallen은 단순히 '마음에 듦'을 가리키는 일반적 용어이고, Vergnügen은 감각적 욕구의 충족에 수반되는 만족을 의미하는 것으로 볼 수 있다.

대되는 것들은 반가치라고 할 수 있다. 가치의 결여가 곧 반가치인 것은 아니다. 반가치란 활동성과 수동성이 어느 하나가 다른 하나를 능가함 없이 서로 투쟁하고 있는 상태를 말한다. 이 불분명하고 불완전하고 방해받고 있는 상태가 곧 모순이자 활동의 반가치다. 가치란 자기 자신을 자유롭게 풀어놓는 활동이며, 반가치란 그 반대다.

가치와 반가치의 관계에 대한 문제(즉 그들을 오르무즈드와 아리만*, 천사와 악마 같은 서로 적대적인 두 존재나 두 질서로, 즉 이원론적으로 생각하느냐 아니면 상반되기는 하지만 하나의 통일체로 간주하느냐 하는 문제)에 개입하지 않더라도 우리는 두 용어에 대해서는 위에서 언급한 정의 정도면 만족할 것이다. 즉 이 정도로도 미적 활동의 본질을 명확히 하려는, 특히 미학에서 가장 불분명하며 논쟁이 되고 있는 개념들 중 하나인 미의 개념을 밝히려는 우리의 목적에는 충분할 것이다.

표현의 가치로서의 미 혹은 단지 표현으로서의 미

미적, 지적, 경제적 그리고 윤리적인 가치·반가치는 현재 우리의 언어 생활에서 다양한 이름으로 불린다. 성공적인 정신 활동과 행위, 성공적인 학문적 연구, 그리고 성공적인 예술적 생산을 가리키는 아름다운, 진실한, 유용한, 편리한, 정당한, 올바른 등의 말들, 그리고 혼란된 활동과 실패한 작품들을 지칭하는 추한, 거짓된, 나쁜, 무용한, 불편한, 부당한, 그릇된 등의 말들이 모두 그런 것들이다. 언어를 사용하다 보면 이들이 지칭하는 것들은 하나의 체계를 따랐다가 또 다른 체계를 따르는 식으로 끊임없이 옮겨 다닌다. 예를 들어 아름다운이라는 말은 성공적인 표현에 대해서뿐 아니라 학문적 진리, 성공적으로 달성된 행위, 도덕적 행위에 대해서도 쓰인다. 그렇기에 우리는 지적인 아름다움이니 아름

---

* Ormuzd와 Ahriman은 조로아스터교의 신으로서 각각 선과 악을 상징한다.

다운 행위니 도덕적 아름다움이니 하는 말들을 사용하는 것이다. 이렇게 무한히 다양한 용법들을 쫓아다니다 보면 수많은 철학자들과 학생들이 길을 잃었던 말의 미궁에 빠져버리게 된다. 그래서 그 결과 '아름다운'이 성공적 표현의 긍정적 가치를 가리키는 말만은 아니라고 생각하게 되는 것이다. 그러나 지금까지의 설명을 잘 들었다면 모든 오해의 위험성은 사라졌을 것이고, 따라서 일상 회화에서나 철학에서나 '아름다운'의 의미를 단지 미적 가치에만 제한하는 것이 지배적인 경향임을 알게 되었을 것이다. 이제 우리는 미를 성공적 표현이라고 정의하고자 하는데, 이는 적절할 뿐 아니라 도움이 될 것 같기도 하다. 아니, 차라리 미란 곧 표현이라고만 해도 될 것 같다. 성공적이지 못한 표현은 표현이라고 할 수 없기 때문이다.

추를 구성하는 미의 요소들

이 결과로 추는 당연히 성공하지 못한 표현이다. 미는 그 모습이 하나이지만 추는 다양한 모습으로 나타난다고 하는데, 실패한 예술작품의 경우 이 역설은 사실이다. 따라서 우리는 실패한 작품을 놓고 그것의 장점, 즉 그것의 어느 부분은 아름답다고 말하는 것을 들을 수 있다. 그러나 완벽한 작품은 그렇지 않다. 사실 완벽한 작품에 대해서는 장점을 일일이 열거하거나 어느 부분이 아름답다고 지적하는 일이 불가능하다. 완전하게 용해된 단 하나의 가치만을 갖고 있기 때문이다. 생명이라는 것은 유기체의 전 부분에 스며 순환하고 있는 것이지 몇몇 부분에만 몰려 있는 것이 아니다.

성공하지 못한 작품이 가지고 있는 장점은 그 정도가 다양하다. 때로 그것은 매우 훌륭할 수도 있다. 미에는 정도가 없다. 더 아름다움을 생각할 수 없기 때문이다. 즉 표현보다 더한 표현, 적절함보다 더한 적절함을 생각할 수 없다. 반면 추에는 정도가 있다. 약간 추함(혹은 거의 아름다움)에서부터 극도로 추함에 이르기까지. 그러나 만일 추함이 완벽하다면, 즉 아무런 미의 요소가 없다면 바로 그 이유로 해서 그것은 더 이상 추가 아니다. 거기에는 추의 존재 이유인 모순이 없기 때문이다. 이 경우는 반가치가 아니라 무가치라고 할 수 있다. 활동성이 드러나지 않아서 활동성과 수동성이 서로 다툴 수 없게 된 상태, 따라서 활동성이 수동성에게 그 자리를 넘겨줘버린 상태를 말하는 것이다.

미도 추도 아닌 표현은 없다

이와 같이 미적 활동이 전개되는 과정에서의 모순과 대립이 미와 추를 구별하는 근거가 되므로 복잡한 표현에서부터 차츰 좀 더 단순한, 그리고 가장 단순한 표현으로 내려갈수록 이러한 구별도 있을 수 없게 된다. 따라서 미도 아니고 추도 아닌 표현이 있다는 것은 부주의한 사고를 통해서나 얻게 되는 결론이지 사실은 존재하지 않는 환상이다.

진정한 미적 감정들과 부수적 혹은 우연적 감정들

이렇게 하여 앞으로는 매우 손쉬운 정의 속에 미와 추에 관련된 모든 의문점을 축소시킬 수 있게 되었다. 한편 이것을 반박하기 위해 완벽한 미적 표현이면서도 그 앞에서 아무 즐거움도 느껴지지 않는 표현이 있고 또 반대로 실패한 미적 표현이 가장 큰 즐거움을 주기도 한다는 사실을 거론하는 이가 있다면 우리는 그에게 진정으로 미적인 즐거움이 놓여 있는 미적인 것에 주의를 집중하라고 충고함이 마땅하다. 물론 때로 미적인 즐거움은 외적 사실들에 의해 환기되는 즐거움 때문에 강화되기도 하고 심지어는 그것에 의해 완성되기도 한다. 그러나 이는 단지 미적인 즐거움과 합쳐진 채로 발견되는 우연적인 것이다. 시인은, 아니 어떤 예술가든 자신의 작품을 처음으로 볼 때(직관할 때)

에는 일종의 순수하고 미적인 즐거움을 갖는다. 그때란 다시 말해 그
의 인상들이 형태를 취하여 드러나고 그의 얼굴이 창조자의 성스러운
환희로 인해 밝게 빛나는 때다. 반면 혼합된 즐거움이란 일과를 마치
고 희극을 보기 위해 극장에 가는 사람이 경험하는 것과 같은 것이다.
그가 극작가와 배우의 예술에서 진정한 미적 즐거움을 향수함과 동시
에 무병장수에 도움을 줄 유쾌한 휴식과 오락의 즐거움도 얻는다면
그것이 바로 혼합된 즐거움이다. 작품을 끝내고 나서 자신의 노동 산
물을 즐거운 마음으로 감상하는 예술가에게도 똑같은 말을 할 수 있
다. 그 역시 미적 즐거움과 동시에 전혀 다른 종류의 즐거움 — 자기만
족에서거나 심지어 그 작품이 그에게 가져다줄 경제적 이익을 생각하
는 데서 비롯된 즐거움 — 을 경험하고 있는 것이다. 이러한 예는 얼마
든지 들 수 있다.

가상적 감정들에 대한 비판

가상적·미적 감정들이라는 범주가 현대미학에 자리를 잡아왔는데 이
는 형식, 즉 예술작품에서 비롯된 것이 아니라 그것의 내용에서 발생
한 것이다. 우리는 하나의 예술적 표상이 그 종류와 정도에 있어 무한
히 다양한 쾌와 고통을 야기함을 알고 있다. 우리는 연극이나 소설의
인물들과 회화 속의 형상, 음악의 멜로디와 함께 근심하고, 기뻐하며,
두려워하고, 웃고, 울고, 욕망한다. 그러나 이들은 예술 밖의 실제 생활
에서 야기되는 감정들과는 다르다. 좀 더 정확히 말하자면 실제 생활
에서 야기된 감정들과 같은 성질의 것이지만 양적으로는 희석된 것이
다. [예술작품에서 유래하는] 가상적인 미적 쾌와 고통은 가볍고 피상
적이며 유동적이다. 그러나 여기서 가상적 감정들을 다룰 이유는 없다.
우리는 이미 그들에 대해 광범위하게 논의했다. 사실 우리는 지금까
지 그것만을 다뤄왔다 해도 틀린 말은 아니다. 가상적인 혹은 [외적으
로] 현현된 감정들이란 객관화된, 즉 직관되고 표현된 감정들에 다름

아니기 때문이다. 따라서 이들이 실제 생활의 감정들처럼 우리를 격렬하게 괴롭히지 않으리라는 것은 당연한 일이다. 실제 생활의 감정들은 질료이지만 가상적인 감정들은 형식이고 활동이기 때문이다. 전자는 진짜 제대로 된 의미로서의 감정들이고, 후자는 바로 직관이자 표현이다. 그러므로 가상적인 감정들이란 우리에겐 동어반복에 불과하다. 이들이 있음으로 해서 우리는 주저 없이 글을 쓸 수 있다.

XI. 미적 쾌락주의에 대한 비판

우리는 일반적인 형태의 쾌락주의 이론, 즉 본래 경제적 활동의 영역에 속하면서 다른 모든 활동 형식에 부수되기도 하는 쾌와 고통만을 근거로 하여 쾌락주의적인 것 이외의 어떠한 것도 인정하지 않는 이론에 반대한다. 이는 담는 그릇과 담겨지는 내용물을 혼동하고 있는 것이다. 따라서 우리는 그것의 특수한 형태인 미적 쾌락주의—모든 활동은 아니더라도 적어도 미적인 것만큼은 단순히 감정에 불과한 것이라고 하는 이론, 따라서 표현에 있어서의 쾌, 즉 미를 다른 종류의 쾌와 혼동하고 있는 이론—에도 반대한다.

상위의 감각들을 만족시키는 것이 '미'라는 견해에 대한 비판

미적 쾌락주의의 관점은 몇 가지 형태로 제시되어왔다. 그중 가장 오래된 형태가 '미'란 시각과 청각 같은 소위 상위 감각들을 만족시키는 것이라는 생각이다. 미적 대상에 대한 분석의 초창기에는 장님은 회화를, 귀머거리는 음악을 즐길 수 없다는 사실이 너무도 자명했기에 회화나 음악이 시각적 혹은 청각적 인상이라는 잘못된 믿음을 떨쳐버리기가 실로 어려웠을 것이다. 지금의 우리는 미적인 것이란 인상들의 성질과는 무관하고 어떤 감각적 인상이든 미적 표현이 될 수 있으나 반드시 그래야 할 필요성을 가진 것은 없다는 것을 알고 있지만, 이는 이 문제에 관한 다른 모든 이론들을 검토해보고 나서야 얻게 된 생각이다. 미적인 것이 곧 눈이나 귀를 즐겁게 하는 어떤 것이라고 주장하는 사람은 그 논리적 귀결로서 미와 일반적 쾌를 동일시하게 되며, 미학에다 요리 혹은 (몇몇 실증주의자들이 말하는 대로) '내장'으로 체감되는 미를 포함시킨다 해도 반대할 아무 방어벽도 가지고 있지 못하다.

유희 이론에 대한 비판

유희(play) 이론 역시 미적 쾌락주의의 또 다른 형태다. 유희라는 개념은 때로는 표현된 것의 특징이 활동적임을 실감하는 데 도움을 주기도 한다. 즉, (전해져오는 대로 말하자면) 유희하지 않는 인간(다시 말해 그 자신을 자연적이고 기계적인 인과관계로부터 해방시켜서 정신적으로 활동하지 않는 인간)은 인간이 아니라고 한다. 그리고 그러한 인간의 최초의 게임이 예술이라는 것이다. 그러나 '유희'라는 말은 유기체의 잉여 에너지의 소비로부터 비롯되는 즐거움(이는 실천적인 것이다)을 의미하기도 한다. 따라서 유희론은 결과적으로 모든 게임을 미적인 것이라고 해온 셈이거나, 아니면 미적 기능도 학문을 비롯한 다른 모든 것들과 마찬가지로 게임의 한 부분이 될 수 있다는 이유를 들어 미적인 기능을 게임이라고 불러온 셈이다. 하지만 모든 것이 게임이라고 불릴 수 있다 하더라도 유일하게 도덕성만큼은 유희하려는 의지에 연유하는 것이 아니다. (도덕성은 그것을 결코 용납할 수 없을 것이다.) 오히려 정반대로 그 스스로가 유희라는 행위를 지배하고 통제한다.

마지막으로 거론할 사람들은 성적 기관의 쾌의 반향으로부터 예술의
쾌를 연역해내려고 시도하는 이들이다. 게다가 가장 최근의 몇몇 미학
자들은 미적인 것이 **정복**이나 승리의 쾌감으로부터, 혹은 이상하게 들
리겠지만, 남성이 여성을 정복하려는 욕구로부터 발생한다고까지 자
신 있게 말하고 있다. 이 이론은 엄청난 박식함을 동원하여 야만인의
관습에까지 이르는 수많은 일화들로 치장하고 있지만 그 신빙성은 아
무도 보증할 수 없다. 사실 이 이론을 옹호하기 위해서라면 그런 것들
까지 들춰낼 필요도 없다. 우리의 일상생활 속에서도 수탉이 볏을 세
우고 칠면조가 꼬리를 펼치듯이 자신의 시로 자기 스스로를 찬미하
는 시인들을 만날 수 있으니 말이다. 그러나 이런 짓을 한다면 그는 시
인이 아니라 측은한 바보이며 정말로 수탉이나 칠면조에 다름 아니
다. 여자에 대한 정복욕은 예술적인 것과 하등 상관이 없다. 만일 이런
식이라면 시는 **경제적** 이유에서 발생했다고 해도 되지 않겠는가? 한때
궁정 시인이나 월급을 받는 시인이 있었고 오늘날에도 시를 팔아 생
계를 돕는—전적으로 거기에 의존하지는 않더라도—시인이 있으니
말이다. 한편 이런 식의 추론과 정의는 사적 유물론의 열광적인 초심
자들에게는 예외 없이 매력적인 것이었다.

'마음에 드는 것'에 기초한 미학에 대한 비판

조금은 덜 저속한 사고의 흐름을 따라가다 보면 미학은 마음에 드는
(sympathetic) 것, 즉 우리를 매혹시키고, 우리가 좋아하고, 우리에게
즐거움과 감탄을 불러일으키는, 다시 말해 우리와 교감하는 것에 관
한 학문으로 간주된다. 그러나 마음에 드는 것이란 우리를 기쁘게 하
는 것의 이미지 혹은 표상에 다름 아니다. 이것은 불변하는 요소—표
상이라는 미적 요소—와 가변적 요소—셀 수 없이 많은 형태의 즐거

운 것—의 결합에서 비롯된 것으로 가치의 다양한 범주들 그 어디에
서고 생겨날 수 있는 복합적인 것이다.

일상 언어에서는 때때로 마음에 드는 것에 대한 표현만을 '아름다
운' 표현이라고 부르는 감이 있다. 미학자나 예술 비평가의 견해와 보
통 사람들의 견해—그들은 고통이나 천박함의 이미지가 아름다울 수
있다는 사실, 아니 최소한 즐겁다거나 좋다고 불릴 수 있는 것과 마
찬가지로 아름답다고 불릴 수 있는 권리를 가지고 있다는 사실을 도
저히 납득할 수 없다—사이의 끊임없는 충돌은 여기서 유래하는 것
이다.

이 충돌은 두 가지 학문, 즉 표현의 학문과 마음에 드는 것에 관한
학문을 구별하기만 하면 종식될 수 있다. 물론 후자는 우리가 살펴본
것과 같이 복잡하고 애매한 개념이어서 결코 특수한 학문의 대상이
될 수는 없겠지만 말이다. 만일 우리가 이 복합적인 것 속에 있는 미적
요소에 우선권을 준다면 이는 표현의 학으로서의 미학이 될 것이고,
쾌락적 내용에 우선권을 준다면 그것이 제아무리 복잡하더라도 결국
본질적으로 쾌락주의적인(공리주의적인) 것의 연구다. 형식과 내용의
관계를 두 가지 가치의 합이라고 보는 주장도 마음에 드는 것에 관한
미학 이론에 기원을 둔다.

미적 쾌락주의와 도덕주의

여태껏 논의된 모든 주장들에서 예술은 단순히 쾌락적인 것으로 간주
되고 있다. 그러나 미적 쾌락주의가 공고한 기반 위에 서 있기 위해서
는 쾌락적인 것 이외의 다른 어떤 형태의 가치도 받아들이지 않는 일
반적인 철학적 쾌락주의와 결합되어야 할 필요가 있다. 그러므로 진이
나 선 같은 여타의 정신적 가치들을 인정하는 철학자들이 쾌락주의적
예술개념을 수용했을 때는 필연적으로 다음과 같은 질문을 하게 마
련이다. '예술은 무엇을 하기 위한 것인가?' '예술은 어떻게 이용되어야

하는 것인가?' '예술이 야기하는 쾌는 자유롭게 허용되어야 하는가?'
'만일 그래야 한다면 어느 정도까지인가?' 등등. 표현의 미학에서는 생
각할 수도 없는 질문인 예술의 목적을 묻는 질문이 여기, 미적 쾌락주의
에서는 명확한 의미로 그 해답을 요구하고 있는 중이다.

예술에 대한 엄격주의적 거부와 교육적 견지에서의 옹호

이에 대한 해답은 분명히 두 가지뿐인데, 하나는 전적으로 부정적인
것이고 또 하나는 제한적인 성격을 갖는 것이다. 첫째 것을 우리는 엄
격주의적(rigoristic) 또는 금욕적이라 부르는데, 자주는 아니더라도 몇
번은 사상사에 등장한 적이 있었다. 이것은 예술을 도취된 감각으로
간주하고, 따라서 무용할 뿐 아니라 해롭기까지 하다고 본다. 이 이론
에 따르자면 우리는 우리의 모든 힘을 모아 인간의 영혼을 혼란케 하
는 영향들로부터 그것을 해방시키는 데 진력해야 한다. 또 하나의 해
답―우리는 이를 교육적 혹은 도덕주의적 공리주의라 부르려 한다―은
예술이 도덕성이라는 목적에 부합할 때에 한해서, 즉 진리와 선을 목
표로 하는 작가의 작품이 해롭지 않은 즐거움에 의해 도움을 받고 있
는 경우에 한해서, 다시 말해 지혜와 도덕성이라는 컵의 주위에 달콤
한 꿀을 바르는 경우에 한해서 예술을 인정하는 것이다.

　한편 이 경우, 예술이 선도하려는 목적이 진리냐 실천적인 선이냐
에 따라 위에서 언급한 견해를 또다시 주지주의적 공리주의와 도덕주
의적 공리주의로 구분하는 것은 잘못이다. 진리 교육이라는 예술의 임
무란 결국 예술이 추구하고 상찬하는 하나의 목적이므로 이는 순수
하게 이론적인 것이 아니라 실천적 행위의 기초가 되어버린 이론적인
것이다. 그러므로 이는 주지주의적이 아니라 교육적이며 실천적이다.
또한 정확을 기한답시고 이러한 교육적 예술관을 다시 순수한 공리주
의와 도덕주의적 공리주의로 구분하는 것도 옳지 않다. 왜냐하면 개
인(개인의 욕구)의 만족만을 인정하는 절대적 쾌락주의자들은 궁극적

으로 예술을 정당화시키려는 의도를 전혀 가지고 있지 않기 때문이다.

그러나 이 이론들에 대해 우리가 알고 있는 것을 다 말하려면 그것은 결국 그들을 논파하는 것이 될 것이다. 따라서 우리는 다만 예술의 내용을 어떤 실천적 효과의 측면에서 선택해야 한다는 그릇된 주장이 지금까지 전해오게 된 이유가 바로 이러한 교육적 견지의 예술 이론 때문이었음을 아는 선에서 그만 그치고자 한다.

순수한 미에 대한 비판

쾌락주의적 그리고 교육적 견지의 미학에 반대하여 예술은 순수한 아름다움으로 구성된다는 명제가 제기되어왔으며 예술가들은 이를 열광적으로 채택했다. "신은 순수한 아름다움이 있는 곳에 우리의 모든 기쁨을 두었다. 그리고 시가 바로 그 모든 것이다." 만일 이것이 예술은 감각적 즐거움(공리주의적 실천주의)과 혼합될 수 없고 도덕성의 실행과도 무관하다는 의미라면 우리는 우리가 하고 있는 미학을 순수미의 미학이라는 제목으로 치장해도 좋을 것이다. 그러나 만일 (자주 그러하듯이) 순수한 미라는 것이 신비적이고 선험적인 어떤 것을 의미한다면, 즉 빈약한 우리의 세계에는 알려지지 않은 어떤 것, 성스럽고 정신적인 것이지만 표현은 아닌 어떤 것을 뜻한다면 우리의 대답은 다음과 같다. 곧 표현이라는 정신적 형식 이외의 모든 것으로부터 자유로운 것이 '미'라는 파악에는 찬사를 보내지만, 미가 표현보다 우월하다거나 심지어 순수화된 표현으로서 표현과 단절된 것이라고는 생각할 수 없다고.

XII. 마음에 드는 것에 관한 미학과
사이비 미적 개념들

사이비 미적 개념들: 마음에 드는 것에 관한 미학

마음에 드는 것에 관한 이론은 (이는 변덕스러운 형이상학과 신비주의적 미학 및 한 작가가 같은 책에서 우연히 함께 취급한 사물들 사이에 마치 밀접한 연관관계가 놓인 듯 가정하는 맹목적인 전통의 추구에 의해 후원을 받아 심심치 않게 되살아난다) 일련의 개념들을 미학의 체계 속에 도입하여 우리로 하여금 그런 것들에 친숙하도록 만들었는데, 잠깐만 언급해도 이들을 우리의 논의에서 단호히 배제시키기에 충분하다.

그러한 개념들의 목록은 끝이 없다고 할 만큼 상당히 길다. 비극적, 희극적, 숭고한, 감상적, 감동적, 슬픈, 우스운, 우울한, 희비극적인, 유머러스한, 장엄한, 품위 있는, 진지한, 장중한, 당당한, 고상한, 단정한, 우아한, 매력적인, 통쾌한, 요염한, 전원적인, 애수적인, 명랑한, 광포한, 천진한, 잔인한, 상스러운, 끔찍한, 혐오스러운, 엉망인, 구역질나는. 이 목록은 마음먹기에 따라 얼마든지 늘어날 수 있다.

이 이론이 자신의 특수한 대상으로 주장하고 있는 것이 바로 '마음에 듦'이다. 따라서 마음에 든다는 것의 가장 고귀하고 집약적인 표명에서부터 시작하여 그 정반대인 혐오스럽고 마음에 들지 않는 것에 이르기까지의 두 극 사이에 있는 모든 것들, 즉 마음에 드는 정도를 나타내는 모든 것들을 어느 하나도 소홀히 할 수 없게 된다. 또 마음에 드는 내용이 곧 미이고 마음에 들지 않는 내용이 추이므로 그 사이의 많은 다양한 것들(비극적, 희극적, 숭고한, 감상적인 등)은 미와 추 사이의 단계적 변화가 된다.

추에 관한 이론 및 추의 초월에 관한 이론에 대한 비판

이러한 다양한 것들을 열거하고 그중 중요한 몇몇을 가능한 한 정의하다 보면 예술에서 추가 차지하는 위치에 대한 문제가 생겨난다. 이 문제는 우리에게는 아무 의미가 없다. 왜냐하면 우리에게 추한 것이란 반-미적인 것, 표현되지 않은 것, 따라서 결코 미적인 것의 한 부분이 될 수 없는 것, 오히려 그것의 안티테제를 의미하기 때문이다. 하지만 우리가 여기서 비판하고 있는 마음에 드는 것에 관한 이론에서는 이 문제를 설정하여 논의하고 있다. 이는 예술이란 결국 즐거움을 표상하는 것이라는 잘못된 생각과 훨씬 광범위한 분야에 걸쳐 있는 진정한 예술을 어떤 식으로건 조화시켜보려는 필요성에서 나온 것에 불과하다. 이 사실로부터 예술적 표상에 받아들여질 수 있는 추(마음에 들지 않는 것)에는 어떤 것이 있으며 그렇게 되는 이유와 그 방법은 무엇인지를 결정해보려는 부자연스러운 시도가 유래된 것이다.

그 대답은 다음과 같았다. 추는 극복될 수 있을 때에 한해서 받아들여질 수 있다. 정복되지 못한 추, 예를 들어 혐오스러움이나 구역질남 등은 배제된다. 나아가 일련의 대비를 만들어내어 미(마음에 드는 것)의 효과를 더욱 높여주는 것이 예술에 받아들여진 추의 역할이다. 그러한 대비로부터 일어나는 쾌가 더욱 효과적이고 즐거움을 준다고 할 수 있기 때문이다. 사실 금욕과 고통 뒤에 오는 쾌가 더욱 생생하다는 것은 일상적 관찰로도 알 수 있다. 이와 같이 예술에서의 추는 미에 봉사하기 위해 각색된 것이며 미적 즐거움의 자극제와 조미료로 간주된다.

그러나 **추의 극복론**이라는 이름으로 거만스럽게 불리는 이 주장은 특수하게 세련된 형태의 쾌락주의 이론으로서, 마음에 드는 것에 관한 미학이 붕괴하면 따라서 무너지게 마련이다. 앞에서 열거한 목록들이나 개념들에 대한 정의를 보더라도 그들이 결코 미학의 영역에 속할 수 없는 것임은 분명하다. 왜냐하면 미학이 고려하고 있는 것은 마음에 듦이나 혐오감, 혹은 그들의 다양한 모습들이 아니라 다만 표상이라는 정신적 활동뿐이기 때문이다.

심리학의 영역에 속하는 사이비 미적 개념들

그럼에도 불구하고 우리가 언급해온 그러한 개념들이 지금까지 미학의 논의에서 차지해온 중요성을 감안한다면 그것들의 본질이 무엇인가에 대해 좀 더 완전한 해명이 필요할 것 같다. 그들의 몫은 무엇이어야 하는가? 미학에서 제외된다면 철학의 어떤 부분이 그들을 포용할까?

사실 말하자면 해당되는 부분이 없다. 왜냐하면 이 모든 개념들은 철학적 가치가 없기 때문이다. 그들은 일련의 범주들에 불과하고 얼마든지 다양한 방식으로 형성될 수 있으며 마음대로 늘릴 수도 있다. 삶의 가치와 무가치 사이에 놓인 끝도 없는 미묘함과 혼잡함의 축소판이 이들에게서 발견된다. 이러한 범주들 중 어떤 것은 특별히 긍정적 의의를 지니며—예컨대 미, 숭고, 장엄, 엄숙함, 진지함, 무거움, 고상함, 고결함 등—또 다른 것은 주로 부정적인 의의를 가진다. 예를 들어 추, 고통, 무서움, 두려움, 끔찍함, 기괴함, 무미건조함, 엉뚱함 등. 또 어떤 것은 양자가 혼합된 모습을 보이고 있는데 희극적인 것, 부드러움, 우울함, 유머러스함, 희비극적인 것 등이 그것이다. 이 복잡함은 끝이 없다. 왜냐하면 개별화가 끝이 없기 때문이다. 그러므로 자연과학에나 적합한 작위적이고 추정적인 방식—세부 목록을 다 열거할 수도 없고 사색을 통해 이해하거나 정복할 수도 없는 실재에 관해 자연과학은 그저 최대한도의 분류를 해놓고는 거기에 만족한다—이 아니라면 개념을 구성하기란 불가능하다. 인간 정신의 유형과 구조를 구성하는 학문인 양 하는 자연과학이 바로 **심리학**이므로(심리학은 단순히 경험적이고 설명적인 성격을 가진 것임이 나날이 분명해지고 있다) 미학에도 속하지 않고 일반적인 철학에도 속하지 않는 이러한 개념들은 바로 심리학의 영역으로 넘겨져야 한다.

그들에 대한 엄밀한 정의는 불가능하다

이러한 개념들은 다른 모든 심리학적인 구성들과 마찬가지로 엄밀한 정의의 수립 자체가 불가능한 것들이다. 또한 그 결과 그들 중 어느 하나를 다른 것으로부터 연역해내거나 그들을 하나의 체계 속에 연계시키는 일도 할 수 없다. 가끔 그렇게 시도되긴 하지만 시간 낭비이며 유용한 결과를 얻지 못한다. 그렇다고 해서 불가능한 철학적 정의를 대신할 만하다고 보편적으로 인정되는 적절하고 올바른 경험적 정의를 가지고 있느냐 하면 그렇지도 않다. 하나의 사실에 하나의 정의가 주어지는 것이 아니라 경우에 따라, 또 그들이 추구하는 목적에 따라 하나의 사실에 셀 수도 없이 많은 정의가 있을 수 있기 때문이다. 만일 그것이 단 하나의 진리치를 갖는 것이었다면 그것은 경험적이지 않은, 엄밀하고 철학적인 정의였을 것임이 분명하다. 사실 앞서 언급한 용어들 중 어느 하나(혹은 같은 범주에 속한 것이면 어떤 것이든지)를 사용할 때마다 그와 동시에 명시적이건 묵시적이건 그것의 새로운 정의가 주어진다. 이들 각각의 정의들은 비록 매우 작은 차이라 하더라도 서로 다른 것이 사실인데, 그 까닭은 이들 각각이 다 일반적 유형보다 우선하는 개별적 상황을 암묵적으로 지칭하기 때문이다. 따라서 이러한 정의들은 모두 그것을 듣는 이든 그것을 구성해낸 이든 그 누구도 만족시킬 수 없다. 잠시 시간이 흐른 후 새로운 예를 접하게 되면 그는 자신의 정의가 조금은 불충분하고 잘못 적용되었으며 수정이 필요하다는 것을 알게 된다. 따라서 우리는 글을 쓰는 이나 말하는 이로 하여금 매 경우마다 그들 마음대로, 그들의 목적에 부합하도록, 숭고나 희극적인 것이나 비극적인 것이나 유머러스함 등을 정의하게끔 내버려두어야 한다. 만일 보편적 타당성을 갖는 경험적 정의를 요구한다면 우리는 다음과 같이 대답할 수밖에 없다. 숭고란(혹은 희극적인 것이란, 비극적인 것이란, 유머러스함이란……) 그 단어를 사용한 혹은 사용할 사람에 의해 그렇게 불리는, 혹은 불리게 될 모든 것이다.

예증: 숭고, 희극적인 것, 유머러스함의 정의

숭고란 무엇인가? 예상치 않은 압도적인 도덕적 힘의 시위. 이것이 하나의 정의다. 그러나 압도적인 힘의 시위이기는 하지만 그것이 비도덕적이고 파괴적인 경우에도 숭고를 인식할 수 있다고 하는 또 다른 정의도 마찬가지로 좋다. 그러나 구체적인 경우, 즉 '압도적인'이라든가 '예기치 않은' 등이 의미하는 바를 명확히 해줄 예가 덧붙여지지 않는다면 어느 것이든 여전히 불명확하며 부정확한 것도 사실이다. 이들을 양적인 개념들이라고 볼 수도 없다. 왜냐하면 측정할 방법이 없기 때문이다. 기껏해야 이들은 은유이거나 감정이입을 한 어구이거나 아니면 논리적 동어반복이다. 유머러스함이란 눈물 섞인 웃음, 쓴웃음, 희극에서 비극으로의 갑작스러운 도약―혹은 그 반대―, 낭만적인 희극, 숭고의 반대, 위선에 대한 선전포고, 울기에는 멋쩍은 동정, 실제로가 아니라 관념으로 웃는 것 등으로 정의될 수 있을 것이다. 이런 것들 외에도 당신이 어떤 시인이나 시를 통해 얻은 특유한 인상에 따라 또 다른 것을 추가한다면 그것 역시 유머러스함의 정의이며, 비록 짧고 정곡을 찌르지 못하는 것이라 하더라도 그 자체로 적절한 것이다. 결함을 알아차린 데서 비롯된 불쾌함에 뒤이어 곧바로 좀 더 큰 즐거움―이는 중요한 것을 기대한 채 긴장했던 우리의 심리가 이완되면서 나타나는 것이다―이 오는 것, 이것이 희극적인 것의 정의다. 예를 들어 어떤 인물의 장엄한 영웅적 목표를 묘사하고 있는 대사가 있다고 하자. 그것을 듣는 동안 우리는 상상력을 통해 장엄하고 영웅적인 행동이 일어날 것을 예감하고 우리의 마음을 집중하여 그것을 받아들일 준비를 한다. 그러나 갑자기 사전의 정황 및 대사의 톤에 의해 예견되었던 장엄하고 영웅적인 행동 대신에 보잘것없고 천하고 어리석은 행동이 나타나 우리의 기대를 무너뜨린다. 우리는 속은 것이고, 그 사실을 알자 일종의 불쾌함이 든다. 그러나 사실 이 불쾌함은 곧장 뒤따라오는 것에 의해 다스려진다. 우리는 우리의 긴장된 주의력을 이완시킬 수 있으며 더 이상은 필요없게 된 축적된 정신적 에너지로부터 자유로워질 수 있고 가볍고 건강해진 느낌을 받는다. 이것이 바로 희극적인 것의 즐거움이며 생리적으로는 웃음에 해당한다. 만일 불쾌함이 사라지지 않고 우리의 관심을 계속해서 고통스럽게 자극한다면 즐거움은 나타나지 않을 것이고 웃음은 즉시 그쳐버릴 것이며 정신적 에너지는 다른 좀 더 비중 있는 지각 때문에 과도하게 긴장될 것이다. 반면 그러한 더 비중 있는 지각이 나타나지 않는다면, 그래서 손해라고 해야 고작 우리의 예상이 빗나간 데서 오는 가벼운 기만 정도라고 한다면, 우리의 정신적인 여유는 이러한 가벼운 불쾌감을 너그러이 보충한다. 비록 몇 단어지만 이것이 희극적인 것에 관한 가장 정확한 현대적 정의들 중 하나다. 고대 그리스에서부터 현대에 이르기까지 이 개념을 정의하려 했던 수많은 시도들을 조정하고 수정하고 검증한 결과 얻게 된 정의가 이것이라고 한다. 즉 『필레보스』에서 플라톤이 내린 정의, 그보다 더욱 명시적으로 희극적인 것을 고통 없는 추함이라고 간주했던 아리스토텔레스, 그것을 대체하여 개인적 우월함에서 느끼는 쾌를 제시했던 홉스, 긴장의 이완이라고 했던 칸트에 이르기까지, 또 위대함과 비천함, 유한과 무한 간의 투쟁이라고 본 또 다른 제안들에 이르기까지 이 모든 것을 포괄한 정의라는 것이다. 그러나 자세히 관찰해보면 위에서 언급한 분석이나 정의는 비록 매우 공을 들여 엄밀한 외양을 갖추고 있긴 하지만 희극적인 것뿐만이 아닌 다른 모든 정신적 작용에도 적용될 수 있는 특징들을 나열해놓은 것에 불과하다. 예컨대 고통스러운 순간에 뒤이어 행복한 순간이 온다거나 육체적인 에너지를 느꼈다가 그것이 자유롭게 발산되는 것을 의식하는 데서도 만족감은 발생한다. 이들의 차이는 양적일 뿐이며 그 한계를 설정할 수 없다. 따라서 이들은 여전히 모호한 단어들이다. 기껏 의미를 갖는다면 개별적인 여러 희극적인 것들 중 어느 하나를 지칭하는 것으로서이거나 아니면 말하는 이가 가진 어떤 심리적 편향성을 지칭하는 것으로서다. 이러한 성의를 너무 진지하게 받아들이는 것은 상 파울 리히터*가 언급했던 것과 같은 결과가 될 것이다. 즉, 그것의 유일한 장점은 그러한 태도 자체가 희극적이라는 것이며 그것들을 논리적으로 규정하려는 노력은 헛된 것임을 실제로 보여주는 것이다. 과연 누가 희극적인 것과 그렇지 못한 것, 웃음과 미소, 미소와 근엄함 사이를 가르는 선을 논리적으로 결정할 수 있을 것이며 생명을 지닌 다양한 연속체를 부분들로 구획지어 자를 수 있겠는가?

사이비 미적 개념과 미적 개념과의 관계

기껏해야 이렇게 심리학적인 개념들로 분류될 수 있는 것들은 그들 역시 삶의 재료이므로 예술적 표상의 대상이 될 수 있다는 일반적인 점 말고는 예술적인 것과 아무 관련이 없다. 물론 앞서 말한 과정들에 우연히 미적인 것이 개입하는 경우는 있다. 예컨대 단테나 셰익스피어 같은 거장들의 작품에 의해 숭고한 인상이 일어난다거나 싸구려 삼류 작가의 작품을 통해 희극적인 것이 만들어지는 경우 등이다.

그러나 이 경우에도 그 과정은 미적인 것과는 무관하다. 미적인 것은 단지 미적 가치와 반가치, 즉 미와 추의 감정하고만 연결되는 것이

---

* 장 파울(1763~1825)이라는 이름으로 잘 알려진 독일의 낭만주의 작가. 본명은 요한 파울 프리드리히 리히터다.

다. 미적으로 단테의 파리나타*는 아름답다. 그리고 그것이 전부다. 만일 그 인물의 의지력이 숭고해 보이고, 다른 저열한 시인들과 비교할 때 단테가 가지고 있는 위대한 천재성이 그 인물에게 숭고함을 부여한 것이라는 생각이 든다 해도 이 모두는 미적인 고려와는 전혀 무관한 것이다. 미적 고려란 항시 표현의 적절성, 즉 미에만 관심을 기울인다는 점을 또다시 되풀이하고 있는 우리다.

* Farinata는 단테의 『신곡』 「지옥」 편에 나오는 인물

XIII. 자연과 예술에서의 '물리적 아름다움'

미적 활동과 물리적 개념

미적 활동은 실천적 활동과 구별되지만 자신을 드러낼 때에는 항상 실천적 활동을 동반한다. 그러므로 미적 활동의 공리주의적 혹은 쾌락주의적 측면인 쾌와 고통은 사실상 미와 추라는 미적 가치 및 반가치가 실천적인 모습을 띠고 드러난 것이다. 그러나 이런 식의 미적 활동의 실천적 측면에는 소리니 음색이니 움직임이니 선과 색의 조합이니 하는 물리적 혹은 정신물리적(psychophysical) 부수물도 따라오게 마련이다.

미적 활동은 이러한 측면을 실제로 가지고 있는 것일까? 아니면 우리가 물리학에서 만들어낸 구성물들 및 작위적이긴 해도 편리함을 주는 방법들—우리는 이미 이들이 경험적이며 추상적인 과학에나 적합한 것이라고 강조한 바 있다—탓에 미적 활동이 이러한 측면을 가진 것처럼 보일 뿐인가? 의심의 여지도 없이 두 가설 중 뒤의 것을 확신한다는 것이 우리의 답변이다.

그러나 계속되는 탐구를 위해 당장 필요한 것이 아니라면 이 점은 유보해두어도 좋을 것이다. 성급하게 정신적인 것과 자연적인 것 간의 관계나 개념들에 대해 결론을 내릴 것 없이 (일상 언어와의 일관성 및 단순화를 고려하여) 물리적 요소는 단지 객관적으로 존재하는 어떤 것이라고 해두기로 하자.

미적인 의미에서의 표현과 자연주의적 의미에서의 표현

그러나 모든 정신적 활동에는 쾌락주의적 측면이 존재한다는 점이 미
적 활동을 실용적 혹은 쾌락적 활동과 혼동하게 했던 것처럼 물리적
측면이 존재한다는 점, 혹은 그러한 측면이 구성 가능하다는 점은 미
적 표현과 자연주의적 의미의 표현 간의, 즉 정신적 사실과 기계적 수동
적 사실 간의 혼동을 초래해왔다. (구체적 실재와 추상이나 허구와의
혼동은 말할 것도 없다.) 일상 언어에서 표현이라고 불리는 것은 시인
의 단어나 음악가의 음표, 화가의 형상 등이다. 또한 표현은 부끄러운
감정이 일어 얼굴이 붉어진다거나 공포 때문에 창백해지는 것, 격렬한
분노로 인해 이를 가는 것, 활기참을 드러내는 반짝이는 눈과 입 근육
의 어떤 움직임일 수도 있다. 또한 우리는 어느 정도의 발열은 열병에
걸렸음을 표현하는 것이고 기압이 떨어지는 것은 비를 표현하는 것이
며 심지어 환시세의 급등은 국내 통화 가치의 하락을 표현한다거나 사
회적 불만은 혁명의 도래를 표현한다고 말하기도 한다. 이렇게 상상할
수 있는 모든 경우의 언어적 용법까지 일일이 다 고려한 채로는 그 어
떤 학문적 결론을 이끌어내기가 불가능하다. 그러나 실상 분노의 제
물이 되어 할 수 있는 한 최대로 자신의 본능을 발산하는 사람과 그것
을 미적으로 표현하는 사람 간의 간격은 천양지차다. 마찬가지로 사
랑하는 사람을 잃고 슬퍼하는 사람의 모습, 그의 눈물이나 몸부림 등
과 그 사람이 나중에 그 고통을 언어나 노래로 묘사한 것 사이에는, 또
감정으로 구겨진 얼굴과 배우의 몸짓 사이에도 커다란 차이가 있다.
인간과 동물의 감정의 표현에 관한 다윈의 책*은 미학이 아니다. 정신
적 표현의 학과 기호학 간에는 아무 공통점이 없기 때문이다. 그것이

---

*   1892년에 출간된 『인간과 동물의 감정의 표현』을 가리킨다.

의학적 기호이건 기상학적 기호이건, 정치적·골상학적·수상학적 기호이건 간에 말이다.

자연주의적 의미로서의 표현은 정신적 의미로서의 표현과 다르다. 거기에는 정신적 의미로서의 표현의 특징이라고 할 활동성과 정신성이 전혀 개입되어 있지 않다. 따라서 미와 추라는 두 축으로 갈라지는 일이 없다. 이는 원인과 효과 사이의 관계에 불과하며 추상적 지성에 의해 만들어진 것이다. 미적 생산의 완전한 과정은 네 단계로 상징화될 수 있다. a) 인상, b) 표현 또는 정신적이며 미적인 종합, c) 쾌락주의적 부수물 혹은 아름다운 것에서 느끼는 즐거움(미적 쾌), d) 미적 대상으로부터 물리적 현상(소리, 톤, 움직임, 선과 색의 조합 등)으로의 변환. 누구나 알다시피 여기서 유일하게 미적인 것이며 진정하게 실재한다고 할 수 있는 것, 따라서 가장 요체가 되는 것은 물론 b다. b는 자연주의적 의미로서의 표명이나 은유적 의미로서의 표현과는 전혀 무관하다.

표현의 과정은 이 네 단계를 다 통과하면 끝이 난다. 새로운 표현은 새로운 인상들이 새로운 미적 종합을 이룸으로써 다시 시작되며 거기에 걸맞은 부수물들이 또다시 첨가된다.

표상과 기억

표현 혹은 표상들은 연속해서 발생하며 나중 것은 앞의 것을 밀어내면서 진행된다. 그러나 이렇게 사라지거나 밀려난다고 해서 그것들이 완벽하게 지워져버리는 것은 분명히 아니다. 태어난 것이라면 어떤 것이건 완벽하게 죽는 일이 없다. 완벽한 죽음이란 전혀 태어나지도 않은 것과 마찬가지다. 모든 것이 사라진다 해도 죽은 것은 아무것도 없다. 표상들의 경우, 우리가 잊어버린다 하더라도 어떤 식으로건 우리의 정신 속에 남아 있게 된다. 그렇지 않다면 우리는 후천적으로 획득된 습관이나 능력을 설명할 도리가 없다. 사실 이러한 외견상의 망각을 통해 우리는 생명의 힘을 실감할 수 있다. 즉, 우리는 분해되어서 그 생명을 빼앗겨버린 표상들은 더 이상 머릿속에 담아두지 않는다는 것을 알 수 있기 때문이다.

그러나 한편 어떤 표상들은 우리 정신의 현현 과정에서 강력한 요소로 등장하기도 한다. 이들을 망각하지 않고 있다가 필요할 때 언제든 불러낼 수 있게 하는 의무가 우리에게는 지워져 있다. 의지는 이들을 보존하기 위해 항시 주의를 기울이고 있는데, 이는 우리가 가진 것들 중에서 좀 더 훌륭하고 근본적인 부분들을 보존하기 위해서다. 그러나 아무리 주의를 기울인다 한들 그것이 항상 충분한 것은 아니다. 기억은 우리가 늘상 말하는 바대로 다양한 방식으로 우리를 저버리고 배신한다. 바로 이러한 이유 때문에 인간 정신은 기억의 약점을 보완하고 그것을 원조할 수 있는 수단들을 강구하고 있다.

기억을 보조하는 수단들의 생산

우리가 지금껏 말해온 것을 통해 이러한 보조수단이 무엇인지를 알수 있을 것이다. 물리학이 표현이나 표상들을 분류하고 유형화할 수 있는 한에 있어서는 그들은 또한 물리적이라 불릴 수 있는 실천적인 것이기도 하다. 이제 이러한 실천적이고 물리적인 것들을 어떤 식으로건 영구적으로 만들 수만 있다면 언제든 그것을 지각함으로써 우리가 애초에 만들어낸 표현이나 직관을 재생산할 수 있을 게 분명하다. (물론 다른 모든 조건이 같다는 전제하에서 말이다.)

실천적 부수물이 개입되어 있는 이러한 대상이나 물리적 자극, 혹은 (물리학적 용어법을 따르자면) 어떤 움직임이 고정되어 어느 정도 영속화된 것이라 할 수 있는 대상이나 자극을 e로 표기해보자. 그럴 경우 재생산의 과정은 다음의 순서를 밟게 될 것이다. e) 물리적 자극, d)-b) 이미 만들어진 바 있었던 미적 종합인 물리적 사실들(소리, 음색, 흉내, 선과 색의 조합 등)의 지각, c) 재생산되는 쾌락주의적 부수물. 이것 역시 재생산된다.

　운문이니 산문이니, 시, 소설, 비극, 희극 등으로 불리는 일군의 단어들의 조합이란 결국 재생산을 위한 물리적 자극(즉, e단계)이 아니면 무엇이겠는가? 오페라니 교향곡이니 소나타니 하는 소리들의 조합이나 회화, 조각, 건축이라고 하는 선과 색의 조합들도 마찬가지다. 기억이라는 정신의 능력은 이러한 물리적 사실들의 도움을 받아 인간이 이미 만들어낸 직관들의 보존과 재생산을 가능하게 한다. 하지만 생리적 기관들은 늙게 마련이고 그와 함께 기억도 사라져간다. 예술작품들 역시 시간이 지나면 파괴된다. 그 결과 자, 보라! 여러 세대에 걸친 노동의 열매인 인간의 모든 미적 재산은 차차 사라지고 줄어들고 있지 않은가?

물리적 아름다움

예술작품, 즉 미적 재생산을 위한 자극물들은 아름다운 사물들 혹은 물리적 아름다움이라 불린다. 단어들을 이런 식으로 조합해서 쓴다는 것은 언어의 역설이다. 왜냐하면 아름다움이란 물리적 사실이 아니기 때문이다. 그것은 사물에 속하는 것이 아니라 인간의 활동, 인간의 정신적 에너지에 속하는 것이다. 그러나 이제는 단순히 아름다운 것의 재생산을 돕는 물리적 사실이 전이와 연상의 과정을 거쳐 결국 생략적으로 아름다운 사물이니 물리적 아름다움 등으로 불리게 되었음을 명백히 알게 되었으리라. 따라서 이러한 생략적 용법이 설명된 지금에서라면 우리는 그러한 말들을 사용하는 데 주저할 필요는 없을 것 같다.

내용과 형식: 또 다른 의미

'물리적 아름다움'이 도입됨으로써 미학자들이 사용하고 있는 '내용'과

'형식'이라는 용어들의 또 다른 의미가 밝혀진다. 어떤 이들은 '내용'을 내적 사실 혹은 표현이라고 부르며(우리는 반대로 이것을 형식이라 한다), 대리석이나 색, 리듬, 소리 등(우리에겐 형식의 안티테제인 것)을 '형식'이라 부른다. 즉 물리적 사실들이 곧 형식이며 이것은 내용과 결합할 수도 결합하지 않을 수도 있다는 것이다. 한편 '물리적 아름다움'은 무엇이 미적인 '추'라고 불리는가를 설명해주기도 한다. 명확하게 표현하려고 하는 바가 아무것도 없는 어떤 예술가들은 자신의 내부가 텅 비어 있음을 감추기 위해 단어들을 홍수처럼 쏟아붓거나 건축 자재를 대규모로 쌓아올리기도 하고 과장된 시구, 귀를 먹먹하게 하는 다성음, 눈을 놀라게 하는 그림 등에 의존하기도 한다. 이들은 아무것도 전해주는 것이 없으면서 그저 우리를 매료시키고 놀라게 한다. 따라서 이 경우 추함이란 변덕이며 아는 척 떠벌이는 것이다. 사실 이론적 기능에 실천적 의지가 끼어들지만 않았다면, 미가 없다는 말은 성립할 수 있었을망정 '추함'이라고 불릴 만한 어떤 것이 실제로 나타나지는 않았을 것이다.

자연미와 인공미

물리적인 아름다움은 보통 자연미와 인공미로 구분된다. 여기서 우리는 지금껏 철학자들에게 상당한 곤란을 안겨주고 있는 문제들 중 하나와 만나게 되는데, 그것이 곧 자연미다. 종종 이 말은 단순히 실천적 즐거움을 지칭하는 것으로 쓰이고 있다. 만일 어떤 사람이 신록의 성싱함을 바라보며 눈을 쉬게 할 수도 있고 몸을 활발히 움직이면서 따스한 태양의 애무를 온몸으로 받을 수도 있다는 이유로 시골 풍경을 가리켜 아름답다고 한다면 그는 미적인 것이라곤 아무것도 언급하지 않고 있는 것이다. 그러나 그럼에도 불구하고 때로는 자연에 존재하는 대상이나 풍경에 붙여진 '아름답다'라는 형용사가 순수하게 미적인 의미를 가지고 있다는 것도 부정할 수는 없다.

자연 대상들을 미적으로 즐기려면 그들의 우연적이며 역사적인 성질을 추상화시키고 그들의 외관만을 분리시켜보아야 한다는 주장이 있다. 즉, 만일 우리가 습관화되어 있는 풍경과의 관계를 깨뜨리기 위해 다리 사이로 머리를 집어넣어 풍경을 관조한다면 그것은 우리에게 순수하게 관념적 광경으로 나타난다는 것이다. 또 자연은 예술가의 눈으로 관조해야만 아름답다는 주장도 있다. 동물학자나 식물학자는 아름다운 동물이나 아름다운 꽃을 인식하지 못한다고도 한다. 자연미는 발견되는 것이라고도 하며(이러한 발견의 예로서 들 수 있는 것이 관점이다. 관점이란 취미와 상상력을 갖춘 인물들에 의해 정립되는데, 추후에 미의 세계를 탐승하려는 사람들이 그들의 순례여행에서 의지 삼게 되는 일종의 충고 혹은 제언의 구실을 한다), 상상력의 도움 없이는 자연의 어느 부분도 아름다울 수 없다는 말도 있다. 바로 이러한 도움과 영혼의 기질에 따라 똑같은 자연 대상이 때로는 표현이 되고 때로는 무의미해지며, 어떤 때는 이런 식으로, 또 다른 때는 다른 식으로, 즉 슬프거나 즐거운 것, 숭고하거나 희극적인 것, 달콤하거나 우스운 것의 표현이 된다는 것이다. 마지막으로 예술가가 어느 정도 수정을 가하지 않는다면 자연미란 존재하지 않는다는 이야기도 들리곤 한다.

　　이 모든 주장은 자연미란 미적 재생산을 위한 자극에 불과한 것이고, 이는 이미 그 이전에 있었던 생산을 전제로 한다는 사실을 정확하고도 충분하게 확인시켜주는 것이다. 심적 표상에 의해 만들어진 미적 직관이 사전에 존재하지 않았다면 자연은 결코 깨어날 수 없다. 자연미와 마주친 인간은 신화에 나오는 샘물가의 나르키소스와 같다. 레오파르디는 자연미에 대해 "드문드문 흩뿌려져 있으며 가변적이다"라고 했다. 자연미는 불완전하며 애매하고 변한다. 사람들은 자연적 사실보다는 마음의 표현을 더 선호한다. 어떤 예술가는 온화한 풍경이나 아름다운 소녀의 얼굴을 보고 황홀경에 빠지는가 하면 다른 이는 넝마가 널린 고물상이나 비참한 노파의 표정을 보고 그렇게 된다. 전자는 고물상이나 노파의 추한 얼굴을 불쾌하다고 할 것이고, 후자는 온화한 풍경을 싱겁다고 할 것이다. 그들은 영원히 논쟁을 할 수도 있다. 그들은 자신들이 둘 다 옳다는 것을 알려주는 충분한 양의 미적 지식이 제공되어야만 비로소 합의를 이룰 것이다. 인간이 창조한 인공미가 훨씬 다루기 쉽고 효과적인 보조물이다.

혼합미

자연미와 인공미 말고 미학자들은 가끔씩 **혼합**미를 언급한다. 무엇의 혼합인가? 물론 자연과 인공의 혼합이다. 미적 대상을 외적으로 구현하는 사람은 누구든 자연의 자료들을 가지고 작업한다. 이 자료들은 그들이 창조한 것이 아니다. 그들은 단지 배열하고 변형할 뿐이다. 이런 의미에서 모든 인공적 생산물은 자연과 인공의 혼합이다. 따라서 혼합미를 하나의 특별한 범주로 간주할 필요는 없다. 그러나 때로 이미 자연에 존재하는 자연물들을 다른 경우들에 비해 좀 많이 사용하는 경우는 있다. 예를 들어 정원을 설계할 때 기존에 있는 나무들이나 연못을 잘 이용하여 디자인에 포함시키는 경우가 그런 것이다. 또 어떤 경우에는 인공적으로 생산할 수 없는 효과 때문에 외적 구현이 제약을 받을 수도 있다. 즉 물감을 섞을 수는 있지만 연극의 성격에 딱 맞는 강한 음성이나 얼굴, 신체를 가진 인간을 창조해낼 수는 없다. 따라서 이러할 때라면 우리는 이미 존재하는 사람들 중에서 적당한 사람을 찾아야 하며 그렇게 해서 발견되면 이용하는 것이다. 이와 같이 자연에 이미 존재하는 조합들 — 만일 그들이 존재하지 않는다 해도 우리가 인공적으로 창조할 수는 없는 것들 — 을 이용하는 경우 그 결과를 **혼합**미라고 부른다.

문자

문자라고 불리는 재생산을 위한 보조물들 — 즉 알파벳, 음표, 상형문자, 그리고 꽃과 깃발로부터 애교점(18세기 사교계에서 매우 유행했다)에 이르는 모든 사이비 언어들 — 은 인공미와는 구별되어야 한다. 문자란 미적 표현에 부응하여 직접적으로 인상들을 불러일으키는 물리적 사실로 볼 수 없다. 그들은 그저 그러한 물리적 사실을 생산하려면 행해져야 할 것이 무엇인가를 지적해주는 것일 뿐이다. 일련의 시각 기호들은 우리의 발음기관을 어떻게 움직이면 어떤 소리가 날 것이라는 것을 우리에게 알려주는 구실을 한다. 연습을 통해 우리가 입을 열지 않고도 말소리를 들을 수 있고 눈으로 시행을 따라가면서 소리를 들을 수 있다 하더라도(이렇게 되기 위해서는 상당한 어려움이 따른다) 직접적인 물리적 아름다움과 전혀 무관한 것이라는 문자의 본질은 조금도 변하지 않는다. 미켈란젤로가 모세를 조각한 대리석 덩어리나 예수의 모습을 그려놓은 색칠된 나무 판은 은유적으로 아름답다고 불릴 수 있지만 그렇다고 해서 『신곡』이 쓰여 있는 책이나 「돈 조반니」의 악보도 그와 같은 의미로 아름답다고 부르는 사람은 없다. 이 모든 것들은 미의 재생산에 기여하기는 하지만 뒤에 예로 든 것들은 전자에 비해 더 길고 좀 더 간접적인 경로를 거친다.

자유미와 종속미

미를 나누는 또 하나의 기준은 그것이 자유로운 미이냐 혹은 종속된 미이냐에 따른 것으로 이는 아직도 여러 논문에서 다뤄지고 있다. 종속미란 그 대상이 이중의 목적, 즉 미적인 목적(직관을 자극하는 것)과 더불어 추가적인 다른 목적도 충족시킨다는 뜻으로 이해된다. 미적 이외의 목적이 미적인 목적을 제약하고 방해하는 까닭에 그 결과로서의 아름다운 대상이 자유롭지 않다는 것이다.

사람들은 그 예로 특히 건축을 들곤 한다. 바로 이 이유 때문에 건축은 소위 예술(Fine arts) 체제에서 제외되기도 한다. 사원은 무엇보다도 예배하기 위한 건물이어야 하고, 집이라면 거기에 있는 방들은 무엇보다 생활의 편의를 고려해서 배열되어 있어야 하며, 요새라면 적의 공격에 저항하고 필요한 무기들을 발사할 수 있게끔 지어져야 한다. 따라서 흔히 건축가의 영역은 제한된 것이라고 결론을 내린다. 건축가는 사원이나 집이나 요새를 어느 정도까지 치장할 수는 있다. 그러나 그는 건물이라는 대상에 구속되어 있는 것이 사실이며 미적이지는 않지만 그 대상들의 기본이 되는 부분을 해치지 않는 한에서만 자신의 아름다운 영상을 드러낼 수 있을 뿐이라는 것이다.

또 다른 예로 산업에 응용된 예술을 들기도 한다. 접시나 컵이나 칼, 총, 머리빗 등도 아름답게 만들어질 수 있다. 그러나 그 아름다움이 그것들의 고유한 기능(마신다거나 자른다거나 하는)을 저해할 정도여서는 안 된다. 인쇄술도 마찬가지다. 책은 아름다워야 하지만 글씨에 너무 모양을 낸 나머지 읽기가 불가능할 정도여서는 안 된다는 등등.

종속미에 대한 비판

그러나 외부적 목적이라는 것이 반드시 미적 재생산을 위한 자극이라는 또 하나의 목적을 제약하거나 방해하는 것은 아님을 우선 지적하고자 한다. 따라서 예컨대 건축이 여타의 실용적 목적에 복종해야 하기 때문에 원래부터 불완전하고 구속된 것이라는 주장은 명백히 그릇된 것이다. 사실 순수한 건축 작품이 존재한다는 사실만으로도 이런 주장이 환상에 불과하다는 것을 충분히 보여줄 수 있다.

둘째로 두 가지 목적이 반드시 서로 모순되는 것은 아니다. 게다가 예술가는 이러한 모순이 일어나지 못하도록 방지하는 수단을 항시 가지고 있다. 그 수단이란 무엇인가? 실용적 목적을 위해 쓰이게끔 되어 있는 그 대상의 용도 자체가 미적 직관과 외적 구현의 재료가 되는 것이다. 예술가가 거기에다 무언가를 덧붙여야만 그것이 미적 직관을 위한 도구로 사용될 수 있다는 생각은 옳지 않다. 그것이 자신의 실용적 목적에 완벽하게 부합하는 것이기만 하다면 예술가는 정말 아무것도 덧붙일 필요가 없다. 시골집과 궁전, 교회와 막사, 칼과 쟁기는 그들이 얼마나 치장되었느냐에 따라서가 아니라 그 자신들의 목적을 얼마나 잘 표현했느냐에 따라 아름다움의 여부가 결정된다. 의복이 아름다우려면 주어진 사람, 주어진 상황에 꼭 맞아야 한다. 전사 리날도를 연모하는 아미다가 그에게 채워준 칼은 아름답지 않았다. 그것은 "너무 많이 치장되어 있어서 거침없는 전쟁의 도구라기보다는 쓸모없는 장식품으로 보였"으며 자기 연인의 그토록 허약한 모습을 오히려 즐거워하는 그 여사제의 눈에나 아름답게 보였던 것이다.[*] 진정한 표현이기만 하다면 미적 활동과 실천적 활동은 언제든 잘 어울릴 수 있다.

하지만 미적 관조가 오히려 실천적 사용을 가끔 방해할 때가 있다는 것은 인정해야 한다. 예를 들어 어떤 새로운 대상이 그 목적에 부합되어 그 결과 매우 아름답지만, 바로 그 이유 때문에 그것의 관조로부터 그것의 사용으로 선뜻 이행할 수 없는 경우를 우리는 자주 경험하게 된다. 프로이센의 왕 프리드리히 1세가 자신의 잘 훈련된 척탄병들을 전쟁의 포연과 흙구덩이 속으로 보내지 못하고 주저했던 이유가 바로 이것이다. 반면 미적으로 좀 무딘 사람이었던 그의 아들 프리드리히 대왕은 그들을 마음껏 이용해 통치에 많은 도움을 받았다.

생산의 자극제

물리적 아름다움이 단순히 내적 아름다움, 즉 표현의 재생산을 돕는 것일 뿐이라는 주장에 대해 예술가는 그림을 그리는 중에, 혹은 조각을 하거나 글을 쓰거나 작곡을 하는 과정 중에 표현을 창조하기도 하므로 물리적 아름다움이 때로는 미적으로 아름다운 것에 선행할 수

---

[*] 타소의 『해방된 예루살렘』에 나오는 내용

도 있다고 반박하고 싶을지 모른다. 그러나 이는 예술가의 창조과정을 좀 피상적으로 이해한 데서 비롯된 것이다. 실제로 예술가는 그의 상상력을 통해 무언가를 보지 못한 상태에서는 결코 붓질을 할 수 없다. 만일 그가 아직 그것을 보지 못한 채로 붓질을 한다면 그것은 자신의 표현(이것은 아직 존재하지 않는 상태다)을 외적으로 구현하기 위해서가 아니라 앞으로의 명상과 내적 집중을 위한 출발점을 갖기 위한 일종의 실험으로 간주되어야 할 것이다. 물리적 출발점은 물리적인 아름다움, 즉 재생산을 위한 수단이 아니라 스스로를 발견하기 위한 수단─예술가나 학자들이 자주 취하곤 하는 고독에 빠져버린다거나 하는 식의 괴벽들처럼─의 하나다. 이런 수단들은 각자의 개성에 따라 얼마든지 다양할 수 있다. 미학자 바움가르텐은 영감을 찾고 있는 시인들에게 말을 타보거나 적당히 술을 마시거나 (순결할 것을 전제로 해서) 아름다운 여인을 바라보라는 충고를 한 적도 있다.

XIV. 물리적인 것과 미적인 것의 혼동에서 유래한 오류들

미적인 것, 즉 예술적 영상과 물리적인 것, 즉 미적인 것의 재생산을 보조하는 수단 간의 관계가 순전히 외적인 것임을 이해하지 못한 데서 비롯된 일련의 잘못된 주장들을 언급하는 것이 좋을 듯하다. 더불어 이미 언급된 것들로부터 연역될 수 있는 간략한 비판들도 이야기하기로 하자.

미적 관념 연합론에 대한 비판

미적인 것이란 두 가지 이미지의 연합이라고 주장하는 관념 연합론(associationism)의 형태도 바로 이러한 이해 부족이 그 원인이다. 대체 어떤 경로로 우리의 미적 의식—이것은 완전하게 통일된 하나의 의식이지 결코 이중적인 의식이 아니다—에 대해 이렇게까지 모순되는 오류에 이르게 된 것일까? 그 이유는 분명히 물리적 사실과 미적 사실이 서로 다른 두 개의 이미지로 간주되었기 때문이다. 즉 어느 하나가 다른 하나를 우리의 정신 속으로 끌어들인다는 식으로, 다시 말해 하나가 먼저 들어가고 나머지 하나가 뒤따라 들어간다는 식으로 생각되었기 때문이다. 하나의 그림은 그림의 이미지와 그 그림의 의미가 주는 이미지로 나누어진다고 하며, 한 편의 시 역시 단어들의 이미지와 단어들의 의미가 갖는 이미지로 나뉜다고 한다. 그러나 이런 식의 이미지들의 이중 구조는 존재하지 않는다. 물리적 사실은 이미지로서 정신 속에 들어오는 것이 아니다. 그것은 물리적 감각기관들을 맹목적으로 자극하여 이미 생산된 바 있던 미적 표현에 부응하는 인상들을 산출할 뿐이고, 바로 그러하기 때문에 이미지(미적인 것만이 이미지라고 부를 수 있는 유일한 것이다)를 재생하는 수단에 불과하다.

자신들 스스로의 원리 때문에 붕괴되어버린 통일성을 어떤 식으로건 다시 확립하여 곤경에서 빠져나오려는 연합론자들(사실 이들은 오늘날 미학 분야에서의 찬탈자라고도 할 수 있다)의 노력은 눈물겹다. 혹자는 상기된 이미지란 무의식이라고 주장하는가 하면 또 다른 이는 무의식은 아니지만 희미하고 공허하며 혼란스러운 것이 이미지라고 한다. 이는 분명히 존재하는 미적인 것을 허약하고 조야한 기억과 혼동되도록 하는 것이다. 그러나 딜레마는 냉혹하다. 연합론을 유지하려면 통일성을 포기해야 하고, 통일성을 지키려면 연합론을 포기해야 한다. 제3의 방식은 존재하지 않는다.

미적 물리학에 대한 비판

소위 자연미라고 하는 것을 완전히 이해하지 못했을 때, 그래서 단순히 미적 재생산의 일례에 불과한 그것을 자연 속에 주어져 있는 것으로 간주할 때 '자연의 아름다움' 혹은 '미적 물리학'이라 불리는 미학 이론들이 등장한다. 때때로 이들은 미적 광물학, 미적 식물학, 미적 동물학 등으로 다시 구분되기까지 한다. 우리는 그 이론들이 많은 정당한 관찰에 기초하고 있다는 것을 부정하고 싶지는 않다. 더욱이 주창자들의 상상과 공상 혹은 인상이 아름답게 표상되어 있다는 점에서 그들 이론 자체를 하나의 예술작품이라고 간주하고 싶은 심정이다. 하지만 단언하건대 학문적으로 이 이론들은 옳지 않다. 개는 아름답고 오리너구리는 추한 것인지, 백합은 아름답고 엉겅퀴는 추한 것인지를 스스로에게 물어보기 바란다. 여기에서 오류는 두 가지다. 우선 미적 물리학은 미학적 판단을 지성의 추상작용에 결부시키려는 이론인 예술 및 문학의 장르에 관한 이론과 같은 종류의 것이다. 게다가 소위 말하는 자연미라는 것의 진정한 구조를 알지 못하고 있다. 자연미란 어떤 개개의 동물이나 식물이나 인간이 추한지 아름다운지를 묻는 것조차 허용하지 않는 구조를 가지고 있다. 정신의 미적 활동에 의해 생산된 것이 아니라면, 혹은 우리를 다시 정신의 미적 활동으로 돌아가게 하는 것이 아니라면, 그것은 아름답지도 않고 추하지도 않다. 미적인 과정이란 자연 대상들이 자리 잡고 있는 관념들 간의 관계에서 생겨날 뿐이다.

인간 육체의 아름다움에 관한 이론의 비판

이러한 두 가지 오류를 가장 극명하게 보여주는 예가 인간 육체의 아름다움에 관한 질문들인데, 이를 위해 책 한 권을 다 할애하는 경우도 있었다. 우선 이러한 주제를 다루는 이들이 추상성을 피하고 좀 더 구체적인 것에 눈을 돌릴 수 있도록 다음과 같은 질문을 던져보도록 하자. "당신이 인간의 육체라고 할 때의 의미는 무엇이지요? 남성인가요, 여성인가요, 아니면 자웅 동체의 양성 인간을 말하나요?" 그들은 아마도 자신들의 탐구는 남성과 여성이라는 두 가지 구분되는 아름다움에 관한 것이라고 대답할 것이다. (실제로 남자와 여자 중 어느 쪽이 더 아름다운지를 심각하게 논의하는 저술가들도 있다.) 그렇다면 우리는 계속해서 "남성미 혹은 여성미라고 합시다. 그런데 대체 어느 인종을 말하는 것인가요? 백인, 황인, 흑인, 아니면 당신 나름의 기준에 따른 어느 인종인가요?"라고 물을 수 있다. 그들이 백인종이라 대답했다고 가정해보자. "백인종 중에서도 세부적으로 어떤 인종이지요?" 이런 식으로 우리는 백인 세계의 어느 한구석으로, 다시 이탈리아인으로, 또 다시 투스카니 사람이나 시에나 사람이나 포르타 카몰리아 사람으로 답변을 몰아갈 수 있을 것이다. 그러고 나서도 또한 몇 살 정도의 육체인지—갓 태어난 아기인지, 어린아이나 소년, 청년, 중년인지 등—를 물을 수 있으며, 어떤 조건과 상태에 놓인 육체인지—휴식하고 있는 육체인지 노동하고 있는 육체인지, 혹은 폴 포터*의 황소처럼 거칠고 힘든 일을 하고 있는 육체인지 아니면 렘브란트가 그린 술시중 드는 미소년 같은 일을 하고 있는 육체인지—도 물을 수 있다.

이런 방식으로 계속 축소시키다 보면 결국은 개별자, 다시 말해 손가락으로 가리킬 수 있는 "여기, 이 사람"에까지 이르게 될 것이고 그렇다면 별다른 어려움 없이—자연적 사실에 대해 설명할 때 이미 언급했던 바와 같이—그 사람은 관점에 따라, 예술가의 영혼을 스쳐가는 그 무엇에 따라 아름다울 때도 있고 추할 때도 있다고 말할 수 있다. 나폴리 해안이 아무리 아름답다 하더라도 그것을 싫어하는 사람이 있을 수 있고, 예술가들 중에는 그런 풍광은 전혀 표현적이지 못하다고 하면서 차라리 "음습한 전나무 숲"이나 북해로부터 "쉴 새 없이 불어오는 북풍과 구름"을 더 선호하는 사람들도 있을 것이다. 이보다 더 다양한 반응들도 촉발시키곤 하는 인간의 육체가 이 정도의 상대성도 가지고 있지 않다는 것이 가당키나 한 일인가?

기하학적 도형의 아름다움에 대한 비판
_____

기하학적 도형의 아름다움에 관한 문제도 미적 물리학과 관련이 있다. 그러나 기하학적 도형이라는 것이 기하학에서 쓰이는 개념(삼각형, 사각형, 원뿔)을 뜻하는 것이라면 이들은 아름답지도 추하지도 않다. 개념이기 때문이다. 반면 어떤 제한된 기하학적 형태를 가진 물체라는 뜻이라면—다른 자연적 사실들과 마찬가지로—그러한 도형들이 자리 잡고 있는 관념들 간의 관계에 따라 아름답거나 추하거나 할 수 있

_____
*   Paul Potter(1625~54)는 실물같이 생생한 동물 그림으로 유명한 네덜란드 화가다.

다. 어떤 이는 위쪽이 뾰족한 기하학적 도형은 견고함과 힘을 함축하고 있으므로 아름답다고 한다. 그럴 수도 있으므로 굳이 부정하지는 않겠다. 그런 반면 불안정과 나약함이라는 인상을 주는 것도 아름다울 수 있다는 사실 역시 부정해선 안 된다. 이 경우라면 직선의 견고함이나 원뿔 혹은 이등변삼각형의 가벼움이 오히려 추함의 요소라고 생각될 수도 있다.

자연미나 기하학적 아름다움에 관한 질문은 역사적인 아름다움이나 인간의 아름다움에 관한 질문과 유사한데, 이는 마음에 드는 것에 관한 미학, 즉 "미적 아름다움"이라는 말을 즐거움을 주는 것을 드러내 보여주는 것으로 이해하고 있는 미학의 입장에서 본다면 불합리한 것은 아닐 것이다. 그럼에도 불구하고 마음에 드는 내용이 무엇이고 더없이 혐오하는 것이 무엇인지를 학문적으로 결정할 수 있다는 주장은 어떤 경우에서건 오류다. 이런 질문에 대해서는 그 답변으로 단지 호라티우스 시집 제1권의 첫 번째 시나 레오파르디가 카를로 페폴리에게 보낸 편지 구절을 되풀이해 들려주는 수밖에 없다. 사람마다 자기 마음에 드는 사람이 다른 것처럼 아름다움도 제각각이다. 필로그라피아*는 학문이 아니다.

자연의 모방이 갖는 또 다른 측면에 대한 비판

때로 예술가는 인공적 제작물이나 물리적인 아름다움을 창조하는 과정 중에 자연에 존재하는 물건을 눈앞에 두고 작업하는 경우가 있다. 이것을 '모델'이라고 부른다. 인간의 육체나 음식물, 꽃 등이 그런 대상이다. 예술가 자신들이 남긴 기록이나 스케치를 잠시 훑어보기로 하자. 다빈치는 「최후의 만찬」을 제작하면서 자신의 수첩에 다음과 같이

---

* 이 용어에 대해서는 역사 부분 2장 "르네상스, 미에 대한 필로그라피아, 미에 대한 철학적·경험적 연구" 참조

적고 있다. "조반니나의 기묘한 얼굴을 양호실의 성 카타리나의 얼굴에. 크리스토파노 디 카스틸리오네는 피에타에. 그는 머리 모양이 예쁘다. 예수는 모르타로 추기경 부속실의 조반 콘테" 등등. 예술가가 자연을 모방한다는, 아니 더 정확히 말해 자연이 예술가를 모방하며 그에게 복종한다는 환상은 이런 데서 유래한 것이다. 자연의 모방으로서의 미적 대상이라는 이론 역시 이런 잘못된 생각에 기초하고 있으며 예술은 자연을 이상화한다는 것도 마찬가지다. 이 이론은 제대로 된 순서에서 어긋난 것이며 단지 혼동되어 있는 정도가 아니라 완전히 정반대다. 예술가는 외부 세계를 변형하고 그것을 이상적인 것에 접근시킴으로써 출발점이었던 외부 세계로부터 멀어져가는 것이 아니다. 그는 우선 외부 세계의 인상으로부터 표현, 즉 그가 생각하는 이상으로 나아가며, 여기서부터 출발하여 물리적 사실들—이들이 이상을 재창조하기 위한 도구로 기능할 수 있게끔 하기 위해—로 옮겨가는 것이다.

미의 요소 형식들의 이론에 대한 비판

미적 사실과 물리적 사실의 혼동에서 야기된 또 하나의 결과가 [미를 구성하는] 요소 형식에 관한 이론이다. 미, 즉 표현은 결코 나누어질 수 없는 것이지만 표현이 그 자신을 외적으로 구현한 대상인 물리적 사실은 쉽게 분할될 수 있다. 예를 들어 회화의 표면은 선과 색으로, 선은 다시 곡선 등으로, 색은 다양한 여러 빛깔들로 구별될 수 있으며 한 편의 시는 절과 구와 각운과 음절 등으로, 산문의 경우는 장, 단락, 제목, 문장, 어구, 단어 등으로 분할된다. 그러나 이렇게 해서 얻게 된 부분들이란 작위적으로 나누어진 더 적은 물리적 대상들일 뿐 미적 활동의 산물은 아니다. 이러한 혼동에 집착한 채 계속 나아간다면 우리는 미의 요소가 되는 형식은 결국 원자라고 결론 내려야 할 것이다.

이에 대해 미는 일정한 크기를 갖고 있어야 한다는, 과거 수차례 유포된 적이 있던 미학적 법칙을 내세워 반론을 펼지도 모른다. 즉, 미란 지각될 수 없을 만큼 너무 작아서도 안 되며 파악될 수 없을 만큼 너무 커도 안 된다는 것이다. 그러나 그 크기가 측정을 통해서가 아니라 지각에 의해 판단된다는 것은 그것이 수학과는 무관한 하나의 개념이라는 의미다. 실제로 지각될 수 없다거나 파악될 수 없다고 불리는 것으로부터는 인상이 산출되지 않는다. 그것들은 실재하는 사실이 아니라 개념이기 때문이다. 그러므로 미에는 크기가 요구된다는 주장은 미의 재창조를 도와주는 물리적 대상의 실제 상태가 그렇다는 의미로 축소된다.

미의 객관적 조건들의 탐구에 대한 비판

미의 물리적 법칙 혹은 객관적 조건들을 찾으려는 노력을 계속하는 이들은 다음과 같은 질문을 해왔다. 미에 해당하는 물리적 요소들은 어떤 것인가? 또 추에 해당하는 것은? 음영과 색과 크기의 어떠한 수학적 조합이 미인가? 정치 경제학에 비유해서 이야기하자면 이러한 질문은 마치 교환되는 물건의 물리적 특징을 통해 교환의 법칙을 찾아보려는 노력만큼이나 헛된 것이다. 이러한 시도가 계속되어왔지만 결국 아무 소득도 없었다는 사실을 알면서도 왜 곧장 그 허망함을 의심해 보지 않았는지 모를 일이다. 요즈음에는 특히 귀납적 미학, 즉 자연과학의 방식을 따르면서 성급히 결론으로 뛰어들지 않는 소위 **밑으로부터의 미학**의 필요성이 종종 제기되곤 한다. 귀납적? 그러나 모든 철학적 학문들과 마찬가지로 미학은 항상 귀납과 연역을 동시에 사용한다. 귀납과 연역은 분리될 수 없는 것이며 더구나 제대로 된 학문이라면 그들 중 어느 하나만으로 이뤄질 수도 없다. 그럼에도 불구하고 여기에 '귀납'이라는 용어가 사용된 것은 우연이 아니다. 이는 미적 대상이란 실제로는 물리적 대상에 다름 아니며, 따라서 물리학과 자연과학의 방법을 가지고 미학을 연구할 수 있다는 함축을 담고 있다.

귀납적 미학 혹은 밑으로부터의 미학(이 겸손한 표현 속에 숨어 있

는 자부심이여!)은 실제로 이러한 가정하에서 출발하고 있다. 이들은
아름다운 사물들의 집합을 꼼꼼하게 정리하기 시작했다. 종이봉투를 예
로 들어보자면, 다양한 크기와 형태의 봉투들 중 어떤 것이 아름다운
인상을 주고 어떤 것이 추한 인상을 주는지를 묻기 시작한 것이다. 이
미 예견된 일이지만 귀납적 미학을 추구하는 학자들은 곧바로 자신
들이 봉착한 난관을 깨닫게 되었다. 즉, 동일한 대상이 어떤 때는 아름
답게 또 다른 때는 추하게 보였던 것이다. 거친 종이 질의 노란색 봉투
는 연애편지를 넣기 위한 것이라면 말할 수 없이 추해 보이겠지만 결
재를 위한 서류봉투로는 안성맞춤이며 그런 서류를 영국산 고급 종이
의 사각봉투에 넣는다면 매우 꼴사납게, 아니 하여간 뭔가 비꼬는 의
미로 보일 것이다. 이와 같은 상식적인 고려만으로도 귀납적 미학자들
은 미란 물리적 존재가 아니라는 사실을 믿어야 했으며 자신들의 헛
되고 우스꽝스러운 탐구를 집어치웠어야 했다. 하지만 아니었다. 그들
은 나름대로 방법을 마련했다. 그것이 자연과학의 엄밀한 방법과 얼
마나 무관한 것인지는 말하고 싶지도 않다. 그들은 그 봉투들을 회람
시켜 어느 것이 다수의 표를 얻느냐에 따라 미·추를 결정하려고 했다.

이 주제에 관해 더 이상 시간 낭비는 피하기로 하자. 그렇지 않았
다가는 미학과 그 문제에 대해 설명하고 있는 것이 아니라 무슨 희극
의 줄거리를 이야기하고 있는 것으로 비쳐질지도 모르니까 말이다. 귀
납적 미학은 아직까지 단 하나의 법칙도 발견하지 못했다. 당연한 일
이다.

미적인 것의 점성술

의사의 도움을 단념한 환자는 자포자기하여 자칫 돌팔이에게 몸을
맡기기 쉽다. 미에 관한 자연주의적 법칙들을 신봉하는 사람들의 경
우가 바로 이와 같다. 때로 예술가들은 인체의 비례라든가 황금분
할—하나의 직선을 둘로 가를 때 긴 부분과 짧은 부분의 비례가 선의

전체 길이 대 긴 부분의 비례와 같게 되도록 나누는 방식(bc : ac = ac : ab)—같은 경험적 법칙들을 채택하는 수가 있는데, 그들은 이러한 법칙들의 미신에 쉽사리 빠져들곤 한다. 그래서 작품의 성공은 이러한 법칙의 준수 여부에 달린 것으로 간주하기도 한다. 그렇기 때문에 미켈란젤로는 그의 제자 마르코 델 피노 다 시에나에게 "형상이 항상 피라미드 모양과 S자 모양이 되도록 하고, 1과 2와 3의 배수들을 이용하라"고 가르쳤다. 하지만 그런 교훈에도 불구하고 마르코 다 시에나는 그리 비범한 예술가가 되지는 못했음을 지금도 나폴리에 전해져오는 그의 그림들을 통해 알 수 있다. 혹자는 미켈란젤로의 이 말이 아름다운 선이란 S자형으로 구불구불하게 파동치는 것임을 보장해준다고 생각했다. 그런 사람들은 이러한 미의 법칙에 대해, 황금분할이나 파동치고 구불구불한 선들에 대해 책 한 권 분량을 다 할애하기도 했다. 우리의 견해에서 보면 그 책들은 미적인 것의 점성술을 다루고 있는 것이다.

XV. 외적 구현의 활동. 예술에 관한 기술과 이론

외적 구현이라는 실천적 활동

물리적으로 아름다운 것을 만들어낸다는 것은 이미 언급한 바와 같이 어떤 영상이나 직관, 표상 등이 사라지는 것을 막아보겠다는 사려 깊은 의지에서 나온 것이다. 이러한 의지는 마치 본능인 것처럼 극도로 재빨리 움직일 수도 있는 반면 길고 힘든 숙고를 거쳐야 할 때도 있다. 어떤 경우건 간에 실천적 활동이 미적 활동과 관련을 맺으려면, 즉 미적 활동의 단순한 부수물 정도에 머무르는 것이 아니라 하나의 분명한 계기로서의 구실을 하려면, 이렇게 하는 수밖에 없다. 우리는 우리의 미적 영상을 의지로 형성하거나 하지 않거나 할 수는 없다. 그러나 그것을 외적으로 구현하느냐의 여부, 외적으로 구현된 것을 보존하여 타인에게 전달할 것이냐의 여부는 그렇게 할 수 있다.

외적 구현의 기술

의지와 관계된 사실인 외적 구현(externalization)에는 복잡하고 그 종류도 다양한 지식들이 선행한다. 이들을 기술(technique)이라고 하는데, 실천적 활동에 선행하는 모든 지식을 그렇게 불렀던 것과 마찬가지다. 따라서 예술적 기술이라는 말은 물리적 아름다움이라는 말처럼 은유적이고 생략된 표현이다. 즉(좀 더 정확히 말하자면), 미적 재창조의 자극물을 만들어내기 위한 실천적 활동에 봉사하는 지식이라는 뜻이다. 어떤 용어의 의미를 알고자 할 때 우리는 이런 식의 긴 설명 대신 그 용어의 일상적 용법을 짚어보는 방법을 이용하기도 한다.

예술적 재창조에 봉사하는 이러한 기술적 지식이 가능하다고 하면 자칫 내적 표현에 관한 미적 기술, 다시 말해 내적 **표현 방법**에 관한 이론이 존재한다는 생각을 갖게 될지 모르겠는데, 이는 당치도 않은 일이다. 그 이유를 우리는 잘 알고 있다. 표현은 최초의 이론적 활동이므로 실천보다 앞서는 것은 물론이고 실천을 해명해주는 지성적 지식에도 선행하며 그 둘 모두로부터 독립적이다. 실천을 해명하는 데 표현이 도움을 줄 수는 있어도 실천에 의해 표현이 해명되지는 않는다. 표현의 **방법**이란 없다. 표현에는 **목적**이 없기 때문이다. 표현이 하는 일은 사물들의 직관이지 의지가 아니다. 따라서 수단이나 목적 같은 추상적 부속물들로 분석될 수 없다. 때로 어떤 작가가 소설이나 희곡의 새로운 기술을 창안해냈다는 이야기가 들리며, 또 어떤 화가가 빛을 배분하는 새 기술을 발명했다는 말도 있다. 이럴 때의 기술이라는 말은 부주의하게 쓰인 셈이다. 왜냐하면 소위 새로운 기술이란 그 소설이나 그 새로운 **회화** 자체를 말하는 것에 다름 아니기 때문이다. 빛의 배분이 곧 그가 그린 회화의 영상 자체이며, 마찬가지로 극작가의 기술이란 그의 연극적 착상을 말하는 것이다. 한편 '기술'이라는 말은 실패한 작품이 갖고 있는 어떤 장점이나 결점을 지적할 때에도 쓰인다. 그래서 착상이 볼품없는 데 비해 기술은 훌륭하다든가 착상은 좋았는데 기술이 나빴다든가 하는 완곡한 어법이 존재하게 된다.

반면 유화니 에칭이니 석고 조각이니 하는 여러 가지 방법을 말하는 자리에 기술이라는 말이 쓰인다면 이는 제자리를 찾은 것이다. 하지만 이 경우 '예술적'이라는 형용사는 은유적으로 쓰인 것이다. 또 미학적 의미에서라면 연극 기술이란 불가능한 것이지만, 어떤 개별적인 작품을 어떻게 외적으로 구현하는지의 과정에서 나타나는 공연 기술은 있을 수 있다. 예를 들자면 이탈리아 연극에서 여자가 무대에 오르기 시작한 것은 16세기 중엽인데 그렇게 됨으로써 그전까지는 여장 남자가 연기했던 여자 역할을 실제로 여자가 맡아하게 되었다. 이런 것이 바로 공연 기술의 창안이다. 또 베니스의 극장주들이 장면의 빠른 전환을 위해 기계들을 개량한 것 역시 마찬가지로 볼 수 있다.

개별 예술들에 관한 기술적 이론들

예술가로 하여금 자신의 표현을 바람직하게 외적 구현할 수 있도록 해주는 기술적 지식들은 몇 가지 그룹으로 묶어볼 수 있는데, 이를 예술 이론이라고 불러도 무방하다. 그러므로 건축 이론이라 하면 역학적 법칙의 적용, 건축물이나 성곽 재료의 내구성 및 중량 등에 관한 지식, 벽토나 석회석의 혼합법에 관한 지침 등을 일컫는다. 조각 이론에는 다양한 석재들을 조각하는 데 필요한 도구들의 사용법, 청동의 성공적인 혼합법, 끌 사용법, 석고나 진흙으로 정확한 주물 뜨는 법, 진흙을 마르지 않게 보관하는 법 등이 포함된다. 템페라화, 유화, 수채화, 파스텔화 등의 다양한 기법, 인체 비례, 원근법 등에 관한 것이 회화 이론이며 연출법, 성량을 조절하고 강하게 하는 법, 분장과 제스처 등에 대한 가르침이 웅변 이론이다. 또 음악 이론이란 톤과 소리를 혼합하여 짜 맞추는 데 대한 것이다. 이러한 가르침들은 문학의 모든 유형들에서도 얼마든지 발견될 수 있다. 이런 것들 중 무엇이 유용하고 무엇이 불필요한 것인지를 구분하기란 가능한 일이 아니다. 따라서 이런 책들은 대개 일종의 백과사전이거나 **희망사항 목록**이 되어버리곤 한다. 비트루비우스는 그의 건축론에서 건축가는 문학이나 그림, 기하와 대수, 광학, 역사, 자연철학 및 도덕철학, 법률, 의약, 천문, 음악 등에 대해 잘 알고 있어야 한다고 주장한다. 알아서 해가 될 것이란 아무것도 없다. 하지만 예술을 배워서 그 모든 것을 치워버리는 것이 더 낫다.

이런 식의 경험적 집적물들이 학문으로 성립할 수 없다는 것은 분명한 사실이다. 그들은 결국 여러 가지 학문과 교과들로부터 차용해 온 견해들을 모아놓은 것일 뿐이며 따라서 그들이 원리라고 하는 것들은 자신들의 것이 아니라 사실은 그들에게 생각을 빌려준 다른 학문과 다른 교과들의 원리인 셈이다. 개별 예술들에 대해 하나의 학문적 이론을 구성하려는 시도는 원래 다양하고 상이한 성질을 가진 것들을 축소시켜 동질적인 하나로 만들려는 것이다. 즉, 기껏 수집해놓은 것들의 존재 자체를 붕괴시키는 것이다. 건축가나 화가, 음악가의 지침서에 학문적 형식을 부여하려 한다면 결국 일반적인 역학이나 광학, 음향학의 원리들 이외에는 얻을 것이 없을 것이다. 그리고 만일 역으로 그런 원리들 중에 산재해 있는 예술적으로 적절한 관찰들만을 추출해내서 그것들을 가지고 학문적 체계를 만들고자 한다면 우리는 개별 예술들의 영역을 포기하고 미학으로 옮겨간 것이다. 미학은 언제나 일반 미학이다. 아니 좀 더 정확히 말해 미학은 일반 미학과 특수 미학으로 나뉠 수 없다. 이러한 상황(즉, 기술에 관한 이론에서 출발해서 결국은 미학으로 귀결되는 경우)은 그러한 이론들과 기술적 지침들을 만들어내고자 하는 사람들이 강한 학문적 성품과 철학에 대한 자연스러운 호감을 갖고 있는 사람들일 때 생겨난다.

개별 예술들의 미학 이론들에 대한 비판

그러나 개별 예술들에 관한 미학 이론들이 있다고 상정한 채, 각각의 예술들이 가진 한계는 무엇인가? 색으로 표상되는 것은 무엇이고 소리로 표상되는 것은 무엇인가? 단색의 간결한 선은 무엇을 표상하고 다양한 색의 터치는 무엇을 표상하는가? 톤은? 박자와 리듬은? 조형예술과 음향예술 간의, 또 회화와 조각, 시와 음악 간의 경계는 무엇인가? 등에 답변하려 한다면 이는 미학과 물리학 간의 혼동이 최고조에 달했음을 나타낸다.

그러한 질문들을 학문적인 언어로 바꾸어 말하자면, 음향학과 미적 표현과의 관계는 무엇인가? 미적 표현과 광학 간의 관계는? 등을 묻는 것과 마찬가지다. 물리적인 것이 미적인 것으로 옮겨가는 통로가 전혀 없는데 광학이나 음향학의 현상들인 일군의 물리적 현상들과 미적인 것 간의 연결 관계가 있을 까닭이 있겠는가?

예술 분류에 대한 비판

소위 예술이라고 하는 것들에는 미적인 경계가 없다. 경계가 있으려면 개별적인 예술들이 제각기 별도의 미적인 존재가 되어야 한다. 하지만 우리는 이미 이러한 구분이 전적으로 경험적인 근원에서 나온 것임을 보았다. 따라서 예술에 관한 미적 분류의 시도는 어떤 것이든 어리석은 짓이다. 예술에는 경계가 없으므로 그것을 엄밀히 규정하기는 불가능하며 따라서 예술은 철학적으로 분류될 수 없다. 예술의 분류와 체계를 다룬 책들이 모두 없어져버린다 해도 아무 손해도 없을 것이다. (이 말을 함에 있어서 우리는 그러한 주제에 자신의 노력을 기울인 저술가들에게 최대한 존경을 표하는 바다.)

체계화의 불가능성을 극복해보려는 기묘한 시도들 중에는 마치 해결책에 가까운 발견을 한 듯 보이는 것도 있다. 우선 가장 일반적인 구분이 예술을 청각과 관련된 예술, 시각과 관련된 예술, 그리고 상상력과 관련된 예술로 나누는 것이다. 이는 귀와 눈과 상상력이 동일한 수준에 있는 것인 양 취급한다. 그 셋이 마치 기본적인 분류들로서 동일한 논리적 변수로부터 연역될 수 있는 것처럼 생각하는 것이다. 한편 어떤 이들은 공간의 예술, 시간의 예술, 정적인 예술과 동적인 예술로 나눌 것을 제안한다. 이 역시 마치 공간, 시간, 정지와 움직임 같은 개념들이 특수한 미적 형식들을 결정하며 그런 예술에 공통적인 무언가가 그들 개념 속에 있는 것처럼 생각한다. 마지막으로, 예술을 고전과 낭만으로, 혹은 오리엔트, 고전, 낭만으로 분류해놓고 만족하는 사람들도 있다. 그러나 그들은 단지 역사적 명칭에 불과한 것에 과학적 개념으로서의 가치를 부여한 셈이거나 아니면 이미 앞서 비판했던 표현 형식들의 수사학적 분류라는 우를 범하고 있는 것이다. 또 어떤 이들은 예술을 회화와 같이 단지 한쪽 면에서만 볼 수 있는 예술과, 조각과 같이 모든 측면에서 볼 수 있는 예술로 나누기도 하는데, 하여간 이와 비슷한 아무 쓸데없고 터무니없는 생각들이 많이 있다.

하나의 표현이 다른 것으로 재형상화(remodelling)될 수 있다고 믿었던 사람들—『일리아스』나 『실락원』을 일련의 그림들로 나타내는 것. 시가 그림으로 변환될 수 있느냐 없느냐에 따라 시의 가치가 크게 혹은 작게 평가되어야 한다고 주장했던 사람도 실제로 있었다—에 대한 유효한 비판적 반론으로 예술의 경계에 대한 이론이 개진된 시기가 있었던 것 같다. 그러나 그러한 반대가 이치에 맞는 것이었고 결과적으로 승리를 얻어냈다 하더라도 그것이 곧 그 목적을 위해 사용된 논증과 구성된 체계가 옳았음을 의미하지는 않는다.

예술 간의 통합 이론에 대한 비판

예술의 경계에 대한 이론과 함께 대두되는 또 하나의 이론이 있는데, 그것은 예술 간의 통합에 관한 이론이다. 분할되고 경계가 그어진 개별 예술들을 전제로 놓고서라면 다음과 같은 질문이 있을 수 있다. 그중 어느 것이 가장 강력한가? 그들 몇 개를 통합시키면 더욱 강력한 효과를 얻을 수 있지 않은가? 우리는 이에 대해 알지 못한다. 우리가 아는 것은 단지 각각의 개별적인 경우마다 주어진 특정 예술적 직관들을 재생산하기 위해서는 정해진 물리적 수단들이 필요하며, 예술적 직관이 다르면 필요로 하는 수단도 달라진다는 것이다. 우리는 어떤 연극의 효과를 단지 희곡만 읽어서도 얻을 수 있다. 그러나 어떤 사람에게는 낭독이나 연기가 필요하다. 어떤 예술적 직관은 그것의 완벽한 외적 구현을 위해 언어, 노래, 악기, 색, 조각, 건축, 배우 등이 필요한 반면 펜으로 그린 윤곽선, 연필을 몇 번 움직여 완성되는 직관도 있다. 그러나 낭

미학

독이나 연기에 의한 효과나 위에서 언급한 모든 것들의 종합이 단순히 읽기만 하는 것 혹은 펜이나 연필에 의한 윤곽선보다 강력하다는 가정은 옳지 않다. 그들 각각은 소위 다른 목적을 가지고 있으며 목적이 다른 때라면 수단의 강약을 비교한다는 것은 불가능하기 때문이다.

실용성 및 도덕성과 외적 구현이라는 활동 간의 관계

마지막으로, 예술과 실용성, 예술과 도덕성 간의 관계에 대한 복잡하고 혼란스러운 의문을 해결하기 위해서도 우리는 진정한 미적 활동과 외적 구현이라 부르는 실천적인 활동을 분명하고 엄격하게 구분하는 관점에 서야 한다.

우리는 앞서 예술로서의 예술은 모든 실천적인 가치들에 대해서와 마찬가지로 실용성과 도덕성에 대해서도 독립적임을 보았다. 이러한 독립성 없이는 예술의 본질적인 가치를 언급하는 것은 물론 미학을 구성하는 것조차 불가능하다. 미학의 필요조건으로 요구되는 것이 미적인 것들의 자율성이기 때문이다.

그러나 이러한 예술가의 비전 혹은 직관 또는 내적 표현의 독립성이 반드시 외적 구현과 의사소통이라는 실천적 활동의 독립성으로까지 확장되어야 한다는 주장은 그릇된 것이다. 실천적 활동은 미적 대상을 만들 수도 있지만 아닐 수도 있다. 만일 예술을 외적 구현으로 이해했을 경우에는 실용성과 도덕성도 당당히 예술에 개입할 권리, 즉 자기 영역에 대해서는 주인 행세를 할 권리가 있다.

사실 우리는 우리 정신 속에 형성시킨 모든 표현들과 직관들을 다 외적으로 구현하지는 않는다. 우리의 생각을 전부 다 큰 소리로 밝히는 것은 아니며 그것을 쓰거나 인쇄하거나 그리거나 칠하거나 해서 대중 앞에 모조리 드러내놓지도 않는다. 우리는 우리 속에서 형성된, 아니 최소한 윤곽만이라도 잡힌 직관들의 무더기 중에서 선택을 한다. 이러한 선택은 삶의 경제적·도덕적 성향이라는 기준에 의해 좌우된다.

따라서 우리가 하나의 직관을 고정시켰을 때 우리는 그것을 타인들에게 전달할 것인가 말 것인가, 전달한다면 누구에게, 언제, 어떻게 할 것인가도 동시에 결정해야 한다. 이 모든 고려는 실용적이고 윤리적인 기준의 통제를 받는 것이다.

이렇기 때문에 비록 '예술로서의 예술'에서는 어떤 식으로도 정당화될 수 없으며 순수 미학에서는 거부되는 개념들인 선택, 관심, 도덕성, 교육적 목적, 대중성 등도 어느 정도의 정당성을 얻을 수 있다. 오류라 할지라도 그 동기에는 항시 올바른 무언가가 있기 마련이다. 이러한 그릇된 미학적 명제들을 공식화하고 있는 사람은 오히려 실천적인 사실들―이들은 경제적이고 도덕적인 생활 속에서 단지 우연히 미적인 것과 결합된 것이다―만을 주목하고 있는 사람들이다.

미적 재생산의 수단들을 공표하기 위해 더 많은 자유가 필요하다는 주장은 옹호되어 마땅하다. 우리 역시 동감이며 비도덕적 예술에 대한 규제와 법적인 조처는 위선자들이거나 순진한 사람들, 시간이 남아도는 사람들에게 위임하고자 한다. 그러나 자유를 선언하면서도 그 한계를 설정하는 것―그것이 아무리 폭넓다 하더라도―이 항상 도덕성의 소관사항이다. 따라서 자신의 표상들을 외적 구현할 때 비도덕적 투기꾼처럼 독자들의 불건전한 취향이나 계산하고 있는 예술가나 광장에서 외설적 조각품을 팔고 있는 행상인의 자유 역시 미학의 기본 원리이자 최상의 원리인 예술의 독립성을 근거로 아무 죄가 없다는 결론을 이끌어내려 한다면 이는 이치에 닿지 않는다. 후자는 경찰이 개입할 일이며 전자는 양심이라는 재판정에 세워져야 한다. 예술작품에 대한 미적 판단은 실천적 인간으로서 예술가의 도덕성과 무관하고 여타 규정과도 아무 관계가 없다. 이 규정들은 예술을 순수한 이론적 관조라는 예술 본연의 모습과 다른 사악한 목적으로 쓰지 말라는 뜻으로 받아들여질 수도 있을지 모르겠다.

XVI. 취미와 예술의 재생산

미적 판단과 미적 재생산은 같은 것이다

전체적인 미적 과정과 외적 구현 과정이 완성되었을 때, 즉 아름다운 표현이 생산되었고 그것이 특정한 물리적 재료 속에 고정되었을 때, 완성되고 고정된 그것을 판단한다는 것은 무슨 뜻인가? 비평가들은 자기 자신 속에 그것을 재생산하는 것이라고 한 목소리로 대답한다. 훌륭한 답변이다. 이 점을 철저히 이해해보자. 그리고 눈에 보이는 대상을 예로 들어 그것을 체계적으로 그려보자.

A라는 사람은 자신이 느끼거나 예감하는 인상에 해당하는 표현을 찾는 중이라고 해보자. 그는 아직 그것을 표현해내지는 못하고 있다. 그가 자신이 찾고 있는 바로 그 표현 — 분명히 존재하지만 현재는 그가 소유하고 있지 않은 표현 — 에 딱 맞는 단어와 구절들을 이리저리 찾고 있는 모습을 보라. 그는 m이라는 조합을 생각해보았다가 치워버린다. 적절하지 않고 표현적이지 못하며 불완전하고 추하기 때문이다. n이라는 조합을 시도해보았으나 결과는 마찬가지다. 그는 보지 못하고 있거나 혹은 보더라도 분명치 않은 상태다. 표현은 아직도 그의 손에 잡히지 않고 있다. 그는 계속 시도하면서 때로는 그가 목표로 한 수준에 근접하기도 하고 또 때로는 거기서 멀어지기도 한다. 그러다가 어느 순간(마치 저절로 자연스럽게 형성된 듯이) 그는 찾고 있던 표현

을 형성해낸다. 한 줄기 광명이 어둠을 가르듯이 말이다. 그 순간 그는 미적인 즐거움 혹은 아름다움을 향유한다. 추란 이런 과정상의 장애를 극복하는 데 실패한 미적 활동으로서 여기엔 불쾌가 수반된다. 미는 성공적으로 그 자신을 펼쳐 보이는 표현적 활동이다.

우리가 이러한 예를 언어의 영역에서 채택하는 이유는 그것이 좀 더 친근하고 이해하기 쉬우며, 비록 우리 모두가 그림을 그리지는 않더라도 말은 할 것이기 때문이다. 이제 만일 B라고 하는 또 한 사람이 그 표현을 판단하여 미·추를 결정하고자 한다면 그는 반드시 자신을 A의 관점에 맞춰야 할 필요가 있다. 즉, A가 제공한 물리적 기호의 도움을 받아 전 과정을 다시 겪어야 한다. 만일 A가 분명히 보았다면 (A의 관점에 스스로를 맞춘) B 역시 분명히 볼 것이며 따라서 그 표현을 아름답게 볼 것이다. 만일 A가 불명확하게 보았다면 B도 그럴 것이고, 따라서 표현은 A가 본 것과 마찬가지로 다소간 추할 것이다.

양자 간에 차이는 있을 수 없다

우리가 다른 두 가지 경우, 즉 A는 분명한 영상을, B는 불분명한 영상을 갖는 경우와 A가 불분명한 영상을, B가 분명한 영상을 갖는 경우를 고려하지 않고 있음을 알아차렸을 것이다. 이는 이 두 경우가 절대로 가능하지 않기 때문이다.

표현 활동은 그것이 활동이기 때문에 변덕이 아니라 정신적 필연이다. 그것은 정해진 미적 문제를 정해진 단 하나의 방식으로만 해결할 수 있으며, 그것만이 올바른 방식이다. 예술가들에게는 아름답게 보이는 작품이 비평가들에게 추한 것으로 판정받는 경우, 또 예술가들로서는 만족할 수 없고 불완전하거나 실패작이라고 주장하는 작품들이 비평가들에 의해 아름답고 완전한 것으로 간주되는 경우 등이 있다는 것을 근거로 이 주장에 쉽사리 반론을 펼지 모르겠다. 하지만 이 경우는 예술가들과 비평가들 중 어느 한쪽이 분명히 틀렸다. 실제로 예술가, 즉 표현을 만들어내는 사람이 항시 자신의 영혼 안에서 일어난 것을 완전히 다 알고 있는 것은 아니다. 성급함, 허영심, 반성 능력의 결여, 이론적 편견 등의 이유 때문에 사람들은 자신들의 작품들이 아름답다고 말한다. 몇몇은 아예 그렇다고 믿어버리기도 한다. 그러나 만일 스스로를 제대로 들여다보게 된다면 그 작품들이 그들의 실제 모습 그대로 추하다는 것을 알게 될 것이다. 이는 마치 가련한 돈키호테가 투구에다 마분지로 만든 면갑을 붙이고 — 그것은 일격에 날아가버릴 정도로 허약해 보였음에도 — 잘 버린 칼로 두들겨 시험해보지도 않은 채, 그저 그것이 "최고로 빼어난 투구"라고 선언하는 것과 같다. 반대 경우에도 이와 유사한 이유들로 인해 예술가의 의식은 곤란을 겪는다. 그래서 그는 자신이 성공적으로 만들어낸 것을 악평하거나 자신이 예술적 자발성으로 훌륭하게 해낸 것을 원점으로 돌리고 오히려 개악하게 되는 것이다. 이에 해당하는 예로는 타소가 『해방된 예루살렘』을 『정복된 예루살렘』으로 개작한 것을 들 수 있다.* 마찬가지로 비평가들도 성급함, 게으름, 반성 능력의 결여, 이론적 편견, 개인적 친분이나 적대감, 기타 이런 종류의 여러 동기들 때문에 아름다운 것을 추하다고 하고 추한 것을 아름답다고 할 때가 있다. 만일 그들이 이러한 방해 요소들을 피할 수 있었다면 그들은 그 예술작품을 실재 그대로 느낄 수 있었을 것이고, 따라서 영예를 받을 만한 것인지 아니면 거부되어야 마땅한 것인지 등의 좀 더 정성들인 공평한 판정을 결코 후대로까지 미루지는 않았을 것이다.

취미와 천재는 같은 것이다

이상과 같은 원리에 따르자면 미를 비평하고 인식하는 판정 활동은

---

* 타소는 1575년 완성한 서사시 『해방된 예루살렘』을 죽기 2년 전인 1593년 『정복된 예루살렘』으로 개작했다.

분명히 미를 생산하는 것과 동일하다. 유일한 차이점이란 상황의 변화로서, 즉 하나는 미적 생산의 문제이고 다른 하나는 재생산인 점이 다를 뿐이다. 판정하는 활동이 취미(taste)이며 생산하는 활동이 천재(genius)다. 그러므로 천재와 취미는 본질적으로 같다.

비평가도 예술가의 천재성에 상응하는 어떤 것을 가져야 한다거나 예술가도 취미를 가져야 한다는 흔한 이야기들을 통해 바로 이 동일성의 일단을 엿볼 수 있다. 또 능동적(생산적) 취미가 있고 수동적(재생산적) 취미가 있다는 말이 들리는 것도 같은 이유에서다. 그러나 마찬가지로 흔히 하는 이야기들이긴 하지만 천재성이 결여된 취미니, 취미가 결여된 천재니 하는 말들은 옳지 않다. 사실 이러한 말들은 양적인 차이나 심리적 차이를 암시하는 것이 아니라면 아무 의미가 없다. 즉, 취미를 결여한 천재들이란 중요한 부분은 영감을 받았으나 부차적인 부분은 소홀히 하여 결함이 있는 채로 예술작품을 만들어내는 사람들을 말하며, 천재성 없이 취미만을 가진 사람들이란 개별적인 혹은 부차적인 장점들은 가지고 있지만 위대한 예술적 종합을 달성할 정도의 충분한 능력을 갖추지 못한 사람들을 일컫는 말이다. 다른 유사한 표현들에 대해서도 쉽게 비슷한 설명이 주어질 수 있을 것이다. 그렇지 않고 천재와 취미 간에, 예술적 생산과 재생산 간에 본질적 차이를 상정한다면 이는 의사소통과 판단이라는 양자 모두를 불가능하게 만드는 짓이다. 우리의 외부에 놓여 있는 것을 우리가 어떻게 판단할 수 있겠는가? 또 어떤 주어진 활동에 의해 생산된 것이 어떻게 그와는 다른 활동을 통해 판단될 수 있겠는가? 비평가는 작은 천재이고 예술가는 큰 천재일 수 있다. 전자가 열만큼의 능력을 가졌다면 후자의 능력은 백일지도 모른다. 또 전자가 일정한 수준의 높이에 이르기 위해서는 후자의 도움을 필요로 한다고도 말할 수 있다. 그러나 본질에 있어 양자는 같다. 단테를 판단하려면 우리는 그의 수준으로까지 올라가야 한다. 물론 경험적으로 우리는 단테가 아니며 단테 또한 우리가 아니다. 그러나 관조와 판단을 하는 바로 그 순간에는 우리의 정신이 시인의 정신과 하나가 된다. 우리와 그가 그 순간 하나인 것이다.

우리의 작은 영혼이 위대한 영혼들을 반영하여 위대한 보편적 정신으로 성장할 수 있는 유일한 가능성은 바로 이러한 하나 됨에서 연유한다.

기타 활동들과의 유비

우리가 이제껏 미적 판단에 대해 말해온 것은 여타의 모든 활동 및 모든 판단에도 똑같이 유효하다. 즉, 과학적·경제적·윤리적 비평도 유사한 방식으로 수행된다. 윤리적 비평만을 예로 들어 보더라도 어떤 사람의 결정이 도덕적인가 비도덕적인가를 판단할 수 있으려면 우리는 마음속으로 그가 그런 해결책을 선택했던 것과 똑같은 상황 속에 우리 자신을 옮겨놓아보아야 한다. 그렇지 않다면 하나의 행위는 이해될 수 없으며 따라서 판단도 불가능하다. 살인자는 불량배일 수도 있고 영웅일 수도 있다. 사회의 질서 유지라는 측면에서 본다면 이들 간의 차별성은 없으며 대체로 같은 형벌을 받게 될 것이다. 하지만 도덕적 관점에서 구분하여 판단하기를 원하는 사람에게는 양자는 같은 것이 아니다. 따라서 단순히 법적인 측면에서만이 아니라 도덕적 측면도 포함하여 그의 행위의 진정한 본질을 결정하기 위해서는 반드시 그 살인자의 개인적 심리를 재구성해야 한다. 윤리학에서 가끔씩 언급되는 도덕 취미나 도덕 감각이라는 말도 일반적으로 도덕의식이라고 부르는 것, 다시 말해 선한 의지 그 자체에 해당되는 말이다.

미학에서의 절대주의와 상대주의에 대한 비판

이상의 미적 판단 혹은 재생산에 관한 설명에 따르자면 절대주의자와 상대주의자—즉, 취미의 절대성을 긍정하는 사람들과 부정하는 사람들—의 견해는 모두 일면은 옳고 동시에 일면은 그르다.

미가 판단될 수 있다고 하는 점에선 절대주의자들이 옳다. 하지만 그러한 주장의 기초가 되는 그들의 이론은 그다지 설득력이 없다. 그들은 미, 다시 말해 미적 가치라고 하는 것을 미적 활동과 관계없는 어떤 것으로, 즉 예술가가 자신의 작품에서 실현시키는, 또 비평가가 나중에 그 작품을 판단하는 근거가 되는 하나의 개념 혹은 모델로 간주한다. 그러나 이러한 개념과 모델이라는 것은 예술에 존재하지 않는다. 모든 예술은 그 자체로만 판단될 수 있을 뿐이며 자체 안에 자신의 모델을 가지고 있다. 이런 주장에 함축되어 있는 것이 바로 미의 객관적 모델 — 그것이 지성적 개념이건 형이상학의 하늘에 걸려 있는 관념이건 간에 — 은 존재하지 않는다는 것이다.

이러한 측면에서 보면 그들의 반대 입장인 상대주의자들이 훨씬 옳고 또 그들보다 진보했다고 할 수 있다. 하지만 그들의 주장은 출발점이 잘못된 이론 쪽으로 기울어져 있다. 취미를 설명할 수는 없다는 오래된 격언을 자주 되뇌며 그들은 미적 표현이란 쾌·불쾌 같은 성질을 가진 것이며 모든 사람들은 자기 나름대로 느낄 뿐이고 거기에는 논쟁의 여지가 없다고 믿었다. 그러나 우리는 쾌·불쾌란 공리주의적이고 실천적인 사실임을 알고 있다. 그러므로 상대주의자들은 미적 사실의 특수성을 부정하고 다시금 표현과 인상, 이론적인 것과 실천적인 것을 뒤섞고 있는 것이다.

상대주의나 심리주의, 또 잘못된 절대주의를 모두 똑같이 부정하는 것이야말로 올바른 해결책이다. 즉, 취미의 판단 기준이 절대적인 것은 사실이지만 이론으로 자신을 드러내는 지성의 방법과는 다른 방식으로 절대적임을 알아야 한다. 취미의 판단 기준은 상상력의 직관적 절대성으로 인해 절대적이다. 따라서 표현적 활동의 어떤 것이라도 그것이 진짜 표현 활동이라면 미로 인식될 것이고 표현적 활동과 수동성이 끊임없는 투쟁 속에 서로 혼합되어 있으면 추로 인식될 것이다.

미학

절대주의와 상대주의 사이에는 제3의 그룹이 존재하는데, 이에 속하는 이들을 '상대적 상대주의자(relative relativist)'라고 부를 수 있다. 이들은 논리학이나 윤리학 같은 분야에서는 절대적 가치의 존재를 인정하는 반면 미학에서는 그것을 부정한다. 그들은 과학 혹은 도덕에 대해 논박하는 것은 합리적이고 정당하다 해도—과학은 모든 이에게 공통적이고 보편적인 것에 기초하며, 도덕성 역시 인간 본성의 법칙이라고 할 의무에 의존하고 있으므로 그렇다고 한다—상상력에 의존하는 예술을 어떻게 논박할 수 있느냐고 반문한다. 그러나 상상적 활동이란 보편적이며 인간 본성에 고유한 것이다. 이 점에서라면 논리적 개념이나 실천적 의무에 결코 조금도 뒤지지 않는다. 뿐만 아니라 지금 논의되고 있는 이 문제는 애초부터 잘못되어 있는 것이다. 만일 상상력의 절대성이 부정된다면 그것은 지성적 혹은 개념적 진리까지도 위협하는 것이며 나아가 함축적으로는 도덕성까지도 부정할 수밖에 없게 된다. 도덕성이란 논리적 분별을 전제로 하는 것이 아니었던가? 또 그러한 논리적인 분별은 표현과 단어들, 즉 상상적 형식을 통해서가 아니라면 어떻게 알려질 수 있는가? 만일 상상력의 절대성이 제거된다면 정신의 삶은 기초부터 흔들릴 것이다. 한 개인은 더 이상 타인을 이해할 수 없게 되며 심지어 조금 전의 자기 자신도—조금 전의 나는 그 순간이 지나면 이미 타인이므로—이해할 수 없을 것이다.

자극과 심리적 상태의 다양함에 근거한 반대

그럼에도 불구하고 판단이 다양하다는 것은 의심할 여지없는 사실이다. 사람들은 논리적·윤리적·경제적 가치평가에 있어서 일치하지 않고 있으며 미적인 것에 대해서도 마찬가지다. 혹은 더욱 심할지도 모른다. 성급함이나 편견, 열정 등에 앞서 우리가 언급한 이유들을 들어 이러한 불일치가 별로 중요한 것이 아니라고 치부해버릴 수도 있겠지만 그렇다고 해서 그것이 없어지는 것은 아니다. 그래서 우리는 재생산을 위한 자극을 이야기할 때 신중을 기했다. 즉 재생산이 이뤄지기 위해서는 나머지 모든 조건들이 같아야 한다고 했다. 하지만 그럴 수 있을까? 이런 가정이 현실에 부합하는 것인가?

그렇지는 않은 것 같다. 적절한 물리적 자극물을 수단으로 해서 여러 번에 걸쳐 하나의 인상을 재생산하기 위해서는 이 자극물이 변하지 말아야 하며 생리적 기관도 재생산되기를 원하는 그 인상을 경험했던 때와 똑같은 심리적 조건하에 그대로 남아 있어야 할 필요가 있다. 그러나 물리적 자극물은 끊임없이 변화한다. 심리적 조건들 역시 마찬가지다.

유화는 변색되고 프레스코화는 바래며 조각상은 코나 팔다리가 떨어져 나간다. 건축물은 완전히 폐허가 되어버리거나 그렇지 않다 해도 훼손되는 부분이 생기기 십상이며 구전되던 노래는 사라지기도 하고 시는 잘못 베껴지거나 인쇄될 수도 있다. 이러한 일들은 매일 일어나고 있으며 따라서 물리적 자극물들 혹은 대상들이 변화하고 있다는 명백한 증거들이다. 심리적 조건들은 어떤가? 우리가 귀머거리나 장님이 되어버리는 경우, 즉 물리적 인상들의 어느 한 종류를 통째로 다 잃어버리게 되는 경우는 차치하기로 하자. (어쩌면 이것은 우리를 둘러싼 사회와 우리 개인 생활의 내적 조건들이 근본적이며 불가피하게 매일매일 항구적으로 변화하고 있음에 비해 부수적이고 덜 중요한 사례가 될지도 모른다.) 예컨대 단테의 『신곡』이 로마 정치에 관심이 있는 한 이탈리아 시민에게 불러일으킨 인상은 단테를 잘 알고 있고 그와 교분이 두터운 그의 동료들이 경험했던 인상과 전혀 다른 것이다. 치마부에의 「마돈나」는 아직도 산타마리아 노벨라 성당에 보존[*]

---

[*] 현재의 관점에서 보면 크로체의 이 서술은 수정될 필요가 있는데, 이 작품은 현재 우피치 미술관에 옮겨 보존되고 있으며, 또한 치마부에가 아니라 두치오(Duccio di Buoninsegna)가 그린 것으로 간주되고 있다.

미학

되어 있다. 하지만 그것이 13세기의 피렌체 사람들에게 들려준 이야기를 오늘날의 관광객에게도 똑같이 전해주고 있는 걸까? 그것이 세월에 의한 손상을 조금도 입지 않았다 해도 오늘날 우리에게 전해주는 인상과 과거의 그것과는 전혀 다르다고 생각하는 것이 좀 더 타당하지 않을까? 심지어 같은 작가의 경우라 할지라도 젊은 시절 자신이 지었던 시를 나이가 들어 심리적 조건들이 완전히 달라진 후에 다시 읽을 때, 똑같은 인상을 주리라고 생각할 수 있겠는가?

기호들을 자연적인 것과 관습적인 것으로 구별하는 데 대한 비판

자극물들을 자연적 기호(sign)와 관습적 기호로 분류하려는 미학자들이 있다. 앞의 것은 모든 사람에게 동일한 효과를 가지는 반면 뒤의 것은 단지 제한된 범위 내의 사람들에게만 효과가 미친다는 것이 그들의 주장이다. 그들은 회화에 사용된 기호들은 자연적이고 시에 사용된 기호들은 관습적이라고 믿고 있다. 그러나 그들 간의 차이란 기껏해야 정도의 차이에 불과하다. 회화는 모든 이들에게 이해되는 언어인 반면 시는 그렇지 못하다는 주장이 종종 제기되곤 한다. 예를 들어 다빈치 같은 이는 자신이 하고 있는 예술의 장점 중의 하나를 "글처럼 다른 언어로 해석해줘야 할 필요가 없으며 따라서 그것이 사람과 짐승 모두에게 기쁨을 준다"는 점에서 찾고 있다. 그는 한 집안의 가장을 그린 초상화 앞에서 "강보에 쌓인 어린 손자부터 심지어는 그 집의 개나 고양이들까지도 그림을 쓰다듬으려고 했다"는 일화를 소개한다. 하지만 반면에 병사의 초상화를 보고 배를 그린 것이라고 하거나 말 탄 사람의 그림을 보고 그의 다리가 본시 하나뿐이라고 생각하는 미개인의 예화는 젖먹이나 개, 고양이도 그림을 이해한다는 믿음에 다소간 타격을 줄 만하다. 회화이거나 시이거나 그 어떤 예술작품이거나 그것들을 받아들일 준비가 되어 있는 영혼에게만 결과를 낳을 수 있을 뿐임을 납득시키는 데는 다행히도 어려운 연구 조사가 필요할 것 같지는 않다. 자연적 기호란 존재하지 않는다. 모든 기호들은 다 같이 관습적이며, 좀 더 정확히 말하자면 역사적으로 조건 지워진 것들이기 때문이다.

다양성의 극복

이를 인정한다면 어떻게 물리적 대상을 수단으로 해서 표현이 재생산되도록 할 수 있을까? 조건들이 더 이상 같지 않은데 어떻게 동일한 결과를 얻을 수 있을까? 차라리 물리적 도구들이 표현을 재생산하고자 하는 목적으로 만들어짐에도 불구하고 표현은 재생산되지 않으며, 재생산이라 불리는 것도 결국은 매번 새로운 표현일 뿐이라고 결론 내려야 하지 않을까? 하지만 이는 물리적·심리적 조건들의 다양함이 본질적으로 극복될 수 없다고 할 때에만 타당한 결론이다. 실제로는 이러한 다양함은 극복이 가능하므로 우리의 결론은 다음과 같은 것이어야 한다. 즉, 우리는 자극물들(물리적 아름다움)이 생산될 때와 같은 조건 속에다 우리 자신을 다시 가져다놓을 수 있다. 그러므로 그때마다 재생산은 일어난다.

우리가 우리 자신을 그러한 조건들 속으로 되돌려놓는 일이 그저 추상적인 가능성으로만 존재하는 것이 아니다. 사실 우리는 계속해서 그러한 일을 행하고 있는 것이다. 그렇지 않고서는 우리의 개인 생활—자기 자신(자신의 과거)과의 교류—과 사회 생활—우리 동료들과의 교류—은 불가능하다.

복원과 역사적 해석

물리적 대상들은 어떤가? 원문을 애초의 모습대로 복원해내는 고문서 학자나 문헌학자들, 회화와 조각의 복원 전문가들, 또 다른 많은 근

미학

면한 사람들의 노력 덕분에 물리적 대상이 애초에 가지고 있던 에너지는 고스란히 보존되거나 복구될 수 있다. 물론 이러한 노력이 항상 성공하는 것은 아니며 완전무결하게 성공적일 수도 없다. 미세한 부분에 이르기까지 완벽하게 복구한다는 것은 어쩌면 거의 불가능하게 보이기 때문이다. 그러나 이러한 극복 불가능함이란 단지 우연적인 것이다. 이것 때문에 실제 이뤄진 성공을 간과해선 안 된다.

역사적 해석은 역사의 과정을 따라 변화해온 심리적 조건들을 다시 취합하는 데 큰 역할을 한다. 즉, 죽어버린 것을 되살리고 단편들을 완성시켜서 우리로 하여금 그 예술작품(물리적 대상)이 생산된 순간 작가가 보았던 것과 똑같은 것을 보게끔 해준다.

이 역사적 작업의 조건이란 곧 전통으로서, 이를 통해 우리는 흩어져 있는 광선의 줄기들을 한데로 모아 하나의 초점에 집중시킬 수 있다. 우리는 기억의 도움을 받아 물리적 자극물의 둘레에 그것을 가능하게 했던 모든 사실들을 늘어놓는다. 그렇게 함으로써 그것이 자신을 만든 이에게 작용했던 것과 똑같이 우리에게도 작용하게끔 만들 수 있다.

전통이 단절되면 해석도 정지된다. 이 경우 과거의 소산들은 우리에게 아무것도 들려주지 못한다. 그래서 우리는 에트루리아인이나 멕시코인의 비문에 어떤 표현이 담겨 있는지를 알지 못한다. 같은 이유로 어떤 미개인의 예술품은 그림인지 문자인지조차 아직까지 종족학자들의 논쟁거리가 되어야 한다. 또한 고고학자들과 선사 인류학자들이 어떤 특정 지역에서 발굴된 도기나 도구들에 새겨져 있는 문양이 종교적인 성격의 것인지 세속적인 성격의 것인지를 가끔은 명확히 단정할 수 없는 이유도 마찬가지다. 그러나 해석의 정지, 곧 복원의 정지는 결코 극복하지 못할 장애물은 아니다. 나날이 새로운 역사적 사료들과 새로운 발굴 기술들 — 우리는 이것이 획기적으로 개량되리라고 기대한다 — 이 발견되고 있으며 이들이 결국 단절된 전통을 다시 이어줄 것이다.

그릇된 역사적 해석은 때로 팰림세스트[*]를 만든다는 것을, 즉 고대의 것 위에 새로운 표현을 부과하여 역사적 재생산이 아니라 예술적 허구를 만들기도 함을 부정하려는 것은 아니다. 소위 "과거의 매혹"이란 어느 정도는 역사를 재료로 하여 우리가 엮어낸 표현에 근거한 것이다. 그리스인의 조형예술에서는 당시 사람들의 삶에 대한 고요하고 평정한 직관이 발견된다고 말하지만 그럼에도 불구하고 그들도 분명히 보편적인 슬픔을 매우 애통하게 느꼈을 것이다. 비잔틴 성인들의 얼굴에서 "서기 1000년에 대한 공포"를 찾아볼 수 있다는 얘기도 최근까지 있었는데, 이 공포라는 것도 오해이거나 아니면 나중에 식자들에 의해 덧붙여진 가공의 전설이다. 역사적 비평이 하는 일이 바로 이렇게 허구의 한계를 명확히 하고 우리가 바라보아야 할 관점을 정확히 확립해주는 것이다.

　　이러한 과정들을 통해 우리는 현재 및 과거의 다른 이들과 의사소통하며 지내고 있다. 따라서 때때로 — 정말로 매우 가끔씩 — 미지의 것이나 잘못 알려진 것과 마주친다는 이유를 들어, 대화를 하고 있다는 우리의 믿음과는 달리 우리는 결국 항상 독백을 하고 있을 뿐이라거나 혹은 우리는 과거에 우리 스스로 했던 독백조차 되풀이할 수 없다는 식의 결론을 내려선 안 된다.

---

[*]　　palimpsest: 쓰여 있는 글자를 지우고 그 위에 다시 쓴 양피지 사본

XVII. 문학과 예술의 역사

문학과 예술에서의 역사적 비평과 그 중요성

지금까지의 짧은 설명은 예술작품이 생산된 원래의 조건들을 재조립하여 그 결과로 재생산과 판단을 가능케 해주는 방법에 관한 것이었다. 그러나 이 정도로도 예술 및 문학 작품과 관련된 역사적 탐구, 즉 문학과 예술에서의 역사적 비평 혹은 역사적 방법이라고 불려온 것에 의해 충족되는 기능이 얼마나 중요한지를 충분히 알았을 것이다.

전통과 역사적 비평이 없다면 인류에 의해 제작된 모든—거의 모든—예술작품들의 즐거움은 돌이킬 수 없이 사라져버릴 것이며 우리는 현재, 아니면 기껏해야 방금 전의 과거에나 몰두하는 짐승과 많이 다르지 않을 것이다. 믿을 만한 원본을 재구성해내고 잊힌 단어나 풍속의 의미를 해석하고 예술가가 살았던 시대 상황들을 탐구하며 작품의 고유 색조와 질감을 원래대로 되살리려는 이 모든 노력을 비웃는 것은 백치나 하는 짓이다.

때로 이러한 역사적 연구는 경시되거나 부정적인 평가를 받곤 한다. 많은 경우 이러한 연구가 예술작품에 대한 진정한 이해와 아무 관련이 없다는 이유 때문이다. 하지만 역사적 탐구는 예술작품을 재생산하고 판단하는 것을 돕는 역할만 하는 것이 아님을 우선 지적하고 싶다. 예컨대 작가나 예술가의 전기, 한 시대의 풍속에 관한 연구 등은 그 자체로도 흥미 있는 일이다. 즉, 예술사와는 무관하더라도 또 다른 역사 서술의 한 형태인 것이다. 만일 아무런 이득도 없는 듯 보이고 어떤 목적도 충족시키지 않는 듯 보이는 이런 식의 연구를 빈정댄다면, 역사학도는 종종 사실들의 수집가라는, 필요는 하지만 찬란하지 않은 역할에 만족해야 한다는 답변이 제격이다. 이러한 사실들은 당분간은 형태도 일관성도 의미도 없는 채로 남아 있겠지만 미래의 사학자들 혹은 어떤 목적을 위해 그 사실들을 찾게 될 미래의 누군가에게는 광맥이 될 수도 있는 일이다. 도서관 서가에는 현재로서는 대출하는 사람이 아무도 없는 책들도 정리된 채 보존되어 있는데, 이는 조만간 그 책들을 찾는 이들이 나타날 것이기 때문이다. 현명한 사서는 이런 책들의 입수와 정돈에 좀 더 신경을 쓴다. 그것이 더욱 양질의 서비스를 제공하게 되리라고 예견하기 때문이다. 이와 마찬가지로 현명한 역사학도는 자신이 탐구 중인 사실 자료 중에 유용한 것이 있으리라고 직감한다. 반면 자질이 부족하고 덜 현명하거나 결과에 조급한 역사학도는 쓸데없는 잡동사니나 모아들이며 지엽말단과 사소한 논쟁들 속에서 길을 잃어버리게 된다. 그러나 이런 것은 연구의 경제학에 관련된 것일 뿐 우리의 관심사가 아니다. 이것은 기껏해야 과목을 선택하는 교사나 인쇄비용을 대는 출판업자, 그리고 연구자에게 비난이나 칭찬을 해야 하는 비평가에게나 관련될 뿐이다.

한편 예술작품이 우리의 마음속에서 태어날 수 있도록 하며 우리로 하여금 그것을 판정할 수 있는 위치에 있도록 하기 위해서는 예술작품의 해명을 목적으로 한 역사적 탐구만으로는 분명히 충분하지 못하다. 거기에는 취미, 즉 예민하고 세련된 상상력이 전제된다. 위대한 역사적 지식이 상스러운, 혹은 달리 말하면 결함 있는 취미, 즉 굼뜬 상상력 또는 흔히 얘기하는 예술과 담을 쌓은 차고 단단한 가슴과 짝을 이룰 수도 있다. 결함 있는 취미와 함께하는 박학다식함과 자연스러운 취미의 무식함, 둘 중 어느 것이 좀 덜 해로운가라는 질문이 종종 제기된다. 그러나 우리는 이에 대해 답변할 수도 없고 이것이 대체 무슨 의미인지조차 알 수 없으므로 답변 자체를 거부하는 것이 아마도

미학

최선의 답변이리라. 박학다식한 사람이 곧장 위대한 정신과 통하는 것은 아니다. 그는 결코 궁전 속으로 들어가지 못하고 뒷마당과 계단, 대기실에서만 서성거릴 뿐이다. 재능은 있을망정 무지한 사람 역시 대작에 접근하지 못하기는 마찬가지다. 때로 그는 예술작품을 있는 그대로 이해하는 대신 거기에 자신의 공상을 덧붙여 완전히 엉뚱한 것을 창조해낸다. 지식과 관련하여 살펴보자면 전자의 노력은 최소한 남들을 계몽하는 데는 기여할지도 모른다. 하지만 후자의 천재성은 아무 소득이 없는 채로 남아 있다. 따라서 그런 입장에서라면 우리는 요령부득인 천재 — 하지만 그가 만일 자기 자신을 요령부득인 채로 내버려둔다면, 그렇게 하는 한 그는 정말 천재라고 볼 수도 없지만 — 보다는 양심적인 식자를 택하지 않을 수 없다.

문예사는 역사적 비평 및 미적 판단과 구별된다

문학사 및 예술사는 예술작품을 이용하기는 하되 다른 목적을 위해 쓰고 있는 역사적 작업(예를 들어 전기, 문화사, 종교사, 정치사 등)과 구별되어야 하며 또한 예술작품의 재생산이라는 미적 과정을 준비하기 위한 역사적 노력과도 명확히 구분되어야 한다.

　우선 전자와의 구별은 너무도 명백하다. 문예사는 예술작품 그 자체를 자신의 주제로 삼는다. 다른 연구들의 경우는 단지 어떤 사실들의 진위 — 이것은 미적인 것이 아니다 — 를 밝혀내기 위한 증인의 자격으로서 예술작품을 불러와 심문하는 것뿐이다. 두 번째 것과의 차이는 일견 덜 심각한 것 같지만 그렇지 않다. 예술작품의 이해를 목표로 한 박식함이란 단순히 어떤 내적인 것, 즉 미적 재생산을 존재하게끔 하려는 것뿐이다. 반면 문예사는 이러한 재생산이 만들어지고 나서야 그 모습을 나타낸다. 따라서 문예사는 좀 더 나중 단계의 연구다.

　다른 모든 역사와 마찬가지로 문예사의 목적 역시 실제로 일어났던 사실들 — 이 경우 예술적·문학적 사실들 — 을 정확하게 기록하는 것이다. 필요한 역사적 박식함도 이미 갖추고 있고, 예술작품을 자기 내부에 재생산하여 그것을 음미하는 사람이라 할지라도 그것만으로는 문예사가가 될 수 없다. 그는 단순히 취미를 갖춘 사람의 수준에 머무를 수도 있고 아니면 기껏해야 칭찬이나 비난을 통해 자기의 감정을 표현해보는 정도에 그칠 수도 있다. 따라서 그것만으로는 충분치가 않다. 마음속에서 일어난 단순한 재생산 위에 소위 새로운 심리 작용이라 할 무엇인가가 덧붙여져야 할 필요가 있다. 이 새로운 작용이 결국 표현이다. 즉, 재생산의 표현이다. 그리고 이것이 곧 역사의 서술 또는 해설이다. 그러므로 좋은 취미를 갖춘 사람과 역사가의 차이는 바로 이것이다. 전자는 자신의 영혼에 예술작품을 단순히 생산하는 데 머문다. 그러나 후자는 예술작품을 재생산한 후 그것을 역사적으로 서술한다. 혹은 거기에다 범주들 — 우리가 알고 있는 대로 이런 범주들에 의해 역사와 예술은 구별된다 — 을 적용한다. 따라서 문예사란 하나 혹은 그 이상의 예술작품에 기초하고 있는 역사적 예술작품이라고 할 것이다.

  '예술' 비평가 혹은 '문학' 비평가라는 이름은 다양한 의미로 쓰이고 있다. 때로는 문학 연구에 몰두하는 학자를 일컫는 말이기도 하고 또 때로는 과거의 예술작품을 실제 그대로 드러내 보여주는 사학자를 지칭하기도 한다. 물론 두 가지 모두의 뜻으로 쓰이는 경우가 가장 많다. 더욱 엄밀한 의미로는 비평가란 현대의 문학작품을 해설하고 판단하는 사람이며 역사가란 최근의 것과는 조금 떨어진 것을 다루는 사람이다. 물론 이 모두는 언어적인 용법이며 경험적 구분이므로 무시해도 무방하다. 정말로 중요한 구분은 학자, 취미를 갖춘 사람, 예술사가라는 구분이다. 이 세 단어는 연속되는 작품의 단계를 가리킨다. 그들 각각은 자신들 뒤의 단계와는 비교적 독립적이나 선행 단계와 관련해서는 그렇지도 못하다. 즉 우리가 이미 보아온 바와 같이 예술작품을 이해할 능력이 거의 없는 단순한 학자가 있을 수 있겠고, 학식과 취미를 갖췄더라도 그것을 문예사로 그려낼 능력은 아직 없는 사람도 있을 수 있다. 그러나 진정한 그리고 완성된 의미로서의 역사가란

학자와 취미를 갖춘 사람이라는 두 가지 전제 조건을 가지고 있음은 물론이요 거기에 더하여 역사적 해석과 재현의 재능도 가지고 있어야 한다.

문예사의 방법, 예술의 기원 문제에 대한 비판

문예사의 방법에 관한 이론은 몇 가지 문제와 난점을 드러내고 있는데, 그중 일부는 일반적으로 역사적 방법론이라는 모든 이론에 공통적인 것이며 또 다른 일부는 예술이라는 개념 그 자체로부터 유래하는 문예사만의 고유한 것이다.

역사는 보통 인류의 역사와 자연사, 그리고 양자의 혼합으로 구별된다. 이러한 구별의 타당성 여부를 차치한다면 문예사는 정신적 활동, 즉 인간에게만 고유한 활동과 관련되므로 어찌되었건 전자에 속하리라는 것이 분명하다. 그런데 문예사의 주제가 바로 이러한 활동이라고 한다면 예술의 기원이라는 역사적 문제를 밝히려는 노력은 어리석은 일이다. 그러나 경우에 따라 서로 다른 많은 요소들이 이 공식 속에 포함되고 있음에 주목해야 한다. 예술의 기원을 묻는 것은 종종 예술적인 것의 본성 혹은 특성이 무엇이냐를 묻는 것으로 이해된다. 이 경우라면 예술의 기원에 대한 탐구는 정말로 학문적인 혹은 철학적인 문제들을 다루는 시도가 될 수 있다. 사실 그것이 바로 우리가 이 책을 통해 풀어보려는 문제에 다름 아니기 때문이다. 한편 예술의 기원이라는 말은 이념적 원리에 따르는 생성이라는 의미로 이해된 때도 있었는데, 이 경우 예술의 기원에 대한 탐구는 예술의 근거에 대한 탐구, 정신과 자연 모두를 포괄하는 최상의 원리로부터 예술이 어떻게 도출되었는가를 탐구하는 것이 된다. 이것은 첫 번째 경우에 대한 보족적인 성격을 갖는 역시 철학적인 문제로서 사실 첫째 경우와 다름이 없다. 비록 가끔은 작위적이고 어느 정도는 공상적인 형이상학을 통해 이상하게 해석되고 해결되는 일이 있기는 하지만 말이다. 그러나 예술의 기원에 대한 탐구의 목적이 예술이 어떠한 방식으로 **역사적으로** 형성되었는지를 좀 더 정확하게 밝히려는 것일 때, 우리는 앞서 언급한 대로 불합리한 결과에 빠져든다. 의식의 최초의 형태가 표현인데 어떻게 자연의 소산이 아닌, 게다가 어떤 인간 역사보다도 선행하는 산물의 역사적 기원을 찾아낼 수 있다는 말인가? 나름대로의 기원을 가지고 있는 모든 역사적 사실들을 파악할 수 있는 수단이 범주라고 한다면, 우리는 어떻게 그 자체가 범주인 어떤 것의 역사적 기원을 결정할 수 있겠는가? 이러한 불합리성은 예술을 제도, 즉 역사의 과정 속에서 형성되어왔고 그 속에서 사라졌거나 사라지게 될 인간의 제도와 비교하는 데서도 드러난다. 미적인 것과 인간의 제도(예를 들어 일부일처제나 봉건적 봉토제도 같은 것) 간에는 화학에서 말하는 단순물과 혼합물 간의 차이에 비견될 만한 차이가 존재한다. 단순물의 구성 성분을 밝히는 것은 불가능하다. 만일 그것이 밝혀진다면 그것은 더 이상 단순물이 아니라 혼합물이 될 것이다.

　역사적으로 이해해볼 때 예술의 기원이라는 문제가 타당성을 가질 수 있는 유일한 경우가 있다. 즉 예술이라는 범주의 형성을 따지는 것이 아니라 언제 어디서, 지구 위의 어느 지역에서, 지구 역사상 어느 시기에, 예술이 처음 (두드러진 형태로) 출현했는지를 연구하려 할 때가 그것이다. 다시 말하자면 탐구의 대상이 예술의 기원이 아니라 원시 예술사 혹은 초기 예술사일 때를 말하는 것이다. 사실 이 문제라면 지구상에 문명화된 인간이 언제 처음 출현했는지의 문제와 같다. 이것의 해결을 위한 자료는 부족한 편이지만 해결될 수 있으리라는 추상적 가능성은 아직 남아 있으며, 추측이나 가정에 근거해서 제기된 해답은 넘칠 만큼 많다.

　진보의 기준 그리고 역사

인간 역사에 대한 모든 서술은 그 밑바닥에 **진보**라는 개념을 깔고 있다. 그러나 여기서 진보라는 것이 우리가 예언하거나 이해할 수 있는 신의 섭리에 따라, 저항하지 못할 힘으로, 누대에 걸쳐 인간을 그 어떤 알 수 없는 운명을 향해 이끌어간다고 하는 그런 공상적인 진보의 법칙으로 이해되어서는 결코 안 된다. 이런 식의 법칙을 가정하는 것은 역사 그 자체를 부정하는 것이며, 역사적 과정과 기계적 과정을 구분하는 역사의 우연성 및 자유를 부정하는 것이다. 그리고 같은 이유로 진보는 소위 진화론과도 무관하다. 진화의 법칙이라는 것이 "존재하는 것은 진화한다"(혹은 "진화 또는 변화하는 것만이 존재하는 것이다")는 뜻이라면 이는 법칙이라 부를 것도 없으며 만일 그것이 법칙으로 취급된다면 앞서 설명한 의미의 진보의 법칙과 똑같다. 우리가 여기서 말하고 있는 진보는 자연으로부터 주어진 재료를 가지고 작업을 하여 그것의 장애를 극복하고 자연을 자신의 목적에 맞게 굴복시키는 인간의 활동이라는 바로 그 개념과 다르지 않다.

이러한 진보의 개념, 즉 진보란 주어진 재료에 덧붙여진 인간의 활동이라는 사고는 인문주의 사학자의 관점이다. 무관계한 사실들을 그저 모으기만 하는 사람이나 단순한 골동품 수집가, 얼치기 연대기 저술가가 아닌 다음에야 결정된 관점, 즉 자신이 연구하고 있는 역사적 사실들과 관련된 그 자신의 개인적 신념 없이는 어느 누구도 인간의 행동에 관한 이야기들을 한데로 모을 재간이 없다. 거칠고 형태 없는 덩어리로부터 분명한 표상을 쪼아낼 수 있게 하는 이러한 파악 능력 없이는 그 누구도 뒤섞여 있는 조야한 사실들의 집합에서 출발하여 역사적인 예술작품에까지 이를 수 없다. 실천적 행위의 역사를 다루는 사람은 경제가 무엇이고 도덕이 무엇인지 알아야 하고 수학사가는 무엇이 수학적인 것인지, 식물학사가는 무엇이 식물학적인 것인지, 철학사가는 무엇이 철학적인 것인지 알아야 한다. 실제로는 그것들이 무엇인지 모른다고 할지라도 최소한 알고 있다는 환상만큼은 가지고 있어야 한다. 그렇지 않다면 자신이 역사를 서술하고 있다는 것을 자기 스스로도 믿지 않을 것이다.

인간사, 인간 행위의 모든 이야기 속에 들어 있는 이러한 주관적 기준(이것은 사실 자료를 다루는 최대한의 객관성, 공정성, 신중함 등과 양립 불가능한 것이 아니라 오히려 이들 덕목의 구성요소다)의 필수불가결함에 대한 예증을 더 이상 확대할 생각은 없다. 아무 역사책이고 한 권을 뽑아 읽어보는 것으로 충분할 것이기 때문이다. 만일 그 역사가가 자신의 분야에서 꽤 이름난 사람이라면 우리는 즉시 그 책에서 저자의 관점을 발견하게 될 것이다. 정치사나 사회사를 다루는 사학자에는 자유주의자와 보수주의 사학자, 합리주의자와 기독교적 사학자 등이 있고, 철학사가에는 형이상학자, 경험주의자, 회의론자, 관념론자, 유심론자 등이 있다. 순수하게 역사적인 역사가란 있지도 않고 있을 수도 없다. 투키디데스도 폴리비우스도, 리비우스와 타키투스도, 마키아벨리와 귀차르디니도, 잔노네와 볼테르도 다 도덕적·정치적 관점이 있었다. 우리 시대의 기조, 티에르, 매컬레이, 발보, 랑케, 몸젠도 다 마찬가지다. 또한 철학사를 최초로 위대한 높이까지 올려놓은 헤겔을 비롯하여 리터, 첼러, 쿠쟁, 루이스 그리고 우리의 스파벤타에 이르기까지 어느 한 사람이라도 나름대로의 진보에 대한 개념과 판단의 기준을 결여한 사람이 있는가? 미학사에 관한 가치 있는 저술이라 할 만한 것들 중에 어느 한 권이라도 특정한 편견(헤겔주의자든 헤르바르트주의자든)을 가진 어떤 특정한 관점 —주정주의든 쾌락주의든 또 다른 어떤 관점이든 —하에서 쓰이지 않은 것이 있는가? 어느 하나의 관점을 택하지 않으면 안 된다는 필수불가결한 이 사실을 피하고자 하는 역사가는 정치적 또는 학문적 내시가 되는 수밖에 없다. 역사는 내시들이 할 일은 아니다. 관점이 없는 역사란 기껏해야 전혀 쓸모없지만은 않은 지식들을 방대한 규모로 축적했다는 것에서나 —이는 수도사들이나 할 허약하고 지리멸렬한 짓거리다 —그 효용성을 찾을 수 있다.

그러므로 만일 진보의 개념, 즉 하나의 관점 또는 하나의 기준이 필수적인 것이라 한다면 그것을 회피하지 않고 가능한 한 최선의 관점을 획득하는 일이 가장 좋은 방책이 될 것이다. 모든 사람은 자기 자신만의 신념을 공들여 진지하게 만들어냄으로써 이러한 목표를 지향

미학

하고 있다. 자신의 것은 아무것도 덧붙이지 않은 채 그저 사실 그대로 만 파고들려고 했다고 말하는 역사가는 신뢰할 만하지 못하다. 이는 좋게 봐줘서 그가 아직 천진난만하고 자신의 입지에 대해 환상을 갖고 있기에 비롯된 결과다. 그가 정말로 역사가라면 그는 자기가 의식하지 못하면서라도 항상 무언가 자기 자신의 것을 덧붙이려고 할 것이다. 한편 그러한 일을 하지 않았다고 믿고 싶어 하는 이들의 주장은 자기들이 그것을 단지 암시로서만 비췄을 뿐이기에 그렇다는 것이지만, 이것이 바로 자신의 것을 슬며시 들어가게 하는 방법이며 여러 방법 중 가장 침투력이 강하고 효과적인 것이라 하겠다.

문예사에는 단선적인 진보는 없다

문예사도 다른 어떤 역사와 다름없이 진보의 기준을 필요로 한다. 예술에 관한 사고로부터 출발하지 않고서는, 즉 작품의 작가가 해결하려 했던 예술적 문제가 무엇이었는지 파악하여 과연 그가 그것을 해결했는지 못했는지, 만일 실패했다면 얼마나, 그리고 왜 그렇게 되었는지를 결정하지 않고는 우리는 주어진 예술작품이 무엇인지도 모를 것이다. 그러나 문예사에서 가정하고 있는 진보의 기준은 학문의 역사에서 가정하고 있는(혹은 가정하고 있다고 믿고 있는) 그것과는 형태가 다르다는 점이 중요하게 부각되어야 한다.

지식에 관한 모든 역사는 단선적인 진보와 회귀로 대변되는 것이 보통이다. 학문은 보편적이며 학문의 문제는 하나의 방대한 체계 혹은 하나의 포괄적인 문제 속에서 다뤄진다. 모든 사상가들은 존재나 지식의 본질 같은 동일한 문제에 힘을 쏟았다. 명상하는 인도 철학자건 그리스 철학자건, 기독교도건, 이슬람교도건, 터번을 썼건 안 썼건, 가발을 썼건, (하이네가 말한 대로) 사각모를 썼건 마찬가지였다. 앞으로의 세대들은 우리가 그랬던 것과 마찬가지로 이 점에 싫증을 느낄 것이다. 이것이 학문에 해당하는 것인지 아닌지를 여기서 논의하는 것은 너무 긴 시간을 요하는 것 같다. 하지만 예술에 관한 한 이것은 사실이 아니다. 예술은 직관이며 직관은 개별적이다. 개별성이란 결코 되풀이되지 않는다. 그러므로 인류의 예술적 생산의 역사가 진보와 회귀라는 하나의 선을 따라 발전되어왔다고 간주하는 것은 완전히 오류다.

어느 정도의 일반화와 추상화를 감안한 채로라면 다음과 같은 주장 정도는 가능할 것이다. 즉 미적 생산의 역사는 진보적인 주기(사이클)를 나타내고는 있지만 각각의 주기는 그 자체의 고유한 문제를 가지고 있고, 바로 그 문제의 측면에서 보았을 때에 한해서 그들 각각은 진보적이다. 많은 사람들이 동일한 주제를 여러 방식으로 다루고 있으면서 아직 거기에 꼭 알맞은 형식을 부여하지는 못하고 있지만 차츰 거기에 다가가고 있을 때, 그것을 진보라고 할 수 있다. 그것에다 결정적인 형식을 부여한 사람이 나타났다면 주기는 완성된 것이며 진보는 끝나게 된다. 이에 대한 전형적인 예가 풀치에서 아리오스토까지 이어지는, 이탈리아 르네상스 기간 동안 '기사도'라는 주제를 다루는 방법의 진보다. (이것을 예로 사용하기 위해 지나치게 단순화하고 있는 것을 양해해주기 바란다.) 아리오스토 이후 이러한 소재를 차용한 작품들은 기존 것들의 반복과 모방이며 이미 이뤄져 있던 성과들을 훼손하거나 감소시키거나 과장한 것들로서, 그 결과는 한마디로 타락이라고 할 수 있다. 아리오스토의 아류들을 보면 한눈에 알 수 있는 일이다. 진보가 다시 시작된 것은 새로운 주기의 개시와 더불어서다. 좀더 대담하고 의식적인 풍자를 구사한 세르반테스가 그 좋은 예다. 16세기 말 이탈리아 문학의 전반적인 몰락은 무엇에서 기인했는가? 쉽게 말해 더 이상 말할 것이 없었기에 기존의 주제들을 반복하고 과장했기 때문이다. 만일 당시 이탈리아인이 자신들의 몰락 그 자체를 표현해낼 수 있었다면 완전히 실패하지는 않았을 것이다. 오히려 그것은 리소르지멘토 문학운동*에 참여한 것으로 간주되었을지도 모른다.

---

*   Risorgimento: '부흥'이라는 뜻의 이탈리아어로 19세기 이탈리아의 국가 통일과 독립운

       미학

다루는 재료가 같지 않을 때 진보의 주기는 논의될 수 없다. 셰익스피어가 단테의 발전된 모습이며 괴테가 셰익스피어의 진보라고는 할 수 없다. 하지만 중세 몽상가들로부터 발전된 것이 단테이고, 엘리자베스 시대 극작가들로부터 셰익스피어가, 질풍노도 시대의 작가들로부터 괴테의 『젊은 베르테르의 슬픔』과 『파우스트』 제1부가 발전되어나왔다고는 말할 수 있다. 그러나 이미 언급했듯이 시나 예술의 역사를 이런 식으로 기술하는 것은 직접적인 철학적 가치는 갖고 있지 않은 추상적이고 단순히 실용적인 고려에 의한 것이다. 야만인의 예술도 문명인의 그것에 비해 저급한 것이 아니다. 그보다 더 나아가 모든 개인, 아니 심지어 한 개인의 정신적 삶의 모든 순간순간이 고유한 예술적 세계를 가지고 있고 이러한 세계들은 예술적 가치의 측면에서라면 결코 비교될 수 없다고까지 말할 수 있다.

이러한 법칙에 위배되는 오류들

문예사에서 진보의 기준이 이처럼 특이하다는 것을 무시한 채 많은 사람들이 잘못을 저질러왔고 이러한 잘못은 지금도 계속되고 있다. 예를 들어보자. 혹자는 조토를 이탈리아 예술의 유아기라고 하고 라파엘로나 티치아노를 그 성숙기라고 말한다. 이는 마치 조토는 완성되지 못했다는 것처럼, 가령 그의 마음속에 흘러넘치는 재료들을 다룸에 있어 완벽하지 못했다는 것처럼 들린다. 물론 그는 분명히 라파엘로처럼 형상을 그려내지도, 티치아노처럼 색을 칠하지도 못했다. 하지만 그렇다고 라파엘로 혹은 티치아노가 「성 프란체스코의 결혼」이나 「성 프란체스코의 죽음」을 그릴 수 있었을까? 조토의 영혼에는 르네상스시기에 그렇게도 연구되고 명예로운 지위까지 부여받았던 인체의 매력이 그리 아름답게 느껴지지 않았던 반면 라파엘로나 티치아노는 14세기

동을 가리키는 말

사람들이 좋아했던 열정과 부드러움의 경향에 더 이상 관심이 없었던 것이다. 이렇게 아무 비교할 것이 없는 이들을 어떻게 비교한다는 말인가?

예술사를 오리엔트적 시대, 고전적 시대, 낭만적 시대로 나누는 것도 여러 사람의 입에 오르내리는 구분이다. 이념과 형식 간의 균형이 형식의 우세로 인해 깨어져 있는 시기가 오리엔트적 시대이고, 양자가 균형을 이룬 시기가 고전기, 이념의 우세로 인해 새롭게 불균형을 이루는 시기가 낭만기라는 것이다. 그러나 이것도 앞서 말한 것과 똑같은 결점에 시달리고 있다. 불완전한 형식의 오리엔트 예술, 형식이 완전한 고전 예술, 내용과 형식 모두가 완전한 낭만적 예술 혹은 현대예술 등의 구별도 마찬가지다. 이것만 가지고도 알 수 있다시피 같은 고전과 낭만을 두고도 소위 전 인류의 예술적 이상의 실현이라는 측면에서 진보적 시대라고도 하고 퇴보적 시대라고도 하는 것이다. 물론 고전과 낭만의 의미는 또 다른 것도 많이 있다.

미학의 입장에서 본 '진보'의 또 다른 의미

따라서 인간의 **미적인 진보** 같은 것은 없다. 그러나 이 말이 미적인 진보라는 두 단어의 진정한 의미 말고 다음과 같은 뜻으로, 즉 우리의 역사적 지식의 축적이 점차 증가된다는 뜻으로 쓰일 수는 있다. 이는 우리로 하여금 모든 시대, 모든 사람의 예술적 생산물들을 공감할 수 있게 해주며 우리의 취미를 보다 광범위하게 만들어준다. 자신들의 시대로부터의 탈출이 불가능했던 18세기와 오늘날을 비교해본다면 그 차이는 엄청난 것이다. 우리는 그리스와 로마 예술을 즐기는 데는 그들과 유사할지 모르지만 비잔틴, 중세, 아랍, 르네상스 예술, 바로크 예술, 18세기 예술 등에 대해서는 그들보다 훨씬 많이 이해하고 있다. 이집트, 바빌로니아, 에트루리아 예술, 심지어 원시 예술까지도 나날이 신중하게 탐구되고 있는 실정이다. 단언하건대 미개인과 문명인의 차이는 인간의 능력의 차이가 아니다. 미개인도 문명인과 똑같이 언어와 지능과 종교와 도덕을 가진 완전한 인간이다. 다만 차이가 나는 것은 문명인은 자신들의 이론적·실천적 활동을 통해 우주의 더 많은 부분을 통찰하고 지배한다는 점뿐이다. 예를 들어 우리는 페리클레스 시대의 사람들보다 정신적으로 더 섬세하다고는 주장할 수 없지만 그들보다 부유한 것은 부정할 수 없는 사실이다. 그들의 부유함뿐만 아니라 다른 많은 민족과 세대의 부유함까지 우리에게 덧붙여졌기에 그렇다.

한편 미적 진보의 또 다른 의미 — 물론 이 역시 부적절하지만 — 는 한 시대가 다른 시대와 비교해 예술적 직관이 더욱 풍부해서 불완전하거나 저열한 작품을 덜 생산한다는 뜻으로 이해되기도 한다. 이런 뜻에서라면 13세기 말 혹은 15세기 말에 이탈리아에서 미적인 진보가, 즉 예술적 각성이 있었다고 말해도 좋을 것 같다.

마지막으로 미적 진보의 세 번째 의미는 미개인이나 야만인 같은 덜 문명화된 인간과 비교할 때 고도로 문명화된 사람들의 작품에서 드러나는 영혼의 상태가 더 세련되고 복잡하다는 관점이다. 그러나 이 경우의 진보란 포괄적인 심리-사회적 조건들의 진보일 뿐 소재와 무관한 예술적 활동의 진보는 아니다.

이러한 사실들은 문예사의 방법론과 관련하여 반드시 주목해야 할 중요한 지점들이다.

XVIII. 결론: 언어학과 미학의 동일성

요약

지금까지 지나온 길을 되짚어보면 우리가 다루려고 했던 전체 계획이 완전히 다 성취되었다는 것을 알게 될 것이다. 우리는 미적인 것 혹은 예술적인 것이라 할 수 있는 직관적·표현적 지식의 본질에 대해 탐구했고(1장과 2장), 지성적인 것이라고 하는 또 다른 형태의 지식 및 이 형식들의 복잡한 연관성을 서술했다(3장). 이것은 우리로 하여금 다양한 형식들을 혼동하고 그들 서로 간의 성격을 바꾸어 생각한 탓에 야기되었던 그릇된 미학 이론들을 비판할 수 있게끔 했으며(4장) 동시에 지성적 지식 및 역사에서 발견되는 정반대의 오류들에 주목하게 했다(5장). 그러고 나서 우리는 미적 활동과 또 다른 정신의 활동들—이론적이 아니라 실천적인—간의 관계로 옮겨가 실천적 활동의 진정한 성격을 알아보고 이론적 활동과 견줬을 때 그것의 올바른 위치를 지적했다. 그렇게 함으로써 실천적 개념들이 미학 이론에 잠식해 들어온 것을 비판할 수 있었다(6장). 우리는 경제적·윤리적이라는 실천적 활동의 두 형식을 구별했으며(7장), 우리가 분석한 이 네 가지 외에 또 다른 정신의 형식은 없다는 결론에 도달했는데, 이로부터(8장) 모든 신비적·공상적 미학에 대한 비판을 이끌어냈다. 한편 이 형식들은 부수적인 정신의 형식들을 가지고 있지 않으므로 재분할되지도 않으며 특히 미학은 더욱 그렇다. 이것으로부터는 표현을 분류하는 것이 불가능하다는 것과 수사학에 대한 비판, 즉 단순한 표현과 치장된 표현의 구분 같은 것과 이와 유사한 또 다른 구분 및 재구분 등에 대한 비판을 유도해냈다(9장). 그러나 정신은 통일체이므로 미적인 것은 또한 실천적인 것이며 그렇기 때문에 쾌와 고통이 야기된다. 이 때문에 우리는 가치로서의 감정들 일반에 대해, 그리고 특별히 미적 가치 또는 미에 대해 살펴보았다(10장). 이는 또한 다양하고 복잡한 형태로 드러나는 모든 종류의 미적 쾌락주의를 비판하도록 이끌었으며(11장), 미학의 체계 속에 들어와 있던 일련의 수많은 심리학적 개념들을 축출해내도록 했다(12장). 그리고 나서 우리는 미적 생산에 관계된 문제에서 재생산에 관계된 사실들로 이행해갔다. 우리는 먼저 재생산을 목적으로 미적 표현을 외적으로 고정시키는 것에 대해 탐구했다. 우리는 이를 물리적으로 아름다운 것 — 자연적이건 인공적이건 간에 — 이라고 불렀다(13장). 이 구분으로부터 우리는 물리적인 것이 미적인 측면과 혼합되어 생기는 오류들에 대한 비판을 유도해냈다(14장). 우리는 예술적인 기술 또는 재생산에 기여하는 기술의 의미를 명확히 정의했고 따라서 개별적인 예술들의 구분, 제한, 분류 등을 비판했으며 예술과 경제와 도덕 간의 관계를 확립했다(15장). 물리적 대상의 존재만 가지고는 미적 재생산을 완전히 다 자극하기에 충분하지 않으며 완전한 미적 재생산을 얻기 위해서는 그 자극물이 처음 등장했던 조건들을 상기해야 하므로 우리는 상상력을 통해 과거의 작품들과의 교류를 다시 이어주는 데 기여하며 미적 판단의 근거로서 봉사하는 역사적 지식의 기능에 대해서도 살펴보았다(16장). 그리고 이렇게 해서 얻어진 재생산이 결국 어떻게 사유의 범주에 의해 다뤄지는가를 보여줌으로써, 즉 문예사의 방법론을 검토함으로써 우리의 논의를 마무리했다(17장).

간단히 말해 우리는 미적인 것을 그 자체로서 고찰해보았으며 동시에 그것을 여타의 정신적 활동들, 쾌와 고통의 감정들, 소위 물리적 사실이라 하는 것들, 기억, 역사적인 취급 등과의 관련성 속에서 고찰했다. 우리는 그것이 주관에서 객관으로 옮겨가는 과정, 즉 탄생의 순간에서 시작하여 서서히 역사의 주제로까지 변화하는 과정을 바라보았다.

대개 미학이라는 주제 하에 쓰인 위대한 저술들과 외형적으로만 비교해본다면 우리의 논의가 다소간 빈약해 보일지도 모르겠다. 그러나 그러한 저술들의 십중팔구는 부적절한 내용들—예컨대 심리학적이거나 형이상학적인 사이비 미학적 개념들에 관한 정의(숭고함, 희극적임, 비극적임, 유머러스함 등), 가상적인 동물학적·식물학적·광물학적 미학 등에 관한 설명, 미적으로 판단된 보편적인 것의 역사 등—로 가득 차 있다. 또한 그들은 구체적인 문학과 예술의 역사도 미학에 끌어들여 뒤섞어놓고 있으며 호메로스나 단테, 아리오스토나 셰익스피어, 베토벤이나 로시니, 미켈란젤로나 라파엘로 등에 대한 판단까지도 포함하고 있다. 이런 점을 염두에 둔다면, 우리가 다뤄온 것이 그리 빈약한 것은 아니리라. 그들로부터 이 모든 것들을 빼고 나서 비교한다면 우리의 논의가 빈약하기는커녕 오히려 미학 고유의 난제들—이것을 연구하는 것이 우리의 사명임을 알고 있을 줄로 믿는다—의 대부분을 아예 다루자도 않고 있거나 조금 건드리고 있을 뿐인 일반적인 논의들보다 훨씬 풍부하다는 것에 의기양양해질 것이다.

언어학과 미학의 동일성
***

지금까지 표현의 학문으로서 미학의 모든 측면을 다뤄온 셈이다. 이제 남은 일은 이 책의 부제인 **일반 언어학**(General Linguistic)을 설명하는 것으로서 예술에 관한 학문과 언어에 관한 학문, 즉 올바른 미학과 올바른 언어학은 둘이 아니라 하나라는 주장을 분명히 하는 것뿐이다. 이는 어떤 특수한 언어학이 있음을 주장하려는 것이 아니다. 많이 연구되고 있는 언어에 관한 학문, 일반적인 언어학—거기에 **포함되어** 있는 것이 철학으로 환원될 수 있는 한—이 바로 미학이라는 것이다. 일반적인 언어학, 즉 철학적 언어학을 탐구하는 이는 누구든 미학적 문제를 다루고 있는 것이며 그 역도 마찬가지다. 언어철학과 예술철학은 같은 것이다.

언어학이 미학과 다른 학문이라면 표현은 언어학의 대상이 되지 못할 터이고, 이는 언어가 표현이 아니라고 주장해야 한다는 뜻이다. 그러나 아무런 표현도 없는 소리의 방출은 언어가 아니다. 언어는 표현을 목적으로 하여 형성되고, 경계가 정해지고, 조직된 소리다. 한편 만일 언어학이 미학에 비추어 특별한 학문이라면 그 대상 역시 특별한 범주의 표현들이어야 할 것이다. 그러나 이미 우리가 살펴보았다시피 표현에는 이런 범주가 존재하지 않는다.

언어학적인 문제의 미학적 형식화, 언어의 본질

언어학이 해결하고자 하는 문제, 언어학에서 지금껏 저질러온 그리고 아직도 헤어나지 못하고 있는 오류들은 미학을 지배하고 그것을 복잡하게 만들고 있는 문제들과 같은 것이다. 언어학과 관련된 철학적 문제들은 미학적인 공식으로 언제든지 — 비록 그것이 항상 쉬울 수는 없겠지만 — 축소될 수 있다.

언어학의 본질이 무엇이냐에 관한 논쟁의 양상은 미학의 본질에 관한 논쟁과 매우 유사하다. 언어학이 역사적인 연구냐 학문적인 연구냐의 논쟁이 있었고 그것이 학문 쪽으로 기울고 난 후에도 그렇다면 자연과학이냐 심리학이냐 — 경험적 심리학뿐 아니라 정신의 과학도 포함하는 의미로서의 — 가 질문되어왔다. 똑같은 일이 미학에서도 일어났다. 어떤 이는 미학을 자연과학으로 보았으며(표현이라는 말의 미적인 의미와 물리적인 의미를 혼동), 몇몇은 심리학적인 학문으로 보았다(표현의 보편성과 표현의 경험적 분류를 혼동). 또 다른 몇몇은 이러한 학문으로서의 가능성을 거부한 채 미학을 단지 역사적 사실들의 집적으로 간주했다. 이들 중 어느 누구도 미학이 곧 활동 혹은 가치에 관한 학문이며 정신의 학문이라는 자각에는 이르지 못한 것이다.

언어적 표현 또는 말이란 종종 인간과 동물 모두에 공통적인 소위 감정의 물리적 표현이라고 할 감탄사 같은 것으로 생각되었다. 그러나 고통의 물리적 반영과 단어 사이에는, 즉 고통의 "아!"와 단어로 사용된 "아!" 사이에는 엄청난 차이가 있음이 곧 감지되었다. 따라서 감탄사 이론(독일 언어학자들이 농담 삼아 "아!~" 이론이라고 했던 것)은 파기되었고 그 대신 연합이나 관습 이론이 등장했다. 그러나 이 역시 미학에서 연합론을 붕괴시킨 것과 똑같은 반론과 마주칠 수밖에 없다. 말이란 통일체다. 가지각색 이미지들의 집합체가 아니다. 다양성은 표현을 설명해주지 않는다. 오히려 표현을 전제로 하고 있다. 언어학적 연합론의 한 변종으로서 이른바 의성어 이론이 있는데, 이는 같은 언어학자들로부터도 개짓는 소리를 뜻하는 '멍멍' 이론('bow-wow' theory)이라고 비웃음을 당하고 있다.

오늘날 언어에 관한 가장 일반적인 이론은 (우둔한 자연주의를 제외하고서라면) 앞서 우리가 언급한 다양한 이론을 절충하고 혼합해놓은 것에 불과하다. 즉, 언어란 부분적으로는 감탄사이며 부분적으로는 의성어이고 관습이라는 것이다. 이런 주장이야말로 19세기 후반의 철학이 전적으로 몰락했음을 보여주는 징후다.

언어의 기원과 발달, 문법과 논리학의 관계

이쯤에서 우리는 언어가 활동으로서 가지는 본질을 가장 잘 지적했던 바로 그 일군의 언어학자들이 어떤 오류에 빠져들었는지에 주목할 필요가 있다. 그들은 언어란 그 기원은 정신적 창조였지만 결국은 연합에 의해 증가되었다고 주장한다. 그러나 이러한 구분은 지지될 수 없다. 이 경우 기원이란 본질 혹은 특성을 의미한다. 만일 언어가 정신적인 창조라면 그것은 어느 때이든 창조여야 하며 만일 그것이 연상이라면 그 기원부터도 그랬어야 한다. 이러한 오류는 우리가 이미 알아본 바 있는 미학의 일반법칙 중의 하나, 즉 이미 만들어진 표현이 새로운 표현을 야기하기 위해서는 인상의 단계로 되돌려져야 한다는 것을 이해하지 못한 소치다. 우리는 새로운 단어를 언표할 때 일반적으로 과거의 것을 변형하거나 의미를 변화·확대시킨다. 그러나 이 과정은 기존 것들의 연합이 아니라 창조다. 창조의 재료가 되는 인상들이 이론상 가정해보는 원시인의 것이 아니라 오랫 동안 사회생활을 하고 그래서 언어를 포함하여 수많은 것을 자신의 영혼 속에 저장해놓고 있는 사람의 것이라 할지라도 이는 분명히 그러하다.

　미적인 것과 지성적인 것 간의 구별이라는 문제는 언어학에서는 문법과 논리학 간의 관계와 유사하다. 이 문제는 두 가지 방식으로 해결되어왔는데 부분적으로는 둘 다 옳다. 즉, 하나는 논리학과 문법은 분리 가능하다는 것이고 또 하나는 분리 불가능하다는 것이다. 그러나 완전한 답변은 이것이다. 즉, 논리적 형식을 문법적(미적) 형식으로부터 분리해낼 수는 없다 하더라도 문법적 형식은 논리적 형식으로부터 분리해낼 수 있다는 것이다.

문법적 장르 혹은 언어의 요소들
─────────────────────────────

시골길을 걷고 있는 한 사람을 그린 그림을 보고 있다고 해보자. 우리는 다음과 같이 말할 수 있을 것이다. "이 그림은 일종의 움직임을 보여주고 있다. 그 움직임이 자발적인 것이니 행동이라고 불러도 무방할 것이다. 움직임이란 물리적 대상을 전제로 한 것이며 모든 행동에는 행동하는 존재가 있을 터이니 이 그림은 또한 어떤 물리적 대상 혹은 존재를 나타내주고 있는 것이다. 한편 이 움직임은 어떤 특정한 장소에서 일어나고 있다. 지구라고 하는 특정한 천체의 어느 한 부분, 더 정확히 말해 지구 위의 여러 장소 중 대지라고 불리는 어느 한 부분, 좀 더 세밀히 따져 들어가면 대지 중에서 숲이 우거지고 풀이 무성한, 즉 시골이라 불리는 부분과 자연적 혹은 인공적으로 형성된 길이라 불리는 장소에서 일어나고 있는 것이다. 지구라고 불리는 별은 하나밖에 없다.

따라서 지구는 개별자다. 그러나 대지니 시골이니 길이니 하는 것들은 유개념들로서 보편자들이다. 다른 대지, 다른 시골, 다른 길들이 있기 때문이다." 우리는 이런 식으로 꽤 한참을 더 생각해볼 수도 있다. 우리가 상상한 그림을 문장으로 옮겨보면 다음과 같이 될 것이다. "피터가 시골길을 걷고 있다." 이렇게 함으로써 우리는 동사(움직임 혹은 행동), 명사(물리적 대상 혹은 행위자), 고유명사, 일반명사 등의 개념을 얻는다.

이 두 가지 경우에서 우리가 한 일은 무엇인가? 처음에는 전적으로 미적으로만 나타났던 것을 논리적인 질서 밑에 복종시킨 것이 아닌가? 즉, 논리적인 것을 위해 미적인 것을 파괴한 것이다. 그러나 논리적인 것에서 미적인 것으로 돌아가고자 하여 무엇이 움직임과 행동과 물질과 존재의 표현인지, 무엇이 일반적인 것의 표현이며 무엇이 개별적인 것의 표현인지 등을 묻는다면 그것이 곧 미학에서의 오류다. 이와 마찬가지로 언어학의 경우에서도 움직임이나 행동을 동사라고 하고 존재 혹은 물질을 명사라고 하며, 이런 명사니 동사니 하는 것들이 언어학적 범주들 혹은 언어의 요소들이라고 할 때 오류가 시작된다. 언어의 요소에 대한 이론은 우리가 이미 미학에서 비판한 바 있던 예술과 문학의 장르 이론과 정말로 똑같다.

동사니 명사니 하는 것들이 다른 것들과 분명히 구별되는 고정된 단어의 형태로 표현된다고 하는 것은 옳지 않다. 표현이란 나눌 수 없는 전체다. 표현 속에는 명사도 동사도 존재하지 않는다. 그들은 우리가 만들어낸 추상화로서 문장이라는 유일한 언어적인 존재를 파괴한다. 문장이 곧 유일한 언어적 존재라는 사실은 일상적인 문법의 입장에서는 이해되지 못하겠지만, 한 유기체가 완전한 의미를 표현한다는 점에선 단순하기 짝이 없는 감탄사와 위대한 시가 다름이 없다는 것을 통해 보면 이해될 수도 있을 것 같다. 일견 모순적으로 보이지만 그럼에도 불구하고 이는 가장 단순한 진리다.

또 위에서 언급한 오류에 기인하여 미리 상정된 어떤 요소들이 드러나지 않았다거나 혹은 부분적으로 그런 요소들이 결여되어 있다는 이유로 어떤 민족의 예술적 생산을 불완전한 것으로 치부해버리는 일이 미학에서 있었던 것처럼 언어학에서도 언어 요소 이론이 유사한 오류를 불러일으켜왔다. 예컨대 동사 같은 언어 요소를 가정해놓고 그것이 있느냐 없느냐를 가지고 언어를 **형식을 갖춘 언어**와 **못 갖춘 언어**로 구별하는 것이 그것이다.

언어의 개별성과 언어의 분류

어떤 것이든 실제로 말해진 것이 곧 단어이며 따라서 진정으로 동일한 두 단어란 존재하지 않는다고 주장한다면 언어에도 미적 사실에서 볼 수 있는 개별성이 있다고 하겠다. 이렇기 때문에 동의어 같은 것은 없으며 따라서 진정으로 하나의 단어를 다른 단어로, 즉 이른바 방언을 표준어로, 모국어를 외국어로 번역한다는 것은 불가능하다.

언어를 분류하려는 시도는 이러한 견해에 좀처럼 동의하지 않는다. 그러나 언어란 어느 한정된 시기에 특정한 민족들에 의해 글로 쓰이거나 입으로 소리내어진 명제(혹은 명제들의 복합체들)로서만 존재한다. 다시 말해 언어는 자신이 구체적으로 존재하는 장소인 예술작품을 떠나서는 존재하지 않는다는 것이다. (그 예술작품이 사소한 것이냐 위대한 것이냐, 말이냐 글이냐, 곧 사라져버리는 것이냐 기억 속에 오래 남는 것이냐 등은 아무 상관이 없다.) 특정한 민족의 예술이란 결국 그들의 예술 산물들 전부가 아니고 무엇이겠는가? 또 어느 한 예술(그리스 예술이나 프로방스 문학을 예로 들어보자)의 특징이란 결국 이들 생산물들의 총체적인 모습이 아니겠는가? 사실 문예사, 즉 언어의 역사를 구체적으로 언급하지 않고서는 한 민족의 예술이나 어느 한 예술의 특징을 논할 수 없지 않은가?

이 정도의 논박으로도 보통의 언어 분류론을 반박하기에는 충분하다. 하지만 분류의 여왕이자 비교언어학의 꽃이라 할 사적-계통학적 분류와 마주쳤을 때에는 이것이 아무 타당성도 행사할 수 없다는 생각이 들지도 모르겠다. 사실이 그렇다. 하지만 그 이유가 무엇인가?

이는 정확히 말해 사적-계통학적 방법이 단순한 분류가 아니기 때문이다. 역사를 쓰는 사람은 분류를 하지 않는다. 언어학자들 스스로도 일련의 역사적 흐름에 따라 그 변천을 추적할 수 있는 언어들의 경우, 그 변화된 모습 하나하나를 구별되고 분리된 서로 다른 종류로 보아서는 안 되며 오히려 하나의 복합체가 발전 과정에서 다양한 측면을 가지는 것으로 보아야 함을 말하기에 급급했다.

표준 문법의 불가능함

때로 언어는 자의적 혹은 작위적인 활동으로 간주되어왔다. 그러나 언어가 자신의 의지에 따라 마음대로 창조되는 것이 아니라는 것 역시 분명하다. "카이사르여, 당신은 사람들에게 시민권을 줄 수 있지만, 언어에게는 그렇게 할 수 없습니다." 옛날 누군가가 로마의 황제에게 해주었다는 말이다. 표현의 본질이 미적이라는(따라서 실천적이 아니라 이론적이라는) 사실을 상기한다면 우리는 표준(normative) 문법―정확하게 말하면 법칙의 수립―이라는 개념 아래에 놓여 있는 학문적 오류가 무엇인지를 발견해낼 수 있을 것이다. 이러한 오류에 대항하여 좋은 감각이라는 것이 항시 반기를 들곤 했다. 그 예 중의 하나가 볼테르 덕분에 "문법은 그만큼 더 나빠졌다"는 것이다. 표준 문법이라는 것이 가능하지 않은 일임은 문법 교사들 역시 인정하고 있는 일이다. 그들은 글을 잘 쓴다는 것이 규칙을 배워서 이뤄질 수 있는 성질의 것이 아니며, 게다가 예외 없는 규칙은 없고, 따라서 문법 교육은 독서나 예문을 통해 실질적으로 수행되어야 하며 결국 이 모든 것이 교육받는 이들의 문학적 취향을 형성시켜주는 방향으로 나아가야 함을 실토하고 있다. 표준 문법은 학문적으로 추론해보더라도 역시 불가능하다. 이는 이미 우리가 살펴본 바 있던 원칙 때문이다. (표준) 문법이라는 것은 곧 언어적 표현의 기술, 즉 이론적 사실의 기술이라는 뜻인데, 이론적인 것의 기술이란 그 용어부터가 모순이다.

한편 문법을 단순히 경험적 규칙으로 이해한다면, 즉 아무 철학적 가치도 지니지 않고 다만 언어를 배우는 데 유용한 여러 가지 틀을 한데 모아놓은 것으로 간주한다면 이는 완전히 다른 경우가 된다. 이 경우라면 언어의 요소들 같은 추상화 작업까지도 받아들일 수 있으며 유용하기도 하다. 또 우리는 "문법론"이라는 제목 하의 책들도 그 교육적 효과를 고려해 허용해야 할 필요가 있다. 그런 책들은 발성기관과 이를 모방한 인공적 기구들에 관한 설명에서부터 시작하여 인도-유럽, 셈, 콥트, 중국어 어족 및 기타 다른 언어학에서 얻어낸 중요한 결론들의 요약에 이르기까지, 또 언어의 기원이니 언어의 본질이니 하는 철학적 일반화에서부터 언어학의 연구 영역에 비춰볼 때 부수적이라 할 수 있는 글씨의 형태, 서예법, 음성의 배열 등에 대한 조언에 이르기까지 실로 모든 것에 관해 조금씩은 다 집적거리고 있다. 하지만 언어의 본질, 즉 표현으로서의 언어라는 입장에서 볼 때 여기에서의 이 많은 주장들은 단편적이고 불완전하다. 이들은 결국 미학 속으로 녹아든다. 언어의 본질에 관한 지식을 제공할 수 있는 것은 **미학뿐이며, 경험적인 문법**은 교육을 위한 도구일 뿐이다. 단, 여기서 살아있는 실체로서의 언어사만큼은 예외로 취급해야 할 것이다. 언어의 역사란 구체적 문학 생산물들의 역사로서 본질적으로는 **문학사**와 같다.

언어의 기본 요소 혹은 어근

미학이 물리적인 대상을 다루려는 오류 ― 미를 구성하는 **기초적 형식**을 찾으려는 노력 같은 것 ― 와 똑같은 오류가 언어의 **기본 요소**들을 찾으려는 사람들에 의해 저질러지고 있다. 그들은 상대적으로 긴 일련의 물리적 소리들을 좀 더 짧은 것으로 나누어보려 한다. 음절, 자음, 모음, 음절들이 모여서 이루는 단어 등이 그러한 것들이다. 그러나 그들만 따로 떼어서라면 고정된 아무 의미도 가지지 않는 이 모든 언어의 요소들을 언어적인 것들이라 불러서는 안 된다. 이들은 단순한 소리들에 불과하며 혹은 차라리 물리적으로 추상화되고 분류된 소리들이라 부르는 것이 올바르다.

같은 곳에서 기인한 또 다른 오류는 어근에 관한 것인데, 대다수의 저명한 언어학자들 역시 이를 거의 무가치한 것으로 취급하고 있기는 하다. 물리적인 것과 언어적인, 즉 표현적인 것을 혼동한 채 관념적인 질서상 단순한 것이 복잡한 것에 선행한다고 생각했으므로 그들은 물리적으로 가장 작은 것이 곧 언어적으로도 가장 단순한 것이 되리라고 결론을 내렸다. 따라서 가장 오래된 원시 언어는 당연히 단음절이었을 것이라는 허구적인 필연성이 상정되었고, 따라서 역사적 탐구는 언제나 단음절 어근들을 발견하려는 방향으로 유도되어야 했다. 그러나 (이 허구의 가정을 따르더라도) 최초의 인간이 품었던 최초의 표현은 음성을 통해서가 아니라 육체적 모방을 통해 반영되었을 수도 있다. 즉, 소리가 아니라 몸짓으로 표출되었을 수도 있었다는 것이다. 혹은 소리를 통해 표출되었다 하더라도 그것이 다음절이 아닌 단음절이었을 것이라 추정할 이유는 어디에도 없다. 언어학자들은 다음절을 단음절로 축소하지 못하는 경우와 마주치면 자신들의 지식이 짧은 탓이라 자탄하며 후학들이 이를 극복하여 결국 그러한 축소 작업을 성공시켜줄 것이라고 기대하곤 한다. 그러나 그들의 믿음은 근거 없는 것이며 그들의 자탄은 잘못된 전제에서 비롯된 겸손일 뿐이다.

그 밖에도 어디까지가 음절이고 어디서부터가 단어인지를 정하는 것도 이러저러한 경험적인 사용에 의해 결정된 전적으로 작위적인 것이다. 원시 언어 혹은 교육받은 적이 없는 사람의 언어는 하나의 연속체이므로 그들이 자신들의 담화를 학교에서 만들어낸 허구적 존재인 단어니 음절이니 하는 것으로 토막 낼 수 있다는 의식을 가졌을 리만무하다. 이러한 허구적 존재에 기초해서는 제대로 된 언어적 법칙은 하나도 만들어질 수 없다. 그 증거로서 언어학자들 스스로도 모음 접속이나 불협화음, 분철 혹은 두 음절을 하나로 합치는 것 등에는 음성학적 법칙이 없으며 이들은 단지 취미와 편이성의 문제, 곧 **미적 법칙**의 문제라고 실토하고 있음을 들 수 있다. 또 단어들에 관한 법칙이라는 것도 결국 양식에 관한 법칙이 아니고 무엇이겠는가?

미적 판단과 표준어

마지막으로, **표준어**(model language) 또는 언어의 사용법을 **통일**시키는 방법을 모색하는 일 역시 아름다움의 합리적 척도가 있다는 이성주의자들의 미신 — 우리가 그릇된 미적 절대주의라 부르는 개념 — 에서 유래한 것임을 말하려 한다. 이탈리아에서 이것은 **언어의 통일**에 관한 문제라고 불린다.

언어란 어느 한 순간의 창조다. 이미 생산된 것의 재생산이 아니라면 언어로 한 번 표현된 것은 되풀이되지 않는다. 언제나 새로운 인상은 소리와 의미를 계속 변화시킨다. 즉, 언제나 새로운 표현들을 불러일으키는 것이다. 따라서 표준어를 찾는다는 것은 움직임에서 고정불변함을 찾겠다는 것이다. 모든 사람은 사물들이 자신의 영혼에 일으킨 메아리에 따라, 즉 자신의 인상에 따라 말하고 있는 것이며 또 그래야 마땅하다. 언어의 통일이라는 문제(표준 이탈리아어의 기준을 라틴어로 삼을 것이냐 14세기 용법을 따를 것이냐 아니면 피렌체 방언으로 할 것이냐)를 해결했다고 확신을 가지고 주장하는 사람들도 대부분 남에게나 자신에게 그 이론을 납득시키기엔 모순이 있다고 느끼는데 여기에는 그럴만한 이유가 있다. 스스로는 그것이 단지 어원이 다른 어떤 한 단어를 대신하여 라틴어, 14세기 이탈리아어, 아니면 피렌체 방언을 사용하는 것일 뿐이라고 느끼겠지만 그러나 그중 어떤 것이 그의 자연스러운 인상에 부합하건 간에 그는 진실을 왜곡하게 될 것이기 때문이다. 이 경우 그는 말하고 있는 것이 아니라 쓸데없이 자신의 소리를 듣고 있는 것이며 진지하고 성실한 사람이 아니라 아는 척하는 배우가 되는 셈이다. 이론을 앞세워 글을 쓴다는 것은 진정으로 글을 쓰는 것이 아니다. 그는 기껏해야 **문학적 태도**를 가장하고 있는 것이다.

언어의 통일에 대한 문제는 수그러들 줄 모르고 계속 등장하고 있다. 그런 질문 자체가 언어가 무엇인지에 대한 그릇된 개념 체계에 기초한 것이어서 해결이 불가능하기 때문이다. 언어는 이미 만들어진 무기들의 보관 창고가 아니며 추상화된 것들의 집합인 어휘도 아니고 어느 정도 방부 처리가 된 시체들의 묘지도 아니다.

표준이나 언어의 통일에 관한 질문들을 우리가 이런 식으로 완전히 기각해버리는 것이 어쩌면 다소간 느닷없는 일로 생각될지도 모르겠다. 사실 우리는 수세기 동안 이탈리아에서 이 문제로 씨름했던 학자들의 긴 명단을 조롱하고 있다는 인상을 주고 싶지는 않다. 하지만 이 열정적인 논쟁들은 근본적으로 미학이 아니라 미적인 것에 관한 것이었으며, 같은 맥락에서 문예 이론이 아니라 문학 자체, 언어학이 아니라 효과적으로 말하고 쓰는 법에 관한 논쟁들이었다. 그들이 저지른 오류는 현실적인 필요성에 따라 나타난 것을 학문적 이론으로 둔갑시켰다는 것이다. 예를 들어 그들은 서로 다른 방언으로 분리되어 있는 한 민족의 구성원들 상호 간의 의사소통을 더욱 원활하게 하는 것이 바람직하다는 사실을 단 하나의 이상적 언어가 필요하다는 철학적 요청으로 바꾸어버렸다. 이러한 연구는 **보편어** — 개념과 추상화가 고정불변하는 언어 — 를 찾는 연구와 마찬가지로 어리석다. 상호 이해의 증진이라는 사회적 요구는 일반화되고 있는 교육의 확대, 통신의 발달, 사상의 교류 등의 방법으로서만이 충족될 수 있는 성질의 것이다.

결론

이상의 산만한 관찰로도 언어학의 모든 학문적 문제들이 미학의 문제들과 같으며 따라서 어느 한쪽에서 오류이거나 진리로 판명된 것은 다른 한쪽에서도 그렇다는 것을 알기에 충분했으리라. 언어학과 미학이 두 개의 서로 다른 학문이라는 주장은 언어학이 이성적 학문이며 말에 관한 순수 철학이라는 점을 보지 않고 그것을 문법으로, 혹은 철학과 문법의 중간쯤에 있는 혼합물로, 즉 기억을 돕기 위해 임의로 그린 도식, 교육적 목적으로 이것저것 섞어놓은 것쯤으로 간주하는 데서 유래한다. 언어를 자꾸 문법 혹은 그와 관련된 어떤 것으로 이해하기 시작하면 언어의 실체는 분리될 수도 있고 연결시킬 수도 있는 단어들이라는 편견이 우리 마음속에 자리 잡는다. 그러나 사실 언어의 실체는 살아있는 담화이며 이성을 가지고는 분별이 불가능한 표현적 유기체다.

철학적 능력을 가지고 언어의 문제를 끝까지 파고들어간 언어학자는 (진부하지만 효과적인 비유를 사용하자면) 자신이 터널을 뚫고 있는 인부와 같음을 알게 된다. 어느 지점에선가 그는 반대편에서 뚫고 들어오고 있는 동료들, 곧 미학자들의 목소리를 들어야 한다. 언어학도 철학이라고 한다면 그것의 학문적 작업이 어느 단계에 이르면 반드시 미학과 합쳐져야 한다. 그리고 실제로 언어학과 미학은 아무것도 남기지 않고 그대로 포개어진다.

제2부
미학의 역사

I. 고대 그리스-로마의 미학적 견해들

이 미학사의 관점

미학이 고대의 학문으로 여겨져야 하는지 근대의 학문으로 여겨져야 하는지의 문제, 말하자면 미학이 18세기에 처음으로 생겨났는지 그리스-로마 세계에서 이미 생겨났던 것인지의 문제가 자주 논쟁의 주제가 되어왔다. 이것이 사실만의 문제가 아니라 규준의 문제이기도 하다는 점은 분명하다. 이 문제에 어떻게 대답하는지의 여부는 미학에 대해 각자가 지닌 학문관에 달려 있는데, 이는 앞으로 판단의 근거나 기준으로 채택될 것이다.[1]

우리의 견해는 미학이 **표현적인(재현적이거나 상상적인) 활동**에 대한 학문이라는 것이다. 그러므로 우리의 의견에 따르면 그것은 상상이나 재현이나 표현, 혹은 우리가 그것을 다른 어떤 방식으로 부르려 하든, 이론적이지만 지성적이지 않은, 그리고 지식의 산출자이되 보편적인 것이 아닌 개별적인 것을 대상으로 삼는 이러한 정신의 태도에 대한 정확한 개념이 정식화되고 나서야 비로소 등장하게 된다. 이 관점을 벗어난 곳에서는 탈선과 오류 이외의 어떤 것도 발견할 수 없다.

이 탈선은 여러 방향으로 나아갈 수 있다. 유사한 경우에 사용된 한 저명한 이탈리아 철학자의[2] 구분과 용어에 따르면서, 우리는 그것이 **부족함**이나 **과도함**으로 인해 생겨난다고 말하려 할 것이다. 부족함으로 인한 탈선은 미적이고 상상적인 특별한 활동의 존재를 부인하거나 이런 활동의 자율성을 부인함에 따라 결국 그러한 정신의 실재성을 훼손하는 것이 될 것이다. 과도함으로 인한 탈선은 내면적 삶의 경험에서 전혀 발견될 수 없는 다른 활동, 실제로 존재하지 않는 신비한 활동을 그것 대신 취하거나 그것에 부과하는 것이다. 이 양자의 탈선은 이 저술의 이론적 부분으로부터 추론될 수 있듯이 여러 가지 형태를 취한다. 우선 부족함에 기인하는 탈선은 (a) 예술을 감각적 즐거움에 속하는 단순한 사실로 간주하고 받아들이는 한 순전히 쾌락주의적일 수 있고, (b) 그것을 같은 방식으로 보면서 그것이 인간의 최고의 삶과 화해할 수 없다고 선언하는 한 엄격주의적이면서 쾌락주의적일 수 있으며, (c) 타협에 동의하여 여전히 예술을 감각에 속하는 사실이라고 여기면서도 그것이 해로울 필요는 없다고, 실로 그것이 항상 복종적이고 순종적이라면 도덕성에 얼마간 기여할 수도 있다고 선언하는 한 쾌락주의적이면서 도덕주의적이거나 교육적일 수 있다.[3] 두 번째 탈선(이 탈선을 우리는 '신비적'이라고 부를 것이다)의 형태들은 선험적으로 결정될 수 없는데, 왜냐하면 그것들은 무한히 다양하고 상이한 의미를 갖는 감정과 상상에 속하기 때문이다.[4]

고대 그리스-로마의 미학적 시도들, 그리고 잘못된 경향들

그리스-로마 세계에서는 이러한 근본적인 탈선 형태들이 모두 나타났다. 순수한 쾌락주의, 도덕주의나 교육주의, 신비주의, 그리고 일찍이 이뤄진 적이 없는 지극히 근엄한 엄격주의적 예술 부정 등이 그것이다. 그리스-로마 세계는 또한 표현이나 순수한 상상에 대한 이론적 시도들을 보여주기도 하지만, 이것들은 시도 이상의 것은 아니다. 그러므로 미학이 고대의 학문인지 근대의 학문인지에 관한 논쟁에서 한쪽 편을 지지해야 한다면 우리는 미학의 근대성을 단언하는 사람들을 지지하는 입장에 서지 않을 수 없다.

고대의 이론들에 대한 간략한 검토를 통해 우리가 말한 바는 충분히 정당화될 것이다. '간략한' 검토를 수행하는 까닭은 우리가 예술에 관한 고대 저술가들의 모든 흩어진 관찰들을 모으면서 세세한 항목들까지 깊이 파고든다면, 그것은 이미 여러 차례 행해졌고 때때로 매우 잘 행해진 일을 다시 하는 격이 되겠기 때문이다. 더욱이 그 사상들과 명제들과 이론들은 고대 그리스-로마 세계에 속하는 그 밖의 유산과 함께 지식의 공통 세습재산이 되었다. 그러므로 미학사의 다른 어떤 부분보다 바로 이곳에서는 일반적인 전개 방향을 지적하는 데 머무는 것이 나을 듯하다.

그리스 미학의 기원

예술 및 예술적 능력이 그리스에서 철학적 문제가 된 것은 소피스트들의 움직임 이후 전개된 소크라테스의 변증술이 낳은 결과였다. 문헌 사학자들은 일반적으로 시 작품들과 회화, 조각에 관한 비평과 반성이 처음 등장하던 때를 그리스 미학의 기원으로 본다. 이에 속하는 것들로는 시 경연들을 계기로 내려진 판단들, 상이한 예술가들의 방법들에 대해 이뤄진 관찰들, 시모니데스와 소포클레스가 했다고 전해지는 말들에서 나타나는 회화와 시 사이의 유비들, 끝으로 다양한 예술들을 한 무리로 모으고 그것들의 관계를 어떤 방식으로 지적하는 데 기여한 '미메시스(mimēsis)*'라는 말의 등장을 들 수 있다. 이 말의 의미는 모방으로도 재현으로도 볼 수 있다. 다른 이들은 미학의 기원을 다른 것들로 소급하는데, 최초의 자연철학자 및 도덕철학자들이 시인들의 이야기들과 환상들과 교훈들에 대해 벌인 논쟁, 호메로스와 여타 시인들의 명성을 옹호하기 위해 사용된 것으로서 숨은 의미의 해석, 혹은 근대적으로 표현하면 알레고리적인 해석, 끝으로 플라톤이

---

*   괄호에 원어를 병기한 경우, 영어 이외의 원어는 저자의 표기 방식에 따른 것이다.

차후에 그것을 칭하게 되겠듯이[5] 철학과 시 사이의 오랜 불화가 그것이다. 그러나 이 반성들과 관찰들과 논변들 중 어느 것도 예술의 본성에 대한 참되고 합당한 철학적 논의를 수반하지 않았던 것이 사실이다. 소피스트들의 움직임 또한 그것의 등장에 도움이 되는 것이 아니었다. 왜냐하면 그 시기에 확실히 내면의 심적 사실들에 대해 주의가 환기되기는 했으나, 아직 이것들은 단지 의견과 감정 수준에 머문 것, 쾌와 불쾌, 환영이나 일시적 기분이나 변덕의 현상들에 불과한 것으로 생각되었기 때문이다. 또한 참됨도 그릇됨도 없고 좋음도 나쁨도 없는 곳에서는 아름다움과 추함에 대한 물음이 있을 수 없고, 참됨과 아름다움 사이의 차이나 아름다움과 좋음 사이의 차이에 대한 물음도 있을 수 없다. 이 경우 갖게 되는 문제라고 해봐야 비이성적인 것과 이성적인 것에 대한 일반적인 문제일 뿐 예술의 본성에 대한 문제는 아니다. 후자의 경우 이성적인 것과 비이성적인 것, 물질적인 것과 정신적인 것, 단순한 사실과 가치 사이의 차이가 이미 진술되고 파악된 것으로 본다. 그러므로 소피스트들의 시대를 밑거름으로 하여 소크라테스의 발견들이 나오게 된 것이었다고 하더라도 미학적 문제는 소크라테스 이후에야 제기될 수 있었다. 그리고 정말로 이 문제가 본격적으로 제기된 것은 플라톤에 의해서였다. 사상사 속에 문헌상의 증거가 남아 있는 첫 번째의, 아니 실로 유일한 참으로 근엄한 예술 부정의 장본인에게서 말이다.

플라톤의 엄격주의적 부정

예술, 즉 미메시스는 이성적 사실인가 비이성적 사실인가? 그것은 철학과 덕성이 발견되는 영혼의 고상한 부분에 속하는가, 감각성과 조야한 격정성을 갖는 저 비천한 하위 영역에 깃드는가? 이런 질문을 제기한 플라톤에 의해[6] 처음으로 미학의 문제가 언급되기 시작했다. 소피스트 고르기아스는 자신의 명민한 회의주의를 통해 다음과 같은 것에 주목할 능력이 있었다. 비극을 통한 재현은 일종의 속임이며, 그것은 (정말 이상하게도) 결국 속이는 자와 속임을 당하는 자 양자의 명예를 위한 것이 되는데, 여기에서 누군가를 속일 줄 모르거나 자신을 속임 당하게 둘 줄 모르는 것은 수치스러운 일이다.[7] 그가 보기에 이것은 하나의 사실이었고, 그는 이러한 사실의 관찰로 만족할 수 있었다. 그러나 철학자인 플라톤은 여기에 담긴 문제를 해결하지 않을 수 없었고, 그 해결은 다음과 같은 방향으로 나아갔다. 만약 그것이 속임이라면, 비극과 그 밖의 미메시스 작품들을 내버려라. 그것들을 하찮은 것들로, 인간이 지닌 동물적 성질 같은 것들로 여겨 내버려라. 하지만 그것이 속임이 아니라면, 도대체 그 무엇이겠는가? 철학이나 좋은 행위 같은 고상한 활동들 가운데 그 어디에 예술이 들어 있겠는가?

그의 답변은 잘 알려져 있다. 미메시스 기술은 이데아, 즉 사물들의 진리를 파악하지 못하고, 그 희미한 그림자인 자연물이나 인공물을 재생산한다. 그것은 감소의 감소이고, 두 단계를 거쳐 이뤄지는 작업이다. 그렇다면, 예술은 고상하고 이성적인 영혼 부분이 아니라 감각적인 부분에 속한다. 그것은 마음을 강화시키는 것이 아니라 타락시키는 것이다. 그것은 오직 혼란과 모호함을 가져오는 감각적 즐거움에만 봉사할 수 있다. 이런 이유로 미메시스적인 시와 시인은 이상국가로부터 추방되어야 한다.

플라톤은 지성적이지 않은 것에서는 그 어떤 지식도 인정하지 않는 이들 중 가장 일관적인 모습을 보여주는 본보기다. 모방은 자연물, 즉 모상(to phantasma)에 멈춰서고 개념, 즉 논리적 진리(alētheia)에는 이르지 못하는데, 이 후자를 시인과 화가는 전혀 알지 못한다는 것이 그에 의해 올바르게 관찰되었다. 그러나 그의 과오는 지성적인 것보다 낮은 데는 다른 어떤 진리의 형태도 없으며, 지성이 이데아를 발견하는 것이되, 지성 외부에나 지성 이전에는 오직 감각성과 격정성만이 있다고 믿는 데 있었다. 확실히, 플라톤은 예술에 대한 이 경멸적인 판단과는 별개로 훌륭한 미적 감각을 갖고 있었다. 그는 예술을 정당화하고 그것을 정신의 형태들 사이에 둘 방법을 누가 설명해준다면 이를 매우 기꺼워하며 들었으리라고 스스로 공언했다. 그러나 아무도 그에게 이런 도움을 줄 수 없었으며, 아직 실재성이 결여된 외관을 지닌 예술은 그의 윤리적 의식에 거슬렸고, 이성은 그에게 그것을 추방하여 그것과 동등한 것들과 함께 두라고 강제했기에 그는 결연히 자신의 도덕의식과 이성에 따랐다.[8]

미학적 쾌락주의와 도덕주의

다른 이들은 이러한 도덕관념으로 곤란을 겪지는 않았다. 비록 예술이 이후의 다양한 종류의 쾌락주의 학파들 사이에서 항상 그저 즐거움에 속하는 것에 불과한 것으로 간주되기는 했지만, 수사학자들과 세속주의자들은 예술을 상대로 싸우거나 그것을 추방할 필요까지 느끼지는 않았다. 그럼에도 불구하고 이 반대편 극단 또한 대중의 지지를 받기는 어려웠는데, 왜냐하면 사람들은 예술에 공감하는 그만큼 이성성이나 도덕성에도 공감을 표했기 때문이다. 이런 이유로 이성주의자들과 도덕주의자들은 모두 플라톤의 비난이 갖는 영향력을 인지하고 있었고 그런 까닭에 타협, 즉 어중간한 수단을 찾으려고 애썼다. 감각적인 것과 예술을 쫓아버려라. 물론 그래야지. 그러나 우리는 감각적인 것과 즐거운 것을 손쉽게 쫓아낼 수 있는가? 연약한 인간 본성이 오로지 철학과 도덕성이라는 강한 음식만으로 자신을 양육할 수 있는가? 우리는 사람들에게 얼마간의 즐거움을 허용하지 않고도 그들로부터 참된 것과 좋은 것에 대한 경의를 얻어낼 수 있는가? 그리고 사람은 그 자신이 항상 얼마간 어린아이의 면모를 갖고 있지 않은가? 누구든 항상 얼마간 보통사람의 면모를 자기 안에 갖고 있지 않은가? 인간을 바라볼 때 그러한 점을 고려해야 하는 것은 아닐까? 너무 굽은 활은 부러질 것이라는 위험이 있지 않은가? 이러한 고려들은 예술의 정당화를 위한 길을 마련했는데, 왜냐하면 이 고려들은 예술이 그 자체로는 이성적인 것이 아니라고 하더라도 다른 한편으로 이성적 목적에 기여할

미학

수는 있으리라는 것을 보여주었기 때문이다. 이로부터 예술의 외적 목적에 대한 탐색이 유래하는데, 이것은 본질 혹은 내적 목적에 대한 탐색을 대신한다. 예술이 단순한 즐거운 환영, 감각의 도취 수준으로 낮춰지자, 그러한 환영과 도취를 산출하는 실제적 행위를 다른 어떤 행위와도 같이 도덕적 목적에 종속시키는 일이 필수적이었다. 예술은 그것 자신의 어떤 위엄도 박탈된 채 간접적이거나 이차적인 위엄을 띠지 않으면 안 되었다. 이런 식으로 도덕주의적이고 교육적인 이론은 쾌락주의적 기반 위에 세워졌다. 순수한 쾌락주의자에게는 창부에 비유되던 예술가가 도덕주의자에게는 교사가 되었다. '창부'와 '교사'라는 말은 고대에 보급된 두 예술 개념의 상징이며, 두 번째 것이 첫 번째 것에 접목되었다.

플라톤의 단호한 부정이 이러한 쟁점에 주목하게 만들기 이전에도 아리스토파네스의 문예비평을 통해 이미 교육적 착상이 표명되었다. 장엄한 시구를 통해 그는 "시인들이 젊은이들에 대해 갖는 관계는 교사들이 아이들에 대해 갖는 관계와 같다"고 말한다.[9] 그러나 우리는 그것의 흔적을 플라톤에게서도(『국가』의 너무 엄중한 결론으로부터 물러나는 듯이 보이는 그의 다른 대화편들에서), 또한 아리스토텔레스의 『정치학』과 『시학』에서도 발견할 수 있다. 『정치학』에서는 음악의 교육적 효용이 분명하게, 『시학』에서는 비극의 카타르시스가 모호하게 언급되고 있다. 물론 후자의 경우 그가 예술의 해방하는 힘에 대한 근대적 견해 같은 것을 희미하게 감지한 상태였을 수도 있다는 것이 전부 부인될 수는 없지만 말이다.[10] 차후에 교육적 이론은 스토아 철학자들에 의해 많이 영향을 받은 형태를 취한다. 스트라본은 자신의 지리학 저서의 서문에서 이를 장황하게 언급하면서 옹호하는데, 여기에서 그는 어떤 가르침의 개념도 없이 시가 단지 즐거움을 주는 것에 불과하다고 생각한 에라토스테네스에 대항하여 싸운다. 다른 한편으로 스트라본은 시가 "젊은이들을 삶을 위해 교육하고 관습과 감정과 행위를 즐거움에 의해 창조하는 일종의 첫 번째 철학"이라는 고대인의 의견을 고수했다. 그러므로 그가 말한 바에 따르면, 시는 항상 교육의 일부가 되어왔다. 우리는 좋은 사람이지 않고는 좋은 시인일 수 없다. 겁을 주어 타이르고자 우화를 처음 사용했던 이들은 바로 도시 국가의 창업자들이었다. 여자들과 아이들과 심지어 성인들을 위해서까지 수행되어야 했던 이 직무는 그다음에 시인들에게로 넘어갔다. 우리는 대중을 허구와 거짓으로 달래고 다스린다.[11] "시인들은 많은 거짓말을 한다"는 말은 플루타르코스에 의해 기록된 구절인데, 그는 자신의 군소 저술들 중 하나에서 시인들이 젊은이들에게 어떻게 읽혀야 하는지를 상세하게 기술한다.[12] 그에게도 또한 시는 철학을 위한 준비다. 그것은 가장된 철학이며, 따라서 잔칫상의 생선과 고기 같은 방식으로 우리에게 기쁨을 준다. 생선과 고기인 것처럼 보이지 않도록 준비되어서 말이다. 그것은 우화들로 부드럽게 만들어진 철학이며, 마치 만드라고라* 꽃 주변에 서식하는, 그래서 달콤한 잠에 빠져들게 할 포도주를 제공하는 포도나무와 같다. 짙은 어둠에서 강렬한 햇빛으로 곧장 갈 수는 없으며 우선 적절히 빛에 익숙해져야 한다. 철학자들은 권고하고 가르치기 위해 참된 사물들로부터 사례를 취한다. 시인들이 허구와 우화를 창작할 때도 같은 결과를 목표로 삼는다.[13] 로마 문학에서 루크레티우스는 우리에게 잘 알려진 소년들의 비유를 제공하는데, 그것에 따르면 의사들은 소년들에게 쓴 약쑥을 복용케 할 목적으로 "사전에 잔의 가장자리를 꿀의 달콤하고 노란 액체로 칠한다."[14] 호라티우스는 『피소 부자들에게 보내는 서한』** 중 격언이 된 어떤 시행들에서 (아마도 그것들을 쓰려고 그가 의지한 전거는 네오프톨레모스***가 쓴 그리스어였을까?), 두 견해 모두(즉, 예술을 창부로 보면서 동시에 교사로 보는 견해)를 다음과 같이 표명한다. "시인들은 유익하거나 즐거움을 주기 원한다. [……] 유용한 것을 달콤한 것과 혼합한 자가 모든 지지표를 얻었다."[15]

---

* 인간의 형상을 한 뿌리를 지닌 식물로 맨드레이크, 알라우네 등으로 불리기도 한다. 최면 성분이 함유되어 예부터 마취제, 마약 등으로 사용되었다.
** 본래 호라티우스의 『시학』에 붙여진 명칭
*** 호라티우스에게 영향을 준 것으로 알려지는 헬레니즘 시대의 시 이론가

이런 견지에서 시인의 임무는 연설가의 임무와 혼동되었다. 왜냐하면 시인 또한 실제적인 효과들을 목표로 삼는 실제적인 사람이었기 때문이다. 이로부터 베르길리우스가 시인으로 여겨져야 하는지 연설가로 여겨져야 하는지에 관한 논의들이 생겨났다. 양자에게는 즐거움 주기, 움직이기, 가르치기라는 삼중의 목표가 부여되었다. 어떤 경우에든 이 삼분할은 매우 경험적인 것이었는데, 왜냐하면 우리는 여기에서 즐거움 주기가 수단이며 가르치기는 움직이기의 단순한 일부임을 분명히 파악하기 때문이다. 즉 그것은 좋음의 방향으로 움직이기, 따라서 여타의 좋음들 중에서 가르침이라는 좋음을 향하여 움직이기다. 유사한 방식으로, 연설가와 시인에 대해 (그들의 과업이 갖는 유혹적인 면모를 논하며, 소박하지만 의미심장한 은유로) 그들은 형태의 매혹적인 힘을 이용하지 않을 수 없다고 말했다.

고대의 신비적 미학

예술을 자기 지복, 즉 절대적인 것, 최고의 좋음, 사물들의 궁극적 근원과 관계를 맺는 일의 특별한 양태로 간주하는 신비적 견해는 오로지 고대의 끝 무렵에, 거의 중세가 시작될 무렵에 와서야 등장했다. 그것의 대표자는 신플라톤주의 학파의 창립자 플로티노스다.

플라톤이 통상적으로 이러한 미학적 경향의 창립자이자 수장으로 거론되고, 바로 이런 이유로 그에게 미학의 아버지라는 영예가 귀속되는 것은 이상한 일이다. 그러나 예술에 정신의 활동들 사이의 높은 자리를 수여할 수 없는 이유들을 그토록 대단히 분명하게 상술해 놓은 그가 어떻게 그것에 철학 자체보다 높지 않다고 하더라도 철학과 대등한 최고의 자리들 중 하나를 수여했다고 여겨질 수 있었는가? 이 오해는 명백히 우리가 『고르기아스』, 『필레보스』, 『파이드로스』, 『향연』 및 여타의 플라톤 대화편들에서 읽는 아름다움에 관한 열광적 표현들로부터 생겨났다. 플라톤이 논술하는 미는 예술이나 **예술적**

미와 무관하다는 것을 분명히 함으로써 그 오해를 없애버리는 것이
좋다.

아름다움에 관한 탐구

'아름다운'이라는 말의 의미와 학문적 내용을 탐색하는 일은 일찍이
명민한 그리스 변증술가들의 주목을 끌지 않을 수 없었다. 실로 우리
는 크세노폰에 의해 전승된 글들 중 하나에서 소크라테스가 이 문제
를 논의하는 일에 열중해 있는 것을 발견한다. 그리고 우리는 그가 우
선은 아름다움이란 욕구되는 목표에 알맞고 부합하는 것이라는 결론, 혹
은 다른 식으로는 아름다움이란 사람들이 사랑하는 것이라는 결론에 머
무는 경향이 있음을 발견한다.[16] 플라톤 또한 이러한 종류의 문제를 검
토하며 그것에 대한 다양한 종류의 해결이나 해결의 시도를 제안한다.
그는 때로는 육체에뿐만 아니라 법, 행위, 학문에 깃든 미에 대해 말하
며, 때로는 그것을 참됨, 좋음, 신적임과 결합하여 이것들과 거의 동일
시하는 것으로 보인다. 어떤 때에 그는 소크라테스의 견해로 되돌아
가서 미를 유용함과 혼동하며, 어떤 때에는 그 자체로 아름다운 것과
상대적으로 아름다운 것을 구별하거나, 참된 미를 온갖 고통의 그림
자에서 해방된 순수한 즐거움에 존립하게 하거나, 그것을 적도*와 균
형에 위치시키거나, 색과 소리가 그 자체로 미를 소유한다고 말한다.[17]
예술적이거나 미메시스적인 활동이 버려지자 아름다움을 위한 자립
적 영지를 발견하기가 불가능해졌다. 이는 그가 그토록 많은 상이한
개념들 사이에서 동요했다는 것을 알려주는데, 그 가운데 좋음과 아
름다움을 동일시하는 견해가 지배적이었다는 정도만 말할 수 있을 뿐

---

* '적당한 정도'라는 의미를 갖는 번역어. 이는 플라톤의 'metriotēs'에서 나왔는데, 이 개념
  은 그의 미론을 비롯한 고대 그리스의 미론 전체에 걸쳐 사용되었다. 이 개념의 영어 번역
  으로는 'measure'가 사용되는데, 이 단어에도 '적당한 정도'라는 의미가 들어 있다.

이다. 이 불확실성을 『대히피아스』라는 대화편보다 더 잘 묘사하는 것은 없다(이 대화편은 플라톤이 쓴 것이 아니라고 해도 플라톤적인 것이다). 그는 여기에서 어떤 것들이 아름다운 것들인지가 아니라 아름다움이 무엇인지를 알아내기를 원한다. 말하자면, 아름다운 처녀뿐만 아니라 아름다운 말, 아름다운 리라, 두 개의 우아한 점토 손잡이가 달린 아름다운 단지 등 이 모든 것을 아름답게 만드는 것이 무엇인지를 말이다. 히피아스와 소크라테스는 서로에게 다양한 해결책을 제안하고자 애쓴다. 그러나 소크라테스는 결국 그것 모두를 논파한다. "사물들을 아름답게 하는 것은 그것들에 장식으로서 추가되는 금이다." 그렇지 않다. 왜냐하면 금은 오직 그것이 적합한 경우에만 장식이 되거니와, 예컨대 단지는 금으로 된 손잡이보다는 오히려 나무로 된 손잡이를 가져야 하기 때문이다. "어느 누구에게도 추해 보일 수 없는 것이 아름답다." 그러나 그것은 보임의 문제가 아니다. 문제는 아름다움이 무엇인지를 정의하는 것이다. 그것이 그렇게 보이든 그렇지 않든 말이다. 사물들을 아름다운 것처럼 보이게 하는 것은 적합함이다. 그러나 그 경우, (그것들을 그렇게 나타나게 하되, 그런 것이게 하지는 않는) 적합함과 아름다움은 서로 다른 것들이다. "아름다움은 목표에 기여하는 것, 즉 유용함이다." 그렇다면 나쁨 또한 아름다울 것인데, 왜냐하면 유용함은 나쁨에도 기여하기 때문이다. "아름다움은 유익함, 즉 좋음에 기여하는 것이다." 그러나 이 경우, 좋음은 아름답지 않을 것이고 아름다움은 좋지 않을 것이다. 원인은 결과가 아니고 결과는 원인이 아니기 때문이다. "아름다움은 시각과 청각을 즐겁게 하는 것이다." 그러나 이것은 세 가지 이유로 설득력을 갖지 못한다. 첫째로, 아름다운 연구와 아름다운 법이 있는데, 이것들은 눈이나 귀와 무관하기 때문이다. 둘째로, 우리는 먹고 냄새 맡는 일의 즐거움과 성적 접촉의 극도로 생생한 즐거움은 제외시키면서 아름다움을 시각과 청각으로 제한할 이유를 발견할 수 없기 때문이다. 셋째로, 아름다움의 기반이 가시성이라면 그것은 가청성이 아닐 것이고, 가청성이라면 그것은 가시성이 아닐 것이기 때문이다. 그러므로 아름다움을 이루는 것은 두 성질 중 어느 쪽에도 깃들일 수 없다. 그리하여 대화 과정을 통해 그토록 끈질기게 반복된 물음, 즉 "아름다움이란 무엇인가?"는 대답되지 않은 채로 남아 있다.[18]

이후의 저술가들 또한 아름다움에 대한 연구를 수행했고, 우리는 이 주제에 관한 몇몇 논문의 제목을 알고 있지만, 논문들 자체는 전해지지 않는다. 아리스토텔레스는 이 논점에 대해 가변적이고 불확정적이었던 것으로 보인다. 미에 대한 많지 않은 언급들 속에서 그는 아름다움을 좋으면서 즐거움을 주는 것이라고 정의하면서 그것을 좋음과 혼동할 때도 있고,[19] 좋음이 행위로 이뤄지는 반면 아름다움은 움직여질 수 없는 것들에도 존립함에 주목할 때도 있다. 이로부터 아름다움의 특성들인 질서와 균형과 한정을 규정하기 위해 수학이 연구되어야 한다는 논변을 도출하면서 말이다.[20] 그는 때로는 그것을 크기와 질서에 위치시키며,[21] 때로는 그것을 명백히 정의 불가능한 어떤 것으로 보게 되었다.[22] 고대는 또한 아름다운 사물들에 대한 규준들도 확립했는데, 폴리클레이토스가 확립했다고 전해지는 인체의 비례에 관한 규준이 그런 것들 중 하나다. 그리고 키케로는 육체의 미에 대해 그것은 "색의 어떤 매력이 갖춰진, 사지의 어떤 질서 잡힌 형태"라고 말했다.[23] 이 모든 단언들은 심지어 그것들이 단지 경험적 관찰이나 자구상의 주석과 대용 표현에 불과한 것이 아닐 때조차도 넘을 수 없는 장애물에 부딪힌다.

예술론과 미론의 구별

어쨌든 그것들 중 어느 것에서도 전체로서 고려된 아름다움의 개념은 예술과 동일시되지 않을 뿐만 아니라, 미와 예술의 구별이, 그리고 쾌·불쾌를 낳는 미메시스 소재와 미메시스 자체의 구별이 이뤄지기도 한다. 『시학』에서 아리스토텔레스는 현실에서는 우리에게 불쾌감을 주는 사물들, 예컨대 가장 경멸할 만한 동물의 형태나 시체 같은 것들을 가장 충실하게 그려놓은 닮은 상을 보는 일이 우리에게 즐거움을 준다는 것에 주목한다.[24] 플루타르코스는 예술작품들이 아름다운 것으로서가 아니라 닮은 것으로서 우리에게 즐거움을 준다는 것을 길게 설명한다. 그는 예술가가 자연에서는 추한 사물들을 아름답게 한다면, 이는 대상에의 적합함과 닮음에 거슬리는 과오를 저지르는 것이라고 단언한다. 그리고 그는 아름다움과 아름다운 모방은 서로 다른 것이라는 기본 신조를 공언한다. 티모마코스의 「자기 아들들을 살해하는 메데이아」, 테온의 「모친 살해범 오레스테스」, 파라시오스의 「오디세우스의 가장된 미친 짓」 같이 무시무시한 사건들을 그린 회화들은 즐거움을 준다. 그리고 돼지의 꿀꿀거림, 기계의 삐걱거림, 바람의 소음, 바다의 소란 등은 불쾌한 것들이지만, 돼지를 완벽하게 모방하는 파르메논, 기계의 삐걱거림을 표현하는 데 못지않은 능력을 지닌 테오도로스 등은 그러한 것들을 통해 즐거움을 주었다.[25] 고대인이 아름다움과 예술을 정말 서로 관련시키기를 원했더라면, 그 두 개념은 이차적이고 부분적인 방식으로 연관되었을 것이고, 이는 절대적인 아름다움과 구별되는 것으로서의 상대적인 아름다움이라는 범주의 형태를 내놓아야 했다. 그러나 '아름다움'('kalon' 혹은 'pulchrum')이라는 말이 문예 비평가들의 저술에서 예술적 산물에 적용되는 경우, 그것은 언어적 관습 이상의 것이라고 여겨지지 않는다. 우리가 예컨대 플루타르코스가 언급하는 "아름다운 모방"의 경우에서나 때때로 강연의 우아함과 장식을 연설 방식의 아름다움이라고 부르던 수사학자들의 용어법에서도 발견하는 것처럼 말이다.

플로티노스에 의한 그 둘의 융합

플로티노스에 와서야 비로소 두 분리된 영역이 결합되고 아름다움과 예술이 단일한 개념 속으로 융합된다. 이것은 다의적인 플라톤적 미 개념이 일의적인 예술 개념 속으로 유익하게 흡수됨에 의해서가 아니라, 분명한 것이 혼란된 것 속으로, 모방적 기술이 이른바 아름다움 속에 흡수됨에 의해 이뤄진다. 그리고 이렇게 하여 우리는 매우 새로운 견해에 이른다. 즉, 아름다움과 예술은 이제 양자가 똑같이 정신의 신비적 열정과 고양 속에서 융합된다.

플로티노스가 보기에 미는 주로 가시적 사물들에 깃든다. 그러나 그것은 또한 언어적이거나 음악적 작품 같은 그러한 가청적 사물들에서도 발견될 수 있으며, 작업과 직무, 행위와 습관, 학문과 덕성 같은 그러한 감각 가능성 너머의 것들에도 있다. 감각 가능한 것들과 감각 가능성 너머의 것들을 똑같이 아름답게 만드는 것은 무엇인가? 그가 대답하기를, 그것은 균형과 색이 아니다. 즉, 이것들을 이루는 부분들이 상호 간에 그리고 전체에 대해 갖는 균형과 이것들의 좋은 색은 아니다. 우리가 위에서 키케로의 말에서 인용한 바 있는 당대에 매우 유행하던 정의들 중 하나에 따르면, 이러한 균형과 색이 미의 본질이 되지만 말이다. 왜냐하면 추한 것들에도 비례가 있으며, 어떤 비례의 관계도 없이 단순히 아름다운 것들도 있기 때문이다. 그렇다면, 미와 균형은 서로 다른 것들이다.[26] 아름다움은 우리가 우리 자신의 본성과 유사한 것으로서 기꺼이 맞아들이는 것이다. 추함은 우리와 반대되는 것으로서 우리에게 불쾌감을 주는 것이다. 아름다운 것과 그것을 지각하는 우리 영혼의 유사성은 이데아에 그 근원을 갖는데, 이것이 양자를 산출한다. 즉, 형상화된 것이 아름다운 것이다. 추한 것은 형상화되지 않은 것, 말하자면 형상을 받아들일 수 있지만 그것을 받아들이지 않거나 그것에 의해 전적으로 지배되지는 않는 어떤 것이다. 아름다운 물체는 신적인 것과 함께함으로 인해 아름답다. 미는 신적인 것, 즉 그 물체를 꿰뚫고 빛나는 이데아다. 그리고 질료는 그것 자체로서가 아니라 오로지 그것이 이데아에 의해 빛을 받을 때에만 아름답다. 빛과 불은 이 상태에 가장 가까운 것들인데, 물체들 중 가장 정신적인 것들로서 가시적인 사물들에 미를 뿌려준다. 그러나 영혼은 아름다움을 파악하기 위해 자기를 정화하고, 자기 안에 있는 이데아의 힘을 유효하게 만들어야 한다. 신탁에 따르자면, 절제와 용기와 분별과 여타

미학

의 모든 덕성은 정화 이외의 다른 무엇일 수 있는가? 이렇게 영혼에는 감각 가능한 미에 대한 눈 이외에 다른 눈이 열리며, 그것은 영혼에게 좋음과 일치하는 신적인 미를 관조하도록 허락하는데, 좋음은 지복의 최상 조건이다.[27] 예술은 그러한 관조의 일부를 이루는데, 왜냐하면 사람에 의해 만들어지는 것들에 들어 있는 미는 마음으로부터 오기 때문이다. 서로 나란히 놓인 두 돌덩이를 비교하라. 하나는 가공되지 않은 자연 그대로의 것이고, 다른 하나는 기술이 신상이나 인간의 조각상으로 변형시킨 것이다. 예컨대 우아 여신이나 뮤즈 여신, 혹은 여러 개인의 아름다운 부분들을 취해 한데 모아놓은 형태의 인간의 조각상으로 변형시킨 것이다. 이러한 형태를 지니는 돌덩이의 미는 그것이 돌로 이뤄졌다는 데 있는 것이 아니라, 기술이 그것에 부여할 수 있었던 형상에 있다. 그리고 형상이 그것에 충분히 각인될 때, 기술이 가공한 사물은 자연 그대로 있는 다른 어떤 사물보다 아름답다. 그러므로 예술이 자연을 모방한다는 이유로 그것을 경멸한 사람(플라톤)은 틀렸다. 이에 반해 참된 것은 우선 자연 자체가 이데아를 모방한다는 것이며, 다음으로 예술은 단지 눈이 보는 것을 모방하는 일로 제한되는 데 그치지 않고, 자연 자체가 유래하는 원천이 되는 근거들이나 이데아들로 회귀한다는 것이다. 그러므로 예술은 자연에 속하지 않고, 자연에 미가 결여된 경우에 그것을 더해준다. 말하자면, 페이디아스는 제우스를 본 적이 있어서 그를 재현한 것이 아니라, 그가 인간의 눈에 모습을 드러내려 한다면 나타나게 될 것 같은 모습으로 그를 재현한 것이다.[28] 자연물들의 미는 영혼 속에 존재하는 원형이며, 이것이 자연미의 유일한 근원이다.[29]

학문적 경향의 미학: 아리스토텔레스

플로티노스와 신플라톤주의의 이러한 주장은 신비적 미학이 내세우는 첫 번째로 참되고 합당한 주장이며 근대, 특히 19세기의 전반부에 그토록 커다란 번영에 이르도록 예정된 것이다. 그러나 참된 미학에 대한 시도들은, 예컨대 시인은 논변이 아니라 우화를 짜야 한다는 것처럼[30] 심지어 플라톤에게서도 발견될 어떤 명석하지만 부수적인 관찰들을 제외하고는 아리스토텔레스에게로 소급되며, 이는 아름다움에 관한 그의 소수의 미약한 사색들과는 전적으로 독립되어 있다. 아리스토텔레스는 플라톤의 비난에 결코 동의하지 않았다. 그는 그러한 결과가 전적으로 참될 수는 없으며 문제의 어떤 국면이 무시되었음에 틀림이 없다고 생각했다. (사실 플라톤 스스로도 그렇게 생각했다.) 자기 차례가 되어 해결을 발견하려고 시도했을 때, 그는 자신이 위대한 선행자보다 더 유리한 조건에 있음을 발견했는데, 왜냐하면 그는 이데아에 대한 플라톤의 학설 — 즉, 개념들과 추상물들의 실체화 — 로부터 생겨나는 장애를 이미 극복한 뒤였기 때문이다. 이데아들은 그에게 단지 개념들에 불과했고, 실재는 이데아들의 감소로서가 아니라 질료와 형상의 종합으로서, 훨씬 더 생생한 방식으로 모습을 나타냈다. 따라서 자신의 일반적인 철학적 학설 속에서 미메시스의 이성성을 인정하고 그것에 올바른 자리를 할당하는 일은 그에게 훨씬 더 쉬웠다. 그리고 참으로 미메시스가 본성상 사람에게 고유한 것이기에 관조나 이론적 활동이라는 것은 아리스토텔레스에게 대체로 분명한 것으로 여겨진다. 비록 그가 (모방을 본보기로 따름으로써 첫 지식을 얻는 소년들의 경우와 혼동할 때처럼[31]) 때때로 이것을 잊는 것처럼 보이고, 실천적 학문과 (물질적 사물을 자기 뒤에 남기는 것으로서 실천적인 것과 구별되는) 제작적 활동을 허용하는 그의 체계가 예술적 미메시스와 시를 이론적 활동으로 보는 확고하고 변함없는 고려를 저해했지만 말이다. 그러나 그것이 이론적 활동이라면, 어떤 특징에 의해 시는 학문적 지식과 역사적 지식 양자와 구별되는가? 이것이 아리스토텔레스가 예술의 본성에 관한 문제를 진술하는 방식이며, 이것이 그것을 진술하는 참되고 유일한 방식이다. 심지어 우리 현대인조차 예술은 어떤 방식으로 역사 및 학문과 구별되며, 학문의 관념성도 갖고 있고 역사의 구체성과 개별성도 갖고 있는 이 예술적 형식이란 무엇일 수 있는지를 자문한다. 아리스토텔레스가 대답하기를, 시가 역사와 다른 이유는 후자가 일어난 일들을 그리는 반면에 시는 일어날 수 있는 일들을 그리기 때문이고, 시가 학문과 다른 이유는 비록 그것이 보편적인 것을 주시하고 역사처럼 개별적인 것을 주시하지는 않음에도 보편적인 것을 학문과 같은 방식으로가 아니라, ("시는 오히려 보편적인 것을 이야기한다"라는 『시학』의 한 언급에 나오는) '오히려'라는 말에 의해 아리스토텔레스가 나타내는 어떤 일정한 방식으로 주시하기 때문이다. 그렇다면 문제는 '가능한', '오히려', '역사적 개별자'라는 말들의 정확한 의미를 확립하는 일이다. 그러나 아리스토텔레스는 이 말들의 의미를 결정하려고 시도하자마자 모순과 오류에 빠져들게 된다. 시가 갖는 보편적인 것은 가능한 것인데, 그것은 그에게 개연적인 것이나 필연적인 것과 동일시되는 것으로 보이며, 역사가 갖는 개별적인 것은 "알키비아데스가 한 일과 그에게 일어난 일" 같은 사례를 제시함으로써가 아니고는 전혀 설명되지 않는다.[32] 아리스토텔레스는 사실상 시에 합당한 순수하게 상상적인 것을 발견하는 그토록 좋은 시작을 하고 나서는 어중간하고 혼란되며 확신이 없는 상태에 머물러 있다. 따라서 그는 때때로 모방의 진리를, 우리가 모방물을 바라볼 때 생겨나고, 우리가 "이것이 저것임"을, 즉 모사가 원물에 일치함을 인식하는 방법이 되는 어떤 배움과 추론에 존립하게 한다.[33] 혹은 더 나쁘게도 그는 자기가 발견한 일말의 진실도 잃어버린 채 시가 가능한 것을 그 내용으로 갖는다는 것을 잊는다. 이는 그가 시는 불가능한 것과 심지어 불합리한 것까지도 양자가 믿을 만한 것이고 예술의 목적을 손상시키지 않는다면, 그릴 수 있다는 것만 인정하는 것이 아니라 심지어 우리가 믿어지지 않는 가능성보다는 불가능한 개연성을 선호해야 한다는 것조차 인정하는 데서 드러난다.[34] 예술은 심지어 불가능하고 불합리한 것조차 다루기에 자기 안에 이성적인 것은 조금도 갖고 있지 않을 것이고, 플라톤의 이론대로 공허한 감각이 빠져드는 외관의 모방일 것이다. 말하자면 그것은 즐거움에 봉사하는 일일 것이다. 아리스토텔레스는 이러한 결과에까지 이른 것은 아닌데, 왜냐하면 그는 그 주제의 이 부분에서 어떤 분명하고 정확한 결과에도 이르지 않기 때문이다. 그러나 이는 그가 말한 바로부터 추론될 수 있거나 어쨌든 그가 배제할 수 없는 결과들 중 하나다. 이것은 그가 무언중에 떠맡게 된 자신의 과업을 다하지 않았다는 것과 그가 비록 플라톤 이후에 놀라운 명민함으로 그 문제를 재검토했음에도 확고하게 수립된 그 자신의 정의를 대안으로 삼아 플라톤의 정의로부터 참으로 벗어나는 성과를 거두지는 못했다는 것을 의미한다.

아리스토텔레스 이후의 모방과 상상의 개념들, 그리고 필로스트라토스

그러나 아리스토텔레스가 주의를 기울인 탐구의 영역은 고대에 일반적으로 무시되었다. 아리스토텔레스의 『시학』까지도 널리 알려져 있었거나 영향력이 있었던 것 같지는 않다. 고대의 심리학은 공상하거나 상상하는 능력을 감각과 지성 사이의 중도에 있는 능력으로 알고 있었지만, 항상 감각적 인상들을 보존하고 재생산하거나 개념들을 감각에 전달하는 것으로 알았을 뿐 결코 생산적인 자율적 활동으로 제대로 알지는 못했다. 그 능력이 예술의 문제와 관련되는 경우는 드물었고, 성과도 없었다. 몇몇 미학사가들은 필로스트라토스의 『티아나 사람 아폴로니오스의 삶』 속의 어떤 구절들에 유례없는 중요성을 부여하는데, 그들은 거기에서 미메시스 이론에 대한 교정과 상상적 창조라는 개념의 역사상 첫 단언이 발견된다고 믿는다. 문제의 구절들에 따르면 페이디아스와 프락시텔레스는 작품 속에 신들을 그리려 한다 해서 그들을 보기 위해 하늘로 갈 필요까지는 없었다. 이는 모방 이론에 따르면 필수적이지만 말이다. 상상은 모델을 전혀 필요로 하지 않으면서 그들로 하여금 그들이 한 것을 할 수 있게 했다. 즉, 상상 그것은 단순한 모방보다 지혜로운 제작자이며, 모방처럼 눈에 보인 것에만이 아니라 눈에 보인 적이 없는 것에도 형태를 부여한다. 존재하는 것들을 기반으로 이것을 상상하고 그런 방식으로 제우스들과 아테네들을 창조하면서 말이다.[35] 하지만 필로스트라토스가 여기에서 말하는 상상은 아리스토텔레스의 미메시스와 다른 어떤 것이 아니다. 앞에서 주목된 바와 같이, 이것은 현실에 있는 것뿐만 아니라 가능한 것에도 관계하며 주로 후자에 관계하는 것이었다. 그리고 소크라테스는 (크세노폰 덕분에 우리에게 전해진 화가 파라시오스와의 대화에서) 화가들은 그림 속의 형태들을 만들기 위해 필요로 하는 것을 여러 몸으로부터 모음으로써 작업한다는 것을 알아채지 않았던가?[36] 그리고 헬레네를 그리기 위해 다섯 크로톤 처녀 중 가장 나은 이를 취했다고 추측된 제욱시스의 일화 및 이와 유사한 다른 여러 일화들이 고대에 충분히 널리 퍼져 있지 않았던가? 그리고 키케로는 필로스트라토스보다 몇 년 전에 페이디아스가 제우스 상을 만들고 있던 때에 어떻게 현실에 있는 어떤 것도 모사하지 않고, 그가 자신의 영혼 속에 갖고 있던 것으로서 그의 기술과 손을 이끌던 "어떤 비범한 아름다움의 상"에 계속 눈을 고정시켰는지를 설득력 있게 설명하지 않았던가?[37] 게다가 필로스트라토스를 플로티노스에게 길을 열어준 사람이라고 할 수도 없다. 플로티노스에게 감각 가능성 너머의 미를 보는 우월하거나 지성적인 상상이나 눈은 그것이 아름다운 모방에 대한 새로운 명칭이 아니라면, 신비적인 직관이다.

　　미메시스라는 개념의 모호성은 자연을 대상으로 삼는 어떤 종류의 작업에도 미메시스 개념을 일반적인 표제로서 부여하던 저술가들에게서 그 정점에 이르렀는데, 그들은 "모든 기술은 자연의 모방이다"라고 단언하기 위해 아리스토텔레스의 구절을 사용하거나,[38] 독창성 없이 자기를 모방하는 사람들을 비난하던 때에 화가 에우폼포스가 말한 것처럼 "자연이 모방되어야지 예술가가 모방되어서는 안 된다"라고 말하곤 했다.[39] 그리고 이 모호성을 피하려 한 사람들은 모방이라는 활동을 자연물의 복제물을 노련하게 산출하는 것으로 이해하는 방식 말고는 그 방도를 알지 못했는데, 이러한 이해는 회화적이고 조형적인 예술의 품속에서 태어난 편견이었고, 필로스트라토스는 아마도 다른 상상의 지지자들과 공통되게 이 편견에 대해 반론을 전개하려 했을 것이다.

언어에 관한 숙고

언어에 관한 숙고는 소피스트들에 의해 시작된 예술의 본성에 관한 숙고와 밀접한 연관을 가졌는데, 그들에게 소리가 색을, 혹은 들을 수 없는 어떤 것을 의미할 수 있다는 것은 놀라워해야 할 중대사가 되었다. 말하자면, 말은 하나의 문제로 나타났다.[40] 그래서 언어는 본성적인(by nature) 것인지 관례적인(by convention) 것인지가 논의되었다. '본성적'이라는 말은 때때로 정신적 필연성이라는 의미로 이해되었고, '관례적'이라는 말은 우리라면 단지 자연적인 사실이라고 부를 것의 의미로, 즉 심리학적 기계론이나 감각론의 의미에서 이해되었다. 이 용어들이 이런 의미에서 구별되었다면, 언어는 관례적인 것이라기보다는 본성적인 것이라고 일컬어졌을 것이다. 그러나 다른 때에는 이 구별이 언어는 객관적이거나 논리적인 진리에 일치하는지, 또 사물들 사이의 실재적 관계에 일치하는지 — 즉, 말의 올바름에 대한 — 의 물음으로 이끌었다. 그리고 이 경우에는 그것이 논리적 진리에 관련해서 관례적이거나 임의적이라고 — 즉, 관례나 임의적 결정에 따른 것이지 본성에 따른 것은 아니라고 — 공언한 사람들이 진리에 더 가깝다고 여겨질 것이다. 그 결과로서 두 상이한 물음들이 함께 다뤄지고 있었고, 양자는 혼동된 상태에서 다의적으로 논의되었다. 그것들에 관련하여 플라톤의 모호한 대화편 『크라틸로스』가 기념비적 저술이 되는데, 이 저술은 상이한 해결들 사이에서 오락가락하는 것으로 보인다. 그리고 말은 사고의 기호라는 이후의 주장 또한 아무것도 해결하지 못했는데, 왜냐하면 기호가 어떤 방식으로 이해되어야 하는지, 그것이 본성적인 것인지 관례적인 것인지가 아직 설명되어야 할 것으로 남아 있었기 때문이다. 말을 시와 같은 방식의 모방물로 본 아리스토텔레스는[41]

매우 중요한 한 가지 관찰을 했다. 그것은 (논리적으로) 참되거나 거짓된 것을 표현하는 단언적인 명제들에 부가하여 예컨대 열망과 소망의 표현 같이 (논리적으로) 참된 것이나 거짓된 것을 표현하지 않는 다른 명제들이 있는데, 따라서 이것들은 논리적 설명이 아니라 시적이고 수사적인 설명에 속한다는 관찰이다.[42] 그리고 다른 곳에서 우리는 그가 (비천한 것은 어떤 말로 나타내든 비천한 것으로 남는다고 말했던) 브리손에 반대하여 비천한 것은 그것의 온갖 조야한 모습을 확연히 드러내는 말로도, 그것을 덮어 가리는 다른 말로도 모두 표현될 수 있다고 주장하는 것을 발견한다.[43] 이러한 모든 것이 언어적 능력을 고유하게 논리적인 것으로부터 분리하고 그것을 시적이고 예술적인 능력과 연결시켜 고려하는 데로 이끌었을지도 모르겠다. 그러나 여기에서도 이런 고려의 시도는 도중에 멈춰 섰다. 아리스토텔레스의 논리학은 말에 관계하되 그것을 형식주의적으로 다루는 특성을 띠었는데, 이것은 시간이 경과함에 따라 점점 더 강조되었고 두 이론적 형태를 구별하는 데 장애를 형성했다. 그럼에도 불구하고 에피쿠로스는 같은 것을 나타내는 이름이 다양한 민족들에게서 상이한 것은 관례와 변덕 때문이 아니라, 사물에 의해 산출되는 인상이 그 민족들 각각에게서 다르다는 사실 때문이라고 주장했다.[44] 그리고 스토아주의자들은 비록 그들이 언어를 사고와 연계하고 상상과 연계하지는 않았음에도 언어가 비논리적 본성을 갖는 것은 아닌가 하는 의심을 가졌던 것으로 보인다. 왜냐하면 그들은 사고와 소리 사이에 그리스어로는 'lekton'이라는 말로, 라틴어로는 'effatum'이나 'dicibile'라는 말로 나타내는 어떤 무언가를 끼워넣었기 때문이다. 그러나 우리는 그들이 실제로 무엇을 의미했으며, 그 모호한 개념으로 언어적 재현을 추상적 개념과 구별하려 했는지(이 경우는 그들을 현대적 견해와 접촉시킬 것이다), 아니면 소리 일반의 의미와 구별하려 했는지에 대해 확실히 알지 못한다.[45]

우리는 고대의 저술가들로부터 더 이상의 진리의 싹을 모을 수 없다. 철학적 문법학은 철학적 시학과 마찬가지로 고대에는 달성될 수 없는 것으로 남아 있었다.

II. 중세와 르네상스에서의
미학적 견해들

중세: 신비주의와 아름다움에 관한 견해들

중세 동안에는 고대에 전개된 미학의 거의 모두가 전통에 의해 계속되거나 자연발생적으로 재등장했다. 신플라톤주의적 신비주의는 아레오파고스의 재판관 위-디오니시오스의 『천상의 위계에 관하여』, 『교회의 위계에 관하여』, 『신의 명칭들에 관하여』 등과 같은 잘 알려진 편집본들과 요하네스 스코투스 에리우게나에 의해 이뤄진 이 저술들의 번역과 (아비체브론 같은) 유대계 스페인 사람들이 표명한 생각들에 위임되어 계속되었다. 기독교의 하느님은 최고의 좋음 또는 이데아의 지위를, 즉 신, 지혜, 좋음, 최고 미의 지위, 그리고 창조주에 대한 관조에 이르는 사다리라고 할 자연의 아름다운 것들의 근원이라는 지위를 차지했다. 그러나 이러한 숙고는 플로티노스가 그것들과 연계시켜 놓은 예술에 대한 고려로부터는 점점 더 지속적으로 멀어졌다. 그리고 키케로와 여타의 고대 저술가들에 의한 아름다움에 대한 공허한 정의들이 종종 반복되었다. 성 아우구스티누스는 미를 일반적으로 통일성이라고 정의했고, 육체의 미를 "색의 어떤 매력을 지닌 부분들의 조화"라고 정의했다. 그 자체로 아름다운 것과 상대적으로 아름다운 것 사이의 오래된 구별이 『아름다움과 적합함에 관하여』라는 제목을 가진 그의 책에 다시 등장했지만, 이 책은 전해지지 않는다. 바로 이 책 이름

228

이 그가 그 자체로 아름다운 것과 "무언가에 적절히 어울리기 때문에" 상대적으로 아름다운 것 사이의 오래된 구별을 다시 주장했음을 보여준다. 다른 곳에서 그는 하나의 모상이 "그것의 대상이 되는 것을 완전히 가득 채우고 이것과 같게 되는 경우에" 아름답다고 불린다는 것에 주목한다.[46]

　토마스 아퀴나스는 완전무결함, 적합한 비례, 밝음이라는 미를 위한 세 가지 필요조건을 제시했는데, 이는 성 아우구스티누스와 약간의 차이만 있을 뿐이다. 아리스토텔레스에 따르면서 그는 아름다움을 좋음과 구별했는데, 이 구별을 위해 전자를 그것에 대한 순전한 관조 중에 즐거움을 주는 것이라고("아름다움은 그것에 대한 파악 자체가 즐거움을 주는 것이다"라고) 정의한다. 그는 심지어 비천한 것조차 잘 모방될 경우에 갖게 되는 미에 대해 언급했고, 모방에 대한 학설을 삼위일체 중 두 번째 위격이 갖는 미에 ("성부의 모상이 표현된 한에서") 적용했다.[47] 쾌락주의적 예술 개념에 대한 언급들을 발견하려는 바람이 있다면, 약간의 호의를 갖고 음유시인들의 몇몇 말들에 주목하면 된다. 종교를 위해 혹은 신적이고 인간적인 학문을 위해 예술을 전적으로 부정하는 입장인 미학적 엄격주의는 중세 초입에 테르툴리아누스와 몇몇 교부들에게서 나타난다. 중세 말에는 그것이 일부 조야한 스콜라주의자들에서 나타나는데, 예컨대 단테에 대항하여 "나는 하찮은 것들을 두고 떠나 참된 것에로 되돌아가거니와, 우화들은 항상 나에게 즐거움을 주지 못한다"라고 공언한 체코 다스콜리에게서 나타나며, 이후에는 보수주의자 사보나롤라에게서 나타난다. 그러나 교육적이거나 도덕주의적인 예술론이 다른 모든 것보다 우세했다. 그것은 고대인의 미학적 의문과 질문을 잠재우는 데 기여한 적이 있었고, 상대적인 문화 쇠퇴 시기에 잘 어울렸다. 실상은 더욱더 이러했는데, 그 이유는 그것이 중세의 도덕적이고 종교적인 사상들과 잘 조화되었고, 새로운 기독교적 영감의 예술을 위해서뿐만 아니라 기존의 고대 그리스-로마의 이교적 예술작품들을 위해서도 정당화를 제공했기 때문이다.

우의적 해석은 다시 이 이교적 예술작품들을 위한 구제의 수단이 되었다. (6세기에) 풀겐티우스가 쓴 『베르길리우스의 자제력에 관하여』는 이 사실에 대한 진기한 기념비다. 이 저술은 베르길리우스를 중세와 비교될 수 있게 만들었고, 그가 얻을 운명이었던 "모든 것을 아는 점잖은 현인"이라는 저 대단한 명성에 이르는 길을 열었다. 심지어 요하네스 살리스베리조차 베르길리우스에 대해 "그는 우화들의 비유 아래에서 철학 전체의 진리를 표현한다"고 말한다.[48] 해석의 과정은 '축어적', '우의적', '도덕적', '영적'이라는 네 가지 의미에 대한 학설에 고정되었고, 이후에 단테는 이를 이탈리아어 시로 옮겼다. 중세 저술가들로부터 예술은 도덕성과 신앙의 진리를 가르치며 마음을 기독교적 경건으로 속박한다는 이론을 온갖 음조로 반복하는 인용문들을 모으는 일은 쉬울 것이다. "그들의 말들에는(즉, 시인들의 발언들에는) 많은 하찮은 것이 들어 있으나, 허구의 덮개 아래에 매우 많은 진리가 숨어 있다"는 테오둘푸스의 잘 알려진 시행들 등으로 시작하여 우리가 우리 이탈리아의 위인들인 단테와 보카치오의 학설과 견해에 이를 때까지 말이다. 단테에게 시는 "수사적이면서 음악에 붙여진 허구 이외의 다른 아무것도 아니다."[49] 시인은 자신의 시행들 속에 "비유나 수사적 색채라는 외투 아래에 숨겨진 추론을" 갖고 있어야 한다. 그리고 만약 "요청될 때 그가 자신의 말들로부터 그것들이 하나의 참된 의미를 소유한다는 것을 보여주는 방식으로 그러한 외피를 벗길 수 없다"고 한다면, 그것은 그에게 수치스러운 일일 것이다.[50] 독자들은 때때로 외면의 덮개에만 머무는데, 이는 대중처럼 숨은 의미를 간파하는 데 성공하지 못하는 사람들에게는 충분하다. 시는 "그것의 논변"을 이해하지 못하는 대중에게 단테의 노래 하나가 그 종결부에서 언급하는 것을 말할 것이다. 즉 그것은 "최소한 내가 얼마나 아름다운지를 보라"고, 말하자면, 네가 나로부터 가르침을 얻을 수 없다면, 최소한 나를 즐거움을 주는 것으로서 즐기라고 말할 것이다. 참으로 시에서는 "그것의 좋음보다는 그것의 미가 더" 많은 이들을 "기쁘게 할 것이다." "의미의 온갖 미묘한 차이가 그들에게 이르도록 허용할 빛"[51]인, 『향연』*에 나타나는 바와 같은 주석들에 의해 도움을 받지 않는다면 말이다. 시는 "즐거운 학문"이었다. 그것은 (스페인의 시인 산티야나가 썼듯이) "어떤 이야기나 적당한 방법을 통해 운율로 고상하게 구성되고, 매우 아름다운 덮개로 반쯤 가리거나 덮인 유용한 것들의 허구다."[52]

그렇다면 중세가 단순히 예술을 신학 및 철학과 동일시했다고 말하는 것은 올바르지 않을 것이다. 실제로 중세는 양쪽을 예리하게 구별했다. 예술과 시를 단테처럼 "수사적 허구", "비유", "수사적 색채", "외투", "미"라는 말들로 정의하거나, 산티야나처럼 "허구"나 "아름다운 덮개"라는 말들로 정의하면서 말이다. 이 즐거움을 주는 허위는 성적 결합과 사랑이 결혼 속에서 정당화되고 신성시되던 것과 매우 유사한 방식으로 실제적인 관점에서 정당화되었다. 이것은 완전한 상태란 확실히 독신생활임을, 즉 예술이라는 혼합물에 얽매이지 않은 순수한 학문임을 배제하지 않았고 오히려 이를 함의했다.

스콜라철학에 나타난 미학의 단초들
_____

미학의 성립을 위해 건실한 기반이 될 학문적 경향만은 참되고 적절한 대표자를 갖고 있지 않은 유일한 경향이었다. 아리스토텔레스의 『시학』 자체는 거의 알려져 있지 않았거나, 좀 더 정확히 말하면 잘못 알려져 있었다. 왜냐하면 이 저술은 아랍 철학자 아베로에스가 이것에 대해 행한 의역이나 주석을 다시 헤르만이라는 이름의 독일인이 ― 빨라야 1256년 이후에야 ― 라틴어로 번역한 결과를 통해 알려져 있었기 때문이다. 아마도 언어에 대한 중세의 연구들 중 최선의 것은 단테의 『토속어 표현론』에 의해 제공된 것일 것이다. 그러나 거기에서 말은 여

_____

* 철학적 성찰을 담은 단테의 미완성 작품으로서 『신곡』 이전에 쓰인 것이다.

전히 기호로 간주된다("이성적이면서 감각적인 기호 [……] 소리인 한에
서 본성적으로 감각적인 것이기는 하지만, 무언가를 생각에 따라 나
타내는 것으로 보이는 한에서는 이성적인 것").[53] 그러나 표현적이고
미적이고 언어적인 능력에 대한 연구는 유명론과 실재론 사이의 세속
적인 논쟁 속에서 적합한 계기와 출발점을 발견했어야 했다. 왜냐하
면 이 논쟁은 말과 육체, 사고와 언어 사이의 관계를 어느 정도 건드리
는 일을 피할 수 없었기 때문이다. 둔스 스코투스는 『기호화의 방식들
혹은 사변적 문법에 관하여』라는 논문을 썼다("혹은" 이후의 제목 부
분은 아마도 편집자들에 의해 추가된 말일 것이다).[54] 아벨라르두스는
감각을 혼연한 개념으로, 상상을 감각을 보존하는 능력으로 정의했다.
그에 따르면, 지성은 선행 단계에서는 직관적이었던 것을 담론적인 것
으로 만들며, 우리는 결국 담론적인 것에 대한 직관적 지식에서 지식
의 완성을 갖는다. 우리는 둔스 스코투스도 개별자나 가장 특수한 종
에 대한 직관적 지식, 즉 지각에 같은 정도의 중요성을 부여함을 발견
한다. "혼연한", "불판명한", "판명한"이라는 지식의 상이한 종류에 대해
점진적 단계를 나타내는 명칭들과 더불어서 말이다. 우리는 바로 근대
미학의 시작에서 이 용어법이 커다란 결과와 함께 다시 나타나는 것을
보게 될 것이다.[55]

르네상스: 필로그라피아와 미에 대한 철학적·경험적 연구

문학과 예술에 대한 중세의 학설들과 견해들은 소수의 예외를 제외한
다면, 학문의 일반적인 역사보다는 문화사를 위해 가치가 있다고 할
수 있다. 르네상스의 경우도 이와 비슷하다. 왜냐하면 여기에서도 고
대 사상의 영향권 너머로 나아가는 일은 없었기 때문이다. 문화는 성
장한다. 본래의 원천들이 연구되고 고대의 저술가들이 번역되고 주
석에 의해 설명된다. 시와 예술, 문법, 웅변술, 대화에 관한 많은 논문
들 및 아름다움에 관한 논설들이 쓰이고 출판된다. 명제들은 늘어났

고 세계는 더 커졌다. 그러나 미적인 것에 관한 학문의 영역에서는 아직 참으로 독창적인 착상이 나타나지 않는다. 신비적 전통이 재생된 플라톤 숭배에 의해 새로이 활력을 얻고 강화된다. 15세기에는 피치노, 피코 델라 미란돌라, 카타니, 알베르티가, 16세기에는 벰보, 에퀴콜라, 카스틸리오네, 노빌리, 베투시를 비롯한 많은 이들이 아름다움과 사랑에 관한 글을 썼다. 같은 종류의 글들로서 중세와 고전의 조류들의 교차점을 이루는 것들 가운데 유대계 스페인 사람 레옹에 의해 이탈리아어로 쓰이고 그 시기의 모든 주요 언어들로 번역된 『사랑에 대한 대화들』이라는 책(1535)이 주목할 만하다.[56] 이 책은 세 부분으로 나누어져서 사랑의 본성과 본질, 보편성, 근원을 다룬다. 그리고 모든 아름다운 것은 좋지만 모든 좋은 것이 아름답지는 않다는 것, 미는 영혼을 팽창시켜 사랑하도록 자극하는 우아함이라는 것, 덜한 아름다움에 대한 지식은 더 높은 정신적 아름다움에 대한 지식으로 이끈다는 것이 설명된다. 저자인 레옹은 이 책을 구성하는 이러한 단언들과 주장들에 "필로그라피아(Filografia)"라는 이름을 부여했다. 에퀴콜라의[57] 저술 또한 흥미로운데, 왜냐하면 그것은 그 자신이 그렇게 하기 이전에 그 주제에 대해 글을 쓴 사람들에 대한 역사적 설명을 담고 있기 때문이다. 같은 직관이 페트라르카 아류들에 의해 소네트와 발라드 같은 운문으로 표현되었는데, 다른 이들은 희극과 11음절구 3행시절(terza rima)의 운문 및 온갖 종류의 패러디에서 반항적이고 조소적으로 그것을 비웃었다. 피타고라스의 화신인 몇몇 수학자들은 미를 정확한 관계에 따라 결정하는 일에 착수했다. 예컨대, 다빈치의 친구 파치올로가 『신적 비례에 관하여』(1509)에서 이런 일을 했는데, 이 글에서 그는 황금분할이라는 제멋대로 내세워진 미학적 법칙을 입안했다.[58] 그리고 이 새로운 피타고라스주의자들과 나란히 인간의 신체, 특히 여성의 신체가 갖는 미에 관한 폴리클레이토스의 규준을 되살린 이들이 있었는데, 피렌주올라, 프랑코, 루이지니, 돌체 같은 이들이 그들이다. 미켈란젤로는 형태에 움직임과 우아함을 부여하는 수단이 일정한 산술적 관계의 준수에 존립한다는 주장을 통해 회화에 대한 경험적 규준을 확립했다.[59] 모라토 같은 이들은 색채의 상징적 특성이나 의미를 탐구했다. 플라톤주의자들은 일반적으로 미를 영혼에 두었고, 아리스토텔레스주의자들은 그것을 오히려 물리적 성질들에 두었다. 아베로에스주의자 니포는 탈리아코초의 왕녀 후안 아라곤에게 헌정한 책에서, 많은 잡담과 결정적이지 않은 언급들을 늘어놓는 중에 그녀가 가진 최고로 아름다운 신체를 묘사함으로써 자연 속에 아름다움이 존재함을 설명했다.[60] 타소는 『민투르노』에서[61] 플로티노스의 사색을 자유롭게 사용하면서 플라톤의 『대히피아스』가 가진 불확실성을 모방했다. 캄파넬라의 『시학』 중 한 장이 더 커다란 중요성을 갖는데, 거기에서 그는 능력과 지혜와 사랑이라는 세 가지 근본적인 힘을 "좋은"이라는 말로 이해하면서 아름다움을 **좋음의 징표**라고 칭하고 추함을 **나쁨의 징표**라고 칭한다. 캄파넬라는 아직 아름다움에 대한 플라톤적 사상에 묶여 있었지만, 그에 의해 여기에 도입된 징표나 상징이라는 개념은 이보다 진보된 것이다. 이 수단에 의해 그는 물질적인 것들이나 외면적 사실들은 그 자체로는 아름답지도 추하지도 않다는 것을 파악하는 데 성공했다. "만드리카르도는 무어인인 그의 친구들의 몸에 난 상처를 아름답다고 불렀는데, 왜냐하면 이 상처가 매우 컸으며 이 상처를 입힌 롤란드의 힘이 막대했다는 것에 대한 증거를 제공했기 때문이다. 성 아우구스티누스는 성 빈센티우스의 몸에 난 상처와 탈구를 아름답다고 불렀는데, 왜냐하면 그것들은 그의 인내의 증거였기 때문이다. 그러나 다른 한편으로 그것들은 폭군 다키아누스와 그의 집행인들의 잔인함의 징표라는 점에서는 추했다. 베르길리우스는 싸우면서 죽는 것은 아름답다고 말했는데, 왜냐하면 그것은 강한 영혼의 징표이기 때문이다. 여주인의 애완견은 그것을 사랑하는 이에게 아름다워 보일 것이고, 의사들은 심지어 오줌과 똥조차 아름답다고 부른다. 그것들이 건강함을 나타낼 때 말이다. 모든 것은 아름답기도 추하기도 하다." ("이런 이유로 아름다우면서 동시에 추하지 않은 것은 없다.")[62] 이와 같은 발언들을 통해 우리는 단순한 신비적 광희의 상태가 아니라, 어느 정도 분석을 향한 움직임을 갖게 된다.

르네상스가 고대 미학사상의 한계 너머로 나아가지 않았다는 것은 무엇보다도 다음과 같은 사실을 통해 잘 나타난다. 즉, 이 시기에는 아리스토텔레스의 사상이 새로이 알려지게 되기는 했으나 교육적 예술 이론이 여전히 강력했고 더욱이 이 예술 이론이 아리스토텔레스의 텍스트 속에 들어 있다는 식으로 해석되기도 했다. 그의 텍스트에 대한 해석자들은 우리로서는 납득하기 쉽지 않은 어떤 확실성을 갖고 그것을 읽었던 것이다. 확실히 로보르텔리(1548)나 카스텔베트로(1570) 같은 사람은 단순한 즐거움을 예술의 목표로 제시하면서 순수하게 쾌락주의적인 성격을 가진 단순한 해결에 멈춰 섰다. 카스텔베트로가 말하기를, 시는 "오로지 조야한 대중과 보통 사람들의 영혼에 [……] 기쁨과 기분전환을 준다는 목적을 위해서만 발견되었다."[63] 그리고 여기저기에서 어떤 이들은 즐거움 이론과 교화적 목표 이론이라는 양자로부터 해방될 수 있었다. 그러나 세니, 빈센초 마지오, 베토리[64] 같은 대다수는 즐거움을 줌으로써 가르치는 것을 지지했다. 스칼리게르(1561)는 미메시스나 모방이 "즐거움을 수단으로 가르치는 일에 속하는 저 최고 목표를 향한 중간 목표"라고 단언했고, 자신이 이에 관해 아리스토텔레스와 전적으로 일치한다고 믿으면서 다음과 같이 계속하여 말했다. "시인은 행위들을 통해 감정들을 가르치는데, 이는 우리가 행위 하기 위해 좋은 감정들을 마음에 담고 모방하며, 삼가기 위해 나쁜 감정들을 거부하도록 하려는 것이다."[65] 피콜로미니(1575)는 다음과 같이 말했다. "고대와 근대의 그토록 많은 탁월한 시인들과 예술가들은 그들이 인간의 삶에 도움을 주고 있음을 알고 믿는 것이 아니었고, 우리가 그들에 의해 가르쳐지고 지도되며 잘 확립되게 될 것이라고 생각하는 것이 아니면서도 이토록 고상한 연구에 그렇듯 매진했다고 생각되어서는 안 된다."[66] "가장 꺼리는 자들을 매혹하고 설득하는, 부드러운 시행들 속에 보존된 진리"라는 (타소의) 말은[67] 루크레티우스에게서 취해진 비유가 덧붙여진 채로 심지어 캄파넬라마저도 반복하는 개념이다. 그에게 시는 "마치 마술과 같은 어떤 형상화된 연설술인데, 그것은 능력이 없어서든 몰라서든 참된 것과 좋은 것을 아예 들으려 하지 않는 이들에게 쾌적하게 좋음을 권고하고 나쁨을 만류하기 위해 본보기들을 마련해준다."[68] 이런 식으로 시를 연설과 비교하는 일이 다시 나타났다. 세니에 따르면, 시와 연설이 다른 이유는 시가 좀 더 고상한 상황에 자리를 잡는다는 것뿐이다. "왜냐하면 시에 의해 행위로 나타나는 모방은—선별된 웅대한 말들과 은유들과 비유들 및 연설의 기술에서보다 시에서 더 많이 발견될 수 있는 형상화된 언어 전체, 운문에서 요구되는 운율적 성질들, 위대하고 즐거운 어떤 것을 지니는 그것의 주제들 속에서—그것을 가장 아름답게 보이게 하고 더욱더 훌륭한 경이로움이라고 여겨질 만하게 보이게 하기 때문이다."[69] "세 가지 가장 고상한 기술"(타소니가 1620년에 이렇게 쓰면서 통념을 반복했다), "즉, 역사와 작시술과 연설술은 정치학이라는 표제 아래에 오며 그것에 의존한다. 이 중 첫 번째 것은 왕자들과 신사들을, 두 번째 것은 평민을, 세 번째 것은 공적인 재판에서 의견을 제출하거나 판결을 위해 상정되는 사적인 재판을 변호하는 이들을 가르치는 일에 관계된다."[70]

이러한 견해들에 따라 비극의 카타르시스는 일반적으로 운명의 불안정성을 보여주거나 사례를 통해 두려움을 주거나 정의의 승리를 공언하거나 관객을 고난과의 친숙함으로 인해 운명의 타격에 둔감하게 하도록 착안된 것으로 여겨졌다. 교육적 이론은 이렇게 고대인의 권위에 의해 재생되고 유지되어 르네상스의 시에 관한 모든 이탈리아 학설들과 더불어 프랑스와 스페인과 영국과 독일에서 대중화되었다. 루이 14세 시기의 프랑스 저술가들의 마음은 완전히 그것으로 가득 찬다. "교훈들의 장중함을 언어의 달콤함과 섞는 이 유쾌한 학문"이라는 표현은 라 메나르디에르가 시를 칭해서 말하는 바다(1640). 이것은 르 보쉬가 취한 것과 같은 방식의 것인데(1675), 르 보쉬에게 "시인의 첫 번째 목표는 가르치는 것이다."[71] 마치 호메로스가 군사적이고 정치적인 사건들에 관한 두 흥미로운 교훈적 안내서들—즉, 『일리아스』와

미학

『오디세이아』―을 썼을 때 가르침을 준 것처럼 말이다.

"르네상스의 시학"

이 교육적 이론은 그러므로 모든 근대 비평가들에 의해 일제히 "르네상스의 시학"이라고 적절히 표현되었다. 마치 이 명칭이 이 이론의 다른 이름인 양 말이다. 그러나 그것은 15세기나 16세기에 처음으로 나타난 것이 아니라, 그 시기에 이미 널리 보급되어 일반적으로 받아들여져 있었다는 것을 항상 인식해야 한다. 심지어 이미 적확하게 언급된 것처럼[72] 르네상스는 당연히 교훈적인 종류의 시를 다른 종류의 시들로부터 구별하지 않았다고까지 말할 수 있는데, 왜냐하면 르네상스의 견지에서는 모든 종류의 시가 교훈적인 것이었기 때문이다. 그러나 르네상스가 르네상스일 수 있었던 것은 그 시기가 단절된 고대의 정신적 작업을 다시 속행했기 때문이다. 이런 의미에서 고대와 중세의 교육적 이론의 반복이 아니라, 당시에 일어난 다른 움직임을 르네상스 시학 혹은 좀 더 정확히 말해 르네상스 시학의 중요한 요소라고 칭하는 것이 아마도 더 정당할 것이다. 이 다른 움직임이란 아리스토텔레스가 말하는 가능한 것과 개연적인 것, 플라톤의 비난이 갖는 근거들, 상상력을 통해 창작하는 예술가의 작업 절차에 관한 논의들을 다시 시작한 것이다.

예술에서의 보편적인 것과 개연적인 것에 관한 논의, 프라카스토로

이 시대가 학식의 증가에만 기여한 것이 아니라 미학이라는 학문을 형성하는 데 큰 기여를 했다고 인식할 수 있는 것은 그러한 논의들 때문이다. 그 기반은 아리스토텔레스의 해석자들과 주석가들 및 시학에 관한 새로운 저술가들, 특히 이탈리아인의 작업을 통해 마련되고 풍부해졌으며, 그것은 또한 장래에 싹이 터서 원기 왕성한 초목이 될 터였던 어떤 씨앗으로도 풍부해졌다. 플라톤에 대한 연구 또한 시에서의 이념이나 보편적인 것의 기능에 주의를 환기시키는 데 적지 않게 기여했다. 시는 보편적인 것을 목표로 삼고 역사는 개별적인 것을 목표로 삼아야 한다는 진술에는 어떤 의미가 부여될 수 있었는가? 시는 개연성에 따라 진행되어야 한다는 명제의 의미는 무엇이었는가? 라파엘로가 자기의 회화에서 따른다고 이야기한 그 어떤 이념은 무엇으로 이뤄져 있을 수 있었을까?

지롤라모 프라카스토로는 이 문제를 진지하게 자문한 첫 번째 사람들 중에 속했는데, 이는 『나우게리우스 혹은 시학』(1555)이라는 대화체 저술에 나타난다. 그는 시의 목표가 즐거움이라는 논제를 경멸적으로 거절했다. 이런 입장에서 그는 고대인이 온갖 좋은 기술의 창안자들이라고 말한 시인들에 대한 그렇게 나쁜 견해를 멀리해야 한다고 외쳤다. 가르침이라는 목표 또한 그에게는 받아들일 만하다고 여겨지지 않았다. 그것은 시가 아니라 지리학, 역사, 농학, 철학 같은 다른 분과들의 과업이다. 시인의 과업은 재현하는 것 혹은 모방하는 것이며, 그는 제재에서가 아니라 재현의 방식에서 역사가와 다르다. 개별적인 것을 모방하는 이들과 달리, 시인은 보편적인 것을 모방한다. 초상화가들처럼 작업하는 이들과 달리, 시인은 사물들에 대한 보편적이고 가장 아름다운 이념을 관조함에 따라 그것들을 산출한다. 오직 자신의 목적을 위해 말할 필요가 있는 것만을 말하는 이들과 달리, 시인은 자기가 모든 것을 아름답고 충만하게 말할 수도 있다고 말한다.

그러나 시의 미는 항상 그것이 다루는 주제의 부류에 상관적인 것으로 이해되어야 한다. 그것은 이 부류에서 가장 아름다운 것이되, 최고로 아름다운 것은 아니다. 즉, 우리는 '미'라는 말이 갖는 애매하거나 이중적인 의미에 혼란되지 않도록 조심해야 한다. 시인은 결코 거짓된 것을 발언하거나 존재하지 않는 것을 표현하지 않는데, 왜냐하면 그의 말들은 외관이나 의미에 있어 사람들의 의견이나 보편적인 것과 불가피하게 조화되기 때문이다. 우리는 또한 시인이 자기가 다루는 사물들에 대해 지식을 갖고 있지 않다는 플라톤의 공리도 받아들일 수 없다. 시인은 참으로 그것들을 알지만, 자신만의 방식, 시인의 방식으로 안다.[73]

카스텔베트로

프라카스토로는 시가 재현하는 보편적인 것에 관한 아리스토텔레스의 중요한 구절을 공들여 다듬으려고 애썼고, 비록 그의 논법에서는 얼마간 모호하지만, 상당히 진실에 가깝게 머물러 있다. 반면에 카스텔베트로는 아리스토텔레스의 단편을 참된 비평가가 갖는 자유와 우월한 지식으로서 판단한다. 그의 인식에 따르면 아리스토텔레스의 『시학』은 충분히 구축된 작시술이 아니라, 그 기술을 구축하는 일정한 원리들과 방법들을 기록하는 노트에 불과하다. 더욱이 카스텔베트로는 어느 정도의 논리적 예리함을 가지고 다음과 같이 언급했다. 즉, 아리스토텔레스는 개연성 혹은 "역사적 진리인 듯 보이는" 것이라는 규준을 채택했기에 역사 이론이 시학 이론에 선행한다고 생각할 수밖에 없었다. 말하자면 역사가 "기억할 만한 인간 행위들의 진리에 따른 이야기"인 반면 시는 가능하게 일어날법한 사건들의 개연성에 따른 이야기이기 때문에 시는 "그것의 모든 광휘"를 역사로부터 받을 수밖에 없다. 그는 또한 아리스토텔레스가 두 가지 상이한 것을 '모방'이라는 한 낱말로 칭한다는 것도 못 보고 지나치지 않는다. 말하자면, (a) 그 하나는 "다른 이의 사례를 따르기"인데, 이것은 "그러한 행위의 이유를 알지 못하는 채로 다른 이와 정확히 똑같은 방식으로 행위 하는 것"이다. 그리고 (b) 다른 하나는 "시에 의해 요구되는" 모방인데, 이것은 "일들이 지금까지 행해진 바와는 완전히 다른 방식으로 그것들을 행하고 모방을 위한 새로운 사례를 제안한다." 그럼에도 불구하고 카스텔베트로는 상상적인 것과 역사적인 것 사이의 혼동으로부터 해방될 수 없다. 왜냐하면 그는 "전자의 범위는 일반적으로 확실성의 범위다. 하지만 확실성의 영역은 종종 불확실성의 장벽과 교차되며, 이는 불확실성의 영역이 종종 확실성의 장벽과 교차되는 것과 같다"고 스스로 말하기 때문이다. 더욱이, 추한 모델에 대한 모방에서 경험되는 즐거움에 대한 아리스토텔레스의 이론을 바라보는 그의 별난 해석에 대해서는 무슨 말을 할 수 있는가? 즉, 그의 해석은 그러한 즐거움은 모방이란 것이 항상 불완전하기에 실제의 추함에 대한 관조로부터는 생겨날 터인 혐오와 공포를 불러일으킬 수 없다는 사실에 기초한다는 것이다. 또한 회화와 시의 특징들은 하나가 다른 하나에 대립될 만큼 다른데, 대상에 대한 모방이 전자의 예술에서는 커다란 즐거움을 일으키고 후자에서는 그만큼 커다란 불쾌감을 일으킨다는 그의 언급에 대해서는 무슨 말을 할 수 있는가? 대담하지만 거의 맞지 않는 예리함을 보여주는 수없는 경우들 속에서 그런 이야기들이 계속된다.[74]

피콜로미니와 핀치아노

개연적인 것과 거짓된 것의 동일성을 단언한 로보르텔리와는 반대로, 피콜로미니는 개연적인 것이란 본래 거짓되지도 참되지도 않으며, 오직 우연적으로만 거짓되거나 참된 것이 된다고 주장했다.[75] 스페인 사람 알폰소 로페즈 핀치아노(1596)가 시의 범위를 이야기하면서 같은 생각을 나타냈다. 그에 따르면 시는 "궤변과 일치하는 거짓말도 아니고 자료를 역사적으로 다루는 역사도 아니다. 우화를 다루기 때문에 역사도 아니고, 모든 것을 껴안는 역사를 다루면서 개연성을 목표로 두고 있기 때문에 거짓말도 아니다. 여기에서부터 시는 형이상학보다 우위에 있는 예술이라는 것이 나오는데, 더 많은 것을 포함하고 있고 참된 것과 그렇지 않은 것으로까지 확장되기 때문이다."[76] 개연성에 대한 이러한 개념 배후에 무엇이 놓여 있을 수 있는지는 아직 분명하지 않으며 간과할 수 없다.

시를 개연적인 것 이외의 다른 기반 위에 두고자 하는 마음에서 반아리스토텔레스주의자 프란치스코 파트리치는 1555년과 1586년 사이에 아리스토텔레스의 모든 주요 학설에 대한 논박으로 『시학』을 지었다. 파트리치가 주목하기를, '모방'이라는 낱말에는 아리스토텔레스에 의해 많은 의미가 주어져 있는데, 그는 그것을 어떤 때에는 낱말 하나를 가리키기 위해 사용하고, 다른 어떤 때에는 하나의 비극을 기술하기 위해 사용한다. 어떤 때에 그것은 비유적 표현을 뜻하며, 다른 어떤 때에는 허구를 뜻한다. 이로부터 파트리치는 다음과 같은 논리적 결론을 도출한다. (정작 자신은 이 결론에 대해 놀라 뒤로 물러선다). "철학적 글쓰기와 말하기를 비롯한 모든 글쓰기와 말하기가 다 시인데, 왜냐하면 그것들은 그 자체가 모방인 낱말들로 이뤄지기 때문이다." 그가 더 나아가 말하기를, 아리스토텔레스에 따르면, 시와 역사를 구별하는 것은 (양자 모두 모방이기 때문에) 불가능하며, 운문이 시에 본질적이지 않다거나 역사와 학문과 전문 지식이 시의 소재로 부적합하다는 것을 증명하는 것은 불가능하다. 왜냐하면 아리스토텔레스는 여러 구절에서 시는 "이 세상의 모든 것"뿐만 아니라 "꾸며낸 이야기, 현실적 사건, 다른 이들의 믿음, 의무, 최선의 것, 필연성, 가능한 것, 개연적인 것, 믿어지는 것, 믿어지지 않는 것, 적합한 것" 또한 포함할 수 있다고 말하기 때문이다. 어떤 것들은 건전하고 다른 어떤 것들은 궤변적인 이러한 반론들을 내놓은 후에 파트리치는 다음과 같은 결론에 이른다. "시가 전적으로 모방이라는 교설은 진리가 아니다. 그리고 그것이 어쨌든 모방이라고 하더라도 그것은 시인에게만 속하는 것이 아니고 단순히 [우리가 이미 알고 있는] 어떤 종류의 모방도 아니며, 아리스토텔레스도 언급하지 않았고 다른 어떤 이도 지적한 바 없던, 사람들의 마음속에 아직 품어지지도 않은 어떤 것이다. 그 발견은 시간의 흐름 속에서 가능하게 이뤄질 수 있거나 누군가가 진리를 생각해내어 그것을 밝힐 수 있다." 그러나 현재까지는 "그러한 발견이 이뤄지지 않왔다."[77]

그러나 이러한 무지의 고백들, 헛되지만 아리스토텔레스적인 사상 계통에서 벗어나려는 노력들, 그리고 시적 진리의 개념과 개연적인 것에 관한 16세기의 커다란 문학적 논쟁들은 아직 해결되지 않은 신비에 대해 주목하게 하고 관심을 끌었다는 점에서 쓸모가 있었다. 한 번 더 미학적인 문제들이 사유되기 시작했다. 이제 이것은 끊어지거나 길을 잃을 운명이 아니었다.

Ⅲ. 17세기, 새로운 사유를
낳게 한 요소들

17세기에 새로운 어휘들로 새롭게 관찰된 것들

17세기 초반, 미학적 탐구에 대한 관심이 급속히 증가했다. 이는 어떤 새 어휘들이 획득한 대중성이나 이미 친숙한 어휘들에 부여된 참신한 의미들에 기인하는 것이었는데, 이를 통해 예술의 제작과 비평이 갖는 새로운 국면들이 강조되었다. 따라서 이 문제는 복잡하게 되고 그럼으로써 더욱 난해한 매력을 갖게 되었다. 예로서 위트(wit), 취미(taste), 상상력(imagination) 혹은 구상력(fancy), 감정(feeling) 등이 언급될 수 있는데, 이것들은 꽤 면밀히 검토되어야 한다.

위트(ingegno)는 지성과는 다소 다른 것이었다. 우리가 잘못 알고 있지 않다면, 이 어휘가 자유롭게 쓰이게 된 것은 고대에 의해 착상된 연설술에서 '위트'라는 말이 편리하게 쓰였던 것에 기인한다. 말하자면, 연설술은 변증술의 엄격함에 반대되는 것으로서 유쾌하고 용이한 지식의 양식이었고, 실제 사실 대신 가능성·개연성을 근거로 하고 삼단논법 대신 생략삼단논법을, 귀납 대신 사례를 사용하는 것이었다. 이러한 연설술은 변증술에 대한 대립물이었다. 그것이 매우 그러했기에 스토아철학자 제논은 변증술을 꽉 쥐어진 주먹으로 묘사했고 연설술을 펼쳐진 손으로 묘사했다. 쇠락해가던 17세기 이탈리아 작가들의 어떤 참다운 내용 표현도 없는 작품은 이러한 연설술 이론을 통해 나름대로 정당화되었다. 그들은 마리노와 아킬리노의 신봉자들로 자신들의 산문과 운문은 참된 것이 아니라 인상적이거나 창의적으로 상상되었거나 기묘하거나 정묘한 것을 보여준다고 자처했다. '위트', 즉 'ingegno'라는 말은 이제 앞선 세기보다 훨씬 더 자주 반복되었다. 위트는 연설술의 천재를 관장하는 것으로 상찬되었고 그것이 갖는 "활발한 성질들"은 극구 칭찬되었다. ['아름다운 위트'를 의미하는] 'belli ingegni'는 프랑스인에 의해 자주 사용되던 문구였는데, 그들은 그것을 'esprit'나 'beaux esprits'라고 번역했다.[78] 이 문제에 관한 가장 주목할 만한 주석가들 중 한 사람으로서 (비록 그 시대의 문학적 과도함에 반대하는 자였음에도) 볼로냐의 펠레그리니(1650)는 위트를 "아름다운 것과 효율적인 것을 일정한 방식으로 실행하는, 즉 그것들을 발견하고 창조하려는 목표로 노력하는 영혼의 부분"이라고 정의한다.[79] 그는 '위트'의 작업이 자신의 이전 작업(1639)에서 주목한 "기발한 착상(conceits)"과 "예민한 감식(subtleties)"이라고 여긴다.[80] 테사우로 또한 『아리스토텔레스의 망원경』(1654)에서 위트와 예민한 감식에 대해 상당한 길이로 상론하는데, 그가 다루는 것들은 "말로 나타나고" "문자로 새겨진" 기발한 착상뿐만 아니라 또한 "상징적이고" "조형적인" 기발한 착상(조각상, 이야기, 도안, 풍자, 그림문자, 모자이크, 문장, 기장, 왕홀), 그리고 심지어 "살아 움직이는" 착상(팬터마임, 연극, 가면극, 무용)에까지 이른다. 즉, '품격 있는 재담' 아래에 분류되거나 '변증술'과 구별되는 것으로서의 연설술 아래에 분류될 수 있는 모든 것에 이른다.

그들의 시대에 산출된 그러한 논문들 중 스페인 사람 그라시안(1642)이 쓴 것이 유럽 전체에 걸쳐 유명해졌다.[81] 위트는 그의 손에서 전적으로 창의적이거나 예술적인 능력, 즉 '천재(genius)'가 되었다. 'genio', 'génie', 'genius'는 이제 'wit', 'ingegno', 'esprit'의 동의어로 사용되었다. 18세기에 파가노는[82] 다음과 같이 썼다. "'위트'는 프랑스인의 '천재'와 같은 뜻을 갖는다고 여겨질 수 있으며, 이것은 이제 이탈리아에서 통상적으로 사용되는 어휘다." 17세기로 돌아가서, 위트 모음집

미학

을 통해 잘 생각하는 법에 관한 대화록들을 지은 예수회 소속 저술가인 부우르(1687)는 "'심정'과 '위트'는 바로 지금 크게 유행하는 중이고, 다른 어떤 것도 세련된 대화에서 말해지지 않으며, 모든 담화는 결국 위트와 심정의 문제다"라고 말한다.[83]

취미

'취미(취향, taste)' 혹은 '좋은 취미(good taste)'라는 말도 똑같이 널리 퍼져서 유행했는데, 그것은 아름다움에 대해 발휘되고 지성적 능력과는 어느 정도 구별되며 때때로 능동적인 것과 수동적인 것으로 나눠지는 판단의 능력을 나타냈다. 그리하여 한 종류의 취미는 '생산적이다', 즉 '비옥하다'고 부르고(이렇게 하여 그것은 '위트'와 일치하게 된다) 또 다른 종류는 '생산적이지 않다'고 부르는 것이 일상적이었다.

'취미'라는 어휘의 다양한 의미

취미 개념의 역사에 대해 우리가 소유하고 있는 가공되지 않은 기록들을 살펴보면, 우리는 그 어휘의 여러 의미들을 얼마간 혼란된 방식으로나마 구별해볼 수 있다. 그 모두가 사상의 발전을 나타내는 징표로서 똑같은 중요성을 갖는 것은 아니지만 말이다. "……에 취미가 있다(to have a taste for)"거나 "……의 취미에 맞다(to be to one's taste)" 같은 어구들에서 볼 수 있는 바와 같이, '즐거움'이나 '기쁨'을 의미하는 '취미'는 예부터 이탈리아와 스페인에서 사용되어온 어휘였다. 로페 데 베가 및 여타 스페인 사람들이 지속적으로 자기들 나라의 드라마가 대중적 취미에 즐거움을 주려고 애쓴다고 말할 때, 그들은 오직 대중의 '즐거움'을 의미할 뿐이다. 이탈리아에서는 그 어휘가 '판단' — 문학적이거나 학문적이거나 예술적인 — 이라는 은유적 의미로 매우 옛날부터 사용되었다. 그것이 이런 식으로 쓰인 사례들은 16세기 저술가들 (아리오스토, 바르키, 미켈란젤로, 타소)에게 많이 나타난다. 이것들 중 하나만 취하자면, 『미친 올란도』에는 아우구스투스 황제에 대해 다음 과 같이 말하는 부분이 있다. "시에 관해 좋은 취미를 갖고 있었기에 그는 그의 부당한 인권박탈에 대해 용서받을 것이다." 또는 돌체가 어떤 사람에 대해 한 말이 있는데, 이에 따르면, 그는 "그러한 세련된 취미를 갖고 있었고, 카툴루스와 칼부스의 시행들 이외에는 어떤 시행들도 노래하지 않았다."[84] '취미'라는 어휘가 마음이 갖는 어떤 특별한 능력이나 태도라는 의미로 처음 사용된 것은 17세기 중반 스페인에서였는데, 이는 앞서 인용된 바 있는 도덕주의자이자 정치적 저술가 그라시안이 한 일이었다.[85] 이탈리아 저자 트레비사노(1708)가 무라토리의 책 서문에서, "은유에 능한 다른 모든 이들보다 우선", "그 능숙하고도 간결한 어구, 좋은 취미"로 자신들을 표현하는 "스페인 사람들"이라는 말을 하는데, 이때 그가 가리키는 사람은 분명히 그라시안이다. 더 나아가 취미와 천재를 언급하면서, 트레비사노는 "그 창의력 풍부한 스페인 사람"이라는 말을 인용하는데, 이 또한 그를 가리킨다.[86] 그라시안은 그 어휘에 사람들로 하여금 사물들의 "참된 의미"를 파악할 수 있게 하는 "실천적 위트"라는 의미를 부여했다. 그의 "좋은 취미를 가진 사람"이라는 말은 우리 이탈리아인의 언어에서는 삶의 상황들에서 "촉이 좋은 사람"이라는 말이 된다.[87]

그 어휘가 미학의 영역에 도입된 것은 17세기의 마지막 4반세기 동안 프랑스에서 일어난 일로 보인다. 라 브뤼에르(1688)는 다음과 같이 쓰고 있다. "예술에는 완전함의 지점이 있다. 자연에 양호함이나 성숙함의 지점이 있듯이 말이다. 즉, 그것을 느끼고 그것을 사랑하는 자는 완전한 취미를 갖고 있다. 그러나 그것을 느끼지 않고 그 이하나 그 이상의 지점에서 사랑하는 자는 결함 있는 취미를 갖고 있다. 따라서 좋은 취미와 나쁜 취미가 있고, 사람들은 근거를 갖고 취미들에 대해 논의한다."[88] 취미의 속성들이나 변종들로서는 섬세함과 다양성이나 가변성을 언급하는 것이 일상적이었다. 비평적-문학적으로는 신선한 내용을 지녔지만, 이전에 가진 실천적이고 도덕적인 의미의 장애에서 해방되지 않은 채 그 어휘는 프랑스로부터 다른 유럽 국가들로 퍼져 나갔다. 토마시우스가 1687년에 그것을 독일에 도입했고,[89] 영국에서 그 어휘는 "좋은 취미"라는 말이 된다. 이탈리아에서 그것은 1696년에는 이미 예수회 수사인 에토리가 쓴 방대한 책『연설문에서의 좋은 취미』[90]의 표제로 등장한다. 그 서문은 다음과 같이 쓰고 있다. "'좋은 취미'라는 표현은 음식에서 좋은 맛을 나쁜 맛과 올바르게 구별하는 자들에게 적합한 것이되, 이제 일반적으로 사용되며 모든 사람에 의해 문학과 인문학에 관련된 표제로서 요구된다." 그 어휘는 1708년에 이미 인용된 무라토리의 책 시작 부분에[91] 다시 등장하며, 트레비사노는 그것을 철학적으로 다룬다. 살비니는 그것을 위에서 언급된 무라토리의 『완전한 시』에 관한 자신의 주석에서 논의하는데, 거기에서 좋은 취미라는 주제에 여러 페이지가 할애된다.[92] 마침내 1718년에 팔레르모에서는 그것을 이름으로 한 '좋은 취미의 학술원'이 설립되기에 이른다.[93] 그 주제에 대한 논의에 착수한 그 시대의 학자들은 고대의 고전저작들 전체에 걸쳐 산재하는 몇몇 구절들을 다시 모으면서 그 새로운 개념을 키케로의 "이성과 기술이 결여된 어떤 내밀한 감각"과 퀸틸리아누스의 "미각이나 후각처럼 기술에 의해 전수되지 않는 판단"과 관련지었다.[94] 좀 더 특수하게는 몽포콩 드 빌라르(1671)가 "섬세함"에 관한 책을 썼다.[95] 에토리는 그 시기에 통용되던 정의들보다 더 만족스러운 어떤 정의를 찾으려고 애썼다. ("취미는 위트의 가장 훌륭한 발명이며, 위트의 꽃이고 미 자체의 추출물이다"라는 말과 이와 유사한 기발한 착상들이 그 예다.)[96] 부우르의 책에 대한 답변으로 오르시가 쓴 『숙고』의 주제 또한 취미였다.

구상력 혹은 상상력

17세기의 이탈리아에서는 구상력이나 상상력이 정점에 놓여 있었다.

1644년에 추기경 스포르자 팔라비치노가 묻기를, 시와 관련하여 개연 성과 역사적 진리, 참이나 거짓을 말할 때 당신이 의미하는 것은 무엇 인가? 시는 참·거짓이나 역사적 개연성을 다루지 않으며 참·거짓을 확 정하지 않는 일차적 파악(primary apprehensions)만을 다룬다. 이러 한 논의 노선에 따라 몇몇 아리스토텔레스 주석가들에 의해 주창된 것으로서 참도 거짓도 아니라고 파악되던 그 개연적인 것을 상상력이 대신하게 되었다. 개연적인 것에 대한 이런 생각은 팔라비치노에 의해 강력하게 비판된 이론이며, 이 비판에서 그는 피콜로미니에 동의하고 카스텔베트로에 반대하는데, 그는 전자는 이름을 들어 언급하지 않고 후자는 명시적으로 언급한다. 팔라비치노가 계속하여 말하기를, 연극 을 보러 가는 사람은 무대에 상연되는 장면들이 현실이 아님을 매우 잘 알고 있다. 비록 그가 그것들을 믿지 않지만, 그것들은 그를 크게 즐겁게 한다. 그 이유는 다음과 같다. "만약 시가 진실이라고 오인되기 를 원한다면, 그것이 기대하는 목표는 결국 거짓으로서 자연과 신의 법칙들에 의해 불가피하게 파멸될 운명일 것이다. 왜냐하면 거짓이란 진실이라고 오인될 수 있다는 희망에서 발언되는 허위 이외의 다른 아 무것도 아니기 때문이다. 그렇다면 그렇게 오염된 예술이 가장 잘 통 제되는 국가들에서 번성하도록 허용될 리가 있었겠는가? 그것을 성서 의 저술가들까지도 추천하고 사용했겠는가?" "Ut pictura poesis," 즉 시는 회화와 같은데, 회화는 그것이 재현하는 대상의 특징, 색, 행위뿐 만 아니라 심지어 숨겨진 동기까지 면밀히 모사하는 것을 목표로 하 는 "부지런한 모방"이다. 그리고 시는 "허구가 진실이라고 가장하지 않는다." 시적 이야기들의 유일한 목표는 "우리의 이해를 심상으로 꾸 며주는 것, 즉 호화롭고 참신하며 경이롭고 장려한 외관들로 장식하 는 것"이다. "그리고 이렇게 하는 것은 인류가 시인들에게 다른 어떤 사람들에게 주어진 것보다 명예로운 찬미로 보답하기를 고집할 만큼 유용한 영향을 인간에게 미치는 것으로 알려져 있다. 그들의 책은 학 술 논문이나 다른 어떤 기술의 산물에게 베풀어진 것보다 더 커다란 배려로 시간의 흐름 속에서 파괴되지 않도록 보호된다. 결국 시인들의 이름에는 경모와 존경의 왕관이 씌워진다. 세계가 어떻게 아름다운 일 차적 파악을 갈망하는지를 보라. 비록 이것에 학문이 실려 있는 것도 아니고 그것이 진리의 매개물인 것도 아니지만 말이다."[97]

이 견해들은 추기경에 의해 표명된 것들임에도 60년 후에 무라토리에게 너무 대담하다고 여겨졌는데, 그는 시인들에게 그토록 많은 자유를 허용하거나 그들을 개연적인 것에 대한 의무로부터 해방할 마음을 가질 수 없었다. 그럼에도 불구하고 무라토리는 상상력에 커다란 공간을 허용하는데, 그에게 상상력이란 "인식"의 과업을 "상위의 파악 능력" 혹은 지성에 맡긴 채로 사물들이 거짓인지 참인지를 염려하지 않으면서 그것들을 파악하는 일로 제한되어 이 진리를 "재현할" 뿐인 "하위의 파악 능력"이다.[98] 심지어 그라비나의 돌처럼 굳은 심정조차도 상상력의 매력에 굴복한다. 말하자면, 그는 상상력이 시의 영역에서 중요한 자리를 차지하는 것을 승인하며 자신의 무미건조한 산문이 그것을 "마법사이지만 그래도 유익하기는 한 것"이며 "광기를 치료하는 황홀"이라고 칭하게 놓아둔다.[99]

이 두 사람 이전에 에토리는 상상력을 좋은 연설가에게 추천했다. 그에 따르면, "좋은 연설가는 심상들을 불러일으킬 수 있기 위해 신체적 감정에 지배되는 것이라면 무엇과도 친숙해지고 감각적 능력인 상상력의 천재와 마주쳐"야 한다. 그는 이러한 목표를 위해 "유보다는 오히려 종을(왜냐하면 전자는 후자보다 보편적이면서 덜 감각 가능하기 때문에), 종보다는 오히려 개별자를, 원인보다는 결과를, 작은 수보다는 오히려 큰 수를" 사용하라고 한다.[100]

1578년까지 거슬러 올라가면 스페인 사람 우아르테가 웅변은 지성이나 이성보다는 오히려 상상력의 소산이라고 이미 주장한 바 있었다.[101] 영국에서는 베이컨(1605)이 학문을 지성에, 역사를 기억에, 그리고 시를 상상력이나 구상력에 귀속시켰다.[102] 홉스는 작시의 절차를 연구했고,[103] 애디슨(1712)은 자신이 편집한 『관객』의 지면을 통해 여러 번 상상의 즐거움을 분석했다.[104] 얼마 뒤에 상상력의 중요성이 독일에서 느껴졌는데, 스위스 학파의 보트머와 브라이팅거는 물론 이 학파에 속하는 다른 저술가들도 이를 지지했다. 이탈리아인(무라토리, 그라비나, 칼레피오) 및 영국인의 영향을 많이 받은 그들은 클롭슈톡과 독일 신비판주의의 스승이 되었다.[105]

감정

"감정에 의해 판단하는" 데 친숙한 사람들과 "원리에 의해 추론하는" 데 익숙한 사람들 사이의 대립이 분명하게 두드러지게 된 것도 같은 이 기간 동안에서였다.[106] 『시와 회화에 관한 비판적 반성』(1719)을 쓴 프랑스 사람 뒤 보스는 감정의 이론을 지지한다. 그에 따르면, 예술은 그저 "기이한 사물들이 우리에게 주는 인상들에" 자신을 던져버리는 것이며 이것은 모든 반성적인 노력을 제쳐두는 가운데 일어난다. 그는 상상력의 힘을 부정하는 철학자들을 비웃으며, 이 부정을 기반으로 하는 말브랑슈의 웅변적 담화에 대해 다음과 같이 말한다. "상상력의 오용에 반대하여 그가 말하는 것은 바로 우리의 상상력에 해당한다." 뒤 보스는 예술은 지침이 아니라 작가의 스타일을 따르는 것이라고 말하면서 예술 제작의 핵심에서 어떤 지성적인 것도 인정하지 않는다. 그는 개연적인 것을 그다지 중요하게 여기지 않는다. 그는 자기가 개연적인 것과 경이로운 것 사이에 한계를 설정할 능력이 없다고 말하며, 반대되는 것들을 이렇게 기적적으로 통합하는 과업을 "타고난 시인들"에게 맡긴다. 뒤 보스에게는 감정을 제외하고는 예술의 규준은 없는데, 감정을 그는 "여섯 번째 감각"이라고 부른다. 이에 대한 논박은 무의미한데, 왜냐하면 그러한 문제들에서는 대중적인 의견이 항상 예술가들과 학자들의 독단적인 공언을 이기기 때문이다. 가장 위대한 형이상학자들의 창의력이 풍부한 모든 기발한 착상은 그 자체로는 나무랄 데가 없음에도 시의 광채를 조금이라도 줄이거나 그것에서 단 하나의 매력도 빼앗지 못할 것이다. 아리오스토와 타소의 신빙성을 부정하려는 시도들은 이탈리아인이 본 바에 따르면 프랑스인이 자신들의 '시드*에 대항하여 전개한 시도들만큼 헛되었다. 논변으로는 결코 우리가 느끼는 것과 반대되는 것을 납득시킬 수 없다.[107] 이러한 생각들은 많은 프랑스 저술가들에 의해 채택되었다. 예컨대 드 라 비야트는 "즐거움을 주길 원하는 문필가의 큰 재능은 그의 반성을 감정으로 바꾸는 것이다"라고 한다. 또 트뤼블레는 "시가 감정의 표현이어야 한다는 것은 확실한 원리다"라고 한다.[108] 영국인도 그들의 문학 이론들에서 "감정"의 개념을 강조하는 일에 뒤처짐이 없었다.

용어들의 융합

이 기간의 저술들에서 상상력은 종종 위트와 동일시되었고, 위트는 취미와, 취미는 감정과, 그리고 감정은 일차적 파악이나 상상력과 동일시되었다.[109] 그리고 우리는 이미 취미가 때로는 비평적이고 때로는 생산적임을 주목했다. 명백히 구별되는 용어들이 이렇게 융합되고 동일시되며 서로 종속되는 것을 보면, 우리는 이것들이 모두 하나의 단일한 개념 주위를 맴돌고 있는 용어들임을 알 수 있게 된다.

이 용어들을 정의하는 데 따르는 어려움과 모순들

근대 미학의 기원을 둘러싼 어두움을 꿰뚫어보려고 애쓴 매우 드문 사람들 중의 한 사람인 어떤 독일 비평가는 취미 개념이 (그가 보기에 이 개념은 그라시안에게서 나왔다) "근대가 발견하도록 남아 있었던 가장 중요한 미학적 학설"이라고 여긴다.[110] 그러나 취미는 그저 여러 학설 중의 하나에 불과한 것이 아니라 미학의 중심 학설이며 나머

---

* 시드(El Cid)는 무어인과의 싸움에서 승리한 스페인의 영웅으로서, 그를 형상화한 작품으로 프랑스 극작가 코르네이유의 『르 시드』가 유명하다.

지 모든 것의 기반이라고까지 말하는 것은 지나치다. 또한 그라시안이 취미 이론에 대해 갖는 관계에 대해 우리가 이미 말한 것을 다시 언급할 필요도 없다. 반복이 되겠지만 이 시대에는 그저 취미, 위트, 상상력, 감정 등이 학문적으로 파악된 새로운 개념들이 아니라 단지 모호한 인상들에 상응하는 새로운 어휘들에 불과했다고 말하는 것이 바람직하다. 기껏해야 그것들은 문제들이었을 뿐 개념들은 아니었다. 즉, 그것들은 정복되어야 하되 아직은 병합되거나 복속되지 않은 영역에 대한 파악이었다. 바로 이 용어들을 사용한 사람들은 옛 전통으로 되돌아가지 않고서는 그것들이 시사하는 생각들을 거의 탐색할 수 없었다는 것을 잊어서는 안 된다. 옛 전통이 그들이 지성적으로 파악했던 유일한 전통이었기 때문이다. 그들에게 그 새 어휘들은 그림자였을 뿐 몸은 아니었다. 그들이 그것들을 끌어안으려고 시도했을 때 그들의 팔은 빈 채로 자신의 가슴으로 돌아왔다.

위트와 지성

확실히 위트는 어느 정도 지성과 다르다. 하지만 펠레그리니와 테사우로는 여타의 논문 저술가들과 함께 지성적 진리가 위트의 뿌리에 놓여 있음을 지적한다. 트레비사노는 그것을 "영혼 자신의 개념들을 표현하고 실행하기 위한 방법을 고안하는 영혼의 내적인 힘"이라고 정의한다. 그에 따르면, "위트는 어떤 때에는 우리가 고안하는 사물들의 배열에서, 다른 어떤 때에는 그것들의 분명한 표현에서 인식될 수 있다. 어떤 때에는 겉보기에 반대되는 문제들의 교묘한 조정에서, 다른 어떤 때에는 단지 어렴풋이 식별될 뿐인 유사성들을 추적하는 데서 인식될 수 있다." 한마디로, 우리는 "위트의 행위가 지성의 행위를 동반하지 않"거나 심지어 실천적 도덕성의 행위조차 "동반하지 않은 채 진행되도록 허용해서는" 안 된다.[111] 더 솔직하게 무라토리가 말하기를, "위트는 지성이 사물들의 유사성들과 관계들과 근거들을 모으고 통합하고 발견할 능력을 갖는 데 수단이 되는 힘이자 활동력이다."[112] 이러한 방식으로 위트는 지성과 구별된 이후에 결국 지성의 한 부분이 되거나 지성이 밖으로 드러난 모습이 된다. 포프는 위트가 혈기왕성한 말처럼 억제되어야 한다고 조언하고 다음과 같이 말하는데, 이는 얼마간 다른 길을 거쳐 같은 결론에 이른 것이다. "왜냐하면 위트와 판단은 종종 다투고 있기 때문이다. 비록 그것들이 부부처럼 서로의 조력자이도록 되어 있기는 하지만 말이다."[113]

취미와 지성적 판단

유사한 변화들이 '취미'라는 말에서도 일어났다. 이 말은 (칸트가 지적했듯이) 은유의 결과였으며 그것의 취지는 지성주의적 원리에 반대하는 것이었다. 즉, 음식이 가져다주는 즐거움에 대해 온갖 이성적 추론들이 있지만 결국 관건이 되는 것은 미각인 것처럼 예술이라는 대상에서는 예술적 취미만이 판관이 된다는 것이다.[114] 그럼에도 불구하고 바로 이 반지성주의적 개념의 정의는 지성과 이성에 대한 언급을 포함했고, 미각과의 함축적인 비교는 결국 반성작용의 예기를 의미하는 것으로 여겨졌다. 볼테르가 뒤따르는 세기에 "미각의 감각이 반성작용을 예기하는 것과 마찬가지로"[115]라고 썼듯이 말이다. 지성과 이성은 이 기간에 속하는 취미에 대한 모든 정의들 도처에서 희미하게 빛난다. 다시에 부인은 1684년에 "위트와 이성의 조화와 일치"라고 썼다.[116] 『세련된 담화들』의 저자는 "심정을 동반한 지성으로, 반대되거나 비슷한 사물들 사이에서 항상 올바른 선택을 하는 밝은 이성"이라고 썼다.[117] 부우르에 의해 인용된 또 다른 저술가에 따르면, '취미'는 "가능하게 획득될 수 있는 어떤 학문과도 독립된, 영혼에 심어진 자연적 감정"이다. 그것은 사실상 "올바른 이성의 본능"이다.[118] 부우르 자신은 이렇게 하나의 은유를 다른 은유에 의해 해석하는 것에 반대하는 반면에, "취미는 위트보다 판단에 더 가까이 결합된다"고 말한다.[119] 이탈리아 사람 에토리는 그것이 일반적으로 "예술에 의해 통제되는 판단"이라 칭해질 수 있다고 생각하며,[120] 바루팔디(1710)는 그것을 이론으로부터 실천으로 옮겨진 '식별'과 동일시한다.[121] 드 크루자(1715)가 말하기를, "좋은 취미는 이성이라면 올바른 개념들에 의해 판단하기 위해 충분한 검토 시간을 갖고 나서야 인정하게 될 것을 우리로 하여금 우선 감정에 의해 평가하게 한다."[122] 그리고 그보다 얼마간 앞서서 트레비사노는 취미를 "이성이 받아들이는 것이라면 무엇에도 항상 따르려는 감정"이라고 여겼고, 또한 신의 은총과 결합되어 원죄 때문에 더 이상 인류 사이에 자유롭게 퍼질 수 없는 참되고 좋은 것을 드러내는 일에서 인간에게 강력한 도움이 되는 것이라고 여겼다. 독일의 쾨니히(1727)는 취미가 "지성의 능력, 즉 사람들로 하여금 참되고 좋고 아름다운 것을 느낄 수 있게 하는 건강한 마음과 예리한 판단의 소산"이라고 설명했다. 그리고 보트머(1736)는 (그 주제에 대해 자신의 이탈리아인 친구 칼레피오와 긴 서신 왕래를 한 이후에) 그것을 "지성이 참과 거짓, 완전한 것과 불완전한 것을 구별할 능력을 갖기 위해 필요로 하는, 기민하며 가장 작은 세부들을 꿰뚫어보는 훈련된 반성작용"이라고 여겼다. 칼레피오와 보트머는 취미가 순수한 감정임을 반대하는 사람들이었고, '취미'와 '좋은 취미'를 구별했다.[123] 같은 지성주의적 행로를 뚫고 가면서 무라토리는 '박식'에서의 '좋은 취미'에 대해 이야기하고 다른 이들은 "철학에서의 좋은 취미"에 대해 이야기한다.

"내가 알지 못하는 무엇"

막연한 채로 남아 취미를 정의될 수 없는 어떤 것, 즉 '내가 알지 못하는 무엇(je ne sais quoi; nescio quid)'과 동일시하기를 선호한 저자들이 어쩌면 지혜로웠을지도 모른다. 이것은 새로운 것은 아무것도 표현하지 않았으나, 적어도 그 문제에 대해 주의를 환기시킨 새로운 표현이었다. 부우르(1671)는 "모든 것을 신비로 만드는 이탈리아인은 '내가 알지 못하는 무엇'이라는 말을 모든 경우에 사용한다. 이탈리아 시인들에게서 이보다 더 공통적인 점은 보이지 않는다"라고 말하며 긴 논의를 펼치고, 타소와 다른 이들을 확증으로서 인용한다.[124] 그것에 관한 기록이 살비니에게서도 발견된다. 그가 말하기를, "이 '좋은 취미'라는 말은 그저 최근에야 전면에 등장한 것이다. 그것은 특정한 그 무엇에도 적용되지 않는 모호한 용어로 보이며, '내가 알지 못하는 무엇', 즉 적절하거나 성공적인 위트의 행위에 상응한다."[125] 취미의 근거와 '내가 알지 못하는 무엇'에 대해 글을 쓴 페이호 신부(1733)는 다음과 같이 매우 지혜롭게 말한다. "자연뿐만 아니라 예술의 많은 생산물 중에서, 사실 자연보다는 예술의 생산물 중에서, 사람들은 그의 이성적 이해에 종속되는 완벽함 밖에 있는 다른 종류의 신비한 아름다움을 발견했는데 그것은 즐거움을 주면서도 이해하기는 곤란한 것이었다. 감각적으로는 느껴지지만 이성적으로는 모호한 것이어서 그것을 설명하려고 하면 그것에 맞는 개념이나 말이 떠오르지 않기 때문에 우리는 이 자연적인 신비스러움의 가장 명백한 제시 속에 있을 수는 없지만 우리를 즐겁게 하고, 매혹시키고, 사로잡는 '내가 알지 못하는 무엇'이 있다는 것을 말해야 한다."[126] 그리고 몽테스키외가 말하기를, "사람들이나 사물들 속에는 이따금 우리가 정의할 수 없고 '내가 알지 못하는 무엇'이라고 부를 수밖에 없는 어떤 비가시적인 매력, 어떤 자연적인 우아함이 있다. 내가 보기에 그것은 주로 놀라움에 의거하는 결과인 것 같다."[127] 어떤 저술가들은 충분히 올바르게 그것은 무지의 고백이라고 말하면서, '내가 알지 못하는 무엇'이라는 둔사에 저항했다. 그러나 그들은 취미와 지성적 판단 사이의 혼동에 빠져들지 않으면서 그 무지에서 벗어날 방법을 알지 못했다.

상상력과 감각주의, 상상력의 교정책
────────────────────────────

'위트'와 '취미'를 정의하려는 시도가 보통 지성주의로 귀결되었다면,

상상력과 감정을 감각주의적 학설들 속으로 변형시키는 것은 쉬웠다. 우리는 팔라비치노가 얼마나 진지하게 상상력이 낳는 환상과 고안의 비지성성을 주장했는지를 보았다. 그가 쓰기를, "아름다움의 찬미자에게는 그가 자신의 인식의 참됨을 증명하고 인식된 대상이 그가 생각하는 것과 같은 것인지를 납득할 수 있게 하는 것은 아무것도 나타나지 않는다. 그가 시각표상이나 강한 파악에 의해 판단력의 행위에로 이끌려 이것에 의해 그런 것이 실제로 나타나 있다고 생각하게 된다고 해도 아름다움으로서의 아름다움에 대한 그의 취미는 그러한 판단력의 행위로부터가 아니라 시각표상이나 생생한 파악으로부터 생겨난다. 이것들은 심지어 믿음의 속임이 교정되었을 때조차 우리 자신에게 머물러 있을 것이기에 말이다." 이는 바로 우리가 졸면서 스스로 절반만 깨어 있음을 알지만, 스스로 달콤한 꿈으로부터 떨어지지 않으려 할 때 일어나는 일과 같다. 팔라비치노에게 상상력은 잘못을 범할 수 없는 것이다. 그는 그것을 감각과 전적으로 같은 것으로 보거니와, 감각은 참되거나 거짓될 수 없는 것이다. 그리고 상상적 지식이 즐거움을 준다면, 이는 그것이 특별한 진리(상상적 진리)를 지니고 있기 때문이 아니라, 그것이 "비록 거짓되지만 즐거움을 주는" 대상들을 창조하기 때문이다. 화가는 닮은 것들이 아니라 이미지들을 만드는데, 이미지들은 온갖 닮음과는 별개로 시각에 즐거움을 준다. 그리고 시인은 "호화롭고, 참신하며, 경이롭고, 훌륭한" 파악들을 일깨운다.[128] 그의 의견은 우리가 잘못 알고 있지 않다면, 마리노의 감각주의와 일치한다. 마리노가 말하기를, "시인은 오직 경이로운 것만을 목표로 삼아야 한다. …… 자신의 청자들을 놀라게 할 수 없는 사람은 한 푼의 가치도 없다."[129] 그는 이에 따라 "시는 그것의 청자들의 눈을 휘둥그레지게 해야 한다는, 저 유명한 사보나의 핀다로스 가브리엘 키아브레라"의 종종 반복되던 언명에 박수갈채를 보낸다.[130] 그러나 나중에 쓰인 『양식에 관한 논고』(1646)에서 그는 자신의 초기의 성취를 유감스러워하며 교육적 이론에로 되돌아가려는 것으로 보인다. 그는 다음과 같이 말한다. "나는, 시를 오로지 사람들의 마음이 상상이나 상상으로부터 생겨나는 파악이라는 덜 고상한 작동에서 즐기는 그 기쁨의 하인으로만 다루면서, 시에 대해 가장 비천한 방식으로 이론화를 했기에, 그러므로 결국 나는 그것을 개연적인 것에 묶는 끈을 얼마간 늦췄기에, 나는 이제 시가 개연적인 것에 완전히 속박되어야 하지만 그럼으로써 오히려 더 고귀하고 결실 많은 다른 기능을 갖는다는 것을 증명하려 한다. 시의 이 임무는 우리의 마음이 판단력을 고상하게 발휘하도록 이끄는 것이다. 이렇게 시는 철학의 유모가 되거니와, 그것은 철학을 달콤한 우유로 살지게 하는 것이다."[131] 예수회 수사 에토리는 상상력의 사용을 가르치고 연설가들에게 "배우들"과 함께 학교에 가라고 권고하는 반면에, 상상력에 대해 유보적 입장 또한 밝힌다. 말하자면, 그는 상상력은 결코 지배권을 자기 것으로 만들지 않으면서 지성과 진리 사이의 '해석자'라는 단순한 임무를 다해야 하거니와, 그렇지 않으면 연설가는 그의 청중이나 독자들을 "지성이 고유하게 귀속되는 사람들로서가 아니라, 상상력이 만족시키는 짐승들로서" 대하고 있게 될 것임을 지적하는 것이다.[132]

순수하게 감각적인 것으로서의 상상력의 개념은 무라토리에게서 강하게 나타나는데, 그는 그 능력이 그대로 내버려두어진다면 꿈과 흥분의 소동으로 악화되리라고 확신한다. 그래서 그는 그것을 심상들의 선택과 결합에 영향을 미칠 "권위 있는 친구"로서의 지성에 연계시킨다.[133] 상상력의 본성에 대한 문제는 무라토리에게 강한 매력을 가졌고, 그는 비방하고 욕하면서도 자신의 『인간의 상상력의 힘에 관하여』에서 다시 그것으로 돌아간다.[134] 그것을 정신적인 능력과 본질적으로 다른 물질적인 능력이라고 칭하고, 그것에 지식의 유효성을 인정하지 않으면서 말이다. 비록 그가 학문은 진리를 "알려" 하고 시는 그것을 "재현하려" 한다는 점에서 시의 목적은 학문의 그것과 다르다는 것에 주목했음에도 불구하고[135] 그는 시를 도덕철학에 종속되는 "즐거움의 기술"로 간주하기를 고집했다. 시가 도덕철학의 세 종복 가운데 하나라는 것이다.[136] 매우 유사하게 그라비나는 시가 경이로운 것 속에서 얻는 새로운 경험과 기쁨에 더하여, "진리와 보편적 인식"을 범인들의

마음에 주어야 한다고 주장했다.[137]

이탈리아 밖에서 같은 움직임이 일어나고 있었다. 베이컨은 비록 시를 상상력에 할당했음에도 아직 시를 역사와 학문 사이를 매개하는 어떤 것으로 여겼다. 그는 서사시를 역사에 근접한 것으로 보고 가장 고상한 양식인 비유적 시를 학문에 근접한 것으로 보았다 ("비유적인 시는 나머지 시들 사이에서 두각을 나타낸다"). 다른 곳에서 그는 시를 꿈이라고 부르거나 다음과 같이 단호하게 선언한다. "그것은 학문을 거의 낳지 않는다," "그것은 학문으로보다는 오히려 천재의 놀이로 여겨져야 한다." 그리고 그에 따르면 음악과 회화와 조각은 방탕한 예술들이다.[138] 애디슨은 상상의 즐거움을 가시적 대상이나 그것이 낳는 관념에 의해 산출되는 즐거움과 동일시했다. 그에 따르면 그러한 즐거움은 감각의 즐거움처럼 강하지 않으며 지성의 즐거움처럼 세련되지도 않다. 그래서 그는 모방물을 모방된 대상과 비교하는 일에서 경험되는 즐거움과 이 수단에 의해 관찰의 능력을 날카롭게 하는 일에서 경험되는 즐거움을 상상의 즐거움에 속하는 것으로 본다.[139]

감정과 감각주의

뒤 보스를 비롯한 감정 지지자들의 감각주의는 매우 분명해 보인다. 뒤 보스에게 예술은 소일거리인데, 그것이 주는 유쾌함은 그것이 마음을 노고 없이 차지한다는 사실에 존립하며, 검투사 경기와 투우와 마상시합에 의해 일으켜지는 즐거움과 유사성을 갖는다.[140]

이러한 이유들로 미학의 전사(前史)에서 이 새 어휘들과 그것들이 표현하는 새로운 견해들의 중요성을 주목하면서도, 그리고 고대인에 의해 남겨졌던 지점에서 르네상스의 사상가들에 의해 착수된 미학적 문제에 대한 논의에서 그것들이 마치 효소처럼 새로운 사유를 촉발했다는 점을 인식하면서도 우리는 아직 그것들로부터 우리 학문의 참된 기원을 식별할 수는 없다. 이런 어휘들로 인해, 그리고 이것들이 촉발한 논의들로 인해 미학의 문제에 대한 철학적 정당화의 요구가 더욱 분명해졌다. 그러나 이를 통해서든, 다른 어떤 방식에 의해서든 아직 이러한 정당화는 이뤄지지 않았다.

IV. 데카르트 학파와
라이프니츠 학파의 미학적 견해들,
그리고 바움가르텐의 '미학'

데카르트주의와 상상력

위트, 취미, 상상력, 감정, '내가 알지 못하는 무엇', 이 모호한 세계들은 데카르트의 철학적 조감도 속에서 검토될 주제로 선택되지 않았으며 거기에 포함되지도 않았다. 데카르트는 상상력을 혐오했는데, 그가 보기에 그것은 동물적 정기가 흥분한 결과였다. 그리고 시를 완전히 비난하지는 않았지만 지성에 의해 인도되는 한에서만 그것을 허용했다. 지성은 공상의 변덕으로부터 사람들을 구할 수 있는 유일한 능력이기에 말이다. 그는 시를 관대히 다루긴 했지만, 그것이 전부였으며, "철학자가 자신의 양심에 어긋나지 않으면서 그것에 허용할 만한"[141] 것조차 부정하지는 않는 정도였다. 데카르트의 지성주의에 대한 미학적 대응물이 부알로에게서[142] 발견된다고들 말해왔다. 말하자면, 부알로는 엄격한 이성에 사로잡힌 사람이자("저마다의 규칙을 가진 이성이 속박하는 우리") 알레고리의 열광적인 지지자였다. 우리는 이미 상상력에 대한 말브랑슈의 비난에 주목할 기회를 가졌다. 프랑스에서 데카르트에 의해 육성되던 수학적 정신은 시와 예술을 진지하게 고려할 모든 가능성을 막았다. 이탈리아 사람 콘티는 프랑스에 살면서 자기 주위에서 맹렬히 진행되던 문학적 논쟁들을 목격하고는 프랑스 비평가들(드 라 모트와 퐁트넬르와 그들의 추종자들)에 대해 이렇게 묘사한다. "그들은 문예 속에 데카르트의 정신과 방법을 도입했다. 그리고 그들은 감각적 성질들과 관계없이 시와 웅변에 대해 판단한다. 그래서 그들은 또한 철학의 진보를 예술의 진보와 혼동하게도 되는 것이다. 테라송은 근대인이 고대인보다 더 훌륭한 기하학자이기에 더 훌륭한 연설가이고 더 훌륭한 시인이라고 한다."[143] 예술과 감정에 관련된 문제들에서 이 수학적 정신에 대항하는 투쟁은 프랑스의 백과전서파 시대에도 여전히 진행되고 있었다. 베티넬리와 다른 이들의 저술들을 보면, 그 싸우는 소리가 이탈리아까지 들렸음을 알 수 있다. 뒤 보스가 그의 대담한 책을 출판하던 때에 보르도의 의회에는 장-자크 벨이라는 이름의 고문이 있었는데, 그는 감정이 예술의 심판관이어야 한다는 학설에 대항하는 논설을 썼다(1726).[144]

드 크루자와 앙드레

데카르트주의는 상상력에 대한 미학을 할 수 없었다. 절충적인 데카르트주의자 드 크루자가 쓴 『미론』(1715)은 '미'란 논쟁의 여지가 없는 [한갓 주관적인] 즐거움 또는 감정이 아니라 [보편적으로] 승인될 수 있는, 따라서 이념들로 옮겨질 수 있는 즐거움 또는 감정에 의존하는 것이라고 주장했다. 그는 그러한 개념들로서 '다양성', '통일성', '규칙성', '질서', '비례'라는 다섯 가지 개념을 열거하는데, 이에 대해 다음과 같이 말한다. "통일성에 의해 절도를 갖는 다양성, 규칙성, 질서, 비례는 확실히 공상이 아니다. 그것들은 상상의 관할에 속하지 않으며, 그것들에 대해 결정하는 것은 변덕이 아니다." 말하자면, 그에게 그것들은 자연과 진리에 기초를 두는 아름다움의 참된 성질들이었다. 그는 이와 유사한 아름다움의 특성들을 학문들(기하학, 대수학, 천문학, 물리학, 역사), 미덕, 웅변, 종교가 갖는 개별적인 미들에서 발견했다. 즉, 이것들 각각에서 위에서 진술된 성질들을 발견한 것이다.[145] 또 한 사람의 데카르트주의자인 예수회 수사 앙드레(1742)[146]는 인간적인 것과 심지어 신적인 것까지 포함하는 모든 제도로부터 독립적인 본질적 미, 인간의 의견에서 독립된 자연적 미, 끝으로 인간의 발명에서 발견되는 어느 정도 임의적인 미를 구별했다. 이 중 첫 번째 것은 규칙성, 질서, 비례, 균형으로 이뤄진다. (여기에서 앙드레는 플라톤에 의존했고 성 아우구스티누스의 정의를 추가적으로 끌어들이기도 했다.) 두 번째 것에서는 색을 창출하는 빛이 그것의 주요 척도가 된다. (그는 충실한 데카르트주의자였기에 뉴턴의 발견들을 충분히 이용했다). 세 번째 것은 유행과 관습에 속하지만, 결코 제멋대로 본질적 미를 침해해도 되는 것은 아니다. 미의 이 세 형태 각각은 물체에 속하는 **감각 가능한**(sensible) 미와 영혼이 갖는 **이해 가능한**(intelligible) 미로 세분되었다.

영국인: 로크, 샤프츠베리, 허치슨 그리고 스코틀랜드 학파

프랑스의 데카르트와 마찬가지로 영국의 로크(1690)도 지성주의자이며, 감각들에 관한 반성을 제외하고는 정신적 노고의 어떤 형태도 인정하지 않는다. 그럼에도 불구하고 그는 동시대 문헌으로부터 위트와 판단력 사이의 구별을 넘겨받는다. 그에 따르면 전자는 관념들을 즐거움을 주는 다양성과 결합한다. 즉, 그것은 관념들의 유사성들과 연관들을 발견하고 그래서 그것들이 상상력에 즐거움과 자극을 주는 아름다운 심상들이 되게끔 조합한다. 후자(판단력이나 지성)는 진리의 규준에 의해 인도되어 차이들을 찾는다. "마음은 더 나아가지 않은 채 심상의 유쾌함과 공상의 명랑함에 만족하여 휴식하는 경우가 있다. 이런 경우 그것을 진리와 좋은 이성의 엄격한 규칙들에 의해 검토하려고 힘쓰는 것은 일종의 모욕이다. 마음은 이 경우 이 규칙들에 완전히 들어맞는 어떤 상태에 있는 것 같지는 않다."[147] 영국은 추상적이고 초험적인(transcendent) 미학을 전개하는 철학자들을 낳았으나, 그것은 프랑스 데카르트주의자들의 그것보다 감각주의로 더 채색된 미학이었다. 샤프츠베리(1709)는 취미를 아름다움에 대한 감관이나 본능으로 승격시킨다. 이것은 질서와 비례에 대한 감관으로서 도덕적 감관과 동일하며, 그 속에 들어 있는 선개념들이나 표상들을 통해 이성의 인식을 예기하는 것이다. 물체와 정신과 신은 미의 세 단계다.[148] 샤프츠베리의 직계 후예는 허치슨(1723)이었는데, 그는 미에 대한 내적 감관이라는 생각을 대중화하는 데 성공했다. 그에게서 이것은 감각과 이성 사이를 매개하며, 다양성 속의 통일성과 다종다양함 속의 일치를 식별하고 참됨과 아름다움과 좋음을 그것들의 실체적 동일성 속에서 식별하는 데 적합한 어떤 것이다. 허치슨이 주장하기를, 예술에서, 모방에서, 그리고 모사와 원물 사이의 닮음에서 우리가 얻는 즐거움은 이 감관으로부터 솟아난다. 모사와 원물 사이의 닮음은 절대적 미와 구별되는 것으로서의 상대적 미다.[149] 허치슨의 이러한 견해는 대체로 영국에서 18세기 동안 지배력을 가졌으며 스코틀랜드 학파의 수장인 리드에 의해서뿐만 아니라 애덤 스미스에 의해서도 채택되었다.

라이프니츠: 미세한 지각과 혼연한 지식

라이프니츠는 훨씬 더 철저하고 훨씬 더 커다란 철학적 활력을 갖고 데카르트주의가 두려워 회피했던 그 심적 사실들의 무리를 향해 문을 열어젖혔다. 실재적인 것에 대한 그의 개념은 연속성의 법칙("자연은 도약하지 않는다")이 지배했는데, 이 법칙은 가장 저급한 존재자들로부터 신에 이르기까지 끊어지지 않는 존재의 계단을 말하는 것이었다. 이러한 그의 실재 개념 속에서 상상력, 취미, 위트 등은 광대한 보호 공간을 얻었다. 이제는 '미적'이라 불리게 된 사실들이 라이프니츠에 의해 데카르트의 혼연한(confused) 인식과 동일시되었는데, 이것은 판명하지는(distinct) 않으면서 명석할(clear) 수 있는 것이었다. 이 말들은 둔스 스코투스로부터 차용된 스콜라철학의 용어들로 보일 텐데, 그의 저술들은 17세기에 다시 인쇄되어 널리 읽혔다.[150]

『인식과 진리와 관념들에 관하여』(1684)에서 라이프니츠는 인식을 모호한 것과 명석한 것으로, 명석한 것을 혼연한 것과 판명한 것으로, 판명한 것을 적합한 것과 부적합한 것으로 나누고 나서는 다음과 같이 말한다. 화가들과 다른 예술가들은 예술작품들을 매우 올바르게 판단할 능력을 갖고 있는 반면에 그들의 결정을 위한 근거를 제시할 수 없고, 어떤 예술작품이든 그들이 비난하는 근거에 관한 질문을 받을 경우, 그것에 '내가 알지 못하는 무엇'이 결여되어 있다고 대답한다. ("그러나 그들은 종종 자기들의 판단 근거를 제시할 수 없고, [그들의 판단 근거에 대해] 질문을 받을 경우, 불만스러운 대상에 '내가 알지 못하는 무엇'이 없음을 아쉬워한다고 말한다.")[151] 그들은 사실상 명석하지만 혼연하고 판명하지는 않은 인식을 소유하고 있음이 분명하다. 우리가 오늘날 상상적이지만 **추론적이지 않은** 의식이라고 불러야 할 것을 말이다. 그리고 실로 추론적인 의식은 예술의 경우에 존재하지 않는다. 정의하기에 불가능한 것들이 있거니와, 라이프니츠는 이에 대해 다음과 같이 말한다. "사람들은 그것들을 오직 사례들을 통해 알릴 뿐이며, 게다가 그 구조를 꿰뚫어볼 때까지 그것은 '내가 알지 못하는 무엇'이라고 말해야 한다."[152] 그러나 이 혼연한 지각이나 감정은 "사람들이 생각하는 것보다 더 커다란 효력을" 갖고 있다. 말하자면, "이것이 '내가 알지 못하는 무엇', 취미, 감관의 성질로 이뤄진 심상을 구성한다."[153] 그러므로 이 지각에 대한 논의에서 라이프니츠는 우리가 선행하는 장에서 논의한 미학 이론들에 의지한다는 것이 명백하게 나타난다. 실로 한 곳에서[154] 그는 부우르의 책을 언급한다.

라이프니츠의 지성주의

라이프니츠는 미적 사실들에 **명석성**을 인정하고 **판명성**을 부인함으로써 그것들의 특유한 특성이 감각적인 것도 지성적인 것도 아니라는 것을 인식했다고 여겨질 수도 있을 것이다. 그는 그것들이 '명석성'을 가졌기에 즐거움이나 감각활동과 구별하고 '판명성'을 결여했기에 지성과 구별했다고 여겨질 수도 있을 것이다. 그러나 "연속성의 법칙"과 라이프니츠의 지성주의는 이러한 해석을 허용하지 않는다. 이 경우 모호성과 명석성은 판명하거나 지성적인 하나의 단일한 의식의 양적인 정도 차이들일 뿐이며, 이 둘은 모두 이 의식으로 수렴되고, 극단적인 경우 그것들은 이 의식과 하나가 된다.

예술가들이 명석하지만 판명하지는 않은 지각들, 즉 혼연한 지각들로 판단한다는 것을 인정하는 것은 이 지각들이 지성적 의식에 의해 연관되어 참된 것으로 입증될 수 있을지도 모른다는 것을 반드시 부인하는 것은 아니다. 상상력에 의해 명석하기는 하지만 혼연하게 인식되는 동일한 대상이 지성에 의해서는 명석하고 판명하게 인식된다. 이것은 결국 예술작품은 사유에 의해 규정됨으로써 완전해질 수 있다고 말하는 것이 된다. 감각과 상상을 모호하고 혼연하다고 표현하는 라이프니츠에 의해 채택된 바로 그 용어법 속에는 모든 인식의 단일한 형식에 대한 시사뿐만 아니라 감각과 상상에 대한 경멸의 기미도 있다. 이 점은 우리가 라이프니츠의 음악 정의를 이해하려 할 때 도움을 줄 수 있다. 그에게 음악이란 "자기가 수를 세고 있음을 모르는 영혼의 인지되지 않은 산술의 훈련"이다. 다른 곳에서 그가 말하기를, "역사의 주된 목표는 시의 목표가 그러하듯 사례들에 의해 신중함과 덕성을 가르치고, 또한 악덕을 보여주어 그것에 대해 혐오감을 일으키고 그것을 피하도록 이끌거나 돕는 것이어야 한다."[155]

미적 사실에 귀속된 '명석성'은 지성의 '판명성'과 본질적으로 다른 것이 아니라, 오히려 그것을 부분적으로 예기하는 것이다. 라이프니츠가 이것들을 이렇게 정도의 차이로 구별한 것은 의심할 여지없이 커다란 진전이다. 그러나 주의 깊게 분석해보면 위에서 검토된 새로운 어휘들과 경험적 구별들을 창안함으로써 미적 사실들의 특유성들을 주목하게 한 이들과 비교해볼 때 라이프니츠가 근본적으로 다르지는 않음을 알 수 있다.

그 시기에 크게 유행하던 언어에 관한 숙고에서도 같은 식의 논박하기 까다로운 지성주의가 발견된다. 르네상스와 16세기의 비평가들은 단지 경험적이고 실용적일 뿐인 문법을 넘어서려고 시도하고 문법학에 체계적인 형식을 갖춰놓으려고 애썼다. 이러는 가운데 그들은 논리주의에 빠져들었고 문법적 형식들을 기술함에 있어 '중복어', '비고유어', '은유' 혹은 '생략' 같은 용어들을 사용했다. 스칼리게르(1540)가 이렇게 했고, 또한 모든 이들 중에서 가장 학식 있는 자로서 브로켄세라고 불리는 프란치스코 산체스(상크티우스 혹은 산치오)도 이렇게 했다. 그가 『미네르바』(1587)에서 주장하기를, 단지 기쁨이나 슬픔을 표현하는 소리들일 뿐이어서 말의 일부로 볼 수 없는 감탄사들을 제외하고, 이름들은 이성에 의해 사물들에 주어진다. 그는 이종적인 낱말들과 불규칙 변화 낱말들의 존재를 부정하고, 네 가지 구성 형태들을 수단으로 구문론의 체계를 안출한다. 이를 위해 그는 "보완해주는 지침이 특히 필요하다"는 원칙을 공언하는데, 이것은 말하자면 문법적 차이들은 전형적인 논리적 형식에 관련된 생략, 축약 혹은 탈락으로 설명되어야 한다는 원칙이다.[156] 산체스를 충실하게 추종했던 쇼피오는 『철학적 문법』(1628)에서 익숙해진 독설로 옛 문법을 비난하고 그 시기에 아직 거의 알려지지 않은 "산체스식" 방법을 칭찬했다.[157] 17세기의 비평가들 중에서 페리조니오가 잊혀서는 안 된다. 그는 산체스의 책에 관한 주석을 썼다(1687). 문법의 철학을 연구하고 다양한 언어의 장점과 결점에 주목한 인정된 철학자들 중에는 베이컨도 포함되어 있다.[158] 1660년에 랑슬로와 아르노는 『포르-루아얄의 일반이성문법』*을 출판했는데, 이것은 데카르트의 지성주의를 문법적 형식들에 엄격하게 적용한 것이며 언어의 인공적 본성이라는 학설에 의해 지배된 저술이다.

---

* 포르-루아얄은 프랑스 파리의 서쪽에 있던 시토 수도회 소속 여자 수도원으로서 이곳에서 17세기에 논리학과 언어학의 연구가 활발히 이뤄졌다.

　　　　　　　　미학

로크와 라이프니츠는 두 사람 모두 언어에 대해 숙고했으나,[159] 두 사람 어느 누구도 참신한 관점을 창조하는 데 성공하지 못했다. 비록 후자는 언어들의 역사적 기원에 관한 연구를 유발할 많은 일을 했지만 말이다. 라이프니츠는 보편적 언어라는 개념과 보편적 기호학이라는 개념을 평생 마음에 품고 있었는데, 그는 이것들을 결합시키면 커다란 학문적 발견을 낳을 것으로 생각했다. 그에 앞서서 윌킨스가 똑같은 희망을 마음에 품었는데, 그것의 완전한 불합리성에도 불구하고 그런 생각이 오늘날에도 완전히 없어진 것은 아니다.

볼프

라이프니츠의 미학적 견해를 교정하기 위해서는 바로 그의 체계의 기반, 즉 그것이 의지하던 데카르트주의를 변화시키는 일이 필요했다. 이 일은 그 자신의 개인적인 문하생들에 의해서는 떠맡아질 수 없었다. 그들에게서 우리는 오히려 지성주의의 증대를 본다. 크리스티안 볼프는 라이프니츠의 날카로운 관찰들에 스콜라철학의 형식을 부여했다. 그의 체계는 '기관(organon)'이나 도구로 파악된 지식 이론으로 시작했고, 여기에 자연법과 윤리학과 정치학의 체계들이 뒤따랐는데, 이것들은 함께 실천적 활동의 '기관'을 구성했다. 나머지는 신학과 형이상학, 혹은 영혼학과 자연학이었다. (즉, 영혼에 대한 학설과 현상적 자연에 대한 학설이었다.) 비록 볼프는 충족이유율에 의해 지배되는 생산적 상상력을 그저 연상적이고 무질서할 뿐인 상상력과 구별하지만,[160] 새로운 이론적 가치로 여겨지는 상상력에 대한 학문은 아직 그의 도식 속에서 적합한 장소를 발견할 수 없었다. 하위 등급의 지식은 그것 자체로서 영혼학에 속했고, 그것 자신의 '기관'을 소유할 수 없었다. 기껏해야 그것은 이미 존재하는 기관 아래에 놓이는 것이었고, 기존의 기관은 논리적 지식에 의해 하위 지식을 교정하고 능가했다. 윤리학이 "하위 욕구 능력"을 다루는 것과 같은 방식으로 말이다. 프랑

스에서 부알로의 시학이 데카르트의 철학에 상응한 것처럼 독일에서
는 고트셰트(1729)의 이성주의적 시학이[161] 볼프의 데카르트적-라이프
니츠적 이론을 반영했다.

하위 지식의 기관에 대한 요구

심지어 하위 인식 능력들에서조차 완전한 것과 불완전한 것, 가치와
비가치 사이의 어떤 구분이 작동한다는 것이 희미하게나마 파악되었
음은 의심할 여지가 없다. 라이프니츠주의자 빌핑거가 쓴 책(1725)의
한 구절이 종종 인용되었는데, 거기에서 그가 말하기를, "감각하고 상
상하고 주목하고 떼어내는 능력과 기억력에 관련하여 출중한 사람들
이 나타나면 좋으련만. 왜냐하면 저 훌륭한 아리스토텔레스는 오늘날
그토록 모든 이들에게 경시되고는 있으나, 지성에 관련하여 출중했기
때문이다. 이 바람은 그런 사람들이 그 능력들을 사용함에 있어 그것
들을 이끌고 돕는 데 관련되고 유용한 모든 것을 학의 형식으로 만들
어놓기를 기대하는 것이다. 아리스토텔레스가 『오르가논』에서 논증
의 논리나 능력을 질서 있게 만들어놓은 그러한 방식으로 말이다."[162]
그러나 이 인용문을 이것이 속한 문맥 속에서 읽어보면 사람들은 요
망되는 기관이 단지 기억력을 강화시키고 주의력을 기르는 등의 일들
을 위한 일련의 처방에 불과했으리라는 것을 당장 알아챈다. 한마디
로 말해, 미학이 아니라 기술이었으리라는 것을 말이다. 유사한 견해
가 이탈리아에서 트레비사노에 의해 전파된 바 있었다(1708). 그는 감
각이 정신을 통해 교육될 수 있을 것이라고 선언함으로써 감정의 학에
대한 가능성을 주장했는데, 이것은 "처신에 분별을 주고 판단력에 좋
은 취미를 주어"야 하는 것이었다.[163] 더욱이 우리는 빌핑거가 그의 시
대에 시를 경시하는 사람으로 간주되었음을 알고 있다. 그가 너무도
그러했기에 그에게 반대하는 논문이 "시는 명석한 개념의 능력을 감
소시키지 않는다"는 것을 보여주기 위해 쓰였다.[164] 보트머와 브라이

팅거는 "웅변의 모든 부분을 수학적 정확성을 갖고 연역하려고" 할 정도였다(1727). 브라이팅거는 상상력의 논리에 대한 약도를 그렸는데(1740), 여기에다 그는 직유와 은유에 대한 연구를 할당했을법하다. 그러나 심지어 그가 그의 계획을 실행했다고 하더라도 그것이 어떻게 17세기의 이탈리아 수사학자들이 쓴 그 주제에 관한 논문들과 철학적 관점에서 볼 때 실질적으로 달랐을지를 알기는 어렵다.

바움가르텐의 '미학'

이러한 논의와 실험들은 베를린의 젊은 알렉산더 고틀리프 바움가르텐의 소년기를 가득 채웠고 그의 지성을 형성하는 데 도움을 주었는데, 그는 볼프 철학의 추종자인 동시에 라틴 수사학과 시를 배우며 가르치는 자였다. 그는 이러한 연구들에 의해 인도되어 이 문제를 재고하고 수사학자들의 가르침을 엄격한 철학 체계로 옮겨놓을 수 있는 어떤 방법을 찾게 되었다. 1735년 9월 21세의 나이에 박사학위를 취득했을 때, 그는 『시의 몇 가지 요건에 관한 철학적 성찰』이라는 논문을 출판했는데,[165] 여기에 '미학'이라는 말이 특수한 학문의 이름으로서 처음으로 등장한다.[166] 바움가르텐은 항상 그의 초기의 발견에 많은 애착을 가진 채로 머물렀는데, 1742년에 프랑크푸르트 안 데어 오데르 대학에서 가르치도록 초청되었을 때, 그리고 1749년에 다시 한 번 그는 요청에 의해 미학에 관한 연속 강의를 했다. (그는 하위 인식 능력들을 인도하는 일에 대한 어떤 계획을 새로운 강의를 통해 설명했다.)[167] 1750년에 그는 방대한 논문을 출판했는데, 거기에서 '미학'이라는 말이 표제로 쓰이는 영예를 얻었다.[168] 1758년에 그는 좀 더 분량이 적은 두 번째 부분을 출판했으나, 병에 시달리다가 마침내 1762년에 찾아온 죽음 때문에 저술을 완성하지 못했다.

바움가르텐에게 미학은 무엇이었는가? 그것의 대상은 고대인에 의해
정신의 대상과 주의 깊게 구별된 감각 가능한 사실이다.[169] 그러므로
그것은 감성적 인식의 학문(scientia cognitionis sensitivae), 자유 교
양학 이론(theoria liberalium artium), 하위의 인식론, 아름답게 사유
하는 학, 유사 이성의 학이 된다.[170] 수사학과 시는 미학으로부터 위탁
받아 다양한 문학 양식들과 여타의 작은 차이들을 구분하는 특수하
고 상호 의존적인 두 분야다.[171] 왜냐하면 미학 자신이 탐구하는 법칙
들은 모든 학의 영역들에 걸쳐 널리 퍼져 있어서 마치 이 다양한 부차
적 영역들을 위해 길잡이가 되는 별들과 같기[172] 때문이다. 따라서 그것
들은 [특정 사례로] 고립된 경우로부터나 경험에 따른 불완전한 귀납
으로부터가 아니라 사실들의 총체성으로부터 이끌어내어져야 한다.
(잘못된 원칙은 없느니만 못하다.)[173] 미학은 심리학과 혼동되어서도
안 되는데, 심리학은 미학의 전제 조건만을 제공한다. 자립적 학문으
로서 미학은 감성적 인식의 기준을 제공하고 "감성적 인식 자체의 완
전성"을 다루는데, 이것이 미(pulcritudo)다. 마치 그 반대가 되는 불완
전성이 추(deformitas)인 것처럼 말이다.[174] 감성적 인식의 미로부터 우
리는 대상의 미를 제외시켜야 한다. 그것은 언어의 습관 때문에 대상
의 미와 종종 혼동되는데, 왜냐하면 추한 사물들이 아름다운 방식으
로 생각될 수 있고 아름다운 사물들이 추한 방식으로 생각될 수 있음
을 보여주는 일은 쉽기 때문이다. (그것은 대상이 되는 것의 확립된 의
미 때문에 빈번하지만 나쁘게도 이것과 혼동된다. 추한 것들은 그러
한 것들로서도 아름답게 생각될 수 있고, 더 아름다운 것들이 추하게
생각될 수 있다.)[175] 시적 재현들은 혼연하거나 상상적이다. 판명성, 즉
지성은 시적이지 않다. 규정된 바가 풍부할수록 시는 더 훌륭하다. "속
속들이 규정된" 개별자들은 고도로 시적이다. 감각에 속하는 모든 것
뿐만 아니라 심상이나 환상도 시적이다.[176] 감각적이거나 상상적인 표
상들을 판단하는 것은 취미 혹은 "감각의 통찰력"이다. 요컨대, 이러

한 것들이 바움가르텐의 『성찰』에서, 그리고 많은 구별과 사례가 동반된 그의 『미학』에서 드러나는 진리들이다.[177]

바움가르텐에 대해 내려진 판단들에 대한 비판

독일 내에서 바움가르텐에 비판적이었던 이들은 거의 모두[178] 바움가르텐이 감성적 인식의 학문으로서의 미학에 대한 그 자신의 개념으로부터 일종의 귀납적 논리학을 안출했음에 틀림없다는 견해를 갖고 있다. 그러나 그는 이 비난에서 풀려날 수 있다. 말하자면, 그는 아마도 그를 비판했던 사람들보다 더 나은 철학자였을 터인데, 그는 귀납적 논리학이 추상과 개념의 형성으로 이끌기 때문에 항상 지성적이어야 한다고 주장했다. "혼연한 인식"과 시적이고 예술적인 사실—이는 취미의 영역에 속하는 것이다—사이의 관계는 그의 시대 이전에 라이프니츠가 보여준 바 있었다. 그러나 라이프니츠도 볼프도 그들의 학파에 속하는 다른 어느 누구도 "혼연한 인식"이나 "미세한 지각(petites perceptions)"에 대한 취급을 귀납적 논리학으로 변형시키는 것을 꿈에도 생각한 적이 없었다. 한편 바움가르텐의 비판자들은 일종의 보상으로 그를 칭찬하기도 하는데, 이에 함의된 바에 비춰보면, 그들은 바움가르텐이 주장하지 않은 것까지 그의 장점이라고 여긴다. 그들에 따르면 바움가르텐은 라이프니츠의 정도 차이나 양적 구분을 종적 차이로 전환했고,[179] 감성적 인식이 그 자체로서 '완전성'을 갖는다고 생각함으로써 혼연한 인식을 더 이상 부정적이지 않고 긍정적인 어떤 것으로 만들었는데,[180] 이를 통해 그는 하나의 변혁을 가져왔다는 것이다. 그는 이런 식으로 라이프니츠의 모나드가 갖는 단일성을 파괴하고 연속성의 법칙을 분쇄했거니와, 이를 통해 결국 미학이라는 학문을 세웠다는 것이다. 그가 실제로 그렇게 거대한 진보를 달성했다면, 그가 "미학의 아버지"라는 자격을 요구할 권리가 있음은 의심할 여지가 없었을 것이다. 그러나 이 명칭을 얻으려면 바움가르텐은 그가 라이프니츠 및 모든 지성주의자들과 마찬가지로 빠져든 그 모든 모순을 해결했어야 한다. '완전성'을 단정하는 것은 충분하지 않다. 심지어 라이프니츠조차 혼연한 인식에 명석성이 있다고 설명하면서 그런 일을 했는데, 혼연한 인식은 명석성이 결여될 때 모호한 것, 즉 불완전한 것으로 머문다고 했다. "그 자체로서의" 이러한 완전성이 "연속성의 법칙"에 대항하여 지지되고 어떤 지성주의적 추가물에 의해서도 오염되지 않은 채로 유지되는 것이 절대로 필요했다. 그렇지 않으면 그는 거짓되기도 하고 그렇지 않기도 한 "개연적인 것", 지성이기도 하고 그렇지 않기도 한 위트, 지성적 판단이기도 하고 그렇지 않기도 한 취미, 감각력이자 물질적 즐거움이기도 하고 그렇지 않기도 한 상상과 감정이라는 길 없는 미궁으로 후퇴하지 않을 수 없었다. 그리고 그 경우에 그 새로운 이름에도 불구하고, 그리고 (우리가 자유롭게 인정하듯이) 그것이 시의 감각적 본성에 대한 라이프니츠의 주장보다는 더 큰 주장임에도 불구하고 미학은 하나의 학문으로서 태어났다고 할 수 없을 것이다.

바움가르텐의 지성주의

그런데 바움가르텐은 위에서 언급된 장애들 중 어느 것도 극복하지 못했다. 편견 없이 지속된 그의 저술들에 대한 연구는 우리로 하여금 이렇게 결론내릴 수밖에 없게 한다. 이미 『성찰』에서 그는 상상과 지성, 혼연한 인식과 판명한 인식을 분명히 구별할 수 있는 것으로 보이지 않는다. 연속성의 법칙은 그를 양이나 정도의 차이에 따른 등급을 매기도록 이끈다. 말하자면, 인식들 중에서 모호한 것은 혼연한 것보다 덜 시적이다. 판명한 것은 시적이지 않지만, 심지어 더 높은 종류의 인식들조차(말하자면 판명하고 지성적인 것들조차) 그것들이 본성에 있어 더 낮은 데 비례하여 어느 정도 시적이다. 복합적인 개념들은 단순한 개념들보다 더 시적이다. 좀 더 커다란 내포를 갖는 개념들은 "외연적으로 더 명석하다."*[181] 바움가르텐은『미학』에서 자신의 생각을 더 충분히 상술하는데, 그러자 그것의 결함도 더 드러난다. 이 책의 서문은 바움가르텐이 미학적 진리를 개별자에 대한 의식에 존립하는 것으로 본다는 생각이 들게 하지만, 이 생각은 이어지는 설명들을 통해 불식된다. 훌륭한 객관주의자로서 그는 형이상학적 의미의 진리란 그 상응물이 영혼에, 즉 주관적 진리에 놓여 있는 것이라고 단언한다. 이때의 주관적 진리란 넓은 의미의 논리학적 진리, 달리 말하면 미학적-논리학적 진리다.[182] 그리고 완전한 진리는 유나 종이 아니라 개별자에 놓여 있다. 유가 진리라면 종은 더 많은 진리를 갖고 있고, 개별자는 가장 많은 진리를 갖고 있다.[183] 형식논리학적 진리는 매우 커다란 물질적 완전성을 버림으로써 "상실과 함께" 획득된다. "말하자면 추상은 상실이 아니라면 무엇인가?"[184] 지금까지의 논의가 맞다면, 논리학적 진리는 미학적 진리와 다음과 같은 점에서 다르다. 형이상학적이거나 객관적인 진리는 그것이 좁은 의미의 논리학적 진리일 때에는 지성에 주어지고, 그것이 미학적 진리일 때에는 유사 이성과 하위의 인식 능력에 주어진다.[185] 미학적 진리란 "형이상학적 결함"[186]으로 인해 형이상학적 진리라는 커다란 진리가 항상 확보될 수 없는 인간에게 이를 대신하여 주어지는 작은 진리다. 이렇게 하여 도덕적 진리는 희극 시인에 의해 한 방식으로 파악되며 도덕철학자에 의해 다른 한 방식으로 파악된다. 일식은 천문학자에 의해 한 방식으로 서술되며 양치기가 자신의 친구들이나 연인에게 이야기할 때에는 다른 한 방식으로 서술된다.[187] 보편자들은 심지어, 적어도 부분적으로는 하위의 인식 능력에게도 이해될 수 있다.[188] 예컨대, 한 사람은 독단론자이고 다른 사람은 회의론자인 두 철학자가 논쟁을 하는데, 이를 어떤 이가 들으면서 미적으로 판단하고 있는 경우를 생각해보자. 양측의 논변들이 어느 것이 참되고 어느 것이 잘못된 것인지를 듣는 이가 결정할 수 없을

---

* '외연적 명석함'은 '내포적 명석함'과 함께 바움가르텐 미학에 등장하는 전문 용어로, 명석한 표징이 수적으로 많을 때 외연적으로 명석하다고 한다.

정도로 균형 잡혀 있다면, 바로 이러한 균형 잡힌 모습이 듣고 있는 판단자에게는 미학적 진리다. 한 상대가 다른 한 상대를 압도하는 데 성공하여 한 논변이 틀린 것으로 분명하게 나타난다면, 바로 이렇게 드러난 오류는 미학적 의미에서도[189] 잘못된 것이다. 엄밀하게 미학적인 진리는 (그리고 이것이 결정적인 논점인데) 전적으로 참되게도 전적으로 잘못되게도 여겨지지 않는 것, 즉 개연적인 진리다. "그러나 우리가 그것들에 대해 어쨌든 완전하게 확신하지는 않지만, 그럼에도 그것들에서 어떤 잘못됨을 보는 것도 아닌 그러한 것들은 개연적인 것들이다. 그러므로 미학적 진리는 그 주요 의미에 따라 말해진다면, 개연성이며, 이것은 완전한 확실성에로 높여지지는 않았다고 해도 눈에 띨만한 잘못은 아무것도 포함하고 있지 않은 그러한 진리의 정도다."[190] 그리고 특히 바로 뒤따르는 귀결은 다음과 같다. "보는 이들이나 듣는 이들이 보거나 들을 때 어떤 예기들을 마음속에 갖는 대상, 대체로 일어나는 일, 예사로 일어나는 일, 일반적인 견해에 부합하는 것, (논리적이고 가장 넓은 의미에서) 잘못된 것이든 (논리적이고 가장 엄밀한 의미에서) 참된 것이든 이런 것들과의 어떤 유사성을 자기 안에 갖는 것, 쉽사리 우리의 감각과 상반되지 않는 것들이 개연적인 것인데, 이를 미학자는 아리스토텔레스와 키케로의 동의 아래에서 추구한다."[191] 개연적인 것은 지성과 감각 모두에 참되고 확실한 것, 감각에는 확실하나 지성에는 그렇지 않은 것, 논리적으로도 미학적으로도 개연적인 것, 혹은 논리적으로는 개연적이지 않으나 미학적으로는 개연적인 것, 혹은 끝으로 미학적으로 개연적이지 않지만 전체적으로 보아 개연적인 것, 혹은 그것의 비개연성이 명백하지 않은 것을 포함한다.[192] 이렇게 우리는 아리스토텔레스가 말하는 불가능하고 불합리한 것을 허용하는 데 이른다.

바움가르텐의 참된 생각을 드러내는 것으로서 대단히 중요한 이 구절들을 읽은 이후에 우리가 한 번 더 그의 저술의 서문으로 돌아간다면, 우리는 당장 시적 능력에 대한 그의 진부하고 잘못된 개념을 보게 된다. "혼연성은 오류의 어머니"라는 이유와 "하위의 인식 능력, 즉 육신은 일깨워지고 강화되기보다는 오히려 극복되어야 한다"는 이유 양자 때문에 혼연하거나 하위에 있는 의식에 관계할 필요가 없다고 제안하는 한 친구에게 바움가르텐은 다음과 같이 대답했다. 혼연성은 진리를 발견할 자리가 되는 조건이며, 자연은 모호성으로부터 명석성으로의 갑작스러운 도약을 하지 않고, 정오의 빛은 밤 시간으로부터 새벽을 거쳐 보게 되며, 하위의 인식 능력의 경우에는 폭군이 아니라 지도자가 필요하다.[193] 이것은 아직 라이프니츠와 트레비사노와 빌핑거의 태도다. 바움가르텐은 철학자에게 어울리지 않는 주제들을 다룬다고 비난받지는 않을까 하여 두려워했다. 그가 자신에게 말하기를, "도대체 얼마나 오랫동안 너는 이론철학과 도덕철학의 교수로서 감히 허위들과 참과 거짓의 혼합물들을 마치 그것들이 고상한 작품들이라도 되는 양 칭찬하고 있는 것이냐?"[194] 그가 스스로 빠져들지 않도록 경계하고 싶어 하는 다른 모든 것보다 우선하는 한 가지 것이 있다면, 그것은 고삐 풀리고 도덕의 교화를 받지 못한 감각주의다. 데카르트주의와 볼프주의의 감성적 완전성은 단순한 즐거움, 우리의 유기체가 갖는 완전성의 감정과 혼동되기 쉬웠다.[195] 그러나 바움가르텐은 그러한 혼동에 빠져들지 않는다. 1745년에 퀴스토르프라고 하는 사람이 시가 감각적 완전성에 존립한다면 그것은 사람들에게 해로운 것이라고 말함으로써 바움가르텐의 미학 이론과 싸운 적이 있었다. 바움가르텐은 이에 대해, 자기의 "완전한 감성적인 연설"이라는 말을 "완전히(즉, 전적으로) 감성적인 연설"이라는 말로 오인할 정도의 비평가에게 대답을 할 여가를 갖게 되리라고는 예상하지 못했다고 경멸적으로 대답했다.[196]

새 이름들과 옛 의미들
_____

그것의 표제와 첫 번째 정의들을 제외하면, 바움가르텐의 『미학』은 고대에 머물러 있는 진부한 틀로 찍어낸 것 같다. 우리는 그가 자기 학문의 첫 번째 원리들을 위해 아리스토텔레스와 키케로로 거슬러 올라가 의지하는 것을 본 바 있다. 또 다른 사례에서 그는 자신의 미학을 고대의 수사학에 배속하는데, 이를 위해 그는 스토아철학자 제논에 의해 선언된 진리로서 다음과 같은 말을 인용한다. "사유의 두 종류가 있거니와, 그 하나는 끊어짐 없이 광범위하게 결합된 것인데, 이것은 수사학에 속한다. 다른 하나는 간결하게 압축된 것인데, 이것은 변증술에 속한다." 그리고 그는 전자를 미학적 영역과, 후자를 논리학적 영역과 동일시한다.[197] 『성찰』에서 그는 스칼리게르와 보시우스에 의존한다.[198] 철학자들(라이프니츠, 볼프, 뷜핑거) 이외의 근대 저술가들 중에서 그는 고트셰트, 아르놀트,[199] 베렌펠스, 브라이팅거[200]를 인용한다. 이 후자의 저술가들에 의해 그는 취미와 상상에 관한 논의들을 알 수 있게 되었다. 심지어 이탈리아인뿐만 아니라 애디슨과 뒤 보스를 직접 알지 못하면서도 말이다. 이들의 저술들은 그의 시대에 독일에서 엄청나게 큰 인기를 끌었으며 그가 이들과 닮은 점들은 바로 눈에 띈다. 바움가르텐은 항상 자신이 자신의 선행자들에게 완전히 동의하고 있으며, 결코 그들과 불일치하는 것은 아니라고 생각한다. 그는 결코 자신을 혁명가라고 생각하지 않았다. 비록 스스로 알지도 못한 채 혁명가가 되는 경우도 있지만, 바움가르텐은 그런 사람이 아니었다. 바움가르텐의 저술들은 그저 미학의 문제를 또 한 번 제시하는 것일 뿐이었다. 그것이 진부한 것을 말했던 만큼 더욱더 강력한 목소리로 해결을 요구하는 문제를 말이다. 그는 새로운 학문을 공언하고 그것을 관례적인 스콜라철학적 형식으로 제시한다. 막 태어나려 하는 갓난아기가 그의 손에서 이뤄진 때이른 세례에 의해 미학이라는 이름을 받는다. 그리고 그 이름은 남지만, 그 새로운 이름은 새로운 내용을 결여하고 있다. 철학적 갑주에 어울리는 근육질의 몸은 없다. 우리의 훌륭한 바움가르텐은 열정과 신념으로 가득 찬 사람이었고, 그의 스콜라철학적 라틴어 양식에 비춰보면 때로는 이상하리만치 활발하고 쾌활한 사람이었다. 그는 미학의 역사에서 가장 공감이 가는 매력적인 인물이다. 완성된 학문이 아니라 형성되는 중의 학문의 역사에서, 세워진 것이 아니라 세워져야 할 미학의 역사에서 말이다.

미학

V. 쟘바티스타 비코

미학이라는 학문의 창시자 비코

개연성이라는 개념을 버리고 새로운 방식으로 상상력을 파악함으로써 실제로 시와 예술의 참된 본성을 발견한, 그리하여 말하자면 미학이라는 학문을 창안한 진정한 혁명가는 이탈리아 사람 쟘바티스타 비코였다.

바움가르텐의 첫 번째 논문이 독일에서 출간되기 10년 전에 비코는 "25년간의 지속적이고 고된 성찰"[201]의 결과인 『신학문』의 초판(1725)을 나폴리에서 출간했다. 이 책에서 그는 『법학자의 일관성에 관하여』(1721)에서 그 개요를 밝힌 바 있던 시의 본성에 관한 생각들을 구체화하고 있다. 1730년 비코는 별도의 저작(『시적 지혜에 관하여』와 『진정한 호메로스의 발견에 관하여』)들을 통해 이뤄진 새로운 연구 내용들을 가미하여 『신학문』의 재판을 출간했다. 그는 기회가 있을 때마다 자신의 견해를 반복하여 피력했고 자신에게 적대적인 동시대인들에게 자신의 견해에 주목해줄 것을 촉구했다. 심지어 그는 책의 서문, 편지, 결혼식이나 장례식에서 낭독되는 시, 그리고 문예 검열관으로서 자신에게 부과되었던 의무인 출간 안내문조차 그러한 기회로 삼았다.

그렇다면 비코의 견해란 어떤 것이었을까? 플라톤에 의해 제기되었고 아리스토텔레스가 해결하고자 했으나 해결하지 못한, 또한 르네 상스 시기와 그 이후에도 해결의 시도가 결실을 보지 못했던 바로 그 문제에 대한 해답이다. 즉, 시는 이성적인가 아니면 비이성적인가? 정 신적인 것인가 아니면 동물적인 것인가? 그리고 만약 정신적인 것이 라면, 무엇이 시의 특별한 본성이며 무엇이 시를 역사와 학문으로부터 구별해주는가?

우리가 알다시피 플라톤은 시를 영혼의 하위 영역, 즉 동물의 정기 안에다 가두었다. 비코는 시를 다시 승격시켜서 시로 하여금 인간성의 역사 중의 한 시기가 되도록 한다. 비코에게 역사란 하나의 이념적인 역사를 의미하고, 그런 역사의 시기들은 우연적 사실들이 아닌 정신의 형식들로 이뤄진다. 그렇기 때문에 정신의 이념적 역사에서 시는 하나 의 계기, 즉 의식의 한 형식이 된다. 시는 지성보다는 먼저 등장하지만 감각보다는 뒤에 등장한다. 플라톤은 시와 감각을 혼동함으로써 시 가 진정으로 점유해야 하는 지위를 파악하는 데 실패했고, 그의 이상 국가에서 시를 추방했다. 하지만 비코는 다음과 같이 말한다. "인간은 의식함 없이 먼저 느끼고, 다음으로 혼란스럽고 동요된 영혼을 가지 고 의식하며, 마지막으로 방해받지 않은 마음으로 반성한다. 이는 감 각을 통해, 그리고 정념과 감정에 따라 만들어지는 시적인 문장들의 원리에 해당한다. 그러므로 시적 문장들은 논리적 추론을 통해 반성 으로 형성된 철학적 문장들과는 다르다. 철학적 문장들은 보편자를 향해 올라갈수록 진리에 더 가까이 다가간다. 반면 시적 문장들은 개 별자에 근접할수록 더 확실해진다."[202] 이를 통해 이미지와 관련된 상 상적 국면에 긍정적 가치가 부여되고 있다.

시와 철학: 상상력과 지성

지성과 관련해서 볼 때 상상적 국면은 전적으로 독립적이고 자율적이 다. 지성은 이 국면에 단지 어떠한 새로운 완전함도 부여할 수 없을 뿐만 아니라 이 국면을 파괴할 수도 있다. "형이상학에 대한 연구와 시에 대한 연구는 태생적으로 서로 반대의 입장에 있다. 왜냐하면 전자는 마음에서 미성숙한 편견을 몰아내는 반면, 후자는 마음을 그 같은 편견에 빠져들도록 만들기 때문이다. 말하자면 전자는 감각들의 판단에 저항할 것을 제안하는 반면, 후자는 이것을 마음의 중요한 규칙으로 만든다. 전자는 상상력을 약화시키지만, 후자는 상상력을 강화시킨다. 전자는 정신이 신체화되지 않는 데 자부심을 느끼지만, 후자는 신체를 정신에 제공하기 위해 최선을 다한다. 그리하여 전자의 사고는 필연적으로 추상적이어야 하지만, 후자의 개념은 물질의 옷을 가장 많이 입었을 때 최고를 보여준다. 요컨대 전자는 모든 정념이 벗겨진 사물들의 진리를 지식인들이 알 수 있게 하고, 후자는 감각들의 강렬한 흥분에 의해 그러한 자극 없이는 틀림없이 전혀 행동하지 않았을 보통 사람들이 참되게 행동할 수 있게 한다. 그래서 예전부터도 사람이 알고 있는 어떤 언어에서건, 형이상학자와 시인에 필적할 만한 위대한 강자는 결코 없었다. 시인의 예를 들자면 시의 아버지이자 왕자인 호메로스 같은 이가 있다."[203] 시인들은 인류의 감각들이고, 철학자들은 인류의 지성이다.[204] 상상력은 "이성이 약해지는 그만큼 더 강해진다."[205]

물론 운문을 통해서도 "반성적 사유(reflexion)"가 제시될 수 있다. 하지만 그렇다고 그것이 시가 되는 것은 아니다. "추상적인 문장들은 철학자에게 속한다. 왜냐하면 그 문장들은 보편자들을 포함하기 때문이다. 정념을 반성하는 짓은 감정을 느끼지 못하는 가짜 시인들이 하는 일이다."[206] "반성을 통해 여인들의 아름다움과 덕을 노래하는" 시인들은 "운문으로 또는 사랑의 운율로 논변하는 철학자들이다."[207] 철학자들이 가지고 있는 생각과 시인들이 가지고 있는 생각은 서로 다르다. 후자의 생각은 화가들의 생각과 동일한데, "다른 점은 단지 색이냐 말이냐의 차이일 뿐이다."[208] 위대한 시인들은 반성의 시대가 아니라, 통상 야만적이라고들 하는 상상력의 시대에 태어난다. 이를테면 호메로스는 고대의 야만 속에서, 단테는 "이탈리아의 두 번째 야만"[209]

인 중세의 야만 속에서 태어났다. 그리스 시의 이 위대한 아버지가 지은 운문에서 철학적 이성을 읽어내겠다고 작정한 사람들은 선대의 것을 후대의 특징들로 바꾸려는 자들이다. 왜냐하면 시인들의 시대는 철학자들의 시대에 선행하고, 이제 유아기의 국가는 곧 숭고한 시인이기 때문이다. 시적 어구가 산문적 어구 이전에 등장한 것은 "변덕스러운 쾌에 의한" 것이 아니라 "자연의 필연성에 의한" 것이었다. 우화들이나 상상적 보편자들은 이성적으로 사유되기 이전에, 즉 철학적인 보편자들 이전에 마음에 떠올려졌다.[210]

비코는 이러한 관찰들에 근거하여 『국가』에서 플라톤이 제시한 견해를 정당화하는 동시에 올바르게 수정했다. 플라톤은 호메로스에게 그 어떤 종류의 지혜도 인정하지 않았다. 이를테면 리쿠르고스와 솔론의 입법적 지혜, 탈레스와 아나카르시스와 피타고라스의 철학적 지혜, 군 지휘관들의 전략적 지혜[211] 같은 모든 것들을 거부했다. 호메로스는 (비코가 말한 바에 따르면) 틀림없이 지혜를 가지고 있으나, 시적 지혜만을 가지고 있을 뿐이다. 호메로스가 야만적인 자연의 요소들과 야수들로부터 이끌어낸 이미지들과 비유들은 비견할 데 없이 좋지만, "그러한 성공을 가져다준 것은 철학으로 길들여지고 문명화된 그런 재능이 전혀 아니다."[212]

반성의 시대에 누군가 시를 쓴다면, 이는 그가 어린 시절로 돌아가 "자신의 마음을 묶어두고 있기에" 가능한 것이다. 그 사람은 더 이상 자신의 지성을 가지고 반성하지 않는다. 그는 상상력을 따라 개별자들에 몰두한다. 만약 참된 시인이면서도 철학적인 생각들을 이리저리 다뤄보려 하는 경우가 있다면, 이는 "그가 이 철학적인 생각들을 완전히 흡수하고 상상력을 묵살해버리고 있는 것"이 아니라, 단지 "그는 그저 한 번 살펴볼 요량으로, 마치 무대나 연단 위에 올려놓듯이, 그 생각들을 자신 앞에 펼쳐보고 있는 것일 수도 있다."[213] 소크라테스 이후에 등장하기 시작한 희극에는 철학적인 생각들, 지성적 보편자들, "인간 행위의 이해 가능한 부류들"이 스며들어 있다는 것은 부정할 수 없지만, 희극 작가들은 논리를 상상력으로, 이념들을 묘사로 변형시

키는 방법을 알고 있었던 한에서만 시인일 수 있었다.[214]

시와 역사

여기서 비코는 예술과 학문, 즉 상상력과 지성 사이를 구분하는 선을 매우 강하게 긋고 있다. 그리하여 이 두 가지 상이한 활동들은 시종일관 날카롭게 대비되었고, 서로 간에 조금도 타협의 여지가 없었다. 시와 역사의 경계를 긋는 선도 못지않게 확고하다. 비코는 아리스토텔레스의 구절을 인용하진 않지만, 왜 아리스토텔레스에겐 시가 역사보다 더 철학적으로 보였는가를 암묵적으로 보여준다. 그와 동시에 비코는 역사는 개별자와 관련되고 시는 보편자와 관련된다는 잘못된 견해를 타파한다. 시가 학문과 손을 잡는 것은 시가 개념들을 관조하는 것이라서가 아니라, 학문과 마찬가지로 시도 이념적이기 때문이다. 가장 아름다운 시적 이야기는 "전적으로 이념적"이어야 한다. "시인은 이념을 통해 자칫 비현실적일 수 있었던 대상들에 현실성을 불어넣는다. 시의 대가들은 그들의 작시술이 초상화가처럼 모방적인 것이 아니라 이념적인 것을 그리는 화가처럼 전적으로 상상력으로 다져진 것이라고 주장한다. 시인들과 화가들이 공히 신성하다고 불리는 것은 창조주로서의 신과 그들이 갖는 유사성으로부터 유래한 것이다."[215] 참이 아닌 이야기들을 말한다는 이유로 시인들을 비난하는 사람들에 대해 비코는 다음과 같이 항변한다. "최선의 이야기들은 이념적 진리, 즉 신의 영원한 진리에 가장 가까이 다가가는 이야기들이다. 이러한 진리는 종종 변덕이나 필연성 혹은 운명을 끌어들이는 역사가들의 진리보다 헤아릴 수 없을 정도로 더 확실하다. 예컨대 타소의 시에 나오는 고드프루아 같은 장군은 모든 시대, 모든 국가의 장군 유형이며, 마찬가지로 시에 등장하는 모든 인물들도 그러한데, 이는 성별이나 나이, 기질, 관습, 민족, 국가, 지위, 운명에 있어 어떤 차이가 있을 수 있든 간에 그렇다. 시의 모든 인물들은 오직 인간 영혼의 영원한 성질들이다. 정치학자들, 경제학자들, 그리고 도덕철학자들은 이 성질들을 합리적으로 논의했고 시인들은 이를 이미지를 통해 재현했다."[216] 비코는 카스텔베트로의 의견을 언급하면서 부분적으로 이를 승인하는데, 그 의견이란 만약 시가 가능한 것들에 대한 예감이라면 현실의 모방인 역사가 시에 선행해야 한다는 취지다. 하지만 그럼에도 불구하고 여전히 시인들이 항상 역사가들에 선행한다는 사실로 인해 비코는 난관에 직면하게 되었다. 이 문제를 해결하기 위해 비코는 역사와 시를 동일시한다. 말하자면, 초기의 역사는 시였고, 그것의 플롯은 사실의 서술이었으며, 호메로스가 첫 번째 역사가였다는 것이다. 아니, 좀 더 정확히 말하자면 "그리스인 모두가 자신들의 역사를 시적으로 서술한 사람들이었고, 호메로스는 그중 유별나게 뛰어난 인물"[217]이었다. 따라서 시와 역사는 원래 동일하다. 좀 더 정확히 말하자면 원래 차별화되어 있지 않았다. "하지만 관념이 애초부터 거짓일 수는 없는 것처럼— 왜냐하면 거짓이란 참인 관념들이 있은 후 이들이 혼란스럽게 뒤섞임으로써 생겨나는 것이므로— 전통의 경우에도, 그것이 아무리 우화에 불과해 보인다고 해도 애초부터 진리에 기초를 두고 있지 않은 것은 불가능하다."[218] 그러므로 이제 우리는 신화에 대해 완전히 새로운 통찰을 얻는다. 신화가 태초의 인간 정신에 제시될 때, 그것은 임의로 계산되어 고안된 것이 아니라 진리가 스스로 드러나는 것이었다. 시는 상상적 비전을 제공하고 학문, 즉 철학은 이해 가능한 진리를 제공하며, 역사는 확실성의 의식을 제공한다.

시와 언어

비코가 보기에 본래 언어와 시는 같다. 비코는 운문의 탄생보다 산문의 탄생에 우선성을 두는 "문법학자들의 통속적인 오류"를 반박하면서 "지금까지 시에 대해 밝혀진 바로 볼 때, 시의 기원이 곧 언어와 문자의 기원"[219]이라고 보았다. 비코의 이러한 발견은 많은 수고를 거친

후에 이뤄진 것이다. 그 수고는 "우리가 우리 자신의 본성 대신 홉스나 그로티우스, 푸펜도르프가 말하는 원시적인 인간의 본성을 가졌더라면, 즉 우리가 언어를 전혀 가지지 않았던 피조물이었다가 나중에 고대 세계의 언어들을 창조한 것이었더라면 겪었어야 했을 노고만큼이나 크고 불쾌한 것"[220]이었다. 하지만 언어들이 관습에서 나왔다는, 혹은 비코의 말에 따르면 "자의적으로 의미를 가지게 되었다"는 잘못된 이론을 반박할 수 있었으니, 그로써 그의 노고는 충분히 보상받았다고 하겠다. "말들이 그 자연적 기원으로부터 자연적 의미들을 가지게 된 것임은 분명하다. 이 점은 대중이 쓰던 라틴어를 보면 명백하다. [……] 거의 모든 말들은 자연적 필연성에 의해 생겨났다. 자연 속성들로부터 왔거나, 그 속성들의 지각 가능한 효과들로부터 온 것이다. 그리고 일반적으로 모든 사람들의 언어에서 많은 부분을 차지하고 있는 것은 은유(metaphor)다."[221] 이 논변은 문법학자들의 또 다른 공통적 오류, 즉 "산문 작가들의 언어는 정확하고, 시인들의 언어는 부정확하다"[222]는 주장을 강타한다. 비코가 보기에 환유(metonymy)라는 이름하에 묶인 시의 비유적 표현들은 "각 언어 집단에 속하는 사람들의 원초적 본성에서 태어난 것이다. 작시술에 능한 사람들의 변덕스러운 선택에 기인한 것이 아니다."[223] "직유, 이미지, 비교 등을 이용한 비유를 통해" 알려진 이야기들은 "사물들을 적합하게 규정하는 데 요구되는 유들과 종들의 결핍에서" 초래된 것이며, "따라서 자연적 필요의 문제이기 때문에 모든 사람들에게 공통적이다."[224] 가장 오래된 언어들은 "표현되어야 할 관념들과 자연적 연결을 가진 말없는 동작들과 사물들"[225]로 구성되었을 것임에 틀림없다. 그는 이러한 형상 언어들에는 상형문자들뿐만 아니라 자신이 "중세의 상형문자들"[226]이라 부른 여러 가지 문장(紋章)들도 포함된다고 보았다. 미개한 중세 시대에 "이탈리아는 초기 이방 국가들의 …… 무언의 언어에 의지할 수밖에 없었다. 이러한 국가들에서 분명한 발화언어를 발견하기 이전 사람들은 자기들이 의미화하고자 했던 것들에 대해 마치 벙어리들처럼 생각과 자연스럽게 연결되는 행동들이나 사물들을 이용해야 했는데, 이는 때때로 매우 감각적이었을 것임에 틀림없다. 이런 표현들은 음성언어의 옷을 입게 되더라도 시어의 모든 생생한 표현성을 가졌음에 틀림없다."[227] 그리하여 다음과 같은 세 종류 혹은 세 가지 국면의 언어가 나타난다. 첫째, 무언의 몸짓, 즉 신들의 언어, 둘째, 문장(紋章) 언어, 즉 영웅들의 언어, 그리고 셋째, 구어. 비코는 또한 어원학의 보편적 체계, 즉 "모든 국가에 공통적인, 마음속의 말들로 이뤄진 사전"을 기대하기도 했다.

귀납 논리와 형식 논리

상상력, 언어 그리고 시에 대해 이런 종류의 생각들을 가진 사람은 말을 형식주의적으로 다루는 논리학에 대해, 그것이 아리스토텔레스의 것이든 스콜라철학의 것이든 만족한다고 말할 수 없을 것이다. 인간의 마음은 (비코의 말에 따르면) "감각을 통해 느끼는 것들로부터 감각에 속하지 않은 어떤 것을 수집할 때 지성을 사용한다. 이것이 라틴어 intelligere*의 진정한 의미다."[228] 비코는 논리학의 역사를 간단히 개괄하면서 다음과 같이 서술한다. "아리스토텔레스는 삼단논법을 가르쳤는데, 이는 개별자들을 통합할 보편자를 발견하기보다는 개별자들의 예시를 통해 보편자를 상술하기에 더욱 적합한 방법이다. 이어 제논의 연쇄 삼단논법(sorites)이 등장했다. 이는 근대의 철학적 방법들에 부합하는 것으로, 우리의 위트를 강화하는 대신 이를 세련되게 다듬는 것이다. 그리고 이들로부터 수확된 것이 무엇이든 전반적인 인류에게는 어떠한 이익도 가져온 것이 없다.** 따라서 저명한 정치가이자 철학자였던 베룰람***이 그의 저작인 『신기관』에서 귀납법을 상찬하

---

* 이해하다, 지성으로 파악하다
** 이후 귀납법과의 비교가 등장하는 것으로 보아, 연역논리로는 실질적인 지식의 증가를 가져올 수 없다는 점을 지적하는 것이다.
*** 『신기관』의 저자 프랜시스 베이컨의 작위명이 '베룰람 남작'이었다.

고 설명하는 데는 상당한 이유가 있다. 그리고 그를 따라 실험 철학에 훌륭한 성과를 낸 영국인이 등장한다."[229] 언제나 그리고 그의 시대에는 특히나 완전한 학문의 전형으로 간주되었던 수학에 대한 그의 비판이 유래하는 근거가 바로 이러한 것이다.

기존의 시 이론들에 반대한 비코

이 모든 것에 있어서 비코는 철저한 혁명가일 뿐만 아니라 스스로도 자신이 그러하다는 것을 상당히 의식한다. 그는 자신이 이 주제에 대해 기존의 모든 이론들에 반대하는 입장에 있음을 알고 있다. 그의 말에 따르면, 시에 대해 그가 제시한 새로운 원리들은 "플라톤과 그의 제자 아리스토텔레스로부터 근대인 중 파트리치, 스칼리게르 그리고 카스텔베트로에 이르기까지의 모든 이론들과 단지 다르기만 한 것이 아니라 완전히 반대되는 원리들이다. 시는 이제 모든 민족에 의해, 심지어 히브리인에 의해서까지도 함께 사용된 첫 번째 언어였음이 발견된 것이다."[230] 다른 구절에서 비코가 말하기를, 자신의 이론들에 의해 "플라톤과 아리스토텔레스로부터 시작하여 동시대의 파트리치, 스칼리게르, 그리고 카스텔베트로에 이르기까지 시의 기원에 대해 언급된 모든 것들이 전복된다. 인간의 합리적 추론의 결함을 통해 발생한 시는 이후 철학의 등장과 작시 및 비평의 기술에 힘입어 존재하게 된 어떤 것들에 못지않게 숭고하다는 점이 발견된다. 사실, 이러한 후속 원천에 근거한 시는 앞서 발생한 시보다 월등하기는커녕 그와 동등할 정도도 아니었다는 것이다."[231] 자서전에서 비코는 자신이 "옛 그리스인과 로마인, 그리고 현재에 이르기까지의 모든 시대의 사람들이 발견했던 원리들과는 다른 시의 원리"를 발견했음을 자랑하고 있으며 "신화에 대한 다른 시각이 이 원리에 정초한다"[232]고 한다.

"플라톤이 먼저 제시하고 아리스토텔레스가 확증했던" 시에 대한 이런 고대의 원리들은 시적 이성에 대해 글을 쓴 모든 저술가들(비코는 그중에서 자코포 마초니를 언급한다)을 잘못 이끌었던 기대 혹은 편견이었다. 노래와 운문의 기원에 대한 진술들은 "심지어 파트리치 등 매우 진지한 철학자들의" 진술들까지도 너무나 부적절해서 비코는 "그들을 언급하는 것만으로도 얼굴을 붉히게 된다"[233]고 적고 있다. 흥미로운 점은 비코가 호라티우스의 『시학』에서는 무언가 그럴듯한 것을 찾을 수 있다는 관점을 유지한 채 『신학문』의 원리들을 적용하여 그 작품에 주석을 달았다는 것이다.[234]

비코는 동시대인들 가운데 무라토리의 글에 익숙했을 가능성이 높다. 왜냐하면 비코는 무라토리의 이름을 적시하여 인용했기 때문이다. 그리고 개인적인 친분이 있던 그라비나에 대해서도 마찬가지다. 하지만 비코가 무라토리의 『완전한 시』와 『상상의 힘』을 읽었다면, 자신이 매우 높이 평가하고 존중했던 상상의 능력이 어떻게 취급되고 있는지를 보고 만족할 수는 없었을 것이다. 만약 그라비나가 비코에게 어떠한 영향이라도 주었다면 이는 비코를 모순에 도달하게 함으로써 그렇게 했을 것임에 틀림없다. 그라비나의 저작에서 (르 보쉬 같은 프랑스 저술가들에게 있어서처럼 직접적이진 않더라도) 비코는 호메로스를 지혜의 보고로 간주하는 오류와 직면했을 수 있다. 이를 오류로 간주한 비코는 열의와 끈기를 가지고 이에 맞서 싸웠다. 비코의 평가에 따르면, 상상과 시의 세계를 이해할 수 없는 데카르트주의자들의 무능력이야말로 그들의 심대한 잘못들 중 하나다. 비코가 자신의 시대에 대해 불평한 것은 데카르트주의자들이 "영혼이 신체를 통해 얻게 되는 모든 능력, 특히 이제는 모든 인간 오류의 어머니라고 주장되는 상상의 능력을 약화시키려 하는 철학과 분석적 방법들에 의해 무감각해졌다"는 점이다. 비코의 시대는 시에 대한 모든 이해를 가로막은, 그리고 "최선의 시를 가진 관대한 영혼을 얼어 죽게 한 [그 잘난] 학식"의 시대였다.[235]

미학

이는 언어 이론에 대해서도 마찬가지다. "언어들의 탄생 방식과 그 본성은 상당히 고통스러운 노고와 성찰의 원인이 되어왔다. 우리의 다른 저작들에서 우리가 잘못 기뻐하고 믿어왔던 플라톤의 『크라틸로스』로부터(비코는 이 부분이 자신의 첫 번째 저작, 『이탈리아인 태고의 지혜에 대하여』에서 자신이 추종했던 학설임을 암시하고 있다) 시작해서 볼프강 라티우스, 스칼리게르, 산체스 등에 이르기까지 우리의 이해를 만족시킬 어떠한 것도 찾을 수 없다. 그런 만큼 클레리코는 이런 종류의 문제를 논의할 때 의심과 난관의 미로에 빠져든 문헌학에게도 마찬가지로 아무것도 없다고 말한다."[236] 주요 문법학자-철학자들조차 이러한 비판에서 벗어나지 못한다. 비코에 따르면 문법은 정확하게 말하기 위한 규칙들을, 논리는 참되게 말하기 위한 규칙들을 제시한다. "자연의 질서 속에서 우리는 정확하게 말하기를 배우기 전에 참되게 말해야만 하므로 이후 최고의 문법학자들이 계승하려 했던 줄리오 체사레 델라 스칼라(스칼리게르)는 라틴어의 형성 원인을 논리학의 원리들로부터 추론하려는 열의가 대단했다. 하지만 그의 원대한 기획은 다음과 같은 이유로 실패했는데, 즉 그는 단 한 사람의 철학자, 즉 아리스토텔레스가 제시한 논리학 원리들에만 의지했기 때문이다. 아리스토텔레스가 제시한 원리들은 너무 보편적이어서 무한에 이를 만큼 많은 개별자들을 설명할 수 없었다. 이렇게 많은 개별자들이 언어에 관한 그의 사유를 방해했음은 당연한 일이다. 경외가 담긴 열의로 그를 따르던 산체스는 자신의 저서 『미네르바』에서 자신의 유명한 생략 원리들을 통해 라틴어에서 발견되는 셀 수 없이 많은 개별 경우들을 설명하고자 노력했다. 그는 아리스토텔레스 논리학의 일반 원리들을 구제하려 애썼으나 성공하지 못했으며, 라틴어가 사용되면서 나타나는 작고 미묘한 오류들을 대체하려다 보니 뜻하지 않게 수많은 라틴어 어구들에 빠져들고 말았다."[237] 말과 구문을 이루는 부분들의 기원은 "언어를 발명한 사람은 우선 아리스토텔레스의 학교에 갔어야 했다"[238]라고 제멋대로 생각했던 사람들이 그 부분들에 부여한 기원과는 전적으로 다르다. 동일한 비판이 의심의 여지없이 포르-루아얄의 논리학-문법학자들에게도 적용되었어야 한다. 왜냐하면 비코는 아르노의 논리학이 "아리스토텔레스의 논리학과 같은 기획에 근거하여"[239] 세워졌다고 언급했기 때문이다.

17세기 저술가들이 비코에게 미친 영향

비코가 17세기 수사학자들에게 더욱 공감했던 것은 사실인데, 우리는 그들로부터 미적인 학문의 전조를 감지해왔다. 그들에게서와 마찬가지로 비코에게도 (상상과 기억을 지칭하는) 위트(wit)는 "모든 발명의 아버지"였다. 시와 관련된 판단은 그에게 "감각이 하는 판단"인데, 이 어구는 그가 연관시켜서 사용했던 적이 없는 표현인 '취미' 혹은 '좋은 취미'와 등가인 것이었다. 그가 위트와 기발한 착상으로 글을 쓴 저술가들에게 정통했다는 것은 의심의 여지가 없는데, 왜냐하면 그는 학교에서 사용할 용도로 자신이 저술한 건조한 수사학 안내서(그 안내서에서 그의 개인적인 생각들의 그림자를 찾는다는 건 덧없는 일이다)에서 베니, 펠레그리니, 팔라비치노 그리고 오르시 후작을 인용하기 때문이다.[240] 그는 팔라비치노의 『양식에 대한 논고』를 높게 평가하고 있으며 같은 작가의 책 『좋음에 대하여』를 알고 있었다.[241] 아마 그도 역시 예수회 수도사들이 가지고 있었던 번득이는 천재성, 즉 시가 "일차적 파악"으로 이뤄졌다는 점을 간파하는 그들의 천재성에 영향을 받았을 것이다. 테사우로의 이름을 거명하지는 않았지만, 비코가 그를 알았다는 점은 의심의 여지가 없다. 실제로 『신학문』은 시에 관한 부분 이외에도 기사단, 군대 등과 관련된 다양한 문장(紋章)들에 관한 부분을 포함하고 있는데, 그 방법론은 테사우로가 『아리스토텔레스의 망원경』에서 "조형적인(figurate) 기발한 착상들(conceit)"을 다룰 때의 방법과 정확히 유사한 방식이다.[242] 테사우로에게 그러한 착

상들은 여느 다른 것과 마찬가지로 단지 은유적인 기발함이다. 비코
에게 그것들은 전적으로 상상력의 작용인데, 왜냐하면 상상력은 단지
말로만 표현하는 것이 아니라, 선과 색으로 된 "무언의 언어"로 표현
하기 때문이다. 그는 또한 라이프니츠에 대해서도 어느 정도 알고 있
었다. 비코는 이 위대한 독일인과 뉴턴을 "위트에 있어서 그 시대의 가
장 위대한 자들"[243]로 묘사했다. 하지만 그는 독일에서의 라이프니츠
학파의 미학적 시도들에 대해서는 전혀 몰랐던 것처럼 보인다. 비코의
"시의 논리"는 뷜핑거의 하위 능력들의 기관(Organon), 바움가르텐의
'하위 인식론'으로서의 『미학』, 그리고 브라이팅거의 『상상력의 논리
학』과는 독립적인, 그리고 그것들보다 이전의 발견이었다. 사실 비코
는 한편으로는 형식주의와 스콜라적인 진부함(verbalism)에 반대하
는 방대한 르네상스적 반작용에 속하지만 다른 한편으로 낭만주의의
전조다. 그러한 반작용도 (텔레시오, 캄파넬라, 갈릴레오, 베이컨처럼)
경험과 감각을 재확인하는 것으로 시작하여 개인적·사회적 삶에서 상
상력의 기능을 다시 주장하는 것으로 이어질 수밖에 없었다.

『신학문』에서 제시된 미학

비코의 『신학문』의 구성을 비롯하여 사상 전반에서 그가 주장한 새로
운 시 이론이 가지는 중요성은 결코 온전하게 이해되지 못했으며, 이
나폴리 철학자는 여전히 역사철학의 창시자로 간주되고 있는 것이 보
통이다. 만약 그의 학문이 추론을 통해 구체적 역사를 연역하고 시대
와 사건을 마치 그것들이 개념들인 것처럼 취급하려는 시도였다면, 비
코의 시도가 낳은 유일한 결과는 실패였을 것이다. 이는 그를 따르는
많은 후속 학자들에 대해서도 마찬가지다. 실제로 그의 역사철학, 그
의 이념적 역사, 그의 『민족들의 공통 본성에 대한 새로운 학문』은 시
간의 흐름에 따라 스스로를 펼쳐 보이는 구체적이고 경험적인 역사와
는 관련이 없다. 그것은 역사가 아니라 이념적인 것의 학문, 즉 정신철

학(Philosophy of the Spirit)*이다. 비코가 후에 근대의 비평을 통해 상당한 정도로 확증 받은 많은 발견들(예를 들어, 그리스 서사시의 발전에 대한 발견들, 그리고 고대 및 중세에서 봉건 사회의 본성과 발생에 대한 발견들)을 역사 그 자체에서 이뤘다는 점은 분명히 강조할 만한 가치가 있다. 하지만 그의 연구의 이런 측면은 다른 측면, 엄밀히 말해 철학적 측면과는 구별되어야 한다. 만약 이 철학적인 부분이 정신의 이념적인 계기들, 혹은 비코 자신의 표현에 따라 "우리 인간 정신의 양상들"을 설명하는 학설이라면, 비코가 이러한 계기들이나 양상들 가운데 특별히 규정하고 완전히 기술하려고 착수한 것은 논리적·윤리적·경제적 계기들이 아니라(물론 이러한 계기들에도 역시 비코는 많은 통찰을 던져주고 있지만), 정확하게는 상상적 혹은 시적인 계기들이다. 『신학문』 제2권의 많은 부분은 창조적 상상력의 발견에 따른 것이다. 여기에는 "시의 새로운 원리들", 즉 언어, 신화, 글쓰기, 상징적 비유들 등의 본성에 대한 관찰이 포함된다. 비코는 그의 "문명화, 국가, 법률, 시, 역사 등 한마디로 인간성 전반에 대한 체계" 전부가 이 발견에 기초해 있다고 하는데, 이것이 바로 비코의 새로운 관점이다. '시적 지혜'를 다루는 부분이며 또한 "베이컨과는 전적으로 반대되는 발견이 이뤄지고 있다"고 스스로 밝히고 있는 제2권이 "연구의 거의 전체"를 형성한다. 하지만 제1권과 제3권 또한 거의 전적으로 상상력의 작용에 대한 연구를 다루고 있다. 따라서 비코의 "신학문"은 진정으로 전체가 다 미학이었다고, 혹은 적어도 미적 정신의 철학을 특별히 강조하는 정신철학이었다고 생각될 수 있을 것이다.

비코의 오류

비코의 생각에 대해 명료하게 밝혀진 많은 부분들이 있긴 하지만, 그

---

* 크로체가 자신의 철학 전체를 명명하는 이름도 이것이다.

가운데는 여전히 어두운 부분들, 그림자 속에 있는 구석진 곳들이 존재한다. 비코는 구체적인 역사와 정신의 철학을 분명하게 구분하지 않음으로써 실제 시대들과 부합하는 것이 아니라 오히려 알레고리들인 것, 즉 정신철학에 대한 신화적 표현인 그런 역사적 시대들을 제시했다. 그러한 시대들은 같은 원천에서 복수로(대개는 세 가지 시대로) 나오는데, 비코는 그것들을 문명화 일반의 역사에서, 시와 언어에서, 그리고 실질적으로 모든 주제에서 발견했다. "인간 종족의 어린이들인 최초의 사람들이 먼저 예술의 세계를 정초했다. 다음으로, 오랜 시간 후에 철학자들이, 즉 그 가운데 성숙한 민족이 학문의 세계를 정초했다. 인간성은 이를 통해 완성되었다."[244] 역사적으로 볼 때, 이러한 진화의 도식은 대체로 이해될 때에만 어느 정도 참이다. 하지만 이는 오직 정밀하지 않은 진리일 뿐이다. 그는 역사와 철학에 대한 똑같은 혼동의 결과로 원초적 사람들에 대해 어떠한 종류의 지성적 논리도 부정했고, 그들의 자연학, 우주론, 천문학 그리고 지리학뿐만 아니라 그들의 도덕, 경제 및 정치도 마찬가지로 시적인 성격을 가지는 것으로 생각했다. 하지만 구체적 인간 역사에서 전적으로 시적이어서 추상 혹은 추론 능력을 전혀 알지 못했던 시대는 결코 없었으며, 그러한 상태는 상상조차 불가능하다. 도덕, 정치학, 자연학, 이 모든 것은 아무리 그것들이 불완전하다고 해도 지성적인 작업을 전제하는 것들이다. 시의 이념적 선행성이 문명화의 역사적 시대로 현실화될 수는 없다.

이러한 오류와 연결되어 비코가 종종 빠지는 또 다른 오류는 "시의 주된 목표"가 "무지한 범인들을 가르쳐 덕을 갖추어 행동하도록 하는 것"이며 "강력한 감정을 자아낼 수 있는, 대중적인 이해에 적합한 우화를 고안하는 것"이라는 그의 주장에서 나타난다.[245] 시에서 추상과 지성적 작업의 비본질성에 대해 비코 스스로 분명하게 설명했던 것에 유념하고, 비코에게 시는 다른 어떤 것의 도움도 받지 않고 스스로 규칙을 만든다는 점, 그리고 비코가 상상력의 특수한 이론적 본성을 분명하게 확립했다는 점을 기억한다면, 비코의 이런 주장은 교육적이고 타율적인 시의 이론으로의 회귀로 간주될 수 없다. 실질적으로 이는 비코가 뒤에 남겨두고 떠났던 이론이다. 따라서 이는 의심의 여지 없이 교육, 학문 그리고 도덕이 시인들에 의해 운영되었던 전적으로 시적인 문명화의 시기에 대한 비코의 역사적 가설로부터 따라나온다. 또 다른 귀결로, 비코는 "상상적 보편자들"을 때로는 일견 불완전한 (차후에 경험적 혹은 표상적인 개념들이라고 불리게 된) 보편자들로 서 이해했다는 점이다. 비록 다른 한편으로는 그것들의 개별화가 두 드러지고 비철학적인 본성이 강조됨에 따라 그것들이 순전히 상상적 형식들로 해석되는 것이 정상적이라고 간주될 수 있다고 하더라도 말 이다. 결국 우리는 비코가 기본 용어들을 항상 똑같은 의미에서 사용 한 것은 아니라고 말하게 된다. 즉 '감각', '기억', '상상력', '위트'가 서로 얼마나 같거나 다른 말인지가 언제나 분명한 것은 아니라는 점이다. 때때로 '감각'은 정신의 외부에 있는 것으로, 또 다른 경우에는 정신의 주요 계기들 중 하나인 것처럼 보인다. 시인들은 때로 '상상력'의 기관 이며, 때로는 인류의 '감각'이고, 상상력은 '확장된 기억'으로 묘사되기 도 한다. 이것들은 아직 개진된 바 없이 새롭고 독창적이어서 정리하 기가 쉽지 않았던 사유의 다소 일탈적인 모습이다.

남겨진 과제들

정신의 철학을 역사와 단절시키고, 인간 정신의 양상들을 사람들의 역사적 흥망성쇠와 단절시키며, 미학을 호메로스의 문명화와 단절시 키는 것, 그리하여 비코의 분석을 이어받아 그가 이야기했던 진실들, 그가 행한 구분들, 그가 예측했던 동일성들을 더욱 명료하게 규정하 는 것, 요컨대 고대의 수사학과 시학의 잔재들로부터 미학을 정제해 내는 것, 또한 미학이 존재하도록 한 바로 그 창조자가 미학에 부과한 과도한 도식으로부터 미학을 정제해내는 것, 이제 바로 이러한 노력들 이 기울여져야 하며, 이것이 잠바티스타 비코의 천재성 덕분에 미적 세 계의 자율성이 발견된 이후에도 여전히 더 진전되어야 할 것들이다.

VI. 18세기 미학의 비주류 학설들

비코의 영향

비코에 의해 진전된 이러한 효과가 즉각 나타나지는 않았다. 『신학
문』이라는 결작 가운데 미학적 학설과 관련된 부분은 정작 가장 읽히
지 않았다. 이는 비코가 그 어떤 영향도 미치지 않았다는 뜻은 아니다.
그의 생전에는 물론 후속 세대의 이탈리아 저자들 가운데 그의 미학
사상의 흔적이 발견되는 경우가 적지 않다. 다만 이러한 흔적들은 모
두 피상적인 자료들일 뿐 의미 있는 결실을 낳지 못했다. 이탈리아 밖
에서도 18세기 무렵에는 잘 알려진 대로 헤르더, 괴테 등이 『신학문』
에 대해 언급했다.[246] (1726년 라이프치히의 「지식인들의 논집」*에서 한
기고가 이미 『신학문』을 공개적으로 언급했는데, 여기에는 이 저술
에 대해 "진리보다는 재능에 우호적인 것"이라는 정중한 비평이, 그리
고 "이탈리아인 스스로에 의해 박수갈채보다는 반감으로 받아들여졌
다"라는 독일인에게 기꺼운 정보가 동반되었다.)[247] 시와 관련해서, 특
히 호메로스 문제**와 관련해서 프리드리히 아우구스트 볼프가 비코

---

*   1682년 라이프치히에서 창간된 잡지 『Acta Eruditorum』을 지칭하는 것으로 보인다.

** 『일리아스』와 『오디세이아』의 저자가 과연 호메로스 개인의 작품인지, 호메로스라는 개인
    이 실존하는 인물인지 여부에 대한 일련의 논쟁을 뜻한다. 고대 고전기부터 촉발된 이 문제
    는 특히 19세기 이후 호메로스 연구자들 사이에서 활발하게 논의되었다.

의 책을 인용한 바 있다. 체사로티[248]가 『호메로스 서설』(1795)을 출간한 후 볼프에게 비코의 책을 추천할 때 시에 대한 비코의 일반적인 학설—호메로스에 대한 가설은 그 한 적용 사례가 될 뿐이다—의 중요성을 의심하지 않았다. 다만 볼프(1807)가 생각한 비코는 국지적인 문제를 다루는 데 재능을 지닌 한 선구자일 뿐 그 어떤 위대한 문헌학자도 따라올 수 없는 높이를 지닌 지적 인물까지는 아니었던 듯하다.

이탈리아 저술가: 콘티

비코의 저작에 의존해서도 아니고(비코는 학파를 형성한 적이 없다) 새로운 조류를 형성하는 독자적 노선에 의해서도 아니지만(특히 이점은 반드시 지적되어야 한다), 미학적 사유는 기존의 입장에서 유지와 개선을 지속했다. 시와 예술에 대한 철학적 이론을 확립하려 했던 베네치아인 콘티의 시도가 주목할 만하다. 그는 상상력, 영혼 능력, 시적 모방 등을 위시한 여타 주제들을 다루는 에세이를 쓰기 위해 초안들을 여러 개 남겼는데 이는 미와 예술에 대한 대(大)논고에 포함시키고자 구상된 것들이다. 콘티는 시가 필연적으로 "모든 것을 이미지화한다"라고 단언하면서 뒤 보스의 것과 매우 유사한 생각을 표명하는 데서 출발한다. 즉, 취미는 감정과 마찬가지로 정의가 불가능하며 또한 장님이나 귀머거리가 있듯이 취미가 없는 사람도 있다는 것이다. 콘티는 데카르트주의자들을 논박하는 소논문들을 쓰기도 했다. 나중에 그는 자신의 감각주의적·감상주의적 이론[249]을 포기했는데 시의 본성에 대해 탐구하면서 자신이 카스텔베트로, 파트리치, 그리고 심지어는 그라비나에 잘못 심취해 있었음을 토로한 바 있다. 콘티의 생각은 다음과 같다. "아리스토텔레스의 『시학』에 대해 그렇게 명민한 글을 쓴 카스텔베트로가 모방이라는 생각을 철학적으로 해명하기 위한 장을 두세 개 할애했다면, 시론과 관련하여 스스로 제기했으나 명쾌하게 대답하지 못했던 많은 문제들을 해명했을 것이다. 파트리치는 자신의 『시학』에서, 그리고 타소에 대해 논박하는 과정에서 모방을 철학적으로 명확히 정의하는 데 한 번도 성공한 적이 없었다. 파트리치는 시의 역사에 대해 유용한 많은 정보를 모았으나, 다종다양한 모습으로 드러났을 이 역사를 궤변 없이 일관성 있게 종합하지 못하고 세세한 역사적 사실들에 매몰되도록 방치했다. 이는 플라톤적 학설의 상실로 이어졌지만 그는 이에 개의치 않았다. 그라비나의 『시적 이성』에는 모방에 대한 일종의 철학적 관념의 전조가 나타난다. 그러나 그는 이로부터 서정시, 극시 및 서사시의 규칙을 연역하고 이를 그리스-로마 및 이탈리아의 대가 시인들의 사례들로 설명하는 데 몰두했을 뿐 자신이 제안했던 바로 그 생산적인 사상이 얼마나 충분한 것이었는지에 대해 따져 물을 새가 없었다."[250] 당대 유럽의 사상을 충실히 따르던 콘티는 허치슨에 정통했는데, "도대체 왜 마음의 능력이 이렇듯 여러 개인가?"라고 말하면서 허치슨의 이론에 강력히 반대했다. 영혼은 단일하며 스콜라주의적 편의를 위해서만 감각, 상상력 및 지성이라는 세 가지 능력으로 분리되었을 뿐이라는 것이다. 감각은 "바로 자신 앞에 놓인 대상에 관여한다. 상상력은 멀리 떨어진, 그러면서 점차 기억으로 수렴되는 것에 관여한다. 그런데 감각과 상상력의 대상은 언제나 개별자다. 반면 개별자를 비교하여 보편자를 파악하는 것은 오직 지성이자 정신이다." 그리고 "미의 즐거움을 위한 새로운 감각을 도입하기 전에" 허치슨은 "저 세 인식능력 간의 경계를 설정함으로써 미로 인해 생겨나는 이 즐거움이 이 세 능력 각각에 해당하는 세 가지 즐거움에서 나오는 것도 아니고(영혼의 기능이 세심하게 분석될 경우 이러한 세 가지 즐거움은 결국 지성적 즐거움으로 환원된다), 지성적 즐거움에서만 나오는 것도 아니라는 점을 증명"했어야 한다고 보았다. 말하자면 이 스코틀랜드인*은 즐거움을 인식능력과 분리하려는 습관으

---

* 〈영역자주〉 프랜시스 허치슨(1694~1746)은 아일랜드 사람이다. 크로체의 오류는 아마도 허치슨이 글래스고에서 유학했기 때문이거나 아니면 허치슨의 가족이 원래 스코틀랜드 혈통이었기 때문일 것이다.

로 인해, 즉 즐거움의 자리를 특별하지만 실재하지 않는 "미의 감관"에 둔 까닭에 오류에 빠진 듯하다.[251] 반면 콘티는 시에서의 보편자에 대한 아리스토텔레스적 학설을 비판하는 다양한 견해들의 역사를 다시 쓰면서 프라카스토로의 대화편 『나우게리우스 혹은 시학』에 큰 비중을 두었다.[252] 콘티가 시적 보편자의 본질을 간과한 듯도 하다. 그는 이 본질을 특징적인 것(the characteristic)과 동일시했는데, 이로 인해 심지어 흉측한 것조차 지극히 아름다워진다. "발자크는 자신의 그 모든 여정에서 아름다운 노파를 본 적이 없었다. [반면] 시적이거나 회화적인 의미에서 볼 때, 세월의 모든 풍파를 겪은 바대로 묘사된 노파는 지극히 아름답다." 그렇지만 바로 이어서 특징적인 것을 볼프주의자들의 완전성 개념과 동일시하는데, 그 내용은 다음과 같다. "특징적인 것은 존재와 다르지 않으며 또한 존재도 스콜라주의자들이 초월자라 부르는, 또한 모든 학문의 대상이 되는 진리와 다르지 않다. 이것이 상상적인 표상을 수단으로 하여 지성을 사로잡고 의지를 움직이게 함으로써 이 두 능력이 이상적·원형적인 세계로, 즉 말브랑슈 신부가 아우구스티누스에 입각하여 『진리의 탐구』에서 충실하게 논의했던 바로 그러한 세계로 옮겨졌을 때 비로소 이렇듯 특징적인 것을 시의 대상이라 칭한다."[253] 프라카스토로의 보편자도 같은 방식으로 학문의 보편자에게 자리를 내준다. "개별자들의 규정이 무한한 까닭에 개별자에 대해 우리가 알 수 있는 것들은 개별자의 공통 속성일 뿐인데, 이는 보편자를 대상으로 삼지 않고는 학문이란 없다는 말과 다르지 않다. 그래서 우리가 시의 대상을 학문이라 말하든 보편자라 말하든 완전히 같은 말이 된다. 이것이 아리스토텔레스에 입각한 나바제로의 학설이다."[254] (프라카스토로는 비코와 여러 차례 서신 교환을 했음에도) "비코 선생의 상상적 보편자"가 프라카스토로에게 새로운 시각을 열어주지는 못했다. 그의 기록에 따르면 비코 선생은 "그러한 보편자에 대해 엄청나게 많이 이야기"했고 "가장 문명화되지 않은 사람들은 타인을 기쁘게 하거나 타인에게 봉사하려는 소망에서가 아니라 자신들의 감정을 자연이 가르쳐준 대로 표현할 필요성에 따라 상상적 보편자를 형성했기에 신학, 물리학, 윤리학 등의 요소를 시적 언어를 통해 모두 시적으로 말했다고 주장"한 사람이다. 콘티는 "이런 중차대한 문제"를 즉각 검증하지 않은 채 그저 "이러한 상상적 보편자가 학문들 혹은 그 자체로 고려되는 사물들을 내포하며, 그런 한에서 상상적 보편자는 시의 소재 또는 대상이 된다는 점이 다양한 방식으로 드러날 수 있다"는 견해를 밝힌다.[255] 이는 "비코 선생"이 표현하고자 했던 바와 완전히 상반되는 결론이다. 콘티는 이내 시의 보편자가 학문의 보편자와 같다면 시의 대상이 참된 것이어서는 안 되고 오히려 개연적인 것이어야 한다는 것이 어떻게 가능한지에 대해 질문을 던질 필요를 느꼈다. 그는 바움가르텐 식의 상식 수준으로 내려가 다음과 같이 대답했다. "학문에서 개별화가 수용된다면 우리는 참된 것으로부터 개연적인 것으로 옮겨가는 셈이다." 모방이란 진리의 개별적 인상을 제시한다는 뜻이다. 모방은 진리의 모습들 가운데 일부를 선택함으로써 이뤄진다. 바로 이러한 절차 가운데 개연적인 것이 존립한다. 당신이 무지개를 시적으로 묘사하길 원한다면, 뉴턴 광학의 대부분은 내던져질 것임에 틀림없다. 따라서 시적으로 묘사하는 가운데 "수학적으로 증명될 여러 정황들"이 도외시되고, 나머지 유용한 부분이 개연적인 것을, 즉 "학식 있는 자들의 정신 속에 잠재된 보편적 관념을 일깨울" 개별적인 것을 형성할 것이다. 위대한 시예술은 "보편적 학설의 요점을 최대한 많이 내포하는 이미지를 선택"하는 데 달려 있으며, "[보편적 학설이] 사례와 결부되면 그 수칙이 다채로워지는데, 이는 구하지 않고도 얻어지며 묘사된 사건들과의 연관을 통해 인지될 수 있다."[256] 그러므로 시는 결코 모방으로 만족할 수 없다. 알레고리도 필요하기 때문이다. 즉, "고대의 시의 경우 읽히는 바와 그것이 의미하는 바는 별개다." 뒤이어 이와 관련하여 피해갈 수 없는 사례인 호메로스의 시가 나오는데, 여기에서 콘티는 교훈이나 알레고리로 환원될 수 없는, 따라서 어찌 보면 플라톤주의적 비난을 받을 만한 점을 발견했다.[257] 그는 수동적 감수성과 구분되는 종류의 상상력을 알고 있었는데, "이를 말브랑슈 신부는 능동적 상상력이라 불렀고 플라톤은 이미지 조성(imagery)의 기술이라고 불렀다. 위트와 재기, 판단력 및 좋은 취미 같은 모든 것이 이에 속하는데, 이것들이 시인에게 언제, 어디에서 예술의 규칙을 따를지 아니면 파격을 허용할지를 결정하는 법, 혹은 과도한 이미지 조성을 제어하는 법을 가르친다.”[258] 문학적 취미의 문제에서 콘티는 트레비사노의 견해를 따르면서 취미란 “영혼의 인식능력들을 서로 조화시키는 것, 말하자면 기억, 상상력 및 지성 간의 경계를 설정하여 그 가운데 어떤 것도 상대방을 압도하지 않도록 하는 것”이라고 주장했다.[259]

콰드리오, 자노티

콘티는 지속적으로 사유에 대한 노력을 기울이면서 부단히 최선을 추구했으며(비코를 언제나 논외로 한다면), 당대 유럽에서 미학적 사변 가운데 최고의 수준을 유지했는데, 독일의 바움가르텐과 같은 수준이었다. 여타 이탈리아 저술가들에 대해서는 간단히 언급하기로 한다. 보편 문학에 대한 첫 번째 백과 대사전의 저자인 콰드리오(1739)는 시를 “그림을 통해 대중에게 제공된, 그리고 율격이 있는 말을 통해 쓰인, 인간과 신에 속하는 모든 것들에 대한 학문”[260]이라 정의한다. 프란치스코 마리아 자노티(1768)는 시를 “즐거움을 제공하려는 목적을 가진 운문화 기술”이라 칭한다.[261] 콰드리오는 중세 명시 선집의 편집자다운 면모를 갖고 있었으며 이에 못지않게 자노티도 운율과 작시법에 대한 참고서를 중세 식으로 구성한 자였다. 체사로티만이 미학을 진지하게 탐구했던 유일한 학자였다.

체사로티

멜키오르 체사로티는 사람들의 입에 오르내리는 질박한 시에 주목했다. 그는 오시안의 시를 번역했고 논문을 통해 이 텍스트를 설명했으며 고대 스페인의 시들을, 심지어 멕시코와 라플란드*의 민요까지 발굴했다. 또한 히브리어 시를 연구했다. 그는 생의 거의 대부분을 호메로스의 시에 헌신했고 아울러 고금의 모든 비평 이론을 검증했는데, 이 과정에서 비코를 접하게 되어 그의 관점에 대해 논의하기도 했다. 이 외에도 그는 시의 기원, 비극이 제공하는 즐거움, 취미, 아름다움, 웅변술, 양식 등 요컨대 당대까지 제기되었던 모든 미학적 문제에 대해 논했다.[262] 체사로티가 드 라 모트에 대해 말하고 있는 것을 들어보면 비코의 잔향이 느껴진다. "드 라 모트는 논리적이었지만 시의 논리가 일상적 논리와 사뭇 다르다는 점을 알지 못했다. 즉, 그는 대단한 재능을 가진 사람 가운데 하나였지만 그저 재능을 알고 있을 뿐이었고 세련되게 쓰인 산문과 시 사이의 헤아릴 길 없는 차이를 느낄 만한 이는 아니었다. 호메로스는 드 라 모트에 의해 차갑고 가장된 미덕을 갖추도록 개조되었는데, 이에 비교한다면 매력적인 잘못을 저지르곤 하는 진정한 호메로스가 언제나 더 애호된다."[263] 체사로티는 이론적-역사적 저서 한 권을 구상했는데(1762) 이 책의 제1부에서 다음과 같이 말한다. "우리는 시 또는 시예술이 존재하지 않는다고 가정한 후 명철한 이성을 갖춘 이가 어떻게 시예술의 가능성에 대한 관념에 도달했는지, 그리고 이런 수단들을 통해 어떻게 완전해졌는지, 바로 이러한 과정을 추적하고자 노력해야 한다. 그 누구라도 시가 성장하고 있음을 간파하지 못할 리 없는데, 말하자면 누구나 자기 본연의 개인적 감정을 증거로 하여 시의 진리를 입증하지 못할 리 없다."[264] 하지만 비록 체사로티가 "가장 순수한 철학의 횃불을 들고 시와 웅변 같은 가장 어두운 구석에 한 줄기 빛을 던지는"[265] 학자로서 당시 이탈리아 전역에서 잘 알려졌더라도 이런 유수의 학자, 살갑지만 종잡을 수 없는 이 철학자가 심오하고 독창적인 해법을 제시한 적은 없는 듯하다. 그는 시를 "그림처럼 생생한, 상상력에 의한, 조화로운 담론을 수단으로 하여 자연을 재현하고 완성하는 기술"[266]이라고 정의했다(1797).

---

* 　Lappland: 유럽 북단 지역(노르웨이 북부, 스웨덴 북부, 핀란드 북부와 러시아 콜라 반도)

철학에서 대세가 형성되면 사람들은 이전 시대의 논자들을 통해 발견되는 생각들을 잘 받아들이지 못하게 된다. 아르테가는 체사로티가 "번뜩이는 재치, 공평무사한 비평 및 논리적 정신을 가지고 있었는데 이는 스페로네, 카스텔베트로, 카사, 벰보와 같이 졸졸 흐르는 지류로부터가 아니라 몽테스키외, 흄, 볼테르, 달랑베르, 줄처 등을 위시해서 이와 비슷한 기질을 갖춘 저술가들과 같이 깊고 무진장한 샘물로부터 나온 것"[267]이라고 상찬했다. 열광에 대한 저술을 준비 중이던 베티넬리에게 보낸 편지에서 파라디시는 이 저술이 "불태워야 마땅한 모든 시학들을 압도하게 될, 열광에 관한 형이상학적 역사"로 판명되기를, 그래서 "카스텔베트로, 민투르노, 그리고 저 어리석은 종자인 콰드리오의 저술들이 폐기처분"되기를 희망했다.[268] 이런 열망에도 불구하고 베티넬리의 책(1769)은 "시적 열광"이라고 불리는 시인의 심리 상태에 관한 경험적 관찰을 생생하고 유려하게 보여주는 수준을 결코 넘어서지 못했다. 이러한 심리 상태에 대해 베티넬리는 이를 고양, 통찰, 명민함, 경이감, 정념, 수혈(transfusion)이라는 여섯 등급으로 나누어 놓았다. 파가노 또한 경험주의적이었다. 그는 『취미와 예술』, 『시의 기원과 본성』(1783~1785)이라는 두 단편에서 비코에 기인한 생각들을 당대의 감각주의와 무리하게 결합했다. 그는 이론적·상상적 형식과 감각적 즐거움이 예술사적으로 상이한 시대에 속하는 것으로 제시했다. "예술은 태동기부터 사랑스러움보다는 자연에 대한 참된 모방의 방향으로 흘렀다. 매력보다는 표현이 그 첫걸음이었다. […] 대부분의 고대 시가에서, 심지어는 야만 시대의 노래들조차 강력하게 치밀어 오르는 파토스가 숨 쉬고 있었다. 즉, 열정이 자연스럽게 표현되었으며 심지어 말할 때의 소리조차 묘사되는 사물의 표현과 더불어 살아 숨 쉬었다." 그러나 "완숙기가 되면 자연의 정확한 모방이 합치와 조화라는 완전한 미와 짝을 이루는", 즉 "취미가 세련되고 사회가 가장 완전한 문화 형식을 갖추는 순간에 도달한다." 예술에 "뒤이어 이내 철학의 여명이, 말하자면 사회가 최고도의 완전함을 갖춘 시간이 다가온다." 물론 비극 같은 특정 예술 양식은 철학보다 뒤에 나올 수밖에 없다. 비극은 철학의 도움으로 보다 본격적으로 "풍속의 순화"를 달성하게 될 것임에 틀림없다.[269]

바움가르텐의 제자, 마이어

비코의 동료 및 계승자들이 그러하듯 바움가르텐의 동료 및 계승자들도 바움가르텐의 저술을 이해하거나 개선하기 위한 수단을 강구한 적이 거의 없다. 그렇지만 바움가르텐의 열렬한 신봉자이자 프랑크푸르트 안 데어 오데르 대학에서 그의 강의를 들었던 제자인 게오르그 프리드리히 마이어는 바움가르텐이 답하지 않았던 퀴스토르프의 반론에 대해 스승 바움가르텐의 저서 『성찰』을 변호했다(1746).[270] 바움가르텐의 『미학』이 출간되기 전인 1748년에 이미 마이어는 『모든 아름다운 학문의 정초근거들』[271]의 제1권을, 그리고 1749년, 1750년에 각각 제2, 3권을 출간했다. 바움가르텐 이론의 전체를 해설한 이 저서는 스승의 방법론에 따라 세 부분으로 나뉘는데, 미적 사유의 창안[발상](발견술), 미학적 방법(방법론) 및 사유의 미적 의미(의미론)가 바로 그것이다. (제1권부터 제3권의 절반까지 할애된) 제1부는 다시 세 장으로 나뉘는데, 감각적 파악에서의 아름다움(미적 풍부함, 장엄함, 개연적임, 생생함, 확실함, 감각적 생명 및 위트), 감성 능력(주목, 추상, 감각, 상상력, 예민함, 명민함, 기억, 시적인 힘, 취미, 예견, 추측, 기호화 및 하위욕구능력) 및 다종다양한 아름다운 사유(미학적 개념과 판단 및 추론)가 바로 그것이다. (1757년 축약본[272]이 출간된 것을 비롯하여) 여러 차례 재간행된 이 저서 말고도 다수의 저술에서, 특히 『모든 예술 및 학문의 제1원리들에 대한 성찰』[273]이라는 소논문에서 마이어는 미학에 대해 여러 차례 논했다. 이제 막 태어나 세례 받은 이 학문을 그보다 더 살갑게 대한 이가 누가 있을까? 그는 미학의 가능성과 유용성을 모두 부인하는 이들, 그리고 이를 인정하지만 미학이 과거에 시학이나 수사학으로 여겨졌던 것과 본질적으로 같은 것이 아니냐는 엉뚱하지만은 않은 이유를 들어 불평한 이들에 맞서 열정적으로 미학을 변호했다. 그는 이런 비난들 가운데 일부는 수긍했지만 그 어느 저술가도 모든 예술에 대한 지식을 완비할 수는 없다고 단언하면서 이를 피해나갔다. 다른 한편 그는 여타 학문들이 수세기 동안의 진전을 통해 도달한 그 완전성을 보여주기에는 미학의 역사가 아직 너무 일천하다는 취지의 변론을 수행했다. 어딘가에서 그는 자기가 논쟁할 마음조차 생기지 않는 "미학의 적대자들"에 대해 언급한 바 있는데, 그에 따르면 이들은 "이 학문의 참된 특성과 목적을 볼 수도 없고 보려 하지도 않으며, 이 학문에 대한 비참한 이미지를 머릿속에서 스스로 만들어놓고는 기회가 있을 때마다 이런 이미지에 대해 공격을 가하면서 스스로 논쟁을 불러일으킨다." 그는 체념조로 여느 학문이 그러하듯 미학에도 똑같은 운명이 닥쳐오고 있다는 철학적 결론을 내렸다. "거의 알려진 바 없는 초창기에 학문은 무시와 편견으로 자신을 조롱하는 적들과 조우한다. 그러나 이윽고 학문은 함께 연구하면서 자신을 완성으로 이끄는 지성인들을 만나게 된다."[274]

마이어의 혼동

학생들이 새로운 학문에 대한 게오르그 프리드리히 마이어의 강의를 듣기 위해 할레 대학으로 몰려들었는데, 마이어는 미학의 "원저자" 또는 "창안자"가 "바움가르텐 교수"임을 줄기차게 밝힘과 동시에 자신의 『정초근거들』이 그렇다고 해서 바움가르텐 강의를 단순히 필사한 것은 아니라는 점을 각인시켰다.[275] 출판가로서의 마이어가 지닌 다재다능함, 유창하고 명료하며 막힘없는 웅변술, 그리고 논쟁에서의 기민함 등을 인정하지만 그러면서도 여전히 "프랑크푸르트 안 데어 오데르 대학의 바움가르텐 교수와 그의 하수인인 할레 대학의 마이어

교수"[276]라는 평을 완전히 부당하다고 말할 이도 없었을 것이다. 바움가르텐 미학의 단점이 모두 마이어에게서도 분명하게 다시 나타난다. 시와 예술의 영역으로 주장되는 하위 인식능력들의 한계가 마이어에 의해 매우 기이하게 규정된다. 가령 혼연한(미적인) 것과 판명한(논리적인) 것 간의 차이를, 그리고 "미는 판명한 사유의 대상이 됨으로써 사라진다"는 명제를 그가 어떻게 해석하는지를 살펴보면 흥미롭다. "젊음의 장미가 피어난 아름다운 이의 볼을 육안으로 관찰한다면 아름답다. 그러나 이를 현미경으로 살펴보자. 그 무엇이 아름답겠는가? 모공에 때가 가득하고 울퉁불퉁하며 여기저기에 체모로 무성한 거친 피부의 혐오스러운 외면을 보고 심정을 뒤흔드는 사랑스럽고 매력적인 이가 앉아 있다고 믿는 이는 거의 없을 것이다."[277] 하위 인식능력으로 진리 여부가 파악될 수 없는 것은 "미학적 오류"로 기술된다.[278] 보편 개념들이 하위 능력에 의해 이해 가능한 것이 되면 미학적으로 엄청난 풍부함을 갖는데, 이 개념들이 무한한 귀결과 개별 사례들을 포괄하기 때문이다.[279] 미학은 또한 판명하게 사유될 수 없는 사물들, 만일 사유된다면 철학의 중력장을 혼란케 만들 사물들을 파악한다. 시인에게는 입맞춤이 매우 훌륭한 주제일 수 있지만, 수학적 방법을 통해 이것의 필연성에 대한 증명을 추구하는 철학자는 이를 어떻게 사유할 것인가?[280] 더욱이 마이어는 관찰과 실험에 관한 이론을 모두 미학에 포함시키는데, 그에 따르면 이 이론이 감각과 연관이 있기 때문에 [281] 미학에 속한다는 것이다. 또한 "미학에는 단지 섬세한 위트뿐만 아니라 고상한 심정도 요구"[282]된다는 이유로 욕구능력들에 대한 이론도 모두 미학에 포함시킨다. 때로는 마이어가 진리에 근접하는 경우도 있었는데, 가령 그는 논리적 형식이 미학적 형식을 미리 전제하며 우리의 최초의 개념들은 감성적이되 나중에 논리학의 도움을 통해 판명해진다는 점에 주목한 적이 있다.[283] 또한 그는 알레고리가 "아름다운 사유 가운데 가장 퇴행적인 형식에 속한다"라며 힐난한 적도 있다.[284] 그러나 다른 한편으로 그는 논리적인 구분 및 정의는 천재가 추구할 필요는 없지만 그래도 시에서 매우 유용하다고 생각했다. 즉, 이러한 정의가 아름다운 사유에 규칙을 부여하기 위해 필수불가결하며, 말하자면 시의 골자를 이룬다. 그러나 미학적 보편 개념들이 마치 철학적으로 요구되는 엄밀한 정확성을 갖춘 것으로 판정되지 않도록 특별히 주의해야 한다. 이 개념들은 하나씩 떼어서 생각한다면 꿰어야 할 보배와 유사하기에 미적 판단과 추론의 줄로 꿰어야 하는데, 이러한 판단 및 추론의 이론은 논리학이 제시하는 이론—오직 철학자들에게만 필요하고 천재에게는 거의 불필요한 부분을 제외한다면—과 다르지 않다.[285] 『성찰』(1757)에서 마이어는 모방의 원리를 논박하면서(그가 보기에 이 원리는 너무 방대한데, 왜냐하면 학문이나 도덕도 자연의 모방이기 때문이다. 동시에 이 원리는 너무 협소한데, 왜냐하면 예술이 자연 대상만을 모방하는 것도 아니며 어차피 부도덕한 것은 제외되어야 하는 까닭에 자연 대상 모두를 모방해야 하는 것도 아니기 때문이다) 미학 원리가 "감각적 지각 가운데 가능한 한 최고의 아름다움"에 의거한다는 주장을 재확립한다.[286] "이러한 감각적 지각에는 그 어떤 판명함 내지 합리성의 빛도 투사되어 있지 않으며 철두철미 감각적이고 혼연하다"는 믿음이 잘못된 것이라고 비판함으로써 마이어는 자신의 주장을 견지한다. 단맛, 쓴맛, 붉은색 등은 전적으로 감각적이다. 그러나 감각적이면서 지성적인, 혼연하면서 판명한, 즉 하위의 능력과 상위의 능력이 한데 어우러진 지각도 있다. 이런 의식에서 지성적인 면이 주도하면 학문이 생긴다. 반면 감성적인 면이 주도하면 시가 생긴다. "지금까지의 설명을 통해 시의 모든 소재 및 부분들을 모으는 일은 하위 인식능력이 하지 않을 수 없다는 결론이 나오게 된다. 반면에 지성과 판단력은 소재들 간의 관계를 통해 구별과 질서가 보이도록 이것들을 병치하여 통제하고 확인한다."[287] 감각주의로의 돌진이 이뤄지는 때도 있었고 진리에 대한 찰나적 목격이 이뤄지는 때도 있었다. 결과적으로 고래의 기계적인, 치장 위주의 교육적인 시 이론을 고수하는 일이 가장 많았다. 마이어의 미학적 저술들이 우리에게 남긴 인상은 이런 것들이다.

바움가르텐의 또 다른 제자인 멘델스존은 미를 "완전함에 대한 판명치 않은 이미지"라 생각하면서 '미'란 인간의 불완전함의 현상에 불과한 까닭에 신은 미로 지각될 수 없다는 결론을 도출했다. 그에 따르면 쾌의 1차 형식은 바로 감관의 쾌인데, 이는 "우리의 신체 상태가 개선됨"으로써 나온다. 2차 형식은 감각적 아름다움이라는 미적 사실인데, 이는 말하자면 다양성 속의 통일이다. 3차 형식은 완전함, 다시 말해 다양성 속의 조화다.[288] 멘델스존 또한 허치슨에게서 만능열쇠 구실을 하던 미의 감관을 거부했다. 감각적 아름다움, 즉 감관을 통해 파악 가능한 완전성은 표상된 대상의 본성적 미추·선악의 여부와는 무관하다. 이 대상과 우리가 무관하지만 않다면 그것으로 족하다. 이런 까닭에 멘델스존은 "시는 감각적으로 완전한 담론이다"라는 바움가르텐의 정의에 동의한다.[289] 엘리아스 슐레겔은 예술을 모방으로 보았지만 이 모방은 하찮은 복사가 아니며, 자연과 똑같은 것이라기보다는 유사한 것이라고 생각했다(1742). 엘리아스 슐레겔이 보기에 시의 의무는 일단 즐거움을 주는 것이며 교화는 그다음에 하는 것이다.[290] 미학 논문들, 대학 강좌들, 대중적인 얇은 책자들, '예술 및 문학 이론', '안내서', '개요', '교본', '원리', '입문', '강의', '에세이' 및 '취미론' 등이 18세기 후반 동안 독일에서 급속히 쏟아져 나왔다. 적게 잡아도 30여 종의 총론이, 그리고 수십 종의 각론이 나왔다. 개신교 대학에 뒤이어 가톨릭 대학이 이 새로운 학문을 떠맡았는데, 빈의 리델, 뷔르츠부르크의 헤어비크, 마인츠의 라드로네, 프라이부르크의 귄터 야코비가, 그리고 인골슈타트의 경우 예수회파가 추방된 후 다른 사람들이 이를 가르쳤다.[291] 악명 높은 프란체스코파 수도사인 슈나이더는 가톨릭 학파들을 위한 소책자인 『예술 일반, 특히 문학의 제1원칙』(1790)[292]을 썼는데, 그는 사제복을 벗은 후 국민공회 시기에 스트라스부르를 공포에 빠뜨렸다가 단두대에서 최후를 맞이했다. 독일 미학의 이러한 폭발적 출현은 16세기 이탈리아에서 아리스토텔레스의 글이 대중화된 후 시학이

폭발적으로 출현했던 정황과 비슷하다. 1771년에서 1774년 사이 스위스인 줄처가 모든 항목에 역사적 주석을 달아 알파벳 순서로 배열한 『예술 총론』이라는 방대한 미학 백과사전을 출간했는데, 1792년에 개정증보판이 프로이센 퇴역 장교인 폰 블랑켄부르크의 편집 하에 나왔다.[293] 1799년에 처음으로 『문학과 미학의 역사 개요』[294]를 출간한 콜러가 "애국 청년이라면 독일이 그 어떤 나라들보다 이 주제에 대한 저작을 많이 생산했다는 점을 기꺼이 인정할 것이다"[295]라고 했는데, 이는 근거 없는 말은 아니다.

에버하르트, 에셴부르크, 줄처, 하이덴라이히

리델(1767), 파버(1767), 쉬츠(1776~1778), 슈바르트(1777~1781), 베스텐리더(1777), 스체르다엘(1779), 쾨니히(1784), 갱(1785), 마이너스(1787), 쇼트(1789) 및 모리츠(1788)[296]의 저술은 간단히 언급만 하고, 그 방대한 저술들 가운데 할레 대학에서 게오르크 프리드리히 마이어의 후임자가 된 에버하르트의 『예술 및 학문의 이론』(1783)[297]과 당대에 학생들에게 가장 인기 있었던 저서 가운데 하나인 에셴부르크의 『아름다운 학문의 이론과 문헌 개요(1783)[298]만을 선택하고자 한다. 두 저자 모두 바움가르텐의 추종자이되 감각주의 성향을 가졌다. 무엇보다도 에버하르트는 아름다운 것을 "가장 예민한 감각을 즐겁게 하는 것"이라고 생각했는데, 이는 시각과 청각을 가리키는 것이었다. 줄처에 대해 한마디 해야겠다. 그에게서 우리는 신구가 교체되는 가장 흥미로운 상황을, 즉 새로운 스위스 학파의 낭만적 영향력이 그가 살던 당시의 공리주의·지성주의를 대체하는 것을 목격한다. 줄처의 주장에 따르면 미는 통일성, 다양성, 질서 등이 발견되는 곳에 있다. 예술가의 작품은 엄격하게 형식에, 즉 생생한 표현에 의거한다. 질료는 예술과 무관하지만 질료를 적절히 선택하는 것은 이성적이면서 동시에 감각적인 인간의 의무다. 선의 옷이든 악의 옷이든 입고 나타나는 미는 형언할 수 없는 천상의 미가 아니다. 즉 그것은 아름다움·선함·완전함을 융합한 산물이 아니며, 단순한 쾌 이상의 것, 즉 우리의 영혼을 사로잡아 미화하는 진정한 기쁨을 일깨우는 것이 아니다. 모습들의 다양성, 비율 및 질서에서 나오는 형식에 대한 즐거움을 통해 보는 자의 눈을 채움으로써 내면적인 완전성에 대한 암시를 통해 보는 이의 상상력과 지성을 계속해서 일깨울 때의 인간의 모습이 바로 그와 같다. 페이디아스에 의해 조각된 영웅의 조상이나 키케로에 의해 행해진 애국 연설 등도 본성적으로 이와 똑같다. 진리가 예술 밖의 철학에 속한다면, 예술이 할 수 있는 가장 고귀한 일은 철학에 힘과 에너지를 부여하는 가장 중요한 진리를 느낄 수 있도록 하는 것이다. 진리 그 자체가 참된 모방이나 재현의 형태로 예술 속에 들어가는 경우에는 더 말할 나위도 없다. 줄처 또한(물론 그가 마지막은 아니지만) 여러 차례 연설가, 역사가 및 시인이 사변 철학과 대중을 중재한다고 말했다.[299] 하이덴라이히는 예술을 "특정 상태의 감성에 대한 재현"(1790)이라고 정의함으로써 건전한 전통으로 회귀했다. 또한 그는 한편으로는 인간이 인식하는 존재인 한 인식의 영역을 확장하며 자신의 발견을 동료에서 전수하지 않을 수 없다는 점에, 다른 한편으로는 인간이 감각적 존재인 한 자신의 감각을 재현하고 소통하지 않을 수 없다는 점에 주목했다. 바로 여기에서 학문과 예술이 싹튼다. 그러나 하이덴라이히는 예술의 인지적 성격을 명석하게 포착하지는 못했다. 왜냐하면 그의 견해로는 감각이 예술적 재현의 대상이 되기 때문이다. 그가 그렇게 보는 이유는 감각이 즐거움을 가져다주기 때문이며, 혹은 그렇지 않은 경우라면 사회적 존재로서의 인간의 도덕적 목적을 촉진하는 데 감각이 유용하기 때문이다. 예술의 시작이 되는 감성의 대상들은 본연의 탁월함과 가치를 소유하고 있는 것이 분명하고, 이것들은 한낱 개별자가 아닌 이성적 존재로서의 개별자와 관련을 맺고 있는 것이 분명하다. 그러므로 이로부터 취미의 객관성 또는 필연성이 나온다. 바움가르텐이나 마이어와 유사하게 그는 미학을 제1부 창안론, 제2부 방법론, 그리고 제3부 기호화 기술론[의미론]으로 나눈다.[300]

바움가르텐의 또 다른 제자인 헤르더는 베를린 출신의 이 대가[*]를 "그가 살던 시대의 아리스토텔레스"라 부르면서 존경심을 감추지 않았고 "어리석고 둔한 추론을 하는 자"(1769)라고 비난하는 자들에 맞서 열렬히 그를 변호했다. 반면 헤르더는 바움가르텐 이후의 미학, 가령 게오르크 프리드리히 마이어의 저작에 대해 그다지 높은 평가를 내리지 않았는데, 그는 마이어의 저작이 "한편으로는 논리학의 되새김질이자 다른 한편으로는 은유적 용어, 비유 및 사례 등을 얼기설기 엮은 작품"에 불과하다고 비난했는데, 이는 정확한 지적이었다. 그는 다음과 같이 역설한다. "오, 미학이여! 온갖 추상적 학문 중에서 가장 비옥하고 가장 아름다우며 단연코 가장 참신한 학문이여! 너를 완성해야 할 내 철학적 나라의 젊은이들은 어느 뮤즈의 동굴 속에 잠들어 있는가?"[301] 단지 "아름다움과 아름다운 것들에 대해 철학적으로 사유하는 학문"에 한정하는 대신 "아름답게 사유하는 기술"로서 미학을 확립했다는 바움가르텐의 주장을 인정하지 않은 헤르더는 미학이 철학의 권위를 갖지 않았다는 의혹을 조롱했다.[302] 그러면서도 헤르더는 시란 "완전한 감성적인 연설"라는 바움가르텐의 근본 정의를 수용했다. (헤르더에 따르면) 이는 최고의 정의이고 지금껏 창안된 것 가운데 대상의 정곡을 찌르는 최선의 정의이며 참된 시적 원리를 다루는 정의, 즉 "시를 자신의 자매들인 다른 예술들과 짝지음으로써"[303] 아름다움에 대한 철학 전체를 향해 가장 넓게 확장된 시각을 여는 정의다. 이탈리아인 체사로티와 유사했지만 체사로티만큼 재기발랄하지는 않은 독일인 헤르더는 오시안을 위시한 고대인의 노래 같은 원초적 시, 셰익스피어(1773), 대중적 연가(1778), 히브리 시의 정신(1782) 및 오리엔트의 시까지 연구했다. 이런 연구를 통해 그는 시의 감성적 본성에 대해 매우 강한 인상을 갖게 되었다. 그의 동료인 하만(1762)은 비코의 경구에서 뽑

---

[*]   바움가르텐은 베를린 출생으로서 할레 대학에 입학하기 전까지 베를린에 살았다.

아낸 것 같은 느낌을 주는 기념비적 글을 남겼다. "시는 인류의 모국어다. 이는 마당이 경작지보다, 그림이 글보다, 노래가 선언서보다, 물물교환이 본격적인 교역보다 더 오래된 것과 같은 이치다. 우리의 가장 오랜 선조들에게 휴식은 우리의 것보다 훨씬 더 깊은 수면이었다. 그들의 동작은 격정적인 춤이었다. 그들이 일주일 내내 사유가 침묵한, 그런 혼미함 속에 지내다가 날개 돋친 말을 하기 위해 입을 벌렸다. 그들의 말은 감각과 열정이며 그들이 이해한 것은 오직 이미지였다. 인간에게 소중한 지식과 언어적 표현은 모두 이미지로 이뤄져 있다."[304] 헤르더는 비코를 잘 알고 있었고 또한 존경했기에[305] 비록 그가 언어와 시를 다룰 때 비코의 이름을 언급하지 않은 것이 사실이라 해도 그가 자신의 이론을 확립하는 마지막 과정에서는 이 위대한 나폴리인의 영향을 크게 받았으리라고 생각할 수도 있을 것이다. 그러나 헤르더는 오히려 이 주제에 대해 주로 뒤 보스, 고게 및 콩디약 같은 저자들의 글을 인용하면서 다음과 같은 사실에 주목했다. "음조 및 동작에 깃든, 감각의 표현, 그리고 이미지와 기호로 이뤄진 사유의 표현이었던 말의 기원은 일종의 고졸한 시일 수밖에 없고, 그래서 세계의 그 어떤 야만인이라도 갖고 있었다." 우리의 경우처럼 강세가 있고 분절화된 의미를 갖춘, 읽을 수 있고 쓸 수도 있는 그런 언사가 아니라 원시 서사시를 태동케 한 비분절적 선율이 바로 그것이다. "자연 속에 살던 인간은 자신이 본 것을 본 그대로, 즉 살아있는, 강력한, 기괴한 모습 그대로 묘사한다. 그가 보고 들은 대로 그것이 질서정연하든 혼란스럽든 그대로 재생산한다. 야만인의 언변만 이미지의 배열인 것이 아니라 그리스인이나 로마인도 똑같이 했다. 시인들은 감각이 소재를 제공해주는 대로 이를 이용했다. 우리는 특히 호메로스가 영원하면서도 독창적으로 뜨고 지는 이미지들을 통해 자연에 얼마나 가까이 다가가는지를 알게 된다. 그는 사물과 사건을 한 줄 한 줄, 한 장면 한 장면 기술한다. 또한 같은 방식으로 그는 사람들이 말하고 움직이는 실제 모습 그대로 그들의 신체를 그려낸다." 우리가 역사라고 부르는 것으로부터 서사시를 분리한 것은 나중의 일이다. 서사시는 "일어난 일을 기술하는 데 머물지 않고, 육체와 정신을 둘러싼 환경을 고려할 때 그것이 발생할 수 있는 유일하게 가능한 방식을 보여줌으로써 그 사건을 완전하게 기술"하기 때문이다. 이 점이 바로 시가 좀 더 철학적 성격을 갖는 이유다. 쾌와 관련해서 본다면 우리가 시에서 즐거움을 발견하리라는 것은 의심할 여지가 없다. 다만 시인의 동기가 단지 쾌를 자아내기 위한 것이라는 생각은 아무리 강하게 비난해도 지나치지 않다. "운동력과 물질계의 관계처럼 호메로스의 신들은 시인의 세계에서 본질적이며 불가결하다. 올림포스 신들의 숙고와 행위가 없었다면 이 세상에 그 어떤 사건의 발생도 필연성을 갖지 못했을 것이다. 서구의 바다 위에 있는 호메로스의 신비한 섬은 세계의 지도에서 그 위치에 놓일 바로 그 필연성에 따라 방랑하는 영웅의 지도에 들어 있다. 그것은 그의 시를 구상하는 데 필수적인 것이었다. 경건한 단테의 경우, 지옥과 천국이 이에 해당한다." 예술은 형식을 부여한다. 즉, 상상력을 위시한 인간의 모든 능력을 훈육하고 질서를 부여하며 지배한다. 비단 역사만을 만들어내는 것이 아니라 "매우 오래전부터 예술은 신과 영웅을 창조했고, 규칙의 구속력에 대해 전혀 아는 바 없는 무지한 사람들의 질탕한 상상력에 한계를 지정하고 법칙을 부여함으로써 티탄족, 괴물, 고르곤과 관련하여 사람들이 갖고 있는 질박한 상상력과 황당무계한 이야기를 정화했다."[306]

같은 세기의 초반, 비코와 비슷한 직관을 갖고 있었음에도 불구하고 헤르더는 철학자로서는 자신의 선구자인 이 이탈리아인보다는 부족한 면이 있으며 사실상 바움가르텐보다 더 낫다고 할 수도 없다. 라이프니츠의 '연속성의 법칙'을 적용하는 과정에서 헤르더 또한 즐거움을 주는 것, 참된 것, 아름다운 것, 선한 것이 하나의 단일한 활동의 등급들에 해당한다는 의견에 도달했다. 가령 감각적 쾌는 "진리와 선을 함께 갖는데, 왜냐하면 감각이 이것들을 포착하기 때문이다. 쾌 또는 고통의 감정은 진리와 선에 대한 감정 이외의 것일 수 없는데, 말하자면 그것은 안녕을 유지하고 괴로움을 회피하려는, 우리의 유기체의 목적을 획득했다는 의식이다."[307] 예술 및 문학은 모두 교육적이다. '후마니오라(humaniora), 그리스어의 '미(kalon)', 라틴어의 '미(pulchrum)', 기사도 시대의 '고상한 기술(arti galanti)', 그리고 프랑스어의 '아름다운 문학과 기술(les belles lettres et les beaux arts)' 등이 이로부터 유래한다. 이러한 기술 가운데 한 부류(체육, 무용 등)는 신체의 훈육과 관련되며, (회화, 조각, 음악 등의) 두 번째 집합은 눈, 귀, 손, 혀 등 인간의 고상한 감각의 훈육과 관련된다. (시와 같은) 세 번째 집합은 지성, 상상력 및 이성과 접촉하며, 네 번째 집합은 인간의 기질과 성향을 주재한다.[308] 미의 정의는 관련되는 것이 많은 복잡한 것임에도 정의를 내리고, 그로부터 바로 출발하려는 예술이론가들의 안이함이 헤르더에게는 불만이었다. 그의 주장에 따르면 예술의 이론은 각각 토대로부터 형성되는 세 개의 부분으로 나뉘어야 하는데, 시각, 청각, 촉각의 이론, 말하자면 회화, 음악, 조각, 다시 말해 미학적 광학, 미학적 음향학, 미학적 생리학이 바로 그것이다. "미학은 심리적 또는 주관적 측면에서는 지극히 세련되었다. 그렇지만 대상 및 미적 감성에 속하는 것의 측면에서는 발전이 더디다. 후자가 없다면 예술 전반에 영향을 줄 수 있는 아름다움에 대한 이론이 결코 생산적일 수 없다."[309] 취미는 "영혼의 근본 능력"이 아니라 "오히려 미의 대상에 대한 우리의 (지성적) 판단력의 습관적 적용"이다. 즉, 이는 지성(헤르더는 지성의 발생에 대한 개요를 서술한 바 있다)이 획득한 능력이다.[310] 시인이 시인인 까닭은 단지 그의 상상력 때문만이 아니라 그의 지성 때문이기도 하다. 1782년에 그는 다음과 같이 말한다. "최근에 창안된 미학이라는 이 낯선 명칭의 학문은 논리학의 한 부분을 벗어나지 않는다. 우리가 '취미'라고 부르는 것은 민첩한 판단력 이상도 이하도 아니지만, 그렇다고 진리와 심오함을 배제하는 것이 아니라 오히려 전제하고 있으며 이들을 북돋아준다. 교훈시들은 모두 감각화된 철학이다. 일반적 학설을 해설하는 것으로서 우화는 행동과 행위의 진리다. [......] 인간사에 적용

---

* 르네상스기의 인문주의 교육 프로그램을 지칭하는 '스투디아 후마니타티스(Studia humanitatis)'는 '스투디아 후마니오라(Studia humaniora)'라고 불리기도 했다.

되어 상술될 경우 철학은 그 자체로 아름다운 예술일 뿐만 아니라 아름다움의 어머니다. 수사법과 시가 교육적이고 유용하며 가장 참된 의미에서 즐거울 수 있는 것은 오직 이 철학 덕분이다."[311]

언어철학

헤르더와 하만이 언어철학 연구 분야에 신선한 바람을 불러일으킨 공로는 상찬할 만하다. 포르-루아얄의 저자들이 제시했던 주도적 경향을 18세기 초부터 논리학적인 보편 문법의 많은 저자들이 추종했다. 프랑스어 백과사전을 보면 "보편 문법이란 모든 언어의 말이나 글에 대한 불변의 보편 원리들로 이뤄진 체계적인 학문이다"[312]라고 되어 있으며 달랑베르는 창안의 문법가와 기억의 문법가에 대해 말하면서 전자에 문법 형이상학 연구의 의무를 부여했다.[313] 뒤 마르세, 드 보제 및 콩디약이 프랑스어로, 그리고 해리스가 영어로 보편 문법서를 썼고 그 외에도 많다.[314] 그런데 보편 문법과 특수 문법의 관계는 어떠했을까? 논리가 단일한데 언어는 왜 다양한 것일까? 말의 다양성이란 그저 하나의 단일한 모델로부터 나오는 부분적 일탈인 것인가? 그리고 만약 이런 일탈이나 오류가 없다면 현실을 뭐라 설명할 것인가? 언어란 무엇인가, 그리고 언어는 어떻게 태어났는가? 언어가 사유에 외적인 것이라면, 언어에 의하지 않은 사유가 어떻게 존재할 수 있을까? 루소의 말에 따르면,"생각하는 법을 배우기 위해 사람들에게 말이 필요했다면, 그들이 말하는 기술을 발견하기 위해서는 생각하는 법을 훨씬 더 필요로 했다." 이런 어려움에 화들짝 놀란 루소는 "언어가 순전히 인간적 수단에 의해 생겨나고 확립될 수도 있으리라는 생각이 불가능하다는 사실이 거의 입증되었다"라는 확신을 표명했다.[315] 이러한 물음들이 당시 유행했는데, 드 브로세스, 드 게블랭 등이 프랑스어로, 몬보도가 영어로, 쥐스밀히와 티데만이 독일어로, 체사로티가 이탈리아어로 언어의 기원과 형성에 관한 저서를 썼고, 그 외에 비코에 대해 어느 정도 숙지하고 있었으나 이를 통해 얻은 바는 거의 없었던 다른 저술가들도 있었다.[316] 언급된 자들 가운데 그 누구도 말이 자연적이고 기계적이라는 생각, 아니면 사유에 부착된 상징이라는 생각으로부터 벗어나지 못했다. 실제로 기호나 상징 관념을 내던지고 그 대신에 능동적이고 표현적인 상상력 개념, 즉 지성이 아닌 직관의 표현으로서의 언어인 구어적 상상력 개념을 획득하는 일 없이는 그들이 제아무리 노력한다 해도 그 난제들이 해결될 수 없었다. 헤르더는 언어의 기원이라는 바로 이 주제를 다룬 기발하고 상상력 풍부한 자신의 논문(1770)에서 이런 식의 설명에 접근했는데, 이 논문은 베를린 아카데미에 의해 토론 주제로 채택되었다. 거기에서 헤르더는 언어란 인간의 성찰적 의식(Besonnenheit)이라고 말한다. "인간이 성찰한다 함은 그를 엄습하는 엄청난 양의 감각 가운데 선택할 수 있게 만들어주는 정신의 힘이 발산된다는 뜻이다. 즉, 감각의 바다에서 소위 하나의 물결을 선택해서 의식적으로 거기에 주목한다는 뜻이다. 인간이 성찰한다 함은 꿈결같이 눈앞을 스쳐가는, 뒤죽박죽인 이미지의 카오스 중에 그를 일깨우는 한순간에 집중하여 하나의 이미지에 주의를 기울여 차분하면서도 명석하게 조사해서 이를 연접한 다른 것들로부터 분리해낸다는 뜻이다. 다시 말해 인간이 성찰한다 함은 이미지의 모든 속성을 생생하고 명석하게 포착하는 것에 머물지 않고 더 나아가 판명한 속성들 가운데 하나 이상을 인식한다는 뜻이다." 인간의 언어는 "입의 구조에 달려 있지 않으며, 설사 선천적인 벙어리라 해도 성찰을 통해 언어를 가지게 된다. 언어는 감각의 외침이 아니다. 언어는 숨만 쉬는 기계가 아니라 성찰하는 생명체를 통해 존립하기 때문이다. 자연의 모방은 수단이고 이를 통해 우리는 목적을 설명하려고 노력하기 때문에 언어는 모방과 관련된 사안이 아니다. 임의적 관습은 더더욱 아니다. 오지에 사는 미개인이라도 제 스스로 언어를 만들어냈을 것이다. 비록 사용해본 적은 없을지라도 말이다. 언어는 인간이 인간인 한 필연적이며 영혼의 자기 이해다."[317] 이로써 언어가 더 이상 단지 기계적인 것이거나 자의적 선택 내지 창안의 산물이 아니라 인간 정신의 창조적 활동이자 이 활동에 대한 기본적 확증이라는 점이 나타난다. 헤르더의 글에 확실한 결론이 내려져 있지는 않지만 이러한 점에 대한 전조와 예감이 나타나 있다. 이에 대한 제대로 된 평가가 내려진 적은 없다. 동료의 이러한 이론을 검토하던 하만은 언어의 기원이 창안이나 임의적 선택에 있지 않다는 견해에 동감을 표했다. 나아가 인간의 자유에 대한 숙고를 통해 하만은 언어란 인간이 신으로부터 온 신비한 특수 의사소통을 수단으로 해서만 배울 수 있었을 것이라는 견해를 피력했다.[318] 이 견해 또한 언어의 신비가 정신의 문제의 최전방에 세워지지 않을 때에는 결코 해명될 수 없다는 점을 인식하는 한 가지 길이었다.

VII. 18세기의 다른 미학 학설들

바퇴

18세기에 미학 저술가들의 다종다양한 사상들로 이뤄진 위대한 선율은 주목할 만하다. 1746년 『단일한 원리로 환원되는 예술』이라는 매력적인 제목을 단 소책자가 나왔는데, 저자인 바퇴는 논자들이 입안한 다양한 모든 규칙들을 일원화하려고 시도했다. 이러한 규칙들은 (바퇴의 말에 따르면) 모두 한 줄기에서 나온 가지들이다. 단일한 원리를 확보한 자라면 산더미 같은 규칙들이 자신을 옥죄는 일 없이 이 원리로부터 규칙들을 순차적으로 연역할 수 있을 것이다. 바퇴는 호라티우스의 『시학』과 부알로의 『시학』, 그리고 롤랭, 다시에, 르 보쉬 및 도비냑의 저작들을 검토했다. 그런데 아리스토텔레스의 모방 원리 말고는 제대로 도움이 될 만한 것을 발견하지 못했는데, 그는 아리스토텔레스의 원리야말로 시, 회화, 음악 및 무용에 쉽고 분명하게 적용 가능하다고 생각했다. 아리스토텔레스의 모방 원리가 바퇴의 해석을 통해 갑자기 완전히 새롭게 표현되었는데, 말하자면 "자연의 아름다움에 대한 모방"이 그것이다. 예술의 과업은 "자연 가운데 가장 아름다운 부분들을 선택하는 일인데, 이는 이 부분들을 여전히 자연적이면서도 자연 자체보다 더 아름다운 하나의 정묘한 전체로 조직하기 위한 것"이다. 이때 이렇듯 더 위대한 완전성, 이렇듯 아름다운 자연은 무엇일까? 바퇴가 이를 진리와 동일시한 적도 있지만, 이때의 진리는 "존재할법한 진리, 즉 수용 가능한 모든 완전성을 갖춘 채 실제로 존재하는 듯이 재현된 미적 진리(beauty-truth)"다. 바퇴는 고대 제욱시스의 「헬레네」*와 근대 몰리에르의 『인간혐오자』를 그 사례로 들었다. 다른 곳에서는 아름다운 자연이 "때로는 (대상) 자체의 본성에, 때로는 우리의 본성에 부합한다"라고 설명하는데, 말하자면 이는 우리 자신의 완전성 및 우리의 이해관심사와 가장 밀접한 연관을 가지며 또한 동시에 그 자체로 완전하다는 것이다. 모방의 목적은 "즐거움과 감동과 위안을 주는, 한마디로 쾌락을 주는" 데 있다. 즉 그런 식으로 아름다운 자연은 관심을 불러일으키며 통일성, 다양성, 균제 및 비례를 제공한다. 추하고 역겨운 자연 사물에 대한 예술가의 모방과 관련한 문제에 당혹감을 느낀 바퇴는 모방이란 현실에 비해 언제나 불완전하지만 이 현실에 의해 야기된 끔찍함이나 혐오감이 모방을 통해 환기되는 일은 없기 때문에 불쾌감을 주는 대상의 모방을 통해서도 즐거움이 생긴다는 카스텔베트로의 주장으로 퇴행했다. 시의 목적이 즐거움을, 즉 "정념에 휩싸인 즐거움"을 주는 것이라면, "완전하고 지속적인 즐거움을 주기 위해 시는 선함(goodness)에 적대적이지 않고 이를 잘 불러일으킬 정념을 자아내야 한다."[319]

호가드

그다지 실체가 없는 서로 다른 입장들을 모아 일관성을 부여하는 일은 어렵다. 그래도 바퇴에 필적할 만한 사람들로는 영국 철학자들, 아니 미학에 대해 글을 썼던 영국 학자들, 더 정확히는 우연히 미학적 사실들을 담고 있는 일반적 사안에 대해 펜을 들었던 영국인을 들 수 있

---

* 호메로스의 『일리아스』에 등장하는 인물. 제욱시스는 헬레네 상을 만들 때 실제로 아름다운 다섯 여인의 신체에서 가장 아름다운 부분만을 선택했다고 한다.

다. 형태미에 관한 미켈란젤로의 몇 마디 언급을 로마초[*]를 통해 우연히 발견했던 예술가 호가드는 조형예술이 개별적 선을 통해 표현될 수 있는 특수한 원리에 따라 규칙을 지정받는다는 생각에 몰두했다.[320] 1745년의 판화집에 그가 도안한 권두삽화에는 이런 발견의 성과가 집약되어 있다. 여기에는 곡선 하나와 "미의 선(The Line of Beauty)"이라는 문구가 적혀 있는 화가의 팔레트가 묘사되어 있다. 이 수수께끼 같은 그림이 야기한 대중적 호기심은 얼마 지나지 않아 그의 저서 『미의 분석』이 출간되자 해소되었다.[321] 여기에서 그는 형식에 따라서가 아니라 대상에 따라, 아니면 모방의 탁월함에 따라 회화를 판정하려는 오류를 비판하고 있다. "균제, 다양성, 통일성, 단순성, 복잡함 및 수량"으로 구성되는 이 형식이야말로 예술의 참된 본질을 이루는데, "이 모든 것들이 미를 산출하는 과정에서 협력하면서도 필요하다면 서로를 교정하고 제한한다."[322] 그러나 얼마 지나지 않아 호가드는 모사된 것과의 일치와 합치 또한 있어야 한다는 주장을 폈다. 왜냐하면 "규칙성, 통일성 및 균제는 그것들이 대상과 일치하는 상을 제공하는 데 기여하는 한에서만 즐거움을 부여"[323]하기 때문이다. 나아가 독자들은 호가드가 "머릿속에 그려볼 수 있을 지극히 다양한 물결 모양의 파상 곡선들 가운데 진정 '미의 선'이라고 부를 만한 가치가 있는 선은 오직 하나인데 이것은 '우아함의 선'이라고 불릴 수 있을, 그렇듯 정밀하게 구부러진 선"[324]이라고 말한 사실도 알게 된다. 여기에서도 다시 한 번 선의 복잡함이 아름다운 까닭은 "활동적인 정신이 관여하기를 좋아하기" 때문이며 눈이 "일종의 사냥"[325]을 즐기기 때문이라는 것이 호가드의 설명이다. 직선에는 아름다움이 없다. 돼지, 곰, 거미, 두꺼비 등이 추한 까닭은 거기에 파상 곡선이 전혀 없기 때문이다.[326] 고대인은 선을 이용하고 분류함에 있어서 훌륭한 판단력을 보여주었는데, 그들이 "정밀한 그 우아함의 선으로부터 벗어나는 경우는 성격 또

---

[*] 16세기 말 매너리즘기에 활동했던 화가이자 미술사학자인 조반니 파올로 로마초를 지칭한다.

는 행위가 그것을 요구할 때뿐이었다"[327]는 것이다.

버크

『숭고 및 미 이념의 기원에 대한 철학적 고찰』(1756)을 쓴 에드먼드 버크도 [일치를 지향하는] 모방의 원리와 차이에 기반을 둔, 혹은 상상력에 기반을 둔 다른 원리들 사이에서 동요하면서 비슷한 망설임을 보인다. 그가 보기에 "하나의 사물에 내포된 자연적 속성들은 상상력에 쾌·불쾌를 준다. 그런데 더 나아가 원본과 모사 간 유사성을 통해 상상력이 기쁨을 느낄 수 있다." 즉, 상상력의 쾌는 "이런 두 가지 근거"에서 모두 나온다고 주장한다.[328] 조금도 주저함 없이 그는 감각적으로 아름다운 사물에서 발견되는 자연적 속성에 대해 긴 토론을 이어나간다. "첫째, 비교적 작은 것, 둘째, 부드러운 표면, 셋째, 부분별로 다양한 성향, 넷째, 모난 데 없이 서로 한데 융합된 모든 선, 다섯째, 그 어떤 격렬함의 표시도 드러나지 않은 매우 섬세한 구조, 여섯째, 눈에 거슬릴 정도로 환하지는 않은 생생한 채색, 일곱째, 환한 채색의 경우 배경과 구분될 수 있을 것." 이런 것들이 자연과 조화를 이루는 미의 속성들이며 변덕이나 취향의 차이로 인해 이 속성들이 달라질 일은 잘 생기지 않는다고 보았다.[329]

헨리 홈

호가드와 버크의 저서는 고전으로 평가받는다. 다만 그렇다 할지라도 이것들이 우리를 설득시킬 만한 내용을 가진 고전은 아니다. 이보다 좀 더 나은 유형의 고전으로 케임스 경 헨리 홈의 『비평의 원리』가 있는데, 그는 비평을 "합리적 학문"으로 전환할 의도에 따라 "예술의 참된 원리들"을 추구했으며 이런 목적 하에서 "사실 및 실험으로부터 올라오는 경로"를 선택했다. 홈은 시각과 청각의 대상에 기인한 감정만을 다뤘는데, 이것들은 욕구가 수반되지 않는 한 순전한 느낌이라고 기술하기에 더 적절한 것이다. 이는 감정이지 정념(passion)아니다.* 이러한 느낌들은 단순한 감각적 인상과 지성적·도덕적 관념의 중간 항을 이루며, 따라서 양자 모두와 유사하다. 그리고 미의 즐거움은 바로 이 양자로부터 나온다. 미는 상대적 미와 본질적 미로 분류된다.[330] 후자와 관련한 홈의 유일한 언급으로서 규칙성, 단순함, 통일성, 비례, 질서 및 여타 즐거움을 주는 성질들이야말로 "셀 수 없이 많은 사례들을 통해 분명히 알 수 있듯이 자연의 창조자가 자신과 무관하지 않은 바로 여기 이 지상에서 행복을 증진하기 위해 배열한 것들"이라는 설명이 있다. 이러한 생각은 "그러한 세부적인 것에 대한 우리의 취미는 우연한 것이 아니라 오히려 우리 본성의 일부로서 공통적이고 보편적인 것이다"라는 성찰을 통해 확인된다. 또한 그는 "규칙성, 통일성, 질서 및 단순함은 지각을 원활하게 해주며 명석한 대상의 관념을 형성할 수 있게끔 한다. 이 정도의 명석함은 제 아무리 주의를 기울인다 해도 이런 성질들이 없다면 얻을 수 없는 것이다"라고 덧붙인다. 비례는 종종 유용성의 관점과 결부된다. "우리가 보기에 최적의 비례를 갖춘 동물이 가장 강하기도 하다. 그러나 이러한 연결이 적절치 않은 사례들도 많이 있다." 그런 까닭에 "앞서 언급된 궁극 목적, 즉 자연의 창조자가 의도한 '우리의 행복 증진'이라는 목적 정도에 머무르는 것"[331]이 상책이다. 『취미론』(1758)과 『천재론』(1774)을 쓴 알렉산더 제라드는 예술의 다양한 형식에 따라 연합의 원리, 직접적 쾌의 원리, 표현의 원리, 그리고 심지어 도덕감의 원리를 각각 적용했는데, 이와 똑같은 종류의 설명이 앨리슨의 『취미론』(1792)에도 등장한다.

플라트너

이런 수준의 저술들, 특히 과학적 방법론이 거의 완전히 결여된 저술들을 평가하는 일은 불가능하다. 이 저자들은 언제나 생리학적 감각주의에서 도덕주의로 넘어간다. 즉, 불일치 여부에 대한 감각은 조금도 없이 자연의 모방에서 신비주의 및 초월적 목적론으로 넘어가는 것이다. 이런 저술들을 진지하게 다루는 것 자체가 의미 없는 일이 될 것이다. 이들에 비해 솔직하게 쾌락주의자임을 표명한 독일인 에른스트 플라트너는 그럭저럭 흥미를 끄는 편이다. 선에 대한 호가드의 탐구를 자신만의 방식으로 해석한 플라트너가 미적 사실 가운데 발견한 것은 오직 성적인 쾌락의 반향이었다. 그는 모든 아름다움의 중심인 여인의 신체 말고 그 어디에서 아름다움을 발견할 수 있겠는지 반문한다. 곡선이 아름다운 까닭은 이것이 여성의 몸에서 발견되기 때문이다. 그에 따르면 여성적인 것 특유의 동작은 모두 아름답다. 음조들은 서로 융합될 때 아름답다. 하나의 사유가 관대함과 능숙함으로 다른 사유를 감싸 안을 때 시는 아름답다.[332] 콩디약의 감각주의로는 미적 생산성을 전혀 이해할 수 없다는 점은 이미 살펴본 바 있다. 흄의 저작을 통해 증폭된 연합주의라 해서 특별히 더 나을 것은 없었다.

헴스테르호이스

네덜란드인 헴스테르호이스가 생각한 아름다움은 다양성을 제공하는 감성, 그리고 통일성을 지향하는 내적 감각, 이 양자의 접점을 통해 태동하는 현상이다. 그러므로 아름다운 것은 "최단 시간에 최다 관념을 보여준다." 궁극적 통일성에 도달할 수 없는 인간은 아름다움 속에서 근사치의 통일성을 발견함으로써 사랑의 기쁨과 유사한 쾌를 제공받는다. 신비주의와 감각주의의 요소를 통해 진리를 어렴풋이 알게 해주는 헴스테르호이스의 이론은 귄터 야코비의 감상주의*로 발전되는데, 야코비가 보기에 진리와 선의 총체성은 물론 심지어 초감성적인 것 자체도 미의 형태를 통해 영혼에 감각적으로 제시된다.[333]

빙켈만

플라톤주의, 좀 더 정확하게는 신플라톤주의는 조형예술사의 창시자인 빙켈만에 의해 되살아났다(1764). 고대 조형물의 걸작들을 성찰하고 ─ 이러한 것들이 한때 담지했던 그 생명력을 다시 일깨울 수도 없고, 그것의 실제 의미를 이해할 수도 없기 때문에 더더욱 불가항력적으로 ─ 이러한 걸작을 통해 창출된 초인간적 고상함과 신적 초연함의 인상에 이끌림으로써 빙켈만과 그의 동료들은 미의 개념이 신적 이데아의 일곱 번째 천구**에서 내려와 이러한 걸작들 속에 구현되었다는 생각에 도달할 수 있었다. 바움가르텐의 추종자 멘델스존은 미를 신에게 돌리려 하지 않았다. 반면 신플라톤주의자 빙켈만은 미를 신에게 되돌림으로써 미를 신에게 맡겼다.

미, 그리고 의미의 결여

"보편적 아름다움의 원인을 숙고해온 현자들은 이를 피조물 속에서 찾으면서 최고의 아름다움의 근원에까지 도달하고자 했다. 그렇기 때문에 그들은 피조물과 그것의 의도들 간의, 그리고 피조물의 각 부분

---

* 감상주의(Sentimentalismus)는 계몽주의에 반발하는 경향에서 발흥했던 감수성(Emp-findsamkeit) 지향의 사상으로서 특히 질풍노도 운동의 일환으로 촉발되었다.

** 고대인은 각각 달, 수성, 금성, 태양, 화성, 목성, 토성의 궤도를 이루는 총 일곱 개의 천구가 있다고 생각했는데 토성의 궤도를 이루는 마지막 천구가 가시적인 물질계의 끝이라고 여겼고, 이 경계를 넘어서면 비가시적인 정신계에 이른다고 생각했다.

들과 전체 간의 완전한 조화에서 이런 아름다움을 찾아왔다. 그런데 보편적 아름다움이란 인간이 감당할 수 없는 완전성과 다를 바 없다. 따라서 보편적 아름다움에 대한 우리의 개념은 불분명하며 개별적 지식에 따라 우리 속에 형성되어 있을 따름이다. 이러한 개별적 지식들이 올바른 것이라면, 그리고 이것들이 잘 수집되고 결합된다면, 우리가 도달할 수 있을 인간의 아름다움에 대한 최고 이념이 주어지는데, 이때 우리가 물질을 넘어서서 고양되는 그만큼만 이에 도달할 수 있다. 더욱이 창조주는 모든 피조물마다 각각에 합당한 만큼의 완전성을 부여했고 인간의 아름다움의 원인은 모든 피조물에서 발견되기 때문에 언제나 외부에서 원인을 찾아야 하는 개념과 달리 이러한 아름다움의 원인은 인간 외부의 그 어디에서도 찾을 수 없다. 바로 이런 이유 때문에, 그리고 우리의 인식이 비교에 기반을 두는 개념인 반면 미의 경우에는 비교될 더 아름다운 것 혹은 덜 아름다운 것이 없기 때문에 미를 보편적이고 판명하게 해명하기 어렵다."[334] 이 문제, 그리고 이와 유사한 난제들을 타개할 유일한 길은 "최고의 아름다움이 신 속에 거주한다"라는 점을 인정하는 것이다. "인간의 아름다움이라는 개념은 이 아름다움이 최고 존재에 적합한 만큼, 이와 합치하는 만큼 더욱 완전해지는데, 이 존재가 지닌 통일성과 불가분성 개념으로 인해서만 물질과 구분된다. 이러한 미 개념은 섬광처럼 질료에서 벗어난 정신과 같은데, 이 정신은 신적 지성에 의해 형성된 최초의 이성적 피조물과 닮은 대상을 만들고자 한다. 그러한 이미지의 형식들은 단순하고 지속적이며, 이렇듯 단순하고 지속적인 통일성 하에서만 다양한데, 바로 그렇기 때문에 형식들은 조화를 이룬다."[335] 이러한 미의 성질들에 "명명되지 않음", 즉 "통상적인 종류의 명칭이 없음"이 추가된다. 최고의 아름다움은 오직 이 아름다움을 구성하는 점·선들로만 묘사될 수 있을 뿐 이와 상이한 그 어떤 점·선으로도 묘사될 수 없는 것이다. 이러한 아름다움의 형식은 "이러저러한 특정인에 속하지 않으며, 이질적인 특징들을 미와 혼합하여 통일성을 해치는 심정 상태나 정념의 감각을 표현하지도 않는다." "이런 개념들에 따를 때 미는 샘 한가운데에서 산출된 가장 완전한 물과 같은데, 이는 모든 불순물을 정화했기 때문에 맞은 떨어지지만 그만큼 더 몸에 좋다고 여겨진다."[336] 이것이 빙켈만이 내린 결론이다.

순수한 아름다움을 지각하기 위해서는 특수한 능력이 요구되는데 이것이 감관의 힘은 분명히 아니며 아마도 지성, 혹은 빙켈만이 말한 바 있듯이 그 어떤 의도로부터도, 그리고 본능, 경향성 및 쾌의 정념으로부터도 벗어난 "섬세한 내감"일 것이다. 빙켈만은 미란 무언가 초감성적인 것이라 주장했기에 그가 색채를 완전히 배제하지는 않았을지라도 적어도 최소한도로 축소하고자 했다는 점, 그리고 색채를 미의 본질적 요소라기보다는 부차적이고 부수적인 것이라고 본 점은 그리 놀라운 일이 아니다.[337] 참된 아름다움은 형식을 통해, 즉 그가 선과 면으로 이해했던 것에 의해 주어진다. 하지만 이는 이런 것들이 오직 감관을 통해서만 파악되며 다양한 방식의 채색 없이는 볼 수 없다는 점을 망각한 결과다.

빙켈만의 모순, 그리고 그의 절충안

빙켈만의 오류를 마치 은둔자처럼 좁은 영역에서나 유효한 경구 정도로 보아줄 수는 있다. 하지만 이를 거부한다면, 빙켈만의 이론은 구체적인 사실과 문제들의 세상에서 살아남으려 하다가 결국 자기모순에 빠지게 된다. 비록 이론을 구성하려는 시각에서 나온 것이었음에도 불구하고 빙켈만의 작업은 언제나 그가 진술한 최고의 아름다움이라는 사상과 충돌하는 구체적인 역사적 사실과 마주치게 되었다. 선묘에 대한, 그리고 더 나아가 좀 더 낮은 지평에서 행해진 색채에 대한 그의 승인은 이미 두 가지의 절충이다. 세 번째 절충안으로서 그는 표현의 원리를 든다. "인간의 본성에는 고통과 쾌 사이에 그 어떤 중간 단계도 없기 때문에", 그리고 고통과 쾌의 감각이 없는 생명체는 생각할수 없기 때문에 "인간의 모습은 행위를 하거나 어떤 정념을 갖는 상태

로 나타나는데, 예술의 경우 우리는 이것을 표현이라는 말로 이해한
다." 그러므로 빙켈만은 미를 다룬 후에 표현을 다루는 방향으로 나아
간다.[338] 그러자 그는 단일하고 영속적인 최고미와 개별적 미들 사이에
서 네 번째 절충안을 표명할 필요를 느꼈다. 왜냐하면 그가 여성의 신
체보다 남성의 신체를 선호하면서 후자가 완전한 미를 더 완벽히 구
현한다고 생각했지만, 아름다운 여성의 신체를, 그리고 심지어 아름다
운 동물의 신체를 잘 알고 있으며 또한 이들을 상찬한다는 명백한 사
실에 대해 눈감고 있을 수만은 없었기 때문이다.

멩스

고고학자 빙켈만의 동료이자 어찌 보면 협력자인 멩스는 미의 본성을
이해함에 있어 그보다 결코 열의가 부족했다고 할 수는 없다. 빙켈만
은 미를 연구한 비평가였고 멩스는 미를 산출한 화가였다. 멩스는 다
음과 같이 말한다. 화가의 중요한 두 가지 의무, 즉 외양의 모방, 그리
고 가장 아름다운 대상을 선택하는 일 가운데 전자에 대해서는 많은
이들이 논한 반면 후자에 대해서는 "현대인이 거의 다루지 않았는데,
고대 그리스의 조각상이 없었다면 우리는 디자인 기술*에 대해 그 어
떤 개념도 갖지 못했을 것이다."[339] 이러한 정황을 고려할 때 "나는 이
주제를 해명해줄 것으로 기대되는 모든 것에 대해 읽고, 묻고, 관찰했
지만 결코 만족할 수 없었다. 왜냐하면 사람들은 아름다운 사물에 대
해, 미의 속성을 이루는 성질들에 대해 논하거나, 아니면 흔히 말하듯
모호한 것을 더 모호한 것으로 해명하려는 시도를 하거나, 아니면 아
름다운 것을 쾌적한 것과 혼동하기 때문이다. 그래서 나는 스스로 미
의 본성을 탐구하고자 결심했다."[340] 이 주제에 대한 그의 저술 가운데

---

*   arts of design: '심상(design)'에 근거한 기술이라는 의미로 회화, 조각, 건축을 묶어서 지
    칭한다.

하나가 빙켈만의 조언과 후원에 힘 입어 생전(1761)에 출간되었다. 여타의 글들은 사후(1780)에 나왔는데, 모두 여러 차례 증쇄되고 또 여러 언어로 번역되었다. 『아름다움에 대한 꿈』에서 그는 다음과 같이 말한다. "오랫동안 나는 아름다운 것을 인식하고자 드넓은 바다를 항해했지만 여전히 그 어떤 해안가에도 당도하지 못한 채 나의 여정이 어디를 향해야 하는지에 대해 심각한 의혹에 휩싸여 있었다. 나는 나 자신을 바라볼 뿐 대상의 엄청난 방대함에 나의 시선은 길을 잃었다."[341] 실제로 멩스는 "미가 우리의 개념에 따른 질료적 완벽함에 존립하며, 신만이 완벽하기 때문에 미는 신적이다"라는 빙켈만의 학설을 어느 정도 따르면서도 그 어떤 정식도 만족스럽다고 생각하지는 않은 듯하다. 미는 "완전성에 대한 가시적 개념"인데, 이는 수학에서 점이 가시적이라고 말할 때의 정황과 같다. 우리의 개념은 창조주가 다양한 사물들을 통해 성취하고자 하는 목적으로부터 도출된다. 그러므로 미는 다양하다. 일반적으로 멩스는 자연물의 종에서 사물의 유형을 발견한다. 가령 "암석에 대해 우리가 갖고 있는 개념은 그것의 색이 단일해야 한다"는 것인데 "얼룩이 묻게 되면 추하다고 불린다." 혹은 어떤 아이가 "어른처럼 생겼다면, 마치 남자가 여자처럼 생겼으면 추하고 여자가 남자처럼 생겼으면 추한 것과 똑같은 이유로 이 아이는 추하다." 놀랍게도 멩스는 다음과 같은 말을 추가한다. "암석 가운데 완전한 종이 하나 있는데 그것이 다이아몬드다. 금속 가운데에는 금이, 살아있는 피조물 가운데에는 오직 인간만이 완전하다. 그러니까 각각의 모든 질서마다 차이와 구별이 있으며 완전함은 매우 드물다."[342] 「아름다움에 대한 꿈」에서 멩스는 미를 "한편에는 완전함을, 다른 한편에는 감각적으로 만족스러운 것을 포함하는 중간항"이라고 보았다. 실제로 그것은 완전함도 아니고 만족스러운 것도 아닌 제삼의 것으로서 독자적 이름을 가질 만하다.[343] 회화 예술은 네 가지 원천에서 나온다. 즉 미, 표시 혹은 표현하는 특성, 조화와의 합일에 따른 만족스러움, 채색이 그것이다. 멩스는 고대인에게서 첫 번째를, 라파엘로에게서 두 번째를, 코레지오에게서 세 번째를, 티치아노에게서 네 번째를 발견했다.[344]

작업실의 한담 같은 이런 경험적인 이야기에 이어 멩스는 다음과 같이 외친다. "그렇기 때문에 나는 독자들에게 내가 느낀 바를 말해주려는 의욕을 불러일으키는 힘을 아름다움이 지녔다는 것을 느낀다. 자연 전체가 아름다우며 덕성이 아름답다. 형식들, 비례들이 아름답다. 현상이 아름다우며 운동도 아름답다. 이보다 더 아름다운 것은 이성이며, 위대한 제1원인이야말로 그 어떤 것보다 아름답다."[345]

레싱

빙켈만 이론을 희석한, 말하자면 덜 형이상학적인 반향이 레싱(1766)에게서 발견되는데, 레싱은 당대 독일의 문학과 사회적 삶에 새로운 정신을 불어넣었다. 레싱에 따르면 예술의 목적은 "기쁨"이다. 그리고 기쁨은 "잉여"이기 때문에 입법자들이 예술에 자유를 허용하지 않는 것은 이치에 맞는 듯 보인다. 즉, 자유란 영혼의 필수 요건으로서 진리를 탐구하는 학문에나 필요한 것이다. 그리스인에게 회화는 본성상 "아름다운 신체의 모방"이어야 했다. "(헬레니즘기) 화가는 아름다움 이외의 그 어떤 것도 묘사하지 않았다. 조야한 아름다움이나 저급한 종류의 아름다움은 자신에게 우연한 주제, 그저 연습이나 기분 전환용에 불과했다. 그의 작품이 갖는 매력은 대상이 갖는 완전함에 있다. 그는 너무도 위대했기 때문에 유사함을 통해 나오는, 혹은 능숙한 솜씨를 감안함으로써 나오는 무감한 기쁨 정도로 관객에게 만족할 것을 요구하지 않는다. 그의 예술에서 예술의 궁극목적보다 더 소중한 것은 없으며 이 작품이 의도하는 목적보다 더 고귀한 것은 없어 보인다."[346] 회화는 불쾌함과 추함을 일체 배제해야 한다. "모방으로서의 회화는 추함을 표현할 수도 있다. 그러나 예술로서의 회화는 이를 표현하려 하지 않는다. 전자에는 가시적인 모든 대상이 속한다. 후자는 쾌적한 감각을 일깨우는 대상만을 포함한다." 반면 추함이 시인에 의해 재현되는 까닭은 다음과 같다. 시적으로 묘사된 추함은 "신체적

미학

불완전함의 현상이라 해도 이를 덜 혐오스럽게 하며, 효력 면에서 본다면 더 이상 추함이 아니다." 시인이 "추함을 그대로 사용할 수는 없기" 때문에 그가 사용하는 추함은 "복합적인 감정을 낳는 것(웃기는 것, 무서운 것)을 산출하고 강화하기 위한 요소인데, 시인은 순수한 쾌적감 없이도 이런 복합적인 감정으로 우리를 즐겁게 한다."[347] 『함부르크 연극론』(1767)에서 레싱은 아리스토텔레스의 『시학』에 대한 자신의 입장을 표명했다. 잘 알려져 있듯이, 그는 규칙들을 전반적으로 인정했을 뿐만 아니라 아리스토텔레스에 의해 정립된 규칙들이 유클리드의 공리만큼 논박의 여지가 없다고 생각했다. 프랑스 작가 및 비평가들에 대한 레싱의 논박은 개연성이라는 이름으로 감행된 것일 뿐 결코 역사적 정확성에 입각한 것은 아니었다. 그는 보편자란 개별자들에게서 발견되는 평균치라고 생각했고, 또한 모든 시의 목적이 미덕에 대한 사랑을 불러일으키는 데 있다는 것은 의심할 여지가 없다는 견지에서 카타르시스라는 정념을 덕성으로 전환하는 것이라고 이해했다.[348] 그는 이상적 아름다움의 개념을 조형예술의 원리로 도입했던 빙켈만의 사례를 준용했다. "신체의 아름다움을 표현하는 것이 회화의 사명이다. 그러므로 최고의 신체미가 예술의 최고 목적이다. 그런데 이러한 최고의 신체미는 오직 인간에게서만 발견되며 인간에게 있어 이런 아름다움은 오직 이상(Ideal)을 통해서만 실존한다. 이러한 이상이 열등한 단계의 동물 가운데 발견될 수도 있다. 그러나 식물이나 무생물에서는 완전히 부재하다." 풍경화가 및 정물화가는 진정한 예술가가 아닌데 왜냐하면 "그들은 이상이 결여된 아름다움을 모방하기 때문이며, 그들은 이때 눈과 손으로 작업했을 뿐 그 작품 속에 천재성은 거의 없거나 전혀 없다." 그럼에도 불구하고 "아름다움을 주요 목적으로 삼지 않고, 아름다움을 위한 표현 속에서가 아니라 단순한 표현을 통해 자신의 간계를 보여주기 위해 대중을 묘사하는 데 그치는 역사화가"[349]보다는 풍경화가를 선호한다. 그러니까 신체미의 이상은 "주로 형식의 이상에, 그러나 이에 못지않게 육화의 이상에, 그리고 영속적 표현의 이상에도" 달려 있다. "단순한 채색이나 일시적 표현에는 이상이 결여되어 있는데, 왜냐하면 그 속에서는 자연 자체가 그 어떤 규정도 도모하지 않았기 때문이다."[350] 레싱의 심중에는 색채에 대한 혐오가 자리 잡고 있었다. 그리고 화가들의 펜 스케치를 보면서 "그들의 [채색] 회화에는 없는 정신, 생명, 자유 및 섬세함"을 발견했던 레싱은 "제 아무리 감탄스러운 채색이라도 [이로 인해 초래될] 손실이 보충될 수 있을지", 그리고 "유화가 아예 고안되지 않았더라면" 하고 소망해서는 안 되는 것인지를 자문했다.[351]

이상미의 이론가

이제 이상미는 대세가 되었다. 이상미는 펜이나 조각칼에 의한 미묘한 윤곽선과 신 사이에서, 이 둘의 흥미로운 연합이자 냉철한 아카데미즘적인 신비주의라 할 수 있다. (이탈리아어로 많은 책을 출간한 빙켈만과 멩스 모두에게 고향이기도 한)* 이탈리아에서 예술가, 수집가 및 감정인들 사이에 이상미에 대한 활발한 토론이 이뤄졌다. 건축가 밀리지아는 자신이 "줄처와 멩스의 원리"의 신봉자임을 밝혔다.[352] 이탈리아에 거주하고 있던 스페인 사람 다자라는 멩스의 글에 주석을 달면서 미에 대한 자신의 정의를 덧붙였다. 즉 "[미란] 완전한 것과 만족스러운 것 간의 결합이 가시화된 것이다."[353] 또 다른 스페인인이자 이탈리아로 도피한 예수회 교도 중 한 사람이었던 아르테가는 『이상미에 관하여』[354]라는 논문을 썼다. 로마로 와서 멩스에 대한 지식을 접한 후 그가 미에 대해 표명한 생각들에 매료된 영국인 대니얼 웹은 멩스의 생각들을 종합하여 멩스 자신보다도 먼저 그것들을 출간했다.[355]

---

* 빙켈만은 독일 동북부 도시인 슈텐달(Stendal)에서, 그리고 멩스는 현재 체코 영토인 아우시히(Aussig)에서 태어났지만, 빙켈만은 이탈리아의 트리스트(Triest)에서, 그리고 멩스는 로마에서 생을 마쳤다.

이상미의 학설과는 다른 목소리가 이탈리아 학자들의 모임을 통해 처음 나왔는데(1764), 이들은 예술의 원리로서 특징적인 것(the characteristic)을 주창했다. 이 입장은 멩스에게 보내는 편지 형식을 띤, 주세페 스팔레티의 『미에 관한 에세이』라는 작은 책자를 해석하면서 등장했는데, 스팔레티는 "그로타페라타*에 은거하면서" 이 주제에 대해 멩스와 토론했으며 멩스는 스팔레티가 그의 모든 생각들을 글로 쓸 것을 독려했다.[356] 매우 공개적인 주장을 펼치지는 않았을지라도 이 에세이는 논박적 성격을 띤 서술로 점철되어 있다. "예술가가 공들여 재현한 진리란 무릇 아름다움이다. 예술작품이 재현한다고 하는 소재에 완전히 집약되어 있는 특징적인 것을 영혼이 발견할 경우 이 작품에는 아름답다는 판정이 내려진다. 자연의 작품에도 똑같은 점이 적용된다. 만일 영혼이 훌륭한 비례를 갖춘 남자를 보았는데 그가 여자의 얼굴을 하고 있어서 자신이 보는 것이 여자인지 남자인지 확신이 서지 않게 되면, 이 남자는 남자라는 사실에 부합하는 특징적인 것이 결여되었기 때문에 아름답기보다는 추하다는 평가가 내려진다. 자연미에 대해 이렇게 말할 수 있다면, 예술미에 대해서는 할 말이 얼마나 더 많겠는가?" 미를 통해 주어지는 쾌는 지성적이다. 말하자면 진리를 파악함으로써 갖는 쾌다. 특징적인 면이 재현된 추한 사물에 직면하면 사람들은 "자신의 인식이 증대된 것에 대해 기뻐한다." 미는 "영혼에 유사성, 질서, 비례, 조화 및 다양성을 제공하는 속성을 지니고 있기에 영혼이 무수히 많은 추론을 구성할 거대한 장을 마련해준다. 이러한 추론에 헌신함으로써 영혼은 제 스스로에게서 쾌를 느끼며 그러한 쾌를 불러일으키는 대상에서, 그리고 자기 자신의 완전함에 대한 느낌 속에서 쾌를 느낄 것이다." 결국 아름다운 것은 "대상을, 그것을 그렇게 보일 수밖에 없게 하는 불가피한 특징에 따라 관찰하고, 그에 맞춰 대상

---

*   Grottaferrata: 로마 근교의 도시

을 내적으로 변용시킨 것"으로 정의될 수 있다.[357] 심오하지만 오류투성이인 빙켈만과 멩스와는 대조적으로 미학자들 사이에 되살아난 신플라톤주의에 반대하고 아리스토텔레스의 입장을 지지한 스팔레티의 명료하지는 않지만 건전하고 훌륭한 감각은 환영할 만하다.

미와 특징적인 것: 히르트, 마이어, 괴테

오랜 시간이 흐른 뒤 비슷한 반발이 독일에서 일어났다. 한참 후인 1767년 미술사학자 히르트는 완전히 천박하고 추한 것을 포함하여 세상 모든 것들을 묘사했던 고대의 작품들을 입지점으로 삼아 이상미가 예술의 원리이며 표현은 그저 부차적인 것에 불과하기 때문에 표현이 이상미를 훼손하지 않도록 해야 한다는 견해를 과감히 거부했다. 그는 이상적인 것을 특징적인 것으로 대체했는데, 이는 신에게도 영웅에게도 동물에게도 모두 적용되는 원리다. 특징이란 "개별성이며, 이에 따라 형식, 운동, 기호, 인상과 표현, 자연색, 빛, 그늘 및 명암 대비 등이 구분되는데, 그것도 그때그때마다 대상이 요구하는 방식에 따라 구분된다."[358] 역시 미술사가인 하인리히 마이어는 빙켈만의 입지점에서 출발하여 일련의 절충안을 채택한 후 결국 인간 및 여타 다양한 동물의 이상은 물론 나무와 풍경의 이상도 함께 주장했는데, 히르트와의 논쟁 과정을 거쳐 그와 자신을 중재하는 입장을 모색했다. 그리고 고딕 건축을 찬양하던 자신의 청년기를 잊은 채 그리스와 로마의 색채가 스며들어 있는 이탈리아 여행에서 돌아온 괴테도 1798년에 미와 표현 간의 중간항을 찾고자 했다. 그러면서 어떤 특징적인 내용이 있어서 그것이 예술가에 의해 완전한 아름다움으로 재구성되고 전개될 미의 형식을 예술가에게 제공하는 것은 아닌지를 골똘히 생각했다. 특징적인 것은 그렇기 때문에 단지 출발점에 불과하며 예술가가 정성을 쏟은 결과물이라야 아름다운 것이 된다. "우리는 특징적인 것에서 출발해야 하는데"(그의 말에 따르면) "이는 아름다움을 획득하기 위해서다."[359]

VIII. 임마누엘 칸트

칸트와 비코

빙켈만, 멩스, 홈, 호가드, 레싱, 괴테, 이 모든 저술가들 가운데 누구도 명실상부한 철학자는 아니었다. 철학자의 칭호를 주장하던 게오르크 프리드리히 마이어 같은 이나 철학적 재능을 어느 정도 갖췄던 헤르더, 하만 같은 이도 그런 의미의 철학자는 아니었다. 비코 이후의 유럽인 가운데 진정 사변적인 천재로서의 정신을 갖춘 이는 임마누엘 칸트였고, 그가 이제 우리 앞에 등장할 차례다. 비코가 제기했던 철학적 문제를 칸트가 (물론 직접적·역사적이라기보다는 이념적인 맥락에서) 수용했다는 점에 주목한 이들은 이미 있었다.[360] 자신보다 선행했던 이들의 길에서 그가 얼마나 진전했는지, 그리고 그들의 단계에 도달하기에 얼마나 부족했는지, 이런 것을 묻는 것은 우리의 관심사가 아니다. 우리는 엄밀한 미학적 문제를 고려하는 데 한정할 수밖에 없다.

논의의 결과를 요약하자면 우리는 우선 다음과 같이 말할 수 있을 것이다. 칸트는 독일 사유의 발전에서 지극히 중대한 위치를 점하고 있다. 미학적 사실을 다루는 『판단력 비판』도 그의 주서 가운데 하나에 속한다. 17세기에서 18세기에 이르기까지 유럽적 사유 전체의 발전을 거의 무시했던 독일 중심 미학사의 관점에서 보면 그는 미학의 근본 문제를 발견하고 해답을 찾은 인물, 혹은 이런 해답에 정말로 근접했던 인물로 자리매김될 수 있었다. 하지만 이 모든 것이 사실임에도 불구하고 선입견 없는 완전한 [역사에 의한 평가], 말하자면 단지 저서의 대중성이나 민족의 역사적 중요성을 고려하기보다는 거시적 안목에서 이념에 내재한 가치를 고려하는 역사를 통해 내려지는 칸트에 대한 평가는 매우 다양할 수밖에 없다. 칸트가 미적 사실에 대해 진지하고 끈기 있는 성찰을 추구했다는 점에서는 비코와 유사하지만 선대의 토론과 논증을 취합하여 훨씬 더 방대한 자료를 갖고 있었다는 점에서는 비코보다 더 큰 행운을 지녔다. 그러나 언뜻 보기에 그는 비코에 필적할 만하지 않은 듯하며 비코만큼 성공하지는 못한 듯한데, 왜냐하면 칸트는 본질적으로 참된 학설을 획득하지도 못했으며, 그의 사유는 요구되는 체계적 통일성에 도달하지도 못했기 때문이다.

칸트와 바움가르텐

칸트의 예술관은 실제 어떠했는가? 칸트가 분명하고 설득력 있게 볼프 학파를, 그리고 혼연하게 지각된 완전함이라는 미 개념을 논박했다는 것을 기억하는 이들에게 좀 이상하게 들릴 만한 대답을 하자면, 칸트의 예술관은 근본적으로 바움가르텐 및 볼프 학파의 그것과 똑같다고 주장하지 않을 수 없다.[361] 칸트의 정신은 이들 학파를 자양분 삼아 성숙했다. 칸트는 언제나 바움가르텐에 대한 존경을 표했는데, 『순수 이성 비판』에서 그는 바움가르텐을 "저 탁월한 분석가"라 칭한다. 자신의 대학 강의에서 칸트는 형이상학의 경우 바움가르텐의 저서를 두 번, 그리고 논리학(이성론)의 경우 게오르크 프리드리히 마이어의 저서를 한 번 선택한 바 있다. 따라서 칸트는 그들의 영향 하에서 그들처럼 논리학과 미학(예술론)을 인접 학문으로 간주했다. 1765년의 강의에서 칸트는 이 두 학문을 그렇게 기술하고 있다. 여기에서 그는 이성 비판을 해설하면서 "취미의 비판에, 말하자면 미학의 비판에 주목"하려는 의도를 표명하는데, "어떤 하나에 대한 규칙이 다른 것에도 적용되고, 서로가 서로를 해명해주기 때문"이라는 것이다. 대학 강의를 통해 칸트는 마이어의 방식에 따라 미학적 진리를 논리학적 진리와 구분했다. 화사한 소녀의 아름다운 얼굴이 현미경을 통해 정밀하게 관찰될 경우에는 더 이상 아름다울 수 없다는 마이어의 사례를 인용하기도 했다.[362] (칸트에 따르면) 인간이 한번 죽으면 소생할 수 없다는 것은 논리적·도덕적 진리와는 배치되지만 미학적으로 참이다.* 태양이 바다 속에 잠긴다는 것은 논리적·객관적으로는 거짓이지만 미학적으로 참이다. 논리적 진리가 미학적 진리와 어느 정도나 결합할 필요가 있는지에 대해서는 식자들은 물론 최고의 미학자들조차 아직 확정하지 못했다. 논리적 관념이 접근 가능한 것이 되려면 미적 형식을 갖춰야 한다. 미적인 의복을 벗어던지는 때는 심오함을 추구하는 이성적 학문[논리학]에서뿐이다. 미적 확실성은 주관적이다. 이는 권위에 만족한다. 말하자면 위대한 이들의 견해를 인용하는 것으로 족하다. 감각적인 것에 붙들려 있는 우리의 약점으로 인해 종종 미적 완전함이 우리가 판명한 사유를 하는 데 도움을 주기도 한다. 이 경우 사례와 심상이 함께 작동한다. 미적 완전성은 논리적 완전성의 수단이 된다. 취미는 지성의 유비다. 미적으로 진리가 아닌 것이 논리적으로는 진리일 수 있다. 다른 한편으로는 추상적 철학으로부터 배제해야 할, 그와는 다른 진리에나 적합한 감탄이나 격정들도 있다. 시는 사유와 감각의 조화로운 유희다. 시의 경우 사유가 감각에 순응하는 반면 웅변의 경우 그 반대라는 점에서 양자는 구분된다. 대학 강의를 통해 칸트는 종종 시가 웅변에 선행한다고 말하는데, 그 이유는 감각이 사유보다 앞서기 때문이라는 것이다. 칸트는 (아마도 헤르더의 영향인 듯한데) 동양인의 시에는 개념이 부족하며 세부적으로 제 아무리 풍부한 상상력을 갖췄을지라도 거기에는 통일성과 취미가 부족하다고 생각한다. 시는 가령 사랑의 시에서 보듯이 감정의 순수한 유희를 통해 형성될 수

---

* 인간이 죽어도 논리적 차원에서 볼 때 인간의 개념은 사라지지 않는다. 또한 인간이 죽어도 도덕적 차원에서 볼 때 인간의 인격성은 영원할 수 있다.

있음이 분명하다. 그러나 참된 시라면 우리의 심정에서 추방되어야 할 것임을 누구나 익히 아는 그런 감각과 관련된 산물은 배격한다. 참된 시는 덕성과 지성적 진리를 감각적으로 파악할 수 있도록 해야 하는데, 『인간론』에서 이성을 수단으로 하여 시에 생기를 불어넣으려 했던 포프의 시도가 바로 그런 것이었다. 다른 곳에서 칸트는 논리적 완전성이 다른 모든 것들의 토대를 이루며 미적 완전성은 논리적 완전성을 꾸며주는 것에 불과하다고 단호하게 말한 바 있다. 청중에게 호소하기 위해 논리적인 것이 일부 생략될 수도 있겠지만, 논리적인 완전함이 왜곡·전도되어서는 안 된다.[363]

이 모든 것은 그저 순전히 바움가르텐주의다. 이 강의가 비판철학 이전의 사유를 나타낸다는 것을, 그리고 대중적 이해가 가능했던 칸트의 이런 학설이 『판단력 비판』(1790)을 통해 좀 더 소수만이 이해할 수 있는 학설로 대체되었다는 것을 감안하지 않는다면 말이다. 논란을 야기하지 않기 위해 이 강의들은 논외로 하자. (물론 이 강의들이 칸트의 구절과 정식에 담긴 의미를 파악하는 데 조금이나마 도움이 될 경우도 있겠지만 말이다.) 그리고 『판단력 비판』 가운데 바움가르텐이나 마이어에게서 온 구절들이 무엇인지에 대한 질문도 제기하지 말자. 볼프주의자인 이들의 저작을 읽은 후 곧장 『판단력 비판』으로 넘어온 이라면 이들의 저작에서 이따금 칸트의 분위기가 감지된다고 느끼는 경우가 있을 것이다. 그러나 사실 『판단력 비판』을 그 자체로 편견 없이 검토한다면, 예술을 지성적 개념의 감성적·상상적 의복으로 보는 바움가르텐의 예술관을 칸트가 시종일관 신봉하고 있다는 점을 간파하게 될 것이다.

『판단력 비판』에서의 예술

칸트에 따르면 예술은 개념과 완전히 무관한 순수미가 아니라 그 자체로 개념을 전제하고 이를 견지하는 부속미다.[364] 예술은 천재의 작업인데, 천재란 미적 이념을 재현하는 능력이다. 미적 이념이란 "주어진 개념에 수반되는, 다양한 부분표상들과 [……] 결합되어 있는, 상상력의 표상이다. 이 표상에서는 하나의 특정한 개념으로 나타낼 표현이 발견될 수는 없는데, 명명할 수 없는 많은 것들이 부가되어 있기 때문이다. 이에 대한 감정이 인식능력에 생기를 불어넣어 단지 문자에 불과한 언어를 정신과 결합한다." 그리고 천재는 상상력과 지성이라는 두 개의 구성요소를 갖는다. 천재는 "어떤 학문도 가르쳐줄 수 없고 어떠한 근면함으로도 배울 수 없는, 즉 한편으로는 주어진 개념에 대한 이념들을 발견하는, 다른 한편으로는 이 개념에 의해 야기된, 즉 이 개념에 동반되는 주관적 심정의 분위기가 다른 이에게 전달될 수 있는 표현을 찾는, 그런 행복한 상태"에서 나온다. 그 어떤 상상력의 표상도 개념과 일치할 수 없듯이, 그 어떤 개념도 미적 이념과 일치하지 않는다. 미적 속성의 예로서 발로 번개를 잡고 있는 제우스의 독수리, 그리고 도도한 천상의 여왕 헤라의 공작 등이 있다. "이것들은 논리적 속성들처럼 창조의 숭고함과 장엄함에 대한 우리의 개념 속에 들어 있는 것을 표상*하는 것이 아니라, 이와는 다른 무언가를 표상한다. 이런 표상을 통해 말로 규정되는 개념에 따라 표현 가능한 것 이상을 생각하게 해주는 유사한 여러 표상들로까지 확장될 기회가 상상력에 부여되며, 논리적 현시가 아닌 저 이성이념에 봉사하는 미적 이념이 부여된다. 미적 이념이 부여되는 목적은 정확히 말해 이 이념이 마음에 유사한 표상들의 광대한 영역에 대한 시야를 제공함으로써 우리의 심정에 생기를 불어넣기 위함이다." 우리의 사유를 표현하는 데는 논리적 방식과 미적 방식 두 가지가 있다. 전자는 특정한 원리의 준수에 따라, 후자는 표상의 통일에 대한 순전한 감정에 따라 성립한다.[365] 상상력, 지성, 정신 외에 상상력과 지성을 매개하는 취미를 추가해야 한다.[366]

---

*   칸트는 '표상(Vorstellung)'과 '현시(Darstellung)'를 엄밀한 구분 없이 사용한다. '표현(Ausdruck)'의 경우에도 현대 예술론에서 표현주의(expressionism)가 표방하는 '표현'보다는 '표상' 혹은 '현시'에 더 가깝다.

그러므로 예술은 자연의 추함을 표상할 수도 있다. 예술미는 "아름다운 사물이 아니라 사물에 대한 아름다운 표상이다." 비록 추의 표상은 개별 예술들마다 그에 해당하는 제한을 갖게 되며(이 점은 레싱이나 빙켈만을 떠올리게 한다), 표상 자체를 사라지게 할 만큼 혐오스럽고 역겨운 것은 절대적으로 제한됨에도 불구하고 말이다.[367] 미적 판단만으로는 판단이 내려질 수 없고 개념을 요하는 부속미가 자연물에도 있다. 그러므로 자연은 비록 초인간적인 것일지라도 일종의 예술작품으로 나타난다. 즉, "목적론적 판단은 미적 판단의 토대이자 조건이 된다." 우리가 "이 여인은 아름답다"라고 말한다면, 이는 단지 "자연이 이 여인의 형태에서 여성의 신체 구조에 따른 목적을 아름답게 표상함"을 뜻할 뿐이다. 그렇기 때문에 "논리적 조건하에 있는 미적 판단에 의해 그 대상이 목적론적으로 사유되도록"[368] 순전한 형식 너머의 어떤 개념을 겨냥하는 일이 요구된다. 이런 식으로 인간의 형태에 대한 미의 이상이 형성되는데, 이는 도덕적 삶의 표현을 뜻한다.[369] 칸트는 꽃 그리고 새(앵무새, 벌새, 극락조) 같은 자연의 자유미에 비견되는, 그러니까 개념과 무관한 예술 제작도 가능하다는 점을 인정한다. 장식용 도안, 액자 테두리의 잎사귀 무늬, 가사 없는 환상곡 등은 아무것도, 즉 특정 개념으로 소급되는 어떠한 대상도 표상하지 않으며 자유미에 속하는 것으로 생각된다.[370] 이런 것들은 참된 본연의 예술에, 즉 칸트에 따르면 구상력(fancy)*과 지성을 결합하는 천재의 작업에 속하지 않는다고 할 필요까지는 없을 것이다.

칸트 체계에서의 상상력

이러한 입장은 바움가르텐의 이론을 더 집약하고 정교화하고 함축적

---

* 영역본의 'fancy'가 독일어본에서는 칸트와 관련하여 '구상력(Einbildungskraft)'으로, 낭만주의 및 관념론 미학과 관련하여 '판타지(Phantasie)'로 주로 번역되고 있다.

인 것으로 만들어 최고조에 이르도록 한 것이다. 마치 순식간에 완전히 새로운 예술관이 태동할 듯 보이는 정도로 무르익은 것이다. 그러나 칸트의 예술관은 여전히 바움가르텐에 머물러 있으며 그의 지성주의의 굴레에서 결코 벗어나 있지 않다. 벗어나는 것 자체가 가능하지도 않다. 칸트의 체계 및 그의 정신철학 어디에도 상상력에 대한 심도 있는 개념은 전혀 없다.『판단력 비판』의 본문에 선행하는 정신[영혼]* 능력들의 표를 살펴보면, 여기에서 칸트가 인식능력, 쾌·불쾌의 감정 및 욕구능력이 서로 협력하도록 하고 있음을 알 수 있다. 첫 번째는 지성에, 두 번째는 (목적론적 그리고 미적) 판단력에, 세 번째는 이성에 각각 대응한다.[371] 칸트는 상상력이 정신의 힘들 가운데 있다고 보지 않고, 그것을 감성의 사실 속에 배치했다. 그는 재생적 상상력과 연합적인 상상력을 알고 있었지만, 진정 생산적인 상상력, 즉 본연의 상상력에 대해서는 전혀 아는 바 없었다.[372] 그의 학설에 따르면 천재가 다양한 능력들의 상호 협력에서 나오는 것임은 이미 살펴본 바 있다.

초월적 감성론: 직관의 형식

하지만 때때로 칸트는 단지 감각적인 질료는 아니면서도 비지성적인 이론 형식을 이루는 독립적인 무언가가 지성적 활동보다 선행한다는 점을 감지하고 있었다. 그가 엄밀한 의미의 예술이 아니라 인식의 절차를 검토하는 과정에서 저 비지성적인 이론 형식을 간파할 수 있었다. 즉 칸트는『판단력 비판』에서가 아니라『순수 이성 비판』초판의 제1부 "초월적 원리론"에서 이를 다룬다. 여기에서 칸트는 정신이 감각에 형식을 부여할 때에만 감각이 정신으로 진입할 수 있다고 말한다. 이 형식은 지성이 감각에 부여하는 형식과는 다른, 그보다 훨씬 더

---

* 칸트는 이를 '심정(Gemüt)' 혹은 '영혼(Seele)'이라고 부른다. 'Seele'에 대응되는 번역어로서 크로체는 'spirito'를 선택했다.

단순한[원초적인] 것인 순수 직관인데, 이는 감성[수용능력]의 선험적 원리들의 총체다.* 그렇기 때문에 "초월적 원리론의 제1장을 이루는 것으로서 순수 사유의 원리를 포함하는, 이른바 초월적 논리학과 구분되는 학문"이 있다. 그렇다면 칸트가 스스로 그 존재를 연역한 이 학문에 부여한 이름은 무엇인가? 이는 다름 아닌 초월적 '감성론'**이다. 심지어 칸트는 주석을 통해 이것이야말로 자신이 다루는 신학문에 합당한 이름이라고 주장했고 이를 취미 비판에 적용한 독일인의 관례를 힐난했는데, 당시까지만 해도 그는 취미 비판이 학문일 수는 없다고 여겼다. 이런 식으로 "감각적인 것과 지성적인 것(aisthēta kai noē-ta)"[373]의 구분을 잘 알고 있었던 고대인의 용례에 좀 더 접근한다는 것이 그의 결론이었다.

　하지만 칸트는 감각의 형식 혹은 순수 직관에 대한, 즉 순수한 직관지에 대한 학의 필요성을 정당하게 요청했음에도 미적 능력 또는 예술의 본성에 대해 정확한 관념을 갖지 못한 까닭에 지성주의적 오류에서 빠져나오지 못했다. 말하자면 그는 감성 혹은 직관의 형식을 공간과 시간이라는 두 개의 범주 혹은 기능으로 환원했고, 또한 공간 및 시간에 따라 감각을 정돈함으로써 정신이 감각의 혼란에서 벗어나 전진한다고 주장했다.[374] 그러나 공간과 시간은 원초적(primitive) 범주가 아니라, 상대적으로 늦게 나타나는 복잡한 형태를 띠고 있다.[375] 감각적 질료의 예로서 칸트는 딱딱함, 불가투입성(impenetrability), 색채 등을 들고 있다. 그러나 정신이 색채, 딱딱함 등을 인지하는 것은 정

---

*　여기에서 크로체는 정신(spirito)으로부터 형식을 제공받는 감각과 지성(intellèto)으로부터 형식을 제공받는 감각을 구분하고 있다. 칸트에 따르면 전자는 직관(Anschauung), 후자는 감성(Sinnlichkeit)에 해당한다고 볼 수도 있겠지만 칸트는 이런 방식으로 양자를 구분하지는 않는다. 다만 칸트가 대상에 의해 촉발된 것을 직관으로, 감각적 인상의 수용능력을 감성으로 이해한다는 점을 고려하면 전자가 후자보다 "더 단순한 것"이라는 크로체의 설명은 칸트의 이론에 어느 정도 부합한다.

**　여기에서 '감성론'으로 번역되는 말이 바로 'Ästhetik'다. 즉 칸트는 『순수 이성 비판』에서 "감성의 선험적인 제 원리에 대한 학문"을 지칭하기 위해 우리가 보통 미학이라고 번역하는 'Ästhetik'를 사용했다. 칸트의 본격적 미학 주저로 인정되는 『판단력 비판』에서도 'Ästhetik'가 아니라 '미적(ästhetisch)'이라는 개념만이 등장한다.

신이 이미 감각에 형식을 부여했기 때문이다. 원초적(brute) 질료로 생각되는 한 감각들은 인식하는 정신에 속하지 않는, [인식의] 한계가 된다. 색채, 딱딱함, 불가투입성 등은 인지되는 순간 이미 직관이고 정신적 가공이며 기초적인 명시를 통한 미적 활동이다. 미적 활동으로서 특징과 성질을 부여하는 상상력을 다루는 자리가 『순수 이성 비판』의 공간론 및 시간론에 할애되었어야 했다. 만일 이렇게 되었다면 초월적 논리학의 도입부가 되는 진정한 초월적 미학을 구성하는 자리가 되었을 것이고, 그리하여 칸트는 라이프니츠 및 바움가르텐이 겨냥한 진리에 도달하여 비코와 어깨를 나란히 했을 것이다.

예술론과 미론을 구분한 칸트

칸트는 볼프 학파에 대한 반대 의사를 표명하곤 했는데, 이때 그가 반대한 대상은 예술 개념이 아니라 미 개념이었다. 칸트가 보기에 양자는 완전히 구분된다. 무엇보다도 칸트는 감각을 지성적 인식에 비해 "혼연한 인식"이라고 부르고자 하지 않았다. 그는 이렇게 부르는 것이 감성을 왜곡하는 일이라고 올바로 간파했는데, 왜냐하면 아무리 혼연한 개념이라도 개념은 개념이고 그렇지 않다 해도 개념의 약도이지 결코 직관은 아니기 때문이다.[376] 그러나 여기에서 더 나아가 칸트는 순수미가 개념을 담지하고 있다는 것을 부정했기 때문에 순수미가 감성적으로 파악된 완전성이라는 점을 부정했다. 이러한 성찰은 의심할 여지없이 『판단력 비판』에서 이뤄지는 예술의 본성에 대한 성찰과 연관이 있다. 그러나 이런 연관은 결코 밀접하지 않으며 두 성찰이 실제로 합치하지 않는다. 미와 취미를 논한 18세기의 저술가들과 칸트가 매우 유사하다는 점은 그들의 글을 인용하고 활용한 칸트의 강의록에 잘 나타난다.[377] 그들 가운데 대부분, 특히 영국인은 감각주의자이고 나머지는 지성주의자다. 우리가 살펴본 바와 같이 신비주의에 경도된 극소수의 인물들도 있다. 처음에 칸트는 미학의 문제에 있어서 감각주의에 경도되어 있었으나, 나중에는 감각주의자는 물론 지성주의자와도 맞섰다. 이러한 발전은 그의 강의록뿐만 아니라 『미와 숭고에 관한 고찰』에서도 발견된다. 그리고 『판단력 비판』에서 최종적 표현에 도달했다.

칸트가 미에 부여한 네 가지 (그가 '계기'라고 불렀던) 규정 중 두 가지가 부정적인 규정인데 하나는 감각주의자에, 다른 하나는 지성주의자에 반대하는 규정이다. "관심 없이 만족을 주는 것은 아름답다"와 "개념 없이 만족을 주는 것은 아름답다"가 그것이다.[378] 이를 통해 칸트는 한편으로는 쾌적한 것, 유용한 것, 선한 것과 구분되고 다른 한편으로는 진리와 구분되는 정신의 영역이 있다는 점을 주장한다. 그러나 주지하듯이 이러한 영역은 예술의 영역이 아니다. 칸트는 예술을 개념에 수반되는 것으로 보았기 때문이다. 이 영역은 판단력, 혹은 좀 더 정확히는 미적 판단력이라 부르는 특수한 감각적 활동의 영역이다.

칸트 미 이론의 신비주의적 면모

그 외의 두 계기는 이 영역에 대한 일종의 정의를 제공한다. "목적에 대한 표상 없이 합목적성의 형식을 갖는 것은 아름답다"와 "보편적 만족의 대상이 되는 것은 아름답다"[379]가 바로 그것이다. 이런 신비스러운 영역은 도대체 무엇일까? 순수한 색채와 음조, 그리고 꽃을 통해, 심지어는 우리가 그 영역에 부속된 개념을 도외시할 경우라면 부속미를 통해서도 경험되는 이런 무관심적 만족이란 무엇일까?

이에 대한 우리의 답변은 다음과 같다. 그런 영역은 없다. 즉, 그런 영역은 존재하지 않는다. 주어진 사례들은 일반적 만족의 경우이거나 아니면 예술적으로 표현된 사실에서 나온 경우다. 감각주의자들 및 지성주의자들을 강하게 비판하는 칸트는 18세기에 되살아난 신플라톤주의적 경향의 사상에는 똑같이 엄격한 잣대를 들이대지 않았다. 특별히 빙켈만이 칸트의 마음에 강한 영향력을 행사했다. 칸트가 형식과 질료를 특이하게 구분하는 부분이 강의록에서 발견된다. 여기에는 음악의 경우 선율이 질료이고 화성이 형식이며, 꽃의 경우 향기가 질료이고 형태(Gestalt)가 형식(Form)이라고 되어 있다.[380] 이런 표현은 약간 수정되어 『판단력 비판』에 재등장한다. "회화와 조각에서, 즉 모든 조형예술에서, 그리고 건축과 조경에서, 그것들이 예술인 한 본질적인 것은 소묘인데, 소묘에서는 감각적 쾌락을 주는 것이 아니라 형식을 통해 만족을 주는 것만이 취미를 구축하기 위해 필요한 모든 것의 토대가 된다. 윤곽선에 입혀진 색채는 매력에 속한다. 감각의 측면에서 볼 때 이런 색채가 대상 자체를 생기 있게 만들기는 하지만 이로 인해 바라볼 만하게 되었다거나 아름답게 되었다고 할 수는 없다. 오히려 아름다운 형식에 요구되는 바에 따라 색채가 제한되는 경우가 빈번하며 심지어는 매력이 허용된다 할지라도 아름다운 형식에 의해서만 고상해질 것이다."[381] 예술미도 아니며 그렇다고 만족을 주는 것도 아닌, 즉 표현도 감각적 자극도 모두 사라진 미라는 망상을 지속적으로 추구한 칸트는 해결 불가능한 모순에 봉착했다. 상상력의 매력에 사로잡히는 성향도 아니었고 헤르더를 위시한 "시적인[시인] 철학자"[382]조차 멀리했던 칸트는 진술을 하고서도 그것이 자신의 입장임을 부정했고 주장함과 동시에 자신의 주장을 곧바로 비판했다. 그는 미를 일종의 신비로 포장했지만 그 기저에는 자신의 냉철한 철학의 정신에 따른다면 논리적 모순인 그런 감정의 활동이 실존한다는 것을 명확하게 통찰하지 못한 그의 개인적 정황이 적나라하게 드러난다. "필연적이고 보편적인 만족"과 "목적에 대한 표상이 없는 합목적성"은 이런 모순적인 말로 구성된 표현이다.

이러한 모순을 일소하기 위해 칸트는 다음과 같은 생각에 도달했다. "취미 판단은 하나의 개념(즉, 판단력에 대한 자연의 주관적 합목적성의 근거 일반의 개념)에 토대를 두지만, 이 개념에 따라 대상에 대해 무언가 인식하거나 증명하는 것은 불가능한데, 왜냐하면 이 개념 자체는 규정되어 있지 않으며 인식에 적합하지 않기 때문이다. 하지만 그럼으로써 취미판단은 동시에 만인에 대해 타당성을 갖는데(물론 직관을 곧바로 수반하는 단칭판단으로서 만인에 대해서이지만), 왜냐하면 취미판단의 규정 근거가 아마도 인간성의 초감성적 기체라고 간주될 수 있는 것에 대한 개념에 놓여 있을 것이기 때문이다." 그리고 미는 도덕성의 상징이다. "주관적 원리만이, 즉 초감성적인 것에 대한 우리 안의 무규정적 이념만이 우리 자신 속에 은닉되어 있는 이 원천적 능력을 해명하는 유일한 열쇠로 제시될 수 있으나 이 이념은 그 어떤 것으로도 더 이상 파악될 수 없다."[383]

이런 조심스러운 언사는 물론이요 자신의 생각을 감추기 위해 칸트가 사용하는 여타의 많은 언사들이 그의 신비주의적 경향을 숨기지는 못한다. 그가 이 신비주의를 확신하지도 않았고 이에 대한 열의도 없었으며 이것 자체가 칸트의 의사에 반하는 것임에도 불구하고 매우 분명하게 드러난다. 미적 행위에 대한 부적절한 파악으로 인해 그가 설명하는 원리들은 불필요하게 몇 곱절 늘어나게 되었다. 미적 행위의 진정한 본성에 대해 시종일관 무지했지만, 그럼에도 불구하고 미적 행위는 그에게 공간과 시간이라는 순수 범주를 초월적 감성론에서 다룰 수 있도록 시사점을 제공해주었다. 즉, 천재의 작품을 통해 지성적 개념이 상상력에 의해 미화된다는 이론을 전개하도록 만든 원인이 바로 미적 행위였다. 이로 인해 마침내 칸트는 감정이 이론적 활동과 실천적 활동을, 인식적 활동과 비인식적 활동을 매개하는, 도덕적이면서 동시에 도덕과 무관한, 쾌를 유발하지만 감관의 쾌와는 연관이 없는 신비한 능력이라는 점을 인정하지 않을 수 없었다. 이러한 능력은 독일에서 칸트의 후계자들에 의해 널리 이용되었는데, 그들은 쾨니히스베르크의 이 철학자가 수행했던 진지한 경험 비판을 기반으로 삼아 기꺼이 과감한 사변을 추구했다.

IX. 관념론 미학: 실러, 셸링, 졸거, 헤겔

『판단력 비판』과 형이상학적 관념론

셸링이 칸트의 세 권의 비판서 가운데 세 번째인 『판단력 비판』을 가장 중요시했다는 점, 그리고 형이상학적 관념론을 따르는 대다수의 계승자들과 마찬가지로 헤겔도 이 책에 대해 애착을 가졌다는 점은 잘 알려져 있다. 이들은 『판단력 비판』이 자유와 필연성, 목적론과 기계론, 정신과 자연 사이의 대립을 해소하고 양자의 심연 사이에 다리를 놓으려는 시도였다고 보았다. 그들은 또한 『판단력 비판』이 칸트 스스로가 계획한 수정 작업이었으며 자신의 추상적 주관주의의 마지막 흔적을 지우려는 구상을 구체화한 것이라고 보았다.

실러

이들은 프리드리히 실러에게도 똑같은 존경을 표했고 칸트에 대해 가졌던 것보다는 훨씬 더 호의적인 생각을 가졌는데, 이들이 보기에 실러는 『판단력 비판』에서 이뤄진 저 시도를 더 자세히 서술한, 그리고 감성과 이성을 통일할 제3의 영역을 연구한 최초의 인물이다. 헤겔에 따르면 "실러의 심오한 철학적 정신에 깃든 예술 감각은 칸트 사상의 추상적 무한성, 의무를 위한 삶, 형태가 없는 지성—즉 자연과 현실, 감관과 감각 등을 그저 한계로, 철저히 적대적인 것으로 파악하여 이 것들이 자신에게 맞서 있다고 보는 지성—등에 맞서 총체성과 화해 를, 이것이 전문 철학을 통해 인식되기 전에 이미 요구하고 언표했다. 칸트의 주관성 및 추상적 사유를 돌파하고 이를 넘어서서 사유를 통해 통일성과 화해를 진리로 포착하여 이를 예술적으로 실현하려는 시도야말로 실러의 위대한 공로였음을 인정하지 않을 수 없다."[384]

실러와 칸트

실러와 칸트의 관계가 진정 어떠했는지에 대한 토론이 활발히 이뤄져 왔다. 최근에는 실러의 미학이 흔히 생각되는 것처럼 칸트로부터 나온 것이 아니라, 라이프니츠에서 출발하여 크로이첸스, 플로우케트, 라이 마루스를 거쳐 자연이 전적으로 살아있다고 생각했던 헤르더에 이르 기까지 독일에 확산되어 있던 범활력론(pandynamism)으로부터 나 왔다는 주장이 제기되고 있다.[385] 이러한 헤르더의 생각에 실러가 동의 하고 있다는 점은 의심의 여지가 없는데, 이는 율리우스 2세*와 라파엘 로 간의 서한에서 실러가 발췌한 글 및 실러의 여타 저술들에서 보이 는 신지학(theosophy)적 특징에서 나타난다.** 그렇지만 칸트가 헤르 더에게, 그리고 (『순수 이성 비판』에 『메타크리티카』로 응답했고 『판 단력 비판』에 대응하기 위해 『칼리고네』를 출간한) 헤르더가 자신의 옛 스승인 칸트에게 어떤 개인적 감정을 가졌든 간에 칸트가 다소 애 매한 방식으로나마 화해를 위한 첫 걸음을 내디뎠을 때 양자의 관계

---

* 교황 율리우스 2세(Papa Giulio Ⅱ): 1503~13년 재위. 식스투스 4세의 조카. 미켈란젤로의 '시스티나 예배당' 천장화, '라파엘로의 방' 벽화 제작을 지시함
** 청년기의 실러는 율리우스 2세와 라파엘로의 서한들을 일부 발췌하고 「율리우스의 신지학 (Theosophie des Julius)」이라는 제목의 짧은 글을 썼는데, 이것이 『철학 서한들(Philos-ophische Briefe)』에 수록되어 있다.

가 어떤 식으로든 어느 정도 회복되었다는 것 또한 부인할 수 없다. 따라서 이들의 갈등이 그다지 중요한 문제는 아니며, 오히려 실러에 관한 다음과 같은 사실에 주목하는 것이 더 유용할 것이다. 즉, 실러는 순수미와 부속미를 구별하는 일을 중요시하지 않으면서 마침내 예술이 지적인 개념과 결부된 미에 존립한다는 기계론적 개념을 포기함으로써 예술론과 미론을 분리하는 모든 잔재를 청산했다. 이를 통해 칸트의 견해를 수정하는 하나의 중요한 계기가 부여되었다. 분명한 것은 실러의 왕성한 작품 활동의 경험이 바로 분리가 아니라 이러한 단순화로 이끈 동기였다는 점이다.

유희

실러는 미적 영역을 유희(Spiel)의 영역이라고 정의했다. 유희는 한편으로는 칸트의 몇 구절에서, 다른 한편으로는 실러 자신이 출간한 비평지 『호렌』에 실린, 카드 게임에 대해 바이스훈이 쓴 기사[386]에서 시사점을 얻은 것이다. 이 용어는 실러가 예술 활동이란 마치 아이나 동물의 놀이와 유사한, 열광적 정신의 범람이라는 어떤 근대적 학설을 예견했다는 생각을 불러일으킨다는 점에서 그다지 성공적이지는 않다. 물론 실러는 (자신이 야기한) 이런 오해를 독자들이 갖지 않도록 경고하고 있는데, 말하자면 실러는 독자들에게 "현실적 삶에서 통용되는, 보통 매우 질료적인 대상만을 향하는" 유희를 생각하지도 말 것이며, 또한 상상력에만 매몰된 유희나 백일몽으로 생각하지도 말 것을 요구했다.[387] 그가 다루는 유희 활동은 감관들, 자연, 동물적 본능 혹은 정념의 질료적 활동, 그리고 지성과 도덕의 형식적 활동, 이 양자 사이의 중간을 견지하는 일이다.* 유희하는, 그러니까 자연을 미적으로 성

---

* 뒤에서 설명되는 바와 같이 질료적 활동은 소재충동, 형식적 활동은 형식충동에 해당한다. 전자의 대상은 '생명'이며 후자의 대상은 '형태'다. 두 활동을 매개하는 유희충동의 대상은

찰하고 예술을 제작하는 인간은 모든 자연물을 살아있다고 간주한
다. 이러한 환영(phantasmagoria) 하에서는 순전한 자연적인 필연성
에 의해 결정되던 것이 우리가 지닌 능력들의 자유로운 결정에 따르게
된다. 정신은 자연과, 형식은 질료와 자발적으로 화해하는 방식으로
나타난다. 미는 생명이며 '살아있는 형태'다. 이는 생리학적 의미의 생
명과 다르다. 왜냐하면 생리학적으로 살아있는 것이라 해서 모두 미
는 아니며 또한 미가 생리학적인 생명에 국한되는 것도 아니기 때문이
다. 가령 예술가가 만든 대리석 작품도 '살아있는 형태'를 갖는다. 인간
이 비록 생명과 형태를 갖추고 있다 해서 반드시 '살아있는 형태'가 되
는 것도 아니다.[388] 그렇기 때문에 예술은 형식을 통해 자연을 정복해
야 한다. "진정 아름다운 예술작품에서 내용은 아무 일도 하지 않아야
하는 반면 형식이 모든 일을 해야 한다.* 왜냐하면 형식을 통해서만 인
간 전체에 영향을 미치지만, 내용을 통해서는 그저 개별적인 능력들에
만 영향을 미치기 때문이다. [……] 따라서 형식을 통해 소재를 없앤다
는 점이야말로 대가가 지닌 예술적 비밀이다. 그리고 소재가 그 자체
로 더 웅장할수록, 더 압도적일수록, 더 매혹적일수록, 소재 본연의 위
력을 떨치며 영향력을 행사할수록, 다시 말해 관찰자가 소재에 곧바
로 몰두하는 경향이 강할수록, 소재를 밀어내고 이에 대한 지배권을
주장하는 예술은 그만큼 더 승리를 구가하게 된다. 이러한 예술을 접
하는 관객 및 청중의 심정은 전적으로 자유롭고 온전해질 수밖에 없
다. 즉 이런 심정이 예술가의 마술적 영역으로부터 생겨나지 않을 수
없는데, 이는 마치 창조주의 손을 떠날 때처럼 순수하고 완전한 것이
다. 대상이 제 아무리 경박하다 해도 우리는 이로부터 곧바로 벗어나
지극히 엄정한 진지함으로 이행할 의무가 부과된 것처럼 이 대상을 다
뤄야 한다. 소재가 제 아무리 진지하다 해도 우리는 곧바로 가장 가벼
운 유희로 전환할 능력을 지니고 있는 것처럼 이 소재를 다뤄야 한다."

'살아있는 형태'다.
* 　이 글은 원래 편지 형식을 띠고 있지만 여기에서는 모두 평서문으로 번역한다.

정념을 다루는 예술은 있다. 하지만 정념적인 예술이라는 말은 모순이다.[389] "애초에 물리적 상태에 있던 인간, 즉 감각계를 그저 수동적으로 받아들이면서 감각을 가질 뿐인 인간은 그런 한에서 감각계와 전적으로 하나다. 또한 그 자신이 곧 세계이므로 인간에게 결코 세계는 아직 존재하지 않는다. 미적 상태에서야 비로소 인간은 세계를 자신 밖에 두고 관찰하며 자신의 인격성을 세계로부터 분리한다. 그러면 그는 더 이상 세계와 하나가 아니므로 인간에게 세계가 현상한다."[390]

미적 교육

실러는 예술에서 이렇듯 감각적이면서 동시에 이성적인, 물질적이면서 동시에 형식적인 본질을 발견했고 이에 따라 예술에 높은 교육적 가치를 부여하게 되었다. 그렇다고 예술이 도덕적 교훈을 일깨우거나 선행을 유도한다고 본 것은 아니다. 만일 예술이 이러한 일을 한다면, 혹은 이러한 일을 행한 바로 그 순간, 예술은 이미 예술이 아닐 것이라는 점을 이미 살펴보았다. 선이든 악이든, 쾌이든 의무이든, 어느 방향으로든 결정이 나면 비결정적이어야 할 미적 영역의 특성은 사라진다. 예술을 통해 인간은 감각의 굴레로부터 해방된다. 그러나 자신의 의사에 따라 이성과 의무의 굴레 하에 놓이기 이전에 인간은 무심함의, 고요한 명상의 영역에 머물면서 잠시나마 숨 돌릴 틈을 갖는다. "미적 상태는 인간성의 그 어떤 특수한 기능도 특별히 보호할 사명이 없기에 모든 기능들에 똑같이 우호적이다. 그 어떤 특수한 기능도 선호하지 않는 까닭은 이 상태가 모든 기능들을 가능하게 하는 토대이기 때문이다. 여타의 모든 활동들은 정신에 특수한 경향성을 부여하며 이로 인해 특수한 제한도 전제한다. 오직 미적 활동만이 무제한으로 이끈다."* 아직 순수한 형식이 아니며 또한 더 이상 순수한 질료도 아닌

---

*　『미적 서한』, 스물두 번째 서한

이런 무심함을 통해 예술이 교육적 가치를 부여받는다. 예술은 도덕에 이르는 길을 열지만, 설교나 설득을 통해서가 아니라, 말하자면 어떤 결정에 의해서가 아니라, 그 결정을 가능하게 하는 것으로써 그렇게 한다. 그의 이러한 근본 구상이 그 유명한 『인간의 미적 교육에 관한 서한』(1795)에 나타난다. 여기에서 실러는 당대의 조건에서, 그리고 당시의 프랑스에서 발발한 혁명에 나타났던 두 극단, 즉 전제주의에 대한 무기력한 순응과 광폭한 반란 사이의 중간항을 모색하는 과정에서 이런 구상의 단서를 찾았다.

실러 미학의 모호성

실러의 미학적 학설의 단점은 엄밀함이 결여된 채 총론에 머물러 있다는 데 있다. 예술의 여러 측면들에 대해, 가령 예술활동을 통해 산출된 카타르시스, 자연의 인상을 통제함으로써 귀결되는 평정과 고요, 이런 것들에 대해 실러보다 더 훌륭하게 기술할 수 있는 이가 있을까? 예술이 도덕으로부터 완전히 독립적일지라도 어떤 식으로든 도덕과 연관을 맺고 있다는 그의 언급 또한 정당하다. 그러나 실러는 이런 연관이 엄밀하게 무엇인지, 미적 활동의 정확한 본성이 무엇인지에 대해 설명하지 못했다. 도덕적이면서 지성적인 활동만을 형식적 활동(형식충동, Formtrieb)으로 본 실러는 예술이 정념적이면서 감각적인 본성(소재충동, Stofftrieb)을 갖고 있다는 버크 및 버크류 철학자들의 생각에 반대한 확고한 반감각주의자다. 따라서 실러에게 예술 활동이 속한 일반 범주를 인식하는 일은 불가능한 일이었다. 형식적인 면에 대한 그의 개념은 너무 협소하다. 그의 인식 활동이라는 개념에는 논리적·지적 형식은 포함되지만 상상력의 형식은 제외되어 있는데, 이 개념 역시 너무 협소하다. 실러가 말한 것, 즉 형식적이지도 물질적이지도 않은, 인식적이지도 도덕적이지도 않은 활동이라고 서술한 이 예술이란 대체 무엇인가? 칸트와 마찬가지로 실러에게도 이것은 감정의 활동, 즉 여러 능력들이 동시에 자유롭게 유희하는 것을 의미하는가? 아마도 유희로 본 것 같다. 왜냐하면 실러는 인간이 사물에 대해 갖는 관점 혹은 관계를 네 가지로 구별하면서 다음과 같이 말하고 있기 때문이다. 사물들이 우리의 감각을 촉발하는 물리적 관계, 사물들이 지식을 유발하는 논리적 관계, 사물들이 우리에게 합리적 욕구의 대상으로 현상케 되는 도덕적 관계, 그리고 "사물들이 우리의 상이한 능력들 가운데 하나에 의해 규정된 대상이 되는 것이 아니라 우리의 능력 전체와 연관된" 미적 관계가 바로 그것이다. 미적 쾌란 가령 감정이 감각적 쾌에 의존하지 않을 때, 또 법칙이나 목적을 염두에 두고 있지 않을 때 생겨나는 것이다.[391] 이 이상의 답변은 발견되지 않는다.

간과되어서는 안 되는 사실이 있다. 1792년 예나 대학에서 실러가 미학에 대한 강의 과정을 개설했으며, 미학적 주제를 다룬 그의 저술들은 논평을 위해 대중적 문체로 작성되었다는 점이 그것이다. 지금 논의되고 있는, 실제로 그의 후원자인 홀스타인-아우구스텐부르크 공작에게 보냈던 서간문들을 보완한 저서인 『미적 서한』의 문체도 대중적이며, 이 점은 실러 자신도 인정한 바다. 반면 그가 미학에 대한 저술로 쓰려 했던 『칼리아스』라는 이름의 대작은 완성되지 못했다. 쾨르너와의 서신 교환(1793~1794)에서 그것의 일부만을 접할 수 있을 따름이다. 두 동료 간의 이 토론에서 우리는 쾨르너가 실러의 정식화된 설명들에 만족하지 않았으며 미의 특성을 좀 더 객관적으로, 엄밀하게, 적극적으로 규정하기를 원했다는 것을 알 수 있다. 그리고 실러가 마침내 그러한 특징을 발견하게 되었다고 그에게 토로한 적도 있다. 하지만 우리는 그가 발견한 것이 무엇인지를 알지 못한다. 이에 대한 그 어떤 언급도 이후의 문서들에 나타난 바 없다. 그의 사상의 요체가 되는 부분이 소실된 것인지 아니면 그가 발견했다고 잠시 착각했던 것에 불과한 것인지 여부는 확실치 않다.

실러 이론의 불확실성과 모호함은 이후에 등장한 이론과 비교할 때 오히려 나은 편이다. 실러는 칸트 이론을 설파하는 대변자임을 자처 했으며 칸트의 비판주의의 영역을 결코 포기하지 않았다. 실러는 자신의 스승을 충실히 추종했다. 다만 실러는 칸트가 말한 제삼의 영역을 실재적인 것이 아니라 관념적인 것으로, 그리고 개념을 구성적인 것이 아니라 규제적인 것, 즉 하나의 명령으로 생각했다. "초월적 근거들에 따르면 이성은 형식충동과 질료충동을 결합하는 하나의 공동체[*]가, 즉 유희충동이 있어야 한다는 점을 요구한다. 왜냐하면 인간성의 개념은 오직 질료와 형식 간의, 우연과 필연 간의, 수동성과 자유 간의 통합에 의해서만 완성되기 때문이다. 이성은 이러한 요구를 제기하지 않을 수 없다. 왜냐하면 이성은 본질적으로 완전함을 향해, 모든 장애물의 제거를 향해 추동되기 때문이며, 어느 한 충동만이 배타적으로 작동한다면 인간의 본성은 불완전하게 되고 이 본성에 하나의 제약이 생기게 되기 때문이다."[392] 쾨르너에게 보낸 편지에 나타난 실러의 사상은 다음과 같은 말로 집약된다. "미를 통해 감성적인 것과 자유가 통합되는 일은 실제로 일어난다기보다는 일어날 것이라 상정되는 것이며, 내 안에서 저 두 요소가 통합되는 것을 직관하게 된다. 내면에서의 이러한 통합은 실제로 있지 않으나 있어야만 하는 것이다."[393] [사실이 아니라 상정된 것일 뿐이라는] 이러한 신중함이 실러 이후에는 더 이상 발견되지 않는다. 칸트는 미학에 관한 저술 활동에 새로운 활력을 불어넣었으며 바움가르텐 이래 매년 새로운 논고가 출간되었다. 미학에 대한 저술 활동은 하나의 대유행이었다. (장 파울 리히터가 1804년 자신의 저서 출간을 준비하는 과정에서 말한 바에 따르면) "우리 시

---

[*]   실러는 형식충동과 질료충동이 상호 결합되는 제삼의 영역인 유희충동을 일종의 공동체 (Gemeingesellschaft)라고 표현하고 있다. 이는 이후 등장할 '미적 국가(ästhetischer Staat)'와 연관되는 개념이다.

대에는 미학자들만 가득하다." "미학 강의를 듣는 대부분의 수강생들은 자신이 수강료를 제대로 지급한 후 얼마 지나지 않아 대중에게 이 내용을 다룬 무언가를 출판물로 내놓을 수 있으리라 기대했다. 자신의 출판물 수입으로 수업료를 충당하는 이들이 많이 있었다."[394] 미학이라는 모호한 영역을 개척함으로써 형이상학을 해명할 단서를 제공할 수도 있다는 것, 그리고 예술가의 작업이 독자적으로 세계를 창조하려는 철학자의 좋은 사례가 될 수 있다는 것이 그리 터무니없는 희망은 아니었다. 그래서 철학이 예술을 모델로 하게 되었으며 마치 이러한 이행을 더 쉽게 만들어주려는 듯 예술 개념이 철학의 개념과 최대한 가까워졌다. 점차 대세가 되어간 낭만주의는 청년 괴테와 실러가 남긴 "천재의 시대"를 계승하고 발전시켰다. 그리고 '질풍노도의 시대'가 모든 규칙을 타파하고 모든 제한을 뛰어넘는 천재를 열렬히 숭배했듯이, 낭만주의자들의 경우에도 상상력 혹은 판타지로 불리는 능력에 대한 신뢰가 지배적이었는데 이 능력은 가장 다양한 특징들과 가장 기적적인 효과를 갖는 속성으로 이해되었다.

장 파울 리히터

대부분 예술가이기도 한 낭만주의 이론가는 예술가의 작업에 대한 참으로 섬세한 관찰력을 지녔다. 리히터는 생산적 상상력에 대해 매우 훌륭한 언급을 했다. 그는 이를 재생적 상상력과 엄밀히 구분했으며 "이것이 아름답다"라고 모든 이들이 말할 수 있는 순간 모든 이는 생산적 상상력을 지닌다고 주장했는데, 그 이유로서 다음과 같이 반문한다. "천재가 대중과의 밀접한 연관을 갖추지 못한다면 수천 세기는 고사하고 단 한 달이라도 대중이 그를 용인해주거나, 아니면 심지어 그를 칭송해주는 일이 가능한 일일까?" 리히터는 또한 상상력이 개인별로 다양하게, 말하자면 단순한 재능, 수동적·여성적인 천재, 그리고 고도의 능동적·남성적인 천재 등으로 배분되어 있다는 점을 설명했는데, 천재의 세 번째 형태는 반성과 본능에 의해 형성되며 "모든 능력이 한 번에 꽃피우도록 한다. 판타지는 그저 꽃인 것이 아니다. 이는 새로운 조화를 위해 흩어져 있는 꽃봉오리들을 정돈하는 플로라 여신이며, 말하자면 능력 중의 능력이다."[395] 마지막 문장은 상상력의 기능을 과장하고 이를 신화화하려는 리히터의 경향을 그대로 보여준다. 신화는 당대의 철학적 체계에 편입되는 경우도 있지만, 철학 체계가 신화의 원천이 되는 경우도 있다. 낭만주의 예술관은 독일 관념론 철학에서 가장 완벽한 표현에 도달했다고 할 수 있는데, 여기에서 가장 정합적이고 체계적인 형태에 도달했기 때문이다.

피히테, 아이러니(슐레겔, 티크, 노발리스), 셸링

칸트의 첫 번째 제자인 피히테는 아직 이런 형태에 도달하지 못했다. 왜냐하면 피히테는 상상력이야말로 우주를 창출하고 자아와 비자아 간의 종합을 도출하며 대상을 정립함으로써 의식에 선행하는 능력이라고 여겼음에도 불구하고 이를 예술과 결합하지는 않았기 때문이다.[396] 그의 미학 사상은 실러의 영향을 받았으며, 여기에 피히테 체계가 지니고 있는 전반적 특징인 도덕주의가 부가되었다. 그의 견해에 따른다면 인식적 영역과 윤리적 영역 사이에 놓이는 미적 영역은 그저 도덕성의 부속물에 불과하다. 말하자면 이는 도덕적 이상을 표상하고 그럼으로써 이를 숭배하는 영역이다.[397] 결국 피히테의 주관적 관념론은 결국 프리드리히 폰 슐레겔과 루트비히 티크의 저작을 통해서야 비로소 본격적인 미학 학설을 산출하게 되었는데, 예술의 기초를 이루는 아이러니의 학설이 바로 그것이다. 자아는 우주를 창조하지만 이를 파괴할 수도 있다. 우주는 일종의 공허한 가상에 불과하며 유일한 참된 실재인 자아는 마치 신적 천재성을 지닌 예술가처럼 자신의 피조물을 진지하게 여기지 않으며, 이로부터 거리를 둔 채 미소를 짓는다.[398] 프리드리히 폰 슐레겔은 예술을 예술 자신에 대한 영속적 패러

디이자 "초월적 소극(笑劇)"이라 묘사했다. 티크는 아이러니를 "시인으로 하여금 자신이 다루는 소재를 지배하도록 해주는 힘"이라고 정의했다. 또 다른 낭만주의적 피히테주의자인 노발리스는 자아의 즉흥행위에 의해 창조하는 기술이자 우리의 꿈을 실현하는 기술로서 마술적 관념론을 꿈꿨다. 그러나 낭만주의에 대해, 그리고 미학 분야에서 새롭게 자각된 신플라톤주의에 대해 철학적으로 처음 강력한 긍정을 표한 이는 다름 아닌 셸링이다. 『초월적 관념론의 체계』(1800), 『브루노』(1802)의 저자인 셸링은 1802~3년 예나에서 실시된 기념비적인 '예술철학' 강의(이 강의는 뷔르츠부르크에서 다시 실시되었고 나중에 수고 형태의 노트로 독일 전역에 배포되었다), 이에 못지않게 기념비적인 '조형예술과 자연의 관계'에 대한 강의, 그 외에도 많은 저작들을 남긴, 능력과 열정을 갖춘 철학자였다.

미와 특성, 예술과 철학

다른 낭만주의 철학자들과 마찬가지로 셸링도 이미 실러에 의해 실효성을 획득한 미에 대한 이론을 예술 이론과 확고하게 융합했다. 이런 관점에서 플라톤이 예술을 비난한 것에 대한 셸링의 설명은 흥미롭다. 셸링의 말에 따르면 이런 비난은 플라톤 시대의 예술, 즉 유한성의 성격을 갖는, 대체로 자연주의적이며 사실주의적인 고대의 예술에 대해 제기된 것이었다. 만일 플라톤이 무한성의 특징을 지닌 기독교 예술을 알았더라면 (우리 현대인이라면 결코 그렇게 할 수 없었을) 저러한 비난을 했을 리가 없었다는 것이다.[399] 빙켈만이 주창한 순수한 추상미는 불충분한 개념이다. 특징적인 것에 대한 그의 개념도 부적절하고 오류가 있으며 부정되어야 하는데, 이에 따라 만들어진 예술에는 개체의 한계가 부과됨으로써 결국 생명이 없고 경직되고 추한 것이 된다. 하나의 예술에는 미와 특징적인 것이 동시에 존재한다. 이것이 특징적 아름다움이며, 괴테의 말에 따른다면 아름다움을 낳는 특징이다.

그러므로 이것은 개체가 아니라 개체에 대한 생생한 개념이다. 예술가의 눈이 개체에 대한 창조적 이념을 인지하고 이를 촉진한다면, 예술가는 개체를 세계 자체로, 유(Gattung)로, 이념(원상, Urbild)으로 전환시키며 삶의 조건을 이루는 제한과 냉혹함에 대해 더 이상 두려움을 갖지 않는다. 즉, 특징적 아름다움이란 제한과 냉혹함의 형식을 절멸하는 창조적 이념의 풍부한 형식이다. 그리고 정념을 일으키지 않고 이를 규제하는데, 이는 마치 물로 가득 차 있으면서 범람을 막고 있는 강둑과 같다.[400] 여기에 실러의 영향이 속속들이 미쳤음을 느낄 수 있는데, 다만 실러가 결코 표현할 수 없었던 바가 추가되어 있다. 실제로 셸링은 칸트를 계승하는 일련의 저자들이 예술 이론의 산출에 크게 기여하고 있다는 것을 기꺼이 인정하면서도 그들 가운데 누구도 엄정한 학문적 방법을 발견하지 못했다는 점을 안타까워했다.[401] 셸링의 이론은 자연철학에서, 그러니까 칸트가 자신의 제3 비판서에서 '미적 판단력 비판' 다음에 곧바로 배치한 '목적론적 판단력 비판'에서 본격적으로 출발했다. 이론철학과 실천철학의 통일이 목적론이다. 그런데 주체 자체에게, 즉 자아에게 이론적 세계와 실천적 세계의 동일성을 증명할 가능성이 주어져 있지 않다면 이 체계는 불완전할 것이다. 이는 의식적이면서도 동시에 의식적이지 않은 활동이다. 자연처럼 무의식적이면서 정신처럼 의식적이다. 이런 활동이 바로 미적 활동이다. 이는 "철학의 보편적 기관이자 전체 조직의 쐐기돌"이다.[402] 조야한 현실에서 벗어나고자 하는 이에게 열린 길은 오직 두 개다. 이상적 세계로 인도하는 시, 그리고 현실 세계를 전적으로 사라지게 하는 철학이 바로 그것이다.[403] 엄밀히 말한다면 "절대적 예술작품은 오직 하나다. 이에 대한 다양한 사례들이 존재하지만, 본질적으로는 하나다. 아직 그것의 본원적 형태를 통해 실존하지는 못할지라도 말이다." 참된 예술은 한순간의 인상이 아닌, 무한한 생명의 표상이다.[404] 이는 객관화된 초월적 직관이며 그렇기 때문에 이는 철학을 낳는 기관일 뿐만 아니라 철학을 증명하는 문서이기도 하다. 시에서 분리되었던 철학이 시로 복귀하고자 하는 때가 도래할 것이다. 새로운 철학으로부터 새로운 신화학이 나오게 될 것이다.[405] 따라서 절대자는 (셸링이 다른 곳에서 매우 상세하게 주장한 바와 같이) 철학뿐만 아니라 예술의 대상이기도 하다. 예술은 절대자를 이념(원상) 속에서, 그리고 철학은 이념의 반사(대응물) 속에서 표상한다. "철학이 표상하는 것은 현실적 사물이 아니라 이 사물의 원상이다. 예술도 마찬가지로 이 원상을 표상한다. 철학의 증명에 따른다면 현실적 사물은 원상의 불완전한 모상일 뿐이나 예술에서는 원상 자체가 완전하게 객관화된다. 반사된 세계 자체에서 이 원상은 지성계를 대변한다."[406] 음악은 "자연과 우주의 원형적 리듬과 다르지 않으며 이 예술에 의해 이 리듬이 모사된 세계 속에 나타난다." 조각상을 통해 창조된 완전한 형식들은 "객관적으로 표상된 유기체 자연의 원상과 다르지 않다." 호메로스의 서사시는 "역사의 근저를 이루는, 절대자의 동일성"이다.[407] 그러나 철학이 신적인 것, 즉 절대적 동일성에 대한 직접적 표상을 제공하는 반면, 예술은 무차별성*에 대한 직접적 표상을 제공할 수 있을 뿐이다. 그리고 "한 사물이 절대적 이념 및 무한한 긍정의 충만함에 근접하는 만큼, 그리고 내적으로 여타의 '포텐츠'를 더 많이 포착하는 만큼 이 사물의 완성 또는 실재성의 정도가 더 높아지기 때문에 다음과 같은 점은 분명하다. 예술이야말로 다시 철학과 직접적 관계를 맺고 있으며 양자는 단지 각각의 특수성에 따라서만 [……] 구분될 수 있다. 왜냐하면 예술은 어쨌든 이념적 세계에서 최고의 포텐츠이기 때문이다."[408] 현실 세계와 이념 세계의 세 가지 포텐츠에 진·선·미 이념이 단계별로 대응한다. 미는 단순히 보편자(진리)도 현실(행위)도 아닌, 양자의 완전한 삼투다. "미는 특수자(현실)가 개념에 합치함으로써 무한한 개념이 유한한 것에 진입하여 구체적으로 직관될 때 존재한다. 개념이 현상함으로써 현실은 원상과 진정으로 유사한 등가물이 되며, 이때 보편자와 특수자는 절대적 동일성에 놓인다. 이성적인 것은 이성적이기를 포기하지 않으면서도 이와

---

* 셸링에게 무차별성(Indifferenz)은 현실적인 것과 관념적인 것이 분리되기 이전의 사태를 뜻한다.

동시에 현상하는 것, 즉 감각적인 것이 된다."[409] 그러나 앞서 말한 세 포텐츠는 자신들의 통일 지점인 신을 향해 있듯이, 철학도 세 이념 위에서 존엄한 지위를 누린다. 철학은 진리이든 도덕이든, 심지어 미이든 간에 그 어느 하나와 관련을 맺는 것이 아니라 삼자 모두 공통으로 속하는, 하나의 공통의 원천에서 도출된 것과 관련을 맺는다. 철학이 학문과 진리의 성격을 띠고 있되 진리보다 더 우월함을 견지하고 있다는 것은 이때의 학문과 진리란 철학의 외형적 규정일 뿐이라는 의미에서 가능한 말이다. "철학은 학문이되, 진·선·미가, 다시 말해 학문, 덕성 및 예술이 상호 삼투되는 방식을 지녔다. 그러므로 철학은 또한 [진리만을 다루는 개별] 학문이 아니라 학문, 도덕 및 예술에 공통된 것[을 아우르는 학문]이기도 하다." 이러한 상호 삼투야말로 철학을 여타의 학문들과 구분해준다. 가령 수학이 도덕과 미 없이 가능한 반면 철학의 경우 그것이 불가능하다.[410]

이념과 신들, 예술과 신화

미에는 진과 선이, 필연과 자유가 들어 있다. 미와 진리가 충돌하는 듯 보인다면, 이때의 진리는 유한한 진리로서, 미는 여기에 부응해서는 안 된다. 왜냐하면 우리가 살펴본 바와 같이 자연주의적인 예술 또는 순전히 특징적인 것을 다루는 예술은 잘못된 것이기 때문이다.[411] 그 자체로 무한자 및 우주를 재현하는 예술의 개별 형식들을 이념이라 부른다.[412] 현실의 관점에서 생각하면 이념은 신이다. 이념의 본질, 이념의 '즉자'는 사실상 신과 등가물이기 때문이다. 모든 이념은 개별 형식 속에 깃든 신인 한에서 일종의 이념이다. 그러므로 모든 이념은 신과 동등하지만, 이때의 신은 개별적인 신이다. 신들은 모두 분명한 제약성과 불가분적 절대성을 자기의 고유한 특징으로 갖는다. 가령 아테네는 힘을 겸비한 지혜의 이념이지만 여성적인 부드러움이 없다. 헤라는 힘이 막강하지만 지혜가 없으며, 또한 사랑이라는 달콤한 매력도 없는 까닭에 아프로디테의 장식 띠를 빌릴 수밖에 없다. 아프로디테 또한 아테네의 진중한 지혜를 갖지 못했다. 그들의 제한이 사라진다면 이 원상들은 어찌 될 것인가? 그들은 더 이상 상상력의 대상이 될 수 없을 것이다.[413] 상상력[판타지]은 순수 지성 혹은 이성과 전혀 관련이 없는 능력이며 예술적 산물을 수집·정돈하는 구상력(Einbildungskraft)과도 구분되는데, 상상력은 예술적 산물들을 이끌어내고 이를 표상한다. 상상력과 구상력의 관계는 지성적 직관과 이성의 관계와 같다. 따라서 상상력은 예술적인 지성적 직관이다.[414] 이와 같이 보는 철학에서는 '이성'만으로는 충분치 않다. 즉, 칸트가 보기에 한계를 부여하는 개념에 불과했던 지성적 직관*은 이제 실제 존재하는 것으로 주장된다. 지성은 하위 범주로 전락하는 것이다. 예술에서 작동하는 진정한 상상력조차 이제 이런 새로운 상상력, 즉 지적 직관과 짝을 이루는 새로운 상상력에 의해 퇴색했고 때때로 이것과 혼동되기도 했다. 신화는 모든 예술에 필수 조건으로 천명되었다. 신화는 알레고리가 아닌데, 왜냐하면 후자에서는 개별자가 오직 보편자의 의미만을 띠는 반면 전자는 이미 그 자체로 보편자이기 때문이다. 이 점은 알레고리를 만드는 일이 얼마나 쉬운지, 그러한 해석을 불러일으키는 호메로스의 시 같은 것이 얼마나 놀라운 것인지를 설명해준다. 그리스 예술과 마찬가지로 기독교 예술도 신화를 갖는다. 그리스도, 삼위일체, 그리고 성모 마리아 같은 것이 그것이다.[415] 신화와 예술 사이의 경계는 예술과 철학의 경계만큼 모호하다.

---

* 칸트에 따르면 이론이성으로서의 지성은 대상을 직관할 수 없다. 감성을 통해 수용된 것에 대해서만 지성은 개념을 부여할 수 있고 이로써 지식이 성립한다. '지성적 직관'은 적어도 대상에 대한 인식의 측면에서는 불가능한 한계로 설정된다.

1815년 미에 관한 철학적 담론을 다룬 졸거의 주저 『에르빈』이 출간되었다. 이어서 1819년에 졸거는 '미학'에 관한 강의를 실시했는데 이것이 사후에 출간되었다. 졸거 또한 칸트에게서는 진리의 희미한 일단만을 발견했고, 칸트를 따르는 이후의 철학자들, 특히 피히테에 대해서도 그리 높이 평가하지 않았다. 그는 주관과 객관의 근원적 통일에서 출발한 셸링에게서 처음으로 사변적 원리를 발견했다. 하지만 셸링이 지성적 직관의 난점을 변증법적으로 극복하지 못했기 때문에 졸거는 셸링에게서 발견한 이 원리가 아직 충분히 발전된 것이 아니라고 보았다.[416] 졸거는 상상력이 구상력과 완전히 구분된다고 생각한 이들 가운데 하나였다. (그의 말에 따르면) 구상력은 공통 인식에 속하며 다름 아닌 "시간의 흐름 속에서 근원적 직관을 무한히 재생하는 인간의 의식"이다. 구상력은 추상과 판단을, 개념과 표상을 구분하는 통상적 인식의 형식을 전제하는데, 이런 것들 사이에서 "구상력은 중재자로서 보편 개념에 특수한 표상의 형식을 부여하며, 후자에 전자의 형식을 부여한다. 이에 따라 구상력은 언제나 상식의 모순들과 연관을 맺는다." 상상력은 완전히 다르다. 상상력은 "이념을 통해 대립물들이 근원적으로 통일된" 상태에서 출발하며 "이념으로부터 분리되어 나온 대립 요소들이 현실 속에서 그때그때마다 다양한 방식으로 완전히 합일되도록 작용한다. 상상력을 통해 우리는 통상적 인식에서보다는 대상을 더 고차적으로 지각할 수 있으며 이런 대상에서 우리는 이념 자체를 현실적인 것으로 인식한다. 예술에서도 상상력은 이념을 현실성으로 전화하는 능력이다." 상상력은 세 개의 발전 단계로 나타난다. 첫째로 상상력은 상상력의 상상력인데, 이는 모든 것을 이념으로 파악하며 활동을 현실 속에서 이념이 전개된 것으로만 파악하는 경우다. 둘째로 상상력은 상상력의 감성이 되는데, 이는 이념의 생명을 현실 속에 표현함으로써 이념을 현실로 환원하는 경우다. 마지막으로 (이 단계에서 예술가의 활동은 철학의 변증법에 필적한다) 상상력은 상상력의 지성 혹은 예술적 변증법이 되는데, 이는 이념과 현실을, 하나가 다른 하나로 이행하는 것, 즉 현실로 이행하는 것으로 파악하는 경우다. 그 외에 더 세부적인 분류 및 하위분류가 있다. 상상력으로부터 전개된 것이 아이러니인데, 이것이 없다면 참된 예술은 가능하지 않다. 티크와 노발리스의 아이러니가 바로 그것인데, 졸거는 바로 이들의 계승자라고 할 수 있다.[417]

예술, 실천, 종교

셸링처럼 졸거도 통상적 인식으로는 접근할 수 없는 이념의 영역에 미를 배치했다. 미가 진리의 이념과 다른 점은 다음과 같다. 진리의 이념이 통상적 의식의 현상을 해소하고 만다면, 예술은 이 현상을 존속케 하면서도 이를 해소하는 기적을 행한다. 그러므로 예술적 사유는 실천적인 것이지 결코 이론적이지 않다. 더욱이 미는 언뜻 보기에 선의 이념과 매우 밀접하게 연관되어 있는 듯 보이지만 이와는 구분되는데, 왜냐하면 선의 경우 이념과 현실 간의, 단순한 것과 복잡한 것 간의, 무한한 것과 유한한 것 간의 합일이 결코 현실화되거나 완전해질 수는 없고 이상으로, 그저 '그래야만 할 것'으로 남기 때문이다. 미에 더욱 가까운 것은 종교인데, 종교에서는 이념이 삶의 심연으로 생각되며 개별자인 우리의 의식은 '본질적인' 것이 되기 위해 그 심연에 자신을 내맡긴다. 반면 미와 예술에서 이념은 보편자와 특수자가 구분되는 세계를 자신 속에서 해소하여 그 자리를 스스로가 대신함으로써 자신을 명시한다. 예술 활동은 이론적인 것 이상으로서 실천적 본성을 지닌 것이되 현실적이고 완전하다. 그렇기 때문에 예술은 이론철학에 속하지 않으며(졸거는 이것이 칸트의 생각이라고 보았다) 실천철학에 속한다. 한편으로 무한성과의 합일로 나아가야 하는 이 활동은 통속적 자연을 대상으로 삼을 수 없다. 가령 예술은 초상화와는 거리가 멀다. 이 점에서 고대인이 신과 영웅을 조각의 대상으로 삼은 것은 탁월한 선택이었는데, 왜냐하면 모든 신성은 — 비록 제한적이고 특수한 형태를 띤다 해도 — 언제나 이념의 특정한 양태라는 의미를 갖기 때문이다.[418]

헤겔: 절대적 정신의 영역에 속하는 예술, 이념의 감각적 현현으로서의 미

헤겔과 그의 선대 학자들 사이에 소소한 차이들이 있었고 그로 인해 헤겔 자신은 그들과 차별화된다고 생각했으나 결국은 같은 예술 개념이 헤겔의 철학에도 나타난다. [따라서] 우리는 [헤겔을 포함한] 이 사상가들을 통해 나타나는 신비주의적 미학의 다양한 측면에 대해 관심을 갖기보다는 주로 헤겔과 선대 학자들이 공유한 본질적인 공통점을 해명하는 데 관심을 갖는다. 즉, 그들은 모두 독단적인 신비주의로 미학사의 한 자리를 차지한다. 『정신현상학』과 '정신철학*'을 펴본이라면 이론적 정신의 형식이 분석되는 곳에서 예술이 논의될 때 이것이 감성과 직관, 언어와 상징, 그리고 다양한 단계의 상상력과 사유 등이 정의되고 있는 곳에서 논의될 것이라 기대하지는 않을 것이다. 헤겔은 예술을 종교 및 철학과 함께 절대적 정신에 할당했는데[419] 이 점에서 칸트, 실러, 셸링 및 졸거를 계승했다고 할 수 있다. 왜냐하면 그들과 마찬가지로 헤겔도 예술이 추상적 개념을 현시하는 기능을 갖는다는 점을 부정하지만 예술이 구체적 개념인 이념을 현시한다는 점은 인정하기 때문이다. 헤겔 철학 전체는 일상적 사유나 과학적 사유를 통해서는 알려지지 않는 구체적 개념에 대한 긍정을 바탕으로 하고 있다. "다만", 그의 말에 따르면, "오늘날 개념 자체, 즉자대자적인 개념

---

* 헤겔 철학 체계를 총망라한 『철학적 학문의 백과사전(Enzyklopädie der philoso-phischen Wissenschaften)』은 '논리의 학(Wissenschaft der Logik)', '자연철학 (Philosophie der Natur)', '정신철학(Philosophie des Geites)'으로 구성되어 있다.

만큼 잘못 다뤄지는 개념이 없다. 말하자면 개념을 흔히 표상 내지 지성적 사유에 대한 추상적·획일적 규정으로 이해하고 있는 것이다. 이러한 규정에 따른다면 총체적 진리나 내적으로 구체적인 미 같은 것을 사유할 수 없다는 것은 당연한 일이다."[20] 구체적 개념의 영역에 속하는 것이 예술이며 이는 정신의 자유가 성취되는 세 가지 형식 가운데 하나다. 예술은 그 첫 번째 형식인데, 말하자면 외부 대상에 대한 직접적이고 감각적인 앎의 형식이다. (두 번째 형식인 종교는 표상적 의식 더하기 예배인데, 이 예배는 예술과 무관한 요소다. 세 번째 형식인 철학은 절대적 정신의 자유로운 사유다.)[21] 미와 진리는 동시에 하나이면서도 또한 구분된다. "참된 것은 말하자면 이념이며 이는 즉자적 존재이자 보편적 원리에 따라 이념으로 존재하며 이념으로 사유된다. 참된 것은 감각적이고 외적인 실존이 아니며, 사유의 측면에서 보편적 이념이 바로 이 실존에 깃든다. 그렇지만 이념은 또한 외적으로 실현되어야 하며 자연과 정신의 객관성을 통해 자신의 특수한 현존을 얻는다. 이로써 그 자체로 참된 것이 실존하게 된다. 그리고 이것이 이렇듯 외적인 현존 속에서 자신의 외적 현상과 통일되어 있는 까닭에 이념은 참될 뿐만 아니라 아름답기도 하다. 이로써 아름다움은 이념의 감각적 현현이라 규정된다."[22] 이념이 예술의 내용이며, 감각과 상상력에 의해 지각 가능한 형태가 예술의 형식이다. 이러한 두 요소가 상호 삼투되어 전체를 이루는데, 이로부터 예술작품이 되도록 예정된 내용은 그것 자체가 그렇게 변형될 수 있는 것임을 보여줘야 한다는 필연성이 나온다. 그렇지 않다면 우리는 산문적이고 부적합한 내용이 시적 형식과 불완전하게 통일된 상태만을 가지게 될 뿐이다.[23] 이념적 내용은 감각적 형식을 통해 비춰진다. 형식은 이런 이념적 빛에 의해 정신화된다.[24] 예술적 상상력은 수동적이고 수용적인 구상력의 작업과 같은 것을 행하지 않는다. 즉 예술적 상상력은 감각적 현실의 외관에 머물지 않고 현실적인 것, 내면의 진리 또는 합리성을 추구한다. "예술가가 선택한 특정 대상의 이러한 합리성이 예술가의 의식에 현재하면서 예술가를 움직였을 뿐만 아니라, 더 나아가 예술가 스스로 본질적이고 참된 것을 대단히 넓고 깊게 반추했음에 틀림없다. 왜냐하면 이러한 숙고 없이 인간은 자신 속에 있는 것을 의식하지도 못하기 때문이다. 위대한 예술작품을 접하는 이라면 그 소재가 모든 면에 걸쳐 오랜 기간 깊이 궁리되어왔다는 것을 보게 된다. 경박한 상상력으로부터는 그 어떤 건실한 작품도 나올 수 없다."[425] 시인과 화가에게 직관 이외의 그 어떤 것도 필요치 않다는 생각은 억측이다. "진정한 시인이라면 작시에 앞서서도, 작시 도중에도 심사숙고할 것임에 틀림없다."[426] 그렇다고 해서 시인의 사유가 추상화라는 형식을 취하는 것은 아니라는 점은 항상 염두에 두어야 할 것이다.

형이상학적 관념론 미학과 바움가르텐주의 미학

몇몇 비평가들[427]은 셸링에서 헤겔에 이르는 미학의 움직임을 바움가르텐주의의 부활로 보고 있는데, 그 이유는 이런 움직임을 통해 예술이 철학적 개념의 중재자로 간주되었기 때문이다. 그들이 언급하는 사실을 보면 셸링의 추종자 가운데 하나인 아스트의 경우 셸링 체계의 경향에 영향을 받아 극시 대신에 교훈시를 예술의 최고 형식으로 삼았다.[428] 일부 예외적이고 부차적인 경우를 제외하면 이런 주장들이 참된 것은 아니다. 셸링에서 헤겔에 이르는 이 철학자들은 지성주의적이며 도덕주의적인 관점에 적대적인데, 때때로 그들에게 반하는 명확하고 명시적인 반론에 직면했다. 셸링은 다음과 같이 말한다. "미적 산출은 그 원리상 절대적으로 자유롭다. [……] 그 어떤 외적인 목적에도 종속되어 있지 않다는 사실로부터 예술의 신성함과 순수함이 나온다. 예술은 야만성의 본래적 특징이 예술에게 요구하는 모든 감각적 쾌락과의 연계를 거부하며 유용성과의 연계도 거부한다. 다만 유용성과 연계된 실용적인 창안에서 최고 수준의 인간 정신이 발견된다면 예외가 되겠지만 말이다. 예술은 도덕에 속하는 모든 것과의 연계도 거부하며, 심지어 그 어떤 사적인 이해도 없다는 점에서는 예술과 가장 근접한 것인 학문과의 연계조차 거부한다. 학문은 언제나 자신 밖에 놓인 목적을 지향하기에 결국에는 자신을 낮추어 가장 고귀한 것(예술)의 수단으로 봉사하지 않을 수 없다."[29] 헤겔의 말에 따르면 "예술은 보편자 자체를 내포하지 않는다." "그러나 현시된 내용의 보편적 본성이 구체적 예술 형태를 통해 간접적으로 함축되는 것이 아니라, 교화 같은 것을 목적으로 하여 추상적 문장, 산문적 반성, 일반적 교설로 나타나고 명시된다고 하자. 그렇게 되면 구체적 형태와 추상적 내용의 그러한 분리로 인해 예술작품을 명실공히 예술작품이게끔 만드는 감각적 이미지의 형태는 그저 무용한 부속물, 그저 외피에 불과하고 가상에 불과한 것이 될 뿐이다. 이렇게 되면 예술작품의 본성 자체가 전도되고 만다. 왜냐하면 예술작품이 직관에 드러내는 내용은 그저 보편자가 아니라 단적으로 감각적인 개체로 개별화되어 있기 때문이다."[30] 그는 또한, 예술가가 충만한 삶 대신에 추상적 이념을 동기로 삼아 작업을 수행하는 것은 좋은 징조가 아니라는 말을 덧붙였다.[31] 예술의 목적은 예술 자체에, 감각적 형식을 띤 진리의 표현 속에 놓여 있다. 그 밖의 목적은 모두 예술 외적이다.[32] 예술을 순수한 표상 및 상상력과 구분하고 예술을 개념, 보편자, 무한자의 수단으로 삼았던 이런 철학자들이 바움가르텐이 열어놓은 길의 진행 방향으로 향해 있다는 점을 입증하기란 그리 어려운 일이 아니다. 그런데 이를 입증한다는 것은 예술이 순수한 상상력이 아니라면 그것은 감각적이며 이성의 보조 수단에 불과한 것이라는 딜레마를 전제로서 인정해야 한다는 뜻을 갖는다. 셸링에서 헤겔에 이르는 형이상학적 관념론자들은 바로 이러한 딜레마를 부정한다. 그들이 따르고자 한 길은 상상력과 지성 가운데 택일하는 것이 아니라 양자를 모두 취해야 하는 능력을 구상하는 것이었다. 그것이 곧 지적 직관 또는 직관적 지성이며 플로티노스의 방식에 따르면 정신적 상상력이다.

헤겔은 선대 학자들에 비해 예술의 인식적 성격을 훨씬 더 강조했다. 그러나 바로 이러한 장점으로 인해 헤겔은 다른 이들이 쉽게 회피할 수 있었던 난제에 직면했다. 종교, 철학과 동행하여 절대적 정신의 영역에 자리 잡은 예술이 저렇듯 강고하게 이들과 동행한다면, 특히 헤겔의 체계에서 정신적 발전의 최고봉에 해당하는 철학과 동행한다면, 어떻게 스스로를 견지할 수 있을까? 예술과 종교가 절대자에 대한 앎이라는 기능 이외의 것을 수행한다면 이는 정신의 하위 단계일지언정 필수불가결한 것이다. 그러나 이것들이 철학과 똑같은 목적을 염두에 두고 그것을 완성해야만 한다면 이것들이 어떤 가치를 지닐 수 있을까? 아무 가치도 지니지 못하거나 기껏해야 인류의 삶에서 찰나적인 한 역사적 국면에 부착된 종류의 가치만을 지닐 수 있을 것이다. 헤겔 체계의 원리는 근본적으로 합리주의적이어서 종교에 대해, 그리고 이에 못지않게 예술에 대해 적대적이다. 열정적인 미학적 정신을 갖추고 예술을 열렬히 사랑한 헤겔 같은 이의 이론이 이렇게 귀결된다는 것은 이상하고 안타까운 일이다. 이는 플라톤이 감내해야 했던 냉혹한 운명의 재연과 진배없다. 그러나 기존 종교의 지배력을 인정하는 그리스의 이 철학자가 모방으로서의 예술은 물론 자신이 좋아했던 호메로스의 시까지 힐난하기를 주저치 않았듯이, 저 독일 철학자도 자신의 체계가 갖는 논리에 따른 예술의 위기를 결코 회피하지 않으면서 예술의 필멸성을, 다름 아닌 예술의 죽음을 천명했다. 그의 말에 따르면 "우리는 한편으로 예술에 높은 지위를 부여하지만, 다른 한편으로 예술은 그럼에도 불구하고 내용상으로나 형식상으로나 정신에게 그의 참된 관심사를 의식케 하는 최고의 절대적인 방식이 아님을 그만큼 더 상기해야 한다. 왜냐하면 바로 그 형식으로 인해 예술은 또한 특정한 내용에 제한되기 때문이다. 다만 특정한 범위와 단계의 진리만이 예술작품의 요소들 속에 표현될 수 있을 뿐이다. 진리가 예술을 위한 진정한 내용일 수 있으려면, 가령 그리스 신들의 경우가 그러하듯, 감각성으로 나아가 그 속에서 적절하게 존재할 수 있다는 점이 여전히 진리 본연의 규정에 포함되어야 한다. 이에 반해 진리에 대한 좀 더 깊은 파악이 있는데, 여기서는 진리가 더 이상 이러한 질료에 의해 적절히 수용·표현될 수 있을 정도로 그렇게 감각성과 비슷하지도 않으며 친근하지도 않다. 기독교를 통해 이해되는 진리가 바로 그러하며, 특히 오늘의 세계정신, 더 자세히 말해 우리의 종교 정신과 이성 문화의 정신은 예술이 절대자를 의식하는 최고의 방식이었던 단계를 넘어선 것으로 나타난다. 예술생산과 그 작품의 고유한 방식은 더 이상 우리의 가장 높은 욕구를 충족시키지 못한다. [……] 사상과 반성이 예술을 넘어섰다." 근대 예술의 소멸 직전 상태를 설명하기 위한 많은 이유들이 제시되어왔다. 특히 물질적·정치적 관심이 팽배해졌다는 점을 그 이유로 들 수 있다. 헤겔의 말에 따르면 가장 큰 이유는 순수 사유에 비해 예술이 열등한 단계에 있다는 사실이다. "우리에게 있어 예술은 최고 규정의 측면에서 볼 때 과거의 것으로 존재하며 그렇게 남아 있다." 그리고 예술은 이제 최종 형태가 된 것이기에 이에 대한 철학적 작업을 할 수 있게 된다.[433] 그러므로 헤겔의 미학은 일종의 추도 연설이다. 즉, 헤겔은 일련의 예술 형식을 회고하고 이것들이 내적으로 소진되어가는 발전 단계를 보여주면서 전체를 무덤 속에 집어넣고는 철학으로 하여금 그 묘비명을 쓰게 했다.

낭만주의와 형이상학적 관념론은 예술을 구름 사이로 솟구쳐 오른 환상적인 높이로 올려놓음으로써 결국 예술이 절대적으로 무용한 것이라는 점을 인정할 수밖에 없도록 했다.

X. 쇼펜하우어와 헤르바르트

미적 신비주의

상상력이 가득한 예술 이해는 시대정신에 부합하는 것이었다. (이때의 시대정신이란 철학에서의 개별적 유행이 아니라 낭만주의 운동을 통해 표현된 심리적 조건이기도 했다.) 이를 보여주는 것으로 다음과 같은 사실보다 더 명징한 것은 없을 것이다. 즉 셸링, 졸거 및 헤겔의 체계에 적대적인 자들조차 그러한 예술 이해에 대체로 동의했거나, 아니면 스스로는 멀리 벗어났다고 생각했을지라도 실제로는 부지불식간에 이러한 이해로 되돌아온 이들이었다.

쇼펜하우어: 예술의 대상으로서 이념, 미적 카타르시스

쇼펜하우어는 이른바 **철학적 냉철함**(phlegma philosophicum)이 부족한 자였지만 그가 셸링, 헤겔을 위시한 온갖 "돌팔이들"과 "대학교수들", 그러니까 칸트의 유산을 나눠 갖고 있는 이들과 쟁투를 벌였다는 점은 잘 알려져 있다. 그렇다면 쇼펜하우어가 계승하고 발전시킨 예술론은 무엇이었을까? 헤겔과 마찬가지로 쇼펜하우어의 이론도 추상적인 개념과 구체적인, 즉 이념이라는 개념을 구분하는 데서 출발한다. 쇼펜하우어는 스스로 이념을 플라톤의 이념[이데아]에 견주고 있지만 그가 제시한 개별적 형식면에서는 헤겔의 이념보다는 셸링의 이념과 좀 더 닮았다. 이러한 이념들은 지성적 개념과 공유하는 무언가를 갖고 있는데, 왜냐하면 이 이념들은 지성적 개념이 그러하듯이 복수의 사물을 통일적으로 표상하기 때문이다. 그러나 "개념은 추상적이고 논증적이다. 즉, 그것의 범위 내부는 전적으로 무규정적이고 오직 그 범위의 경계에 따라서만 규정된다. 그저 이성을 지닌 이라면 누구라도 개념에 도달하여 이를 파악할 수 있고 언어만 있으면 그 외의 다른 어떤 매개 없이도 전달할 수 있으며 정의를 통해 개념은 완전히 설명 가능하다. 반면에 경우에 따라 개념을 적절히 표상하는 것으로 정의될 수 있는 이념은 전적으로 직관적이며 무한히 많은 개별 사물들을 대표하면서도 그것의 모든 면을 규정한다. 이 이념을 인식하는 자는 결코 개별성에 묶인 개인이 아니라, 오히려 자신을 모든 의욕과 개별성 너머로 고양하여 인식하는 순수 주관으로 나아간 자다. 따라서 오직 천재만이 이념에 도달 가능하다. 혹은 천재의 작품에 도움을 받아 순수한 인식능력의 고양에 이름으로써 일종의 천재적 심정 하에 놓인 이들도 이념에 도달 가능하다. [……] 우리가 직관적으로 파악한 시간 및 공간 형식에 의해 이념은 통일성에서 다수성으로 분열된다. 이와 달리 우리 이성의 추상성에 의해 개념은 다수성에서 통일성으로 복귀한다. 이러한 통일성은 사후의 통일성(unitas post rem)으로, 앞의 통일성은 사전의 통일성(unitas ante rem)으로 부를 만하다."[434] 쇼펜하우어는 이념을 사물의 "유(genera)"로 부르는 습성이 있다. 그렇지만 이념이 유가 아니라 종(species)에 해당한다는 언급을 한 적도 있는데, 이에 따르면 유는 단지 개념이며, 자연에는 종이 있을 뿐이고, 유는 오직 논리적으로만 존재한다는 것이다.[435] 유형별로 이념이 존재한다는 이런 심리학적 환상은 (쇼펜하우어의 글을 통해 발견되는 것처럼) 본래 자연학의 경험적 분류를 생명체에 적용하려는 습성에 기인한 것이다. 쇼펜하우어는 "이념을 보길 원하는가?"라고 묻고는 다음과 같이 말한다. "하늘을 지나가는 구름을 보라. 돌 위로 흐르는 개울을 보

라. 나무와 꽃의 모양으로 창에 서린 성에의 결정체를 보라. 개별 관찰자인 우리가 보기에 구름의 형태, 솟구치는 개울의 물결, 결정체의 구조는 그 자체로는 무심하게 있다. 구름은 그 자체로는 탄성을 지닌 증기다. 개울은 붙잡을 수 없는 투명한 액체이자 유동적인 무형의 것이다. 성에는 결정화의 법칙을 준수한다. 그리고 이러한 규정들에 따라 그것들의 이념이 존립한다."[436] 이 모든 것은 의지가 직접적으로 객관화되는 다양한 단계들이다. 그리고 예술이 바로 이런 이념들을 묘사하는 것이지 이것들에 대한 생기 없는 모사인 현실을 묘사하는 것이 아니다. 이 점에 있어서 쇼펜하우어는 플라톤이 한편으로는 맞고 다른 한편으로는 틀렸다고 보았으며, 그래서 그에 대해 동의하면서도 비난했다. 이는 과거에 플로티노스가, 그리고 근대에 와서는 쇼펜하우어에게 최악의 적수인 셸링이 표방했던[437] 플라톤에 대한 태도와 정확히 일치한다. 이에 따라 각각의 예술은 자신이 점유한 자리에 상응하는 특수한 이념의 범주를 갖는다. 건축은, 그리고 경우에 따라서는 수력학(水力學)—돌멩이의 일반적 속성인 중력, 응집력, 저항력, 강도, 그리고 빛의 조합들 같은—도 낮은 단계의 객관화를 구성하는 이념에 대한 명확한 직관을 촉진한다. 정원 및 (매우 흥미롭게 연결된) 풍경화는 식물적 본성의 이념을 표상한다. 조각 및 동물화는 동물학의 이념을, 역사화 및 고급 형식의 조각은 인간 신체의 이념을, 시는 바로 인간 자체의 이념을 표상한다.[438] 음악의 경우 여타 예술의 위계 너머에 놓인다. (이런 논리적 비약을 누가 정당화할 수 있을지는 의문이다.) 우리는 셸링이 음악을 우주의 리듬 자체를 표상하는 것으로 생각하는 과정을 살펴본 바 있다.[439] 쇼펜하우어의 주장도 셸링의 입장과 거의 차이가 없는데, 그에 따르면 음악은 이념을 표현하지 않고 오히려 이념, 즉 의지 자체에 상응한다. 음악과 세계 간의, 근본음과 원질료 간의, 음계와 일련의 종들 간의, 선율과 의식적 의지 간의 유비를 통해 쇼펜하우어가 도달한 결론은 음악이란 라이프니츠의 생각처럼 산술적이라기보다는 오히려 형이상학적이라는 것이다. 즉, 음악이란 "자신이 철학을 하고 있다는 것을 알지 못하는 영혼[정신]의 무의식적인 형이상학 활

동."440*이다. 관념론을 신봉한 자들 못지않게 쇼펜하우어에게도 예술은 아름답다. 예술은 인생의 꽃이다. 예술을 관조하는 이는 더 이상 개인이 아니라 오히려 순수 인식의 주체이고, 그 어떤 욕망, 고통 및 시간으로부터 벗어나 자유롭다.441

쇼펜하우어 이론을 통해 개선된 징후들

쇼펜하우어의 체계가 예술을 좀 더 심도 있게 다루고 있다는 점이 이곳저곳에서 감지되고 있음은 분명하다. 때로는 명민한 분석을 할 줄 알았던 쇼펜하우어가 시종일관 주장한 것은 공간·시간의 형식이 표상의 보편적 형식만을 허용하는 예술적 관조에, 즉 이념에 적용되어서는 안 된다는 점이다.442 이에 따라 쇼펜하우어는 예술이 의식 최고의 비상한 단계이기는커녕 실제로는 의식의 가장 직접적 단계에 있다는 추론을 내린 것으로 보인다. 즉, 원초적인 단순성에 입각한 이 단계는 공간·시간적 연속선상의 한 지점에 대상을 지정하는 일상적 지각보다도 우선한다. 일상적 지각으로부터 벗어나 상상력 하에서 산다는 것은 이념에 대한 플라톤적 관조로 상승한다는 뜻이 아니라 비코가 말했던 대로 일단 직접적 직관의 영역으로 더 하강하여 다시 아이가 된다는 뜻이다. 다른 한편으로 쇼펜하우어는 선입견 없는 눈으로 칸트의 범주들을 검증하기 시작했다. 쇼펜하우어는 직관의 두 형식인 공간과 시간에 만족할 수 없었고 제삼의 것인 인과성을 추가하길 원했다.443 결국 우리가 보기에 쇼펜하우어가 예술과 역사를 비교한 것은 앞선 이들과 마찬가지였지만, 그가 역사를 개념으로 환원될 수 없는 것이라고 본 점에서 역사철학을 쓴 관념론자들과 차별화되는 장점을 갖고 있었다. 왜냐하면 역사는 개인의 관조일 뿐 결코 학문이 아니기

---

* 이 라틴어 표현은 "음악이란 자기가 수를 세고 있음을 모르는 영혼의 인지되지 않은 산술의 훈련이다"라는 라이프니츠의 언급을 쇼펜하우어가 바꾸어 표현한 것이다.

때문이다. 쇼펜하우어가 예술과 역사를 비교하는 일을 지속적으로 수행했더라면 그는 그가 도달한 지점에 머물지 않고 좀 더 나은 해법에 도달했을 것이다. 말하자면 역사가 개별성과 우연성을 지닌 개별자를 소재로 삼는 반면, 예술은 언제나 자기 동일적으로 존재하는 이념을 소재로 삼는다는 해법 말이다.[444] 그러나 쇼펜하우어는 이런 행복한 구상을 추구하지 않고 당시에 유행했던 주제들을 변형하는 정도에 머물렀다.

헤르바르트

가장 믿기 어려운 일은 무미건조한 지성주의자였고 관념론 및 변증법적·사변적 구성의 적대자라 공언했던, 그리고 사실주의적이라거나 엄밀한 철학을 한다고 자임했던 학파의 수장이었던 요한 프리드리히 헤르바르트조차 미학에 주목할 때에는 신비적—비록 약간은 다른 방식이기는 해도—인 경향을 띠게 되었다는 것이다. 자신의 철학적 방법을 설명할 때 그의 진중한 언사는 다음과 같았다. "형이상학이 빠져든 오류에 미학도 빠졌다는 오명을 뒤집어쓰는 일은 없어야 한다. 즉, 미학은 독립적 연구가 되어야 하며 우주에 대한 모든 가설들로부터 벗어나야 한다. 또한 미학을 심리학과 혼동해서도 안 된다. 말하자면 예술작품의 내용을 통해 일깨워진 감정들, 가령 격정적이거나 희극적인 감정들, 혹은 슬픔과 기쁨 같은 것들을 기술해야 한다는 요청을 받아서는 안 된다. 미학의 의무는 예술과 미의 본질적 성격을 규정하는 데 있다. 미의 개별적 사례들을 분석하고 그 사례들이 드러내는 바를 기록하는 일이 바로 미학을 구제하는 길이다." 이런 제안과 약속이 수많은 사람들로 하여금 헤르바르트 미학을 오해하게 만들었다. 그러나 이것은 '영주의 유희'*다. 잘 살펴보면 개별 사례에 대한 분석을 통해

---

* 강자가 약자에게 행하는 가혹행위라는 뜻으로 여기에서 강자는 형이상학을, 약자는 미학

헤르바르트가 의도했던 바가 무엇이었는지, 그리고 형이상학으로부터 그가 얼마나 벗어나 있었는지를 알게 될 것이다.

순수한 미, 그리고 형식의 관계들

그가 보기에 미는 관계들, 즉 음조, 색채, 선, 사유, 의지 등의 관계들에 존립한다. 이 관계들 가운데 어떤 것이 아름다운지는 경험을 통해 결정된다. 그리고 미의 개별적 사례들을 포섭하는 표준 개념들을 열거하는 일, 바로 이것이 미적 학문(aesthetic science)이 할 일이다. 그러나 헤르바르트가 생각하기에 이 관계들은 심리학적 사실들과는 다르다. 즉, 이 관계들은 가령 정신물리학 연구실에서 행해지듯 경험적으로 관찰되는 것일 수 없다. 이 관계들이 음조, 선, 색채뿐만 아니라 사유와 의지를 포함하고 있다는 점, 그리고 외적인 직관의 대상뿐만 아니라 도덕적 사실에까지도 연관을 갖는다는 점을 감안하기만 해도 이런 생각이 오류임을 알 수 있을 것이다. 그는 다음과 같이 분명하게 말한다. "참된 미라면 결코 감각적이지 않다. 설사 감각적 인상이 먼저 있고 나서 미에 대한 직관이 뒤따르는 경우가 자주 발생하더라도 말이다."[445] 아름다운 것과 쾌적한 것 간의 구분은 매우 심대하다. 쾌감은 표상될 필요가 없다. 반면에 아름다운 것은 관계에 대한 표상에 존립하며, 의식 속에서 판단이 바로 이를 뒤따르는데 이는 전폭적인 승인("마음에 든다!")을 표명하는 일종의 추가다. 한편 쾌 혹은 불쾌는 "문화가 진보함에 따라 점차 잠정적이고 부차적인 것이 되어간다." 반면 "아름다움은 거부할 수 없는 가치를 갖는 영속적인 것이라는 점이 점점 더 부각된다."[446] 취미판단은 보편적이고 영속적이며 변치 않는다. 즉 "같은 원인이 같은 결과를 낳듯이, 어떤 관계에 대한 표상이 완전하다면 같은 관계에 대해 언제나 같은 판단이 나온다. 이는 어떤 조건과 정황에서

을 뜻한다.

든 언제나 일어나며, 이를 통해 다양한 특수 사례들에 보편적 규칙으로 보이는 것이 주어진다. 하나의 관계를 이루는 요소들을 보편적 개념이라고 하자. 판단을 통해서는 이 개념의 내용만이 생각됨에도 불구하고 이 판단이 이 두 개념들에 공통적인 만큼의 영역을 가져야 한다는 점은 분명하다."447 헤르바르트는 미적 판단이 윤리적 판단을 하위 부분으로 포괄하는 보편적 등급이라고 생각했다. "여타의 아름다운 것과는 구별되어야 할 도덕적인 것이 있는데, 이는 그 자체로 가치를 지닌 것일 뿐만 아니라 인격의 무조건적 가치를 실제로 규정하는 것이기도 하다." 그리고 가장 엄밀한 의미의 도덕성으로는 정의가 있다.448 도덕적 삶을 이끄는 다섯 가지 윤리적 이념들(내면의 자유, 완전성, 호의, 공평함, 정의)은 의지의 관계에 적용된 미적 이념들, 정확히 말하자면 미적 개념들이다.

내용과 형식의 총합으로서의 예술

헤르바르트는 예술을 복합적 사실로, 즉 미적인 것 너머의 요소인 내용과 순전히 미적 요소인 형식 간의 조합으로 보았다. 이때 내용은 논리적이거나 심리적이거나 혹은 그 밖의 다른 가치를 지닐 수 있는 것이고 형식은 근본적으로 미학적인 개념이 적용되는 것이다. 사람들은 재미있거나 교훈적이거나 감동적이거나 장엄하거나 우스꽝스러운 것들을 추구한다. 그리고 "작품에 호의와 관심을 불러일으키기 위해 이 모든 것들이 아름다움과 혼합된다. 따라서 아름다운 것은 다양한 색채를 띤다. 즉, 우아하거나 장대하거나 비극적이거나 아니면 희극적인 것이 된다. 아름다운 것은 이 모든 것이 될 수 있는데, 왜냐하면 그 자체로는 고요한 것인 미적 판단에는 외적인 많은 심적 자극들이 수반될 수 있기 때문이다."449 그러나 이 모든 것들은 아름다움과 상관이 없다. 객관적으로 아름답거나 추한 것을 발견하기 위해서는 내용과 관련한 모든 속성을 도외시해야 한다. "시에서 객관적으로 아름답거나

추한 것을 인식하기 위해서는 이 생각이 저 생각과 어떻게 다른지를 보여줘야 하며, 따라서 최소한 사상에 대한 논의가 있어야 한다. 조각에서 이를 인식하기 위해서는 이 윤곽이 다른 윤곽들과 구분되는 점을 보여줘야 하며 윤곽에 대한 논의가 있어야 한다. 음악에서 이를 인식하기 위해서는 이 음조가 다른 음조들과 구분되는 점을 보여줘야 하며 음조에 대한 논의가 있어야 한다. 그런데 이제 '장대한, 사랑스러운, 정겨운' 같은 (그리고 이와 유사한 다수의) 술어들 속에는 사상, 윤곽 및 음조에 관한 것이 아무것도 포함되어 있지 않다. 따라서 이 술어들은 시, 조각 및 음악의 객관적 아름다움에 대해 아무것도 알려주는 바가 없다. 이 술어들로 인해 다음과 같은 생각에 이르게 된다. 즉 '객관적 아름다움이 존재하고, 사상, 윤곽 및 음조는 모두 우연적인 것이다. 객관적 아름다움에 접근하려면 시, 조각, 음악 등으로부터 인상들을 수용하고, 대상을 지우며, 자기 자신을 심정의 순수한 감정에 내맡겨야 한다'는 생각이 그것이다."[450] 미적 판단은 그렇지 않다. 이 판단은 오직 형식만을 시선에 두는, 즉 객관적으로 만족스러운 형식적 관계를 고려하는 "예술 감식가의 냉철한 판단"이다. 순수한 형식을 관조하기 위해 내용을 이렇게 도외시하면 예술에 의해 산출된 카타르시스가 생긴다. 내용은 순간적이고, 상대적이며 도덕 법칙에 종속되어 있고 도덕적 판단에 영향을 받는다. 형식은 영구적이고 절대적이고 자유롭다.[451] 구체적 예술은 두 개 혹은 그 이상의 가치의 총합일 것이다. 그러나 오직 형식만이 미적 사실이다.

헤르바르트와 칸트

겉모습에 현혹되지 않고 전문 용어들을 무시한다면 헤르바르트의 미학 학설이 칸트의 학설과 매우 유사하다는 것을 쉽사리 발견할 것이다. 헤르바르트에서 우리는 자유미와 종속미, 형식과 형식에 부착된 감각적 자극 간의 구분을 재차 발견한다. 즉 순수미의 존재를, 그러니까 두서없는 판단이 아니라 필연적·보편적인 판단의 대상을 발견하는 것이다. 마지막으로 우리는 미와 도덕성 간의, 미학과 윤리학 간의 모종의 연관을 발견한다. 이 주제들에서 아마도 헤르바르트는 칸트 사유의 가장 믿음직한 추종자이자 유포자인 듯한데, 칸트의 학설에 헤르바르트의 싹이 움트고 있었던 것이다. 헤르바르트가 스스로를 "칸트주의자, 단 1828년의 칸트주의자"라고 기술한 구절이 있다. 이는 정확한 진술이며 심지어 지적한 연대까지도 정확하다. 칸트의 미학적 사유에는 오류와 불확실성이 없지는 않으나 시사점이 매우 풍부하며 생산성 있는 씨앗이 담겨 있다. 칸트의 시대에는 철학이 여전히 아직 젊었으며 [어떤 형태로든 전개될] 가능성이 풍부했다. 뒤이어 나타난 헤르바르트의 경우 무미건조하고 일면적이다. 그는 칸트의 학설에서 틀린 것들을 모두 모아 체계로 공고히 했다. 칸트와 헤르바르트가 한 일이라곤 이것 말고는 없었던 반면, 낭만주의자와 관념론자들은 적어도 미론을 예술론과 결합했고 수사학적이고 기계론적인 견해를 타파했으며 예술가의 활동이 지닌 매우 다양하면서도 중요한 특성들을 (종종 과장되고 의심스럽긴 해도) 부각시켰다. 헤르바르트는 기계론적 견해를 다시 한 번 표명했고 이원론을 다시 세워놓았으며 예술가적 감정의 그 모든 숨결이 사라진 가변적이고, 협소하며, 생산성이 없는 신비주의를 제시했다.

미학

XI. 프리드리히 슐라이어마허

내용 미학과 형식 미학: 대조의 의미

이제는 19세기 이래 독일에서 이뤄진, 내용 미학과 형식 미학 간의 그 유명한 논쟁이 갖는 의미와 중요성에 대해 정확한 정보를 제공할 수 있게 되었다. 이 논쟁은 셸링, 헤겔 및 그들의 동시대인과 추종자들이 견지한 관념론에 대해 반대를 표명한 헤르바르트에 의해 촉발되었는데 미학사의 저작들은 대부분 이 둘 중 하나의 관점을 택했다. '형식'과 '내용'은 철학 용어 전체에서, 특히 미학에서 가장 애매한 말에 속한다. 누군가에게 형식으로 불리는 것이 다른 이에게 내용인 경우가 허다한 것도 사실이다. 헤르바르트주의자는 특히 "형식을 통해 내용을 제거하는" 것이야말로 예술의 비밀이라는 실러의 문구를 옹호하는 입장에 근거를 두고 있었다. 그러나 미적 활동을 점차 도덕적·지성적 활동에 근접하게 만드는 실러의 '형식', 그리고 내용에 삼투되어 이를 생생하게 만들기보다는 그저 내용에 옷을 입히고 이를 꾸밀 따름인 헤르바르트의 '형식', 이 두 개념 사이에 무슨 공통점이 있단 말인가? 반면 헤겔은 실러라면 '소재'라고 불렀을, 정신적 에너지에 의해 제어되어야 할 감각적 질료에 '형식'이라는 명칭을 부여했다. 헤겔의 '내용'은 이념이고 형이상학적 진리이며 미를 구성하는 요소다. 헤르바르트의 '내용'은 미와는 동떨어진 감정적 내지 지성적인 요소다. 이탈리아에서

'형식' 미학은 표현적 활동의 미학을 뜻한다. 즉 형식은 장식도, 형이상학적 이념도, 감각적 질료도 아니며 오히려 인상들에 형태를 부여하는 힘을 갖춘 표상적 혹은 상상적 능력이다. 그런데 이러한 이탈리아의 미학적 형식주의를 논박하면서, 모든 면에서 이와는 완전히 다른 독일의 미학적 형식주의를 논박할 때 이용되던 것과 똑같은 논증을 이용하는 시도도 있었다. 이런 논란들은 계속 이어졌다. 이미 칸트 이후의 미학적 사유를 명백히 설명한 만큼 우리는 이에 대한 반대자들의 모호한 용어법에 얽매이거나 그들이 내세우는 주장들에 의해 오도되지 않고 그들을 올바로 평가할 수 있게 될 것이다. 내용 미학과 형식 미학 간의, 관념론 미학과 실재론 미학 간의, 그리고 셸링·졸거·헤겔·쇼펜하우어의 미학과 헤르바르트 미학 간의 대립은 실로 신비주의라는 공통점에 의해 연결된, 예술의 두 개념 사이의 집안싸움으로 드러나게 될 것이다. 비록 하나는 오랜 여정을 통해 진리에 거의 근접할 참이었던 반면, 다른 하나는 저 멀리서 영원히 헤매고 있었을지라도 말이다.

슐라이어마허

19세기 초반 독일은 주관주의니, 객관주의니 혹은 주관-객관주의니, 추상적이니, 구체적이니 혹은 추상적-구체적이니, 관념론이니, 실재론이니 혹은 관념-실재론이니 하는, 그럴싸하게 들리는 철학적 정식들의 시대였다. 심지어 크라우제는 범신론과 유신론 사이에 세계내재신론*을 끼워넣었다. 하수가 고수보다 더 큰 목소리를 내면서 자신들의 유일한 자산인 이 [실체 없는] 말들을 인정하라고 요구하는 이런 야단법석의 와중에는 사태의 진상에 대해 숙고하기를 즐기는 신중하고 명석한 소수의 사상가들이 패배하여 가장 큰 피해를 본다는 것, 즉 으르렁대는 군중에 휩싸여 눈에 띄지 않게 되거나 잘못된 이름이 붙여지게

---

* 세계내재신론(Panentheismus): 신 안에 모든 것이 내재한다는 이론

된다는 것은 놀랄 일도 아니다. 이것이 바로 프리드리히 슐라이어마허의 운명이었던 것 같다. 그의 미학적 학설은 오늘날 가장 주목할 만한데도 가장 덜 알려진 것에 속한다.

슐라이어마허에 대한 오해

슐라이어마허의 미학 강의가 1819년 베를린 대학에서 처음 실시된 이래 그는 책을 쓰겠다는 전망을 가지고 이 주제를 진지하게 연구하기 시작했다. 1825년 여름 학기, 그리고 1832~33년 겨울 학기, 이렇게 두 번 더 미학 강의를 실시했다. 그러나 이듬해 그가 사망하게 되면서 그의 저술 계획이 실행에 옮겨지지 못했으며, 그의 미학 사상에 대해 우리가 알고 있는 바는 모두 그의 수강생에 의해 취합된 필기록을 바탕으로 1842년에 출간된 강의록에 따른 것이다.[452] 헤르바르트주의 미학 사가인 짐머만은 슐라이어마허의 유고를 격렬히 비난했다. 20페이지가량 비난과 조소를 쏟아부은 후 짐머만은 "어떻게 슐라이어마허의 수강생들이 '기만적인 말장난, 현학적 착상 및 변증법적 술수'[453]로 이뤄진 그 따위 허접한 글을 출간하여 위대한 스승을 욕보일 수 있었는지 모르겠다"는 의문을 던지며 결론을 맺는다. 관념론적 성향의 철학사가인 하르트만 또한 그리 후한 평가를 내리지 않았는데, 그의 기술에 따르면 슐라이어마허의 강의록은 "대부분 하찮은, 오히려 불완전하고 왜곡된 것들에 일부 괜찮은 언급들이 혼란스럽게 뒤섞인 잡탕"이다. 또한 그의 말에 따르면 그의 강의록은 "망령든 전도사가 행하는, 겉만 번지르르한 오후 설교와 같은 것"을 견딜 수 있도록 4분의 1로 축약되어야 한다. "원리의 문제에 있어서"도 헤겔을 위시한 이들이 제시한 관념론의 세부 사항을 넘어서는 새로운 것을 보여주지 않기 때문에 그것은 무용지물이다. 그리고 "이 강의록이 헤겔주의 이외의 주장을 제시하는 일"은 어떠한 경우라도 불가능해 보이며, "헤겔주의에 대한 슐라이어마허의 기여조차 부차적인 중요성을 가진 몇 가지 점에 국한될 뿐이다." 계속해서 하르트만은 슐라이어마허가 우선은 신학자였으며 철학 분야에는 그다지 전문적이지 않았다는 점에 주목했다.[454] 우리에게 슐라이어마허의 학설이 모호한 형태로 다가오며 결코 불확실성 또는 모순을 면할 길 없다는 점은 분명히 부인할 수 없다. 또한 더 중요한 것은 당대 형이상학의 영향력으로 인해 그의 학설의 여기저기가 더욱 악화되었다는 점이다. 이러한 단점에도 불구하고 그의 방법론은 탁월하며 진정 학문답고 철학답다. 그의 학설로부터 많은 중요한 논점들이 확인되며, 이전에는 의심을 품거나 논의해보지 않았던 사안들과 난제들 중 그가 새로 다뤘던 것들이 많았다.

기존 사상가들과 슐라이어마허의 차이

슐라이어마허는 미학을 본질적으로 근대적인 사유라고 생각했다. 또한 규칙을 제정하는 자의 경험론적 관점에서 결코 벗어나지 못한 아리스토텔레스의 시학, 그리고 18세기에 행해진 바움가르텐의 시도, 이 양자를 분명하게 구분했다. 그는 칸트의 경우 철학이라는 학문에 미학을 포함시킨 진정한 첫 시도를 감행했다는 점을 상찬했으며, 헤겔의 경우 예술적 활동이 종교 및 철학과 연결되거나 거의 동일시됨으로써 가장 높은 단계로 고양되었다는 점을 인정했다. 그러나 슐라이어마허는 바움가르텐의 후계자들이 감각적 쾌의 학문 또는 이론을 구성하려는 터무니없는 시도들로 퇴행한 점에 대해 불만스러워했고, 칸트의 관점이 취미에 대한 논의를 중요한 목적으로 삼았던 점에 대해서도 불만스러워했고, 피히테의 철학이 예술을 교육 수단으로 만든 점에 대해서도 불만스러워했고, 칸트 및 피히테보다 더 널리 수용된 견해들에 의해 미에 대한 애매모호한 개념이 미학의 중심에 놓인 점에 대해서도 불만스러워했다. 반면 그는 예술가의 자발성 혹은 생산성의 계기에 대해 주의를 환기했던 실러에 대해서는 만족스러워했다. 또한 그는 조형예술이 중요하다는 점을 강조한 셸링을 상찬했는데, 셸링에 따르면 조형예술은 안이하고 기만적인 도덕주의에 따라 해석될 여지가 시에 비해 적기 때문이다.[455] 슐라이어마허는 미학이 경험적인, 따라서 학문으로 환원될 수 없는 실천적인 규칙에 대한 연구에 속하지 않는다는 점을 매우 명백히 했는데, 그에 따르면 미학은 윤리학의 틀 속에서 예술적 활동의 적절한 지위를 결정하는 과제를 갖는다.[456]

윤리학에서 미학이 차지하는 자리

이런 용어 사용에 대해 우리가 오해하지 않기 위해서는 슐라이어마허의 철학이 변증법[논리학], 윤리학 및 자연학이라는 고대의 전통적 삼분류에 따르고 있다는 점을 상기해야 한다. 변증법은 존재론에 상응한다. 자연학은 자연적 사실에 관한 학문을 모두 포괄한다. 윤리학은 인류의 자유로운 모든 활동(언어, 사유, 예술, 종교 및 도덕)에 대한 연구를 포함한다. 그에게 윤리학은 도덕성의 학문뿐만이 아니라 보통 심리학, 더 정확히는 정신의 학문 또는 철학이라 불리는 것을 대변한다. 일단 이렇게 설명된다면, 슐라이어마허의 출발점은 정당한 것으로 허용될 만하다. 또한 다른 이라면 행위 혹은 정신적 에너지라고 말했을 만한 것을 그가 의지나 자발적 행위라고 말하고 있는 것이 그리 놀랄 만한 일은 아니다. 그는 이러한 표현들에도 실천철학에 의해 부여되는 것보다 더 광범위한 의미를 부여한다.

내재적이고 개별적인 미적 활동

인간의 활동에 대한 구분은 이중적으로 이뤄질 수 있다. 첫째로 만인에게 동일한 방식으로 이뤄진다고 여겨지는 (논리적 활동 같은) 활동들이 있는데 이것들은 동일성의 활동이라 불린다. 이것 말고 사람들에 따라 다양하다고 여겨지는, 차이의 활동 또는 개별적 활동이라 불리는 것이 있다. 둘째로 내면의 삶에서 완성되는 활동, 그리고 외부 세계로 실현되는 활동이 있는데, 이들을 각각 내재적 활동과 실천적 활동이라고 한다. 예술적 활동은 각각 두 항목을 갖는 두 집합들 가운데 어느 집합에 속하는가? 예술적 활동이 전개되는 양태는 당연히 다양할 수밖에 없는데, 개별적인 각 개인들에게까지는 아니더라도 최소한 민족과 국가별로는 다양하다. 따라서 예술적 활동은 차이의 활동 혹은 개별적 활동에 속한다.[457] 두 번째 구분과 관련해서 보면 예술은 실제로 외부 세계에 실현되지만, 이런 사실은 "나중에 첨가된 것"이다. "말과 글을 통한 생각의 교류가 내적 사실인 생각 자체와 관계 맺고 있듯이 말이다." 말하자면 "내적 이미지가 예술작품 본연의 것이다." 모방(mimicry)의 경우는 예외라고 할지 모르겠지만 이는 그저 외면적으로 그렇게 보일 뿐이다. 실제로 화가 난 사람과 무대에서 화난 사람의 모습을 모방하는 배우 간의 차이가 바로 이것인데, 후자의 경우 화는 통제된 것처럼 보이고, 따라서 아름답게 나타난다. 즉, 배우의 영혼 속에는 실제의 정념과 그것의 물리적 표명 사이를 중재하는 내적 이미지가 있다.[458] 예술 활동은 "개인들 간의 차별성이 전제되는 인간 활동에 속한다. 그러나 이 활동은 동시에 본질적으로 외부에서가 아니라 자신 속에서 전개된 활동에 속한다. 그러므로 예술은 우리가 차별성을 전제하도록 만드는 내재적 활동이다." 실천적인 것이 아니라 내면적이며 보편적이거나 논리적인 것이 아니라 개별적이다.

예술적 진리와 지성적 진리

예술이 사유의 한 형식이라면, 동일성을 전제하도록 만드는 사유 형식이거나 차이를 전제하도록 만드는 사유 형식일 것임에 틀림없다. 우리는 시 속에서 진리를 찾지 않는다. 아니, 실은 진리를 찾기는 하되 이때의 진리는 보편적이거나 개별적인 어떤 존재자가 상응해야 하는 (학문적이거나 역사적인 진리와 같은) 객관적 진리와는 완전히 다른

미학

것이다. "시 속의 인물에 진리가 결여되어 있다고 말한다면, 이는 이 시에 대한 비방이 된다. 그러나 이 인물이 현실에 상응하지 않는 허구라고 말한다면, 이는 완전히 다른 문제다." 시 속 등장인물의 진리는 한 개인의 다양한 사고와 행위의 방식이 재현되도록 하는 정합성에 존립한다. 심지어 초상화에서도 이를 예술작품으로 만드는 것은 객관적 현실과의 정확한 상응이 아니다. 예술과 시를 통해서는 "한줌의 지식도 나오지 않는다." 즉, "예술과 시는 오직 개별 의식의 진리만을 표현한다." 그렇다면 "사유 및 감각적 직관을 산출"하되 "다른 생산들과는 달리 동일성을 전제하지 않는 경우가 있게 된다. 이 경우는 개별자를 개별자로서 표현하는 것이다."[459]

예술적 의식이 감정 및 종교와 갖는 차이

예술은 직접적 자기의식의 영역인데 이때의 자기의식은 자아, 즉 어떤 개인의 자아라는 개념과는 세심하게 구별되어야 한다. 후자는 다양하게 변하는 계기들 속에서 동일성을 유지하는 의식이다. 반면에 직접적 자기의식은 "의식되고 있는 다양성 자체인데, 왜냐하면 삶 전체가 의식의 전개와 다르지 않기 때문이다." 이 영역에서 예술은 종종 이에 수반되는 다음과 같은 두 가지 사실과 혼동되는데, 그 하나는 (쾌감 또는 고통감 같은) 감각적 의식이고 다른 하나는 종교다. 이로부터 두 방향의 혼란이 나타나는데, 감각주의자들은 전자에, 헤겔은 후자에 빠져든다. 슐라이어마허는 예술은 자유로운 생산인 반면, 감각적 쾌와 종교적 감정은 비록 서로 다른 점이 많더라도 양자 모두 객관적 사실(외적 존재)에 의해 규정된다는 점을 증명함으로써 이 혼란을 해소했다.[460]

이러한 자유로운 생산성을 더 잘 이해하기 위해서는 직접적 의식의 영역을 좀 더 명확히 할 필요가 있다. 여기에서 가장 도움이 되는 방법은 그것을 꿈에 의해 산출되는 이미지와 비교하는 것이다. 예술가는 자기 고유의 꿈을 꾼다. 즉 예술가는 열린 눈으로 꿈을 꾸는데, 꿈의 상태에서 쏟아져 나오는 많은 이미지들 가운데 충분한 힘을 지닌 것들만이 예술작품이 되고 나머지는 단지 이를 두드러지게 하는 배경에 머문다. 예술의 본질을 이루는 모든 요소들이 꿈의 상태에서 발견되는데 이 상태는 순전한 이미지로 구성된 감각적 직관과 자유로운 사유의 산출이다. 꿈에는 확실히 무언가가 결여되어 있다. 꿈은 기술을 결여하고 있다는 점에서 예술과 다르기는 하지만 기술은 예술과 무관한 것으로서 이미 배제된 바 있다. 또한 꿈은 그것이 안정성, 질서, 연관 또는 척도가 결여된 혼란한 사실이라는 점에서 예술과 다르다. 그러나 혼란스러운 것에 모종의 질서가 도입되면 이 차이는 곧바로 사라지며, 꿈과 예술은 유사한 정도를 지나 이제 거의 같은 것이 된다. 질서·척도를 도입하고 이미지를 고정·규정하는 이런 내면의 활동이야말로 예술을 꿈과 구분시켜주며 꿈을 예술로 변형하는 지점이다. 이 활동은 내면의 이미지의 비자발적 흐름을 방지하기 위해 힘을 기울여야 한다는 과제를 갖는다. 한마디로 반성이나 숙고가 포함된다. 그러나 꿈을 꾸는 일과 꿈꾸기를 멈추는 일은 공히 예술에 불가결한 요소다. [예술에는] 사유와 이미지의 생산이 있을 수밖에 없으며 이러한 생산과 더불어 척도, 규정 및 통일성이 있을 수밖에 없기 때문인데, "그렇지 않다면 이미지는 모두 다른 이미지와 뒤섞여 불분명해지기 때문이다." 영감의 순간은 숙고의 순간만큼이나 예술에 불가결한 요소다.[461]

그러나 예술적 진리에 도달하기 위해서는 개별자가 종류에 대한 의식을 수반하는[즉, 개별자를 보고 해당되는 보편자를 떠올리는] 일 또한 필요하다. (이에 대한 슐라이어마허의 사상은 다소 불명확하고 부정확하다.) 자아가 개별 인간임을 의식하는 일은 인류[라는 보편자]에 대한 의식 없이는 불가능하다. 개별 대상은 그것의 보편개념에 포섭되지 않고는 참일 수 없다. [즉, 참된 존재자로 규정될 수 없다.] 한 점의 풍경화에서 분명한 것은 "각각의 나무가 자연의 진리를 지니고 있다"는 점이다. "말하자면 이 나무들은 하나의 특정 종류에 속하는 개별 사례로 생각될 것임에 틀림없다. 이와 유사하게 자연의 생명과 개별적 생명이 완전히 결합되면 현실적인 자연의 진리를 갖는 식으로 조화를 이룰 것임에 틀림없다. 예술은 개별 형태들을 그 형태 그대로 생산할 뿐만 아니라 그것들의 내적 진리까지도 추구한다는 이유로 인해 높은 지위를 얻는다. 즉 예술은 인간의 모든 파악이 제 나름의 가치를 갖도록 하는 것의 실현, 말하자면 '모든 존재 형식이 인간의 정신에 본래적'이라는 원리의 자유로운 실현인 것이다. 이런 원리가 없다면 진리는 더 이상 가능하지 않다. 그저 의심만 남을 따름이다." 예술적 산물이란 외부의 영향에 의해 방해받지만 않았더라면 실제 자연이 창조했을 바로 그러한 이상적·전형적 형태들이다.[462] "예술가가 하나의 형태를 생산[제작]할 때, 하나의 보편적 도식에 근거를 두면서 현실적인 것이 갖는 생생한 힘들의 유희를 저지하고 방해할 만한 모든 것을 거부한다. 하나의 보편적 도식에 토대를 둔 그러한 산물을 우리는 이상(Ideal)이라고 부른다."[463]

이 모든 규정들에도 불구하고 슐라이어마허가 예술가의 영역을 제한하려고 했던 것 같지는 않다. 그가 말하기를, "예술가가 현실에 주어진 것을 형상화할 때에는 그것이 초상화이든, 풍경화이든, 개별 인물상이든 간에 생산성의 자유로부터 벗어나 현실을 고수한다."[464] 예술가의 작업은 두 가지 경향을 갖는다. 하나는 유형의 완전함을, 다른 하나는 자연 현실의 재현을 향한다. 예술가는 유형의 추상성이나 경험적 현실의 무의미성 따위에 매몰되어서는 안 된다.[465] 꽃을 그린 정물화에서 그것을 특정한 종류의 꽃으로 그려내는 일이 긴요하다면, 인간을 재현할 때에는 인간이 지닌 더 높은 지위로 인해 훨씬 더 완벽한 개별화가 요구된다.[466] 현실 속의 이상을 재현한다고 해서 "실제 현실에서 발견되는 바와 같은 무한한 다양성"이 배제되는 것은 아니다. "인간의 용모는 가령 이상과 캐리커처 사이에서 오락가락한다. 이는 현실적으로 나타나는 외관은 물론 도덕적인 면모에서도 마찬가지다. 본래 인간의 용모는 제각각 결점을 갖고 있지만, 인간 본성의 변화에 따른 특정한 측면 또한 본래적으로 갖는다. 이 측면은 공공연하게 드러나지는 않지만 숙련된 눈은 이를 포착하여 이 용모를 이상적으로 보완한다."[467] 슐라이어마허는 인간 용모의 이상이 하나인지 다수인지 여부에 대한 문제가 갖는 어려움과 혼란을 예민하게 감지하고 있었다.[468] 그가 보기에 시의 영역에서 지배력을 얻으려고 경합하는 두 가지 견해가 예술 전반으로 확장될 수 있다. 한 시각에서는 시와 예술은 자연이 기계적 힘에 의해 방해받지만 않는다면 산출할 것으로 보이는 완전한 것, 이상적인 것을 재현해야 한다고 주장한다. 다른 시각에서는 이상이란 실현 불가능한 것이라 보면서 오히려 예술가들이 인간을 현실 그대로 묘사해야 한다고, 인간의 이상적 특질 못지않게 실제 인간에게 속하는 혼란스러운 요소들을 묘사해야 한다고 주장한다. 이 두 시각은 모두 절반의 진리다. 즉 현실뿐만 아니라 이상도 재현하고, 객관적인 것뿐만 아니라 주관적인 것도 재현하는 일이 예술의 의무다.[469] 희극적 요소, 즉 이상적이지 않은 이상이나 거짓된 이상도 예술의 범위에 포함된다.[470]

예술의 독립성

도덕성과 관련하여 예술은 철학적 사변만큼이나 자유롭다. 즉, 예술

미학

은 본질적으로 실천적·도덕적 효과를 배제한다. 이에 따라 "예술에서의 완전성이라는 관점에서 비교되지 않는 한 다양한 예술작품들 간의 차이란 없다"는 주장이 도출된다. "가장 완성된 종류의 예술적 대상은 그 무엇에 의해서도 증감될 수 없는 절대적 가치를 갖는다. 만일 예술작품의 결과로 의지가 움직여야 한다는 주장이 참이라면, 이는 예술작품에 다른 가치 기준이 적용된 것이다. 그리고 예술가가 묘사할 수 있는 대상들이 모두 똑같이 의지에 영향을 미치는 것은 아니기 때문에 이런 식의 가치가 예술적 완성도와 무관할 수도 있을 것이다." 그러나 예술가가 지닌 다양하고 복잡한 개성에 대한 판단을 그의 작품에 대한 엄밀한 미적 판단과 혼동해서는 안 된다. "이런 관점에서 가장 크고 복잡한 그림과 가장 작은 아라베스크 무늬는 완전히 같다. 가장 긴 시와 가장 짧은 시도 마찬가지다. 예술작품의 가치는 외면과 내면을 일치시키는 완전성의 정도에 좌우된다."[471]

슐라이어마허가 실러의 학설을 거부한 까닭은 그것이 예술을 진지한 일이 아니라 그와는 다른 일종의 유희 또는 소일거리로 만들었다고 생각했기 때문이다. 슐라이어마허의 말에 따르면 예술은 사업가에게 사업이 진지한 일로 여겨지는 것처럼 진지한 일이다. 예술적 활동은 인간에게 보편적이며 예술을 결여한 인간은 생각될 수 없다. 다만 이런 견지에서도 예술을 향유하려는 욕구만을 지닌 사람이 참된 취미를 지닌 사람이나 생산적 천재를 지닌 사람과는 엄청난 차이가 나기는 하지만 말이다.[472]

예술과 언어

예술가가 사용하는 수단은 본성상 개별자보다는 보편자에 적합하다. 이러한 종류의 것으로서 언어가 있다. 그러나 시가 하는 일은 보편적인 언어에서 개별자를 추출하되 개별자와 보편자 간의 대립 형식을 부여하지 않아야 한다. 이 대립 형식은 학문에 고유한 것이기 때문이다. 언어의 두 요소인 음악성과 논리성 가운데 시인은 자신의 목적을 위해 전자를 요구하며 개별 이미지들을 일깨우기 위해 후자를 제한한다. 개별 이미지와 비교되는 경우이든 순수한 학문과 비교되는 경우이든 언어에는 비이성적인 면이 있다. 그러나 학문적 사변과 시는 그것들이 지닌 경향상 언제나 대립하며 이는 이 양자가 언어를 사용할 경우에도 마찬가지다. 전자는 언어를 수식(數式)과 유사하게 만들려는 경향이 있는 반면, 후자는 이미지와 유사하게 하려는 경향이 있다.[473]

슐라이어마허의 결함

앞으로 적절한 곳에서 다루게 될 좀 더 상세한 내용은 제외하더라도 지금까지의 서술이 슐라이어마허가 미학적으로 사유한 내용의 정수라 할 수 있다. 그의 시각에 따른 진술들을 모두 종합해보면 그가 잘못 파악했거나 간과한 여러 측면들이 다음과 같이 발견된다. 첫째, 예술가의 개별성을 보장하여 이념·유형을 필요치 않게 만들고자 한 슐라이어마허의 그 모든 세심한 노력과 열망에도 불구하고 이념·유형들이 모두 배제된 것은 아니었다. 둘째, 그의 이론에는 여전히 극복되지 않은 어떤 추상적 형식주의의 잔재가 여러 지점에서 관찰된다.[474] 셋째, 그는 예술을 개인들의 복합체들이 갖는 차이, 즉 민족적 차이라고 보았는데, 이는 예술이 순전한 차이의 활동이라는 그 자신의 정의를 파괴할 정도는 아니라 해도 이를 약화시키는 셈이다. 슐라이어마허가 예술사를 잘 살펴보면서 다양한 시대, 다양한 민족이 나름대로의 방식으로 예술을 향유했을 가능성이 있음을 알아차렸더라면, 아니면 예술이 어떻게 만들어지는지에 대해 잘 조사해보거나 심지어 예술과 학문의 관계에 대해서라도 조사해보았더라면, 자신이 말하는 식의 차이는 경험적인 것이어서 극복될 수 있다는 것, 하지만 그럼에도 불구하고 예술과 학문은 구별되는(즉, 보편자와 대립하는 개별자라는) 특징을 가졌다는 것을 주장할 수 있었을 것이다. 넷째, 그는 미적 활동과 언어적 활동 간의 동일성을 인식하지 못했고 그래서 이를 다른 모든 이론적 활동의 기반으로 삼지 못했다. 게다가 슐라이어마허는 예술적 요소가 역사적 서사를 구성하는 요소이자 학문의 구체적 형식으로서 필수불가결하다는 것에 대해 명확히 알지 못했던 듯하다. 달리 말하면 그는 언어가 추상적인 표현 수단의 복합체가 아니라 표현적 활동으로 파악되어야 한다는 것에 대해 명확히 알지 못했던 듯하다.

슐라이어마허 미학의 공로

이러한 결함과 불확실성은 아마도 이제껏 우리가 그의 미학 사상을 완전히 개진된 형태가 아닌 매우 혼란스러운 형태로 접해왔다는 사실과 무관하지는 않을 것이다. 그러나 다른 한편으로 그의 분명한 장점을 열거하려면 앞서 언급했던 두 역사가인 짐머만과 하르트만이 그에게 가했던 비난의 목록을 훑어보는 것만으로도 충분하다. 슐라이어마허는 미학에서 규범적 성격을 제거했다. 그는 미학이 논리적 사유와는 다르지만 하나의 사유 형태라는 것을 인지했고, 미학이라는 학문에 비형이상학적인, 순전히 인간학적[경험적]인 성격을 부여했다. 또한 그는 미 개념을 부정하는 대신 예술적 완전성의 개념을 제안했으며 실제로 예술작품이 크든 작든 각각 제 나름대로 완전하기만 하다면 미적으로 동등한 가치를 갖는다는 점을 주장했으며, 미적 사실을 순전히 인간적 생산성으로 간주했다. 이 외에도 비난의 목록에 속하는 것들이 있다. 하지만 힐난의 목적을 가졌던 이 모든 비평들이 실제로는 칭찬이다. 즉, 짐머만과 하르트만의 심중에는 힐난의 뜻이었던 것이 우리에게는 칭찬이 되는 것이다. 크든 작든 독단적인 체계들이 세워지고 허물어지기를 계속했던 당대 형이상학의 난장 속에서 철학적 명민함을 갖춘 신학자 슐라이어마허는 미적 사실의 참된 본성을 간파하고 그것의 속성들과 관련 사항들을 성공적으로 정의했다. 이 행로를 분명히 보지 못하고 방황하던 때에도 그는 결코 일시적인 변덕으로 인해 분석을 포기한 적이 없다. 직접적 의식이라는 모호한 영역이 미적 사실의 영역이기도 하다는 점을 발견함으로써 그는 길을 잘못 찾은 당대의 동료들에게 다음과 같은 격언에 귀를 기울이게 한 것으로 보인다. "여기가 로도스다. 여기서 뛰어라!"

미학

XII. 언어철학: 훔볼트와 슈타인탈

언어학의 발전

슐라이어마허가 미적 사실의 본성에 대해 숙고하던 즈음 독일에서는 언어에 대한 전통적 견해들을 혁신하려는 사상적 변화가 있었는데, 어쩌면 이를 통해 미학에 크게 기여할 토대가 마련될 수도 있었을지 모른다. 그러나 전문 미학자들—우리가 그렇게 부르고자 한다면—은 이런 진전을 전혀 알아차리지 못했고 새로운 언어철학자들도 자신들의 사상을 미학 문제와 연관 짓지 않았다. 이런 까닭에 언어학이라는 좁은 영역에 매몰된 그들의 발견은 큰 성과를 낳지 못했다.

19세기 초반의 언어학적 사유

『순수 이성 비판』은 생각과 말 사이의, 논리학의 단일성과 언어의 다수성 사이의 관계에 대한 연구에도 기여한 바 있다. 초창기 칸트주의자들은 칸트의 직관(공간과 시간) 및 지성의 범주를 언어에 적용하고자 종종 시도했다. 그 첫 번째 시도가 1795년 로트[475]에 의해 이뤄졌고,

그로부터 20년 뒤 로트는 순수 언어학에 관한 에세이 한 편[*]을 출간했다. 이 주제에 대한 특기할 만한 여러 저서들이 19세기 초반에 잇달아 출현했는데, 파터, 베른하르디, 라인벡, 코흐의 저서들이 바로 그것이다. 이 논저들에서 주로 다뤄진 주제는 언어와 언어들 간의 차이에 관한 것이었다. 말하자면 논리학에 상응하는 보편 언어, 그리고 감정, 상상력 따위의 차이를 만드는 심리적 요소에 의해 간섭을 받은 구체적인 역사적 언어들 간의 차이다. 파터는 일반 언어학을 비교 언어학과 구분했는데, 전자는 판단에 내포된 개념의 분석을 통해 선험적으로 구성된 것이고 후자는 귀납적 방법으로 다수의 언어를 연구함으로써 개연적 규칙에 도달하려는 시도다. 베른하르디는 언어란 "지성의 알레고리"라고 생각했으며, 언어가 시의 기관(organ)으로 기능하는 경우와 과학의 기관으로 기능하는 경우를 구분했다. 라인벡은 미학적 문법과 논리학적 문법에 대해 논했다. 남다른 열의를 지녔던 코흐는 언어는 그 특징이 "논리학의 원리가 아니라 심리학의 원리로 소급되어야 한다"[476]는 주장을 폈다. 언어와 신화에 대해 숙고한 철학자가 없지는 않았다. 가령 셸링은 언어와 신화를 선(先)인간적 의식의 산물로 보았다. 그가 사용한 빼어난 알레고리가 언어와 신화가 자아를 무한자에서 유한자로 전락케 하는 악마의 제안이라는 것이다.[477]

훔볼트: 지성주의의 잔재

문헌학자로 명성이 높았던 빌헬름 폰 훔볼트조차 완전히 벗어나지 못한 선입견이 있었는데, 논리적 사고와 언어가 실질적으로는 동일하지만 역사적·우연적으로 상이하다는 선입견이 그것이다. 그의 유명한

---

[*] 1815년 출간된 『대학 및 김나지움 상급생용 순수 일반 언어 이론 개요(Grundriß der reinen allgemeinen Sprachlehre zum Gebrauche für Akademien und obere Gymnasialklassen)』를 뜻하는 것으로 보인다.

「인간의 언어 구조의 다양성에 관하여」[478]라는 논문은 완벽한 언어가 각 민족이 지닌 언어적·정신적 능력에 따라 개별적으로 분화되었다는 사상에 근거를 둔다. 그 이유에 대해 그는 다음과 같이 말한다. "말을 하려는 성향은 인류에 보편적으로 내재해 있고 만인은 필연적으로 모든 언어를 이해할 열쇠를 지니고 있음에 틀림없다. 따라서 모든 언어의 형식은 실질적으로 동일할 수밖에 없고 공히 동일한 보편적 목적을 달성하지 않을 수 없다. 다양성이란 오로지 수단으로서만, 그리고 그 목적의 달성을 위해 허락된 한도 내에서만 존재할 수 있다." 하지만 이는 단지 발음상의 다양성이기만 한 것이 아니라 사용되는 언어적 의미가 갖는 실제적 다양성이기도 하다. 이때 이 언어적 의미는 특정하게 발음되는 언어 형식에 따라, 좀 더 정확히는 이러한 언어 형식에서 이 언어적 의미가 갖는 이념에 따라 사용되는 것이다. "언어가 단지 형식적인 한에서는 언어의 의미 자체는 언제나 동일해야 할 것이다. 왜냐하면 언어의 의미는 모든 언어에서 오직 하나의 동일한, 정확하고 합법칙적인 구조를 요구하지 않을 수 없기 때문이다. 그러나 실제로는 그와는 반대의 일이 벌어지는데, 이는 발음의 반응이 언어마다 다르기 때문이기도 하고, 내면적 의미가 현상 속에서는 개별성을 띠기 때문이기도 하다." 언어의 힘이 "언제나 동일할 수는 없고 언제나 동일한 강도, 생생함 및 규칙성을 드러낼 수도 없다. 또한 이 언어의 힘을 지지하는 것은 사상을 상징적으로 다루려는 성향과 같은 것도 아니고, 발음의 풍부함과 조화에서 오는 미적 만족과 같은 것도 아니다." 이것이 언어적 다양성의 기원, 즉 언어가 민족의 문명들마다 다르게 나타나는 원인이다. 그러나 언어를 고찰해보면, "생각할 수 있는 모든 형식들 가운데 언어의 목적에 가장 부합한," 언어의 이상에 가장 근접한 "형식이 드러날 수밖에 없다." 그리고 "기존 언어의 장단점은 이러한 단일 형식에 접근한" 혹은 그로부터 떨어져 있는 "정도에 따라" 판정할 수밖에 없다. 훔볼트는 산스크리트어가 그러한 이상에 가장 근접했다는 점을 발견했고 이에 따라 이 언어가 비교의 기준이 될 수 있었다. 그는 중국어를 특수한 부류의 것으로 제쳐둔 후, 가능한 언어 형식을 굴절어, 교착어, 합성어 등으로 분류했다. 실제 언어에서는 이 유형들이 다양한 비율로 조합된 모습이 발견된다.[479] 그는 언어들을 동사가 취급되는 방식에 따라 저급언어와 고급언어, 형식을 갖춘 언어와 이를 갖추지 못한 언어로 분류하는 첫 시도를 한 사람이기도 했다. 그는 자신의 첫 번째 선입견과 결부된 두 번째 선입견으로부터 벗어날 수 없었는데, 말하자면 그는 언어가 화자 밖에 존재하는 객관적인 것으로서 중립적이고 자립적이며 사용될 필요가 있을 때 일깨워지는 것이라고 생각했다.

활동으로서의 언어: 내면적 형식

그러나 훔볼트는 이와 상반되는 입장을 표명하기도 했다. 즉, 그는 자신의 예전 생각의 잔재들 가운데 완전히 새로운 언어관이 번뜩이는 섬광을 내고 있는 것을 감지한 것이다. 바로 이런 까닭에 그의 저술에는 분명코 모순이, 즉 주저함과 섣부름이 공존하는 면이 없지 않은데 이것이 그의 문체에서 특징적으로 나타나며, 이로 인해 그의 문체는 때때로 둔중하고 모호하다. 새롭게 일신한 훔볼트는 다음과 같이 말하면서 자신의 옛 면모를 비판한다. "언어를 죽어 있는 산물로서가 아니라 생산하는 행위로 보아야 한다. [……] 현실에서 언어는 매 순간 끊임없이 명멸한다. 문자를 통해 언어를 보존하는 일조차 불완전한 것이고 이는 언어를 박제로 만드는 일이다. 살아있는 말을 감각화하는 일이 언제나 필요하다. 언어 그 자체는 작품, 즉 에르곤(ergon)이 아니라 활동, 즉 에네르게이아(energeia)다. [……] 말하자면 언어는 분절된 말소리가 생각을 표현할 수 있게 하기 위해 행해지는, 영원히 반복되는 정신의 노동이다." 언어는 말하는 행위다. "언어 본연의 것은 언어를 실제 산출하는 행위에 있으며 이는 결국 연결된 발화인 것이다. [……] 언어의 생생한 본질을 통찰하는 연구는 이 점을 언제나 참된 출발점으로 생각해야 한다. 낱말들과 규칙들로 분해하는 일은 학문적 분석이

행하는 죽은 작품일 따름이다."[480] 언어는 외면적 의사소통의 필요에서 생겨난 것이 아니다. 반대로 그것은 알고자 하는 전적으로 내면적인 갈망, 그리고 사물에 대한 직관에 도달하려는 노력의 산물이다. "애초부터 언어는 전적으로 인간적인 것이며 그 어떤 의도 없이도 감각적 지각 및 내적 노력의 모든 대상으로 확장된다. [……] 말은 강제되거나 의도되지 않고도 저절로 마음에서 솟아나온다. 그 어떤 사막에도 노래하지 않고 살아가는 유목민은 없을 것이다. 왜냐하면 인간은 동물의 한 종으로 본다면 노래하는 동물, 즉 생각을 발화와 연결하는 피조물이기 때문이다."[481] 이렇게 새로워진 훔볼트는 논리적 보편 문법의 저자들에게 숨겨져 있는 사실을 발견하게 되었다. 그것은 언어의 내적인 형식이다. 이는 논리적 개념이나 물리적인 소리가 아니라 인간에 의해 형성되는 사물에 대한 주관적 시각으로서 상상력과 감정의 소산이자 개념의 개별화다. 언어의 내적 형식을 물리적 소리와 결합하는 일은 내면적 종합의 작업이다. "다른 어디에서보다도 여기에서 언어는 가장 심오하며 가장 신비한 방식으로 예술을 상기시키곤 한다. 조각가와 화가도 이념을 물질과 결합한다. 그들의 노력이 칭찬받을 만한 것인지 아닌지를 판단하는 기준은 바로 이러한 결합, 이러한 긴밀한 해석이 천재적으로 이뤄졌는지 아니면 이념이 분리된 채로 그저 붓이나 끌을 통해 강제적으로 물질 위에 힘들게 새겨진 것인지에 따른다."[482]

언어와 예술에 대한 훔볼트의 견해

그러나 훔볼트는 예술가와 말하는 이의 절차를 유비 관계로 설명하는 데 만족할 뿐 이를 동일시하는 데까지 나아가지는 않았다. 한편으로 그는 언어를 (논리적) 사유의 수단으로 보았다는 점에서는 너무 일면적이었고, 다른 한편으로 언제나 모호하고 전적으로 옳지는 않은 자신의 미학 사상으로 인해 언어와 논리적 사유의 동일성을 납득하는 데는 이르지 못했다. 그의 미학 주저 두 권 가운데 하나인 『남성적 미와 여성적 미』(1795)는 전체적으로 빙켈만의 영향을 받은 것으로 보인다. 즉 이 저술에는 미와 표현의 대립을 견지한 빙켈만이 되살아나고 있으며 특정 성별이 인간 신체의 아름다움을 감소시킨다는, 그래서 성차를 극복함으로써만 미가 표명될 수 있다는 견해가 나타난다. 괴테의 『헤르만과 도로테아』에 영향을 받은 그의 또 다른 미학 주저는 예술을 "상상력에 의한 자연의 재현, 즉 바로 상상력의 작업이기에 아름다운 재현"이라고 정의하는데, 이는 자연을 더욱 고차적인 영역으로 고양하여 탈바꿈한 것이다. 시인은 그 자체로는 추상의 복합체인 언어로 그림을 만든다.[483] 언어에 대한 논문에서 훔볼트는 시와 산문을 구별했는데, 이는 운율이 있는 언어와 운율이 없는 언어를 구분하는 경험적 방식이 아니라 철학적 방식으로 이뤄졌다. "시는 감각적 현상이 외적으로든 내적으로든 느껴지는 바에 따라 현실을 파악하면서도 이런 현실을 가능케 하는 특성에는 무관심하며, 심지어 의도적으로 이 특성을 무시하기까지 한다. 감각적 현상은 그런 식으로 상상력과 결합되며 상상력을 통해 예술적으로 이상화된 전체에 대한 직관에 이른다. 반면 산문이 현실 속에서 찾고 있는 것은 현실의 존재 근원, 이 근원과 현실을 연결해주는 끈이다. 그러므로 산문은 지성적인 방식에 따라 사실을 사실과, 개념을 개념과 연결하며 하나의 이념 속에서 그 모든 것들의 객관적 결합을 추구한다."[484] 시는 산문에 앞선다. 즉, 산문이 산출되기 전에 정신은 시로 형성되어야 한다.[485] 그러나 어느 정도 심원한 진리를 담고 있는 이런 견해들 외에도 훔볼트는 시인을 언어의 완성자로 간주하면서도, 시를 오직 예외적인 계기들에만 속하는 것으로 간주하기도 했다.[486] 이에 따라 그가 결국 언어란 언제나 시라는 점, 그리고 산문(학문)은 미적 형식상의 구분이 아니라 내용상의, 즉 논리적 형식상의 구분이라는 점을 분명히 인식하지도 못했고 확고히 주장하지도 못했다는 의구심이 든다.

언어 개념과 관련한 훔볼트의 모순을 해소한 이로서 그의 수제자인 슈타인탈이 있다. 슈타인탈은 자신의 스승에 힘입어 언어가 논리학이 아니라 심리학[영혼론 혹은 정신철학][487]에 속한다는 입장을 재천명했다. 1855년에는 헤겔주의자인 베커와 용감하게 논쟁을 벌였는데, 『언어의 구조』의 저자이자 논리학적 문법학자의 최종 주자들 중 한 명인 베커는 산스크리트어 전체를 12개의 핵심 개념으로 연역하는 일에 몰두했던 사람이다. 슈타인탈은 말 없이는 사유할 수 없다는 것은 사실이 아니라고 주장했다. 가령 농아는 기호를 통해, 수학자는 수식을 통해 사유할 수 있다. 일부 언어들, 중국어 같은 경우 사유를 위해 시각적 요소가 청각적 요소 못지않게 요구된다.[488] 하지만 그는 논리적 사유에 대한 표현의 자율성을 확립하는 데 실패했는데, 이는 아마도 그의 주장에 너무 과도한 면이 있어서였을 것이다. 왜냐하면 그가 제시하는 사례는 비록 우리가 말하지 않고 생각할 수는 있다 해도 표현하지 않고 생각할 수는 없다는 사실을 보여줄 뿐이기 때문이다.[489] 그러나 그는 개념과 말, 논리적 판단과 진술 행위 사이에는 비교할 만한 척도가 없다는 점을 성공적으로 논증했다. 진술은 판단이 아니라 판단의 현시(Darstellung)다. 모든 진술이 논리적 판단을 묘사하는 것은 아니다. 다수의 판단을 하나의 진술로 표현하는 것은 가능하다. 판단을 논리적으로 분할하는 것들(개념들의 관계)에 상응하는 것이 진술을 문법적으로 분할하는 데서 발견되지는 않는다. "진술의 논리적 형식이란 마치 원의 각도나 삼각형의 원주처럼 모순적이다." 말하는 이가 말하는 이인 이유는 사유가 아닌 언어를 소유하고 있기 때문이다.[490]

언어의 기원과 본성 문제가 갖는 독자성

이렇게 슈타인탈은 논리에 의존하는 모든 관계로부터 언어를 자유롭게 하면서 언어가 산출하는 형식이 논리로부터 독립되어 완전한 자율성을 갖는다는 원칙을 여러 차례 천명했으며[491] 훔볼트 이론의 오점인 포르-루아얄 학파의 논리적 문법 요소를 제거했다. [이런 입장에서] 슈타인탈은 언어의 기원을 추적했는데, 여기에서 그는 훔볼트에 따라 언어의 기원 문제가 곧 언어의 본성 문제, 즉 언어의 심리적[정신적] 발생사, 더 정확히 말해 정신[영혼]의 진화 과정에서 언어가 차지하는 위상의 문제와 다르지 않다는 점을 인식하고 있었다. "언어에 대해서라면 근원적 창조와 일상적으로 반복되는 창조가 전혀 구분되지 않는다."[492] 언어는 반사 운동이라는 광범위한 부류에 속한다. 그러나 이렇게 말하는 것은 언어의 일면만을 바라본 것이며 언어 본연의 본질적 특징을 누락한 것이 된다. 동물도 인간과 똑같이 반사 운동을 하며 감각을 갖는다. 그러나 동물에게 감각은 "영혼의 자립성과 자유로운 운동을 빼앗을 만큼 영혼을 압도하는 힘을 지니고 외부 자연이 영혼으로 들이치는 거대한 관문이다." 반면 인간에게 언어는 인간이 자신의 신체의 주인인 자연에 저항하고 그럼으로써 자유의 화신이 되었기 때문에 생겨날 수 있다. "언어는 해방 활동이다. 말하자면 오늘날에도 우리 모두는 말을 할 때마다 압력으로부터 벗어나 영혼의 짐을 덜어냈다는 것을 감지할 수 있다." 언어가 산출되기 직전 상황의 인간은 "흉내를 내는 자세와 몸짓과 특히 온갖 음조 및 분절된 음조로, 가장 생생하게 몸을 뒤틀며 마음에 받아들이는 모든 감각과 직관에 따라가는" 존재로 생각될 수밖에 없다. 이때 언어의 요소 가운데 그가 결여하고 있는 것이 무엇일까? 유일하게 하나가, 그러나 매우 중요한 것이 결여되어 있는데, 신체의 반사 운동을 마음의 자극과 의식적으로 결합하는 일이 그것이다. 감각적 의식이 이미 의식이라 해도 거기에는 의식하고 있다는 점에 대한 의식이 결여되어 있다. 감각적 의식이 이미 직관이라 해도 그것은 직관의 직관은 아니다. 감각적 의식에는 한마디로 언어의 내적 형식이 결여되어 있다. 이 형식이 생겨날 때 그것과 불가분적인 것인 말도 생겨난다. 우리는 소리를 선택하지 않는다. 소리는 주어지며 우리는 이를 필연적으로 본능에 따라 취할 뿐 의도하거나

선택하지는 않는다.[493]

슈타인탈 예술관의 오류: 언어학과 미학의 결합 실패

슈타인탈의 이론 전체, 그리고 그것의 다양한 면모를 여기에서 자세하게 살펴보지는 않으려 한다. 그가 항시 진보적 지향을 견지했던 것은 아니다. 그의 지향은 매우 다양했는데, 특히 라차루스와 정신적 교감을 나눈 이후에는 더욱 그러했다. 통속심리학을 함께 연구했던 이 둘은 언어학이 그 연구의 일부가 된다고 생각했다.[494] 훔볼트의 사상에 일관성을 부여했다는 점, 그리고 언어 활동과 논리적 사유 활동을 전례 없이 명확하게 구별했다는 점에서는 충분히 신뢰될 만하지만, 슈타인탈은 (그가 직관의 직관 혹은 통각이라 부르기도 했던) 언어의 내적 형식과 미적 상상력 간의 동일성을 결코 인식하지 못했다는 점이 주목되어야 한다. 그가 신봉하던 헤르바르트의 심리학이 이러한 동일성에 이르게 해줄 단서를 제공하지는 못했다. 헤르바르트와 그의 제자들은 규칙을 다루는 학문인 논리학으로부터 심리학을 분리시켰으며 감정과 정신 상태의, 영혼과 정신의 참된 연관을 식별하지 못했다. 논리적 사유가 이와 같은 정신 상태 가운데 하나라는 점을, 즉 일종의 활동이지 결코 외적 법칙들의 법전이 아니라는 점을 그들은 결코 이해하지 못했다. 그들이 미학에 어떠한 지분을 할당했는지에 대해 이미 살펴본 바 있다. 그들이 보기에 미학 또한 아름다운 형식적 관계에 대한 법전일 따름이었다. 이런 학설의 영향 아래 있던 슈타인탈이 보기에 예술은 사유의 미화이고, 언어학은 말의 학문이다. 수사학 혹은 미학은 좋은 혹은 아름다운 말하기의 학문이라는 점에서 언어학과 구분된다.[495] 자신의 수많은 논구들 중 하나에서 그는 다음과 같이 말한다. "시학과 수사학 양자는 언어에 도달하기 이전에 여타 중요한 여러 대상들을 다뤄야 한다는 점에서 언어학과 구분된다. 따라서 시학 및 수사학이라는 분과는 언어에 대한 학문적 요소 가운데 한 분야를 관장한다면 아마도 구문론의 결론부를 관장할 것이다. 다만 주의할 것은 구문론은 수사학 및 시학과는 완전히 다른 성격을 지닌다는 점이다. 즉, 구문론은 오직 언어의 정확성 여부에만 관계하지만 수사학과 시학은 표현의 아름다움 또는 적절함을 연구한다. [……] 전자의 원리가 오로지 문법적이라면 후자는 화자의 기분과 같이 완전히 언어 외적인 관점을 수용해야 한다. 쉽게 말해 통사론과 문체의 관계는 모음의 개수를 문법적으로 세어보는 일과 운율 이론 간의 관계와 마찬가지다.ʺ[496] 슈타인탈에 따르면 말하기는 시종일관 좋은 혹은 아름다운 말하기를 뜻하는데, 좋거나 아름답지 않은 말하기는 참된 말이 아니기 때문이다.[497] 그리고 훔볼트와 슈타인탈 자신에 의해 시작된 언어관의 근본적 갱신은 인접 학문인 시학, 수사학 및 미학에 광범위한 영향을 미쳤다. 이것들을 재구성하고 한데 융합하는 일을 슈타인탈이 염두에 둔 바 없다. 그가 많은 노력과 상세한 분석을 하긴 했지만, 그 이후에도 언어와 시의 동일성, 언어의 학문과 시의 학문의 동일성 및 언어학과 미학의 동일성에 대해 결함이 가장 적은 표현을 찾으라면 여전히 비코가 한 말로 돌아가야 한다.

XIII. 독일 비주류 미학자들

형이상학 유파에 속하는 비주류 미학자들

19세기 전반에도 슐라이어마허, 훔볼트, 슈타인탈 등 방법론적으로 탁월했으며 진지했던 사상가들의 명쾌한 학문적 연구가 없지는 않았다. 그러나 셸링 및 헤겔의 후계자들이 쓴 엄청난 수의 저술들을 바라보노라면 피곤한 정도가 아니라 신물이 날 지경이다. 이들의 저술들은 공상과 돌팔이짓* 사이를 오락가락하며, 공허한 정식을 내세우고 적용하려 했는데, 독자와 학생을 현혹시키려 정직하지 못한 방법까지 동원했다.

크라우제, 트란도르프, 바이세

크라우제, 트란도르프, 바이세, 도이팅거, 외르스테드, 차이징, 에카르트 같은 이들, 그리고 지침과 체계를 제멋대로 다룬 수많은 이들의 이론들로 우리가 왜 미학사를 거추장스럽게 해야 하는가? (물론 미학사

---

* '돌팔이들(charlatans)'은 쇼펜하우어가 셸링, 헤겔 등을 비난하던 명칭으로 사용되기도 했다.

는 진리에서 일탈한 경우들도 다뤄야 하겠지만 이는 현대 사상의 주요 흐름을 보여주는 조건하에서 그러하다.) 독일 밖에서 국제적인 명성을 얻은 이는 스페인에서 받아들여진 크라우제뿐이다. 따라서 우리는 이들을 그저 당대의 기억 속에, 혹은 망각 속에 묻어두어도 괜찮을 것 같다. 휴머니스트이자 자유사상가이며 신지학자였던 크라우제[498]가 보기에는 만물이 유기체이고 만물이 아름답다. 미가 유기체이며 유기체가 미인 것이다. 본질, 즉 신은 유일하고 자유로우며 모든 곳에 임재한다. 유일하고 자유로우며 모든 곳에 임재하는 것이 곧 미다. 신만이 유일한 예술가다. 신의 예술만이 유일한 예술이다. 유한자가 가질 수 있는 미란 곧 신성, 정확히 말해 유한자에 계시된 신성과의 유사성이다. 미는 이성, 지성 및 상상력을 각각의 법칙에 맞는 양태로 작동케하며 영혼 속에 무관심적인 쾌와 경향성을 일깨운다. 트란도르프[499]는 우주의 본질적 형식에 대한 포착을 추구하는 다양한(즉 감정, 직관, 반성, 예감 같은) 단계를 서술했다. 그는 단순한 이론적 지식이 의지에 의해 보완되기 전까지는 불충분하다고 말했는데, 의지란 열망, 믿음, 사랑이라는 세 단계로 이뤄진 능력이며 사랑이라는 최고 단계에 미가 놓인다. 따라서 미는 자기를 이해해가는 사랑인 듯하다. 크리스티안 바이세[500]는 트란도르프와 마찬가지로 기독교의 신을 헤겔 철학과 화해시키고자 시도했다. 바이세는 미적 이념이 논리적 이념보다 우월하며 종교 및 신에게로 이끈다고 생각했다. 미 이념은 감각계 외부에 존재하는 한 미 개념의 실재성이 된다. 그리고 신성의 이념이 절대적 사랑이듯이, 미의 이념도 사랑을 통해 그 진면목이 발견될 수밖에 없다. 이와 똑같은 화해 시도가 가톨릭 신학자 도이팅거[501]에 의해 이뤄졌다. 그가 보기에 미는 진리 인식 및 선의 실천과 유사하게 능력에서 생겨나는 활동이되 다음과 같은 점에서 수용적 인식과는 구분된다. 즉, 미는 안에서 밖으로 향하는 운동에서 실현되며 질료의 세계를 장악하여 거기에 인격성을 각인한다. 내면의 이념적 직관인 이데아를 외면적 형식을 띤 질료에, 즉 내면적인 것을 외면적인 것에, 비가시적인 것을 가시적인 것에, 이념적인 것을 현실적인 것에 스며들게 하는 힘, 이러한 힘이 바로 아름다움이다. 덴마크 사람 외르스테드(독일어로 번역된 저작으로 인해 독일에서 명성을 획득한 자연주의자)[502]의 정의에 따르면 미는 주관적 관조의 순간에 깃든 객관적 이념이며, 직관을 통해 드러나는 한에서 사물에 표현되는 이념이다. 차이징[503]은 한편으로는 황금분할의 신비에 대한 탐구에, 다른 한편으로는 미에 대한 성찰에 주력했는데 그가 생각한 미는 이념이 갖는 세 가지 형식 중 하나다. 첫 번째 형식은 주관과 객관에 표현된 이념이고, 두 번째는 직관으로서의 이념이며, 세 번째는 세계 속에 현상하면서 정신에 의해 직관적으로 파악된 절대자다. 에카르트[504]는 신학적 미학을 창출하고자 했다. 신학적 미학은 초월성 편향의 이신론(理神論)과 내재성 편향의 범신론, 이 양극을 피해야 하는 것이었다. 에카르트의 주장에 따르면 신학적 미학의 원리란 관조하는 이의 감정이나, 예술작품이나, 미 이념이나, 예술 개념 속에서가 아니라 미의 원천인 예술가의 창조적 정신에서 추구되어야 한다. 에카르트는 창조적 예술가가 신이라는 최고의 창조적 천재로부터 파생된 것이라고 생각하지 않을 수 없기 때문에 세계 예술가인 신의 영혼에 관한 학문의 도움이 필요하다고 언급했다.

프리드리히 테오도르 피셔

질 못지않게 양이 중요하다면 독일 미학자들 가운데 가장 광범위한 분량의 연구를 남긴, 진정코 탁월한 독일 미학자라고 할 프리드리히 테오도르 피셔도 다뤄야 한다. 1837년 『숭고한 것과 희극적인 것. 미의 철학에 관하여』[505]를 출간한 피셔는 1846년부터 1857년에 걸쳐 『미학』[506]이라는 4권의 방대한 저술을 썼다. 수백 개의 장과 방대한 주해와 주석을 통해 미학적인, 그리고 미학 외적인 대상은 물론 우주 전체에 대해 생각할 수 있는 모든 것들에 대한 각종 주제들을 집약해놓았다. 이 저작은 3부로 나뉜다. 첫째는 미 개념 자체를 탐구하는 미의 형이상학인데, 여기에서는 미가 구현되는 국면이나 방식은 논외로 한다. 둘째는 구체적 미론인데 여기에서는 미가 실현되는 두 편향, 즉 주관적 존재가 결여된 자연미와 객관적 존재가 결여된 상상력의 미가 다뤄진다. 마지막으로 예술론이 있는데 여기에서는 물리적 계기와 심리적 계기, 즉 객관적 계기와 주관적 계기 같은 두 계기가 예술을 통해 어떻게 종합되는지가 연구된다. 피셔의 예술 활동 개념을 요약하자면 그것이 헤겔의 개념에 근거를 두고 있다는 점을 쉽사리 알 수 있다. 피셔가 보기에 미는 이론적 활동도 실천적 활동도 아니다. 그것은 이론과 실천의 대립보다 고차적인, 고요한 영역에 있다고 할 수 있다. 말하자면 이는 종교 및 철학과 마찬가지로 절대 정신의 영역이다.[507] 그러나 헤겔과 달리 피셔는 이 영역 가운데 종교에 최고의 지위를 부여했고 예술이 그다음이며 철학은 세 번째다. 당시에는 이런 단어들을 마치 장기판의 말처럼 옮겨놓기 위해 기발한 착상들을 동원하곤 했다. 우리가 보아온 대로 예술, 종교, 철학이라는 세 용어의 조합 가능성 여섯 가지 가운데 네 가지가 실제로 채택되었다. 셸링은 철학-종교-예술, 헤겔은 예술-종교-철학, 바이세는 철학-예술-종교, 그리고 피셔는 종교-예술-철학의 조합을 각각 채택했다.[508] 그런데 윤리학의 체계에 관한 저서를 쓴 비르트[509]가 다섯 번째 조합인 종교-철학-예술을 선택했다는 점을 피셔 자신이 밝히고 있다. 따라서 어떤 천재가 우리도 모르게 벌써 예술-철학-종교를 채택하여 자신의 체계를 구축(이는 전혀 불가능한 일이 아니다)하지 않았다는 전제하에, 아직 여섯 번째 조합은 주장한 사람이 없다는 점도 언급했다.[510] 피셔에 따르면 절대 정신의 두 번째 형식인 미는 이념의 실현으로서, 추상적 개념이 아니라 개념과 현실의 통일이다. 그리고 이념은 그 자체로 유(類)이며, 유에 대한 이념은 비록 그것이 가장 낮은 단계에 관한 것일지라도 이념의 총체성의 긴요한 부분을 이루기 때문에 모두 아름답다. 물론 이념의 단계가 높을수록 아름다움은 더 커진다.[511] 인간의 인격성의 이념이 가장 높은 단계에 해당한다. "이러한 정신계에서 이념은 참된 의미에 도달한다. 동기를 부여하는 커다란 도덕적 힘이 이념이라 불리는데, 유가 개별적 종들과 관계하는 것처럼 이 힘들이 더 좁은 영역과 관계한다는 의미에서 이

힘도 유개념이다." 그 모든 것 중에 최고는 도덕성의 이념, 즉 "가장 가치 있는 미의 내용을 나타낼 사명을 띤 도덕적인 목적의 세계이자 자기목적의 세계"다. 다만 직관을 통해 도덕적 세계를 실현할 때의 미는 예술에서 도덕적 경향을 배제한다.[512] 그래서 피셔는 헤겔의 이념을 단순한 추상적 분류 개념으로 폄하하다가도 이를 선의 이념과 함께 나란히 두기도 하고 스승의 가르침에 따라 이를 지성 및 도덕성과 구분하되 이것들보다 더 우월한 것으로 만들기도 한다.

다른 경향들

애초부터 헤르바르트의 형식주의는 그다지 연구되지도 추종되지도 않았다. 두 저자, 즉 1827년의 그리펜케를과 1834년의 보프리크는 헤르바르트가 벗어나지 못한 피상적 언급을 발전시켜 적용하려는 시도를 했다.[513] 슐라이어마허의 강의록은 출간되기도 전에 (철학사가로 더 잘 알려진) 에리히 리터가 쓴 훌륭한 논문 연작들(1840)에 기초를 제공했다.[514] 그러나 리터의 저작이 대단한 가치가 있는 것은 아닌데, 왜냐하면 스승의 학설의 요체를 성찰하지 않고 사교성 및 심미적 삶과 관련한, 현저히 부차적인 문제에 몰두했기 때문이다. 같은 시대에 살았던 이로서 빌헬름 테오도르 단첼은 바움가르텐에서 칸트 이후 학파에 이르는 독일 미학을 강하게 비판하였고 따라서 적절하게도 예술작품에서 '사유'를 발견하라는 요구에 강력히 반대했다. 그에 따르면 "'예술작품에 담겨 있는 사유'라는 불행한 어휘는 어떤 한 시대 전체에게 예술을 지성 및 이성의 사고로 환원하는 시시포스의 노동을 겪으라는 형벌을 내릴 근거를 줄 뿐이다. 분명하게 규정된 방식으로 숙고되지 않는 한 작품에 담긴 사유란 아무것도 아니다. 예술작품에 담긴 사유란 흔히 주장되듯 예술작품에 의해 재현되는 것이 아니라 예술작품 자체다. 예술작품에 담긴 사유는 결코 개념과 언어를 통해 표현될 수 없다."[515] 미학의 이론과 역사에 대한 단첼의 독창적 견해에 의해 제시되었던 희망은 그의 이른 죽음으로 인해 종료되었다.

자연미 이론, 그리고 미의 변양 이론

헤겔 이후의 형이상학적 미학은 주로 독단론과 변덕의 매우 흥미로운 조합들인 두 이론이 더 풍부하게 전개되었다는 점에서 주목할 만하다. 이른바 '자연미의 이론'과 '미의 변양(Modification) 이론'이 바로 그 것이다. 두 이론 모두 헤겔 이후의 철학적 움직임과 필연적으로 연관 되지는 않는다. 두 이론이 철학적 움직임에 연계된다면 차라리 역사적 인 혹은 심리학적인 원인에 의해서다. 즉 쾌와 불쾌에 대한 사실들이 신비주의와 연관되는 경향이 있었기 때문에, 혹은 일부 표상들이 갖는 진정으로 미적인(상상적인) 성질을 자연미의 관찰이라고 잘못 기술하 는 전통으로부터 야기된 혼란이 있었기 때문에, 아니면 예술을 논하 는 저술들[516]을 통해 쾌와 불쾌의 사례와 미학 외적인 자연미를 다뤄온 스콜라주의적 전통이 있었기 때문에 이러한 이론들이 철학적 움직임 과 연계된다. 이런 형이상학자들은 때때로 오히려 기괴했으며 파이시 엘로에 관한 이야기 가운데 하나, 즉 그가 음악적 구성에 대한 열정이 지나쳐 오페라 대본의 무대 지침까지 설정했다는 이야기를 상기시킨 다. 구성과 변증법의 격정에 휩싸인 그들은 혼란스런 옛 책들의 색인 들을 치워버리기는커녕 그것들을 변증법적으로 실행될 만한 소재로 서 활용했다.

자연미 이론의 전개: 헤르더, 셸링, 졸거, 헤겔, 슐라이어마허, 훔볼트

자연미 이론부터 살펴보면 아름다운 자연 대상에 대한 고찰은 미에 대한 고대 철학자들의 논의들을 통해, 특히 중세 및 르네상스의 신플라톤주의자들과 그 후계자들[517]의 신비주의적 저술들을 통해 발견된다. 이런 문제들은 시학에 관한 논구들에는 그다지 도입되지 않았다. 『아리스토텔레스의 망원경』(1564)에서 테사우로는 인간의 기발한 착상뿐만 아니라 신, 천사, 자연 및 동물의 기발한 착상을 처음으로 논했다. 얼마 뒤 무라토리(1707)는 "질료적 아름다움"에 대해 말했는데 이에 대한 사례로서 "신들, 꽃, 태양, 개울" 같은 것을 들었다.[518] 예술 밖에 있는 단순히 자연적인 것에 대한 고찰을 수행한 이로서 드 크루자, 앙드레가 있으며 특히 경험주의적인 갈란트 양식*으로 미와 예술에 대한 책을 쓴 18세기의 저자들이 있다.[519] 이런 이들의 영향으로 인해 칸트는 이미 살펴본 바와 같이 예술론에서 미론의 측면을 제거했는데, 특히 자연의 대상들을, 그리고 자연미를 재생산한 인간의 산물들을 자유미와 연결했다.[520] 칸트 미학에 적대적이던 헤르더(1800)는 쾌와 가치, 감정과 지성, 정신과 자연이 결합된 윤리적 체계를 구상하면서 자연미를 많이 논할 수밖에 없었다. 그는 모든 자연물에는 자기 자신에 걸맞은 아름다움, 즉 자신이 가진 가장 멋진 내용의 표현이 있으며, 이 사실이 아름다운 대상들의 위계, 즉 윤곽선, 색과 톤, 빛과 소리에서 시작하여 꽃과 물과 바다를 거쳐 새와 육지 동물과 사람에 이르면서 아름다운 대상들의 등급이 점점 올라간다는 사실을 설명해준다고 주장했다. 예를 들어 "새는 자신의 요소가 갖는 속성과 완전성의 총체이며 빛, 소리, 대기의 피조물이라는 자신의 잠재적 가능성의 현시다." 들짐승 가운데 가장 추한 것은 사람처럼 보이는 것들, 즉 천천히 어슬렁거리는 원숭이 같은 것들이다. 반면 가장 아름다운 것은 완전한 몸을 가진, 비례에 맞고 고상하며 행동이 자유로운 것들, 온유함을 표현하고 있는 것들, 그래서 결국 제 나름의 완벽함을 부여받아 조화롭고 행복하게 살면서 사람에게 해를 끼치지 않는 것들이다.[521] 반면 셸링은 자연미의 개념을 철저히 부정했는데 자연미는 순전히 우연한 것이고 예술만이 자연미를 발견하고 판정할 규범을 제공한다고 생각했다.[522] 졸거

---

* 18세기 중엽 무렵 성행했던 로코코 양식

또한 자연미를 배제했다.[523] 헤겔도 마찬가지다. 헤겔의 독창성은 자연미를 부정하지 않고 오히려 이를 상세히 다루면서 이것의 부적절성을 지속적으로 보여주었다는 데 있다. 사실 그가 실제로 자연에 아름다움이 전혀 존재하지 않는다고 생각했는지, 사람들이 사물들을 바라볼 때 자연미를 끌어들인다고 생각했는지, 아니면 자연미가 예술미에 비해 낮은 단계일지라도 실제로 존재한다고 생각했는지 여부는 확실치 않다. 그의 말에 따르면 "예술미는 자연미보다 우월하다. 왜냐하면 예술미는 정신으로부터 태어난, 그리고 이로부터 거듭 태어난 아름다움이기 때문이다. 정신은 참되고 모든 것을 포괄하기 때문에 미는 이렇듯 고상한 것[정신]을 분유(分有)하고 이로부터 산출되는 한에서만 참으로 아름답다. 이런 의미에서 자연미는 정신에 속하는 아름다움이 반사된 것으로서, 실체 면에서는 정신 자체에 포함되어 있지만 불완전한 방식으로서만 현상한다." 이런 주장을 입증하기 위해 헤겔은 그 누구도 자연미를 체계적으로 해명한 바 없다는 점을 지적했다. 있다면 자연물을 유용성의 관점에서 본 약물학이 있을 뿐이다.[524] 그러나 『미학 강의』 제1부 2절은 자연미를 정조준하고 있는데, 예술미 이념을 완전하게 파악하기 위해서는 다음의 세 단계를 거쳐야 한다는 근거에서다. 즉 제1부 예술미는 미 일반, 자연미(이것의 결점을 통해 예술의 필요성을 보여줌), 그리고 세 번째로 예술미로서의 이상에 대한 논의로 구성된다. "이념에 가장 비근한 현존은 자연이며 최초의 아름다움은 자연미다." 그 자체로 아름다운 것이 아니라 우리에게 아름다운 것인 자연미는 여러 국면을 갖는데, 개념이 소멸되는 질료의 지점, 즉 물리적 사실 및 비유기적 구조물에서 출발하여 물리적 사실이 (가령 태양계 같은) 체계로 통일되는 더 높은 국면으로 나아간다. 하지만 이념이 처음 제대로 현실화된 것은 유기체, 즉 생명체에서다. 생명체에서도 다시 미와 추가 구분된다. 가령 동물 가운데 힘들게 느릿느릿 움직이며 활발하게 활동하지 못하는 나무늘보의 흐리멍덩함은 우리에게 불쾌감을 준다. 양서류, 여러 종류의 어류, 악어, 두꺼비는 물론 여러 곤충들, 특히 특정한 종에서 다른 종으로의 이행을 나타내는 중간 단계의 생명체, 가령 날짐승과 들짐승의 혼합인 오리너구리에서도 아름다움은 발견될 수 없다.[525] 이런 사례들은 자연미에 대한 헤겔의 학설이 갖는 일반적 경향을 보여주기에 충분하다. 그 밖에도 그는 추상적 형식의 외적 아름다움, 규칙성, 비례, 조화를 논하는데, 이것들은 헤르바르트의 형식주의 하에서 미의 이념들 가운데 최고 자리를 차지하고 있던 개념들과 정확히 일치한다. 자연미를 미학에서 배제하고자 한 헤겔의 시도를 높이 평가한 슐라이어마허는 자연미를 명목상으로만이 아니라 실질적으로 배제했는데, 말하자면 그는 인간 정신의 힘에 따라 형성된 내면적 이미지를 예술적으로 완성하는 일에만 주목했다.[526] 그러나 낭만주의와 함께 등장한 자연에 대한 감정이라고 불리는 개념 및 훔볼트의『코스모스』를 위시한 여러 저술들은 자연적 사실에 의해 일깨워지는 인상에 대해 점차 주의를 환기시켰다.[527] 이로써 헤겔이 정작 자신은 충분한 사례들을 제공하고 있음에도 불가능하다고 천명했던, 자연미에 대한 체계적 목록이 확보되기에 이른다. 이에 대해서는 무엇보다도 브라트라네크가 출간한『식물계의 미학』[528]을 들 수 있다.

피셔: 미적 물리학
────────────────────────

자연미와 관련해서 가장 잘 알려져 있고 가장 광범위하게 통용된 것은 바로 피셔의 저작에 나타난 견해였다. 피셔는 헤겔의 사례를 원용하면서 이미 살펴본 바와 같이 미의 객관적 존재, 즉 자연미를 다루는 항목을『미학』에 포함시키고 여기에 미적 물리학이라는 참신한 명칭을 부여했다. 미적 물리학은 (빛, 열, 공기, 물, 흙 등의) 비유기체적 자연을 위시하여 식물 유형 네 가지, 그리고 척추동물과 무척추동물을 포함하는 유기체적 자연이 갖는 미와 인간의 미를 포괄하는데, 이 후자는 종별적(generic) 미와 역사적 미를 포괄한다. 종별적 미는 (나이, 성별, 조건, 사랑, 결혼, 가족 등의) 보편 형식의 미, (인종, 민족, 문화, 정치적 삶 등의) 특수 형식의 미, 그리고 (기질, 성격 등의) 개별 형식의 미로 세분된다. 역사적 미는 (오리엔트, 그리스, 로마 등의) 고대사, 중세-게르만 역사, 그리고 현대사가 각각 갖는 미를 포함한다. 피셔에 따르면 그 이유는 자연에 맞선, 자유를 향한 분투의 다양한 국면들에 따라 미의 다양한 단계를 총괄하기 위해서는 우선 보편사에 대해 개관하는 것이 미학의 과제에 속하기 때문이다.[529]

미의 변양 이론: 고대에서 칸트 이후까지

미의 변양과 관련해서 기억해야 할 사실은 심리적 상태들과 사실들에 대한 학문적 정의가 고대 시학의 지침에, 그리고 더 빈번히는 수사학의 지침에 포함되어 있었다는 점이다. 아리스토텔레스는 자신의『시학』에서 비극적 행동 및 인물의 본성에 대한 규정을 시도했고 희극의 정의도 간략히 언급했다.『수사학』에서는 위트에 상당한 양을 할애했다.[530] 키케로의『연설가에 대하여』, 그리고 퀸틸리아누스의『연설 교육론』[531]에도 위트와 희극적인 것을 다루는 항목들이 있다. 숭고 양식을 주제로 삼은 위-롱기노스의 저작이 있는데, 그 이전에 이를 예비하는 것으로서 지금은 전하지 않는 카이킬리우스의 저작도 있었다. 위-롱기노스의 논구는 최근『숭고론』이라는 표제를 달고 번역되었다. 고대의 사례들을 따르면서 16~17세기 저자들은 이러한 종류의 잡다한 논의를 영구화시켰다. 희극에 대한 총론으로는 가령 펠레그리니의『아르구테차』(1639)*와 테사우로의『아리스토텔레스의 망원경』등이 대표적이다. 라 브뤼에르는 숭고를 다뤘고,[532] 부알로는 위-롱기노스의 저작을 번역함으로써 그에 대한 관심을 새롭게 환기했다. 18세기에는 버크의『숭고 및 미 이념의 기원에 대한 철학적 고찰』이 주목되는데, 그는 미 관념을 사교성의 본능에서, 숭고를 자기보존 본능에서 도

---

*   'argutezza'란 진부한 방식을 피하고 독창적이고 매력적으로 내용을 표현하는 방식을 뜻한다.

출했다. 버크는 또한 추함, 우아함, 고상함 및 기이한 아름다움 등을 정의하고자 시도하기도 했다. 홈은 『비평의 원리』에서 위대함, 숭고함, 우스꽝스러움, 위트, 존엄, 우아함 등을 논했다. 멘델스존은 예술에서의 숭고함, 존엄, 우아함을 논하면서 이런 사실들 중 몇몇이 복합 감정에 따른 것이라고 설명했는데 레싱[533]을 위시한 다른 이들이 이를 따랐다. 줄처는 이런 다양한 개념들을 자신의 백과사전에 포함하면서 이에 대한 참고문헌을 상세하게 달았다. 이 무렵 유머라는 말이 갖는 새롭고 진기한 의미가 영국에서 대륙으로 전해졌다. 이 말은 원래 단순히 '기질'을 뜻하는데, 종종 '정신' 혹은 '위트'의 뜻을 갖기도 했다. (이탈리아에는 "아름다운 유머"라는 말이 있었고, 17세기 로마에는 "유머 아카데미"가 있었다.) 볼테르는 이 개념을 프랑스에 도입하면서 1761년 다음과 같이 말했다. "영국인은 짐작으로만 파악되는 것들, 즉 이러한 농담, 참으로 우스운 것, 쾌활함, 세련됨, 기지를 나타내기 위한 표현을 갖고 있는데, 그들은 이러한 착상을 '유머'라는 말로 표현한다."[534] 1767년 레싱은 유머를 독일어의 '변덕스런 기분'과 구분했고, 1769년에 헤르더는[535] 이 용어들을 혼란스럽게 만든 리델[536]에 맞서 이 구분을 지지했다. 이 주제들이 모두 하나의 책에서 다뤄지는 것을 보는 데 익숙해진 철학자들은 우선 이 모두를 이론화했지만, 인위적인 논리적 연관을 도입하면서까지 이것들을 결합하지는 않았다. 버크의 저작을 본떠 『미와 숭고의 감정에 대한 고찰』(1764)을 썼던 칸트는 1771년 논리학 강의에서 아름다운 것과 미적인 것은 같은 것이 아니라고 주장하면서 그 근거로서 단순히 "숭고한 것도 미학에 속한다"[537]는 점만을 들었다. 그는 『판단력 비판』에서 희극적인 것에 대해서는 단지 (탁월한 심리학적 '미 분석'의) 부록 정도로 다루면서도[538] "숭고의 분석론"[539]을 "미의 분석론"과 별도로 둠으로써 마치 양자가 동등한 것인 양 다뤘다. 칸트의 이 세 번째 비판서가 출간되기 전에 하이덴라이히가 칸트의 저서에 포함된 숭고론과 똑같은 학설에 도달했다[540]는 점도 주목할 만하다. 칸트는 미와 숭고의 결합을 생각하여 이를 단일한 개념하에서 도출하고자 했는가? 그랬는지 분명하지는 않다. 미의 원리는 우리 밖에서, 숭고의 원리는 우리 안에서 찾아야 한다고 선언함으로써 그는 두 대상이 완전히 별개의 것이라고 암묵적으로 가정했다. 1805년 셸링의 계승자 아스트는 스스로가 미·숭고의 칸트적 이원론이라고 불렀던 것을 극복할 필요성을 역설했다.[541] 칸트가 희극적인 것을 형이상학적인 방법론이 아니라 심리학적인 방법론을 통해 다뤘다고 비판한 이들도 있었다. 실러는 비극적인 것, 감상적인 것, 소박한 것, 숭고한 것, 파토스적인 것, 사소한 것, 저급한 것, 존엄한 것과 우아한 것, 그리고 여타 다양한 변양들, 즉 매력적인 것, 장엄한 것, 진지한 것, 엄숙한 것에 관한 일련의 논문들을 썼다. 또 다른 예술가로서 장 파울 리히터는 위트와 유머에 대해 상세히 논하면서 이것들을 낭만적 희극성 혹은 전도된 숭고함이라고 불렀다.[542]

형식주의적 원리에 입각한 헤르바르트는 이 모든 개념들이 미학에 맞지 않는다고 주장했다. 즉, 그가 보기에 이 개념들은 순수한 아름다움이 아니라 예술작품에 적용되는 것이다.[543] 슐라이어마허도 같은 결론에 도달했지만 그의 분별력 있는 예술관에 따라 훨씬 더 훌륭한 근거를 제시한다. 특히 그가 목도한 사실은 "미와 숭고는 보통 예술적 완성의 두 방식이라고 불린다. 우리는 두 개념을 하나로 결합된 것으로 보는 것에 너무도 익숙해져서 사실은 그것들이 매우 다르다는 것을, 그리고 예술적 완성의 개념이 이 두 가지로 포괄되기 어렵다는 것을 이해하려면 노력이 필요할 지경이다." 헤르바르트는 최고의 미학자들조차 이 두 개념을 논증하지 않고 그저 수사적으로 기술할 따름이었다는 점을 힐난했다. "이것들은 정확히 다뤄질 수 없는 사안이다"라고 말한 그는 자연미를 다룰 때와 마찬가지로 이것들에 관한 주제들을 모두 자신의 미학에서 배제했다.[544] 하지만 이런 다양한 개념들 사이의 연관을 지속적으로 추구하면서 이를 위해 변증법을 동원하는 철학자들도 있었다. 변증법을 경험적 개념들에 적용하는 습관은 당시에 모든 이에게 영향을 주었다. 변증법을 강력히 비판한 헤르바르트조차 아름다움 속에서 상이한 미적 이념들이 결합된다는 것을 설명하기 위해 "미적 이념들은 규칙성을 재획득하기 위해 이를 상실한다"[545]

는 정식에 호소함으로써 이러한 영향을 드러냈다. 셸링은 숭고함이란 유한자 속의 무한자이고 아름다움이란 무한자 속의 유한자라는 주장을 펼치면서 절대적 숭고함이 아름다움을 포함하고 아름다움이 숭고함을 포함한다는 말을 덧붙였다.[546] 그리고 우리가 이미 언급한 아스트는 숭고함은 남성적이고 양성적인 요소이고, 우아함과 즐거움은 여성적이고 음성적인 요소라고 말했는데, 양자는 상호 대립하는 관계에 있다고 생각했다.

발전의 정점: 이론의 두 가지 형식

이러한 변증법적인 체계를 구성하는 관행은 19세기 중엽까지 전개되고 발전했다. 이때 그것들이 가졌던 두 가지 구별되는 형식들의 역사를 간략하게 살펴볼 필요가 있겠다.

첫 번째 형태는 추함의 극복이라고 불릴 수 있겠다. 이 이론은 희극적인 것, 숭고한 것, 비극적인 것, 유머러스한 것 등은 그 속에 추함과 아름다움 간의 대결이 있는 경우들로서, 이 대결에서 아름다움이 언제나 승리를 구가하며 미는 이 대결을 통해 점점 더 고상하고 복잡한 방식으로 드러난다고 한다. 이 이론의 두 번째 형식은 추상적인 것에서 구체적인 것으로의 이행으로 기술된다. 이에 따르면 미는 추상적인 것에서 나타날 수 없으며 희극적이거나 비극적이거나 숭고하거나 유머러스하거나 다른 어떤 변형으로 특수화되지 않고는 이러저러한 구체적 미가 될 수 없다. 첫 번째 형식은 낭만적 아이러니 이론의 신봉자였던 졸거에 의해 이미 잘 개진되었다. 그러나 역사적으로 볼 때 이에 앞서 1797년 프리드리히 폰 슐레겔에 의해 처음 구상되었던 미적인 추함의 이론이 있었다. 그가 아름다운 것이 아니라 특징적이거나 혹은 관심을 끄는 것(the characteristic or interesting)을 현대 예술의 원리로 생각했다는 점은 이미 언급한 바 있다. 이에 따라 그는 매혹적인 것, 시선을 끄는(frappant) 것, 대담한 것, 잔인한 것, 추한 것 등에 중요성을 부여한다.[547] 졸거는 여기에서 자신의 변증법의 토대를 이루는 것을 발견했다. 즉, 그는 비극적인 것을 이루는 신적인 요소로 용해되어 흡수될 수 있는 것은 무엇보다 유한하고 세속적인 요소라고 주장했다. 그렇지 않았더라면 신적 요소는 세속적인 요소에 의해 완전히 파괴되어 그 결과 희극이 되었을 것이다.[548] 졸거의 이러한 방법론을 바이세(1830) 및 루게(1837)가 계승했다. 바이세가 보기에 추함은 "미가 직접적으로 존재하는 상태"이며 이는 숭고한 것이나 희극적인 것으로 극복된다. 루게가 보기에 이데아에 도달하려는 노력, 즉 이데아가 자기를 찾아가는 노력이 숭고함을 낳는다. 이념이 스스로를 발견하지 못하고 상실한다면 추한 것이 나온다. 이념이 스스로를 재발견하여 추함에서 새로운 생명으로 상승한다면 희극적인 것이 나온다.[549] 『추의 미학』(1853)[550]이라는 제목을 단 총론을 출간한 로젠크란츠는 추의 개념을 아름다운 것과 희극적인 것을 중재하는 것으로 제시하면서 그것이 최초의 기원으로부터 시작되어 악마적인 것에서 획득되는 "일종의 완성"으로 향하는 과정을 추적한다. 로젠크란츠는 작은 것, 유약한 것, 저급한 것, 그리고 저급한 것의 하위 종들인 평범한 것, 우연한 것, 임의적인 것, 조야한 것 등을 통칭하는 범속한 것을 거쳐 바람직하지 않은 것—이것은 다시 둔한 것, 죽은 것, 흔적도 없는 것으로 삼분된다—과 역겨운 것을 나열한다. 그는 계속해서 삼분법을 사용하는데 말하자면 역겨운 것은 몰취미한 것, 구역질나는 것, 사악한 것으로 나뉘고 사악한 것은 범죄적인 것, 정신이 나간 것, 극악무도한 것으로 나뉘며 극악무도한 것은 귀신들린 것, 주술적인 것, 악마적인 것으로 나뉜다. 로젠크란츠는 추가 예술미를 돋보이게 해주는 것일 뿐이라는 유치한 견해에 반대하고 예술이 이념의 완전한 현상을 재현할 필요성이 있다는 점을 논거로 하여 추의 도입을 정당화한다. 반면에 그는 추함이 아름다움과 같은 등급은 아니라는 점을 인정한다. 왜냐하면 아름다움은 스스로 존립할 수 있지만, 그 밖의 것들은 그럴 수 없으며 언제나 아름다움에 의해, 아름다움 속에 반영되어야 하는 것이기 때문이다.[551]

두 번째 형식은 피셔에게 와서 꽃을 피웠다. 그의 태도를 단적으로 보여주는 예로서 다음과 같은 언급이 있다. "이념은 자신이 하나의 형태와 융합되어 있었던 고요한 통일에서 떨어져 나와, 이 형태를 벗어나, 무한한 것으로서 이 유한한 형태에 맞선다." 이러한 거역과 초월이 숭고함이다. "그러나 아름다움 자체의 본질은 이런 혼란의 산출, 즉 이미지의 권리 제한에 대한 완전한 보상을 요구한다. 그리고 이런 보상은 오직 하나의 새로운 모순을 통해서만, 즉 이제 이미지가 이념에 대해 갖는 부정적 위상을 통해서만 가능하다. 왜냐하면 이미지는 이념의 삼투에 저항하며 이념 없이도 자신이 전체라고 주장하기 때문이다. 이두 번째 계기가 부정의 부정으로서 희극적인 것이다.[552] 차이징에 의해 이러한 과정이 더욱 풍부해지고 복잡해졌다. 그는 미의 변양들을 색채의 굴절에 비유했다. 즉 숭고함, 매력적임, 유머러스함 같은 미의 중요한 세 변양이 보라색, 오렌지색 및 녹색 같은 세 원색에, 그리고 순수미, 희극성 및 비극성 같은 부차적 세 변양이 빨강, 노랑 및 파랑 같은 색에 상응한다는 것이다.* (로젠크란츠가 말한 추의 여섯 단계와 정확히 일치하는) 이러한 여섯 변양은 마치 폭죽처럼 각각 세 가지 갈래로 터져 나온다. 즉 순수미는 단아함, 고상함, 쾌적함으로, 매력적임은 우아함, 흥미로움, 매혹적임으로, 희극성은 우스꽝스러움, 유쾌함, 익살스러움으로, 유머러스함은 괴짜스러움, 변덕스러움, 서글픈 웃음으로, 비극성은 마음을 사로잡는 것, 파토스적임, 마력적임으로, 그리고 숭고함은 장려함, 장엄함, 압도적임 등으로 나뉘는 것이다.[553]

---

* 여기에서 원색과 이차적 색에 대한 기술이 상식과는 다른 듯 보이는데, 이탈리아어 원본 역시 이와 같음을 확인했다.

이 시기에 나온 모든 미학 저술들에는 이처럼 기사(騎士) '순수미' 경 (卿)*에 대한, 그리고 그가 겪는 기이한 모험들에 대한 상반된 두 버전 의 이야기인 무용담과 무훈시가 가득하다. 하나의 이야기에 따르면 '순수미' 경은 요부(妖婦) '추함'의 메피스토펠레스**적 시도에 의해 자 신의 소중한 일상을 포기할 것을 강요받는다. 이 요부는 그로 하여금 무수한 위험을 감수하도록 만드는데, 그는 언제나 위험을 극복한다. 그가 성공하여 다음 단계로(마렌고로, 아우스테를리츠로, 예나로)*** 나 아가는 과정은 숭고함, 희극적임, 유머러스함 등으로 불린다. 또 다른 이야기에 따르면 이 기사는 자신의 소중한 삶에 실증을 느낀 나머지 대적할 적수를 찾기 위해 항해를 떠난다. 그는 언제나 패배한다. 하지 만 패배할 때조차 그는 자신을 이긴 야만적인 상대를 정복하며 적을 변형시켜 빛나게 한다. 이렇게 꾸며진 신화를, 최소한의 상상력이나 문학적 기교도 없이 구성된 이 전설을, 이렇듯 보잘것없는 이야기를 제외한다면, 미의 변양이라고 알려진 이 독일 미학자들의 이론에서 찾 을 수 있는 것은 아무것도 없다.

---

*   여기서의 서술은 비유적인 것으로 '순수미(Reinschön)'를 기사로 의인화시킨 것이다.
**   Mephistopheles는 독일의 전설에 등장하는 악마로서 괴테의 『파우스트』에도 나온다.
*** Marengo, Austerlitz, Jena는 모두 나폴레옹이 승리한 전투지다.

XIV. 19세기 전반기의 프랑스 미학, 영국 미학, 이탈리아 미학

프랑스에서의 미학적 움직임: 쿠쟁과 주프루아

1775년에서 1850년에 걸치는 동안의 독일 사상에는 그 효력이 반감될 만큼의 오류들이 내포되어 있었고 그래서 이내 격렬하고 민감한 반응이 야기될 운명에 처해 있기는 했지만, 독일 이외의 다른 나라들에서의 현대 철학 연구가 이류, 삼류의 열등한 수준이었음을 감안하면, 전체적으로는 미학뿐 아니라 유럽 사상사 전반에서 가장 중요한 위치에 놓여 있었다고 할 수 있다. 프랑스는 여전히 콩디약의 감각주의(sensationalism)의 지배 아래 놓여 있었기에 19세기 초반까지도 예술을 정신적 활동으로 파악하지 못했다. 빙켈만의 추상적 유심론(spiri-tualism)의 희미한 흔적이 드 캥시의 이론에서 살짝 보일 뿐이다. 드 캥시는 (이상적 미를 비판하고 자연의 모방을 고수한) 에므릭-다비드[554]를 비판하면서, 디자인 기술은 개별적 특징이 없는 순수한 아름다움을 목표로 한다고, 즉 (보편적인) 인간을 묘사하는 것이지 (개개의) 인간을 묘사하는 것이 아니라고 주장했다.[555] 봉스테탕 같은 몇몇 감각주의자들은 삶과 예술에서 상상력이 작동하는 독특한 방식을 찾아내려고 노력했으나 무익한 성과를 낳았을 뿐이다.[556] 프랑스의 대학들에서 정통 유심론을 추종했던 사람들은 새로운 시대의 시작이자 프랑스에서 미학이 성립된 때를 1818년으로 잡는다. 그해는 쿠쟁이 처음으로

소르본 대학에서 '진리, 아름다움 그리고 좋음'에 대한 강의를 연 해다. 그 강의는 나중에 같은 이름의 책으로 출판되었고 재판을 거듭했다.[557] 하지만 비록 여기저기서 칸트의 편린들이 발견되기는 하더라도 쿠쟁의 강의 내용은 조악한 것이었다. 그는 미를 쾌 혹은 유용함과 동일시하는 것을 부정하고 그 대신 물리적 아름다움, 지적 아름다움, 도덕적 아름다움이라는 세 가지 미를 옹호했다. 여기서 가장 이상적인 미는 도덕적 아름다움으로, 이는 그 토대가 신에게 있는 것이기에 그렇다는 것이다. 그는 또한 예술은 이상적인 미, 무한, 신을 표현하며, 천재란 창조력이고, 취미는 상상과 감정과 이성의 혼합물이라고 말한다.[558] 이들은 하나같이 거창하지만 내용은 비어 있는 아카데미에서 통용되는 문구들인데, 이들이 사람들에게 잘 받아들여진 것도 바로 그런 이유 때문이었다. 좀 더 큰 가치를 갖는 것은 주프루아가 소수의 청중을 대상으로 1822년에 행한 미학 강의들로, 그의 사후 1843년에 출판되었다.[559] 주프루아는 네 가지 아름다움을 인정하고 있었는데, 표현의 미, 모방의 미, 이상화의 미, 그리고 끝으로 가시적이지 않은 내용의 미가 그것이다. 표현의 미는 예술에서건 자연에서건 똑같이 발견된다. 모방의 미는 모델을 완전히 정확하게 재현함으로써 달성된다. 이상화의 미란 모델의 특정한 성질에 좀 더 큰 의미를 부여하기 위해 그것을 돋보이게 하는 식의 재현을 통해 생겨난다. 가시적이지 않은 것들의 미란 (물리적 힘, 감각적 힘, 지적인 힘, 도덕적 힘 같은) 힘으로 환원 가능하며, 이것이 힘이기 때문에 공감을 불러일으키는 영향력을 가진다. 이러한 공감적 미가 부정될 때 추함이 나온다. 숭고함과 우아함은 미의 특이한 변양들이다. 주프루아가 행한 분석을 검토해보면 그가 미적인 것을 엄밀하게 구분하는 데는 성공하지 못했고, 체계가 있는 학문이라기보다는 그저 단어들의 사용을 설명한 수준을 넘어서지 못했다는 것을 알 수 있다. 그는 표현과 모방과 이상화가 서로 동일하며 그것이 곧 예술 활동이라는 것도 알지 못했다. 나아가 그는 특히 표현과 관련하여 많은 기이한 생각들을 가지고 있었다. 그는 다음과 같이 말한다. 우리가 길을 가다가 술 취한 자의 온갖 역겨운 모습들을 보이고 있는 주정뱅이와 마주쳤다고 하자. 그 길에는 거친 돌조각도 놓여 있었다. 이 경우 주정뱅이는 우리에게 즐거움을 주지만 돌조각은 그렇지 않은데, 그 이유가 전자에는 표현이 들어 있는 반면 후자에는 없기 때문이다. 이런 식의 주프루아의 이론에는 비록 엉성하고 미숙할지라도 문제를 탐구해가는 모습이 나타나기는 한다. 그를 제외한다면 라므네[560]조차 언급할 필요가 없다. 라므네는 쿠쟁과 마찬가지로 예술이란 유한을 통해 무한이, 상대적인 것을 통해 절대적인 것이 드러나는 것이라 간주했다. 드 보날드, 드 바랑트, 드 스타엘 부인에게서 보이는 프랑스 낭만주의는 문학을 "사회의 표현"으로 정의했고, 독일의 영향을 받아 특징적인 것과 그로테스크한 것을 칭송했으며,[561] "예술을 위한 예술"이라는 공식을 수단으로 삼아 예술의 독립을 선언했다. 그러나 철학적으로 볼 때, 이런 모호한 단언들이나 경구들이 "자연의 모방"이라는 오래된 교의를 대체한 것은 아니었다.

영국 미학

영국에서는 관념연합의 심리학이 여전히 널리 퍼져 있었는데(이 흐름은 방해받은 적 없이 계속 번창했다), 이 입장은 감각주의로부터 완전히 벗어날 수도 없었고 상상력을 이해할 수도 없었다. 듀갈 스튜어트[562]는 두 가지 형태의 연합, 즉 우연적 연합과 인간 본성에 내재하여 모든 인간에 공통되는 연합이 있다는 식의 서툰 방편에 의존했다. 영국은 독일의 영향에서 벗어나지 못하고 있었는데, 그렇게 보이는 예로는 좀 더 적절한 시 개념 및 시와 학문의 차이를 (시인 워즈워스와 함께) 우리에게 알려준 쿨리지가 있고,[563] 상상력을 "신성의 기관(organ of the Divine)"이라며 지성보다 우위에 둔 칼라일이 있다. 이 시기의 가장 주목할 만한 영국의 미학 논의는 셸리가 쓴 『시에 대한 변명』(1821)인데,[564] 이 글은 비록 매우 체계적이지는 않지만 이성과 상상력, 산문과 시의 구별에 관한, 또한 원초적 언어 및 시적 대상화 능력(faculty of poetic objectification)에 관한 심오한 견해들을 담고 있다. 그는 시적 대상화를 행하는 능력이 "가장 행복한, 최선의 마음들이 맞이한 최고의 순간, 가장 행복했던 순간들의 기록"을 간직하고 보존하는 것이라 보았다.

이탈리아 미학

파리니도 포스콜로도 모두 낡은 교의의 속박을 떨쳐낼 수 없었던 것[565]이 이탈리아의 상황이었다. (비록 포스콜로는 그의 후기 저작들에서 혁신적인 문학 비평의 여러 면모를 보여주긴 했다.) 이탈리아에서는 19세기 초의 수십 년간 미학에 관한 많은 논문들과 에세이들이 출판되었는데, 대부분 당시 이탈리아에서 크게 유행했던 콩디약의 감각주의의 영향을 보여주고 있었다. 델피코, 말라스피나, 치코냐라, 탈리아, 파스콸리, 비스콘티, 보나치 같은 저자들은 이탈리아 철학사에서 단지 특이한, 어쩌면 맥락 없는 에피소드 같은 것에 속한다. 그러나 때로는 완전히 멸시할 것만도 아닌 통찰에 도달하는 사람도 있었는데, 멜키오레 델피코(1818)처럼 정처 없이 배회하다가 우연히 표현의 원리에 정착하게 된 사람도 있다. 델피코는 다음과 같이 말한다. "표현이 항상 미의 요소가 된다는 주장이 확립될 수 있다면, 표현을 미의 진정한 특성으로 간주하는 것, 즉 표현 없이는 미가 존재할 수 없고, 미의 감정을 불러일으키는 쾌적한(pleasing) 변양도 우리 안에서 일어날 수 없다고 간주하는 것은 정당한 추론일 것이다." 그는 이 원리를 발전시켜 모든 다른 특성들(질서, 조화, 비례, 대칭, 단순성, 통일성과 다양성)도 표현의 원리에 종속되어야 의의를 갖는다고 주장했다.[566] 말라스피나를 비판했던 한 사람도 주목할 만한데 그는 미를 "재현이 낳은 쾌"로 정의한 말라스피나에 반대하고 미를 감각적인 것과 도덕적인 것과 지적인 것으로 나누는 당대에 유행했던 3분설에도 반대하면서, 만일 미가 재현이라면 지적인 미가 있다는 것은 생각하기 어렵다고 했다. 지적인 미란 파악할 수는 있는 것이지만 제시할 수는 없는 것이기 때문이다.[567] 파스콸레 발레스티에리도 잊으면 안 된다. 그는 의학을 공부한 적이 있었는데, 수학적 정확성을 갖는 미학을 구축하고자 시도했다(1847). 그 결과는 이 주제를 탐구한 외국의 많은 유명한 저자들에 비해 더 나을 것도 더 못할 것도 없었다. 그는 대수학의 표현들을 숫자로 바꾸는 과정에서 그러한 일반 공식은 "무한한 수의 서로 다른 암호들의 체계를 가지고 그 목적을 충족시킬 수 있다"는 것에 주목했다. 또 예술에 있는 것은 "자의적인 요소는 아니지만 그럼에도 알려지지 않은 요소"라고 했다.[568] 독일 저술가들의 글이 이 시기에 자주 번역되었는데, 예를 들자면 슐레겔 형제의 저작들은 여러 차례 다시 출판되었다. 칸트와 실러로부터 나온 부터벡의 미학도 읽히고 논의되었으며,[569] 콜레치는 칸트 미학의 교의에 대한 훌륭한 진술을 남겼다.[570] 1831년 리히텐탈이라는 사람은 프란츠 피커의 미학을 발췌하여 이탈리아 독자들이 볼 수 있게 해주었는데,[571] 후에 이 책은 다른 사람에 의해 완역되었다. 셸링의 저작들 가운데 일부가 번역되었는데, 이를테면 『조형예술과 자연의 관계』 같은 것을 들 수 있다.

로스미니와 조베르티

이탈리아에서는 갈루피, 로스미니, 조베르티의 저작들에 영향을 받은 철학적 사유가 부활했는데, 이는 미학을 부적절하게 취급하는 결과를 낳았을 뿐임을 인정해야 한다. 갈루피는 미학을 단지 부수적인 것으로 간주하여 대중적인 방식으로 다뤘다.[572] 로스미니는 자신의 철학 체계의 한 영역을 의무론적(deontological) 학문들에 할애했는데, 이들은 "존재의 완벽성, 그러한 완벽성을 얻거나 만들어내는 방법 혹은 잃는 방법을 다루는 것"이라고 한다. 이 학문들 중에 "미론(Callology)"이라는 이름으로 "보편자의 아름다움"을 다루는 학문이 있고, 이 학문의 특수한 일부가 미학인데, 그것은 "감각적인 것들의 아름다움(beauty in the sensible)"을 다루는 학이었고, "존재의 원형"을 확립하는 것이었다.[573] 그의 가장 긴 문학작품이자, 스스로가 자신의 미학이라고 간주했던[574] 『목가에 대하여』[575]에서, 로스미니는 예술의 목적이 자연의 모방도 아니며 원형에 대한 직접적인 직관도 아니고, 자연물들을 원형으로 환원하는 것이라 했다. 이 일은 자연, 지성, 도덕이라는 위계적인 세 가지 이상 안에 배열된다. 조베르티[576]의 경우 독일 관념론, 특히 셸링의 영향 아래 있었던 것이 분명하다. 그에게 미는 "지성으로 파악되는 유형이 상상력에 의해 생겨난 판타지적인 요소와 개별적으로 결합한 것"이다. 아리스토텔레스적인 의미에서, 심상(the phantasm)은 질료를 제공하고 이해 가능한 유형(개념)은 형상을 제공한다.[577] 이상이라는 요소는 감각 가능하면서도 판타지적인 것보다 우위를 점유하기 때문에 예술은 진리와 선의 예비학이다. 조베르티는 헤겔이 자연미를 미학에서 분리한 것은 잘못이라고 보았는데, 왜냐하면 완벽한 자연미란 "감각적 현실과 스스로 형성되고 현시되는 이념(the Idea)이 완전히 일치"하는 경우로서, "모세가 상세하게 기술한 창조의 6일 중 두 번째 단계에서 이 감각 가능한 우주에 그 모습을 드러냈다"는 것이다. 다만 자연에 불완전함과 추함이 나타나게 된 것은 원죄를 통해서다.[578] 예술은 자연미가 쇠락했을 때 이를 보충하며, 따라서 예술은 세상의 처음과 마지막 시대를 가리키는 것으로, 기록이자 동시에 예언이라는 것이다. 그에 따르면 '최후의 심판'이 완벽한 미를 새롭게 알게 할 것이라고 한다. '최후의 심판'을 통한 "자연 조직의 복원(organic restitution)은 우리가 가진 능력들로 하여금 감각적인 것 내에서 지적인 것을 관조할 수 있게 해주고 그 능력들을 더 정교하게 해줌으로써 미적 즐거움을 더 강력한 것으로, 더 순수한 것으로 만들 것이다. 완벽한 미에 대한 관조는 상상력의 지복(至福, beatitude)이 될 것이다. 예수는 가시적인 모습으로 변용되어 나타나고 천상의 광휘로 빛남으로써 말로 형언할 수는 없지만 그것이 어떤지를 알아볼 기회를 자신의 제자들에게 제공했다."[579] 조베르티는 셸링이 예술을 이교도 예술과 기독교 예술로 구분한 것에 동의했고, "이교도의 미"(오리엔트와 그리스-로마 예술)는 "정통미"와 비교했을 때 불완전하며 그 둘 사이에 기독교 예술로 옮겨가는 중간단계인 "준-정통미"가 있다고 했다.[580] 그는 또한 미의 변용에 대한 주장도 했는데, 여기서 그는 숭고를 미의 창조자로 여겼다. 미는 피조물에 나타난 상대적으로 지적인 것으로 구상력을 통해 파악되는 것인 반면, 숭고는 시간과 공간, 그리고 무한한 힘 등에 나타난 절대적으로 지적인 것으로서 판타지라는 능력에 의해 스스로를 드러내는 것이다. "본질적인 것을 통해 존재자가 만들어진다는 이상에 대한 그러한 공식(ideal formula)이 미적 언어로 번역되면 다음과 같은 공식을 낳는다. 본질적인 것은 역학적 숭고를 통해 미를 만들며 수학적 숭고를 통해 그것을 유지한다. 이는 근본학의 차원에서 미학이 존재론과 영혼론에 연결되어 있음을 보여준다." 추가 미와 관계를 맺는다면 이는 긴장의 완화와 균형을 도모하기 위해서, 아니면 희극으로의 길을 열거나 선악 간의 투쟁을 묘사하기 위해서다. 예술미의 기독교적 이상은 신이자 인간인 모습, 숭고한 것과 아름다운 것이라는 미의 두 형식의 절대적 통합, 인간을 신성한 빛을 받아 변형된 모습으로 표현하는 것이다.[581] 하지만 우리가 아무리 조심스럽게 조베르티의 사상에서 신화와 같은 유대-기독교적 외피를 걷어낸다고 해도 최소한의 학문적 가치를 가진 무엇도 발견해내지는 못할 것이다.

이탈리아 낭만주의자들, 예술의 종속성

한편 그 시기의 이탈리아 문학은 몇몇 오래된 비평적 사고들을 부활시키고 새롭게 한 면도 있었으나 당시의 사회정치적 격변들로 인해 역사, 과학, 종교, 윤리에 대한 진실들을 널리 퍼뜨리는 실천적 도구가 되는 경향이 더 많았다. 조반니 베르케트는 "시는 [……] 인간의 습관을 개선하고 인간의 상상력과 마음의 갈망을 충족시키려는 의도를 가지고 있다. 왜냐하면 시에 이끌리는 경향은 다른 모든 욕구들과 마찬가지로 우리에게 윤리적 필요를 일깨우기 때문이다"[582]라고 썼고 (1816), 에르메스 비스콘티는 자신의 책 『중재자』(1818)에서 미적인 목표는 "모든 연구의 당연한 목적이라 할 수 있는 인류의 공적·사적 복리의 증진"에 종속되어야 한다고 말했다. 로스미니의 원칙을 이어받아 예술을 철학적으로 연구했던 만초니는 낭만주의에 대한 자신의 서한(1823)에서 다음과 같이 선언했다. "시 혹은 문학 일반은 유용성을 그 목표로, 진리를 그 주제로, 관심을 그 수단으로 가져야 한다."[583] 비록 시에서의 진리라는 개념은 모호한 것임을 알고 있었음에도 불구하고 그는 (그의 역사 소설에 대한 논의를 보아도 알 수 있듯이) 항상 그것을 역사적·학문적 진리와 동일시하는 경향이 있었다.[584] 피에트로 마론첼리는 "실제의 모방에 근거하여 쾌를 그 목표로 추구하는 것"이라는 고전적 예술 공식에 대한 대체물로, 예술의 공식을 "영감에 근거하여 미를 수단으로 선을 추구하는 것"으로 제안했다. 그는 이 학설을 아우구스트 빌헬름 슐레겔과 빅토르 위고의 저작들에서 발견되는 '예술을 위한 예술' 학설과 대조하여 "코어멘탈리즘(cor-mentalism)"*이라고 이름 붙였다.[585] 토마세오는 미를 감정의 영향을 받아 "많은 진리들이 하나의 개념에 모아진 것"으로 정의했다.[586] 주세페 마치니도 문학을 보편적 관념 혹은 지적 개념의 중재자로 여겼다.[587] 무력하고 보잘것없는 것이 되어가던 문학에 진지한 내용을 복원하려 시도했던 이 탈리아 낭만주의자들은 자신들의 이론적 입장에 따를 때 예술의 독립성을 승인하려는 사고의 경향을 계속적으로 반대할 수밖에 없다는 것을 자연스럽게 알게 되었다.

---

* '정신지상주의' 혹은 '완전한 정신주의' 정도로 이해할 수 있다.

XV. 프란체스코 데 상크티스

데 상크티스 사상의 전개

한편, 이탈리아에서 예술의 자율성에 대한 강력한 지지는 프란체스코 데 상크티스의 비평적 작업에서 발견된다. 그는 1838년부터 1848년까지 나폴리에서 문학에 대한 사설 강좌들을 개설한 적이 있었고, 1852년부터 1860년까지는 토리노와 취리히에서 강의한 후 1870년에 나폴리 대학 교수가 되었다. 그는 비평적 에세이들과 이탈리아 작가들에 대한 단편 논문들 그리고 자신의 대표작인 『이탈리아 문학사』를 통해 자신의 생각을 표명했다. 그가 처음 옛 이탈리아 문화의 요소들을 받아들인 것이 푸오티 학파*로부터였기에 그의 사유는 자연스럽게 문법학과 수사학의 교설들을 탐구하는 방향으로 기울었다. 그는 이들을 하나의 체계로 환원시킬 수 있다는 생각을 가지고 있었다. 그러나 그는 곧 이에 대해 비판적 시각을 가지기 시작했고 이 단계를 벗어나게 되었다. 그는 포르투니오, 알루노, 아카리지오, 코르소를 "경험주의자"라고 불렀다. 벰보, 바르키, 카스텔베트로, 살비아티에 대해서는 어느 정도 높은 평가를 매기고 있었는데, 이들은 문법에 '방법론'을 도입한 사람들이다. 이 과정은 부온마테이, 코르티첼리, 바르톨리에 의

---

* 데 상크티스는 푸오티(Basilio Puoti, 1782~1847)의 제자였다.

해 계승되어 완성되었다. 데 상크티스는 『미네르바』의 저자인 프란치스코 산체스를 "문법학자들의 데카르트"라고 선언하기도 했다. 이로부터 출발하여 그는 18세기 프랑스 작가들과 뒤 마르세, 드 보제, 콩디약, 제라르의 철학적 문법을 상찬하게 되었다. 이들의 인식을 발판으로 삼고 라이프니츠의 이상을 추구하면서 그는 "논리적 문법"을 구상했다. 그러나 바로 이러한 노력을 하는 중에 그는 곧 언어의 차이를 고정된 논리적 원리들로 환원하는 것이 불가능하다는 것을 자각하기 시작했다. 그가 단순하고 원초적인 형식들을 재구성하는 프랑스 이론가들의 능력을 찬양할 만하다고 여겼다고 해도 [예컨대] "I love"에서 "I am loving"에 이르는 환원에 대해서는 만족할 수 없었다. "'I love'를 'I am loving'으로 분해하는 일은" (그가 말하기를) "말을 죽이는 것이다. 능동적 의지로부터 나오는 움직임이 박탈되기 때문이다."[588] 그는 같은 방식으로 수사학과 시학에 대한 논문을 쓴 학자들, 카스텔베트로와 타소(그는 감히 타소를, 나폴리 지식인들에게는 언어도단의 사건일 만하게 "그저 그런 비평가"로 서술했다)로부터 "정확한 것이 아니라 예리하다"고 해야 할 무라토리와 그라비나에 이르는 16세기 사람들과 베티넬리, 알가로티, 체사로티 같은 18세기 이탈리아 저술가들의 글에 대해 비평했다. 합리적인 규칙의 냉철함은 그의 취향에 맞지 않았다. 그는 젊은이들에게 대담하게 문학작품들에 맞서고 자유롭게 인상들을 흡수하라고, 그것만이 유일하게 가능한 취미의 토대라고 가르쳤다.[589]

헤겔주의의 영향

철학 연구가 남부 이탈리아에서 완전히 다 포기되거나 타락했던 것은 아니다. 철학에 대한 관심이 되살아난 이 시기에 알프스를 건너 내려온 미에 대한 이론들, 조베르티와 다른 이탈리아 학자들의 새로운 생각들은 열정적인 논의를 불러일으켰다.[590] 비코에 대한 연구가 부흥

했고, 베나르가 프랑스어로 번역한 헤겔의 『미학 강의』가 출간되었는데, 나폴리에서는 각 권이 출간될 때마다 반향을 불러일으켰다. (1권은 1840년에, 두 번째 권은 1843년에, 그리고 나머지는 1848년과 1852년 사이에 나왔다.) 새로운 지적 자극에 대한 열망으로 이탈리아 젊은이들은 독일어를 배우기 시작했다. 데 상크티스도 그의 자유주의적 견해로 인해 부르봉 감옥에 감금되었을 때, 헤겔의 『논리의 학』과 로젠크란츠의 『문학사』를 번역했다. 기존의 낡은 문법적 비평 및 모호하고 비정합적이며 과장된 낭만주의와의 구별을 위해 이 새로운 비평적 경향은 "철학주의(philosophism)"라는 이름을 부여받았다. 철학주의는 데 상크티스를 매료시켰다. 그가 얼마나 헤겔주의적 정신에 빠져들었는지를 보여주는 다음과 같은 일화가 있다. 베나르의 번역의 첫 권을 탐독한 후, 그는 나머지 권들의 내용을 추정했다고 한다. 그래서 그 책들이 채 발간되기도 전에 자신의 수업에서 공개적으로 그 내용을 상세히 설명했다고 한다.[591]

　　데 상크티스의 초기 저작들에는 형이상학적 관념론과 헤겔주의의 흔적이 나타난다. 이 흔적은 그의 후기 저작들의 용어법에도 여전히 남아 있다. 1848년 이전에 행한 한 강의에서 그는 문학작품 속에서 "절대적인 부분 [……] 위대한 작가들의 마음 안에서 움직이고 있는 [아직은] 불확실한 이념, 정제된 옷을 입어야 비로소 밖으로 드러나지만, 그렇게 되면 그 이념 자체보다는 덜 아름다워지는 그것"[592]에 주목한 철학적인 학파가 비평에 대한 안정적인 생각을 하고 있다고 여겼다. 실러 희곡집의 서문을 쓸 때(1850) 그는 다음과 같이 말했다. "우리 시대의 어떤 시인이 말하듯이 이념(the Idea)은 생각(thought)과 같은 것이 아니며, 시가 노래 속에 들어 있는 이성인 것도 아니다. 이념은 필연이자 동시에 자유이고, 이성이자 동시에 정념이다. 연극에서 그것의 완벽한 형식은 연기다."[593] 다른 곳에서 그는 철학의 발달에 흡수되어 신앙과 시가 죽음에 이르렀음에 주목하기를 요청한다. 나중에 그는 이것이 "전능한 사고를 가졌던 헤겔에 의해 우리 세대에 부과된 논제"[594]라고 말한다. 1856년에는 유머를 "파괴에 대한 자각과 함께 한계의 파괴를 그 의의로 가지는 예술적 형식"[595]으로 정의하려는 시도가 이뤄졌다. 다른 세세한 것들은 너무 오래 숙고하지 않았지만, 데 상크티스는 구상력과 상상력의 구별만큼은 그의 비평 작업 내내 항상 굳게 유지하고 있었다. 그는 상상력[판타지]을 진정한 그리고 유일한 시의 능력(faculty of poetry)으로 보았는데, 이는 의심의 여지없이 셸링과 헤겔의 제안(Einbildungskraft와 Phantasie의 구분)으로부터 나온 것이었다. 그는 때때로 '산문적 내용'이나 '산문적 세계'라는 문구들도 사용했는데, 이 역시 이들 철학자들로부터 유래한 것이다.

헤겔주의에 대한 의도하지 않은 비판

그러나 데 상크티스에게 헤겔주의 미학은 단지 그 자신이 옛 이탈리아 학파들의 논의들과 견해들을 명료하게 이해하기 위한 지렛대였다. 데 상크티스 같은 사람의 신선하고 깨끗한 정신이 문법학자들과 수사학자들의 자의적인 족쇄로부터 도망친 결과가 고작 예술에 적대적인 형이상학자들의 족쇄에 다시 걸려드는 것일 수는 없었을 것이다. 그는 헤겔 학설의 핵심적인 부분을 흡수했으며 헤겔주의적 이론들을 정확하게, 혹은 약간 완화된 해석들로 다시 표현해냈다. 그러나 그는 이 주장들을 함에 있어 망설임이 있었으며, 결국에 가서는 헤겔에게 있어 인위적이고 형식적이며 현학적이라고 할 수 있는 모든 것에 공공연히 반기를 들게 되었다.

아래의 환원과 완화 사례들은 그에게 일어난 변화가 얼마나 근본적이고 급진적이었는지 보여준다. "신앙은 사라졌으며 시는 죽었다"(1856년의 글에서 그는 헤겔의 반향인 것처럼 이렇게 썼다). "혹은 이것을 이렇게 말하는 것이 나을 것이다"(이것이 데 상크티스가 스스로 교정을 수행한 부분이다). "신앙과 시는 죽는 것이 아니다. 사라지는 것은 그들 존재의 개별적 양태일 뿐이다. 오늘날의 신앙은 확신으로부터 솟아나며 시는 명상의 순간에 번쩍 일어나는 불꽃이다. 그것

미학

들은 죽지 않는다. 그것들은 변형된다."[596] 그가 상상력과 구상력을 구별한 것은 확실하지만 그에게 상상력은 초월적 통각(apperception)이라는 신비한 능력, 즉 독일 형이상학자들이 말하는 지적 직관 같은 것이 아니라 그저 종합하고 창조하는 시인의 능력일 뿐이다. 이는 다소 기계적인 방식으로 개별자들과 질료들을 수집하는 능력인 구상력과는 그 점에서 대조되는 것이었다.[597] 비코와 헤겔의 제자들이 그들 스승의 이론들을 예술에서 개념이 중요성을 강조하는 것으로 이해하고 설명할 때, 데 상크티스는 다음과 같이 답했다. "개념은 예술이나 자연, 역사에 존재하는 것이 아니다. 시인은 무의식적으로 작업하며 개념이 아니라 단지 형식을 본다. 형식에 열중과 몰입을 하고 있는 것이다. 만일 철학자가 추상을 통해 개념을 추출하고 이를 완전히 순수하게 관조할 수 있다면, 그는 예술, 자연, 역사가 행동하는 것과는 전적으로 반대되는 방식으로 행동하고 있는 것이다." 그는 비코가 호메로스의 시로부터 개념들과 예시적 유형들을 추출해낸 것은 예술 비평가로서가 아니라 문명사가로서 글을 쓸 때였다고 하면서 이 점을 오해하지 말라고 경고했다. 예술적으로 아킬레스는 아킬레스다. 힘 혹은 다른 어떤 것의 추상도 아니다.[598] 이처럼 그의 논쟁점은 처음에는 그가 진정한 헤겔주의적 사고라고 불렀던 것에 대한 오해를 겨냥한 것이었다. 이는 사실 대개는 그가 다소 의식적으로 헤겔에 대해 수정을 가하는 것이기도 했다. 말년의 그는, 모든 나폴리인이 헤겔에 열광해 있을 때, 즉 "헤겔이 이 분야를 완전히 장악하고 있을 때"조차 자신은 항상 "그의 선험주의, 그의 삼분법(triad) 혹은 그의 공식들을 받아들이기를 유보하고 거부"[599]해왔음을 자랑스럽게 내세울 수 있을 정도였다.

독일 미학에 대한 비판

데 상크티스는 다른 독일 미학자들에 대해서도 독자적인 태도를 취했다. 당시 알려진 바로는 매우 진전된 견해였던 아우구스트 빌헬름 슐레겔의 견해도 그에게는 이미 시대에 뒤처진 것처럼 보였다. 1856년에 그가 기술한 바에 따르면 슐레겔은 "어법과 작시법과 화법 중에 머무는 단조로운 방식인 일상적 비평을 초월해보려 노력하지만, 길을 잃게 되고 직접 예술과 마주서는 일을 결코 하지 못한다. 한편 슐레겔은 개연적인 것, 예법에 합당한 것, 도덕적인 것 등 예술을 제외한 다른 모든 것들의 탐구에 저돌적으로 몰두한다."[600] 생명의 위협에 쫓겨 독일 근역으로 들어온 그는 취리히 공대에 재직하게 되었는데, 그 학교의 동료 교수로 테오도르 피셔가 있었다. (우연치고는 참으로 신기한 일 아닌가?) 우리에게 잘 알려진 체계 구성이라는 먼지 나고 숨찬 작업의 와중에 유명하게 된 이 장황한 헤겔주의자가 이탈리아 민족의 시와 음악에 대해 퇴폐적이라고 업신여기는 듯한 미소를 짓고 있는 데 대해 데 상크티스는 어떤 의견을 가질 수 있었을까? 그는 다음과 같이 쓴다. "나는 내 견해와 내 편견을 가지고 거기에 가서 그들의 조롱을 조롱했다. 리하르트 바그너는 내가 보기에는 음악의 오염자였으며, 피셔의 미학보다 더 미학적이지 않은 것은 없었다."[601] 피셔, 아돌프 바그너, 발렌틴 슈미트, 그 외의 다른 독일 비평가와 철학자들의 왜곡된 견해를 교정하려는 욕구로 인해 그는 1858~59년 취리히에서 세계 각국에서 온 청중을 대상으로 아리오스토와 페트라르카에 대한 강의를 담당했다. 이 두 이탈리아 시인은 철학적 알레고리로 환원하기가 제일 어렵다는 이유로 위에서 언급한 평가자들에 의해 최악으로 잘못 다뤄진 사람들이다. 그는 프랑스 비평가와의 대조를 통해 전형적인 독일 비평가의 모습을 그려냈다. 그러면서 각각이 지닌 특유의 결점들도 언급했다. "프랑스인은 이론에 몰두하지 않는다. 그들은 주제에 바로 접근한다. 그들의 논변은 따뜻한 인상과 명민한 관찰로 살아 움직인다. 프랑스인은 구체적인 것에서 결코 유리되는 법이 없다. 그들이 평가하는 것은 재능의 질과 작품의 질이다. 작가를 이해하기 위해 작가를 사람으로서 연구한다." 하지만 프랑스인의 오류는 예술에 대한 성찰을 저자에 대한 심리학 및 그 시대의 역사에 대한 성찰과 같은 것으로 보는 것이다. "당신네 독일인은 정반대다. 그렇게 단순할 수 없는 사물에 대해 독일인은 무언가 조작과 변경을 가하며 복잡하게 만드는 것을 업으로 삼는다. 때로 찬란한 빛을 방사하는 중심이 있다면, 독일인은 그 바깥쪽에 두툼한 어두움을 쌓아간다. 진리는 저 아래 심연에, 엄청난 출산의 고통 속에 있다. 예술작품을 마주하면, 독일인은 보이지 않고 만질 수 없는 작품의 특질을 확정하고 고정하려고 애쓴다. 삶과 살아있는 것의 세계에 대해 이야기하는 버릇이 가장 많은 것이 독일인인 반면, 일반화의 이름으로 그것을 부패시키고 분해시키려 가장 많은 수고를 하는 것도 독일인이다. 이 마지막 과정의 결과로(이것은 겉보기에 마지막이라는 것이지 실제로는 미리 고안된 것으로서 선험적인 과정이다), 독일인은 모든 발에 똑같은 부츠를 신길 수 있고 모든 몸에 똑같은 코트를 입힐 수 있다." "독일 학파는 형이상학에 의해 지배되며, 프랑스 학파는 역사에 의해 지배된다."[602] 이 무렵(1858) 데 상크티스는 쇼펜하우어 철학에 대한 연구서를 출간했는데,[603] 이때 이 책의 영향으로 그의 친구들과 스위스에 망명 와 있던 동료들 사이에서 쇼펜하우어에 대해 매력을 느끼는 제자들이 생겨나기 시작했다. 이 연구서에 대해 쇼펜하우어 자신마저 "이 이탈리아인은 나의 피와 진까지 다 흡수했다"고 고백했다.[604] 예술에 관한 쇼펜하우어의 그 많은 세부적 내용들에 데 상크티스는 어떤 가치를 부여했을까? 이념에 관한 쇼펜하우어의 주장을 충분히 설명하고 난 뒤에 그는 쇼펜하우어 저술*의 제3권을 그저 "과장된 미학 이론이 발견되고 있는 책"[605] 정도로만 언급하는 데 만족하고 있다.

형이상학적 미학에 대한 마지막 저항

개념의 신봉자들, 그리고 낭만적 이탈리아 신비주의자들과 도덕주의

---

*　『의지와 표상으로서의 세계』

자들에 대한 이러한 온건한 저항과 반대는(그는 만초니, 마치니, 토마세오, 칸투도 똑같이 비판했다[606]) 그의 페트라르카에 대한 비평적 저술 중 하나(1868)에서 공개적인 저항으로 변했다. 여기서 그는 이 잘못된 경향들의 특징을 제시하면서 신랄한 풍자를 덧붙인다. "이 학파에 따르면"(헤겔과 조베르티 학파를 의미한다), "실재하는 것, 살아있는 것이 예술이기 위해서는 형식을 능가하여 자신의 개념이나 순수 이념을 드러내야 한다. 미는 이념의 현현이다. 예술은 이상, 즉 하나의 개별적인 이념이다. 예술가의 응시 아래에서 육체는 고상해진다. 영혼의 그림자, 즉 아름다운 베일이 되기까지 말이다. 시의 세계는 환상으로 가득 차 있다. 그리고 영원한 몽상가인 시인은 약간 취해 있는 눈으로 그의 주위에 불안정하게 떠다니면서 형태를 바꿔대는 물체들을 본다. 이 물체들이 약화되어 형식들과 환상들이 되어버리는 것도 아니다. 이 형식들과 환상들 자체가 모든 이념과 모든 개념의 자유로운 현현이 된다. 이상적인 것에 대한 이론이 마지막 승리를 위한 한계까지 나아간다. 그것은 바로 환상의 파괴, 형식이 단지 부수적인 장식이 될 뿐인 개념으로서의 개념이다." "그러므로 모호한 것, 결정되어 있지 않은 것, 파도치듯 기복이 있는 것, 기체처럼 증발해버리는 것, 천상에 있는 것, 허공에 있는 것, 베일에 가린 것, 천사의 것이 이제 예술적 형식들 가운데 높은 위상을 갖는다. 비평이 미, 이상, 무한, 천재, 개념, 이념, 진리, 초지성적인 것, 초감성적인 것, 존재와 실존 및 ─ 그 영향력으로부터 벗어나기가 그토록 어려운 학자들의 공식 같은 야만적인 공식의 틀 속에 부어넣어진 ─ 더 많은 일반적인 것들 속에서 시간을 보내고 있는 동안에 말이다." 이 모든 것들은 예술의 특성을 결정하기는커녕 오히려 예술과 정반대의 것을 보여주는 일 말고는 하는 일이 없다. 그것들은 예술이 추상들을 제거해버리고 생명을 붙잡는 일을 할 수 없게 하고, 예술의 허약함과 무력함을 보여줄 뿐이다. 만일 미와 이상이 실제로 이들 철학자들이 부여한 것과 같은 의미를 갖는다면 "예술의 본질은 미도 이상도 아니게 된다. 예술의 본질은 살아있는 것, 형식이다. 추역시 예술에 속한다. 그 이유는 추 역시 자연 안에 살고 있기 때문이다.

미학

무형식의 것, 기형적인 것 외에 예술의 영역 밖에 놓인 것은 없다. 말레볼제에 있는 타이스*는 추상적 조합들을 대변하는 순수한 알레고리인 베아트리체보다 더 생생하고 시적이다. 아름다움? 이아고만큼 아름다운 이가 있다면 내게 말해보라. 그는 실제 삶의 심오함으로부터 솟아난 하나의 형식이다. 모든 부분에서, 매우 미세하게 달라지는 변화의 국면들 각각에서 그는 너무도 풍부하고 너무도 구체적이다. 시의 세계에서 만들어진 가장 아름다운 창조물이다." 어쩌면 당신은 "이념, 개념, 실재, 윤리, 지적 아름다움 같은 것들에 대해 논쟁하는 중에 철학적인 혹은 도덕적인 진리를 미적 진리와 혼동하여" 이렇게 말하고 싶을지도 모른다. "추가 미의 대조물로, 적대자로, 혹은 미를 돋보이게 하는 것으로서의 역할을 한다는 것을 감안한다면 시의 세계의 많은 부분이 추한 것은 당연하다. 메피스토펠레스는 파우스트를 돋보이게 하고, 이아고는 오셀로를 돋보이게 한다"고. 그러나 이렇게 말한다면 당신은 "별들이 창공에서 빛나는 이유는 이 땅에 빛을 내리기 위해서라고 생각했던 옛날 옛적의 순진한 사람들을 흉내 내고 있는 것이다."[607]

데 상크티스의 이론

데 상크티스의 미학 이론은 전적으로, 그 자신이 알고 있던 유럽 미학의 최고의 모습들에 대한 비판으로부터 만들어졌다. 그것의 본성은 대조를 통해 드러난다. 그는 다음과 같이 말한다. "만일 당신이 예술로 들어가는 입구의 현관에 어떤 조각상 하나를 세워두고 싶다면 형식을 세워두라. 형식을 바라보고, 형식을 질문하며, 형식으로부터 시작하라. 형식이 얻어지기 전에는 창조 이전에 존재했던 것이 존재한다. 즉, 혼돈이 존재한다. 의심할 바 없이 혼돈은 가장 흥미로운 역사를 가진

---

* 말레볼제(Malebolge)는 단테의 『신곡』 지옥 편의 여덟 번째 옥이고, 타이스(Thais)는 고대 아테네의 고급 매춘부였다.

존경할 만한 것이다. 이 들끓고 있는 요소들로 만들어진 세계 이전의 것에 대해 과학이 이미 알 것을 다 알고 있다고 볼 수는 없다. 예술에도 세계 이전의 것이 있다. 예술 역시 역사를 가진다. 이는 얼마 전에 태어났고 아직 거의 펼쳐지지 않은 고유한 학문으로서 비평도 아니고 미학도 아니다. 미학은 형식이 나타나야, 그러면서 이 세계 이전의 것이 가라앉고, 녹고, 잊히고, 없어져야 비로소 나타난다. 각 개체가 그 자신이듯이 형식도 그 자체다. 미란 진리나 이념의 현현, 그것들의 옷, 빛 혹은 베일이라고 계속해서 지껄여대는 이론만큼 예술에 파괴적인 이론도 없다. 미적 세계는 가상이 아니다. 그것은 실체다. 실제로 이 세계에는 실체를 가진 모든 것, 살아있는 모든 것이 다 속한다. 그것의 기준, 그것의 존재의 이유를 가장 잘 말해주는 모토는 이것이다. 나는 살고 있다(I live)."[608]

형식이라는 개념

데 상크티스에게 형식이란 "18세기 말까지 그 말에 붙어 있었던 현학적인 의미"의 형식을 의미하는 것이 아니다. 그것은 피상적인 관찰자에게 처음 어떤 인상으로 다가오는 것, 즉 말, 시대, 시구[verse], 개별적 이미지 등을 의미하는 것이 아니다.[609] 그것은 또한 헤르바르트적인 의미에서의 형식, 즉 이런 식의 형식을 형이상학적으로 실체화시킨 것을 의미하지도 않는다. "형식은 선험적인 것이 아니며, 그 자체로 존재하여 내용과 구분되는 것, 마치 내용에 대한 일종의 장식이나 덮개, 내용의 외모 혹은 부가물인 것도 아니다. 그것은 예술가의 마음속에서 움직이고 있는 내용에 의해 만들어진다. 내용이 있는 만큼 형식도 있다."[610] 내용과 형식 사이에는 동일성과 상이성이 동시에 있다. 한 작품의 내용은 예술가의 마음속에서 혼돈의 상태로 놓여 있다가 "원래 있었던 모습 그대로가 아니라 생성된 모습으로 나타난다. 이 과정을 통해 그 내용 전체는 고유한 가치와 중요성 및 자연스러운 아름다움을

432   미학

가진 채 약화되지 않고 더욱 풍부해진다." 그러므로 내용은 구체적인 형식을 만드는 데 본질적이다. 그러나 내용이 가진 추상적 성질이 예술의 형식을 결정하는 것은 아니다. "비록 아름답고 중요한 내용이더라도 이것이 예술가의 마음 안에서 작동하지 않거나 생명력이 느껴지지 않거나 쓸모없는 것이 되고 있다면, 그 내용이 충분한 생성적 힘을 가지고 있지 않아서 자신을 그저 약하고 잘못되고 손상된 형식으로 드러내고 있을 뿐이라면, 그것을 칭송하는 노래를 지어낼 수고를 할 필요가 뭐가 있겠는가? 이런 경우들에서 내용은 그 자체로 중요할 수는 있으나, 문학이나 예술로서는 가치가 없는 것이다. 반면 내용이 비도덕적이고, 부조리하고, 잘못되었거나 하찮은 것일지라도, 만일 특정한 때 혹은 특정한 상황에서 그것이 예술가의 머릿속에서 강력하게 작용했고, 그래서 형식을 취했다면, 그런 내용은 불멸이 된다. 호메로스의 신들은 죽었다. 하지만 『일리아스』는 남아 있다. 이탈리아가 멸망할 수도 있고, 그렇게 되면 교황파니 황제파니 했던 기억들도 모두 없어질 수 있다. 그러나 『신곡』은 남아 있을 것이다. 내용은 역사에 등장하는 위험요소들에 의해 영향받는다. 그것은 태어나고 죽는다. 하지만 형식은 불멸이다."[611] 그는 예술의 독립성을 고수했다. 그것 없이는 미학도 없을 것이기에. 하지만 그는 예술을 위한 예술이라는 공식을 과장하는 것에 반대했는데, 이는 그것이 예술가를 삶으로부터 분리시키고 내용을 훼손하며 예술을 단순한 영리함의 증거로 치환하는 경향이 있다는 이유에서였다.[612]

예술 비평가로서의 데 상크티스

데 상크티스에게 형식이라는 개념은 상상력이라는 개념, 즉 표현 혹은 재현의 능력, 예술적 비전과 동일한 것이었다. 그의 생각이 향하고 있던 방향이 어디인지를 분명히 표현하려면 누구든 많은 이야기를 해야 할 것이다. 그러나 데 상크티스 자신도 자신의 이론을 학문적으로 엄밀하게 정의하지 못했다. 그의 미학적 아이디어들은 적절하게 서로 연결되고 연역되는 하나의 체계가 아닌 단지 스케치 상태로 남아 있다. 사변적 경향에 못지않게 그는 다른 많은 삶의 관심들, 예를 들어 구체적인 것을 이해하려는 욕구, 예술을 향유하고 예술사를 다시 쓰려는 욕구, 실천적이고 정치적인 삶에 뛰어들고자 하는 욕구도 가지고 있었다. 그래서 그는 교수이다가 음모를 꾸미는 자이다가 언론인이다가 정치가이기도 했다. "내 마음은 구체적인 것에 기울어져 있다." 그는 그렇게 말하곤 했다. 그는 예술에서건 역사에서건 삶에서건, 문제를 보는 관점을 획득하는 데 딱 필요한 만큼만 철학적 사유를 도입했다. 그의 지성에 불이 들어오고, 방향이 설정되고, 자신의 활동을 의식적으로 사유한 결과 어느 정도의 만족이 도출된 후라면, 그는 가능한 한 빨리 개별적인 것과 확정적인 것으로 뛰어들었다. 최고의 일반적 원리들 속에서 진리를 포착해내는 막대한 능력을 가지고 있었던 그는 이에 뒤지지 않을 정도로 강렬하게, 보통의 철학자가 거의 금욕적인 기쁨을 느끼곤 하는 창백한 관념들의 영역을 혐오했다. 비평가로서 그리고 문학사가로서 그에 필적할 만한 사람은 없었다. 그를 레싱, 매컬레이, 생트-뵈브 혹은 텐과 비교했던 사람들이 있었지만 이는 그저 수사적인 비교였다. 플로베르는 조르주 상드에게 다음과 같이 썼다. "지난 편지에서 당신이 비평에 대해 말하면서, 비평이 곧 사라지게 될 것이라고 했습니다. 나는 정반대로, 비평이 이제 막 지평선에 떠오르고 있다고 생각합니다. 오늘날의 비평은 과거와는 정반대이지만, 그것이 전부입니다. 라아르프 시절의 비평가는 문법학자였습니다. 오늘날 비평가는 생트-뵈브와 텐 같은 역사가입니다. 비평가가 예술가가 되는 때는 언제일까요? 단순한 예술가가 아닌 진짜 예술가 말입니다. 당신은 진심으로 작품 자체에만 관심을 가지는 비평가가 있다고 생각하십니까? 요즘 비평가들은 지극한 섬세함으로 작품의 역사적 배경과 그 작품을 만들어낸 원인들을 분석합니다. 그러나 이런 분석에 전제되는 작품 자체로서의 시와 그것의 원인은요? 구성은? 양식은? 저자의 관점은? 이런 것들은 전혀 분석되지 않습니다. 이런 것을 해내는 비평가는 반드시 훌륭한 상상력과 선한 마음을 가져야 합니다. 언제나 준비되어 있는 열정의 능력, 취미를 가져야 합니다. 하지만 이제 취미는 너무 희귀해서, 심지어 최고라고 하는 사람들 중에서도 보이지 않고, 그래서 요즘에는 언급도 되지 않고 있습니다."[613] 플로베르의 이상에 도달할 수 있는 비평가(즉, 위대한 작가들에 대한 해석을 제시하고 문학의 전 범위를 다룬 자로서)는 단 한 명이었고, 그가 바로 데 상크티스다.[614] 프란체스코 데 상크티스의 『역사』와 다른 비평 에세이들은 문학을 비춰주는 거울이다. 다른 어떤 나라의 문학도 이탈리아만큼 그런 완벽한 것을 가지고 있지 못하다.

철학자로서 데 상크티스

그러나 예술철학자 혹은 미학자로서의 데 상크티스는 비평가 혹은 문학사가로서의 데 상크티스만 못하다. 그에게는 비평가가 우선이고 철학자는 부수적인 것이다. 그의 에세이들과 논문들 속에 경구의 형태로 여기저기 흩어져 있는 미학적 관찰들은 다양한 경우들에 따라 다양한 색을 띠고 있으며, 불확실하고 종종 은유적인 언어로 표현되어 있다. 이로 인해 그는 모순적이고 불명료하다는 비난을 받기도 하지만 그의 사유의 깊은 내면에는 전혀 그러한 문제가 존재하지 않을 뿐 아니라, 그가 다루고 있는 개별적인 사례들을 살펴본다면 그러한 인상이 잘못된 것임을 바로 알게 될 것이다. 그러나 형식, 형식들, 내용, 살아있는 것(the living), 미, 자연미, 추, 구상력, 느낌, 상상력, 현실, 이상, 그 외에도 그가 다양한 취지로 사용했던 다른 많은 용어들이 무엇에 기반을 두고 있고 어디로부터 파생되었는지에 대해서는 학문적 연구가 필요하다. 이 어휘들을 숙고해보면 여러 측면에서 의심과 문제들이 야기되며 많은 곳에서 간극과 불연속점들이 드러난다. 몇 안 되는 철학적 미학자들과 비교해보더라도 데 상크티스는 분석과 질서 그리고 체계를 결여하고 있고 모호한 정의들을 가지고 있는 것처럼 보이기도 한다. 그러나 이런 결점들은 그가 독자와 구체적인 실제 예술작품 사이에 접점을 마련하고 있다는 점에 의해, 그리고 그에게서는 언제나 진리를 구해나가는 느낌이 발견된다는 점에 의해 상쇄된다. 스스로 보여준 것 이상의 새로운 보물 — 살아있는 생각, 즉 살아있는 사람을 자극하여 계속해서 추구하고 확장하도록 만드는 생각 — 이 더 보관되어 있지나 않은지 우리로 하여금 예상하고 추측하도록 만드는 저술가들이 있다. 데 상크티스 역시 그러한 매력을 가지고 있다.

미학

XVI. 아류들의 미학

헤르바르트 미학의 재림

"형이상학은 이제 그만!"이라는 구호가 독일에서 울려 퍼지고 마지막 헤겔주의자들에 의해 학문과 역사의 생명이 영락되어 일종의 발푸르기스의 밤*이 되어버리자 이에 대한 맹렬한 저항적 반응이 시작되었는데, 이때 헤르바르트의 제자들이 나타나 다음과 같이 냉소적으로 묻는 듯했다. "이게 다 무슨 일이란 말인가? 관념론과 형이상학에 대한 반란? 그래, 하지만 바로 이것이 헤르바르트가 이미 반세기 전에 스스로 염원하며 떠맡았던 일 아닌가! 그의 정통 후계자들인 우리가 당신들을 지지하고 도우리라. 우리는 이 입장을 받아들이는 데 어려움이 있을 리 없다. 우리의 형이상학은 원자론과, 우리의 심리학은 기계론과, 우리의 윤리학과 미학은 쾌락주의와 부합한다." 헤르바르트 자신은 (그가 1841년에 세상을 떠나지 않았더라면) 아마도 이 제자들을 내쳤을 것이다. 인기에 편승하고, 형이상학의 격을 낮추며, 자신의 고급한 구상들이었던 실재적인 것, 표상, 이념 등에 자연주의적 해석을 부

---

* Walpurgisnacht: 매년 4월 30일 북중부 유럽에서 행해진 축제로서 『파우스트』 1부에서 마녀들이 밤새도록 환락의 축제를 즐기는 곳에 파우스트와 메피스토펠레스가 방문하는 장면이 나온다. 일반적으로 광란적 상황을 비유할 때 언급된다.

여하려 했으니 말이다.

　이런 학파가 유행하게 되자 헤르바르트 미학은 관념론자들이 세상에 선보인 풍성한 학문 체계에 비해 너무 초라해 보이지 않기 위해 자신들도 살을 찌우려 노력했고 그 결과 만족스러운 정도로 통통해졌다. 이런 양육 과정은 프라하 대학에서, 그리고 나중에는 빈 대학에서 철학 교수로 재직한 바 있는 로베르트 짐머만에 의해 이뤄졌다. 그는 두터운 미학사의 형태로 개론적인 시도를 해보고 나서(1858) 몇 년간의 고단한 노력 끝에 1865년 마침내 『형식학으로서의 일반 미학』을 집필했다.[615]

로베르트 짐머만
―――――――――――――――――――――――

불길한 조짐을 띠고 태어난 형식주의 미학은 내적인 배신과 외적인 굴종이 결합한 특이한 사례다. 짐머만은 통일성에서 출발한다. 이는 다른 말로 하면 미학과 윤리학을 일반 미학(general Aesthetic)에 종속시키는 것에 다름 아닌데, 이때 일반 미학이란 "주어진 내용이 무엇이건 그것이 승인되거나 거부되도록 하는 양태들을 다루는 학문"으로 정의된다. (그러므로 미학은 실재의 학문인 형이상학 및 올바른 사고의 학문인 논리학으로부터 구분된다.) 짐머만은 그 방식들이 형식, 즉 요소들 간의 상호관계에 놓여 있다고 본다. 공간에 위치하는 수학적 점 하나, 청각적 또는 시각적 인상 하나, 음 하나는 사실 쾌적하지도 불쾌하지도 않다. 음악은 아름다움이나 추함에 대한 판단이 항상 최소한 두 음 사이의 관계에 의존한다는 것을 보여준다. 그런데 이런 관계들, 즉 보편적으로 쾌적한 형식들은 귀납에 의해 경험적으로 얻어질 수 없으며 반드시 연역에 의해 도출되어야 한다. 이미지의 구성요소들(그들 자체가 심상들이다)은 그것들의 힘, 즉 양에 따라, 아니면 그것들의 본성, 즉 질에 따라 서로 관계를 맺게 되는데, 이를 연역적 방법으로 밝힐 수 있다. 따라서 우리는 양의 미적 형식들과 질의 미적 형식들이라는 두 그룹의 미적 형식을 갖게 된다. 전자에 따르면 강력한 것(큰 것)이 약한 것(작은 것)에 비해 쾌적하다. 그리고 약한 것은 강한 것과 함께 배치되었을 때 불쾌하다. 질의 미적 형식에 따르면, 질이 상당한 정도로 동일한 것, 즉 조화로운 것이 쾌적하며, 전체적으로 이질적인 것, 즉 부조화가 불쾌하다.

그러나 질이 상당한 정도 동일하다는 것을 완전한 동일성까지 밀고 가서는 안 되는데, 그럴 경우 조화 그 자체가 없어지게 될 것이기 때문이다. 조화로운 형식으로부터 특징적인 것(the characteristic)이 주는, 즉 표현이 주는 쾌가 연역되어 나온다. 특징적인 것이란 결국 어떤 개별 대상과 그것의 원상 사이에 있는 동일성 관계들 중 가장 지배적인 것에 다름 아니지 않은가? 그러나 차이 속에서 지배적으로 나타나는 유사성은 조화(Einklang)를 만들어내지만, 질적인 부조화는 그 자체로서는 거부를 불러일으키는 것이므로 이를 해결할 필요가 있다. (여기서 짐머만의 교묘한 솜씨를 쉽게 알아차릴 수 있다. 우선 특징적인 것을 순수한 형식의 관계들 중 하나로 슬쩍 밀어넣음으로써 헤르바르트의 원래 생각을 완전히 바꾸어놓은 것을 볼 수 있다. 그리고 두 번째 속임수는 자신이 경멸했던 헤겔 변증법의 도움을 받아 그가 어떻게 순수미 속에 미의 변양을 수용했는지를 보면 알 수 있다.) 만일 이것이 불쾌하지 않은 이미지로의 대체를 통해 해결된다면 분명히 불쾌함의 원인이 제거된 것인데, 이는 조화가 아닌 평온한 융화(Eintracht)가 얻어진 셈이다. 하지만 이로써 획득된 것은 그저 정확하기만 한 형식일 뿐이다. 그렇다면 보정(Ausgleichung)의 형식에 도달하기 위해 우리는 이런 정확한 형식 대신에 참된 이미지를 사용하는 편이 나을 것이다. 그리고 참된 이미지가 또한 그 자체로 쾌적하기도 하다면 우리는 최종적 보정의 형식에 도달하게 되고, 이것으로 일련의 가능한 형식들의 연쇄가 끝나게 된다. 결론적으로, 아름다움이란 무엇인가? 그것은 일련의 이 모든 형식들이다. 즉 장엄함과 풍부함과 질서와 일치와 정확함과 최종적 보정, 이 모두를 가진 원상이다. 이 모든 것들이 모상 속에서는 특징적인 것이라는 형식을 띠고 나타난다.

짐머만이 미적 형식들과 숭고한 것, 희극적인 것, 비극적인 것, 반어적인 것, 유머러스한 것을 인위적으로 연결했다는 점은 묻어두더라도 다음과 같은 점에는 주목해야 한다. (그래야 그가 우리를 일곱 개의 친구* 중 어디로 실어 보내려고 하는지 눈치라도 챌 수 있을 것이다.) 그는 이런 일반적인 미적 형식들이 자연 그리고 도덕성에 관련되는 것과 똑같은 식으로 예술에 관련된다고 보았다. 이들의 개별적인 영역들이 차이가 나는 것은 오로지 보편적인 미적 형식들이 개별적인 내용에 적용되었기 때문이다. 이 형식들이 자연에 적용되면 우리에게 자연미, 즉 우주(코스모스)를 선사한다. 표상에 적용되면 정신의 아름다움(Schöngeist) 혹은 상상력을, 감정에 적용되면 아름다운 영혼(schöne Seele) 혹은 취미를, 의지에 적용되면 품성이나 덕성(virtue)을 준다. 이는 한쪽에는 자연의 아름다움이, 다른 한쪽에는 인간의 아름다움이 있다는 것이다. 또한 인간미에는 표상의 아름다움, 말하자면 엄밀한 의미에서의 미적 사실(예술)이 한편에 있고, 의지 혹은 도덕성의 아름다움이 다른 한편에 있으며 마지막으로 이 두 가지 사이에 취미가 존재하는데, 이는 윤리학과 미학에 공통적이라는 것이다. 좁은 의미에서의 미학은 아름다운 표상에 대한 이론으로서 표상들의 아름다움을 결정하는데, 여기서 표상들의 아름다움은 세 가지 등급으로 나눠진다. 시공간적 연결의 아름다움(조형예술), 감각적 표상의 아름다움(음악), 사고의 아름다움(시)이 그것이다. 미를 이렇게 조형적인 것, 음악적인 것, 시적인 것 셋으로 구분한 것이 이론적 미학의 결론이 되는데, 이 부분이 유일하게 짐머만에 의해 개발된 부분이다.

피셔 대 짐머만

짐머만의 작업은 헤겔 미학의 주요 대변자인 피셔에 대한 격렬한 비판

---

*   역사 부분 제7장, 빙켈만 관련 절 참조

이었다. 피셔는 자신의 입장을 방어하는 데 별다른 어려움을 겪지 않았으며 오히려 그를 공격하는 짐머만에게 반격을 가했다. 예를 들어, 피셔는 짐머만의 상징에 대한 견해를 두고 그를 조롱했다. 짐머만은 상징을 "그 둘레에 아름다운 형식들이 붙는" 대상이라고 정의했다. 화가는 동물적 본성의 일면을 그리기 위해 여우를 묘사한다는 것이다. 하지만 그렇지 않다. 이것이 상징인 이유는 화가가 "선과 색을 이용하여 선과 색 이외의 무언가 다른 것을 표현"했기 때문이다. 그림 속의 동물이 말한다. "당신은 나를 여우라고 생각하겠지." "하지만 당신은 큰 실수를 저지르고 있는 거야. 나는 사실 빨래집게야. 난 화가가 특정 색조의 회색, 흰색, 노란색 그리고 붉은색을 이용해 [빨래집게로] 창조된 가상이야." 짐머만은 촉각도 미적인 성질을 가지고 있다는 점을 열렬히 칭송했는데, 이것도 더 쉽게 조롱거리가 되어버린다. 짐머만은 촉각으로 즐거움을 얻는 일이 그토록 어렵다는 점이 안타깝다고 썼다. [안타깝긴 할 것이다.] 왜냐하면 「휴식을 취하는 헤라클레스」의 등이나 「밀로의 비너스」나 「바르베리니의 목신상」의 우아한 팔다리를 만지고 나서야 비로소 바흐의 장엄한 푸가나 모차르트의 세련된 멜로디를 들을 때 귀에 느껴지는 즐거움에 비견할 수 있을 즐거움이 손에 느껴졌을 테니" 말이다. 피셔가 형식주의 미학을 두고 "신비주의와 수학의 그로테스크한 조합"[616]이라 선언한 것은 그리 틀린 말은 아닌 듯하다.

헤르만 로체

짐머만의 작업은 그 자신을 제외하고는 누구에게도 그다지 만족스럽지 않은 듯하다. 헤르바르트주의에 결코 적대적이지 않은 로체조차 자신의 저서 『독일미학사』(1868)와 다른 저작들에서 짐머만을 맹렬히 비난했다. 그런데도 로체는 오래된 관념론의 변종 말고는 미적 형식주의를 대체할 더 나은 대안을 제공하지는 못했다. 그는 형식주의자들을 비판하며 이렇게 말했다. "정신적인 부조화가 이에 상응하는 외관의 부조화로 표현되는 경우나 조화로운 내용이 조화로운 외관으로 표현되는 경우나, 두 경우 모두 외적 표현의 내용과의 일치라는 형식적 관계가 존중되고 있어서 그 가치에 있어서 동등하다고 우리를 설득할 수 있는 자가 있겠는가? 인간의 형태가 쾌적한 것이 오로지 인간의 몸을 측정하여 드러나는 형식적 관계들 때문이지 그것을 살아있는 것으로 만드는 정신적 삶과는 무관하다고 우리를 설득할 자가 있겠는가? 경험적인 현실에서는 법칙, 사실 그리고 가치의 세 가지 영역은 언제나 분리된 채 나타난다. 최고선에서는, 좋음 그 자체에서는, 인격화된 신의 생생한 사랑에서는, 그리고 존재의 근거가 되는 의무에서는 이 영역들이 통합되어 있는 반면 우리 이성은 그런 통합을 이뤄낼 수도 없고 알 수도 없다. 아름다움만이 우리에게 이를 드러내줄 수 있다. 이는 선함 및 신성함과 밀접한 관련을 가지면서 우주의 신성한 법칙과 도덕적 통치의 리듬을 재생산한다. 미적 사실은 직관도 개념도 아니다. 이는 궁극적 목표와 관련된 목표의 형태로 대상의 본질을 보여주는 이념이다. 미와 마찬가지로 예술은 형식의 세계 안에 가치의 세계를 포함해야 한다."[617] 짐머만, 피셔 그리고 로체를 주인공으로 한 내용의 미학과 형식의 미학 간의 전쟁은 1860년에서 1870년 사이 절정에 달했다.

형식 미학과 내용 미학을 중재하려는 노력

몇몇 사람들은 내용과 형식 간의 화해를 지향했다. 그러나 그들이 제안한 화해는 잘못된 것이었는데, 이 점을 젊은 요한 슈미트의 글에서 살짝 엿볼 수 있다. 슈미트는 자신의 박사학위 논문(1875)에서 다음과 같은 관찰을 하고 있다. 짐머만과 로체가 존경스럽기는 하지만, 그가 보기에는 둘 다 "아름다움"이라는 말의 다양한 의미들을 혼동하는 잘못을 범하고 있었고, 자연 대상들, 다시 말해 정신 외부에 있는 것들이

미학

아름다운지 추한지 같은 터무니없는 것을 논의했다. 여기에다 로체는 헤겔을 추종하여 직관적 개념 혹은 개념적 직관이라는 터무니없는 논의를 하나 더 추가했다. 마지막으로 슈미트는 짐머만과 로체 둘 중 누구도 미적인 문제는 추상적 내용 혹은 형식(이들은 수학적 관계들의 체계라고 이해된다)의 미추에 따라 결정되는 것이 아니라, 표상의 미추에 따라 결정된다는 것을 알지 못했다고 보았다. 그는 형식은 의심의 여지없이 분명히 존재하지만, 이는 "내용으로 가득 찬 구체적인 형식"이라고 지적했다.[618] 슈미트의 이와 같은 발언들은 심한 저항에 마주쳤다. (그에 대한 반응으로 다음과 같은 이야기가 있었다.) 아름다움을 예술적 완벽함과 같은 것으로 보기는 쉬운 일이다. 하지만 문제의 핵심은 완벽함 이외에 최고의 우주적 또는 형이상학적 원칙에 의존하는 다른 아름다움이 존재하는지를 찾아내는 데 달려 있다. 그렇지 않으면 이는 초보적인 선결 문제 요구의 오류를 범하는 것이다.[619] 따라서 다른 절충의 방식을 찾는 것이 더 낫다고 생각되었다. 이 방식이란 약간의 형식주의와 약간의 내용주의를 섞어 입맛에 맞는 요리를 만들되, 이때 내용주의가 지배적인 향미를 내도록 하는 것이었다.

헤르바르트주의자들 중 일부가 중재나 화해의 대열에 가담했다. 짐머만의 엄밀한 형식주의가 나오자마자 날로프스키는 자기의 스승인 헤르바르트는 미학에서 내용을 제외하려는 생각을 한 적은 없었다고 항변했다.[620] 그러나 학파에서 가장 우수했던 폴크만과 라차루스는 중도를 택했다.[621] 그 반대 진영에 속했던 카리에르,[622] 그리고 피셔 자신도 (자신이 과거에 쓴 『미학』을 비판하면서) 형식에 대한 고려를 좀 더 폭넓게 인정하기 시작했다. 그리하여 피셔에게 있어서 아름다움이란 "조화롭게 드러나는 삶"이 되었다. 이것이 공간 속에 나타날 때 형식이라 불리며 항상 형식을 가져야 한다. 즉 시간과 공간, 척도, 규칙성, 대칭, 비례, 적절함(이런 특징들이 양적인 계기를 구성한다)에 따른 제한을 가져야 하고 다양성과 대조를 포함하는, 그리고 그렇기에 가장 중요한 특징인 조화(질적인 계기)에 따른 제한을 가져야 한다.[623]

형식주의가 우세한 가운데 카를 쾨스틀린에 의해 유화적인 미학이 시
도되었다. 그는 튀빙겐 대학의 교수였고 일찍이 피셔의 책에서 음악과
관련된 부분을 공동 작업했던 인물이다. 쾨스틀린은 슐라이어마허, 헤
겔, 피셔 그리고 헤르바르트로부터 영향을 받았으나,[624] 솔직히 말하자
면 그들 중 누구의 가르침도 완전히 이해한 것 같지는 않다. 쾨스틀린
에 의하면 미적 대상은 세 가지 요건을 갖는다. 풍부하고 다양한 형태,
관심을 끄는 내용, 아름다운 형식이 그것이다. 우리는 그의 첫 번째 조
건에서 슐라이어마허의 "영감"이 다른 방식으로 반영되어 있음을 별
어려움 없이 알아챌 수 있다. 그의 정의에 따르면, 관심을 끄는 내용이
란 사람과 관련된 것, 사람이 알고 있거나 모르고 있는 것, 사람이 사
랑하거나 증오하는 것(그러므로 이것은 항상 개인에 따라, 각 개인이
존재하는 조건들에 따라 상대적이다)이다. 그는 이러한 관심을 끄는
내용이 형식의 가치에 덧붙여진다고 주장했는데, 이는 그가 헤르바르
트와 마찬가지로 내용을 부차적인 가치로 보았음을 의미한다. 그는
또한 형식에 대한 헤르바르트의 주장에 동의했는데, 형식은 절대적이
며, 직관에 의해 쉽게 감지되고 만족이나 쾌, 즐거움을 줄 수 있는 힘이
있기에 쉽게 감지된다는, 다시 말해 형식은 아름답다는 일반적인 특징
을 가진다고 한다. 쾨스틀린이 생각하는 형식의 개별적인 특징이란 양
적인 측면에서는 범위, 단일성(Einheitlichkeit), 외적·내적 크기, 그리
고 균형이며, 질적인 측면에서는 명확성(Bestimmtheit), 통일성(Ein-
heit), 외연적·내포적 의미(Bedeutung), 그리고 조화다. 그러나 이런 범
주들을 경험적으로 증명하려 하자 쾨스틀린은 가망 없는 혼란에 빠
지고 말았다. 위대함은 쾌를 준다. 그러나 소박함도 그렇다. 통일성은
쾌적하지만, 다양성 역시 쾌적하다. 규칙성은 쾌적하지만, 당황스럽게
도 불규칙한 것 역시 그렇다. 불확실함과 모순이 도처에 깔려 있었다.
그는 그러한 불확실성과 모순을 인지하고 있으면서도 이를 은폐하려
는 노력을 하지 않았다. 하지만 그는 이러한 인지를 통해 "아름다운 형

식"이라는 추상물은 형체 없는 유령 같은 것임을 알아차렸어야 한다. 왜냐하면 표현적 기능을 충족시키는 것만이 미적인 쾌를 주기 때문이다. 이는 그가 "아름다운 형식"의 양적 특징들과 질적 특징들을 모으려고 노력했음에도 피하지 못한 한계다. 그러나 쾨스틀린이 미적인 대상의 세 가지 요건을 설명하고 난 후 한 일은 피셔 식으로 직관적인 상상의 왕국을 건설하는 데 자신의 남은 정기를 다 허비해버리는 것이었다. 즉 유기체의 아름다움, 무기체적 자연의 아름다움, 시민적 삶의 아름다움, 도덕의 아름다움, 종교의 아름다움, 학문의 아름다움, 놀이의 아름다움, 대화의 아름다움, 축제와 연회의 아름다움 등을 거론하는 식이었다. 마지막으로 그는 역사의 아름다움도 언급했다. 부족장 시대, 영웅 시대, 역사 시대라는 역사의 세 시대를 검토하고 거기에 미적인 주석을 달았다.

샤슬러의 내용 미학

짐머만만큼이나 광대한 미학의 역사를 저술했던 샤슬러는 형식주의로 나아가는 움직임의 출발점을 절대적인 관념론 또는 그가 실재론적 관념론(Real-Idealismus)이라 부른 곳에서 찾았다. 그는 미학을 "아름다움과 예술에 대한 학문"이라고 정의하는 데서 시작하여(하나의 학문이 두 가지 상이한 대상을 가진다는 잘못된 정의) 아름다움은 예술에만 존재하는 것이 아니고, 예술 역시 오직 아름다움에만 관여하는 것이 아니라고 주장함으로써 방법적 체계가 잡히지 않은 자신의 정의를 정당화하려 했다. 그가 직관(Anschauung)의 영역이라 정의하는 미학의 영역에서 지식은 실천적인 특징을, 의지는 이론적인 특징을 갖는 것으로 여겨진다. 이 영역은 이론적인 정신과 실천적인 정신 간의 불가분적인 통일과 절대적인 화해가 이뤄지는 영역으로, 어떤 의미에서는 가장 고도의 인간 활동이 개발되는 영역이다. 아름다움은 이념이되 구체적인 이념이다. 그렇기 때문에 성별을 추상화시킨 채로는 인간의 몸에 대한 이념은 있을 수 없다. 마찬가지로 포유류 일반에 대한 이념이란 있을 수 없으며 말, 개 같은 종의 이념만이, 나아가 말이나 개의 특정한 종류에 대한 이념만이 있을 뿐이다. 이렇게 더 추상적인 것에서 덜 추상적인 종류로 내려가면서 샤슬러는 구체적인 것에 다가가려는 시도를 했으나 이는 헛된 노력으로 결국은 그의 이해를 벗어나버리게 되는 것이 당연한 일이었다. 예술에서 우리는 자연미 같은 전형적인 것에서, 인간 감정의 전형을 이루는 특징적인 것으로 옮겨간다. 따라서 우리는 늙은 여인, 거지, 악당 등의 이념의 틀을 형성할 수 있다. 예술에서 특징적인 것은 자연의 아름다움보다는 추함에 더 밀접하게 관련되어 있다. 이 문제에 있어서 샤슬러는 추함의 영향으로 "아름다움의 변양들"이 생겨났다고 하는 '순수미' 경(卿)*의 터무니없는 기사 이야기의 한 버전에 경도되어 있었다는 점(하지만 나머지 부분은 또 그냥 지나치고 있는데, 샤슬러는 늘 이런 식이다)은 주목할 만하다.[625] "비록 우리의 마음을 불편하게 하는 생각이더라도 추함의 세상이 없다면 아름다움의 세상 역시 존재할 수 없다는 것을 잊어서는 안 된다. 왜냐하면 오직 추함만이 추상적이고 공허한 미를 대립 상태로 옮겨놓아 구체적 미를 산출하기 때문이다."[626] 그는 심지어 다른 버전의 중요한 지지자였던 피셔의 의견을 바꾸는 데도 성공했다. 피셔는 고백하길, "내가 이전에 오래된 헤겔적 방식으로 사고하는 데 익숙해져 있었을 때에는 다음과 같이 생각했다. 아름다움의 본질에는 불안정하고 요동치면서 갈등하는 요소가 내재해 있다. 이념이 지배자가 되면서 이념은 현상을 무한한 것 속으로 사라져버리게 만든다. 그래서 숭고가 발생한다. 보잘것없는 유한자가 된 현상은 축소된 자신의 권리를 되찾고자 이념과의 전쟁을 선포한다. 이때 희극적인 것이 발생한다. 이것으로 갈등은 끝난다. 즉, 아름다움은 이 두 가지 계기 사이의 충돌로부터 다시 자기 자신으로 돌아간 것이다. 아름다움이 창조된 것이다." 그러나 이제는 "나는 샤슬러가 옳았다는 사실을 인정해야 하며, 그의

---

*   역사 부분 제13장 마지막 절 참조

선구였던 바이세와 루게 역시 옳았음을 인정한다. 추함이 이 문제에 개입하고 있다. 이것이 움직임의 법칙이며, 미세한 구분의 촉진제다. 이러한 효모가 없다면 우리는 이 특별한 미의 형식들에 도달할 수 없다. 그 하나하나의 형식들마다 추를 전제로 하고 있기 때문이다."[627]

하르트만

샤슬러의 견해와 같은 편에 섰던 것으로는 에두아르트 폰 하르트만의 미학이 있었는데, 이는 역사적인 논문 『칸트 이후의 독일 미학』[628]에 의해 인도된 것이었다. 세심하고 비판적이며 논쟁적인 연구를 담은 이 논문에서 그는 아름다움이 "이념의 현현"이라는 [헤겔의] 정의를 옹호했다. 하르트만은 가상을 미의 필연적인 특징이라고 주장했기 때문에 자신의 미학을 "구체적 관념론 미학"이라고 부르면서 스스로를 헤겔, 트란도르프, 슐라이어마허, 도이팅거, 외르스테드, 피셔, 마이징, 카리에르, 샤슬러와 동일한 노선으로 분류하는 것이 정당화된다고 보았다. 이는 곧 셸링, 졸거, 쇼펜하우어, 크라우제, 바이세, 로체 등의 추상적 관념론에는 반대하는 입장에 서는 것인데, 이들은 모두 미를 초감성적 이념으로 보았고 감각적 요소를 간과하여 이를 단순히 부수적인 것 정도로 축소시키고 있는 사람들이다.[629] 하르트만은 감각적인 가상 외에 이념 또한 필수적이고 결정적인 요소라고 주장함으로써 자신은 헤르바르트주의자들의 형식주의를 반대한다고 주장했다. 아름다움은 진리다. 역사적인 진리도 과학적인 진리도 반성적인(reflective) 진리도 아닌 형이상학적 혹은 이념적 진리, 곧 철학의 진리다. "아름다움이 온갖 과학과 현실적 진리로부터 멀어지면 멀어질수록 철학과 형이상학적 진리에 다가가게 된다." "아름다움은 그 특유의 기능으로 인해 형이상학을 혐오하고 현실적인 진리 이외에는 어떤 것도 가치 없는 것으로 여기는 불신의 시대에도 이념적 진리의 선지자로 남아 있다." 주관적인 가상에서 곧바로 이념적 본질로 도약하는 미적인 진리는 철학적 진리가 갖는 통제력과 체계성을 결여하고 있다. 그러나 이에 대한 보상으로 미적인 진리는 확신이라는 매혹적인 힘(the fascinating power of conviction)을 가지는데 이는 감성적 직관이 가지는 유일한 속성으로, 점진적인 혹은 반성적인 조정에 의해서는 얻을 수 없는 것이다. 철학이 높이 솟아오를수록 감각과 과학의 세계를 점진적으로 통과해 지나가는 일은 덜 필요하게 되고, 철학과 예술의 구분은 별로 중요하지 않은 것이 된다. 예술이 이념적 세계로 여행을 떠나고자 할 때 예술이 자신의 입장에서 듣게 될 조언은 '베데커 여행안내서'에 있는 것과 같다. "짐은 가능한 한 가볍게 싸세요", "불필요한 것들, 그저 그런 하찮은 것들로 만들어진 짐들을 과적하여 비행을 어렵게 만들지는 마십시오."[630] 논리적인 특징, 소우주적인 이념, 무의식적인 것(the unconscious)은 아름다움 속에 내재해 있다. 무의식적인 것을 수단으로 삼아 지적인 직관이 [아름다움 속에서] 작동하게 되고[631] 무의식적인 것에 뿌리를 두고 있기에 [아름다움은] 하나의 신비가 된다.[632]

하르트만과 변양 이론

추가 지닌 매력 및 반작용력을 사용하는 데 있어서 하르트만은 샤슬러를 능가했다. 아름다움의 단계에서 가장 낮은 것들, 실로 미적인 사실의 하부 경계를 형성하고 있는 것은 감각적인 쾌로서, 이는 무의식적인 형식미이기도 하다. 제대로 된 아름다움의 첫 단계는 일차적 형식미로 수학적인 쾌적함(통일성, 다양성, 대칭, 비례, 황금분할 등)을 말한다. 두 번째 단계는 이차적 형식미로, 동적인 쾌적함이다. 세 번째 단계는 삼차적 형식미로 도구나 기계 부품(기계)의 경우처럼 수동적인 합목적성을 말한다. 하르트만이 언어를 병이나 접시, 컵 같은 수준의 도구와 기계들 가운데 위치시켰다는 점은 주목할 만하다. 그는 언어란 죽은 것이며, 발화하는 매우 짧은 순간에만 살아있는 것의 모습[633]을 띤다고 말했다. 슈타인탈이 여전히 살아있는 훔볼트의 땅에서, 언어가 "죽은 것"으로 간주되며 무의식적인 것을 다루는 철학자를 위한 "도구"가 되어버리다니! 이어서 네 번째 단계의 형식미로 능동적인 합목적성 또는 살아있는 것이 오고, 다섯 번째 단계의 형식미로 종(種)에 부합함이 오며, 마지막으로 이 모든 것 위에서 개별적인 이념이 종적인(specific) 것보다 우월하기 때문에 아름다움은 구체적인 아름다움이 된다. 말하자면 그것은 더 이상 형식적인 것이 아니라 내용의 아름다움인 소우주적 개별자의 아름다움이 된다. 예상되는 바와 같이 낮은 단계로부터 높은 단계로의 여정은 추함의 도움으로 가능해진다. 하르트만처럼 아름다움에 이르기 위한 추함의 도움을 자세히 설명하기 위해 노력한 이는 어느 누구도 없었다. 균등함에 깃든 아름다움을 파괴하는 추함은 대칭을 발생시킨다. 원의 추함으로부터 타원이 발생한다. 바위 위로 쏟아지는 폭포의 아름다움은 수학적인 추함에 의해 발생한 것이다. 말하자면 폭포의 떨어짐은 포물선[의 아름다움]을 파괴한다. 육체적인 관점에서 본 추함을 도입함으로써 정신적인 표현의 아름다움이 성취된다. 더 높은 단계의 아름다움은 더 낮은 단계의 추함을 기반으로 한다. 가장 높은 단계, 그 이상에는 다른 것이 있을 수 없는 개별자의 아름다움에 도달하더라도 추라는 요소는 유익한 염증으로서의 기능을 계속한다. 이렇게 만들어지는 이후의 단계들이 우리에게 잘 알려진 미의 변양들이다. 이 부분에서도 하르트만은 어느 누구보다도 방대하고 구체적이다. 그는 단순한 혹은 순수한 아름다움의 경우와 마찬가지로 특정 종류의 미의 변양들, 예를 들어 숭고나 우아에는 갈등이 없다는 것을 분명히 인정했다. 그러나 좀 더 중요한 변양들은 갈등을 통해서만 나타날 수 있다. 여기에는 네 가지 경우가 있는데, 이는 갈등의 해결 방식이 내재적, 논리적, 초월적, 그리고 이들의 혼합이기 때문이다. 목가적인 것, 멜랑콜리한 것, 슬픈 것, 활기찬 것, 감동적인 것, 애상적인 것에서의 해결 방식은 내재적이다. 논리적인 해결은 모든 종류의 희극적인 것에 해당되며, 초월적인 해결은 비극적인 것에서 보인다. 마지막으로 혼합은 희비극의 유머와 이의 변양들에서 보인다. 이들 해결 방식 중 어느 것도 가능하지 않을 때 추가 나타난다. 내용의 추함이 형식의 추함에 의해 표현될 때, 가장 추한, 진짜 미적 악마가 존재하게 된다.

프랑스의 형이상학적 미학, 르베크

하르트만은 독일 미학의 옛 학파에 속하는 대표자들 중 고려해볼 만한 마지막 인물이다. 그는 막대한 양의 저술로 공포를 불러일으켰다. 이 학파에 속한 다른 이들처럼 그 역시 예술은 수천 장짜리 책 여러 권을 쓰는 것 말고는 다른 방법으로 설명할 수 없다는 것을 신조로 받아들였다. 이러한 종류의 미학은 거인들을 두려워하지 않는 사람들, 그래서 이러한 종류의 미학을 공격할 수 있는 사람들의 눈에는 저속한 편견으로 가득 찬 뚱뚱하고 사람 좋은 마곡*과 같다. 겉으로는 힘센 것처럼 보일지라도 한 방에 때려눕힐 수 있는 상대다.

다른 나라에서 형이상학적 미학은 인기가 없었다. 프랑스 학술원은 1857년 경쟁을 통해 선정된 르베크의 『미의 학』[634]을 자신들의 승인과 함께 세상에 소개했다. 지금 이 책에 대해 생각하거나 언급하는 사람은 없다. 그저 책의 저자만을(그는 스스로 플라톤의 제자라며 잘난 척했다고 한다), 백합을 관찰하여 그가 도출했다는 아름다움의 여덟 가지 특성과 함께 추억할 뿐이다. 그 여덟 가지 특성이란 다음과 같다. 충분한 형식적 크기, 통일성, 다양성, 조화, 비례, 통상적인 색상의 선명함, 우아함, 적절성. 이는 궁극적으로 크기와 질서, 이 두 가지로 환원될 수 있다. 이론의 타당성을 뒷받침할 증거로, 르베크는 이를 세 가지 아름다운 대상에 적용했다. 어머니와 같이 노는 아이, 베토벤의 교향곡, 그리고 철학자(소크라테스)의 삶이다. 철학자의 삶에 있어서 통상적인 색상의 선명함이란 무엇일지는 정말이지 상상하기 어렵다. (이 점을 감히 거론한 것은 동료 유심론자 중 한 명이었다. 물론 그는 이 학

---

* Magog은 창세기에 등장하는 인물로 노아의 손자이며 야벳의 둘째아들이다.

설에 대한 극도의 존중을 표하며 그렇게 했다.)[635] 베나르의 번역이나 그가 쓴 설명적 논문들도 프랑스에서 독일 미학의 체계를 대중화시키는 데 별다른 성공을 거두지 못했다.[636] 불어를 쓰는 스위스 로망디의 여러 저술가들(퇴페르, 픽테, 셰르빌리에)이 쓴 책들도 마찬가지였다.

영국의 상황: 러스킨

독일 미학에 대한 관심은 영국에서는 더욱 미미한 편이었다. 비록 일부에서는 형이상학적 미학자로 고려될 수 있는 존 러스킨이 드물게 영국 국적을 가진 경우라는 주장을 하기는 했지만 말이다. 그러나 그를 학문사에 포함시켜 다루기는 어려운데, 그의 기질은 학문적인 것과는 정반대였기 때문이다. 그는 감수성이 풍부하고, 쉽게 들뜨며, 입담이 좋고, 감정적으로 풍부한 예술가의 기질을 갖고 있었다. 그는 자신의 섬세하고 열정적인 페이지들 속에 담긴 꿈과 환상에 사로잡힌 생각들을 교조적인 어조와 이론적 형식의 외관으로 베일을 씌워 감췄다. 그런 페이지들을 기억하는 독자라면 러스킨의 미학적 사고를 세부적인 데까지 따지면서 따분하게 조망하는 것은 불경이라고 할 것이다. 하지만 그렇게 하기만 한다면 그의 미학적 사고가 지닌 빈곤함과 부정합성은 드러날 수밖에 없다. 그는 궁극적 원인을 인정하는 자연에 대한 신비주의적 직관에 따라 아름다움을 신의 의도가 현현된 것, "신이 아무리 하찮더라도 자신의 작품들에게 찍어준" 도장이라고 보았다는 것 정도를 말하는 것으로 충분하리라. 그에게 있어 아름다움을 지각하는 능력은 지성도 감성도 아닌, 그가 이론적 능력이라 명한 특별한 느낌이다. 자연의 아름다움, 즉 인간의 손을 타지도 않고 때 묻지도 않은 어떤 대상을 관조할 때 순수한 이에게 자신을 스스로 드러내는 자연의 아름다움은 이런 이유로 어떠한 예술작품보다 비교할 수 없을 정도로 우월하다. 러스킨은 새의 둥지나 흐르는 개울 같은 소박한 자연적 대상을 관조하면서 한 예술가가 황홀경에 빠질 때 그의 마음속

에 전개되는 심리적이고 미적인 복잡한 과정을 이해하려 했으나 그 분석에 있어 너무 성급했다.[637]

이탈리아의 미학: 안토니오 타리의 강연들

이탈리아에서는 토르나시 신부가 절반은 헤겔적이고 절반은 가톨릭적인 미학을 저술했는데, 여기서 아름다움은 삼위일체의 두 번째 위격, 즉 인간을 만든 신의 말씀과 동일시된다.[638] 이를 통해 이 신부는 데 상크티스의 자유로운 미학적 사상에 반대하는 맞은편 제방을 높이 쌓고자 했다. 그는 자신의 철학이 지닌 숭고한 높이와 비교할 때 데 상크티스는 "섬세한 문법학자"에 불과하다고 보았다. 조베르티의 학설과 독일 사상, 특히 헤겔 철학의 영향이 결합된 결과는 부차적인 중요성을 지니는 몇몇 연구를 이끌어냈다. 데 메이스는 이 세계의 역사 속에서의 '예술의 종말' 논제를 길게 전개시켰다.[639] 얼마 후에 갈로 또한 헤겔 철학의 관점에 입각해 미학을 다뤘으며,[640] 또 다른 이들은 추의 극복이라는 주제를 다루면서 샤슬러와 하르트만의 학설과 거의 다름없는 말들을 되풀이했다.[641]

이탈리아에서 독일 미학에 의거한 형이상학적 미학의 진정한 단 하나의 스승이라 할 만한 사람은 이 주제에 대해 1861년부터 1884년까지 나폴리 대학에서 강의한 안토니오 타리다. 그는 독일에서 출판된 것이라면 무엇이든, 미신적일 정도로 사소한 것에 이르기까지 모든 것에 대한 세심한 지식을 갖고 있었다. 그는 『관념론 미학』이라는 제목의 책을 한 권 썼고, 이와 더불어 양식, 취미, 일과 놀이(Spiel), 음악과 건축 등에 관한 에세이들을 쓰기도 했다. 이런 글들을 통해 그는 헤겔의 관념론과 헤르바르트의 형식주의 사이에서 중도를 유지하기 위해 노력했다.[642] 많은 학생들이 모여들어 시끄럽고 북적이는 그의 미학 강의는 나폴리 대학의 일상적인 광경 중 하나였다. 타리는 그의 논의를 아름다움의 형이상학에 해당하는 에스테시노미아(Estesinomia), 자연의 아름다움에 대한 학설인 에스테시그라피아(Estesigrafia), 예술의 아름다움을 다루는 에스테시프라시아(Estesiprassia)의 세 갈래로 나누었다. 독일 관념론자들과 마찬가지로, 그도 미적인 영역을 이론적 영역과 실천적 영역의 중간 지대로 규정했다. 그는 "정신의 세계에서 적절한 지역이란 생각하는 에스키모가 사는 빙하지역과 행동하는 거인들이 사는 열대지역 이 둘 모두에서 같은 거리만큼 떨어져 있다"고 단호하게 말한다. 그는 아름다움을 왕좌에서 끌어내렸고 대신 그 자리에 미적인 것(the Aesthetic)을 앉혔다. 아름다움은 미적인 것의 최초의 한 계기일 뿐이다. 즉 아름다움은 "미적인 삶의 시작, 영원한 사멸성, 꽃이자 열매"다. 아름다움으로부터 연속되어 이어지는 계기들은 숭고, 희극적인 것, 유머러스한 것, 극적인 것에 의해 대표된다.

에스테시그라피아

하지만 타리의 강의 중 가장 매력적인 부분은 에스테시그라피아에 대한 것이었다. 이 분야는 다시 천지학, 지문학, 심지학으로 더 세분화되는데,[*] 강의 중에 그는 자주 대단한 존경심을 갖고 피셔를 인용했다. 그는 피셔를 모방하여 자신의 "미적 물리학"을 구성하기도 했는데, 그가 "위대한 피셔"라고 불렀던 피셔의 인용은 폭넓은 박식함과 진기한 비유들로 타리의 강의를 명료하고 생동감 있게 만들었다. 그가 무기물로서의 자연, 예를 들자면 물의 아름다움에 대해 말하고 있는 것을 들어보았나? 그는 자신의 특유한 공상적인 어조로 말한다. "햇살 아래에서 물이 파문을 일으킬 때, 그 움직임에는 미소가 있다. 부서지는 파도에는 찌푸림이, 분수처럼 뿜어져 나오는 물에는 변덕이, 거품이 이

---

[*] 천지학(天地學, Cosmografia)은 우주 구조학을, 지문학(地文學, Fisiografia)은 기술적 자연과학을, 심지학(心誌學, Psicografia)은 개인의 심리학적 발달을 기록하는 학문을 각각 의미한다.

는 물에는 장엄한 분노가 있다." 지질학적 구성은 어떤가? "계곡, 인류의 요람일 수도 있는 그곳은 목가적이다. 평야, 단조롭지만 비옥한 그곳은 설교적이다." 금속에 대해서는? "황금은 태생이 위대하다. [반면] 인류의 노동을 신성화한 강철은 위대함을 성취한다. 황금은 자신의 위대한 태생에 누가 되지 않는 한 자신의 태생을 자랑하지만, 강철은 자신의 태생이 잊히게끔 만든다." 그는 식생을 하나의 꿈처럼 보았으며 식물은 "어머니 자연의 젖을 문 갓난아기"라는 헤르더의 명구를 반복했다. 그는 식물을 잎사귀로 이뤄진 것, 가지가 있는 것, 꽃이 피는 것이라는 세 종류로 구분했다. 그는 "잎사귀로 이뤄진 종류는 열대 지방에 굉장히 많은데, 이곳에서 외떡잎식물의 여왕인 야자수는 그들 사막 지역에 사는 사람들이 겪고 있는 재앙인 폭정을 표상한다. 고독하게 홀로 서 있는 야자수는 모두 왕관 같고, 흑인은 나무 밑동에 기어돌아다니는 파충류 같은 것으로 볼 수도 있겠다." 꽃 중에서 카네이션은 "여러 가지 색으로 물들고 꽃잎이 깊이 갈라진 탓에 배신의 상징이다." 어린 소녀를 장미에 빗댄 아리오스토의 유명한 비유는 장미가 아직 꽃봉오리일 때만 허용된다. 그 이유는 다음과 같다. "꽃잎들이 벌어지게 되면 장미는 가시의 보호를 무시하고 화려한 색을 뽐내며 자신을 드러내고, 누구건 자신을 꺾어가라고 대담하게 요구하게 된다. 그렇게 되면 장미를 부르는 가장 가혹한 이름은 여자다. 기쁨을 느끼지 않고서도 기쁨을 주는 여자, 자신의 향기와 진홍빛 꽃잎들의 얌전함으로 사랑을 자극하는 여자." 그는 특정한 과일들과 꽃들 사이의 유사점들을 찾아내어 언급했다. 예를 들어 딸기와 제비꽃 간의, 또 오렌지와 장미 간의 유사점 같은 것 말이다. 그는 "포도나무 덩굴의 풍부한 나선과 섬세한 구조들"을 찬미했다. 귤은 그에게 귀족의 피를 이어받아 태어난 것 빼고는 아무것도 이룬 바 없는 귀족을 상기하게 했다. 반대로 무화과는 시골의 "거칠고 무례하지만 돈은 잘 버는" 촌뜨기를 상기시켰다. 동물계에서 거미는 원초적인 고독을, 꿀벌은 수도원의 삶을, 개미는 공화주의를 상징한다. 미슐레와 함께 그는 거미를 그릇된 추론의 살아있는 예라고 했다. 거미줄 없이는 먹이를 구할 수 없고, 먹

454   미학

지 않고서는 거미줄을 자아낼 수 없다는 것이다. 그는 어류를 미적이지 않은 것으로 비난하며 다음과 같이 말했다. "어류는 휘둥그레 뜬 눈과 끊임없이 뻐끔대는 입 같은 둔한 외양 때문에 탐욕스럽고 게걸스러워 보인다." 이와 달리 그는 양서류에 대해서는 연민을 표했다. 개구리와 악어는 "이 종류의 알파와 오메가라고 할 수 있겠는데, 희극적인 것, 혹은 심지어 천박한 것에서 출발하여 무시무시함의 숭고미에 이른다." 조류는 본성적으로 특히 미적인데, "생명체에 부여할 수 있는 가장 다정한 세 가지 특성을 지니고 있다. 이는 사랑과 노래, 그리고 하늘을 난다는 것이다." 나아가 새들은 대조와 대립을 보여준다. "창공의 여왕인 독수리의 반대편에 습지대의 온화한 왕인 백조가 자리한다. 자만심이 강하고 방탕한 수탉과 겸손한 애처가 멧비둘기가 대조를 이룬다. 격조 높은 공작새는 저속하고 투박한 칠면조와 균형을 맞춘다." 포유류에 있어서, 자연은 극적 가치(dramatic value)로 순수한 아름다움의 결함을 보상한다. 소리 내어 노래할 수 없는 대신, 포유류는 기초적인 언어를 가졌다. 다양하고 다채로운 색조의 깃털을 가지고 있지 않은 대신에, 그들은 생명으로 가득 찬, 진하고 뚜렷하게 눈에 띄는 색을 띠고 있다. 날 수 없는 대신, 그들에게는 다른 강력한 진보의 수단이 많이 있다. 그들이 더 높이 진보할수록 외양과 삶에서 개성이 뚜렷해진다. "동물을 이야기한다면 당나귀, 즉 말 안 듣는 당나귀의 경우에는 희극이 되고, 큰 야생 짐승들의 경우에는 목가가 되며, 무리를 지키기 위해 스스로 사자에게 죽임을 당한 갈라진 발굽의 코드로스 같은 물소의 경우에는 두말할 것 없이 비극이 된다." 새들이 그랬던 것처럼 짐승들 사이에도 매력적인 대조를 찾아볼 수 있다. 양과 어린아이는 예수와 악마를, 개와 고양이는 자기희생과 이기주의를, 토끼와 여우는 어리숙한 바보와 교활한 악당을 전형화하는 것 같다. 진기하고 절묘한 타리의 관찰은 인간의 아름다움과 남녀 간의 상대적인 아름다움에 대해서도 이뤄졌는데, 그는 여성들은 아름다움을 갖는 게 아니라 매력을 갖는다고 보았다. "신체의 아름다움은 곧 몸의 균형인데, 여성의 신체는 매우 불균형적이어서 달릴 때 쉽게 넘어진다. 여성의 신체는 출산을 위해 만들어졌기에 넓은 골반을 지지하기 위해 안짱다리를 하고 있다. 가슴의 굴곡을 보완하기 위해 어깨가 곡선으로 되어 있다." 그는 신체의 다양한 부분들을 묘사했다. "곱슬머리는 육체적인 힘을, 직모는 도덕적인 힘을 나타낸다." "나폴레옹 같은 푸른 눈동자는 때로는 대양과도 같은 깊이를, 녹색 눈동자는 매혹적인 우울함을 가지고 있다. 회색 눈동자는 개성이 부족하고 검은 눈동자는 가장 강렬한 개성을 갖는다." "사랑스러운 입은 하인리히 하이네에 의해 가장 잘 묘사된 바 있다. 두 입술이 딱 맞게 만난다. 연인들에게 있어 입은 진주조개의 껍질 같아 보인다. 그 속에 들어 있는 진주가 바로 키스다."[643]

우리는 지금까지 타리, 이 친절하고 작은 노인, "이토록 제멋대로이고 혼란스러운 미학의 유쾌한 마지막 대사제"[644]의 진기한 방언 버전의 미학을 기록해왔다. 독일식의 형이상학적 미학을 미소로 떠나보내는 데 이보다 더 좋은 방법이 있을까?

XVII. 미적 실증주의와 자연주의

실증주의와 진화론

관념론적 형이상학이 물러난 자리를 19세기 후반의 실증주의적·진화론적 형이상학이 대신했다. 이는 철학을 자연과학으로 대체하는 혼란스러운 움직임이었고 유물론과 관념론, 기계론과 신학 이론이 뒤범벅된 것이었으며, 이것들 모두 회의주의와 불가지론의 관 속에 놓여 있었다. 이러한 의견들의 추세에서 발견되는 특징은 역사, 특히 철학의 역사에 대한 무시다. 이는 쉼 없이 오랜 세월 동안 이어져온 사상가들의 노력과의 접점을 끊는 것이다. 그러한 노력이 결여된 작업들로는 풍성한 결과와 진정한 진보를 기대하기 어렵다.

스펜서의 미학

스펜서(그는 당대 최고의 실증주의자였다)는 미학을 논했지만, 자신이 다루고 있는 문제들이 모두, 아니면 최소한 대부분이 이미 해답이 제안되었고 논의되었던 것들임을 알지 못했다. 「양식의 철학」이라는 에세이의 서두에서, 그는 순진하게 다음과 같이 말한다. "문예창작 기술에 대한 일반 이론을 개괄한 사람은 지금까지 아무도 없었던 것 같다." (이것이 1852년에 나온 언급이라니!) 『심리학의 원리들』(1855)에서는 미적 감정들을 다루면서 "내가 이름을 기억하지 못하는 어떤 독일 작가"(그 작가가 실러였다)가 예술과 유희의 관련성에 대한 몇 가지 관찰을 했던 것을 기억한다고 말하기도 한다. 만일 스펜서의 미학 저술들이 17세기에 나왔다면, 우리는 그것들을 미적인 것을 사유한 초기의 투박한 시도들 중 낮은 수준의 것 정도로는 취급할 수 있었을지 모른다. 하지만 19세기에 나온 이들을 어떻게 평가해야 할지는 정말 모르겠다. 「유용한 것과 아름다운 것」에 관한 에세이(1852~1854)에서 그는 유용한 것이 유용하기를 중단할 때 어떻게 아름다운 것이 되는지를 설명하는데, 이를 위해 폐허가 된 성이 현대의 삶에는 아무런 쓸모가 없지만 소풍을 가기에는 적합한 장소가 되고 응접실 벽에 걸기 위한 그림의 좋은 주제가 된다는 예를 든다. 이를 통해 그는 유용한 것으로부터 그것과 대조되는 아름다운 것으로 옮겨가는 진화의 원리가 있음을 확인하는 데까지 나아간다. 「인간 얼굴의 아름다움」이라는 또 다른 에세이(1852)에서, 그는 얼굴의 아름다움이 도덕적 선함의 표지이자 결과라고 설명한다. 또한 「우아」라는 에세이(1852)에서는 우아함의 감정이란 민첩함과 결합된 힘에 공감하는 것이라 한다. 「건축 양식들의 기원」(1852~1854)에서는 건축의 아름다움은 통일성과 대칭인데, 이는 고등 동물의 신체적 균형을 바라볼 때, 혹은 고딕 건축 같은 경우에는 식물계와의 유비를 통해 사람들에게 떠오르는 관념이라고 주장한다. 「양식의 철학」에서는 양식적 아름다움은 노력을 얼마나 효율적으로 하느냐에 기인하는 것이라고 한다. 「음악의 기원과 기능」(1857)이라는 글에 나타난 그의 음악 이론은 음악이 정념의 자연 언어라는 것으로, 사람들 사이의 공감을 증대시키기에 적합하도록 변해왔다는 것이다.[645] 『심리학의 원리들』에서는 미적인 감정들이란 유기체 안의 넘쳐 흐르는 에너지가 범람함에 따라 발생한다고 주장하고, 다양한 정도에 따라 그들을 구분한다. 우선 단순한 감각이 있고 여기에 점차 표상적 요소들이 동반되는데, 그러다 보면 훨씬 더 복잡한 표상적 요소들을 가진 지각에 이르게 된다. 그리고 나서 마지막으로는 감각과 지각을 초월하는 의식의 상태인 감정에 이른다는 것이다. 미적 감정의 가장 완벽한 형태는 이 세 차원의 쾌가 만날 때 얻어지는데, 이 합치는 각각에 해당하는 능력들이 최대로 활동하면서 동시에 과도한 활동이 초래하는 고통스러운 결과로 인해 쾌가 감소될 가능성이 가장 적을 때 있게 된다. 그러나 우리가 이러한 종류의, 그리고 이러한 강도의 미적 흥분을 경험하기란 매우 드문 일이다. 왜냐하면 거의 대부분의 예술작품들은 예술적 효과들과 반예술적 효과들의 혼합을 포함하고 있고, 그로 인해 불완전하기 때문이다. 때로는 그 기법이 불만족스럽고, 때로는 그 감정이 저차원적인 것이다. 이 기준을 보편적으로 칭송받는 예술작품들에 적용하면, 이것들은 대중적인 취향이 그들에게 부여한 것보다 더 낮은 지위에 서야 마땅하다는 것이 발견된다. "그리스 서사시, 그리고 그에 해당하는 전설들을 조각으로 재현해놓은 것들, 이기적이거나 혹은 자기중심적으로 이타적인(ego-altruistic) 감정들을 자극하는 경향이 있는 이것들로부터 시작하여 마찬가지로 저열한 감정들을 잉태하고 있던 중세의 문학을 지나 잘 알려진 거장들의 작품들(외양에 대한 연구를 통해 지나치게 세련된 우리의 감각이 보기에는 쾌적하지 않은 효과를 초래하는데, 이 점은 거기에 담긴 세련된 생각과 감정으로도 만회되지 않는다)에 이르기까지, 그리고 마침내 과대평가된 현대 예술작품들(많은 경우 이들은 기술적 수행 면에서는 탁월하지만 그들이 불러일으키고 표현하는 감정들은 감각적이고 피가 튀는 제롬*의 전쟁화 같은 경우에서 보듯이, 한심할 지경이다)에 이를 때까지, 언급된 이 모든 것들은 바람직하다고 간주되는 특질들, 즉 미적 감정의 최고 형식들에 상응하는 예술적 형식들과는 참으로 거리가 멀다."⁶⁴⁶ 이 마지막 비평적 비난은 앞서 주목했던 이론들의 경우와 마찬가지로 한 단어를 다른 단어로 대체한 것에 불과하다. 즉 '우아함' 대신 '용이함(facility)', '아름다움' 대신 '효율성' 등등. 사실 우리가 스펜서의 정

---

* 장레옹 제롬은 19세기 프랑스 화가로 「Pollice Verso(저자를 죽여라)」(1872) 같은 작품을 제작했다.

확한 철학적 입장을 정의하고자 한다면, 우리는 그가 감각주의와 도덕주의 사이에서 방황했으며, 예술로서의 예술을 의식한 순간은 한 번도 없었다는 것을 말할 수 있을 뿐이다.

미학을 연구한 생리학자들: 앨런과 헬름홀츠

같은 식의 이랬다저랬다 하는 모습이 설리와 베인 같은 다른 영국 저자들에게서 나타나긴 하지만, 그들은 예술작품과 좀 더 친숙했다.[647] 그랜트 앨런은 수많은 에세이들과 『생리학적 미학』(1877)이라는 저술을 통해 매우 많은 생리학 실험 기록들을 수집했는데, 그것들 모두는 생리학에서 우리가 반대로 알고 있었던 것들이 있었다면 아마도 최고의 가치를 가진 것이겠지만, 미학의 관점에서 본다면 대부분은 전혀 가치가 없는 것이 확실하다. 그는 필수적 혹은 생명 유지에 꼭 필요한 활동과 잉여 혹은 놀이 활동 간의 구분을 고수했고, 미적 쾌가 "정상적인 모든 생체 활동에 부수되는 주관적인 것으로, 필수 생명 유지 기능과는 직접적으로 연결되지 않고, 뇌척수 신경계의 말초 기관들에서 일어난다"[648]고 정의했다. 이후의 연구자들은 우리가 예술에서 느끼는 쾌의 원인으로 간주되는 생리학적 과정들로 다른 국면들을 제시했는데, 그 연구자들은 그러한 쾌가 "시각 기관 및 그것과 연계된 근육의 활동뿐만 아니라 호흡, 혈액 순환, 항상성 유지, 내부 근육 조절 같은 유기체의 더 중요한 기능의 관여로부터도" 발생한다고 주장한다. 그렇다면 예술의 기원은 틀림없이 "습관적으로 깊은 숨을 쉬던 한 선사시대 인간이 뼈나 진흙에 선을 새기면서, 그리고 그 선들을 규칙적인 간격으로 그리고자 노력하면서 [호흡이라는] 자신의 자연스러운 습관을 재조정하지 않았을 때"[649]임에 분명하다. 생리학적 미학의 연구는 독일에서는 헬름홀츠, 브뤼케, 슈툼프[650]에 의해 진행되었는데, 그들은 일반적으로 자신들의 연구를 더 좁은 분야인 광학과 음향학에 국한했으며, 예술적 테크닉의 물리적 과정을 기술하고 쾌적한 시·청각적 인상이 충족시켜야 하는 조건들을 기술했다. 그들은 미학을 물리학에 병합해야 한다고 주장하지 않았으며 오히려 양자 간의 차이를 지적했다. 변질된 헤르바르트주의자들은 자신들의 스승이 말했던 형이상학적 형식들과 관계들을 생리학적 용어들로 위장하는 데 급급했고, 진지하지 않은 태도로 자연주의자들의 쾌락주의에 손을 대기도 했다.

미학에 있어서 자연과학의 방법, 텐의 미학

자연과학에 대한 미신적인 추종은 (미신의 운명이 대개 그런 것처럼) 종종 일종의 위선을 동반한다. 화학, 물리학, 생리학 실험실들은 인간 정신의 가장 심오한 문제들에 관심을 가지는 순진한 연구자들의 질문이 울려 퍼지는 신탁의 암굴이 되었다. 그리고 실제로는 본질적으로 철학적인 원리들에 대한 탐구를 수행했던 많은 연구자들이 자신들은 자연과학의 방법을 따른다는 믿음을 가장하거나 그렇다고 스스로를 속였다.

이러한 환영이나 가장의 증거가 이폴리트 텐의 『예술철학』[651]이다. 텐은 다음과 같이 말한다. "만일 다양한 민족들이나 다양한 시대의 예술을 연구함으로써 우리가 각각의 예술의 본성을 정의하고 그들의 존재 조건들을 규명할 수 있다면, 우리는 각각의 예술들 및 예술 일반에 대한 완벽한 설명, 즉 미학이라고 일컬어지는 것에 도달했어야 할 것이다." 이런 미학은 독단적 학설의 미학이 아닌 역사적 미학, 즉 [민족이나 시대의] 특성들(characters)을 규정하고 법칙들을 지정하며, "식물학처럼 오렌지와 담쟁이, 소나무와 자작나무를 똑같이 중요하게 연구하는" 것이다. "실제로 [역사적 미학은] 식물들 대신에 인간의 작품들에 적용된 일종의 식물학적 과학이다." 또한 이는 "도덕적인 것을 나날이 더 자연과학과 결합시키고, 자연과학의 원리들, 안전장치들, 규칙들을 도덕적인 것으로 확장함으로써 양자가 모두 안전성을 획득하고, 똑같이 진보할 수 있게끔 한다는 오늘날의 일반적인 경향"[652]을 따르는 미학이다. [하지만 이러한] 자연주의적 서곡에 뒤따른 것은 과학적 방법을 통해 무오류성을 보증받지 못한 철학자들, 정말로 그런 철학자들 중에서도 가장 무모한 사람들이 내놓은 것들과 거의 구분되지 않는 정의들과 독단적 학설들이었다. 예를 들어, 텐에게 있어 예술은 모방, 대상들의 본질적 특성을 감각적이 되게끔 만드는 모방이다. 이때의 본질적 특성이란 "모든, 혹은 많은 다른 속성들이 이로부터 파생되며 불변의 모습으로 따라나오는 그런 속성"이다. 예를 들어 사자의 본질적 특성은 "커다란 육식 동물"이라는 것이다. 이것이 사자의 네 다리 형태를 결정한다. 네덜란드의 본질적 특성은 "충적토에 의해 형성된 나라"라는 것이다. 이러한 이유로 예술은 현실에 존재하는 대상들에만 국한되지 않고, 건축이나 음악에서 보듯이, 상응하는 자연적 대상들 없이도 본질적 특성들을 현시(represent)할 수 있다.[653]

텐의 형이상학과 도덕주의

그렇다면, 이러한 '육식성임'과 '충적토로 이뤄짐' 같은 본질적 특성들이라는 것들이 풍부한 사례들을 제외하고 나면, 지성주의적 혹은 형이상학적 미학이 항상 예술의 적절한 내용으로 여겨온 "유형" 및 "이념"과는 어떤 점에서 다른가? 텐은 스스로 다음과 같이 말함으로써 이 문제에 대한 모든 의심을 일소한다. "이러한 특성은 철학자들이 '사물들의 본질'이라고 부르는 것으로, 이러한 특성이 있는 덕분에 철학자들은 예술의 목표와 목적이 사물들의 본질을 드러내는 것이라고 확언한다." 이 부분에서 그는 또한 자신은 "전문 용어인 '본질'이라는 단어를 사용하는 것을 거부한다"[654]고 첨언하는데, 이는 아마 '본질'이라는 말 자체를 말하는 것이지 그 말이 가리키는 개념을 거부한다는 것은 아닐 것이다. 인간을 더 고차적인 삶으로, 관조로 이끄는 두 가지 길이 있다. (텐은 자신이 마치 셸링이라도 된 것처럼 이렇게 말한다.) 과학의 길과 예술의 길이다. "전자는 현실의 원인과 근본 법칙들을 탐구하고,

그것들을 정확한 공식과 추상적 용어들로 표현한다. 후자는 이러한 원인과 법칙들에 속인들은 접근할 수 없고 오직 선택받은 소수만이 이해할 수 있는 무미건조한 정의들로가 아니라, 감각 가능한 방식을 통해 대부분 일반인들의 이성뿐 아니라 심정과 감각에도 호소하는 방식으로 표명한다. 그것은 고상하면서도 대중적인 것이 되는 힘, 즉 가장 고결하고 고상한 바를 표명하는 동시에 그것을 모든 이들에게 표명하는 힘을 가진다."[655]

헤겔주의 미학자들과 마찬가지로 텐도 예술작품에 어떤 가치 척도를 적용한다. 그러므로 그는 모든 취미 판단(자신의 취미에 맞는 모든 판단[656])은 부조리하다는 비난으로부터 시작했고, 끝에 가서는 "개인적 취미는 아무런 가치도 없으며" 진보와 퇴보, 장식과 타락의 기준, 즉 승인과 거부, 칭찬과 비난의 기준이 되는 어떤 공통적인 척도가 추출되고 수립되어야 한다고 주장했다.[657] 그가 세운 가치 척도는 이중 혹은 삼중이다. 우선, 가치는 작품이 다루고 있는 특성이 지닌 중요성의 정도, 즉 이념이 얼마나 일반적인가, 그리고 바람직한 효과의 정도, 즉 현시를 통해 도덕적 가치가 얼마나 실현되었는가에 달려 있다. (이는 하나의 단일한 속성의 국면들을 이루는 두 단계로, 예를 들어 힘이라는 속성이 우선 그 자체로 고려되는 단계와 그다음에 다른 것들과 관련하여 고려되는 단계가 그것들이다.) 다음으로, 가치는 효과들이 한 곳으로 수렴되는 정도, 즉 표현의 충만함, 이념과 형식 사이의 조화에 달려 있다.[658] 때로 이러한 지성주의적·도덕주의적·수사학적 주장을 방해하는 것은 통상의 흔한 자연주의적 저항이다. "우리의 관습에 따르자면, 우리는 이러한 의문을 자연과학의 방식으로, 즉 분석에 의해 체계적으로 연구해야 한다. 우리는 단지 찬양의 노래를 듣고 싶은 것이 아니라 법칙이 수립되기를 희망한다."[659] 마치 [이런 저항만으로도] 채택되는 방법과 설명되는 주장을 실질적으로 변화시키기에 충분한 것처럼 말이다. 결국에 가서 텐은 변증법적 논의와 해법에 몰두했고, 다음과 같이 주장하기에 이르렀다. 초창기의 이탈리아 미술, 가령 조토의 회화는 신체 없는 영혼이며(정), 르네상스 시기 베로키오의 회화는 영혼 없는 신체인데(반), 16세기 라파엘로의 작품에는 표현과 해부학의 조화, 영혼과 신체의 조화가 있다(합).[660]

페히너, 귀납적 미학, 실험

동일한 저항들과 유사한 방법들이 구스타프 테오도르 페히너의 작업들에서 발견된다. 『미학 입문』(1876)에서 페히너는 "미의 객관적인 본질을 개념적으로 확정하고자 하는 시도를 포기"할 것을 주장하는데, 왜냐하면 그는 위로부터의 형이상학적 미학이 아닌, 아래로부터의 귀납적 미학을 구성하고자 했으며, 숭고함이 아닌 명석함을 얻고자 했기 때문이다. 형이상학적 미학이 귀납적 미학에 대해 가지는 관계는 자연철학이 물리학에 대해 가지는 관계와 동일하다.[661] 그는 귀납의 노선에 따라 진행하면서 일련의 미적 법칙들 혹은 원리들을 많이 발견했다. 예를 들면, 미적 역치, 보조 혹은 증가, 다양성 속의 통일성, 모순의 부재, 명료성, 연상, 대조, 귀결, 조정, 정확한 평균, 경제적 사용, 지속성, 변화, 척도 등 목록은 끝없이 이어진다. 그는 이 개념들의 난맥상을 그 각각에 대해 한 장(章)을 할애하여 상술하고 있다. 그는 자신이 고도로 과학적이고 전적으로 불확정적임을 보이는 것을 기쁘고 자랑스럽게 생각했다.

이어서 그는 자신이 독자들에게 추천할 수 있는 실험들을 기술한다. 그 실험들은 다음과 같은 식이다. 흰색 판지로 된 열 개의 직사각형 조각들을 준비하라. 그들은 대충 동일한 면적을 가졌지만(가령 10제곱인치라고 하자) 각각의 변들은 1 : 1에서 2 : 5, 그리고 황금분할인 21 : 34 등 다양한 비율로 되어 있다. 모든 조각들을 검은색 탁자 위에 섞어놓고, 다양한 유형과 성격을 가지고 있는, 하지만 모두 교육받은 계층에 속해 있는 사람들을 모아보자. 선택의 방법론을 적용하여 먼저 이 사람들에게 이것들이 무엇에 사용되는지에 대한 모든 질문들을 지워버리도록 요청한 후, 그들에게 가장 높은 쾌감을 주는 조각과 가장 강한 혐오감을 주는 조각을 선택하라고 요청하라. 남성 실험 대상자와 여성 실험 대상자를 나눠서 그 답변들을 매우 주의 깊게 기록하고 표로 작성하라. 그리고 어떤 결과가 나오는지 관찰해보라. 페히너는 분명한 용도를 고려하지 않고서는 어떻게 어떤 모양을 좋아하고 싫어하는지를 말할 수 있는지 몰라서 (매우 당연한 일이지만) 질문을 받은 실험 대상자들이 주저하는 일이 자주 있었음을 인정한다. 때때로 그들은 일언지하에 어떤 선택도 내리지 않겠다고 말하기도 했다. 그들은 거의 항상 마음속으로 막연해하고 당황스러워했으며, 두 번째 테스트에서는 일반적으로 첫 번째와는 완전히 다른 방식으로 답하기도 했다. 그러나 우리가 알고 있는 대로 오류는 상쇄된다. 여하튼 그 집계표는 가장 높은 쾌감을 주는 것이 정사각형이 아니라 정사각형에 가장 가까이 근접한 직사각형 형태이고, 21 : 34의 비율에 가장 많은 응답이 몰렸다는 것을 보여준다.[662] 이러한 선택의 방법론에 매우 절묘한 정의가 부여되었다. 이것은 "임의적으로 선택된, 임의적인 수의 사람들이 내린, 임의적인 판단들의 평균"이라고 알려졌다.[663] 페히너는 또한 셀 수 없을 정도로 많은 카탈로그와 갤러리 안내서를 자료로 삼아 회화에서 묘사되고 있는 주제와 회화의 규모와 형태는 어떤 관계에 있는지에 대한 자신의 통계조사 결과를 (항상 표의 형식으로) 알려주기도 했다.[664]

미와 예술에 관한 페히너의 생각들은 사소하다

그럼에도 불구하고 미가 무엇인지에 대해 그는—잘 된 것이든 아니든—해묵은 사변적 방법으로 후퇴한다. 그는 아름다움의 개념이란 "직접적 만족을 주는 주요 조건들을 한데 묶어주는 것을 간단히 나타내려 할 때 필요한 언어적 방책일 뿐"이라는 말로 논의를 시작한다.[665] 그는 "아름다움"이라는 단어의 세 가지 의미를 구별한다. 첫째, 넓은 의미에서는 즐거움을 주는 것 모두. 둘째, 좁은 의미에서는 그 즐거움이 더 고차적인 쾌가 되지만 여전히 감각적인 것. 셋째, 가장 좁은 의미에서는 [즉, 참된 아름다움은] "즐거움을 줄 뿐만 아니라 그렇게 하는 것이 정당한 것, 즐거움 속에 가치를 소유하고 있는 것." (즐거움을 주는 것으로서의) 아름다움의 개념과 좋음의 개념이 이 세 번째에 통합되어 있다.[666] 사실 아름다움은 객관적으로 즐거운 것이며, 그로써 행위의 좋음과 부합한다. 페히너는 말하길, "좋음은 그의 집안 살림 전체를 조직할 수 있는 진지한 사람과 같은데, 그는 빈틈없이 현재와 미래를 저울질하고, 양자로부터 최대의 이득을 끌어내려고 애쓴다. 아름다움은 그의 화려한 배우자인데, 그녀는 현재에 주의하고, 남편의 소망들을 유념한다. 즐거움은 아이들인데, 이들은 감각적 향유와 유희를 통해 기쁨을 느낄 뿐이다. 유용함은 주인의 뜻대로 움직이는 하인으로, 오로지 일한 만큼에 따라 빵을 지급받는다. 마지막으로 진리는 가정의 목사이자 교사다. 그는 신앙에 대해서는 목사이며, 배움에 대해서는 교사다. 그는 좋음에게는 눈을 빌려주고 유용함에게는 손길을 건네며 아름다움에게는 거울을 비춰준다."[667] 예술에 대해 말하자면, 그는 모든 본질적인 법칙들 혹은 규칙들을 다음과 같이 집대성한다. (1) 예술은 재현할 가치가 있는 관념, 혹은 적어도 흥미로운 관념을 선택한다. (2) 예술은 그 관념을 감각 가능한 재료 속에, 그 내용에 가장 적합한 방식으로 표현한다. (3) 예술은 자신이 동원할 수 있는 다양한 수단들 중에서, 그 수단 자체만으로도 다른 것들보다 더 즐거움을 주는 것들을 선택한다. (4) 모든 개별 예술들에서 이와 같은 절차가 관찰된다. (5) 이러한 규칙들이 서로 상충하는 경우에는 가능한 것 중 가장 가치 있는 만족이 얻어지도록 하나의 규칙이 다른 규칙에 양보한다.[668] 그런데 미와 예술에 대한 이러한 행복주의적(eudömonistisch) 이론 (그가 명명한 이름이다)을 이미 다 만들어두고 있었던 페히너는[669] 왜 수고스럽게 또다시 원리와 법칙들을 열거하고, 실험을 수행하고, 통계들을 표로 작성해야 했을까? 이들이 결코 이론을 예증하거나 증명할 수 없음에도 불구하고 말이다. 이러한 사이비 과학적 작업들은 당시 그에게, 그리고 그의 추종자들에게는 지금도 소일거리나 취미, 즉

카드놀이나 우표 수집 정도의 중요성만을 가지는 것이라고 믿고 싶을
정도다.

그로세, 사변적 미학과 예술학

자연과학을 미신적으로 추종하는 또 다른 예는 에른스트 그로세 교수
의 『예술의 시원들』에서 찾을 수 있다.[670] 예술에 대한 모든 철학적 연
구를 경멸하는 그로세는 이를 "사변적 미학"이라고 부르며 일축했고,
대신에 지금까지 축적된 역사적 사실들의 덩어리 속에 숨어 있는 법칙
들을 캐내는 것을 그 임무로 삼는 예술학(Kunstwissenschaft)을 언급
한다. 모든 민족지학적(ethnographic) 자료들과 선사시대에 관한 자료
들도 고유한 의미의 역사적 자료들 속에 통합되어야 한다는 것이 그의
의견이다. 그에 따르면, 교양을 갖춘 사람들의 예술에만 한정되어 연구
가 진행된다면 일반 법칙들의 틀을 세울 가능성은 없어진다. 이는 마
치 "포유류들 사이에서 잘 발달한 기능의 형태만을 연구해 만들어진
발생 이론이 필연적으로 불완전할 수밖에 없는 것"[671]과 마찬가지다.
그러나 그로세는 철학에 대한 혐오와 과학적 방법에 대한 믿음을 선언
하자마자, 자신도 텐과 페히너가 직면했던 것과 동일한 난점에 처했음
을 알아차렸다. 사실, 여기에 탈출구는 없다. 원시 종족들과 야만족들
의 예술적 산물을 조사하기 위해서는 어떤 식이건 예술 개념으로부터
설정된 출발점이 있어야 한다. 과학적 은유들, 부드럽게 넘어가기 위
해 그로세가 동원한 언어적 표현들, 이 모든 것들로도 그가 채택할 수
밖에 없는 계획이 어떤 성격의 것인지, 즉 그것이 경멸의 대상이 되었던
사변적 미학과 얼마나 비슷한지를 감출 수는 없다. "미지의 땅을 탐험
하기를 열망하는 여행자는 길을 완전히 잃어버리지 않기 위해 그 나라
의 전반적인 윤곽을 숙지해야 하고, 그가 가고 있는 길이 향하는 방향
에 대해 얼마간의 지식을 갖추고 있어야 한다. 마찬가지로 우리는 탐
구를 시작하기에 앞서 우리가 주목하게 될 그 현상의 본질에 관한 일

반적인 예비학을 필요로 한다." 확실한 것은 "정확하고 철저한 해답은 아무리 빨라도 탐구가 끝났을 때에나 가질 수 있다는 사실이다. 그리고 [탐구는] 아직 시작되지도 않았다. 우리가 애초에 출발할 때 찾아내고자 했던 그 특질은 [……] 우리가 최종 목적지에 도달했을 때에는 완전히 달라져 있을지도 모른다." 옛 미학자들을 모방하자는 것은 결코 아니다. 이는 부끄러운 제안이다. 관건이 되는 것은 "어떤 정의를 임시적인 비계로 쓰고 건물이 완성되었을 때 그것을 떼어낸다"[672]고 할 때 과연 이것을 어떤 식으로 할 수 있는가다. 말, 말, 그저 말뿐이다. 그로세의 책에서 발견되는 그나마 몇 안 되는 보편적 관념과 예술적 법칙마저 야만인의 땅을 탐험하고 돌아온 여행자들의 보고서를 연구하여 도출한 결과가 아니라 영혼의 형식들에 대한 사변의 결과로 나온 것들이다. 또한 (불가피하게) 여행자의 보고서에 대한 그의 해석은 사변에 의해 실마리를 얻어서 이뤄진다. 그로세는 자신의 마지막 정의에서 예술을 그것의 창작 과정에 있어서나 이 과정의 결과로서나, 즉각적인 느낌의 값(Gefühlswerth)을 갖는 활동이자 그 자체가 목적인 활동으로 간주하면서 끝맺는다. 실천적 활동과 미적 활동은 정반대로 대조되는데, 그 중간에 놀이 활동이 있다. 놀이 활동은 실천적 활동과 마찬가지로 목적이 그 활동 외부에 있지만, 다른 한편으로는 미적 활동과 마찬가지로 즐거움을 외적 목표(이는 다소 덜 중요한 것이다)가 아니라 그것 자체의 활동에서 찾는다.[673] 책 끝 부분에서 그는 원시 민족들의 예술적 활동들이 거의 대부분 실천적 활동을 동반했다는 것, 예술은 사회적인 것에서 시작되어 문명의 시기에 와서야 비로소 개인적인 것이 되었다는 것을 언급한다.[674]

사회학적 미학

텐과 그로세의 미학은 '사회학적'이라는 별칭으로 불리기도 했다. 그러나 사회학이라는 학문이 무엇인지 아무도 모르기 때문에 우리는

　　　　　　미학

자연과학적 미신을 다뤘듯이 사회학적 미신을 다뤄야 한다. 다시 말해 결코 수행될 수 없는 제안을 남발하고 있는 서문은 건너뛰고, 주어진 경우의 객관적 필연성이 저자에게 강요한 입장이 무엇인지, 그리고 가능한 대안적인 관점들 중 어느 것을 그가 받아들이는지, 혹은 그것들 중 무엇을 선택할 때 그의 충성심이 흔들리는지를 보는 것이 그 방법이다. 이러한 조사 과정에서 우리는 예술이나 문명의 역사에 연관된 사실들의 목록을 단순히 집적하기만 하는 작업으로 미학을 구성하는 체하는 저자의 사례를 흔히 만날 수 있는데, 이들은 무시해야 할 것이다.

프루동, 귀요

프루동 같은 우리 시대의 몇몇 사회개혁가들은 플라톤의 예술 비난이나 고대와 중세의 도덕주의를 완화된 모습으로 되살렸다. 프루동은 '예술을 위한 예술'이라는 정형화된 문구를 거부했다. 그는 예술을 감각적 쾌의 단순한 조달자로 여겼고, 따라서 법적·경제적 목적에 종속되어야 하는 어떤 것으로 보았다. 그에게 있어서 시, 조각, 회화, 음악, 소설, 역사, 희극, 비극은 미덕의 장려와 악덕의 만류 외에는 아무런 목적도 없는 것이었다.[675]

귀요는 사회적 공감의 계발이 예술의 유일한 의무라고 생각했다. 그는 사회적 미학의 창시자로 잘 알려졌다. 몇몇 프랑스 비평가들은 그가 미학의 역사에서 세 번째 시대를 열었다고 했다. 첫 번째 시대는 (플라톤의) 이상의 미학이고, 두 번째는 (칸트의) 지각의 미학이며, 세 번째가 (귀요의) "사회적 공감"의 미학이라는 것이다. 『동시대 미학의 문제들』(1884)이라는 저서에서 귀요는 놀이 이론에 반대하고, 그것을 삶의 이론으로 대체한다. 유고인 『예술의 사회학적 국면에 대하여』(1889)에서, 그는 자신이 말하는 삶이 사회적 삶이라는 점을 더 분명하게 설명한다.[676] 만일 아름다운 것이 지적으로 즐거움을 준다면, 미는 유용한 것과 동일시될 수 없는데, 유용한 것이란 오직 즐거움을 주는 것을 추구하는 일일 뿐이기 때문이다. 그러나 (스스로 칸트와 진화론자들의 오류를 정정하고 있다고 믿는 귀요에 따르면) 유용함이 언제나 아름다움을 배제하는 것은 아니지만, 대개 가장 낮은 정도의 아름다움만을 형성하는 것은 사실이다. 예술 연구는 전적으로는 아니고 부분적으로만 사회학에 수용되었다.[677] 그 이유는 다음과 같다. 예술은 두 가지 목표를 성취하는데, 첫 번째이자 가장 중요한 목표는 (색, 소리 등의) 쾌적한 감각을 유발하는 것이다. 이러한 의미에서 예술이 있게 되는 곳은 미학을 물리학(광학, 음향학 등을 포함), 수학, 생리학, 정신물리학과 연결하는 곳, 실제로 반박의 여지가 없는 과학적 법칙들이 존재하는 곳이다. 실제로 조각은 특히 해부학과 생리학에 의존하며, 회화는 해부학, 생리학, 광학에, 건축은 광학(황금분할 등)에, 음악은 생리학과 음향학에 의존하고, 시가 의존하는 운율학도 역시 가장 일반적인 법칙들에 있어서는 음향학적이고 생리학적이다. 예술의 두 번째 기능은 "심리적 유도"라는 현상을 산출하는 것인데, 이는 (재현되는 인물에 대한 공감, 흥미, 연민, 분개 등) 가장 복잡한 본성을 가진 관념들과 감정들, 요컨대 그것을 "삶의 표현"으로 만드는 모든 사회적 느낌들을 머리에 불러일으키는 것이다. 이로부터 예술에서 인식되는 다음의 두 경향이 유래한다. 하나는 조화와 일치, 귀와 눈에 즐거운 것으로 향하는 경향이고 다른 하나는 예술의 영역에 삶을 투여하려는 경향이다. 진정한 천재는 두 경향 사이의 균형을 유지해야 할 운명을 가지고 있다. 퇴폐주의자들은 미적 공감이 인간적 공감과 다투도록 만들어 예술로부터 사회적 공감이라는 목표를 제거한다.[678] 이 모든 것들을 친숙한 용어로 번역한다면, 우리는 귀요가 순수하게 쾌락주의적인 예술 위에, 역시 쾌락주의적이지만 도덕성이라는 대의에 기여할 수 있는 또 다른 예술을 겹쳐놓는 그런 형태의 예술을 주장했다고 말할 수 있다.

퇴폐주의자, 타락주의자, 개인주의자들에 대한 같은 내용의 비판이 또 다른 저술가인 막스 노르다우에 의해 수행되었다. 그는 산업사회 특유의 파편화된 전문화의 와중에서 삶의 총체성을 재정립하는 과업을 예술에 부여했다. 그는 예술을 위한 예술, 내적 심리 상태를 단순히 표현하거나 예술가의 느낌을 객관화하는 것으로서의 예술이 존재한다는 것은 분명한 사실이지만, 그것은 그저 "신생대 제4기 동굴에 살던 원시인의 예술"일 뿐이라고 주장했다.[679]

자연주의, 롬브로소

자연주의는 천재와 정신적 도착을 동일시하는 데서 유래한 미학을 수식하는 최선의 용어다. 이 미학은 롬브로소와 그의 학파에 큰 명성을 가져다주었다. 이렇게 양자를 동일시할 수 있는 힘은 다음의 추론으로부터 나온다. 큰 정신적 노력, 즉 하나의 지배적인 사고에 완전히 몰두하는 것은 종종 신체기관 내의 생리적 장애와 다양한 생체 기능의 약화나 위축을 야기한다. 그런데 그러한 혼란은 질병, 퇴화, 광증 같은 병리적 개념에 포함된다. 그러므로 천재는 질병, 퇴화, 광증과 동일하다. 이는 개별자에서 보편자로 이행하는 삼단논법인데, 전통적인 논리학에 따르면, 이 경우는 논리적 오류다. 그러나 노르다우나 롬브로소와 그의 동료들 같은 사회학자들을 보면 존중할 만한 오류와 대실수라고 부르는 더 심한 형태의 오류를 구별하는 선을 거의 넘어서는 지경에 이른다.

과학적 분석과 역사적 조사 혹은 서술 사이의 혼동이 몇몇 사회학자들과 인류학자들의 작업에서 관찰된다. 이를테면 그들 중 한 명인 카를 뷔허는 원시인의 삶에 대한 연구에서, 시와 음악과 일은 원래 하나의 단일한 행위에 혼합되어 녹아 있었다고, 즉 시와 음악은 노동의 리듬을 조정하는 데 사용되었다고 주장한다.[680] 이는 역사적으로 참이거나 거짓일 수 있고, 중요하거나 그렇지 않을 수 있지만, 미학과는 하등 연관도 없다. 같은 식으로 앤드루 랭은 예술의 기원을 모방 능력의 무관심적 표현으로 보는 입장은 원시 예술에 대한 우리의 지식에 비춰 볼 때 확증되기 어렵다고 주장하는데, 우리는 원시 예술이 표현적이라기보다는 장식적이었다고 알고 있기 때문이라는 것이다.[681] 이는 마치 해석을 기다리는 단순한 사실인 원시 예술을 예술 일반에 대한 해석의 규준으로 삼을 수 없는 것과 마찬가지다.

언어학의 쇠퇴

바로 이 같은 모호한 자연주의가 언어학에도 유해한 영향을 행사했다. 처음에 훔볼트가 시작하여 슈타인탈이 계승한 것과 같은 심오한 연구는 뒤로 오면서 언어학에서 완전히 사라졌다. 슈타인탈은 학파를 세우는 데는 성공하지 못했다. 대중적 인기가 있었지만 엄밀하지는 못했던 막스 뮐러는 말과 생각의 불가분성을 주장했는데, 이 주장은 미적 사고와 논리적 사고를 혼동하거나 적어도 둘을 구별하지 않는 가운데 제시되었다. 비록 이름들을 형성하는 데는 판단보다는 위트(로크적인 의미에서의)가 더 밀접한 관련을 갖고 있다고 한 적도 있기는 했지만 말이다. 게다가 그는 언어학이 역사적 학문이 아니라 자연과학이라고 주장했다. 언어가 인간의 발명품이 아니기 때문이라는 것이 그 이유다. "역사적"과 "자연적"의 딜레마는 반복해서 논의되고 해소되었지만 성과는 별로 없었다.[682] 또 다른 언어학자인 휘트니는 뮐러의 "기적적인" 이론을 공격하고 생각과 말의 불가분성을 부정했다. 그는 "농아는 말을 할 수 없다. 그러나 그는 생각할 수 있다"고 한다. "생각은 청각 신경의 기능이 아니다." 이런 식으로 휘트니는 말이란 인간이 하는 생각의 상징이거나 표현 수단이며, 의지에 의해 좌우되고, 인간의 여러 능력들이 종합된 결과이며, 수단을 목적에 맞추는 지성적 능력의

미학

결과라고 하는 고대의 학설로 되돌아갔다.[683]

파울과 부활의 징후들, 분트의 언어학

철학적 정신은 파울의 『언어사의 원리들』(1880)에서 재등장했다.[684] 이는 그가 철학자라는 끔찍한 비난을 모면하기 위해 "언어철학"이라는 불미스러운 제목 대신 찾아낸 것이다. 그러나 파울이 비록 논리와 문법의 관계를 분명하게 밝히지 못했다고 할지라도 언어의 기원에 대한 질문과 언어의 본성에 대한 질문을 훔볼트가 했던 식으로 동일시한 것, 그리고 언어가 우리가 말할 때마다 새롭게 창조된다고 다시 주장한 것에 대해서는 공로를 충분히 인정받아야 할 것이다. 그는 또한 집단혼 같은 것은 존재하지 않으며, 개인의 언어가 아닌 언어는 있을 수 없다는 것을 보임으로써 슈타인탈과 라차루스의 통속심리학을 결정적으로 비판했던 것에 대한 공로도 인정받아야 할 것이다.

반면 분트[685]는 언어, 신화, 풍습에 대한 연구를 존재하지도 않는 민족심리학이라는 학문에 귀속시켰다. 언어를 주제로 한 그의 최종 저술에서[686] 그는 어리석게도 휘트니가 했던 조롱을 반복하면서 헤르더와 훔볼트를 "신비적인 모호함"이라고 비난했고, 그들에 의해 시작된 영예로운 교리를 "기적의 이론"이라고 부르며 매도했다. 그는 이러한 관점이 진화의 원리가 유기적 자연 전체에 대해, 그리고 특히 인간에 대해 성공적으로 적용되기 전에는 어느 정도 정당화되었을 수도 있다고 말한다. 그는 상상의 기능, 혹은 사고와 표현 사이의 진정한 관계에 대해서는 아무런 생각을 가지고 있지 않다. 그는 자연주의적인 의미의 표현과 영적이고 언어적인 의미의 표현 사이에 아무런 실질적인 차이가 없다고 보았다. 그는 언어란 생명체에 긴요한 정신물리학적 표명이나 동물들의 표현적 운동이 고도로 발전된 특별한 형태라는 생각을 가졌다. 이들이 발전하여 언어에 이르는 그사이에는 감지하기 어려운 점진적 차이가 있을 뿐이다. 따라서 표현적 운동이라는 일반적 개

넘을 제외한다면 "자의적인 방식 말고는 언어를 특징지을 수 있는 특정한 표식은 없다."[687] 분트의 철학은 언어와 예술의 문제를 장악할 능력이 없다는 점에서 자신의 약점을 노출시킨다. 그의 『윤리학』에서 미적 사실들은 논리적 요소와 윤리적 요소의 복합체로 나타난다. 특별한 규범학으로서의 미학의 존재는 부정된다. 그런데 그 이유는 "규범학" 같은 것은 없기 때문이라는 확실하고 만족스러운 이유가 아니라, 이러한 특별한 학문이 논리학과 윤리학이라는 두 학문에 의해 흡수되기 때문이라는 것이다.[688] 이는 미학의 존재와 예술의 독창성을 부정하는 것이 된다.

XVIII. 미적 심리주의와
기타 최근의 경향들

신비판주의와 경험주의

신비판주의적 혹은 신칸트주의적 운동은 자연주의와 유물론의 습격으로부터 정신(spirit)의 개념을 구해내기 위해 갖은 애를 썼지만, 그것이 미적 사실에 대한 쾌락주의적·심리주의적·도덕주의적 관점들에 꺾이지 않으면서 전진하기에는 힘이 부쳤다.[689] 신비판주의는 창조적 상상력을 거의 이해하지 못한 칸트의 유산을 물려받았다. 신칸트주의자들은 지성적 형식을 제외하고는 그 어떤 인식의 형식도 알지 못했던 것으로 보인다.

키르히만

미적 감각주의와 심리주의에 매달렸던 명성 있는 독일 철학자들 중 키르히만이 있었다. 그는 소위 실재론을 발흥시킨 사람이자 『미학의 실재론적 기초』(1868)의 저자다.[690] 그의 학설에 따르면 미적 사실은 실재의 이미지(Bild), 영혼으로 충만한 이미지, 정화되고 강화된, 다시 말해 이상화된 이미지다. 이는 쾌의 이미지인 아름다움과 고통의 이미지인 추함으로 나눠진다. 아름다움은 세 계열에 따른 다양화와 변양을 허용하는데, 내용에 따르면 숭고한 것, 희극적인 것, 비극적인 것 등으로 결정되고, 이미지에 따르면 자연미 혹은 예술미로 결정되며, 이상화의 정도에 따르면 이상주의적인 것이거나 자연주의적인 것으로, 형식적인 것이거나 정신적인 것으로, 상징적인 것이거나 고전적인 것으로 결정된다. 키르히만은 미적 객관화의 본질을 파악하지 못했기 때문에 이상적인 것으로서 현현하는—즉, 실제 삶에서 느껴지는 감정들이 희석된 모습으로서 예술적 이미지에서 발생하는—감정들을 애써 새로운 심리학적 범주로 만들고자 수고를 들였다.[691]

심리학으로 번역된 형이상학, 피셔, 지벡, 디에즈

헤르바르트주의자들이 미적 쾌를 다루는 생리학자로 진화 혹은 퇴화한 것은 관념론자들이 심리주의의 지지자로 진화 혹은 퇴화한 것과 유사하게 대응된다. 그 첫째 순위는 테오도르 피셔에게 주어질 것임이 분명하다. 그는 자신의 작업을 스스로 비판하는 글에서, 미학은 "모방술과 조화술의 연합"이고 미는 "우주의 조화"라고 선언했다. 미는 오직 무한자 속에서만(at infinity) 실현되므로 실제로는 결코 실현될 수 없으며, 따라서 우리가 아름다운 것 안에서 아름다움을 포착했다고 생각할 때, 우리는 환영, 즉 일종의 초월적 환영에 빠진 것이라고 한다. 이 환영이 곧 미적 사실의 본질이다.[692] 그의 아들인 로베르트 피셔는 사람이 미적 과정을 통해 자연적 대상들에 생명을 부여하는 것을 표현하기 위해 '감정이입(Einfühlung)'이라는 어휘를 만들어냈다.[693] 상징적인 것을 다뤘고,[694] 상징주의를 범신론과 연결한 폴켈트는 관념 연합설에 반대했으며, 아름다움 안에는 자연적인 목적이 내재한다는 견해를 지지했다.

헤르바르트주의자인 지벡(1875)은 형식주의 이론을 버리고 인격성의 가시화(sichtbarwerden)라는 개념을 통해 미에 관한 사실을 설명하고자 시도했다.[695] 그는 내용만으로 쾌를 주는 대상(감각적 쾌), 형식만으로 쾌를 주는 대상(도덕적 사실들), 그리고 내용과 형식의 연결을 통해 쾌를 주는 대상(유기적 사실들과 미적 사실들)을 구분했다. 유기적 사실들에서 형식은 내용 밖에 있는 것이 아니라 구성요소들의 상호작용과 결합의 표현이다. 반면 미적 사실들에서 형식은 내용 밖에 있는데, 말하자면 내용의 표면이다. 형식은 목적을 달성하기 위한 어떤 수단이 아니라, 목적 그 자체다. 미적 직관은 감각적인 것과 정신적인 것, 즉 물질과 정신 사이의 관계이며, 따라서 인격성의 가시화인 한에서의 형식이다. 정신이 감각적인 것에서 자신을 재발견하고 있음을 자각하는 데 미적 쾌가 생겨난다. 지벡은 아름다움의 변양들에 대한 이론을 형이상학적 관념론자들에게서 빌려왔는데, 그의 주장은 인간이 결정된 인종과 국적을 가진 한 사람으로서만 존재할 수 있는 것처럼 아름다움도 이러한 변형들 속에서만 구체적인 모습으로 발견된다는 것이다. 예를 들어 숭고는 미의 일종이지만 미를 둘러싼 경계의 형식적 계기가 사라져버린 경우다. 따라서 그것은 무제한적인 것, 즉 일종의 무한한 확장이거나 무한한 집약이 된다. 비극적인 것이란 조화가 그냥 주어지지 않고 갈등과 발전의 결과로 주어질 때 발생한다, 희극적인 것이란 소소한 것이 위대한 것에 대해 갖는 관계다 등등. 이러한 관념론의 흔적과 더불어 그가 칸트와 헤르바르트 식으로 취미 판단의 절대성을 굳게 믿고 있었다는 사실로 인해 지벡의 미학을 순수하게 심리학적이고 경험적인 것으로, 철학적 요소들이 전적으로 결여된 것으로 간주하는 것은 불가능하게 된다.

이는 디에즈 역시 마찬가지인데,『미학의 기초로서의 감정 이론』(1892)이라는 저서에서[696] 그는 예술이란 느끼는 정신의 이상(Ideal des fühlenden Geistes)으로 되돌아오는 활동이라고 설명하고, 그것을 과학(사고의 이상), 도덕성(의지의 이상), 종교(인격성의 이상)와 평행하게 보고자 시도했다. 그러나 소위 느낌이란 것이 대체 무엇인가? 이상으로는 환원될 수 없는, 심리학자들이 말하는 경험적 느낌인가? 아니면 무한과 절대를 결합하고 이들과 소통하는 신비적인 능력인가? 페히너의 엉뚱한 개념인 "쾌의 값"인가? 혹은 칸트의 "판단력" 같은 것인가? 이 저자들, 그리고 이런 부류의 다른 저자들은 여전히 형이상학적 관점의 영향 하에 있기에 그들 자신의 의견을 낼 용기가 없었다고 볼 수 있다. 즉, 그들은 적대적인 분위기 속에 있다고 느끼기에 확실한 말을 유보한 채 타협하고 있는 것이다. 심리학자인 요들은 헤르바르트가 발견한 것과 같은 기초적인 미적 느낌들의 존재를 주장하고, 그 느낌들을 "생식 활동에도 [관념의] 연합에도 공상에도 의존하지 않는 즉각적인 자극"으로 정의했다. 비록 "결국에는 그것들도 동일한 원칙들로 환원됨이 틀림없지만"[697] 말이다.

심리학적 경향, 테오도르 립스

순수하게 심리학적이고 관념 연합주의적인 경향은 테오도르 립스 교수와 그의 학파에 의해 분명하게 규정된다. 립스는 모든 일련의 미학 이론들을 비판하고 거부했다. (a) 놀이 이론, (b) 쾌 이론, (c) 예술이 실제 삶(비록 불쾌한 것일지라도)의 인식이라는 이론, (d) 감정과 정념의 자극 이론, (e) 기존 학설들의 융합주의, 즉 예술의 주된 목적을 놀이와 쾌로 삼으면서 동시에 이들 외에도 삶을 실재 그대로 인식하게 하는 것, 개성을 드러내는 것, 마음을 흔들어주는 것, 부담으로부터의 해방, 상상력의 자유로운 유희 등의 추가적인 목표들을 예술에 귀속시키는 입장. 그의 이론은 그 기초에 있어서는 주프루아의 이론과 별로 다르지 않은데, 왜냐하면 그는 자신의 논문에서 예술적 아름다움이 공감적인 것이라고 가정하고 있기 때문이다. "공감의 대상은 객관화된, 타자로 전치됨으로써 타자 안에서 발견되는 우리의 자아다. 우리는 타자들 속에서 우리를 느끼고, 우리 속에서 타자들을 느낀다. 타자들 속에서, 혹은 그들을 수단으로 해서 우리는 행복하거나, 자유롭거나, 확장되거나, 고양되는 느낌 혹은 이들과 반대되는 느낌을 갖는다. 공감이라는 미적 느낌은 단지 미적 향유의 한 방식이 아니라, 미적 향유 그 자체다. 모든 미적 향유는 결국 전적으로 그리고 유일하게 공감에만 기반을 둔다. 심지어 기하학적이거나 건축학적 선과 형태, 지층 구조나 도자기 등의 선과 형태에 의해 야기된 것조차 말이다." "예술작품에서 우리는 인격적인 것을 접한다. 인간의 결함이 아니라 인간의 긍정적 면모, 우리 자신의 삶과 생명활동의 가능성 및 추세와 조화되며 여기에 반향되는 그런 면모를 접한다. 우리는 [예술작품에서 또한] 작품의 외부에 있는 모든 현실적 관심들로부터 자유롭고 순수한, 긍정적이고 객관적인 인간성을 발견한다. 이럴 때마다 그러한 조화, 그러한 반향은 우리를 행복하게 한다. 오직 예술만이 그것을 산출할 수 있고, 미적 관조만이 그것을 요구할 수 있다. 인격성의 가치가 윤리적 가치다. 인격성 외에는 윤리적인 것을 규정하거나 한정할 다른 가능성은 없다. 그러므로 모든 예술적 향유, 그리고 일반적으로 미적 향유라고 하는 것은 윤리적 가치를 가진 것에 대한 향유다. 어떤 복합체의 한 요소로서가 아니라 미적 직관의 대상으로서 향유하는 것이다."[698]

그러므로 미적 사실에는 자신만의 고유한 가치라고 할 것은 없으며, 단지 도덕성의 가치로부터의 반영만이 허용된다.

그로스

립스의 문하생들(슈테른[699]을 위시한 몇몇) 및 유사한 경향을 보였던 저술가들(의인화와 보편적 은유에 대한 이론을 제시했던 비제,[700] 예술이 의식적인 자기기만이라는 논제를 제안했던 콘라트 랑게[701] 같은 학자들)에 오래 머무르지 말고, 이론적 가치로서의 미적 활동이라는 개념에 접근하고 있는 카를 그로스 교수[702]에게 우리의 주목을 옮기기로 하자. 의식의 두 축인 감성과 지성 사이에 몇몇 중간 단계들이 있는데, 그중의 하나가 직관 혹은 구상력(fancy)이라는 것이다. 이것이 산출하는 것은 이미지 혹은 가상(Schein)인데, 이는 감각과 개념의 중간쯤에 있다. 이미지는 감각처럼 가득 차 있지만, 개념처럼 통제된다. 그것은 감각처럼 마르지 않는 풍요로움을 가지고 있지도 않고 개념처럼 앙상한 벌거숭이의 모습도 아니다. 이미지나 가상의 본성을 가진 것이 미적인 사실이다. 미적인 사실이 단순하고 일반적인 이미지와 구별되는 기준은 질이 아니라 강도(intensity)다. 미적 이미지는 단지 하나의 단순한 이미지이지만 의식의 정점을 차지하고 있다. 표상들이 의식을 통과해가는 것은 마치 각자의 일에 사로잡혀 서둘러 다리를 건너는 인파와 같다. 그러나 한 통행자가 다리 위에 멈춰 서서 경관을 바라보게 되면, 그때가 휴일이 되고, 그때에 미적 사실이 발생한다. 그러므로 이것은 수동성이 아니라 능동성이다. 그로스는 이를 위해 '내적 모방'이라는 표현을 사용했다.[703] 이 표현은 모든 이미지가 그것이 조금이라도 어쨌든 이미지인 한 잠깐 동안만이라도 의식의 정점을 차지해야 하며, 단순한 이미지도 미적 이미지와 마찬가지로 능동성의 산물이어야 하지 그렇지 않고는 전혀 이미지가 될 수 없다고 하는 이론이 제기하는 반대에 부딪칠 수도 있다. 또한 이미지가 감각의 본성과 개념의 본성을 공유하고 있다는 정의 역시 지적 직관과 형이상학 학파의 다른 불가사의한 능력들로 되돌아가는 것일 수 있다는 반대에 부딪칠 수 있다. 그로스는 이러한 것들을 혐오한다고 고백한 바 있다. 그가 미적 사실을 형식과 내용으로 구분하는 것은 훨씬 더 문제가 있다. 그는 네 등급의 내용을 인정한다. (엄격한 의미의) 연상적 내용, 상징적 내용, 전형적 내용, 개별적 내용이 그것이다.[704] 그리고 그는 상당히 불필요하게도 자신의 탐구에 인격성의 감정이입과 놀이의 개념을 도입한다. 후자와 관련하여 그는 "내적 모방은 인간의 가장 고상한 놀이"[705]라고 언급하며, "놀이의 개념은 미적 관조에는 완전히 적용되지만 원시 민족들의 경우를 제외한다면 미적 산물에는 적용되지 않는다"[706]고 덧붙인다.

그로스와 립스에서 아름다움의 변양들

그러나 그로스가 "아름다움의 변양들"로부터는 자유로웠던 것이 사실이다. 왜냐하면 미적 활동이 내적 모방과 동일시되면, 내적 모방이 아닌 것은 무엇이든 미적 활동이 아닌 다른 무언가가 되는 것임이 분명하기 때문이다. "모든 아름다움('공감적'이라는 의미로 이해되는 아름다움)은 미적 활동에 속하지만, 모든 미적 사실이 아름다운 것은 아니다." 그렇다면 아름다움은 감각적으로 즐거운 것의 표상이고, 추함은 불쾌한 것의 표상이다. 숭고는 단순한 형식을 가진 강력한 것의 표상이다, 희극적인 것은 열등함의 표상인데, 이는 우리에게 우리 자신은 [이에 비해] 우월하다는 만족스러운 감각을 불러일으킨다 등등.[707] 훌륭한 감각을 가지고 있었던 그로스는 샤슬러와 하르트만이 피상적인 변증법을 통해 추함에 부여했던 지위를 조롱했다. 원과 비교했을 때 타원형은 추함의 요소를 포함하고 있는데, 그 이유가 원은 무한한 수의 지름을 기준으로 모든 경우 대칭이 되지만 타원은 두 개의 축에 대해서만 대칭적이기 때문이라고 말한다면 이는 "와인에는 맥주의 쾌적한 맛이 들어 있지 않아서 맛이 덜 쾌적하다"고 말하는 것과 마찬가지다.[708] 립스 역시 미학에 대한 그의 저술들에서 희극적인 것(그는 희극적인 것에 대해 정확한 심리학적 분석을 제공하고 있다[709])은 그 자체로 아무 미적 가치를 가지지 않는다고 인정한다. 그러나 도덕주의적 관점으로 인해 그는 희극적인 것에 대한 자신의 이론의 윤곽을 추의 극복 이론과 비슷하게 그려내고 있다. 그는 희극적인 것이 더 높은 미적 가치로(즉, 공감으로) 이끌어주는 과정이라고 설명한다.[710]

베롱과 미학의 이중 형식

그로스 같은 작업, 그리고 경우에 따라 립스 같은 작업은 오류를 제거하는 방향으로 나아간다는 점에서 일종의 가치를 가진다. 또한 미학의 연구를 내적 분석의 영역에 국한시키는 것이기도 하다. 프랑스 학자 베롱[711]의 작업에도 동일한 종류의 장점이 있는데, 그는 아카데미 미학의 절대미를 부정하고 텐이 예술을 과학과, 미학을 논리학과 혼동했다고 비판한 후, 다음과 같이 말한다. 만일 예술의 임무가 사물들의 본질, 사물들이 가진 단 하나의 지배적인 특질을 분명히 밝히는 것이라면, "가장 위대한 예술가들이란 곧 이러한 본질을 드러내는 데 최고로 성공했던 예술가들일 것이며, …… [이에 따라] 위대한 예술작품들은 그들 간에 공유되고 있는 정체성이 분명하게 드러나게 되면서 서로 굉장히 닮게 될 것이다. 하지만 실제로 일어나고 있는 일들은 정확히 반대다."[712] 그러나 사람들은 부질없이 베롱에게서 과학적 방법을 찾는다. 귀요에게 영향을 미친 선배 학자로서[713] 그는 예술이 결국은 두 가지라고 주장한다. 즉, 두 예술이 있다는 것이다. 하나는 장식적인 예술인데, 그 목적은 아름다움이다. 즉 관념과 느낌이 끼어들어 매개할 필요 없이 선, 형태, 색, 소리, 리듬, 운동, 빛과 음영이 그것들의 이미 결정된 성향에 따라 눈과 귀에 야기하는 즐거움이다. 이는 광학과 음향학에 의해 연구될 수 있다. 다른 하나는 표현적인 예술로, "인간의 인격성에 대한 흥분된 표현을" 제공한다. 그는 장식적인 예술은 고대에 우세했으며, 현대에는 표현적인 예술이 우세하다고 생각한다.[714]

톨스토이

우리는 여기에서 예술가와 문예가들이 가지고 있었던 미학 이론들, 예를 들어 그들이 가졌던 과학적이고 역사학적인 편견들, 졸라의 사실주의의 배경에 깔려 있는 실험과 인간의 기록에 관한 이론, 입센을 비롯한 스칸디나비아파의 경향적 예술(problem-art)의 배경에 놓인 도덕주의 같은 것들을 상세하게 다룰 수는 없다. 플로베르의 예술에 관한 이해는 심오했고, 어쩌면 예술에 대해 논한 어떤 프랑스인보다 더 훌륭할지도 모르지만 그는 이것을 특별한 [예술철학적] 논고로 쓰지 않았고 그의 편지들 속에 흩어놓았다. 이 편지들은 그의 사후에 출판되었다.[715] 레오 톨스토이는 미의 개념을 혐오하는 베롱의 영향 하에서 예술에 관한 책을 저술했는데,[716] 이 위대한 러시아 예술가에 따르면 예술은 느낌을 전달하는 것으로, 이는 마치 언어가 사고를 전달하는 것과 동일하다고 한다. 그는 예술과 학문을 대비하여 "예술의 임무는 논증의 형식으로는 완전히 다 이해할 수 없는 것을 감각 가능하고 이해될 수 있게 만드는 것"이며 "진정한 학문은 특정한 시대의 특정한 사회에서 중요한 것으로 간주되는 진리를 조사하고, 그것을 인간의 의식에 고착시키는 것인 반면, 예술은 진리를 지식의 영역에서 감정의 영역으로 옮기는 것"이라고 결론을 내렸다. 이들을 통해 볼 때, 톨스토이 이론이 의미하고 있는 것은 분명해 보인다.[717] 그러므로 학문 그 자체를 위한 학문이 없듯이 예술 그 자체를 위한 예술도 없다. 모든 인간의 기능은 도덕성을 증대시키고 폭력성을 억제하는 방향으로 나아가야 한다. 이는 태초부터 우리가 가지고 있었던 예술들을 포함하여 거의 대부분의 예술이 잘못된 것이라고 말하는 것이 된다. 아이스킬로스, 소포클레스, 에우리피데스, 아리스토파네스, 단테, 타소, 밀턴, 셰익스피어, 라파엘로, 미켈란젤로, 바흐, 베토벤은 (톨스토이에 따르면) "비평가들이 만들어낸 인위적인 명성"이다.[718]

니체

프리드리히 니체는 철학자라기보다는 예술가로 간주되어야 하는데, 우리는 (러스킨에 대해서도 그랬듯이) 그의 미학적 주장들을 학문적 언어로 해설하려 시도하고, 그렇게 번역되고 나면 그 주장들은 순환적일 뿐이라고 간단히 비난함으로써 그의 잘못을 지적해야 한다. 그의 어떤 책에서도, 심지어 그의 첫 번째 저작인 『비극의 탄생』에서조차[719] 그 제목에도 불구하고 그는 예술에 대한 제대로 된 이론이라고 할 만한 것을 제시하지 않는다. 이론처럼 보이는 것도 그에게는 저자의 느낌과 성향의 단순한 표현일 뿐이다. 그는 예술의 가치와 목표에, 그리고 예술이 과학 및 철학에 대해 가지고 있는 열등함이나 우월함의 문제에 몰두했는데, 이는 낭만주의 시대의 특징적인 심적 상태로서, 니체는 시기적으로는 뒤늦었지만 여러 측면에서 낭만주의 최고의 대표자가 된다. (서사시와 조각이 속하는 고요한 관조의 예술인) 아폴론적 예술과 (음악과 드라마 같은 흥분과 격정의 예술인) 디오니소스적 예술을 구분하는 것에 깃들어 있는 사고의 요소들은 낭만주의와 쇼펜하우어에게서 온 것이다. 그 사고는 모호하며 비판을 견뎌내기 어렵다. 그러나 이러한 사고가 지지되는 이유는 그것이 우리의 마음을 날아오르게 하여 정신적 영역으로 고양시키는 영감을 가졌기 때문이다. 19세기 후반의 사유가 우리를 다시금 이러한 높이까지 도달하게 한 적은 거의 없었다.

음악 미학자 한슬릭

당대의 가장 탁월한 미학 연구자들은 아마도 개별 예술들의 이론을 구성하는 데 몰두했던 일단의 사람들이었을 것이다. 게다가 우리가 보았던 것처럼[720] 철학적 법칙이나 이론이 개별 예술들을 대상으로 한다는 것은 생각할 수 없는 것이므로 그런 사상가들에 의해 제시된 생각들은 결국 일반 미학 이론으로 간주되어야 한다. (그리고 실제로도 그렇다.) 그 첫 번째로 언급할 수 있는 이가 예리한 보헤미안 비평가인 에두아르트 한슬릭으로, 그는 1854년에 『음악적 아름다움에 대하여』를 출판했다. 이 책은 여러 번 재판이 나왔고 많은 언어로 번역되었다.[721] 한슬릭은 리하르트 바그너와 전쟁을 벌였다. 좀 더 일반적으로 그는 음악에서 개념이나 감정, 그 밖에도 하여간 어떤 분명한 내용을 찾는다는 가식적인 입장과 전쟁을 벌였다. "그 어떤 현미경으로도 발견할 수 없는 정말로 하찮은 음악작품들에서 우리는 이제 '전투 전야, 노르웨이의 여름 밤, 바다를 향한 갈망' 등을 인식하려는 어리석은 짓을 하도록 요구받는다. 뻔뻔스럽게도 작품의 표제가, 이것이 그 작품의 주제라고 단언하고 있기 때문이다."[722] 이런 식의 장난 섞인 서술의 경쾌함을 유지하면서 그는 정감적 감상자들에 대해서도 이의를 제기한다. 그들은 예술작품을 즐기는 대신에 정열적인 흥분이라는 병리적 효과 및 실천적 활동을 뽑아내기 위해 애쓰는 이들이다. 만일 그리스 음악이 잘 알려진 종류의 효과들을 산출한다는 것이 참이라면, 즉 "적과 대면한 군대에 용기를 불어넣기 위해서는 프리기아 선율 약간이면 되고 도리스 선법의 멜로디가 남편을 멀리 떠나보낸 아내로 하여금 정절을 지키도록 해준다면, 그리스 음악의 상실은 장군들과 남편들에게 우울한 사건이다. 하지만 미학자와 작곡가가 아쉬워할 것은 없다."[723] "만일 모든 내실 없는 레퀴엠이, 모든 시끄러운 장송 행진곡이, 모든 흐느껴 우는 아다지오가 우리를 우울하게 만드는 힘을 가졌다면, 그런 상황을 참고 있을 사람이 있겠는가? 하지만 총기 있고 아름다움으로 빛나는 진짜 음악 작품을 접해보라. 그러면 그 소재가 당대의 모든 슬픔일지라도 우리는 음악의 저항할 수 없는 매혹에 사로잡혔다고 느낄 것이다."[724]

한슬릭의 형식 개념

한슬릭은 음악의 유일한 목표가 형식, 음악적 아름다움이라고 주장했다. 이러한 단언으로 그는 헤르바르트주의자들의 지지를 얻었는데, 그들은 서둘러 이 활력에 찬 뜻밖의 동맹을 환영했다. 그 찬사에 대한 보답으로서, 한슬릭은 나중에 개정한 판본에서 헤르바르트와 그의 충실한 제자 로베르트 짐머만을 언급해야 한다고 생각했다. (한슬릭에 따르면) 짐머만은 "형식에 대한 위대한 미학적 원리를 완전히 발전시킨"[725] 인물이다. [하지만] 헤르바르트주의자들의 칭찬과 한슬릭의 예의바른 주장은 둘 다 오해로부터 비롯되었다. 왜냐하면 한슬릭과 헤르바르트주의자들은 "아름다움"과 "형식"이라는 말들을 서로 다른 의미로 사용하고 있기 때문이다. 한슬릭은 비례, 즉 순수하게 청각적인 관계들과 귀의 즐거움이 음악적 아름다움을 구성한다고 결코 생각하지 않았다.[726] 그는 수학이 음악 미학에 전적으로 쓸모없다고 주장했다.[727] 음악적 아름다움은 정신적 본성을 가지고 있으며 그 자체가 의미로 가득하다. 즉, 거기에는 사고가 들어가 있다. 하지만 이는 음악적인 사고다. "소리를 일으키는 형식들은 공허한 것이 아니라 완벽하게 채워져 있다. 그것들은 어떤 공간의 범위를 표시한 단순한 선들과는 다르다. 그것들은 신체를 가지고 있는 정신이며, 자신이 육화되었을 때의 재료를 스스로에게서 뽑아내고 있는 정신이다. 음악은 아라베스크라기보다는 그림이다. 단, 그 그림의 주제는 말로 표현될 수도 없고, 정확한 개념으로 한정될 수도 없다. 음악 안에는 의미도 존재하고 연관도 존재하지만 이것들은 분명하게 음악적인 본성을 가진 것들이다. 음악은 우리가 이해하고 말하는 언어지만, 번역되는 것은 불가능한 언어다."[728] 한슬릭은 음악이 감정들의 특성을 묘사하는 것은 아니지만, 느낌의 역동적인 국면이나 정조를 묘사한다고는 주장한다. 명사는 아니라도 형용사이기는 하다는 것이다. 그것은 "속삭이는 부드러움"이나 "맹렬한 용기"가 아니라, "속삭이는"과 "맹렬한"을 묘사한다.[729] 이 책의 근간을 이루는 것은 음악에서 형식과 내용이 분리될 수 있음에 대한 부정이다. "음악에서 형식과 대조되는 내용은 있을 수 없다. 왜냐하면 내용 외부의 형식이란 있을 수 없기 때문이다." "아무거나 당신의 머리에 떠오르는 하나의 모티프를 예로 들어보자. 그것의 내용이 무엇이고 그것의 형식이 무엇인가? 어디서 내용이 시작되고 형식이 끝나는가? [……] 당신은 무엇을 내용이라고 부르고자 하는가? 소리? 좋다. 그러나 그것은 이미 형식을 부여받은 상태다. 당신은 무엇을 형식이라고 부를 것인가? 역시 소리를? 그러나 그것은 이미 채워진 형식, 내용을 공급받은 형식이다." 그러한 관찰들은 예술의 본성에 대한 예리한 통찰을 보여준다. 비록 학문적으로 정식화되었거나 하나의 체계로 구성된 것은 아니지만 말이다. [하지만] 한슬릭 자신은 음악만이 가진 특수성을 다루고자 했을 뿐 이것이 모든 예술 형식을 이루는 보편적인 특성이라고는 생각하지 않았고,[731] 그랬기 때문에 좀 더 높은 시각에 이르지는 못했다.

특정 예술 분야를 전문적으로 다뤘던 또 다른 미학자는 콘라트 피들러다. 그는 조형예술에 관한 많은 글을 썼는데, 그중 가장 중요한 것은 『예술적 활동의 기원』(1887)이다.[732] 아마도 예술의 활동적 성격을 피들러보다 더 잘, 더 유창하게 강조한 사람은 없었을 것이다. 그는 예술의 그러한 측면을 언어와 비교했다. "예술은 정확히 직관(지각)이 끝나는 곳에서 시작된다. 예술가가 일반 사람들과 다른 것은 그가 특별한 지각적 태도를 가져서 그 덕에 좀 더 많은 것을 더욱 강렬하게 지각할 수 있다거나, 아니면 그 덕에 그의 눈이 선택하고 수집하고 변형하고 고상하게 하고 명료하게 하는 어떤 특별한 힘을 가지게 되었다거나 해서가 아니다. 그보다는 지각에서 얻은 것을 즉각적으로 직관적 표현으로 넘겨주는 그의 특별한 재능 때문에 예술가인 것이다. 그가 자연과 맺는 관계는 지각적인 것이 아니라 표현적인 것이다." "수동적으로 세계를 응시하며 서 있는 사람은 자신이 거대하고, 풍부하며, 다채로운 전체로서의 가시적 세계를 소유하고 있다고 상상하는 것이 당연하다. 아무런 피로도 느끼지 않은 채 자신이 시각적 인상의 무한한 덩어리를 가로질러 다닌다는 점, 자신의 의식 속에서 표상들이 날아다니는 속도가 엄청나다는 점 등이 그로 하여금 자신은 지금 거대한 가시적 세계의 한복판에 서 있음을 믿게 만든다. 비록 어느 한순간이라도 그 전체를 자신에게 표상해보라 하면 당연히 그는 그렇게 할 수 없겠지만 말이다. 그러나 그렇게 거대하고, 풍부하고, 무한한 이 세계는 예술이 그 세상의 주인이 되고자 하는 그 순간 사라져버린다. 이 미명으로부터 벗어나 명료한 시각을 얻어보려는 바로 그 최초의 노력은 보여지는 사물들의 범위를 제한한다. 예술적 활동이란 바로 이러한 집중, 의식이 명료한 시각을 향해 첫 발을 내디디게 하는 그러한 집중의 연속으로 생각될 수 있다. 이는 오직 의식이 스스로 부과한 제한에 의해서만 달성된다." 여기에서 정신적인 과정과 신체적 과정은 불가분의 전체를 이루는데, 이것이 바로 표현이다. "이러한 활동은 정신적인 것이므로 완전히 다 결정되어 있고, 만져질 수 있고, 감각적으로 드러날 수 있는 형태들로 이뤄져야 한다." 예술은 학문에 예속되어 있지 않다. 학자와 마찬가지로 예술가도 자연적인 지각의 상태를 탈피하여 그 자신의 세계를 만들기를 욕구한다. 그러나 우리가 접근할 수 있는 영역들 중에는 사고와 학문의 형식들을 통해서는 안 되고 오직 예술을 통해서만 뚫고 들어갈 수 있는 영역들이 있다. 엄밀히 말해 예술은 자연의 모방이 아니다. 왜냐하면 자연이란 곧 이러한 혼돈스러운 지각과 표상의 덩어리를 말하는 것이기 때문이다. 이것이 참으로 빈약한 것임은 이미 보여주지 않았는가? 하지만 또 다른 의미에서 예술을 자연의 모방으로 부를 수도 있겠는데, 예술의 목표가 개념을 상술하거나 감정을 불러일으키는 것이 아니고, 지성과 감정의 가치들을 만들어내는 것이라고 하는 한에 있어서는 그렇다. 예술이 정말로 이런 가치들을 만들어낸다고 해도 좋다. 단, 이는 완전한 가시성이라는 하나의 매우 특유한 성질로만 그렇게 한다. 우리는 여기에서 예술의 참된 본성에 대한, 한슬릭이 했던 것과 같은 제대로 된 생각, 살아있는 이해를 만난다. 단지 더 엄밀하고 철학적인 방식으로 표현되었을 뿐이다. 피들러와 연결된 인물로 그의 친구인 아돌프 힐데브란트가 있다. 힐데브란트는 특히 자신의 이론적 논의들을 자신이 추구했던 예술인 조각을 통해 설명함으로써 예술의 모방적인 성격과 대조되는 활동적 혹은 건축적 성격을 고부조로 새겨넣었다.[733]

이러한 이론들의 좁은 범위, 베르그송

우리가 피들러나 같은 경향의 다른 이들의 이론에서 주로 아쉬워하는 것은 예외적인 재능을 타고난 사람이 만들어내는 예외적인 어떤 것으로서의 미적 사실이 아니라 보통의 인간의 부단한 활동으로서의 미적 사실에 대한 생각이 없다는 것이다. 인간의 활동이 미적인 사실인 이유는 인간이 오직 표상-표현의 형식으로만 세계를 소유하며 오직 자

미학

신이 창조하는 세계만을 알기 때문이다.[734] 또한 이 저자들은 언어를 예술과, 혹은 예술을 언어와 평행한 것으로 다뤘는데 이것도 정당화되지 않는다. 왜냐하면 비교는 최소한 부분적으로라도 다른 대상들 간에 이뤄지는 것인데, 예술과 언어는 동일한 것이기 때문이다. 같은 비판이 프랑스 철학자 베르그송에게도 가해질 수 있다. 그는 자신의 저서인 『웃음』[735]에서 피들러와 매우 유사한 예술 이론을 표명했고, 일상적으로 사용하는 언어와 비교할 때, 예술적 능력이란 독특하고 예외적인 것이라 생각한 점에서 피들러와 똑같은 실수를 저질렀다. 베르그송이 말하기를, 일상의 삶 속에서 사물들의 개별성은 우리의 주의를 끌지 못한다. 우리는 오직 우리의 실용적 필요가 요구하는 만큼을 사물들에서 본다. 언어는 이러한 단순화를 돕는다. 고유명사를 제외하면 모든 이름들은 종이나 유의 이름들이기 때문이다. 그러나 때때로 자연은 마치 무심결에 정곡을 찌르는 것처럼 더 섬세하고 냉철한 영혼(예술가)을 만들어낸다. 그들은 일상적 삶의 색채 없는 기호와 이름표 아래 숨겨진 풍부함을 발견하고 드러내며, 자신들이 본 것을 다른 이(비예술가)도 볼 수 있도록 돕는다. 이 목적을 위해 그들은 색, 형태, 말들의 리듬 있는 연결, 그리고 인간에게 훨씬 더 본질적인 삶과 호흡의 리듬, 즉 음악의 소리와 음조를 동원한다.

바움가르텐에게로 되돌아가려는 헤르만의 시도

건강한 측면에서 바움가르텐으로 돌아가자는 움직임, 즉 후대의 발견이 던져주는 빛에 따라 오래된 철학자의 이론들을 재생하고 수정하는 움직임은 낡은 관념론 형이상학의 붕괴 이후 미학에 어느 정도 도움을 주었다고도 볼 수 있다. 이로 인해 예술이라는 개념을 보편성을 가진 것으로 생각하게 되었고, 순수하고 진정한 직관적 지식으로서의 예술의 정체성을 발견하는 데로 나아갔다는 점에서 본다면 말이다. 그러나 1876년에 바움가르텐에게로 귀환하자고 역설했던[736] 콘라트 헤르만은 아마도 좋은 동기로 그랬을 테지만, 좋지 못한 결과를 만들어 냈다. 그에 따르면 미학과 논리학은 규범학이다. 그러나 미학과 달리 논리학의 경우에는 "사고 능력을 외적 대상들에 적용할 특정 범주"가 없다. 또한 "학문적 사고의 결과와 산물은 예술적 발명만큼 그렇게 외적이지도 감각적으로 직관적이지도 않다." 논리학과 미학은 둘 다 영혼의 경험적인 생각과 느낌이 아니라, 순수하고 절대적인 사고와 감각에 주목한다. 예술은 개별자와 보편자의 중간에 서 있는 표상을 구성한다. 아름다움은 특정한 완벽함, 즉 사물의 본질적인, 혹은 소위 그것이 당연히 가져야 할 특징을 표현한다. 형식은 "외부적으로 보이는 사물의 감각적인 한계, 혹은 사물 외관의 양태다. 이는 사물 그 자체의 핵심 및 그것의 본질적이고 실질적인 내용과는 반대되는 것이다." 내용과 형식은 둘 다 미적이고, 미적 관심은 아름다운 대상 전체에 관련된다. 예술적 활동은 사고가 발화될 때 사용되는 것과 같은 특별한 기관을 가지지 않는다. 사전 편찬자와 마찬가지로 미학자는 음조와 색채, 그리고 그것들에 붙여질 가능성이 있는 서로 다른 의미들과 관련하여 사전을 편찬할 과업을 가지고 있다.[737] 우리는 헤르만이 서로 가장 상반되는 명제들을 나란히 받아들였다는 것을 알 수 있다. 그는 심지어 황금분할이라는 미학적 법칙조차 받아들이고, 그것을 비극에 적용한다. [황금분할된 선에서] 더 긴 쪽 부분은 비극의 영웅이고, 그에게 가해지는 징벌(선 전체)은 그의 죄를 능가한다. 그가 통상적인 한도(선의 짧은 부분)를 넘어선 것에 비례해서 말이다.[738] 이는 거의 농담처럼 들린다.

월리 네프(1898)가 쓴 매우 작은 책자에는 바움가르텐이 직접적으로 언급되어 있지는 않지만 미학의 개혁이 필요하며 미학은 "직관적 지식의 학문"으로서 다뤄져야 한다는 제안이 담겨 있다.[739] 네프는 말 못하는 짐승들도 그가 말하는 "직관적 지식"을 공유한다고 하는데, 그러면서도 그는 형식적 측면(직관)과 소재적 측면, 즉 내용(지식)을 구분하고, 사람들과 그들의 놀이와 그들의 예술 사이의 일상적 관계들을 모두 직관적 지식에 속하는 것으로 간주하고 있다.

미학

영국의 미학사가인 보상케(1892)는 내용과 형식 간의 절충을 표현의 통일성에서 찾고자 했다. 보상케가 그의 『역사』의 서문에 쓴 바에 따르면, "아름다움이란 감각적 지각이나 상상을 위한 특징적이고 개별적인 표현성이면서도 동시에 보편적 혹은 추상적 표현성의 조건들을 따른다." 또 다른 단락에서 그는 다음과 같이 말한다. "특징적인 표상들에는 장식적 형식들이 결합되어 있다. 하나하나 단독으로 고려된 각각의 형식에 추상적 의미가 붙는 것처럼 결합된 형식들에도 중심 의미가 붙어 있다. 그런데 형식들이 애초부터 가지고 있었던 본질적 성격을 심화시킴으로써 이 결합이 표상의 중심 의미를 보여줄 수 있음을 어떻게 보일 수 있는가? 진정한 미학이 가지고 있는 난제는 이것이다."[740] 그러나 독일 미학의 두 학파(내용주의와 형식주의) 사이의 대립에서 시사되고 있듯이, 우리 생각에 이 문제는 해결될 수 없다.

표현의 미학: 현재 상황

데 상크티스는 이탈리아에서 미학의 학파를 세우지 않았다. 그의 생각은 이내 잘못 이해되었고, 그것을 바로잡겠다고 나선 사람들에 의해 훼손되었으며, 실제로 예술이란 작은 내용과 작은 형식으로 이뤄지는 것이라는 케케묵은 수사학적 예술관으로 되돌려졌을 뿐이다. 10년 전쯤 부터나 비로소 역사의 본성[741]과 역사가 예술 및 학문과 어떤 관계를 맺는지에 대한 논의들로부터 자라난 [표현의 미학에 기여하는] 철학적 연구들이 되살아났는데, 이는 데 상크티스의 유작[742]의 출판으로 촉발된 논쟁에 의해 증진되었다. 역사와 학문 사이의 관계, 그리고 그들 간의 차이점 혹은 대립과 관련된 똑같은 문제가 독일에서도 다시 나타났는데, 다만 그것은 미학의 문제와는 진정한 연관 없이 제기되었다.[743] 이러한 탐구와 논의들, 파울과 다른 몇몇 사람들의 작업에서 보

이는 철학을 잉태한 언어학의 재건은 신비주의의 산봉우리나 실증주
의와 감각주의의 낮은 평원에서 발견될 수 있는 것보다 훨씬 더 우호
적인 근거를 미학의 학문적 발전을 위해 제공하는 것으로 보인다.

XIX. 개별 이론들의 역사

미학사의 결론

우리는 역사의 마지막에 이르렀다. 우리는 이제껏 미학적 개념들을 발견하는 과정에서 겪게 된 진통들을 살펴보았고, 이 개념들이 잊혔다가 이내 되살아나고 재발견되는 변천 과정들을 살펴보았으며, 이 개념들을 확정하는 과정에 나타난 동요와 실패들을, 그리고 사멸했다고 생각되던 고대의 오류들이 위세등등하게 재기했던 일들을 살펴보았다. 그 결과 우리가 미학다운 미학을 거의 본 적이 없다고 해도 매우 근거 없는 주장은 아닌 듯하다. 심지어 최근 200년간의 활발한 연구를 포함한다고 해도 말이다. 매우 특별한 지성들만이 그런 목표에 도달하여 활력과 논리를 갖고 자신들의 견해를 의식적으로 견지할 수 있었다. 물론 철학자가 아닌 저술가들, 예술비평가들, 예술가들의 글로부터도, 더 나아가 널리 받아들여진 의견들이나 관용어구들로부터도 이런 예외적 지성들의 견해와 동일한 참된 주장들을 뽑아내는 것이 가능하기는 하다. 이런 일이 가능하다면 이 소수의 철학자들의 견해가 고립된 것이 아니라 지지자들의 무리에 둘러싸여 있으며 일반적인 사고방식과 보편적인 상식에 완전히 일치해 있다는 것이 드러날 것이다. 그러나 철학적 리듬이란 더 큰 활력을 갖고 통상적인 의견으로 돌아오기 위해 그것에서 벗어나는 것이라는 실러의 말이 옳은 것이었다면,

그러한 벗어남은 필수적인 것이고 학문을 성장하게 하며 이것이 학문 자체라는 것은 명백하다. 이 지루한 과정 동안 미학은 오류들을 범했는데, 그것들은 진리에서 이탈하는 것이기도 했고 그것에 이르려는 시도들이기도 했다. 고대의 소피스트들과 수사학자들 및 18세기와 19세기 후반의 감각주의자들이 대변하던 쾌락주의, 아리스토파네스와 스토아철학자들과 로마 절충주의자들과 중세 및 르네상스의 저술가들의 입장이었던 도덕주의적 쾌락주의, 플라톤과 교부들 및 중세의 몇몇 엄격주의자들과 심지어 근대의 일부 엄격주의자들까지도 견지하던 금욕주의적이고 논리적인 쾌락주의, 그리고 끝으로, 플로티노스에게서 처음 나타나 독일 고전 철학기에 결국 전성기를 구가할 때까지 거듭하여 다시 나타난 미학적 신비주의가 그러한 것들이었다. 사유의 밭을 온갖 방향으로 갈아 일구는 이러한 다양하게 잘못된 경향들의 한가운데에 가느다란 황금빛 개울이 흐르는데, 이것은 아리스토텔레스의 명민한 경험주의, 비코의 힘 있는 통찰력, 슐라이어마허와 훔볼트와 데 상크티스 및 그들을 따랐으나 주장의 강도는 약했던 다른 이들의 분석적 작업에 의해 형성된 것이다. 이 일련의 사상가들은 우리로 하여금 미학이라는 학문이 더 이상 미지의 것으로 남아 있는 것은 아님을 깨닫게 하는 데 충분하다. 그러나 동시에 그들이 그토록 소수이고 그토록 자주 경시되거나 무시되거나 논박된다는 사실은 미학이 아직은 요람기에 있음을 증명한다.

학문의 역사와 특수한 오류들에 대한 학문적 비판의 역사

한 학문의 탄생은 한 생명체의 탄생에 비할 수 있다. 차후의 발전은 모든 삶이 그렇듯 온 방면에서 자신의 행로에 잠복해 있는 일반적이고 특수한 어려움들과 오류들에 맞서 싸우는 과정이다. 오류의 형태들은 극도로 많고 서로 뒤섞이며, 때로는 진리와 섞이기도 한다. 그 복잡한 양상들 역시 셀 수도 없이 많다. 하나를 뽑아내면, 그 대신 다른 하나가 나타난다. 근절되었던 것들이 다시 나타나기도 한다. 결코 같은 모습으로는 아니지만 말이다. 이래서 학문에서 비판은 끊임없이 필요하며 휴지나 완료가 불가능하다는 생각, 즉 학문이 후속 논의를 낳지 못한 채 종료되는 일은 없다는 생각이 나온다. 일반적이라 부를 수 있는 오류들, 즉 예술 개념 자체에 대한 부정들은 이 책의 역사 부분에서 때때로 언급되었다. 이로부터 알 수 있는 것은 단순히 진리를 주장하는 것만으로는 상대방이 차지한 영토를 항상 탈환할 수 있는 것은 아니었다는 점이다. 한편 특수한 오류들이라고 부를 수 있는 것들은 서로 혼란스럽게 뒤섞인 상태에서 벗어나고 현혹하는 표현을 떼어버리고 나면 결국 세 종류가 될 텐데, 그것들은 이미 이 저술의 전반부, 즉 이론적 부분에서 비판되었다. 이 오류들은 미적 사실이 (a) 어떤 특유한 성질을 갖는다는 데 반하는 오류이거나 (b) 어떤 종적인 성질을 갖는다는 데 반하는 오류이거나 (c) 어떤 유적인 성질을 갖는다는 데 반하는 오류다. 말하자면 그것들은 미적 사실을 구성하는 세 요소, 즉 그것이 직관이고 이론적 관조이며 정신적 활동이라는 특성 각각에 대한 부정을 수반할 수 있다. 우리는 이제 이 세 범주로 구분되는 오류들 중에서 가장 커다란 중요성을 가졌던, 혹은 오늘날까지도 그러한 중요성을 갖고 있는 것들의 역사를 약술할 것이다. 이는 본격적인 역사이기보다는 오히려 역사적 에세이가 될 것인데, 이러한 개별적 오류들에 대한 비판을 통해 보더라도 미학은 요람기에 있다는 것을 충분히 알 수 있을 것이다. 이 오류들 중에서 어떤 것들은 쇠락하여 거의 잊혔다고 생각될 수도 있겠지만, 그렇다고 그것들이 사멸한 것은 아니다. 그것들은 학문적 비판에 의해 적법한 종언에 이른 것이 아니다. 망각이나 본능적 거절은 학문적 부정과 같은 것이 아니다.

1. 수사학 혹은 잘 치장된 형식에 대한 이론

고대의 의미에서의 수사학

중요성의 등급에 따라 진행하자면, 검토될 이론들 중에서는 수사학 혹은 잘 치장된 형식에 대한 이론이 첫 번째로 고려되어야 한다.

근대에 "수사학"이라는 말에 부여된 의미, 즉 잘 치장된 형식(ornate form)에 대한 학설이라는 의미는 고대인이 수사학에 대해 생각했던 의미와 다르다는 것을 말해둘 필요가 있다. 근대적 의미의 수사학은 무엇보다도 표현법(elocution)의 이론이다. 하지만 고대 수사학에서 표현법은 중요한 비중을 갖지 못한 한 부분에 불과했다. 전체적으로 보면, 고대 수사학은 변론가들과 정치가들을 위한 안내서나 편람으로 정밀하게 이뤄져 있었다. 그것은 두세 가지 "양식들", 즉 법정양식, 심의 양식, 입증 양식에 관여했고, 말로 어떤 효과를 달성하려는 사람들에게 조언을 해주거나 본보기를 제공했다. 수사학에 대한 가장 정확한 정의는 그것의 창안자들, 즉 엠페도클레스의 문하생들인 최초의 시칠리아 수사학자들(코락스, 테이시아스, 고르기아스)이 제시한 것인데, 수사학은 설득의 창조자라는 말이 그것이다. 수사학이 하는 일은 듣는 이에게 어떤 믿음, 어떤 마음 상태를 만들어내도록 언어를 사용하는 방법을 보여주는 것이다. 이에 따라 "약한 주장을 강하게 만들기", "상황에 따라 증가시키거나 감소시키기" 등의 어구, "상대가 어떤 일을 진지하게 생각하면 그것을 농담거리로 변화시키고, 그가 그것을 농담거리로 생각하면 그것을 심각한 문제로 변화시키라"는 고르기아스의 조언,[744] 그리고 이와 유사한 많은 격률들이 잘 알려지게 되었다.

이러한 방식으로 행위 하는 사람은 자신이 말하려는 바를 아름답게 말하는 자이니 미적인 성취를 거둔 사람이기도 하지만, 특히 실천적인 목표를 염두에 두고 있는 실천적인 사람이기도 하다. 그러나 실천적인 사람이기에 그는 자신의 행위에 대한 도덕적 책임을 회피할 수 없다. 바로 이 점이 플라톤이 수사학에 대항할 때, 다시 말해 유창한 정치적 협잡꾼들 및 파렴치한 변론가들과 대중연설가들에 대항할 때 주목하던 점이었다. 플라톤이 (좋은 목적과 분리된 경우의) 수사학은 질책할 만하고 신뢰할 수 없는 것이며, 감정을 불러일으키는 방향으로 치우친 것이고, 건강을 파괴하는 음식물이나 아름다움을 해치는 그림 같은 것이라고 비난한 것은 전적으로 옳았다. 수사학이 윤리학과 결합되어 영혼의 참된 인도자가 되었다고 해도, 플라톤의 비판이 오로지 그것을 오용한 자들만을 향한 것이었다고 해도(아리스토텔레스에 따르면, 덕성 자체를 제외하고는 모든 것이 오용되기 쉽다), 수사학이 정화되어 키케로가 바라던 바와 같은 연설가를 연설가들의 학교로부터가 아니라 아카데미아에서의 산책으로부터[745] 낳고, 퀸틸리아누스와 함께 연설가에게 말하는 데 능한 좋은 사람[746]이어야 한다는 의무를 부과했다고 해도 아직 수사학은 대단히 상이한 인식들의 비체계적 집적물로서 결코 정식 학문이라고 여겨질 수 없다는 사실은 변치 않고 남아 있다. 그것은 감정에 대한 기술, 정치와 재판의 제도들에 대한 비교, 생략삼단논법에 대한 이론과 개연성을 갖는 결론에 이르는 증명, 교육적이고 대중적인 설명, 문학작품 중의 연설 연습, 논변 연습, 모범 연설 흉내 연습, 모범 연설 기억 연습 등에 대한 이론을 포함하고 있었다.

풍부하고 이질적 성분으로 이뤄진 이 고대 수사학의 내용(고대 수사학은 기원전 2세기에 템노스 출신 헤르마고라스의 수중에서 최고의 발전에 이르렀다)은 고대 세계의 쇠락 및 정치적 조건들의 변화에 따라 점차 그 양이 줄어들었다. 중세에 고대 수사학은 부침을 겪었고, 수사학 공식들을 모아놓은 책들과 언변술에 대해 논의한 책들에 의해 (그리고 이후에 설교술에 관한 논문들에 의해) 부분적으로 대체되기도 했지만, 여기는 이를 논할 자리가 아니다. 파트리치와 타소니 같은 저술가들은 그들의 시대에 그것이 사라진 이유를 제시했지만, 이를 인용할 자리도 아니다.[747] 그러한 역사는 충분히 쓸 가치가 있겠지만, 이것은 여기에서 할 일이 아니다. 수사학의 이 잡다한 지식의 덩어리를 침식하는 조건들이 모든 방면에서 작동하고 있었고 그 와중에 비베스와 라무스, 그리고 파트리치조차 수사학은 체계적 학문이 아니라는 관점에서 분주히 비판을 전개했다는 점만을 언급하기로 하자.

비베스와 라무스와 파트리치의 비판

비베스가 강조한 것은 웅변을 도덕성과 통합하고 연설가는 **좋은 사람**이어야 한다고 주장하며 **모든 것**을 수용하던 고대 논자들이 지닌 방법의 혼란상이었다. 그는 고대 수사학의 5분의 4를 비본질적인 것으로 여겨 거부했다. 말하자면 기억은 모든 기술에서 필요한 것이기에, 발상은 개별 기술들 각각에 속하는 문제이기에, 낭송은 외적인 것이기에, 배열은 발상에 속하는 것이기에 거부했다. 그는 표현법만을 존속시켰는데, 이는 연설의 내용이 아니라 방식을 다루는 것이었다. 그리고 그는 그것을 확장하여 앞서 언급된 세 가지 양식이나 종류를 넘어 역사 이야기, 교훈담, 서한, 소설, 시까지 포함하도록 했다.[748] 고대에는 그러한 확장을 시도한 경우가 드물었다. 가끔 어떤 수사학자가 역사의

미학

부류와 서한의 부류가 수사학에 포함되어야 한다고 제안한 적은 있었다. 그는 심지어 (반대에도 불구하고) "무한한" 물음들, 즉 학문적이거나 철학적인 부류에 해당되는 것으로서 실제적으로 적용되지 않는 그저 이론적일 뿐인 물음들조차 수사학에 포함되어야 한다고 제안하기도 한다.[749] 다른 이들은 사람들이 모든 기술들 중 가장 어려운 것인 법정 연설에 숙달하고 나면 그 밖의 모든 것은 놀이 같다고 한 키케로에게[750] 동의했다. 라무스와 그의 제자 탈롱은 아리스토텔레스, 키케로, 퀸틸리아누스가 모두 변증술과 수사학을 혼동했다고 비난했다. 그리고 그들은 "표현법"만이 수사학에 속하도록 허용되어야 한다는 것에 대해 비베스에게 동의하면서 발상과 배열을 변증술에 할당했다.[751] 다른 한편으로 파트리치는 변증술과 수사학을 모두 "학문"이라 칭하기를 거절했다. 이런 입장에서 그는 그것들을 어떤 개별적인 문제도 (심지어 세 부류조차) 포함하고 있지 않은 단순한 "능력들"로 인식했으며, 단지 "변증술"이라는 용어를 필연적인 것에 대한 대화 형식의 증명을 가리키는 데 사용하고 "수사학"이라는 용어를 의견에 속하는 영역에서 설득을 지향하는 조리 있는 담화를 가리키는 데 사용함으로써 그것들을 구별했을 뿐이다. 파트리치는 "이야기의 짜임새"가 연설가들에 의해서와 마찬가지로 역사가들과 시인들과 철학자들에 의해 사용된다고 말하는데, 이렇게 하여 그도 비베스의 견해에 가까워진다.[752]

근대로 이어진 수사학 학설

이러한 의견들에도 불구하고 수사학적 이론이라 불렸던 것들은 계속하여 강단에서 번영했다. 파트리치는 잊혔다. 라무스와 비베스가 (산체스와 케커만 같은) 몇몇 추종자들을 가졌다고 해도 그들은 일반적으로 전통주의자들에 의해 혐오거리로 내세워졌다. 마침내 수사학은 캄파넬라가 그의 『합리적 철학』에서 다음과 같은 선언을 했을 때, 철학에서 지지자를 얻었다. "수사학은 어떤 의미에서는 영혼의 감정들을 이끌고 이 감정들 자체를 통해 열의를 불러일으키는 마술의 조각이다. 추구되어야 할 것이든 회피되어야 할 것이든 그것이 원하는 쪽으로 말이다."[753] 바움가르텐은 수사학 덕분에 미학을 발견론과 방법론과 기호론으로 (발상과 배열과 표현법에 상응하는) 삼분할을 할 수 있었고, 이를 나중에 게오르크 프리드리히 마이어가 채택했다. 마이어의 수많은 저술들 중에는 『심금을 울리는 방법 일반에 대한 이론』이라는 제목의 작은 책이 있는데,[754] 이것은 그가 미학적 학설을 위한 심리학적 입문이라고 여긴 책이다. 다른 한편으로 『판단력 비판』에서 칸트는 아름다운 외관과 변증술적 형식을 수단으로 하는 웅변의 기술 혹은 설득의 기술이라는 의미의 연설술은 화려한 언변과 구별되어야 한다고 말한다. 그리고 자기의 목적을 이루기 위해 사람들의 약함을 이용하는 웅변 기술은 "존중할 가치가 없다"고도 한다.[755] 하지만 강단에서 그것은 유명한 편집서들이 많이 출간되면서 번영을 구가했다. 그것들 중에는 프랑스의 예수회 신부 도미니크 드 콜론의 것이 포함되어 있었는데, 그것은 불과 몇십 년 전까지도 사용되었다. 심지어 오늘날에도 우리는 이른바 문학 교본들에서 고대 수사학의 흔적을 발견한다. 특히 웅변 기술을 다루는 항목들에서 말이다. 그리고 재판 연설이나 종교 연설에 관한 새로운 참고서들이(오르틀로프, 웨이틀리 등이 쓴 책들이[756]) 오늘날 드물기는 하지만 실제로 세상에 나오고 있다. 그럼에도 고대적 의미의 수사학은 학문들의 체계에서 사라졌다고 할 수 있다. 오늘날의 철학자가 캄파넬라를 좇아 합리적 철학의 한 항목으로 수사학을 다루려 하지는 않을 것이다.

수사학의 근대적 의미: 문학적 형식의 이론

이 과정의 보상으로서 표현법과 아름다운 연설에 대한 이론이 근대에 이르러 점진적으로 강조되었고 학문적 형식을 얻게 되었다. 그러나 우리가 본 바와 같이 그러한 학문관은 고대의 것이다. 이제 보게 될 이중적 형식의 학설과 잘 치장된 형식의 개념에 의거하는 설명의 양식 또한 고대의 것이다.

치장 개념

사람들이 공공 집회에서 시인들의 낭송[757]이나 웅변 경연을 들음으로써 말의 가치에 주목하게 되자 자동적으로 마음에 떠오른 것이 "치장(ornament)"이라는 개념이었을 것이다. 좋은 말하기와 나쁜 말하기, 즐거움을 더 주는 말하기와 덜 주는 말하기, 엄중하거나 장엄한 말하기와 평범하거나 일상적인 말하기 사이에 차이가 있다면, 이 차이는 능숙한 웅변가가 통상적인 말하기라는 바탕천 위에 마치 자수처럼 추가적으로 덧붙이는 무언가에 의거하여 설명된다는 생각은 매우 오래된 것임에 틀림없다. 이러한 고려들은 그리스-로마의 수사학자들로 하여금 꾸밈없거나 순전히 문법적인 형식과 추가물을 포함하는 형식, 말하자면 그들이 "치장", 즉 "kosmos"라고 부르는 형식을 관습적으로 구별하도록 했다. (이를 대표하는 전형적인 인물인 퀸틸리아누스에 따르면) 투명하고 개연적인 내용 이상의 것은 치장된 것이다.[758] 인도인도 마찬가지였는데, 그들은 그리스-로마와는 독립적으로 이 구별에 도달했다.

　치장을 외부로부터 추가된 어떤 것으로 보는 생각은 수사학의 철학자 아리스토텔레스가 치장들 중의 여왕, 즉 은유에 대해 내놓은 이론의 기초를 이룬다. 그에 따르면 은유에 의해 환기되는 커다란 즐거움은 상이한 용어들의 병치 및 종과 유 사이의 관계에 대한 발견으로부터 생겨난다. 이 발견은 "유에 의한 배움과 지식"을 낳는데, 이러한 쉬운 배움은 사람의 즐거움들 중 가장 커다란 것이다.[759] 이러한 그의 설명은 결국 은유가 마음을 위한 일종의 기분전환이자 휴식이자 즐거운 가르침이 된다는 것으로서, 은유는 자신이 다루고 있는 개념에 사소한 부차적 인식을 덧붙여준다고 말하는 셈이 된다.

치장들은 많은 상이한 방식으로 구분되었고, 그 구분된 각각이 또다시 나뉘었다. 아리스토텔레스는 (그리고 이전에는 이소크라테스가, 얼마간 다르게) 꾸밈없거나 치장되지 않은 형식을 다채롭게 하는 치장의 종류들을 방언, 비유와 형용어, 말의 연장과 단축과 축약, 통상적 용법으로부터 이탈된 그 밖의 다른 표현 형식들, 그리고 끝으로 리듬과 화성이라는 표제들로 분류했다. 비유*는 네 종류로 이뤄져 있었는데, 유 대신 종을 사용하는 것, 종 대신 유를 사용하는 것, 한 종 대신 다른 종을 사용하는 것, 유비관계에 있는 말을 대용하는 것이 그것들이다.[760] 아리스토텔레스 이후에 표현법은 특히 테오프라스토스와 팔레론 출신의 데메트리오스에 의해 연구되었는데, 이 수사학자들과 그들의 추종자들은 치장의 분류를 더욱 확고히 했다. 이를 위해 그들은 비유(tropes)를 문채(figures)와 구별하고, 문채를 어휘의 문채와 사고의 문채로, 어휘의 문채를 문법적인 것과 수사적인 것으로, 사고의 문채를 감정적인 것과 성격적인 것으로 구분했다. 비유는 열네 가지 주요 형식으로 구분되었는데, 그것들은 은유, 제유, 환유, 환칭, 의성·의태어, 활용, 대체어, 형용어, 알레고리, 수수께끼, 반어, 완곡, 전치, 과장이었다. 이것들 각각은 또한 아종들로 구분되었고 그 각각에 관련된 결함과 대조되면서 제시되었다. 어휘의 문채는 스무 개 정도에 달했다(동어 반복, 첫마디 반복, 끝마디 반복, 점강·점층, 연결사 생략, 유운 등이 그것들이다). 사고의 문채도 대략 같은 수에 달했다(수사의문법, 의인법, 원인법, 실감법, 격동법, 가장법, 감탄법, 돈호법, 돈절법 등이 그것들이다). 이 구분들이 개별적인 문학 형식들과 관련된 기억을 도와주는 것으로서 어떤 가치이든 갖는다고 해도 합리적으로 생각해본

---

* 여기에서 "비유(substitutions)"는 현재 언급되는 아리스토텔레스의 논의에서 "은유(metaphora)"라고 불리며 설명되고 있는 표현 형식을 가리키는 말이다(아리스토텔레스의 『시학』 21장 1457b6-33 참조).

다면 그것들은 단지 제멋대로 이뤄진 것들일 뿐이다. 많은 종류의 치장이 어떤 때에는 비유로 분류되고 어떤 때에는 문채로 분류되며, 때로는 어휘의 문채로 나타나다가 때로는 사고의 문채로 나타난다는 사실이 이를 입증한다. 그렇게 선포하여 처결하는 개별 수사학자의 임의적인 변덕 이외에는 이러한 변경의 이유가 제시되지 않는다. 그리고 수사학적 범주들이 할 수 있는 기능이 하나 있다면, 그것은 같은 것을 표현하는 두 가지 방식 사이의 상이성을 지적하는 것인데, 이때 그중 하나가 "고유한" 방식인 양 자의적으로 선택되기 마련이다.[761] 따라서 왜 고대인이 은유를 "말이나 표현 방식을 고유한 의미로부터 다른 의미로 훌륭하게 변화시키는 것"이라고 정의하고, 문채를 "통상적이고 우선적으로 제시되는 이야기 방식과는 많이 다른 어떠한 연설의 형성 방식"이라고 정의했는지 그 이유를 알기는 쉽다.[762]

적합한 것이라는 개념

우리가 아는 한 고대는 치장의 이론이나 이중적 형식의 이론에 대해 반대하지는 않았다. 우리는 종종 키케로, 퀸틸리아누스, 세네카 및 다른 이들이 남긴 다음과 같은 말들을 듣는다. "말을 선택하는 것은 사태 자체이고, 달변가를 만드는 것은 심정과 정신의 힘이다. 사태를 파악하라. 말은 따를 것이다. 내가 보기에 말을 찾으려고 고심하는 것은 사태에 대한 불안정한 파악 때문이다." 다시 말하면, "사태에 맞지 않는 말은 아무런 가치도 없다." 그러나 이러한 격률들은 우리 근대인이라면 그것들에 부여할지도 모를 중대한 의미를 지니지는 않았다. 이 격률들은 아마도 치장 이론과 모순되었겠지만, 이 모순은 주목받지 못함에 따라 그 효력을 얻지 못했다. 결국 그것들은 상식의 항변이었지만, 강단의 학설에 담긴 오류들과 대결하기에는 무력했다. 더욱이 강단의 학설은 그것에 본래적인 불합리함을 숨길 현명한 장치를 안전판으로 갖추고 있었다. 치장이 추가물로 이뤄졌다면, 그것은 어느 정도 사용되어야 하는가? 그것이 즐거움을 주었다면, 우리는 그것이 더 많이 사용될수록 더 커다란 즐거움이 얻어진다고 결론지어야 하지 않는가? 그것을 엄청나게 사용한다면, 엄청난 즐거움이 따르겠는가? 이런 물음들은 위험을 지적하고 있었다. 이에 대해 수사학자들은 본능적으로 손에 처음 잡히는 무기를 움켜쥐고 서둘러 방어했는데, 이때의 무기란 바로 "적합함"이라는 개념이었다. 치장은 주의 깊게 사용되어야 한다. 즉, 너무 많이 사용되어서도 안 되고 너무 적게 사용되어서도 안 된다. 중용에 훌륭함이 있다. 즉, 그것은 적합한 만큼 사용되어야 한다. 아리스토텔레스는 "어느 정도" 조미된 양식이 좋다고 한다. 왜냐하면 치장은 음식이 아니라 양념이어야 하기 때문이다.[763] 하지만 "적합함"은 치장 개념과 완전히 불일치하는 개념이었다. 그것은 치장을 파괴하게 될 경쟁자이자 적이었다. 그것은 무엇에 대한 적합함이란 말인가? 물론 표현에 대한 적합함이다. 그러나 표현에 적합한 것이라면 "치장", 즉 외적인 추가물이라고 불릴 수 없다. 표현에 적합한 것은 표현 자체와 일치한다. 그러나 수사학자들은 치장과 적합함 사이의 평화로운 관계를 주장하는 데 만족했고, 그것들을 제3의 개념을 통해 중재하려고 애쓰지 않았다. 위-롱기노스만이 예외가 된다. 그의 선행자인 카이킬리우스는 두세 개 이상의 은유가 같은 곳에 사용되어서는 안 된다고 말했는데, 이에 대한 대답에서 위-롱기노스는 감정이 급류처럼 곤두박질치며 돌진하는 경우에는 더 많은 은유가 사용되어야 한다고 했다. 즉, 그런 경우에는 다수의 비유를 사용하는 것이 필수적이라는 것이다.[764]

중세와 르네상스의 치장 이론

치장 이론은 고대 후기의 편찬물들(예컨대 도나투스와 프리스키아누스의 저술들과 마르키아누스 카펠라의 유명한 알레고리적 논문)과 베데, 라바누스 마우루스 및 다른 이들의 개론서들을 통해 중세로 전승

되었다. 이 시대 전체에 걸쳐 수사학과 문법학과 논리학은 지속적으로 학교에서 가르친 삼과(trivium)를 형성했다. 중세에는 그 이론에 어느 정도 유리하게 작용하는 여건이 형성되어 있었는데, 그것은 당대의 저술가들과 학자들이 죽은 언어를 사용했다는 사실이다. 이런 사실은 아름다운 형식이란 저절로 생겨나는 것이 아니라 추가물이나 자수에 존립한다는 생각을 강화하는 데 도움이 되었다. 르네상스가 진행되는 동안에 치장 이론은 지속적으로 번영했으며, 최선의 고전적 전거들에 대한 연구가 이 이론을 지원했다. 말하자면, 키케로의 저술들뿐만 아니라 퀸틸리아누스의 『연설 교육론』과 아리스토텔레스의 『수사학』이 전거가 되었으며, 여기에 라틴 및 그리스의 이류 수사학자들 다수가 추가되었다. 여기에는 헤르모게네스의 유명한 저술 『연설 유형론』이 있었는데, 이 책을 유행시킨 것은 줄리오 카밀로였다.[765]

심지어 고대 수사학의 조직체를 비판하려고 감행한 저술가들조차 치장 이론은 공격하지 않은 채로 남겨두었다. 비베스는 "그리스인의 과장된 섬세함", 즉 그들이 치장의 종류들을 무한히 구분할 뿐 아무런 빛도 던져주지 못하는 것을 한탄했지만,[766] 치장 이론에 대항하는 명확한 입장을 취하지는 않았다. 파트리치는 고대인에 의해 주어진 치장에 대한 불충분한 정의를 불만스러워했지만, "이야기를 조직"하는 일곱 가지 상이한 방식 — 서술, 증명, 확충, 축소, 반대되는 것을 통한 치장, 고양, 저하 — 뿐만 아니라 치장과 은유도 존재한다고 단언했다.[767] 라무스 학파는 수사학에 사고의 "윤색"이라는 소임을 줄기차게 부여했다. 삶과 문헌이 크게 확대되고 심화된 16세기로 넘어오면, 말은 그것이 표현하려 하는 것에 완전히 의존한다고 주장하는 — 앞서 우리가 고대의 저자들로부터 인용한 바와 같은 — 구절들, 그리고 아름다운 연설을 위한 현학적 형식과 규칙 및 그런 것을 주장하는 현학자들에 가해진 생생한 공격들을 인용하기는 쉬워진다. 그러나 이렇게 한들 무슨 소용이 있겠는가? 치장 이론이 항상 배경에 놓여 있었다. 암암리에 모두에 의해 논박의 여지가 없는 것으로 인정된 채로 말이다. 예컨대, 후안 데 발데스는 문체에 관한 신념을 다음과 같이 고백한다.

"나는 말하는 대로 쓴다. 오로지 내가 말하고자 하는 것을 잘 표현할 수 있는 어휘를 쓰는 것에만 신경을 쓰는데 내가 보기에는 어떤 언어도 오염되지 않은 것이 없기 때문에 가능한 한 가장 단순하게 말하고자 한다." 그러나 발데스는 또한 아름다운 언어가 "경구 또는 상찬 또는 우아함을 다치지 않기 위해 당신이 할 수 있는 최소의 말들로 원하는 것을 말하는 것"[768]에 존립한다고 말하기도 한다. 여기에서 상찬과 우아함은 의미나 내용과 무관하다고 생각되는 것으로 보인다. 몽테뉴에게서 일말의 진리가 보이는데, 그는 수사학자들이 치장을 구분하기 위해 힘들게 수립해놓은 범주들에 대해 다음과 같이 말한다. "환유, 은유, 알레고리 및 문법에서의 그러한 부류의 다른 명사들이 말하는 것을 들어보라. 우리는 [이런 것들을 통해] 언어의 어떤 희귀하고 이국적인 형식을 의미하는 것은 아닐까? 하지만 그것들은 당신의 수레 받침목의 삐걱거림을 바로잡는 쬠쇠다."[769] 말하자면 그것들은 무엇이 되었건 '우선적으로 제시되는 이야기 방식'과 많이 다른 언어일 수는 없다.

17세기의 귀류법

치장 이론이 지지될 수 없다는 사실은 17세기에 이탈리아 문학이 쇠락하던 동안에 처음 인지되었다. 이때 문학작품은 그저 내실 없는 형식들의 놀이에 불과한 것이 되었고, "알맞은" 것이라는 원칙은 실행 속에서 이미 오랫동안 위반된 데다 이제는 이론에서조차 포기되고 망각되었으며, 치장의 기본 원칙에 임의적으로 부과된 한계로 간주되게 되었다. 17세기에 유행했다는 사실로 인해 "17세기 양식"으로 알려져 있는 그 양식은 기발한 착상들로 그득히 채워진 것이었지만, 그것에 반대하는 이들(펠레그리니, 오르시 등)은 그들이 살던 시대의 문학작품이 타락했음을 느꼈다. 그리고 그들은 이 쇠락이 당대의 문학이 더 이상 어떤 내용의 진지한 표현이 아니라는 사실에 기인하는 것임을 의식했다. 그러나 그들은 나쁜 취미의 옹호자들이 전개한 추론에 당혹감을 느꼈는데, 이들은 자신들의 모든 작업이 온갖 세목에 이르기까지 치장에 대한 문학적 이론을 따르고 있음을 증명할 수 있었다. 말하자면, 이 이론은 양쪽 편의 공통 기반이었다. 전자 편에 속하는 이들은 헛되게도 "알맞음", "적당함", "겉치레를 피함" 같은 개념들과 "음식이 아닌 양념"으로서의 치장이라는 개념 및 다른 모든 무기들에 호소했다. 이 무기들은 건강한 문학작품과 건전한 미적 취미가 잘못된 이론을 자동적으로 바로잡던 시기에는 충분한 역할을 했다. 그러나 후자 편에 속하는 이들은 치장이 대량으로 확보되어 있을 때 그것을 사용하기를 삼가거나 위트가 무진장하게 축적되어 있을 때 그것을 과시적으로 발휘하기를 회피할 이유는 없다고 대답했다.[770]

치장 이론에 대한 논박

치장의 남용에 대항하는, 즉 "스페인과 이탈리아의 기발한 착상"에 대항하는(스페인에서 기발한 착상의 지지자는 그라시안이었고 이탈리아에서는 테사우로였다) 같은 식의 반응이 프랑스에서 일어났다. "눈이 부실 듯한 격정은 이 모든 허울뿐인 화려함을 가진 이탈리아에 맡겨라." "사람들이 잘 이해하는 것은 분명하게 표현된다. 그리고 그것을 말하기 위한 표현은 쉽게 온다."[771] 기발한 착상에 대한 가장 예리한 비판자들 중에는 이미 인용되었듯이 『위트 모음집을 통해 잘 생각하는 법』의 저자인 예수회 수사 부우르가 있었다. 수사적 형식들은 격렬한 논쟁의 주제였다. 민족적인 이유로 부우르에 반대했던 오르시(1703)는 위트의 모든 치장 장치들은 매개 용어에 의존하며 수사학적 삼단논법으로 환원될 수 있고, 위트는 거짓된 것처럼 보이는 진실이나 참된 것처럼 보이는 거짓으로 이뤄진다고 주장했다.[772] 이 논쟁이 그 시기에 커다란 학문적 결과를 산출하지 않았다고 해도 최소한 그것은 사람들의 마음이 더 커다란 자유를 갖도록 준비시키는 것이었다. 그리고 우리가 다른 곳에서 말한 것처럼[773] 그것은 비코에게 영향을 미쳤을 수 있다. 말하자면 비코는 시적 상상에 대한 자신의 새로운 개념을 세우면서 이 개념이 수사학 이론의 대대적인 재구성을 수반하는 것이며 수사학이 다루는 비유적 표현과 비유법은 "즐거움에 따른 변덕"이 아니라 "사람의 마음이 갖는 필수요소"라는 결론을 수반하는 것임을 인식하고 있었다.[774]

뒤 마르세와 은유

우리는 바움가르텐과 마이어가 수사적 치장에 대한 이론을 애써 보존하려 했다는 것을 알 수 있다. 반면에 프랑스에서 세자르 셰스노 뒤 마르세는 이 이론을 강력하게 공격했다. 그는 1730년 비유법에 관한 논문을 출판했는데(이것은 그의 『일반 문법』의 일곱 번째 부분이다),[775] 거기에서 그는 은유라는 주제에 대해 이미 몽테뉴에 의해 제시된 견해를 전개한다. 비록 그는 이름을 말하지 않았지만, 필시 몽테뉴에 의해 영감을 얻었을 것이다. 뒤 마르세는 비유적 표현(figure)이 일상적이고 통상적인 방식과는 멀리 떨어진 말의 양태이자 표현의 방법이라고 말해진다는 사실에 주목한다. 그러나 이렇게 말하는 것은 "비유적으로 표현된 것은 비유적으로 표현되지 않은 것과 다르며 비유적 표현은 비유적 표현이지 비유를 결여한 표현은 아니다"라고 말하는 것과 마찬가지로 공허한 구절이다. 다른 한편으로 비유적 표현이 일상적인 말과 멀리 떨어져 있다는 것은 완전히 거짓이다. 그 이유는 다음과 같다. "비유적 표현보다 더 자연스럽고 일상적이며 통상적인 것은 없다. 장날에 장터에서는 여러 날에 걸친 학구적 논의에서보다 더 많은 비유적 표현이 사용된다." 그리고 어떤 말이든 아무리 짧더라도 전적으로 비유적이지 않은 표현들만으로 이뤄질 수는 없다. 그리고 뒤 마르세는 매우 명백하고 자연스러운 표현들이지만, 수사학이 거기에서 돈호법, 유의어 집약법, 수사의문법, 생략법, 의인법이라는 비유적 표현들을 발견할 수밖에 없는 사례들을 제시한다. "사도들은 박해받았고 박해를 인내로 견뎌냈다. 성 바울이 하는 기술보다 더 자연스러울 수 있는 것은 무엇인가? '우리는 욕을 먹고 축복을 하며, 박해를 겪고 견뎌내며, 비방을 받고 간청을 한다.' 그런데도 그 사도는 대조법이라는 훌륭한 비유적 표현을 사용한다. 말하자면 욕하기는 축복하기의 반대이고, 박해는 인내의 반대이며, 비방은 간청의 반대다." 그러나 더 나아가 'figure'라는 말 자체가 비유적으로 표현된 것이다. 왜냐하면 그것은 은유이기 때문이다. 그러나 그러한 명민한 발언들을 하고 나서 뒤 마르세는 결국 스스로 혼동을 겪게 되며 비유적 표현들을 "어떤 특별한 변경을 통해 다른 것들과 차이를 갖게 되는 말의 방식"이라고 정의한다. 그가 말하기를, "이 특별한 변경에 의거하여 각각의 것을 따로따로 하나의 종으로 분류하는 것이 가능하며, 또한 같은 사고의 내용을 그러한 특별한 변경 없이 표현하는 말의 방식에 의해 얻어질 수 있는 것보다 더 생생한 효과, 혹은 더 고상하거나 즐겁게 하는 효과를 주는 것이 가능하다."[776]

심리학적 해석

그러나 비유적 표현에 대한 심리학적 해석은 미학적 비평을 향한 첫 단계로서 여기에서 멈출 수 있는 성질의 것이 아니었다. 『비평의 원리』에서 홈은 자신이 비유적 표현에 관한 수사학의 부분이 합리적 원리로 환원되지 않는 것인지에 대해 오랫동안 의문을 가져왔고, 마침내는 비유적 표현의 본질이 감정적 요소임을 발견했다고 말한다.[777] 따라서 그는 의인법, 돈호법, 과장법을 감정적인 능력에 비추어 분석하려고 노력했다. 1759년부터 줄곧 에딘버러 대학에 재직했던 블레어 교수의 『수사학과 문예에 관한 강의들』에 나오는 가치 있는 모든 것은 뒤 마르세와 홈으로부터 유래한 것이다.[778] 이 강의들은 책으로 출판되어 이탈리아의 학교들을 포함한 유럽의 모든 학교들에서 커다란 인기를 모았으며, 같은 유형의 훨씬 조야한 저술들에 비해 "이성과 분별"을 가지고 있었기에 이 책이 그것들을 대체하게 된 것은 좋은 일이었다. 블레어는 비유적 표현 일반을 "상상이나 감정에 의해 제안되는 언어"라고 정의했다.[779] 유사한 견해가 프랑스에서 마르몽텔의 『문학의 원리』를 통해 공표되었다.[780] 이탈리아에서는 체사로티가 언어의 논리적 요소 혹은 "암호 용어들(cypher-terms)"을 수사적 요소 혹은 "비유 용어들(figure-terms)"과 대조하고, 이성적 연설을 상상적 연설과 대조하는 중이었다.[781] 베카리아는 명민한 심리학적 분석가였음에도 문학적 표현양식이 "어떤 담화에서든 주요부에 추가된 부수적인 생각이나 감정"이라는 견해를 고수했다. 말하자면, 그는 주된 생각을 표현하기 위해 쓰일 지성적 형식과, 주된 생각을 부수적인 생각의 추가에 의해 변경하는 문학적 형식 사이의 구별에서 벗어나지 못했다.[782] 독일에서는 헤르더가 비유법과 은유를 비코처럼 원초적 언어와 시에 본질적인 것으로 해석하려는 노력을 했다.

낭만주의와 수사학, 그리고 오늘날

낭만주의는 치장 이론의 몰락이었으며, 그것을 사실상 쓰레기더미에 던져버렸다. 그러나 그 이론이 영구히 파멸되었다거나 새롭고 정확하게 진술된 이론에 의해 대체되었다고 말할 수는 없다. 미학에 대한 주요 철학자들(우리가 알고 있듯이 기계론적인 치장 이론에 사로잡힌 채로 머물러 있었던 칸트와 예술에 대한 지식이 음악을 약간 알고 수사학을 상당히 아는 정도로 제한되어 있었던 것으로 보이는 헤르더뿐만 아니라 셸링, 졸거, 헤겔 같은 낭만주의 철학자들)은 여전히 은유, 비유법, 알레고리에 바쳐진 단락들을 전통을 위해 엄격한 검토 없이 존속시켰다. 만초니가 수장이었던 이탈리아의 낭만주의는 아름답고 우아한 말에 대한 믿음을 파괴했고 수사학에 일격을 가했다. 그러나 수사학이 그 타격에 의해 죽어 없어졌는가? 낭만주의에 속했던 저술가 루제로 본기가 무의식적으로 용인한 바에 따라 판단하건대, 분명히 그렇지 않다. 그의 『비평 문예』는 두 가지 양식들 혹은 형식들의 존재를 주장하는데, 그것들은 본질적으로는 꾸밈없는 것과 잘 치장된 것 이외의 다른 것이 아니다.[783] 독일의 문헌학 학파들은 그뢰버의 문체 이론을 상당히 일반적으로 받아들였다. 그는 문체를 논리적인(객관적인) 것과 감정적인(주관적인) 것으로 나누는데,[784] 이것은 당시의 근대적 대학들에서 유행하던 심리학적 철학으로부터 차용된 용어법에 의해 감춰진 고대적인 오류다. 같은 취지에서 한 최근의 저술가는 비유법들과 비유적 표현들에 대한 수사학의 학설에 "미적 통각의 형식들에 대한 학설"이라는 새로운 이름을 붙였고, 그것들을 의인법, 은유, 대조법, 상징이라는 네 범주로 나누었다.[785] (고대의 그 많던 범주들이 단지 네 개로 축소되었다!) 비제는 은유를 다루기 위해 책 한 권을 모두 할애했다. 그러나 이 범주에 대한 진지한 미학적 분석을 찾으려고 그 책을 자세히 살펴보는 일은 헛된 시도다.[786]

치장 이론에 대한 최고의 학문적 비판은 데 상크티스의 저술들 전체에 걸쳐 산발적으로 발견된다. 그는 수사학에 대해 강의하던 때 자신이 "반수사학(anti-rhetoric)"이라고 부르던 것을 설파했다.[787] 그러나 심지어 여기에서도 비판은 엄밀하게 체계적인 관점에서 수행되지 않는다. 우리가 보기에 참된 비판은 미적 활동의 본성 자체로부터 부정적으로 연역되어야 하는데, 미적 활동이란 분할되기에 적합한 것이 아니다. 말하자면, a-유형이나 b-유형으로 구분되는 활동 같은 것은 없으며, 같은 개념이 어떤 때에는 한 방식으로, 다른 어떤 때에는 다른 한 방식으로 표현될 수도 없다. 그러한 비판이 '꾸밈없는 형식'과 '잘 치장된 형식'이라는 이중적 괴물을 없애는 유일한 길이다. 전자는 상상력의 조력을 받지 못하는 형식이고 후자는 상상력의 편에 놓인 추가물을 포함하는 형식인데, 상상력이 어떻게 작동하는지는 아무도 제대로 알지 못한다.[788]

2. 예술·문학 장르의 역사

고대: 아리스토텔레스

예술과 문학의 장르들에 대한 이론 및 개별 장르 각각에 고유한 법칙들이나 규칙들에 대한 이론은 거의 언제나 수사학 이론과 마찬가지 길을 걸어왔다.

플라톤에게서는 시를 서사시, 서정시, 극시로 삼분한 흔적이 발견된다. 그리고 아리스토파네스는 시의 종류들의 규준, 특히 비극의 규준에 따른 비평의 사례를 제시한다.[789] 그러나 고대가 우리에게 전해준 것으로서 시의 종류들을 다루는 가장 눈에 띄는 이론적 논의는 바로 "시학"이라고 알려진 아리스토텔레스의 단편 중 대부분을 이루는 비극론이다. 아리스토텔레스가 비극을 정의하기를, 그것은 적당한 크기를 갖는 진지하고 완결된 행위를 대상으로 하며, 극의 상이한 부분들 각각의 요구들에 따라 장식된 언어를 사용하고, 서술이 아니라 행위를 통해 제시되며, 연민과 공포를 수단으로 사용하여 이들 감정으로부터 우리를 해방하거나 정화하는 모방이다.[790] 이어서 그는 비극을 구성하는 여섯 부분, 그중에서도 특히 플롯과 성격에 대해 상세히 설명한다. 16세기 빈센초 마지오의 시대 이후로는 줄곧 아리스토텔레스가 시의 본성 혹은 비극이라는 특수한 형태의 시가 갖는 본성을 다뤘을 뿐 작시를 위한 지침을 제공한다고 공언한 바는 없다고 종종 말해져 왔다. 그러나 피콜로미니는 다음과 같이 대답했다. "아리스토텔레스의 설명이나 이와 유사한 설명들은 거기에 담긴 지침들과 법칙들이 어떻게 준수되고 이행되어야 하는지를 보여주려는 목적으로 제시된다." 마치 망치나 톱을 만들기 위해 사람들은 그것들을 구성하는 부분들을 기술함으로써 시작하듯이 말이다.[791] 우리가 보기에 아리스토텔레스는 추상과 경험적 구분을 이성적 개념으로 변형시키는 오류를 범한 대표자다. 하지만 이러한 오류는 미학적 반성의 초기 단계에서는 거의 불가피한 것이었는데, 이 점에 있어 아리스토텔레스와는 무관하게 발전되었던 산스크리트의 시론도 마찬가지였다. 예컨대, 이 이론은 극의 열 가지 주요 양식과 열여덟 가지 부차적 양식 및 마흔 여덟 종류의 남자 주인공을 정의하고 이에 필요한 법칙을 수립하고 있다. 여자 주인공이 몇 종류나 되는지는 알려진 바 없다.[792]

중세와 르네상스

아리스토텔레스 이후의 고대에 시의 종류들에 대한 이론은 완전하거나 정교하게 전개된 것으로 보이지 않는다. 중세는 이에 관한 학설을 "운율의 기술" 혹은 "즉흥시 방법론"이라고 알려진 종류의 논문들에서 표현했다고 할 수 있다. 아리스토텔레스의 『시학』이 처음 주목을 받았을 때, 아베로에스는 이를 의역하면서 시의 종류들에 대한 이론을 기이하게도 왜곡했다. 말하자면 아베로에스는 비극을 칭송하는 예술로, 희극을 비난하는 예술로 파악하는데, 이것은 결국 전자를 송시로, 후자를 풍자시로 보는 셈이다. 그리고 그는 반전이 대조법과 같은 것, 혹은 달리 말해 어떤 일을 기술할 때 그 일에 반대되는 것에 대한 기술로 시작하는 전략이라고 생각한다.[793] 이러한 왜곡이 우리에게 새로이 보여주는 것은 시의 종류라는 것들이 그저 역사적인 성격의 것들에 불과했다는 사실과, 그것들이 그리스 세계와는 다른 시대와 관습 속에서 살던 사상가에게 순수하게 논리적인 방법으로는 이해될 수 없는 것들이었다는 사실이다. 르네상스시기에 오자 아리스토텔레스의 텍스트는 충분히 장악되었는데, 부분적으로는 주석을 달기도 했고 부분적으로는 왜곡되기도 했으며 부분적으로는 새롭게 해석되기도 했다. 이렇게 하여 시의 종류들과 하위종류들을 엄밀하게 정의하고 불변의 법칙들에 종속시킨 긴 목록을 확립하는 데 성공했다. 그렇게 되자 다양한 주제들에 관한 논쟁이 시작되었는데, 말하자면 서사시나 극시가 갖는 통일성들에 대한 정확한 이해, 상이한 종류의 시에 각각 나오는 등장인물에 적합한 도덕적 성질과 사회적 지위, 플롯의 본성 및 플롯에 감정과 사고가 포함되는지의 여부, 서정시가 참된 시로 인정되어야 하는지의 여부, 비극의 소재가 역사적인 것이어야 하는지의 여부, 희극의 대화가 산문으로 이뤄져도 되는지의 여부, 비극에서 해피엔딩이 허용될 수 있는지의 여부, 비극의 등장인물이 나무랄 데 없는 자여도 되는지의 여부, 시에서 어떤 종류의 삽화가 몇 개나 허용될 수 있는지의 문제, 그리고 삽화들이 어떻게 주된 플롯 속에 통합되어야 하는지의 문제 등이 논쟁 주제들이었다. 카타르시스라는 설명하기 어려운 규칙은 아리스토텔레스의 텍스트에 한 항목으로 담겨진 채로 발견되어 커다란 골칫거리가 되었다. 세니는 다소 천진한 생각에서 비극이 아리스토텔레스가 말하는 효과를 관객이 경험할 수 있도록 완전하고 장려하게 되살아나기를 바랐는데, 이 효과를 바로 "영혼이 온갖 혼란에서 벗어나 평정에 이르게" 하는 "정화"로 보았다.[794]

세 가지 통일성에 대한 학설

16세기의 비평가들과 저술가들이 영예롭게 마무리한 많은 기획들 중에서 가장 잘 알려진 것은 시간과 장소와 행위의 통일성이라는 세 가지 통일성(three unities)*의 확립이다. 그런데 우리는 실로 그것들이 통일성이라고 불리는 이유를 알 수 없다. 왜냐하면 엄밀히 말해 그것들은 기껏해야 시간은 짧아야 하고, 공간은 좁아야 하며, 비극 주제는 어떤 일정한 종류의 행위로 제한되어야 한다는 요구들이라고 불릴 수 있겠기 때문이다. 잘 알려져 있듯이, 아리스토텔레스는 행위의 통일성 하나만을 규정했고, 행위가 하루 내에 이뤄져야 한다는 제한은 순전히 극장의 관습에 의한 것임을 일깨워주었다. 이 마지막 논점에 관하여 16세기의 비평가들은 개인적인 취향이나 기질에 따라 행위에 여섯,

---

* 이 용어는 관례적으로 "3일치"나 "3단일"로 번역되어왔으나, 이 번역서에서는 "three uni-ties"의 어의가 충분히 살아나도록 "세 가지 통일성"으로 옮긴다.

여덟 혹은 열두 시간을 주었다. 그들 중 (세니를 포함한) 어떤 이들은 비극의 플롯을 형성하는 통상적인 소재인 암살과 여타의 폭행들에 특히 좋은 시간인 밤을 포함하여 스물네 시간을 허용했고, 다른 이들은 서른여섯 혹은 마흔여덟 시간으로 한계를 확장했다. 가장 기이한 마지막 통일성, 즉 장소의 통일성에 대한 논의는 카스텔베트로, 리코보니, 스칼리게르에 의해 서서히 전개되었다. 결국 1572년에 프랑스 사람 드 라 타이유가 그것을 기존의 두 통일성에 세 번째 것으로서 결합했고, 1598년에 안젤로 인제네리가 마침내 그것을 더욱 명시적으로 정식화하게 되었다.

장르와 규칙에 대한 시학: 스칼리게르, 레싱

이탈리아의 논문들이 널리 읽히면서 전 유럽에 걸쳐 권위 있는 것으로 여겨지자, 이로 인해 프랑스와 스페인과 영국과 독일에서 시에 대한 학문적 이론을 세우려는 시도가 생겨났다. 이 부류를 대표하는 인물이 율리우스 카이사르 스칼리게르인데, 그는 다소 과장되게 프랑스 위-고전주의 혹은 신고전주의의 진정한 설립자로 간주되었다. 말하자면, 그는 (사람들이 칭하듯) "고전주의라는 바스티유 감옥의 초석을 놓은" 사람으로 간주되었다. 그러나 그가 이런 일을 한 첫 번째 사람도 유일한 사람도 아니었다고 해도 그는 확실히 "이성이 문학작품들에 대해 통치권을 가질 때 따라오는 주요 귀결들을 학설들의 체계로" 옮겨놓는 데 크게 기여했다. 그는 시의 종류들을 세밀하게 구분하고 분류했으며, 그것들 사이에 넘을 수 없는 장벽들을 세웠고, 자유로운 영감과 상상을 불신했다.[795] 스칼리게르의 후예들로는 (헤인시우스 이외에) 도비냑, 라팽, 다시에 및 프랑스의 문학과 극을 지배하던 다른 폭군들이 있다. 부알로는 이 신고전주의의 규칙들을 유려한 문구들로 표현해냈다. 레싱도 이 영역에 발을 들여놓았다는 사실이 주목되어왔는데, 프랑스의 규칙들에 대한 그의 반대는 근본적인 것이 아니었다.

(이것은 어떤 규칙을 세우기 위해 다른 어떤 규칙에 반대하는 성격의 것으로서, 예컨대 1732년에 칼레피오 같은 이탈리아 저술가들이 먼저 했던 일이다.) 레싱은 코르네유와 여타의 [프랑스] 작가들이 아리스토텔레스를 잘못 해석한 반면, 심지어 [영국의] 셰익스피어의 극조차 아리스토텔레스의 법칙들에 부합한다는 것이 밝혀질 수 있다고 주장했다.[796] 그러나 다른 한편으로 그는 규칙이라면 무엇이든 철폐해야 한다는 견해, 즉 천재가 법칙보다 우월하며 천재가 법칙을 만든다는 주장을 통해 그저 "천재, 천재!"라고만 외쳐대는 이들의 견해에 강경히 반대했다. 레싱은 이들에게 다음과 같이 대답했다. 천재가 곧 법칙이라는 바로 그 이유 때문에 법칙은 가치를 갖고 있으며, 또 바로 그 이유로 법칙이 확립될 수 있다. 법칙을 부정한다면 범례나 연습은 무의미해지며, 천재는 그의 첫 시험 비행만으로 끝나게 될 것이다.[797]

타협과 확장

그러나 "장르들"과 그것들의 "경계들"은 오로지 무한히 정묘한 해석과 유비적 확장을 통해, 그리고 다소간 숨겨진 타협을 통해 수세기 동안 유지될 수 있었다. 아리스토텔레스의 양식으로 시학 논의를 하던 이탈리아 르네상스 비평가들은 기사시(chivalric poetry)라는 문제에 직면하게 되었고, 그것을 어떻게든 잘 이해해야 했다. 그들이 이 일을 해낸 방식은 기사시를 고대에 의해 예견되지 않은 시의 종류로 배속하는 것이었다(친티오).[798] 실제로 여기저기에서 엄격주의자의 목소리가 들렸는데, 이는 기사이야기가 영웅시와 조금도 다른 것이 아니며 그저 "나쁘게 쓰인 영웅시"에 불과하다고 항변하는 것이었다(살비아티). 그런데 단테의 시가 이탈리아 문학에서 차지하는 자리를 부정하는 것은 불가능했기 때문에 마초니는 자신의 『단테에 대한 변호』에서 『신곡』이 위치할 적절한 장소를 발견하기 위해 시학의 범주들을 한 번 더 정밀히 검토했다.[799] 이 시기에 익살극(farces)이 등장했는데, 체키의 선언에 따르면(1585), "익살극은 비극과 희극 사이의 위치를 차지하는 세 번째의 새로운 시의 종류다."[800] 구아리니의 『신앙심 깊은 목자』가 출판되었는데, 이 작품은 비극도 희극도 아닌 희비극이었다. 데 노레스는 시민적 삶과 도덕에 관한 철학으로부터 연역된 시의 종류들 중에서는 이러한 침입자에 적합한 항목을 발견하지 못하여 그것을 제외시켜 없애는 데로 나아갔다. 구아리니는 자기가 사랑하는 『목자』를 세 번째의 양식 혹은 혼합된 양식, 즉 현실의 삶을 재현하는 양식에 귀속시켜 이 작품을 위해 용감한 변론을 제시했고 특별한 보호를 요구했다.[801] 또 한 명의 엄격주의자 피오레티(우데노 니지엘리)는 그 시가 "켄타우로스와 히포그리프와 키마이라조차 우아하고 매력적으로 보이게 할 만큼 거대하고 기형적인 시적 괴물이자 [……] 뮤즈에게 수치심을 유발하고 시에 치욕이 되는 것이며, 서로 조화되지 않고 적대적이며 공존하지 못하는 각 구성요소들의 혼합물"이라고 선언했다.[802] 그러나 그 누가 이렇게 호통을 친다고 해서 시의 애호가들이 그들이 좋아하는 『신앙심 깊은 목자』에서 손을 떼겠는가? 같은 일이 마리노의 『아도네』의 경우에도 일어났는데, 샤플랭은 이 작품을 더 나은 정의가 없어서 "평화의 시"라고 칭했다. 다른 지지자들은 그것을 "서사시의 새로운 형태"라고 불렀지만 말이다.[803] 그리고 같은 일이 다시 "코메디아 델 라르테"와 "드라마 무지칼레"*의 경우에도 일어났다. 코르네유의 『르 시드』는 스쿠데리와 전통주의자들을 격노하게끔 한 바 있었는데, 코르네유는 비극에 관한 담화에서 비록 아리스토텔레스에 근거를 둔 입장을 취하기는 했지만, 다음과 같이 말했다. "다소 온건하고 호의적인 해석"이 필요하다. 이는 "우리가 여러 극장에서 성공적으로 공연되는 것을 본 바 있는 많은 시를 억지로 비난하는 일이 일어나지 않도록 하기 위해서다." 그리고 그는 다른 곳에서 "아리스토텔레스와 화해하는 것은 쉽다"라고 말하는데,[804] 이 말은 하나의 문학적 위선이며, 위

---

* 각각 즉흥가면극과 음악극을 가리킨다.

선자 타르튀프의* 윤리를 담은 "하늘과의 화해"라는 어구와 놀랄 만큼 닮았다. 그 이후에는 널리 인정된 시의 종류들이 "시민 비극"과 애처로운 희극의 등장에 의해 늘어났는데, 이 중 후자는 그것에 대한 적대자들에 의해 "눈물 나는" 희극이라는 별칭을 얻었다. 드 샤시롱은[805] 이것들의 새로운 등장을 공격했고, 디드로와 젤레르와 레싱은[806] 옹호했다. 이런 방식으로 시의 종류들에 대한 도식은 부침을 겪으며 매우 초라해졌다. 그럼에도 불구하고 도식의 지지자들은 심지어 위엄을 희생하면서조차 힘을 보유하기 위해 온갖 노력을 다했다. 바로 절대 군주가 주변 사정에 의해 입헌 군주로 변하자 그의 신적인 권리가 곧 국가의 의지와 같은 것이라고 하면서 좀 더 작은 악을 택하는 것처럼 말이다.

규칙 일반에 대한 저항: 브루노, 구아리니

모든 법칙, 즉 법칙 일반에 대항하여 16세기 말에 다양한 정도로 일어난 저항의 시도들이 어떤 성공이라도 거두었더라면, 도식의 지지자들이 이렇게라도 힘을 보유하지는 못했을 것이다. 아레티노는 가장 신성시되는 지침들을 비웃었는데, 그의 희극들 중 하나의 서막에서 그는 다음과 같이 조소적으로 말한다. "당신이 다섯 명 이상의 등장인물이 동시에 무대에 있는 것을 본다고 해도 웃지 말라. 왜냐하면 물레방아를 강에 붙들어 맬 사슬로도 오늘날 희극의 그 얼간이들을 붙들 수는 없기 때문이다."[807] 철학자 브루노 또한 "시의 규칙을 제시하는 이들"에 대항하는 싸움에 참가하여 규칙은 시에서 나오는 것이라고 말했다. 즉, "참된 시인들의 유와 종이 있는 수효만큼 참된 규칙들의 유와 종이 있다." 시의 종류를 이런 식으로 나눈다면 그들에게는 치명타가 되는 것이었다. 브루노의 대화 상대자가 묻기를, "그렇다면 우리는 어떻

---

* 몰리에르가 지은 『타르튀프』의 주인공 이름

게 진정한 시인들을 알아볼까?" 브루노가 대답하기를, "그들이 노래하는 시에 따라", 즉 "그들의 노래가 기쁨을 주는지 가르침을 주는지 아니면 기쁨과 가르침을 동시에 주는지에 따라."[808] 거의 같은 방식으로 구아리니는 1588년에 다음과 같이 선언하면서 자신의 『신앙심 깊은 목자』를 변호했다. "시인을 판단하는 것은 세계이고 그 판단에 대해서는 항의가 있을 수 없다."[809]

스페인의 비평가들

유럽 국가들 중에서는 스페인이 아마도 시의 규칙에 대한 현학적 이론들에 가장 완강하게 저항했을 것이다. 말하자면, 스페인은 비베스로부터 페이호에 이르도록, 16세기로부터 18세기 중엽에 이르도록 비평에 있어서 자유의 나라였다. 18세기 중엽에 들어와 옛 스페인 정신이 쇠락해지자, 루산 및 다른 이들이 이탈리아와 프랑스에 기원을 둔 신고전주의 시를 도입할 수 있었지만 말이다.[810] 그러나 자유로운 정신의 스페인 비평가들은 다음과 같이 주장해왔다. 규칙은 시대의 추세 및 현실적 조건과 함께 변해야 한다, 현대의 문학은 현대의 시학을 요구한다, 확립된 규칙에 어긋나는 작업 수행은 그것이 모든 규칙에 어긋난다든가 좀 더 높은 법칙에도 부합하지 않는다는 것을 의미하지는 않는다, 자연은 법칙의 수용자가 아니라 제공자여야 한다, 세 가지 통일성의 법칙은 화가에게 작은 화폭에 커다란 풍경을 그리는 것을 금지하는 것만큼 우스운 것이다, 독자들과 관객의 즐거움과 취미와 찬동이 결국은 결정적인 요소다, 대위법이라는 법칙이 있긴 하지만 결국 귀가 음악의 진정한 심판관이다 등등. 이러한 주장들이 이 기간에 스페인의 비평에서 빈번하게 내세워진 것들이다. 델 라 바레다라는 한 비평가(1622)는 이탈리아의 뛰어난 천재들을 동정하기까지 했는데, 이는 그들이 겁에 질린 나머지 모든 방면에서 그들을 방해하던 규칙에 속박되어 있었기 때문이다.[811] 그가 염두에 두고 있었던 사람은 아마도 타소일지도 모르겠다. 타소는 이러한 굴종의 기억할 만한 경우다. 데 베가는 실행에서는 규칙을 무시하고 이론에서는 순종적으로 규칙에 따르는 두 경향 사이에서 동요했는데, 이러한 처신에 대해 그는 자기의 연극을 보려고 돈을 내는 대중의 요구에 따르지 않을 수 없다고 변명했다. 그래서 그는 다음과 같이 말했다. "희극을 쓸 때 나는 규칙을 제시하는 이들이 들어오지 못하도록 문을 잠그고 또 잠그는데, 이는 그들이 나에 대적하여 일어나 증언하게 되는 일이 없게 하려는 것이다." "예술은(즉, 시는) 무지한 범인들이라면 반발할 진리를 이야기한다." "규칙이여, 그대를 어기라는 유혹을 받게 되더라도 우리를 용서하기를!"[812] 그러나 데 베가의 작품을 찬미하는 한 동시대인은 그에 대해 다음과 같이 쓰고 있다. "그의 작품 가운데 고대 예술 규범이 지켜지지 않은 부분이 많은데, 이는 대중의 취향에 맞추고자 했기 때문이다. 이는 그의 타고난 소탈함 때문이다. 그가 정치적 완벽함을 추구하는 것이 [규칙을] 무시하는 악취미 탓은 아니다."[813]

마리노, 그라비나, 몬타니

마리노 또한 다음과 같이 항변했다. "단언컨대 나는 세상의 모든 현학자들보다 규칙들을 더 잘 알고 있다. 그러나 유일한 참된 규칙은 올바른 때와 장소에 맞춰, 당대의 관습과 취미에 따라 이 규칙들을 위반하는 방법을 아는 것이다."[814] 스페인의 극과 "코메디아 델 라르테" 및 17세기에 새로이 등장한 다른 문학 형태들로 인해 민투르노와 카스텔베트로 및 이전 세기의 다른 완고한 논자들은 "진부한 자들"로 간주되면서 경멸 섞인 동정을 사게 되었다. 우리는 이를 즉흥희극에 대한 이론가인 페루치(1699)에게서 볼 수 있다.[815] 팔라비치노는 "아름다운 이야기의 규율들"에 대해 글을 쓴 저술가들을 비판했는데, 그 이유는 "그들의 지침들이 일반적으로, 창조주가 인간의 영혼에 심어놓은 개별 감정들과 본능들에 자연스럽게 부합하는 것이 무엇일지를 지적하는 일보다는 오히려 작가들이 무엇으로 즐거움을 주는지를 경험적으로 관찰하는 일에 기반을 두고 있기" 때문이라는 것이다.[816] 시의 종류들을 고정하는 데 대한 불신의 표명을 『엔디미온에 관한 담화』(1691)에서 들을 수 있는데, 여기에서 그라비나는 수사학자들의 "야심차지만 편협한 지침들"을 호되게 비난하고 다음과 같은 통찰력 있는 논평을 내놓는다. "어떤 작품이든 그것이 공표될 때에는 그것을 검토하러 특별히 모인 비평가들의 심판대로 소환되어 우선 그것의 이름과 본성에 대해 심문을 받게 된다. 그다음에는 법률가들이 편파적이라고 부르는 소송이 시작되며, 그것의 지위에 관한 논쟁이 벌어진다. 말하자면 그것이 규정된 장르들 중 시인지 소설인지, 비극인지 희극인지, 아니면 다른 어떤 것인지에 관해 말이다. 그리고 해당 작품이 어떤 방식으로든 지침을 무시했다면 [……] 그들은 당장에 그것을 추방하여 영구히 내쫓는다는 판결을 내린다. 그리고 그들이 아무리 경구들을 이리저리 바꾸어 확장한다고 하더라도 그것들은 아직 인간의 위트가 끊임없이 다채롭게 활동함으로써 새로이 창조할 수 있는 온갖 상이한 장르들을 포함할 수 없을 것이다. 이런 까닭에 나는 이러한 오만한 압제로부터 우리의 치솟아 오르는 웅대한 상상력을 해방시켜 그 능력에게 그것이 탐험하기에 적합한 그 헤아릴 수 없는 공간 중에 열려 있는 길을 따라가도록 허용하지 말아야 할 이유를 알 수 없다." 그는 자신의 담화의 주제를 이루는 귀디의 작품에 대해 다음과 같이 말한다. "나는 그것이 비극인지, 희극인지, 희비극인지, 아니면 수사학자들에 의해 창안된 다른 어떤 것인지를 모른다. 그것은 엔디미온과 디아나의 사랑에 대한 재현이다. 그 용어들이 갖는 외연이 충분하다면, 그것들은 이 작품을 포함할 것이다. 그러나 그렇지 않다면, 그것에 맞는 또 다른 용어가 고안되게 하라(별로 중요하지 않은 이러한 문제의 경우 이는 누구에게라도 부여될 수 있는 권능이다). 그런데 그러한 용어가 고안될 수 없다 해도 우리가 그토록 아름다운 것을 말의 결핍 때문에 잃어버리지는 않게 하라."[817] 이러한 소견은 제법 현대적인 면모를 갖고 있으나, 그라비나가 그것의 함의를 매우 깊이 생각해냈을 가능성은 거의 없다. 왜냐하면 나중에 그는 비극 장르의 규칙에 관한 별도의 논문을 썼기 때문이다.[818] 콘티 또한 때때로 규칙에 대한 적대감을 표명했지만, 그는 오직 아리스토텔레스의 규칙만을 언급했다.[819] 페자로의 몬타니 백작은 부우르에 대적하는 오르시의 책이 불러일으킨 논쟁 과정에 좀 더 용기 있는 견해를 보여주었다. 1705년에 그는 다음과 같이 썼다. "나는 건전한 분별과 견실한 이성에 근거하고 있기에 인류가 살아있는 한 흔들리지 않고 유지될 변하지 않는 영원한 규칙들이 있다고 본다. 이 규칙들은 무너질 수 없는 것들이기에 우리의 정신을 언제까지나 인도할 권위를 갖고 있다. 하지만 그 수는 극히 드물다. 내가 보기에 우리의 새로운 작품들을 이제는 완전히 파기되고 폐지된 옛 법칙들에 따라 검사하고 통제하기를 요구하는 것은 작위적인 일이다."[820]

18세기의 비평가들

프랑스에서는 부알로의 엄격주의에 뒤이어 아베 뒤 보스의 반론이 전개되었는데, 뒤 보스는 단호하게 다음과 같이 선언했다. "사람들은 항상 그들을 감동시키는 시를 규칙에 따라 지어진 시보다 더 좋아할 것이다."[821] 그는 이와 유사한 이단적 주장들을 많이 했다. 1730년에는 드 라 모트가 시간과 장소의 통일성에 대항하여 싸웠는데, 여기에서 그는 관심(interest)의 통일성이 가장 일반적이며 심지어 행위의 통일성보다 상위에 있는 것이라고 주장했다.[822] 바퇴는 규칙에 구애받지 않는 경향을 보였다. 볼테르는 비록 드 라 모트에 반대하여 세 가지 통일성이 상식에 따른 세 가지 위대한 법칙이라고 선언했음에도 그의 『서사시에 관한 시론』에서는 어느 정도 대담한 생각을 표명했다. 그는 다음과 같이 말했다. "단조로운 장르 이외에는 모든 장르들이 좋다," 그리고 최선의 장르란 "가장 잘 다뤄진 장르"다. 디드로는 어떤 점에서 낭만주의의 선구자였다. 그리고 그와 함께 언급되어야 할 사람으로 그의 영향을 받은 프리드리히 멜키오르 그림이 있다. 자유의 바람이 이탈리아로 불어들었는데, 이는 메타스타지오와 베티넬리와 바레티와 체사로티에 의해 이뤄진 일이었다. 1766년에 부오나페데는 그의 『시적 자유에 관한 서한』에서 다음과 같이 썼다. 박식한 사람들이 "서사시나 희극이나 송가를 정의하려 한다면, 그들은 작시와 작가가 있는 수효만큼 정의를 작성해야 한다."[823] 독일에서는 규칙에 대항하는(즉, 고트셰트와 그의 제자들에 반대하는) 움직임이 스위스 학파의 대표자들에 의해 처음으로 일어났다.[824] 영국에서는 홈이 서사시를 다른 작시들과 구별하려는 비평가들의 노력에서 기준이 된 정의들을 검토한 이후에 다음과 같이 썼다. "그토록 많은 심오한 비평가들이 존재하지 않는 것을 찾아 헤매는 모습을 주시하는 일은 적지 않은 소일거리를 제공한다. 그들은—아무 증명도 없이—서사시를 다른 모든 작시의 종류들과 구별하게 하는 정확한 규준이 존재한다고 전제한다. 그러나 시 작품들은 마치 색들처럼 하나가 다른 하나로 녹아든다. 좀 더 강한 색조를 띠는 곳에서 그것들을 알아보는 일이 쉽다고 해도 거기에는 어디에서 하나가 끝나고 다른 하나가 시작되는지를 말하기가 불가능할 정도의 다양성과 많은 상이한 형식이 있을 수 있다."[825]

낭만주의와 "엄밀한 장르들": 베르케트와 위고

18세기 말과 19세기 초반 몇십 년 사이의, 즉 "천재의 시기"로부터 제대로 된 의미의 낭만주의의 시기에 이르는 동안 문학에 관한 사유는 하나하나의 개별적인 규칙에 대한 반대와 함께 규칙이라고 불리는 모든 것에 대해 반기를 들고 일어났다. 그러나 이때 벌어진 싸움들과 그것들 가운데 중요한 에피소드들을 기술하거나, 이 싸움들에서 승리했거나 패배한 수장들의 이름을 열거하거나, 승리자들에 의해 저질러진 지나친 행위들을 한탄하는 일은 우리의 현재 과업에 속하지 않는다. 엄밀한 장르들, 즉 나폴레옹이[826] 사랑하던 "명확히 구별되는 장르들"의 잔해 위에(나폴레옹은 전쟁의 기술에서는 낭만주의자였지만, 시에서는 고전주의자였다) 희곡과 소설 및 그 밖의 다른 모든 혼합된 장르가 번성했다. 그리고 세 가지 통일성의 잔해 위에 전체의 통일성이 번성했다. 이탈리아에서는 베르케트의 유명한 『그리소스토모의 진지하지만 희극적인 편지』(1816)가 양식의 규칙에 항거했고, 프랑스에서는 얼마 후 빅토르 위고의 『크롬웰』(1827) 서문이 이에 항거했다. 이제부터는 사람들이 장르들이 아니라 예술을 논했다. 전체의 통일성이란 항상 하나의 전체, 즉 하나의 종합인 것으로서의 예술 자체의 요구가 아니고 무엇인가? 아우구스트 빌헬름 슐레겔이 도입하고 만초니와 이탈리아의 다른 낭만주의자들이 채택한 것으로서, 구성 부분들의 형식은 "기계적이지 않고 유기적"이어야 하며 "외적이고 외래적인 특징이 새겨놓은 인상에서가 아니라, 주제의 본성과 그것의 내적 전개에서 유래하는 것"이어야 한다는 취지를 갖는 원칙이란 결국 예술 자체의 요구가 아니고 무엇이란 말인가?[827]

장르들의 존속: 셸링과 하르트만, 학교에서의 장르들

그러나 장르의 수사학을 이렇게 극복했다 해도 이것이 철학적 전제들까지도 최종적으로 극복하는 원인이나 결과라고 가정하는 것은 완전히 잘못된 일일 것이다. 순수한 이론에서는 위에서 거명된 비평가들 중 어느 누구도 장르들과 규칙들을 완전히 포기하지는 않았다. 베르케트는 서정시, 교훈시, 서사시, 극시라는 시의 네 가지 기본적인 형식들, 즉 네 가지 근본적인 장르들을 인정했다. 시인을 위해서는 오직 "기본적인 형식들을 천 가지 방식으로 함께 통합하고 융합할" 권리만을 요구하면서 말이다.[828] 만초니가 실제로 대항해 싸운 것은 오직 "일반적 원칙들 대신에 특별한 사실들에 근거하는, 즉 이성 대신에 수사학자들의 권위에 근거하는" 규칙들뿐이었다.[829] 심지어 데 상크티스조차 비록 본질적으로는 충분히 옳지만 어느 정도는 모호한 개념에 만족했다. "가장 중요한 규칙들은 모든 내용에 적용될 수 있는 규칙들이 아니라 주제의 핵심으로부터, 즉 내용 자체의 바로 그 핵심으로부터 힘을 얻는 규칙들이다."[830] 홈을 즐겁게 했던 광경보다 훨씬 더 재미나는 것은 경험적인 장르 분류에 변증법적 연역이라는 영예를 수여하던 독일 철학의 모습이었다. 우리는 그것의 연속된 논의 전개에서 양쪽 극단을 대표하는 것들로서 두 가지 사례를 제시할 것인데, 그 하나는 19세기 초(1803)의 셸링이며, 다른 하나는 그 세기 말(1890)의 하르트만이다. 셸링의 『예술철학』 중 한 절은 "시의 개별 장르들의 구성"을 다루고 있는데, 거기에서 그가 하고 있는 말들은 다음과 같은 것들이다. 역사적 순서에 따라야 한다면, 서사시가 첫 순서에 놓이겠지만 학문적 순서로는 서정시가 첫 번째 자리를 차지한다. 실로, 시가 유한한 것 속에 무한한 것을 재현하는 것이라면, 차이(유한자, 주관)가 지배적인 곳인 서정시가 그것의 첫 번째 자리이며, 이는 관념의 계열이 갖는 첫 번째 '포텐츠,' 즉 반성과 지식과 의식에 부합한다. 그에 반해 서사시는 두 번째 '포텐츠,' 즉 행위에 부합한다.[831] 서사시는 (주관적인 것이 객관적인 것과 동일해지는 것으로서) 가장 객관적인 종류인데, 여기에는 두 가지 가능성이 있다. 그 하나는 주관성이 객관 속에, 객관성이 시인 속에 놓인 경우이고 다른 하나는 객관성이 객관 속에, 주관성이 시인 속에 놓인 경우다. 전자에 비가와 목가가 해당하고 후자에는 교훈시가 해당한다.[832] 서사시의 이러한 세분화된 영역들에 셸링은 낭만적인, 즉 근대적인 서사시인 기사시, 소설, 포스의 『루이사』와 괴테의 『헤르만과 도로테아』 같이 서사시 속에서 일상의 삶을 다루는 실험, 그리고 지금 언급된 것들과 어깨를 나란히 하는 것으로서 "독자적인 서사시 장르"인 단테의 『신곡』을 추가한다. 끝으로, 더 높은 단계에서 서정시가 서사시와 자유가 필연성과 결합함으로부터 극시라는 세 번째 형식이 생겨나는데, 이것은 대립되는 것들이 하나의 총체성 속에서 화해하는 것으로서 "모든 예술의 본질과 본체의 최고의 체현"이다.[833] 하르트만의 『아름다움의 철학』에서 시는 듣는 시와 읽는 시로 나눠진다. 전자는 서사시와 서정시와 극시로 세분되며, 이 각각은 더 세분되는데, 서사시는 조각적인 서사시, 즉 엄밀하게 서사시적인 서사시와 회

화적인 서사시, 즉 서정시적인 서사시로 나뉘고, 서정시는 서사시적
서정시와 서정시적 서정시와 극시적 서정시로 나뉘며, 극시는 서정시
적인 극과 서사시적인 극과 극시적인 극으로 나뉜다. 읽는 시는 다시
그것이 주로 서사시적인지 서정시적인지 극시적인지에 따라 세 형식
으로 세분되는데, 여기에는 애절한 것, 희극적인 것, 그리고 비극적이
면서 유머러스한 것이라는 삼차의 구분이 뒤따른다. 읽는 시는 또 (단
편소설처럼) "단숨에 읽을" 시와 (장편소설처럼) "거듭 집어 들어야 할"
시로 나눠지기도 한다.[834] 이런 정도의 극도로 철학적인 시시콜콜한 논
의들은 없어졌다고 하더라도 장르들에 대한 구분은 여전히 문헌학자
들과 문인들이 쓴 문학 교과서들과 이탈리아와 프랑스와 독일의 통
상적인 교과서들 여기저기에서 나타난다. 그리고 심리학자들과 철학
자들은 여전히 비극적인 것과 희극적인 것과 유머러스한 것에 대한 미
학을 다루는 글을 쓰기를 고집한다.[835] 브뤼티에르는 문학 장르들의
객관성을 솔직하게 지지하는데, 그는 문학의 역사를 "장르의 진화"로
간주하면서[836] 오늘날까지 살아남아 문학의 역사를 오염시키고 있는
이 미신에 분명하게 규정된 형식을 부여한다. 이 미신을 이런 정도로
진정성 있게 고백하거나 이런 정도로 엄격성을 갖고 적용하는 경우는
흔치 않을 정도다.[837]

3. 예술들의 경계에 대한 이론

모든 예술에 각각의 특유한 성격과 범할 수 없는 경계가 있다는 발견은 레싱의 공적이자 그만의 영예로 인정되어야 한다. 그러나 이러한 공적이 그의 이론 때문인 것은 아니다. 왜냐하면 그의 이론 자체는 거의 견지될 수 없는 것이기 때문이다.[838] 비록 그의 이론은 오류였지만 그의 공적은 그때까지 전적으로 간과되었던 고도로 중요한 미학적 논점에 대한 논의를 야기했다는 데 있다. 게오르크 프리드리히 마이어와 여타 볼프주의자들에 의해 자연적이고 관례적인 기호들에 관한 긴 연구들이 이뤄진 이후 레싱은 다양한 예술들을 구분하는 일에 따르는 가치에 대한 물음을 처음으로 분명하게 제기했다. 레싱 이전에 이 문제는 뒤 보스와 바퇴에 의해 약간 주목받았고, 디드로와[839] 멘델스존에[840] 의해 이에 대한 논의가 어느 정도 준비되었을 뿐이다.[841] 고대와 중세 및 르네상스에는 관용어의 명명법에 따라 예술들이 열거되었으며, 주요한 예술들과 부차적 예술들에 대한 다수의 안내서가 편찬되었다. 그러나 아리스토크세노스나 비트루비우스, 마르케토 다 파도바나 첸니노 첸니니, 다빈치나 알베르티, 팔라디오나 스카모치에게서 레싱에 의해 제기된 문제를 찾으려 한다면, 그것은 헛수고일 것이다. 왜냐하면 이 전문적 저술가들의 정신은 전적으로 다른 것이기 때문이다. 시와 회화 혹은 회화와 조각 사이의 비교 및 이것들 중 어떤 것이 더 우선하는지의 물음(다빈치는 회화가 우위라는 주장을 밀고 나갔으며, 미켈란젤로는 조각이 그렇다고 했다)은 이 저술가들의 책들 이곳저곳에 흩어진 단락들에서 때때로 발견되지만 이를 통해서는 레싱이 제기한 물음의 초보적인 모습조차 감지할 수 없을 것이다. 이들이 다룬 주제가 학술적 논의의 단골 주제가 되었고, 갈릴레오조차 이를 경시하지 않았다고 해도 말이다.[842]

레싱으로 하여금 이 물음을 제기하도록 이끈 유인은 고대인이 회화와 시가 밀접하게 결합된 것으로 보았다는 스펜스의 이상한 견해, 그리고 시의 훌륭함은 그 속에 화가가 그릴 만한 주제가 얼마나 많이 들어 있느냐에 따라 판단되어야 한다는 카일루스 백작의 이상한 견해를 논박하려는 그의 시도였다. 그를 더욱 부추긴 것은 가장 우스꽝스런 비극 규칙들의 기반이 보통 이러한 시와 회화 사이의 비교에 놓여 있었다는 사실이다. 말하자면, '시는 회화와 같다(ut pictura poesis)'는 준칙은 그것 본연의 동기가 시의 재현적이거나 상상적인 특성 및 예술들 사이의 본성의 공통성을 강조하는 것이었음에도 피상적 해석에 의해 가장 나쁜 지성주의적이고 사실주의적인 편견들을 옹호하는 말로 바뀌었다. 레싱은 다음과 같은 방식으로 논했다. "회화가 모방에서 사용하는 매체나 기호가 시의 그것과는 엄밀히 다르다면, 즉 전자는 공간적 형태들과 색채들을, 후자는 시간적 분절음들을 사용한다면, 기호가 그 대상과 밀접한 관계에 있어야 함은 당연하기에 병존하는(coexistent) 기호들은 오직 병존하는 대상들이나 대상들의 부분들만을 표현할 수 있고, 연속적인(consecutive) 기호들은 오직 연속적인 대상들이나 대상들의 부분들만을 표현할 수 있다. 서로 병존하거나, 서로 병존하는 부분들을 갖는 대상들은 '물체'라고 불린다. 그렇다면 물체는 가시성이라는 성질로 인해 회화의 참된 대상이 된다. 자기들 사이에서 서로 연속되거나 연속되는 부분들을 갖는 대상들은 일반적으로 '행위'라고 불린다. 그렇다면 행위는 시의 적합한 대상이다." 회화도 의심할 여지없이 행위를 재현할 수 있으나, 이는 오직 행위를 시사하는 신체를 재현함으로써만 가능하다. 그리고 시도 신체를 재현할 수 있으나, 오직 행위를 수단으로 신체를 시사함으로써만 가능하다. 언어, 즉 자의적인 기호들을 사용하는 시인이 신체를 묘사하려고 노력할 때, 그는 더 이상 시인이 아니라 산문 작가인데, 왜냐하면 참된 시인은 신체가 영혼에 미치는 효과를 통해서만 신체를 묘사할 수 있기 때문이다.[843] 레싱은 이러한 구분을 손질하고 발전시키면서 회화 속의 행위나 움직임은 관람자의 상상력이 추가한 것이라고 말한다. 동물이라면 그림 속에서 부동성만을 지각할 것임이 분명하다는 것이다. 그는 더 나아가 자의적 기호들이 자연적 기호들과 결합하는 다양한 경우들을 연구했는데, 여기에는 시가 음악과 결합하는 경우(이 결합에서는 전자가 후자에 종속된다), 음악이 무용과 결합하는 경우, 시가 무용과 결합하는 경우, 음악과 시가 무용과 결합하는 경우(이것은 자의적이면서 연속적이고 가청적인 기호들이 자연적이면서 가시적인 기호들과 결합하는 경우다) 같은 것들 및 고대의 팬터마임에서 이뤄지는 기호들의 결합(이것은 자의적이면서 연속적이고 가시적인 기호들이 자연적이면서 연속적이고 가시적인 기호들과 결합하는 경우다)이 포함된다. 이 연구는 청각장애인의 언어인 수화도 다뤘고(이것은 자의적이면서 연속적이고 가시적인 기호들을 사용하는 유일한 기술이다), 끝으로 회화가 시와 결합되는 경우 같은 불완전한 결합도 다뤘다. 언어의 용도가 모두 시적인 것만은 아닌 것처럼 레싱은 자연적이면서 병존하는 기호들의 용도 또한 모두 회화적인 것만은 아니라고 주장한다. 회화도 언어처럼 산문성을 갖는다. 산문적인 화가들이란 그들의 기호들이 지닌 병존성에도 불구하고 연속적 대상들을 재현하는 이들이며, 알레고리적 화가들이란 자연적인 기호들을 자의적으로 사용하는 이들이자 가시적인 것을 수단으로 하여 비가시적인 것이나 가청적인 것을 재현하고자 하는 이들이다. 레싱은 기호들의 자연성을 보존하려고 열망하면서, 대상들을 축소된 규모로 그리는 관습을 비난함으로써 논의를 마무리하며 다음과 같은 결론을 제시했다. "내가 생각하기에 한 예술의 목적은 오직 그것만이 적합하게 달성할 수 있는 것이어야 하지, 다른 예술들도 마찬가지로 다 잘 할 수 있는 것이어서는 안 된다. 나는 플루타르코스에게서 이를 훌륭하게 설명하는 하나의 비유를 발견하는데, 그것에 따르면, 나무를 열쇠로 쪼개고 문을 도끼로 여는 사람은 두 도구를 망가뜨리고 있는 것일 뿐만 아니라, 각각의 통일성을 똑같이 잃고 있는 것이라고 한다."[844]

레싱에 의해 입안된 바와 같은 개별적 예술들의 경계 혹은 특유한 특성에 대한 원리는 이후 시대의 철학자들의 주목을 끌었는데, 그들은 이 원리 자체는 논의하지 않은 채 이 원리를 이용하여 예술들을 분류하고 여러 계열로 나누는 일만 했다. 헤르더는 조소에 관한 그의 단편(1769)[845] 중 이곳저곳에서 레싱이 했던 검토를 계속했다. 하이덴라이히는 여섯 가지 예술(음악과 무용과 조형예술과 정원술과 시와 공연예술)의 경계에 관한 논문을 썼고(1790), 카스텔 신부의 '시각적 클라브생(clavecin oculaire)'을 비판했는데, 이것은 색들의 결합을 위한 장치로서 여기에서 색들은 음표들의 연속이 화성과 선율 속에서 하는 것과 똑같은 방식으로 작동하는 것이었다.[846] 칸트는 말하는 사람의 경우와 유비하여 말과 몸짓과 어조에 따라 예술을 언어예술과 조형예술과 감각들의 순수한 유희를 낳는 예술(음악과 색조예술)로 분류했다.[847] 셸링은 예술의 정체성을, 그것이 무한한 것을 유한한 것에 주입하는 것인지, 아니면 유한한 것을 무한한 것에 주입하는 것인지(관념적 예술인지 물질적 예술인지)에 따라 시와 좁은 의미의 예술로 구별했다. 물질적인 예술이라는 표제 아래에 그는 조형적 예술들, 즉 음악과 회화와 조소(건축과 얕은 부조와 조각을 포괄하는)를 포함시켰고,* 관념적인 계열에는 서정시와 서사시와 극시라는 시의 세 가지 상응하는 형식을 놓았다.[848] 이와 유사하게 즐거도 보편 예술인 시를 좁은 의미의 예술과 나란히 놓았는데, 이때의 예술은 상징적(조각)이거나 알레고리적(회화)이고, 어느 경우이건 개념과 물체의 결합이라고 한다. 개념 없이 물체성만을 취한다면 건축을 갖게 되며, 질료 없이 개념을 취한다면 음악을 갖게 된다.[849] 헤겔이 보기에 시는 조형예술과 음악이라는 두 극단을 통합한다.[850] 우리는 이미 쇼펜하우어가 어떻게 널리

---

* 물질적 통일성으로서의 음악, 관념적 통일성으로서의 회화, 양 통일성의 무차별성으로서의 조소라는 견해를 가진 셸링은 음악을 조형적 예술에 포함시켰다.

인정된 예술들의 경계를 무너뜨렸다가 다시 세웠는지를 보았다. 그때의 기준은 예술들이 이념들을 재현한 정도에 따른 것이었다.[851] 헤르바르트는 레싱이 분류한 동시적[병존적] 예술과 연속적 예술이라는 두 그룹을 고수했는데, 전자를 "모든 측면이 보이는" 예술로, 후자를 "전체가 관찰되지 않고 얼마간 가려진" 예술로 정의했다. 첫 번째 집단에 그는 건축, 조소, 교회 음악, 고전적 시를, 두 번째 집단에는 정원술, 회화, 세속 음악, 낭만적 시를 배치했다.[852] 헤르바르트는 하나의 예술에서 다른 예술의 완전성을 찾는 이들, 즉 음악을 일종의 회화로, 회화를 시로, 시를 또 다른 조소로, 조소를 일종의 미적[감각적] 철학으로 간주하는[853] 이들을 강하게 비판했다. 반면에 그는 예술가의 기량이 뛰어나기만 하다면 한 폭의 회화 같은 구체적인 예술작품이 회화적 요소와 시적 요소 및 다른 종류의 요소들을 포함할 수 있음을 인정했다.[854] 바이세는 예술을 세 개씩 세 조로 구분했는데, 이 구분은 아홉 명의 뮤즈 여신을 떠올리게 하려는 것이었다.[855] 차이징은 하나의 교차 구분을 창안했는데, 이에 따르면, 예술은 한편으로는 조형적 예술(건축, 조각, 회화), 음악적 예술(기악, 성악, 시), 무언극의 예술(무용, 음악무언극, 공연예술)로 나뉘지고, 다른 한편으로는 대우주적인 예술(건축, 기악, 무용), 소우주적인 예술(조각, 노래, 음악무언극), 역사적인 예술(회화, 시, 공연예술)로 나뉘진다.[856] 피셔는 예술을 상상력의 세 가지 형식(즉 조형적 상상력, 감각적 상상력, 시적 상상력)에 따라 객관적 예술(건축, 조소, 회화), 주관적 예술(음악), 객관적-주관적 예술(시)로 분류했다.[857] 게르버는 특별한 "언어예술"을 인정하자고 제안했는데, 그에 따르면 이것은 산문과도 다르고 시와도 다르며, 본질적으로 영혼의 단순한 움직임들의 표현이다. 그러한 예술은 다음의 도식에서 조소에 상응할 것이다. 즉, 눈의 예술에는 (a) 건축, (b) 조소, (c) 회화가 포함되고, 귀의 예술에는 (a) 산문, (b) 언어예술, (c) 시가 포함된다는 도식에서 말이다.[858]

가장 최신의 분류 체계는 샤슬러와 하르트만이 각각 제공했는데, 그들 또한 자신의 선행자들이 세운 체계들을 면밀하게 비판했다. 샤슬러는[859] 동시성과 연속성이라는 규준을 채택하여 예술을 두 집단으로 배열한다. 그에 따르면 동시성의 예술은 건축, 조소, 회화이고, 연속성의 예술은 음악, 무언극, 시다. 그가 말하기를, 언급된 순서에 따라 처음에는 동시성이 우세하다가 점차 연속성에 자리를 내주게 되고, 두 번째 집단에 이르면 연속성이 우세해지면서 동시성을 — 비록 완전히 대체하는 것은 아니지만 — 종속시킨다는 것을 알 수 있게 된다. 이와 평행하는 또 하나의 구분이 전개되는데, 이 구분은 각각의 분리된 예술 속의 관념적 요소와 물질적 요소 사이의, 즉 움직임과 정지 사이의 관계로부터 연역된 것이다. 이 구분은 "모든 예술 중에서 물질적으로는 가장 무거운 것이자 정신적으로는 가장 가벼운 것인" 건축에서 시작하여 시로 끝나는데, 시에서는 반대의 관계가 관찰된다. 이 방법에 의해 동시성에 따른 예술 집단과 연속성에 따른 예술 집단 사이의 진기한 유비들이 확립된다. 건축과 음악 사이의 유비, 조소와 무언극 사이의 유비, 풍경화와 풍속화와 역사화라는 세 형식을 갖는 회화와 (낭송적인) 서정시와 (음송적인) 서사시와 (재현적인) 극시라는 세 형식을 갖는 시 사이의 유비 같은 것들이 그러한 것이다. 하르트만은[860] 예술을 지각의 예술과 상상의 예술로 나눈다. 전자는 다시 세 부분으로 나뉘지는데, 그 각 부분은 공간적 혹은 시각적 예술(조소와 회화), 시간적 혹은 청각적 예술(기악, 언어적 무언극, 표현적 노래), 시공간적 혹은 행위모방적 예술(팬터마임, 행위모방적 무용, 배우의 기술, 오페라 성악가의 기술)이다. 상상의 예술은 한 종류만을 포함하는데, 그것은 시다. 건축, 장식, 정원술, 화장술, 산문 장르는 이 분류 체계에서 제외되며 모두 자유롭지 않은 예술로 취급된다.

이러한 예술 분류에 대한 추구와 평행하는 작업으로서, 샤슬러와 하르트만은 또한 최고 예술에 대한 탐구로 이끌렸다. 어떤 이들은 시가 최고 예술이라고 했고, 다른 이들은 음악이나 조각이 그렇다고 했다. 또 다른 이들은 특히 오페라 같은 종합 예술이 최고의 지위를 갖는다고 주장했는데, 이는 이미 18세기에 제기되어[861] 우리 시대에 리하르트 바그너에 의해 지지되고 발전된[862] 오페라 이론에 따른 것이다. "단일 예술이 더 큰 가치를 갖는가 아니면 종합 예술이 그러한가?"라는 물음을 제기하는 최근의 철학자들 중 한 사람은 다음과 같은 결론을 내렸다. 단일 예술은 그 자체로 고유한 완전성을 갖지만, 종합 예술은 종합에 의해 그것에 부과되는 [상이한 예술적 요소들 사이의] 타협과 상호 양보에도 불구하고 훨씬 더 큰 완전성을 갖는다. 그러나 다른 관점에서는 단일 예술이 더 큰 가치를 갖는다. 그리고 끝으로, 단일 예술과 종합 예술은 모두 예술 개념의 실현을 위해 필수적이다.[863]

분류에 대한 로체의 공격

이러한 문제들과 그 해답이라고 하는 것들이 갖는 일시성과 공허함과 유치함은 그것들을 참아내지 못하고 혐오하는 감정들을 불러일으켰음에 틀림없지만, 그 타당성을 의심하는 일은 거의 없었다. 그러한 반대자의 한 사람으로 로체가 있는데, 그는 다음과 같이 말한다. "그러한 시도들의 쓰임새를 알기는 어렵다. 체계 속에서 개별 예술 각각이 차지하는 위치를 지적하는 것으로는 그 예술들의 본성과 법칙에 대한 지식이 거의 증가되지 않는다." 그는 더 나아가 다음과 같이 말했다. "실제 삶에서는 예술들이 전혀 체계적으로 배열되어 있지 않으면서도 다양하게 결합된다. 반면에 사유의 세계에서는 엄청나게 다양한 질서들이 창조될 수 있다." 그래서 로체는 이러한 가능한 질서들 중 하나를 선택했는데, 이는 그것이 유일하게 적법한 것이어서가 아니라, 편리해 서였다. 그가 선택한 일련의 순서는 음악으로 시작하는데, 음악은 "목적을 달성한다거나 모방한다는 어떤 주어진 과업에 부과된 조건들에 의해서가 아니라 오직 자신의 질료의 법칙에 의해서만 결정되는 자유로운 미의 예술"이라고 한다. 음악에 뒤따르는 것은 건축인데, "건축은 더 이상 형식들을 가지고 자유롭게 유희하지 않고, 그것들을 어떤 목적에의 봉사로 종속시킨다." 그다음에는 조각과 회화와 시가 뒤따른다. 이 체계에서는 다른 예술들과 동등한 지위를 가질 수 없는 부차적 예술들이 제외된다. 왜냐하면 이것들은 아무리 완전성에 접근한다 하더라도 정신적 삶의 총체성을 표현할 수 없기 때문이다.[864] 최근 프랑스 비평가 바쉬는 다음과 같은 탁월한 말로 자신의 논문을 시작한다. "차후에 아무도 모를 어떤 내재적 법칙에 의해 다른 예술들과 구별될 절대 예술 같은 것이 없다는 것을 보여줄 필요가 있는가? 존재하는 것은 특수한 예술 형식들, 혹은 더 정확히 말해 예술가들뿐이다. 즉, 그들 영혼 속의 이념의 노래를 그들이 지배할 수 있는 물질적 수단에 따라 그들이 할 수 있는 최선으로 번역하려고 노력하는 사람들만이 존재하는 것이다." 그러나 나중에 그는 "예술 대신에 예술가로부터" 시작한다면 "공상의 세 가지 커다란 유형에 따라, 즉 보는 공상과 움직이는 공상과 듣는 공상에 따라" 예술을 구분하는 일이 가능하다고 생각한다. 그리고 그는 무엇이 최고 예술인지에 대한 논쟁은 음악을 지지하는 쪽으로 해결되어야 한다고 생각한다.[865]

로체의 비판에 대해 샤슬러는 힘찬 반격에 나섰는데, 이는 완전히 잘못된 것은 아니었다. 그는 무차별과 편리함의 원칙에 대해 이의를 제기하며 다음과 같이 말한다. "예술 분류는 미학 체계의 학문적 가치를 시험하는 진정한 시금석이자 진정한 구별 기준으로 여겨져야 한다. 왜냐하면 구체적 해결책을 원하는 모든 이론적 질문들이 이 논점을 중심으로 집중되고 모여들기 때문이다."[866]

편리함의 원칙은 식물이나 동물의 분류라는 대략적인 그룹 짓기에 적용되는 것으로서는 훌륭할 수 있으나, 그것이 철학에서 차지할 자리는 없다. 그리고 로체가 샤슬러 및 다른 미학자들과 마찬가지로 각 예술의 항구성과 경계와 특유한 본성에 대한 레싱의 원리를 따랐으며, 이에 따라 개별 예술들에 대한 개념들은 사변적일 뿐 경험적이지는 않은 개념들이라고 주장했기에 그는 그것들의 상호관계를 규정하는 의무를 피할 수 없었다. 즉, 그 개념들을 순서대로 배열하고 그것들을 종속과 대등의 관계로 연관시키면서 연역적으로 혹은 변증법적으로 그 개념들 각각에 도달하는 작업을 할 수밖에 없었다. 예술을 분류하고 최고 예술을 발견하려는 이러한 무익한 시도들을 확실히 제거하기 위해서라면, 그는 레싱의 원리 자체를 비판하고 해체시켰어야 했다. 로체처럼 그 원리를 유지하면서 예술 분류에 대한 요구를 부정하는 것은 명백히 비일관적인 것이다. 그러나 레싱이 자신의 유창하고 우아한 산문으로 선언한 구분들의 학문적 기반을 재검토하거나 탐구한 미학자는 일찍이 단 한 사람도 없었다. 아리스토텔레스가 운율의 유무라는 외적인 차이를 산문과 시 사이의 진정한 구별 기준으로 인정하기를 거절했을 때 한 줄기 섬광이 번뜩이듯 드러난 진리가 있었지만 이를 철저하게 조사한 사람은 아무도 없었다.[867]

슐라이어마허의 의심들

슐라이어마허만은 예외였는데, 그는 적어도 통용되는 학설의 난점들에 주의를 환기시켰다. 그는 일반적 예술 개념에서 출발하여 연역에 의해 모든 예술 형식의 필연성을 증명하기를 제안했다. 그리고 그는 대상에 대한 의식과 직접적 의식이라는 예술 활동의 두 측면을 발견하고 다음과 같이 말한다. 예술은 두 측면 중 어느 한쪽 편에만 놓여 있는 것은 아니며, 직접적 의식 혹은 표상이 무언극과 음악을 낳는 반면, 대상에 대한 의식 혹은 이미지가 조형예술을 낳는다. 이러한 논의를 전개하고 나서 그는 한 점의 회화를 분석하는 일을 진행하는데, 여기서 그는 의식의 두 형태가 이 경우에는 분리될 수 없음을 발견했다. 그가 말하기를, "여기에서 우리는 정반대의 결과에 이른다. 말하자면, 우리는 구분을 찾고 있었지만 발견된 것은 통일성이다." 예술을 동시적인 것과 연속적인 것으로 나누는 전통적인 구분 또한 그에게 매우 견실한 것으로 보이지는 않았다. 왜냐하면 "주의 깊게 살펴보면 그런 구분은 완전히 증발해버리기" 때문이다. 말하자면, 건축이나 정원술에서 관조는 연속적인 반면에, 시처럼 연속적이라고 칭해지는 예술에서도 주된 것은 병존과 그룹 짓기다. "어느 쪽에서 우리가 그것을 본다 해도 그 차이는 그저 부차적인 것일 뿐이며 예술의 두 질서 사이의 대립은 그저 모든 관조가 모든 제작 행위처럼 항상 연속적이라는 것을 의미할 뿐이다. 그러나 한 예술작품에서 두 측면의 관계를 잘 생각해본다면, 동시 존재와 연속 존재 양자가 모두 없어선 안 될 것으로 보인다." 다른 구절에서 그는 다음과 같이 말한다. "예술이 외관으로서 갖는 물질성의 조건이 되는 것은 움직임과 형태와 말이다. 이것들은 내면적인 것이 외면화된 양태로서 신체를 가진 물리적 유기체에 의존한다. […] 그러나 모든 예술에 공통적인 것은 외면적인 것이 아니다. 외면적인 것은 오히려 다양성의 요소다." 이러한 발언들을 그 자신이 행한 예술과 기술 사이의 날카로운 구분과 비교해본다면, 예술을 구분하는 작업이나 개별 예술들이라는 개념은 미학적 가치가 없다는 것이 그의 주장이라고 쉽게 추론할 수 있다. 그러나 슐라이어마허는 이러한 논리적 추론을 이끌어내지 않는다. 그는 망설이고 주저한다. 그는 시에서 주관적 요소와 객관적 요소가, 즉 음악적 요소와 조형적 요소가 분리될 수 없음을 인지하지만, 그럼에도 그는 개별 예술들의 정의와 경계를 발견하려고 애쓴다. 때때로 그는 다양한 예술들의 통합을 통해 하나의 완전한 예술이 태어나기를 꿈꾼다. 그리고 그는 자신의 미학 강의의 요지를 작성할 즈음에 예술들을 [시간이] 동반되는 예술(무언극과 음악)과 조형예술(건축, 정원술, 회화, 조각)과 시로 나누어 배열했다.[868] 이것이 아무리 흐릿하고 모호하고 모순적이라고 해도 슐라이어마허는 레싱이 제기한 이론의 건전함을 불신할 명민함은 물론 개별 예술들이 예술 일반으로부터 구분되는 근거를 탐구할 명민함을 갖고 있었다.

4. 주목할 만한 여타 학설들

자연미에 대한 미학 이론

슐라이어마허는 자연미의 개념 또한 부정했고, 이 점과 관련하여 헤겔을 상찬했는데, 이는 사실 적절치 않은 일이었다. 헤겔이 자연미 개념을 부정하긴 했지만, 이는 실제적인 것이기보다는 말뿐인 것이었음을 이미 살펴본 바 있다. 슐라이어마허는 자연미가 인간의 마음 외부에 독립하여 존재한다는 것을 근본적으로 부정했는데, 어찌되었든 이것은 하나의 심각한 오류를 바로잡은 것이라고 볼 수 있다. 그러나 이것이 자연 속에 주어진 대상들에 부여되는 상상이라는 미적 사실들을 배제하는 수준이었기에 우리가 보기에는 불완전하고 일면적이다.[869] 이러한 불완전함과 일면성은 "자연감정(feeling for nature)"에 대한 역사적·심리학적 연구를 통해 교정될 수 있었다. 이 연구는 훔볼트의 『코스모스』 2권에 실려 있는 그의 학위논문에서 성공적으로 추진된 바 있고,[870] 우리 시대에는 라프라드와 비제 및 다른 이들에 의해 지속되었다.[871] 프리드리히 테오도르 피셔는 자신의 『미학』에 대해 자기비판을 하면서 자연미를 형이상학적으로 구성하는 관점으로부터 그것을 심리학적으로 해석하는 관점으로 이행했다. 그의 첫 번째 미학 체계에서 자연미를 다룬 단락을 삭제하고 그것을 상상에 대한 학설과 통합할 필요성을 인정한 것이다. 그에 따르면, 자연미에 대한 논의는 미학에 속하지 않는다. 그것은 동물학, 감정, 공상, 유머가 뒤섞인 것이며, 새들의 삶에 관한 시인 G. G. 피셔의 글이나 식물 세계의 미적인 것에 관한 브라트라네크의 글과 같은 스타일로 쓰인 책들에서나 전개될 만한 것이다.[872] 하르트만은 옛 형이상학의 상속자로서 프리드리히 테오도르 피셔가 자연미에 대한 논의를 제외한 것을 비난하며 다음과 같이 주장한다. "사람에 의해 자연물들 안으로 이입된 상상의 미에 부가하여 자연 속에는 형식적인 미, 즉 실체적인 미가 존재하는데, 이것은 자연의 내재적인 목적들이나 이념들의 실현과 동시에 존립하게 되는 것이다."[873] 그러나 슐라이어마허의 논제를 성공적으로 발전시켜 자연 속의 (미적) 아름다움이라는 주장이 정확히 무슨 의미를 갖는지를 보이고자 한다면, 결국은 프리드리히 테오도르 피셔가 선택한 길 이외에는 없다.

미적 감각들에 대한 이론

미적 감각들 혹은 상위의 감각들이라는 것이 존재하며 미가 모든 감각들이 아니라 오직 어떤 특정한 감각들에만 속한다는 것은 매우 오래된 견해다. 우리가 이미 살펴보았듯이,[874] 『대히피아스』에서 소크라테스는 미가 "청각과 시각에 즐거움을 주는 것"이라는 학설을 언급한다. 그리고 그는 우리가 잘생긴 사람, 훌륭한 장식, 그림, 조각상을 눈으로 보고, 아름다운 노래나 아름다운 목소리, 음악, 연설, 대화를 귀로 들을 때 즐거움을 느낀다는 것을 부정하는 것은 불가능해 보인다고 덧붙인다. 그럼에도 소크라테스는 대화편에서 완전히 타당한 논변으로 이 이론을 스스로 논박한다. 즉, 그는 아름다운 것들이 눈과 귀의 감각적 인상들의 범위 외부에서 발견될 수도 있다는 사실로부터 생겨나는 어려움은 차치하더라도 다른 감각들을 제외하고 이 두 감각이 받는 인상들로부터 생겨나는 즐거움을 위해 특별한 부류를 만들 이유가 없지 않느냐는 논변을 제시한다. 그는 더욱 예리하고 철학적인 반론을 전개하기도 하는데, 시각에 즐거움을 주는 것은 청각에 즐거움을 주지 않으며 그 역도 성립한다는 논변이 그것이다. 이로부터 귀결되는 것은 미의 근거가 가시성이나 가청성에서가 아니라 양자의 어느 쪽과도 다르면서 양자 모두에 공통적인 어떤 것에서 찾아져야 한다는 것이다.[875]

역사상 고대의 이런 대화편에서 보이는 바와 같은 명민함과 진지함으로 이 문제를 다시 공략한 적은 없었던 것 같다. 18세기에 흄은 미가 시각에 의존하며 다른 감각들에 의해 받아들여진 인상들은 쾌적할 수는 있으나 아름답지는 않다고 말했다. 그리고 그는 시각과 청각을 촉각과 미각과 후각보다 상위에 있는 것으로 구별했는데, 그에 따르면 후자의 감각들은 그저 본성적으로 육체적인 것들에 불과하며 다른 두 감각이 갖는 정신적인 고상함을 결여하고 있다. 그는 이 두 감각이 지성적 즐거움보다는 저급하지만 유기체적 즐거움보다는 고급한 즐거움, 즉 점잖은 즐거움을 낳는다고 생각했다. 이것은 고상하고 감미롭고 적당하게 기분을 돋우는 즐거움이고, 나태의 무기력으로부터만큼이나 열정의 요동으로부터 멀리 떨어진 것이며, 정신을 상쾌하게 하고 진정시키는 데 소용되는 것이다.[876] 헤르더는 디드로와 루소와 버클리의 시사들을 따르면서 사람들의 주목을 조소에서 촉각이 갖는 중요성으로 이끌었다. 그에 따르면, 촉각은 "세 번째 감각으로서 아마도 무엇보다 우선 탐구될 만한 것임에도 부당하게 둔한 감각들 중의 하나라는 위치로 강등되어 있다." 확실히 "촉각으로는 표면이나 색을 알 수 없다." 그러나 "시각도 그것만으로는 형태와 입체성을 모른다." 따라서 "촉각은 세상에서 생각되는 것만큼 둔한 감각일 수 없다. 그것이 바로 우리가 다른 모든 물체들을 감각할 때 사용하는 기관이고 미묘하고 복잡한 개념들의 광대한 왕국을 지배하고 있으니 말이다. 시각이 촉각에 대해 갖는 관계는 표면이 물체에 대해 갖는 관계와 같다. 표면을 보면서도 물체를 본다고 말하거나, 유년기를 통해 촉각으로 배워온 것을 이제는 눈으로 본다고 가정하는 것은 그저 일상적인 대화에서 사용되는 축약적인 표현일 뿐이다." 형태나 물체성이 갖는 모든 미는 시각적이 아니라 촉각적인 개념이다.[877] 헤겔은 헤르더에 의해 확립된 세 개의 미적 감각에 대한 견해(회화를 위한 시각, 음악을 위한 청각, 조각을 위한 촉각)로부터 미적 감각이 두 개라는 통례적인 견해로 다시 돌아갔다. 이를 위해 그가 말하기를, "예술의 감각적 부분은 오직 시각과 청각이라는 두 가지 이론적 감각에만 관련된다." 반면에 후각과 미각과 촉각은 예술적 즐거움으로부터 제외되어야 하는데, 왜냐하면 그것들은 질료 자체 및 그것이 소유할 수 있는 직접적인 감각적 성질에 연관되기 때문이다(후각은 대상을 이루는 물질의 휘발성에, 미각

미학

은 대상을 이루는 물질의 용해성에, 촉각은 뜨겁고 차갑고 매끄러운 성질들 따위에 연관된다). 그러므로 그것들은 예술의 대상과의 관계를 주장할 수 없으며, 예술의 대상은 그저 감각적이기만 한 것과의 모든 관계를 거부하는 가운데 진정한 자립성 속에 유지되지 않으면 안 된다. 이 감각들을 만족시키는 것은 예술의 아름다움이 아니다.[878]

이 문제를 이러한 간략한 방식으로 처리하는 것이 불가능하다는 것을 알아챈 사람 역시 슐라이어마허였다. 그는 혼연한 감각과 명석한 감각 사이의 구별을 인정하기를 거절하며 다음과 같이 주장했다. 시각과 청각이 다른 감각들에 대해 갖는 우위성은 다른 감각들이 "어떤 자유로운 활동도 할 수 없고 실로 최대한의 수동성을 나타내는 반면에, 시각과 청각은 내부로부터 진행되는 활동을 할 수 있고 외부로부터 인상을 받아들이지 않았어도 형태와 음색을 산출할 수 있다"는 사실에 놓여 있다. 눈과 귀가 단지 지각의 수단에 불과하다면, 시각예술이나 청각예술은 존재하지 않겠지만, 그것들은 또한 감각의 영역에 내용을 제공하는 자발적인 움직임의 기능으로서 작동하기도 한다. 그러나 다른 관점에서 슐라이어마허는 다음과 같이 생각한다. "이 차이는 오히려 정도나 양의 차이인 것으로 보이며, 최소한의 자립성이 다른 감각들에도 존재하는 것으로 인정되어야 한다."[879] 피셔는 "미적 감각이 두 개다"라는 전통적인 생각에 충실히 머무는데, 그가 생각하기에 시각과 청각은 "대상의 물질적인 구성에 관계되지 않"지만 이 대상이 "하나의 전체로서 존재하면서 작용하는" 바를 경험하는 "자유로운 기관들이며 감각적인 만큼 정신적이기도 하다."[880] 쾨스틀린은 다음과 같은 견해를 가졌다. 하위의 감각들은 "그것들 자체와 분리되어 직관될 수 있는 것은 아무것도" 제공하지 "않으며 그저 우리 몸에서 일어나는 변화일 뿐이지만, 그렇다고 해서 미각과 후각과 촉각이 온갖 미학적 중요성을 결여하는 것은 아닌데, 왜냐하면 그것들은 상위 감각들을 돕기 때문이다. 말하자면 촉각 없이는 한 이미지가 눈에 의해 딱딱하거나 저항력 있거나 거친 것으로 인지될 수 없을 것이고, 후각 없이는 어떤 이미지들이 감미롭거나 향기로운 것으로 표상될 수 없을 것이다."[881]

　여기에서 우리는 감각주의적 원리들에 연관된 모든 학설들에 대한 상세한 설명으로 들어갈 수 없다.[882] 왜냐하면 모든 감각이 감각주의자들에 의해서는 당연히 미적인 것으로 받아들여지기 때문인데, 그들은 "미적"이라는 말을 "쾌락적"이라는 말과 상호 교환 가능하게 사용한다. 우리가 "박식한" 크랄릭을 떠올린다면 그것으로 충분할 것인데, 그는 미각과 후각과 촉각과 청각과 시각의 다섯 예술에 대한 이론을 내세워서 톨스토이에 의해 조롱당한 사람이었다.[883] 이미 인용된 소수의 구절만으로도 "미적"이라는 말을 "감각"에 대한 수식어로 사용함에 의해 야기된 당혹스러운 어려움이 드러나는데, 이로 인해 이들은 부득이하게 감각들의 다양한 집단을 불합리하게 구분할 방법을 고안하거나 모든 감각을 미적인 것으로 인정하고 이렇게 하여 모든 감각 인상 자체에 미적 가치를 부여하게 된 것이다. 보편자를 대표하는 정신이라는 개념과 개별적 생리 기관들이나 감각 인상의 개별적 질료라는 개념, 이렇듯 완전히 서로 다른 생각의 질서를 결합하는 것은 불가능하다는 주장 말고는 이 미궁에서 탈출할 길이 없다.[884]

문체의 종류들에 대한 이론

문학의 종류들에 대한 오류의 한 양태가 문체(style)의 종류들을 구별하는 고대의 이론에서 발견될 수 있다. 고대인은 문체가 고상한 형식, 평범한 형식, 저급한 형식이라는 세 가지 형식으로 이뤄진다고 생각했는데, 이러한 3분법은 안티스테네스[885]에 기인하는 것으로 보일 것이다. 이 3분법은 나중에 간결체, 강건체, 화려체로 수정되거나, 4분법으로 확장되거나, 역사적 기원을 나타내는 형용사들에 의해 아티카 문체, 아시아 문체, 로도스 문체라고 불렸다. 중세에는 3분법의 전통이 보존되었고 때때로 기이한 방식으로 해석되었는데, 그 취지는 고상한 문체는 (예컨대 『아이네이스』에서처럼) 왕, 왕자, 귀족을 다루고, 평범한 문체는 (예컨대 『게오르기카』에서처럼) 중류층 사람들을 다루며, 저급한 문체는 (예컨대 『부콜리카』에서처럼) 하층민을 다룬다는 것이다. 그리고 이런 이유에서 세 가지 문체는 비극적 문체, 비가적 문체, 희극적 문체라고 불리기도 했다.[886] 잘 알려져 있듯이, 문체의 종류들은 오늘날에 이르도록 수사학 교과서들에서 논의거리가 되지 않은 적이 없었다. 예컨대, 블레어는 문체를 "산만한", "간결한", "힘찬", "대담한", "부드러운", "우아한", "화려한" 등과 같은 형용어들에 의해 구별한다. 그러나 1818년에 이탈리아인 델피코는 『아름다움에 대한 새로운 탐구』에서 "문체가 무한히 분할된다"는, 즉 "문체의 종류가 매우 많을 수 있다"는 미신을 강력하게 비판했다. 여기에서 그는 "문체란 좋은 것이거나 나쁜 것이거나 둘 중 하나"라는 주장을 펼친다. 그리고 그는 "문체가 예술가의 마음속에 미리 만들어진 생각일" 수 없으며, "그것은 발상과 구상을 결정하는 개념인 그의 중심 생각의 결과여야 한다"고 덧붙였다.[887]

문법적 형식들 혹은 말의 구성요소들에 대한 이론

같은 오류가 문법적 형식들 혹은 말의 구성요소들을 다루는 이론으로서의 언어철학에서 다시 나타난다.[888] 이런 이론은 소피스트들이 처음 창안했고(프로타고라스가 명사의 성을 처음 구분한 사람으로 간주된다), 특히 아리스토텔레스와 스토아주의자들 같은 철학자들이 받아들였으며(아리스토텔레스는 말의 구성요소들을 2~3개로 나눴고, 스토아주의자들은 4~5개로 나눴다), 알렉산드리아의 문법학자들이 유비론자들(analogists)과 예외론자들(anomalists)로 갈라져 끊임없이 논쟁해오는 과정을 통해 발전시켰다. 유비론자들(예컨대, 아리스타르코스)은 언어적 사실들 속에 논리적 질서와 규칙성을 도입하려했고, 그들이 보기에 논리적 형식에로 환원될 수 없는 모든 것을 '이탈'이라고 불렀다. 이런 이탈을 그들은 "중복", "생략", "변환", "변이", "대체" 같은 말들로 불렸다. 이렇게 하여 유비론자들은 구어와 문어에 폭력을 가하게 되었는데, 그러한 폭력이 얼마나 심했는지는(퀸틸리아누스가 이야기한 바와 같이) 말하는 것과 문법에 맞게 말하는 것은 서로 다른 일로 여겨진다는 재치 있는 말이 있었을 정도였다.[889] 예외론자들은 언어에 자유로운 상상적 움직임을 회복시킨 이들로 여겨져야 한다. 스토아철학자 크리시포스는 하나의 동일한 개념이 상이한 말들로 표현될 수 있으며, 하나이자 동일한 말이 상이한 개념들을 표현할 수 있음을 증명하는 논문을 썼다. 또 한 사람의 예외론자로서 저명한 문법학자인 아폴로니오스 디스콜로스가 있었는데, 그는 대체법과 도식(schemes)을 비롯하여 그 외에도 유비론자들이 그들의 범주들에 맞지 않는 사실들을 설명하려 할 때 의지하던 전략들을 부정했다. 대신에 그는 한 낱말을 다른 낱말 대신에 사용하거나 말의 한 부분을 다른 부분 대신에 사용하는 것은 문법에 맞는 표현 형태가 아니라 커다란 과실로서 호메로스 같은 시인이 그런 일을 하리라고는 거의 생각될 수 없는 것임을 지적했다. 예외론자들과 유비론자들 사이의 논쟁이 낳은 결과로서 고대인이 현대에 건네준 것이 문법학이었는데, 이는 대립되는 양측 사이에서 이뤄진 일종의 타협으로 간주될법하다. 왜냐하면 어형변화의 도식(규준)이 유비론자들의 요구들을 만족시킨다면, 그것의 다양성은 예외론자들의 요구들을 만족시키기 때문이다. 이에 따라 문법은 본래 유비의 이론이라고 정의되었다가 차후에는 "유비와 예외의 이론"이라고 정의되었다. 바로는 '정확한 관습'이라는 개념으로 논쟁을 해결하기를 바랐지만, 이 개념은 함정에 빠져들어(이는 타협의 경우에 나타나는 공통적인 현상이다) 그저 교조화된 모순에 불과한 것이 되었다. 이는 마치 수사학이 말하는 "알맞은 치장," 지침을 다루는 문헌에서 언급되는 "어떤 일정한 자유가 주어진 장르들" 같은 것이 되었다. 언어가 관습(상상력)을 따른다면, 그것은 이성(논리)을 따르지 않는다. 반대로 언어가 이성을 따른다면, 그것은 관습을 따르지 않는다. 유비론자들이 적어도 특정한 종류나 그 하위 종류 내에서는 논리를 최고의 것으로 여겨 지지했을 때, 예외론자들은 이것조차 사실이

미학

아님을 서둘러 보여주었다. 바로는 스스로 "그 주제의 이 부분은 실로 매우 어렵다"고 고백하지 않을 수 없었다.[890]

중세에는 문법이 미신이라고 해도 좋을 정도까지 숭배되었다. 그때에는 문법에서도 신적인 영감이 발견되었는데, 말의 구성요소가 여덟 개로 나뉘진 것은 "8이라는 숫자가 성서에서 자주 발견되기" 때문이며, 동사변화가 세 인칭으로 나뉘진 것은 그저 "우리가 삼위일체에 대한 신앙 속에서 믿는 것이 이 속에 들어 있음을 보이기 위한" 것이라고 여겨졌다.[891] 르네상스와 그 이후의 문법학자들은 언어의 문제들에 관한 연구를 재개했고, 생략, 중복, 파격, 변칙 그리고 예외를 남용하기에 이르렀다. 비교적 최근의 시기에 이르러서야 언어학은 (포트와 파울 및 다른 이들의 논의를 통해) '말의 구성요소'라는 개념 자체의 타당성에 대해 의문을 갖기 시작했다.[892] 그럼에도 그 개념이 아직 살아남아 있는 이유는 경험적이고 실제적인 문법이 그것을 필요로 하기 때문이고, 고대에 대한 숭배로 인해 그것의 불법적이고 그늘진 기원이 숨겨져 있기 때문이다. 그것에 대해 힘차게 일어났던 반대는 끝없는 전쟁의 노역으로 인해 지쳐 무너졌다.

미학적 비평에 대한 이론

취미의 상대성은 예술의 정신적 가치를 부정하는 감각주의적 논제다. 그러나 그것이 저술가들에 의해 "취미에 대해서는 논쟁할 수 없다"는 경구가 보여주는 솔직하고 단언적인 모습으로 주장되는 일은 드물었다. (이 경구에 대해서는 다음과 같은 것들을 묻는 것이 유용할 것이다. 즉 그것은 언제 생겨났으며, 그것이 처음 의미하던 것은 무엇인가? 또한 "취미"라는 낱말은 본래 단지 미각의 인상들만을 나타내다가 뒤늦게야 미적 인상들을 포괄하도록 확장된 것인가?) 서두에 언급된 것 같은 단언이 드물었다는 것을 보면 감각주의자들조차 취미가 완전히

상대적이라는 생각에는 따를 수 없었던 것처럼 보이는데, 아마 그들도 예술의 더 고차적인 본성을 어렴풋이 의식했던 것 같다. 그들이 이 문제를 다루면서 겪은 고통은 실로 연민을 불러일으킬 정도다. 바퇴가 묻기를, "좋은 취미 같은 그러한 것이 정말 있는가? 그리고 그것이 유일하게 좋은 취미인가? 그것의 본질은 무엇인가? 그것은 무엇에 의존하는가? 그것은 대상 자체에 의존하는가, 아니면 취미에 작용하는 천재에 의존하는가? 취미의 규칙들은 있는가 없는가? 취미의 기관은 지(知)인가 정(情)인가 아니면 둘 다인가? 빈번히 다뤄져온 이 친숙한 주제에 대해 얼마나 많은 물음들이 던져졌으며, 얼마나 많은 모호하고 혼란스러운 답변들이 주어졌는가!"[893] 이러한 당혹감은 홈도 느낀 것이었다. 그가 말하기를, 미각의 취미이건 다른 감각들의 취미이건 취미는 논쟁의 대상이 되어서는 안 된다. 이것은 한편으로는 매우 분별 있어 보이지만, 다른 한편으로는 어느 정도 과장되어 보이는 말이다. 그렇다면 과연 우리는 어떻게 취미에 대해 논쟁할 수 있는가? 우리는 어떻게 실제로 어떤 사람에게 즐거움을 주는 것에 대해 그것이 그에게 즐거움을 주는 것이어서는 안 된다고 주장할 수 있는가? 그런 주장을 할 수 없다면, 취미가 논쟁의 대상이 아니라는 명제는 참이어야 하겠지만, 취미 능력을 갖춘 사람은 어느 누구도 그 명제에 동의하지 않을 것이다. 우리는 좋은 취미와 나쁜 취미에 대해 이야기한다. 이 구분에 의존하는 모든 비평은 불합리한 것으로 간주되어야 하는가? 이러한 일상적 표현들은 아무 의미도 갖지 않는가? 홈은 취미의 공통 기준이 있음을 단언함으로써 논의를 마무리하는데, 이것은 인류에게 공동 생활이 필연적이라는 것으로부터, 혹은 그의 표현에 따르자면 하나의 "목적인"으로부터 연역된 것이다. 왜냐하면 취미의 일치가 없다면, 어느 누가 예술작품들을 제작하거나, 우아하고 호화로운 건축물들을 짓거나, 아름다운 정원들을 설계하는 등의 일들을 하려고 애쓰겠는가? 그는 두 번째 목적인도 거론하는데, 시민을 공적인 무대에 관심을 갖도록 이끌어 계층의 차이와 직업의 상이성으로 인해 상호 분리되는 경향이 있는 이들을 하나로 통합시키는 것이 바람직하기 때문이다. 하

미학

지만 취미의 기준은 어떻게 확립될까? 이는 새로운 당혹거리로서 흄은 다음과 같은 해답의 방식을 제시한다. 즉 도덕 규칙들을 세움에 있어 우리가 야만인이 아니라 교양 있는 사람들 중 가장 존경할 만한 이들의 조언을 구하듯이, 취미의 기준을 결정하기 위해 우리는 불명예스러운 육체노동으로 인해 지쳐 있지 않고, 취미가 부패되지 않았으며, 쾌락을 즐기다가 나약해져 있지 않고, 좋은 취미의 재능을 본성적으로 타고난 데다 평생에 걸친 교육과 실행을 통해 그것을 완전하게 갈고 닦은 소수의 사람들에 의지해야 하며, 그럼에도 불구하고 논쟁이 생긴다면 그의 책에서 제시되는 바와 같은 비평의 원리들을 참조해야 한다. 그러나 이 문제는 이러한 방식으로 해결될 수 있는 것이 아니다.[894] 유사한 모순과 악순환이 데이비드 흄의 『취미의 기준에 관하여』에서 다시 나타난다. 여기에서 흄은 취미 능력을 갖추고 있어서 그의 판단이 법칙이 되어야 할 사람의 독특한 특징들을 정의하려고 노력하지만, 이는 헛된 일이다. 그리고 그는 취미의 일반 원리들이 인간 본성에 기반을 둔 것으로서 한결같다고 주장하며, 개인적인 편벽함과 무지는 무시하라고 권고하면서도 또한 취미의 상이성은 조정되지도 않고 극복되지도 않을 수 있음에도 비난할 일은 아니라고 주장한다.[895]

그러나 미학적 상대주의를 비판하기 위해 이와 정반대되는 것을, 즉 취미의 절대성을 단언함으로써 취미를 개념들과 논리적 추론들로 분해하는 학설을 기반으로 삼을 수는 없다. 하지만 18세기에 이런 오류의 사례들이 발견된다. 무라토리는 취미의 규칙이 존재하며 시학에 의해 그 규칙들이 제공되는 보편적 미가 존재한다는 주장을 처음 내세운 사람들 중 하나다.[896] 그리고 앙드레는 "예술작품 속의 아름다움은 마음의 능력들이나 신체 기관들의 어떤 개별적 성향들을 통해 곧바로 공상적으로 즐거움을 주는 어떤 것이 아니라, 그것 자신이 본래 갖고 있는 훌륭함이나 올바름에 의해, 그리고 이런 표현이 허용된다면, '그것 본연의 쾌적함'에 의해 이성과 반성에 즐거움을 줄 권리를 갖는 어떤 것이다"라고 말했다.[897] 또한 볼테르는 "보편적 취미"를 인정했는데, 그 성격은 "지성적인" 것이었다.[898] 그 외에도 거론할 사람은 많다. 이러한 지성주의적 오류는 감각주의적 오류와 마찬가지로 칸트의 공격을 받았다. 하지만 칸트조차 미가 도덕성의 상징이라고 생각함으로써 취미의 상상적 절대성이라는 개념을 파악하지 못했다.[899] 다음 세대 철학자들이 이 어려움에 대처하는 방식은 침묵으로 그것을 무시하는 것이었다.

그럼에도 불구하고 상상적 절대성이라는 이 규준, 달리 말해 예술작품을 판단하기 위해서는 예술가가 그것을 제작하는 순간에 취하는 관점에 따라야 한다는, 그리고 판단이란 곧 재생산과 진배없다는 생각은 18세기 초부터 점차로 비중을 얻어왔다. 18세기 초에 이런 생각이 처음 등장했다는 사실이 앞서 언급된 이탈리아인 프란세스코 몬타니의 저술(1705)에서, 또한 영국 시인 포프의 『비평에 관한 시론』에서 발견된다. ("완벽한 판관이라면 위트의 작품 각각을 그것의 저자가 그것에 새겨넣은 바로 그 동일한 정신으로 읽을 것이다."[900]) 몇 년 뒤에 콘티는 이 진리를 '초견의 규칙'에서 어느 정도 인식했는데, 이 규칙은 테라송이 시를 판단하기 위한 시금석으로서 권고한 것이었다. 비록 콘티는 이 규칙이 고대의 작품들보다는 근대의 작품들에 더 잘 적용될 수 있음을 주목했지만 말이다. "우리의 정신이 선입견에 빠져 있지 않을 때, 게다가 그것이 충분한 통찰력을 갖고 있을 때, 우리는 시인이 자신의 대상을 잘 모방했는지를 단번에 알아볼 수 있다. 왜냐하면 우리가 원본, 즉 당대의 사람들과 풍습을 알고 있기에 우리는 모방물, 즉 이를 모방하는 시를 원본에 쉽사리 대응시킬 수 있기 때문이다." 그러나 고대 작가들을 판단하는 데는 이 이상의 어떤 것이 필요하다. "이 초견의 규칙은 고대의 시에 관한 검토에서는 거의 쓸모가 없다. 고대의 시에 대해 우리는 고대인의 종교, 그들의 법률들, 그들의 풍속, 그들이 싸우고 연설하는 방식들 등을 오래 숙고하고 나서야 판단할 수 있다. 이 모든 개별적 상황들과 독립되어 있는 시의 아름다움은 매우 드물며, 위대한 화가들도 항상 이런 경우들을 피하려고 노력했다. 왜냐하면 그들은 자신들의 관념이 아니라 자연적 현실을 그리려 했기 때문이다."[901] 그러므로 필요한 기준은 역사에서 발견되어야 한다. 18

세기 말에 이르러 예술가와 일치된 마음으로 재생산한다는 생각은 하이덴라이히에 의해 다음과 같이 정리되었다. "철학적인 예술 비평가는 스스로가 예술을 위한 천재를 지니고 있어야 한다. 이성은 이 조건이 만족되기를 요구하며 이를 조금도 완화시켜주지 않는다. 마치 이성이 맹인더러 색을 판단하라고 말할 근거가 없는 것처럼 말이다. 비평가는 형식논리에 의해 미의 매력을 느낄 수 있는 척해서는 안 된다. 미는 저항할 수 없는 자명함을 갖고 감정에 드러나야 하며, 그것의 매력에 이끌린 이성은 그 이유를 묻느라 꾸물거릴 시간이 없어야 한다. 이 효과는 예기치 않은 기쁨으로 존재 전체를 사로잡고 지배하면서 기원이나 원인에 대한 어떤 물음이든 생겨나지 않도록 해야 한다. 그러나 이러한 열광적 찬탄의 상태는 오래 지속될 수 없다. 이성은 불가피하게 자기 자신에 대한 의식을 회복해야 하며, 그것이 미를 향유하던 동안 있었던 상태에 대한 기억으로 시선을 돌려야 한다."[902] 이것은 건강한 인상주의적 이론으로서 낭만주의자들 사이에 널리 퍼져 있었고 심지어 데 상크티스조차 받아들였던 것이다.[903] 그러나 심지어 이때에도 아직 명확한 비평 이론이 없었다. 이런 이론이 존재하려면, 예술에 대한 정확한 개념과 예술작품이 그것에 역사적으로 선행하는 일들과 맺는 관계에 대한 정확한 개념이 조건으로 요구되었다.[904] 그리고 19세기 후반에는 미학적 비평 자체의 가능성이 의문시되었다. 이때에는 취미가 개인적 변덕에 속하는 사실들 중의 하나의 자리로 강등되었고, 이른바 역사적 비평이라는 것이 유일한 학문적 비평이라고 공언된 채 비평과는 아무 관련 없는 저술들에서 다뤄지거나 실증주의적·유물론적 선입관 아래에 파묻혔다. 그러나 그러한 외면성 및 유물론에 대항하던 이들은 대개 일종의 지성주의적인 독단론이나[905] 공허한 유미주의로[906] 자신들의 입장을 지지하는 오류를 범했다.

우리가 이미 보았듯이, "취미"와 "천재" 혹은 "위트"라는 어휘들이 유행하던 17세기에는 이것들이 무엇을 가리키는지에 대해 논란이 있었는데, 때로는 이것들이 하나의 단일한 사실을 가리키는 서로 바꾸어 써도 되는 말들로 간주되기도 했지만, 때로는 이와 반대로 각각 그 자체로 서로 구별되는 것들을 가리키는 것으로 파악되기도 했다. 천재는 제작의 능력이고 취미는 판단의 능력이라고 여겨진 것이다. 더 나아가 취미는 생산적이지 않은 취미와 생산적인 취미로 세분되기도 했는데, 이것은 이탈리아에서는 무라토리가,[907] 독일에서는 쾨니히가[908] 채택한 용어법이었다. 바퇴는 "취미는 천재의 산물을 판단한다"고 말했고,[909] 칸트는 취미 없는 천재 혹은 천재 없는 취미의 결함 있는 작품에 대해, 그리고 취미 하나만으로 충분한 다른 작품들에 대해 이야기했다.[910] 그는 어떤 때에는 두 개념을 각각 판단 능력과 제작 능력으로 구별하고, 다른 어떤 때에는 그것들이 정도에 따라 차이가 날 뿐인 단일한 능력이라고 말한다. 취미와 천재 사이에 본래적인 차이가 있다는 생각은 이후의 미학자들에 의해 받아들여졌고 헤르바르트와 그의 추종자들에게서 가장 엄격한 형태를 띠었다.

예술사와 문학사의 개념

18세기 말 무렵에 예술에 대한 진화론이 등장했다. 이때는 고전적 예술과 낭만적 예술 사이의 구별이 처음 이뤄진 시기였다. 이 분류에는 나중에 그리스 이전 세계에 관한 지식이 증가됨에 따라 오리엔트 예술에 관한 항목이 추가되었다. 노년의 괴테가 에커만에게 말한 바에 따르면, 고전적이라는 개념과 낭만적이라는 개념은 그 자신과 실러가 만든 것이었는데, 왜냐하면 그 자신은 시에서 객관적인 방법을 지지했던 반면에, 실러는 그의 경향이었던 주관적인 형식을 옹호하기 위해

『소박 문학과 감상 문학에 관하여』라는 글을 썼기 때문이다. 여기에 서 "소박한"이라는 말은 나중에 "고전적"이라고 불리는 양식을 나타 내며 "감상적"이라는 말은 나중에 "낭만적"이라고 불리는 양식을 나타내는 것이다. 괴테가 계속하여 말하기를, "슐레겔 형제가 이 생각들을 활용하고 유포시켜 오늘날에는 모두가 그것들을 사용하며 고전적인 것과 낭만적인 것에 대해 이야기하는데, 이것들은 50년 전에는 전혀 알려지지 않은 것들이었다."[911] (괴테가 이런 말을 한 때는 1831년이 었다.) 실러의 글은 루소로부터 영향받은 흔적을 보여주는데, 그것은 1795~6년에 출간된 것이다.[912] 거기에는 다음과 같은 진술들이 담겨 있다. "시인이란 무릇 그 개념상 자연을 보존하는 자다. 시인이 전적으로 이러한 수호자가 될 수 없을 때, 즉 자의적이고 인위적인 형식이 갖는 파괴력을 이미 경험했거나 이에 맞서야만 할 때, 바로 그때 시인은 자연을 위해 증인이 되려고 일어선다. 그러므로 시인은 자연이거나, 아니면 잃어버린 자연을 찾는 자다. 이에 따라 두 종류의 완전히 상이한 작시가 생겨나며, 시의 전 영역이 그 둘 사이에 놓인다. 시인이라고 불릴 만한 모든 시인은 자신의 전성기, 즉 그가 당대의 보편적 교양이나 심정 상태에 영향을 미치던 시대가 어떤 성격인지에 따라 소박한 시인의 범주에 속하거나 감정적인 시인의 범주에 속해야 한다." 실러는 감정적인 시에 풍자적인 시와 비가적인 시와 목가적인 시라는 세 종류가 있음을 알았고, 풍자적인 시인을 "자연으로부터의 소외, 그리고 현실과 이상 간의 모순을 자신의 대상으로 취하는" 시인이라고 정의했다. 이 구분이 갖는 약점은 두 가지 상이한 종류의 시가 있다는 생각인데, 이에 따르면 시가 개개의 사람들에게 나타나는 무한한 형태들은 두 종류로 환원된다. 이 두 종류 중 하나가 완전한 종류로 간주되고 다른 하나가 불완전한 종류로 간주된다면, 불완전성을 하나의 종류 혹은 종으로, 즉 부정적인 것을 긍정적인 것으로 전환시키는 오류가 저질러진다. 실제로 빌헬름 폰 훔볼트는 이에 대해 다음과 같이 반박했다. 형식이 예술의 본질이라면 소박한 시이든 감상적인 시이든 그 어떤 것도 시일 수 없을 터인데, 형식이 예술의 본질임에도 불구하고 이것들에서는 소재가 형식을 압도하기 때문이다. 즉, 이러한 시들은 결코 하나의 독립된 예술 장르가 될 수 없고 가짜 예술일 것이다.[913] 실러는 자신의 분류에 역사적 의미를 부여하지 않았다. 그는 "고대적"이라는 말과 "근대적"이라는 말을 "소박한"과 "감상적인"에 상당하는 표현으로 사용하면서 몇몇 "고대적인" 시인이 이 말을 사용하는 의미에서는 동시대 작가들 사이에서 발견될 수 있으며, 고대적인 것과 근대적인 것이라는 문학의 두 특성이 심지어 한 시인이나 한 작품에서 동시에 발견될 수 있음을 부정할 생각은 아니었음을 사실상 명백히 하고 있다.[914] 예컨대 (실러 자신이 드는 예를 제시하자면) 『젊은 베르테르의 슬픔』이 그러한 작품이다. 그 구분에 역사적 의미가 처음으로 부여된 것은 프리드리히 폰 슐레겔과 아우구스트 빌헬름 슐레겔에 의해서였다. 이는 전자의 경우 1795년에 나온 초기 저작에서, 후자의 경우 베를린에서 1801년부터 1804년까지 행해진 그의 유명한 문학사 강의들을 통해 이뤄졌다. 그러나 체계적 의미와 역사적 의미라는 두 의미는 문인들과 비평가들에 의해 다양하게 번갈아 채택되며 뒤섞였고, 다른 구분들이 추가되었다. "고전적"이라는 말은 때때로 딱딱하고 모방적인 양식의 시를 기술하기 위해 사용된 반면에, "낭만적"이라고 불리는 시는 영감으로 쓰인 시였다. 몇몇 나라에서는 "낭만적"이라는 말이 정치적으로 반동적인 자를 의미하게 되었고, 이탈리아에서 그것은 "자유주의적"을 나타냈으며, 이 밖의 다른 사례들이 더 있다. 1815년에 프리드리히 폰 슐레겔이 고대 페르시아의 낭만적 시에 대해 이야기했을 때, 혹은 우리 시대에 그리스, 로마 혹은 프랑스의 고전작가들이 지닌 낭만주의에 주의가 환기될 때, 역사적 의미는 이론적 의미, 즉 실러가 본래 견지하려던 의미로 바뀌었다.

그러나 역사적 의미는 독일 관념론에서 널리 견지되었는데, 독일 관념론은 이념의 전개라는 도식에 의거하여 문학과 예술의 역사를 포함하는 보편사를 구성하려는 경향이 있었다. 셸링은 이교 예술과 기독교 예술을 예리하게 구별했는데, 후자는 전자에 비해 더 진보된 단계에 속한다고 여겨졌다.[915] 헤겔은 이 구분을 받아들였고 예술사를 상징적인(오리엔트적) 예술, 고전적인(그리스적) 예술, 낭만적인(근대적) 예술이라는 세 시기로 나눔으로써 '목적을 향한 퇴보*'를 도입했다. 그는 (형식과 내용 사이의 조화를 유지하는 데 실패했음을 나타내는 풍자시 및 다른 장르들을 도입한) 로마 예술을 고전적 예술의 해체로 파악했는데, 이때의 고전적 예술이라는 생각은 실러가 시사한 것이다. 이와 마찬가지로 그는 세르반테스와 아리오스토의 주관적인 유머에서[916] 낭만적인 예술의 해체를 발견했다. 그리고 그가 보기에 현대의 예술은 그 가능성이 소진되었다. 물론 일부 논자들은 헤겔이 예술의 네 번째 시기, 즉 현대 혹은 미래의 예술을 배제하지 않았다고 보았지만 이는 헤겔 자신의 입장에 반한 것이었다. 실제로 그의 추종자들 가운데 하나인 바이세는 3분법을 지키기 위해 오리엔트적 시기를 거부했다. 헤겔의 세 시기 가운데 마지막인 근대적·낭만적 시기는 서구 기독교가 정착된 중세부터 헤겔의 당대까지를 아우르는 것이었던 반면 바이세는 중세와 근대를 구분하면서 고대 고전기(그리스) 이전의 시기를 예술사의 권역에서 추방했다.[917] 피셔 또한 현대적이며 진보된 시기를 인정하는 경향을 보인다.[918]

이러한 자의적인 구성들은 실증주의적 형이상학자들의 저술들 속에서 진화하는, 즉 진보하는 예술사라는 모습으로 다시 나타난다. 스펜서는 이 주제에 관한 어떤 종류의 논문을 쓸 생각을 가졌는데, 그가 출간한 자신의 체계에 대한 소개(1860)를 보면, 『사회학의 원리들』의 3권에 특히 미학적 진보에 관한 장이 포함될 것임을 알 수 있다. 이때의 미학적 진보란 "예술들이 원시적인 제도들로부터 분화되고 점차 각각 서로 다르게 변하며 발전하는 가운데 점점 더 다양해지고, 표현이 실현되고, 우월한 목표를 설정하는 방식으로 진보해가는" 것을 가리킨다. 이런 장은 결국 써지지 않았지만, 우리가 『심리학의 원리들』에 보존되어 있는, 그리고 우리 책에서 이미 검토된 사례들을[919] 기억한다면 이를 애석해할 필요는 없다.

---

* 퇴보의 국면 속에 진보의 싹이 있음을 의미하는 개념

우리 시대가 가진 강한 역사적 감각 덕택에 우리는 진화 혹은 추상적 진보에 관한 이론들로부터 점점 더 멀리 벗어나게 되는데, 이런 이론들은 예술의 자유롭고 본래적인 움직임을 왜곡하는 것이다. 피들러는 예술사에 통일성이나 진보가 도입될 수 없으며, 예술가들의 작품들은 우주의 삶에 속하는 그토록 많은 단편들과 마찬가지로 각각 따로따로 판단되어야 한다고 말했는데, 이는 부당한 말이 아니다.[920] 최근에 조형예술의 역사에 대한 주목할 만한 연구자인 벤투리는 진화론을 유행시키려 노력했고, 그것을 『성모의 역사』에서 설명했다. 이에 따르면 성모에 대한 묘사는 태어나서 자라고 완전해지며 노쇠하고 죽는 유기체라는 것이다! 그러나 예술사의 본질을 수호한 이들도 있었는데, 그들에 따르면 예술사란 결코 외적인 매듭이나 척도를 허용하지 않으며 언제나 다양한 방식으로 상상력이 창출되는 과정이다.[921]

결론

비록 이 마지막 장이 서둘러 덧붙여진 글이긴 하지만 이것으로도 우리가 "개별적"이라고 부른 오류들에 대한 학문적 비판이 얼마나 좁은 영역 속에서 지금까지 이뤄져왔는지를 보여주기에 충분할 것이다. 미학은 주의 깊고 활력 있는 비평 문헌에 둘러싸여 이로부터 자양분을 얻을 필요가 있다. 미학으로부터 생명을 얻는 이런 문헌이 결국에는 미학의 강력한 수호자가 될 것이기에 말이다.

서지 정보 관련 부록

미학의 역사를 저술하고자 했던 최초의 시도는 짐머만이 자신의 『미학사』 서문에서 언급했던 콜러의 작업이다. (이 책 역사 부분 6장 "미학의 유행: 멘델스존 및 여타 바움가르텐 추종자." 절 참조) 그러나 이 책은 너무 희귀해서 짐머만도 보지 못했다. 운 좋게 우리는 뮌헨 소재의 바이에른 왕립 도서관에서 이 책을 찾았고, 인스부르크 대학에 있는 우리 친구인 아르투로 파리네리 박사의 도움으로 빌려볼 수 있었다. 그 책의 표제는 다음과 같다. *Entwurf zur Geschichte und Literatur der Aesthetik, von Baumgarten auf die neueste Zeit.* Herausgegeben von J. Koller. Regensburg in der Montag und Weissischen Buchhandlung, 1799 (pp. viii-107, 작은 8절지 판형) 서문에서 콜러는 자신이 일반 이론만을 다룰 것이며, 자신의 판단들이 주로 문예지에 수록된 논평들에서 얻어진 것이라고 전제하면서 저술의 의도는 독일의 대학에서 취미 비판과 예술 이론을 수강하는 젊은이들에게 "이러한 연구들의 기원과 이후의 진행과정에 대한 명쾌한 개요"를 제공하기 위한 것이라고 밝히고 있다. 서론(1~7절)에서는 고대에서부터 18세기 초까지의 미학 이론을 다루고 있는데, 콜러는 "예술과 취미 비판에 대한 일반 이론의 명칭들과 형식이 고대인에게는 알려져 있지 않았는데, 그들의 불완전한 윤리 이론 때문에 이 영역에서 아무것도 생산될 수 없었다"고 평한다. 그는 5장에서 "이론에 있어서 거의 아무것도 생산하지 못했던" 이탈리아 학자들을 다룬다. 실제로, 언급되고 있는 유일한 이탈리아 서적은 베티넬리의 Entusiasmo와 야게만의 60쪽 분량의 짧은 저술이다(F. G. Jagemann, *Saggio di buon gusto nelle belle arti ove si spiegano gli elementi dell' estetica*, Regente agostiniano, In Firenze, MDCCLXXI, Presso Luigi Bastianelli e compagni. 이 저술과 관련해서는 다음을 참고하라. B. Croce, *Problemi di estetica*, pp. 387-390). 미학의 역사와 문헌에 대한 장은 빈번하게 인용되는 빌핑거 저서의 한 구절("감각하고 상상하고 주목하고 떼어내는 능력과 기억력에 관련하여 출중한 사람들이 나타나면 좋으련만")에서 시작해서 바로 바움가르텐으로 넘어간다. "이론에서 신기원이 열린 것은 두말할 나위 없이 바움가르텐의 기여에 따른 것이다. 이성의 원리에 기초했으며 완전히 발전된 미학을 처음으로 착상해냈다는 독자적인 공로가, 그리고 그것을 그 자신의 철학을 통해 얻어진 수단으로써 실행에 옮겼다는 독자적인 공로가 그에게 있다." 그리고 바로 이어서 마이어가 언급되고, 계속해서 뮐러(1759)의 저술들에서부터 라플러(1799)의 저술에 이르기까지 미학에 대한 독일의 많은 서적들에 대한 짧은 초록과 언급들이 제목과 함께 일종의 카탈로그 형식으로 제시되고 있다. 여기에는 독일어로 번역된 프랑스와 영국의 다양한 저술들이 섞여 있다. 특히 저자인 콜러는 다음과 같이 언급하면서 칸트를 강조하고 있다(pp. 64-74). 미학자들은 『판단력 비판』이 발표되기 이전에 회의론자, 독단론자, 경험론자로 구분되었는데, 그 나라에서 가장 유력한 지식인들은 경험론에 경도되어 있었다. 칸트 자신도 "만일 자신의 사상을 발전시키는 데 있어 가장 강하게 영향을 받았던 문헌이 무엇인지에 대해 질문을 받았더라면, 그는 분명히 영국, 프랑스, 독일의 명민한 경험주의 저자들의 이름을 댔을 것이다." 그러나 "칸트 이전에 존재했던 어떠한 방법도 취미의 문제들에 대한 사람들 사이의 일치(*eine Einhelligkeit*)를 입증할 수 없었다." 마지막 페이지에서 콜러는 지금은 예전처럼 감히 미학 연구에 대한 관심을 시간 낭비라고 부를 사람은 없을 것이라고 하면서 미학 연구에 대한 관심의 회복에 대해 주의를 환기한다. 그는 "야코비, 실러 그리고 메멜도 곧 자신들의 이론을 출판하여 미학 문헌들을 풍부하게 해주기를 소망한다!"(p. 104)고 쓰고 있다.

콜러의 책이 귀한 것이기 때문에 조금은 자세히 살펴보았다. 이를 제외하면 최초의 일반적 미학사라고 부를 수 있는 책은 로베르트 짐머만에 의해 쓰인 책이다. Zimmerman, *Geschichte der Ästhetik als philosophischer Wissenschaft*, Vienna, 1858. 이 저술은 네 권의 책으로 나눠져 있다. "1권은 그리스에서부터 바움가르텐의 노력을 통해 미학이 철학적 학으로서 성립되기까지 아름다운 것과 예술에 관한 철학적 개념의 역사를 다루고 있다." 2권은 바움가르텐에서부터 『판단력 비판』에 의해 일으켜진 미학의 개혁에 이르는 과정을 다루고 있으며, 3권은 칸트부터 관념론 미학에 이르기까지, 4권은 관념론 미학의 시작에서부터 짐머만 자신의 시대에 이르기까지(1798~1858)를 다루고 있다. 이 작업은 헤르바르트주의적 흐름을 따르고 있으며, 충실한 조사와 명료한 해설이 주목할 만하다. 비록 관점이 잘못되었고 그리스-로마 및 독일을 제외한 모든 미학적 운동을 무시하고 있다는 중대한 결점을 가지고 있기는 하지만 말이다. 게다가 이 책은 이제 60년 전에 나온 것이 되어버렸다.

막스 샤슬러의 책은 좀 덜 충실하고 편집본에 더 가까운 역사서인데, 앞서 언급한 모든 결점들은 똑같이 포함되어 있다. Schasler, *Kritische Geschichte der Ästhetik*, Berlin, 1872. 이 책은 세 권으로 나눠져 있으며, 고대와 18, 19세기 미학을 다루고 있다. 저자는 헤겔 학파에 속해 있으며, 자신의 역사서를 이론에 대한 예비학으로 여긴다. "즉, [역사는] 새로운 체계를 건설하기 위한 궁극의 원리를 얻기 위함이다." 그는 각 시기의 사실 자료를 감각 판단(Empfindungsurtheil)의 미학, 지성 판단(Verstandsurtheil)의 미학, 이성 판단(Vernunfturtheil)의 미학이라는 세 단계로 체계화한다.

영국에서는 버나드 보상케의 『미학사』가 출간되었다. Bosanquet, *History of Aesthetics*, London, 1892. 이 책은 균형이 잡혀 있고 잘 정리되어 있으며, 내용의 미학과 형식의 미학 사이에서 절충주의적 관점으로 저술되었다. 보상케는 자신이 이 역사책에서 "일류 저술가들은 아무도" 간과하지 않고 다뤘다고 생각했다. 그러나 이는 사실이 아니다. 그는 몇몇 주요 저자들을 간과했을 뿐만 아니라 몇몇 중요한 사상적 운동들 역시 간과했으며, 전반적으로 라틴계의 문헌들에 대한 지식이 충분하지 않음을 드러냈다. 영국에서 출간된 또 다른 일반 미학사는 윌리엄 나이트의 Knight, *The Philosophy of the Beautiful, being Outlines of the History of Æsthetics*, London, Murrey, 1895, 제1권이다. 이 책은 많은 부분이 미학을 다루고 있는 고대와 근대의 서적들의 초록과 요약본들을 풍부하게 모아둔 것으로 이뤄져 있다. 이러한 측면에서 네덜란드, 영국 그리고 미국을 다루고 있는 10장부터 13장의 내용이 가장 주목할 만하다. 1898년에 출판된 2권은 부록(pp. 251-281)에서 러시아와 덴마크의 미학에 주목하고 있다. 최근에 출간된 또 다른 작업은 조지 세인츠버리의 것이다. Saintsbury, *A History of Criticism and Literary Taste in Europe from the Earliest Times to the Present Day*, Edinburgh and London, 1900. 이 책은 3권으로 구성되어 있는데, 1900년에 출간된 1권은 고전적 비평과 중세의 비평을, 1902년에 출간된 2권은 르네상스에서부터 18세기 말까지의 비평을, 1904년에 출간된 3권은 근대의 비평을 다루고 있다. 이 역사서의 저자는 역사뿐 아니라 문학에도 능숙했지만 철학에는 무지했다. 그는 엄격한 의미에서의 미적 학문, 즉 "더 초월적인 미학, 미와 예술적 즐거움 일반에 관한 그 야심찬 이론들, 무척이나 고결하고 매혹적으로 보이지만 결국은 단지 주노 여신의 구름 같은 외양일 뿐임이 드러나게 되는 이들 이론들"을 배제하는 것이 가능하다고 생각했으며, [따라서] 자신의 주제를 "고상한 수사학과 시학, 비평과 문예적 취미의 이론과 실천에 한정"시킬 수 있다고 생각했다(제1권, 제1장). 그러한 연유로 이 책은 많은 면에서 유익하지만 방법적인 면과 대상의 한정이라는 면에서는 전적으로 결함을 갖고 있다. 고상한 수사학과 시학, 비평과 문예적 취미의 이론이 미학이 아니면 무엇인가? 이러한 것들에 대한 역사가 상호작용과 발전을 통해 역사 그 자체를 직조하고 있는 형이상학적 미학을 비롯한 여러 모습들에 대한 마땅한 주목 없이 어떻게 구성될 수 있는가? 아마도 세인츠버리는 미학의 역사와 구분되는 것으로서 비평의 역사를 저술할 수 있기를 희망했던 것 같다. 만일 그것이 사실이었다면, 그는 전자와 후자 어느 쪽에 대한 저술에서도 성공적이지 못한 것이 된다La Critica, 2호(1904), pp. 59-63 참조.

헝가리 학술원의 도움 덕분에 우리는 벨라 야노시의 세 권짜리 미학사를 검토해볼 수 있었다. B. Janosi, Az Æsthetika története, Budapesth, 1899~1901. 1권은 그리스의 미학에 대한 것이고, 2권은 중세에서부터 바움가르텐까지, 3권은 바움가르텐부터 현재까지를 다루고 있다. 베를린에서 발행된 신문 Deutsche Litteraturzeitung에 이 책에 대한 서평이 1900년 8월 25일, 1902년 7월 12일, 1903년 5월 2일에 각각 실린 적이 있는데, 이들을 제외한다면 이 책은 그동안 철저히 밀봉되어 전혀 알려지지 않았던 책이다.

라틴 국가들 사이에서 보자면, 프랑스에는 C. Levêque, La Science du beau (Paris, 1862)가 있는데 르베크는 이 책 제2권에서 Examen des principaux systèmes d'esthétique anciens et modernes라는 표제 하에 여덟 개의 장을 할애하여 플라톤, 아리스토텔레스, 플로티노스, 아우구스티누스, 허치슨, 앙드레, 바움가르텐, 리드, 칸트, 셸링, 헤겔을 설명하고 있다. 이것이 미학사라는 명칭을 얻을 만한 정도는 아니라고 한다면, 프랑스에는 미학사 책이 없었다고 할 수도 있다. 반면 스페인은 Menendez y Pelayo, Historia de las idéas estéticas en España (제2판, Madrid, 1890~1901)를 가지고 있다. 이 책은 다섯 권으로 되어 있으며 초판(1883~1891)과 제2판에서 서로 다른 방식으로 분권되어 있다. 마르셀리노 메넨데스 이 펠라요의 이 책은 제목과는 달리 스페인에 대한 것만도 아니고 미학에 대한 것만도 아니다. 저자가 서문에서 밝히고 있는 것처럼(제1권, pp. xx-xxi), 이 책은 아름다운 것에 대한 형이상학적 연구, 신의 아름다움과 사랑의 신비론에 관한 고찰, 철학자들의 저술들 속에 산재해 있는 예술론들(시학과 수사학, 회화와 건축 작품 등), 개별 예술들에 대한 논고들에서 발견되는 미학적 고려들, 그리고 예술가들이 그들 자신의 특정한 예술에 관해 공표한 생각들을 포함하고 있다. 이 책은 스페인 저자들과 관련하여 매우 중요한 저술이고 전반적으로 역사가들이 흔히 간과하는 문제들을 잘 다루고 있다. 메넨데스 이 펠라요는 형이상학적 관념론에 가깝지만, 다른 사상 체계들, 심지어 경험론의 요소들조차 받아들이고자 하는 것처럼 보인다. 우리가 보기에는 바로 이러한 모호함이 전체적으로 이 책에 부정적인 영향을 미쳤다. 한편 스파촐라 교수는 수년 전에 1845년에 나폴리에서 '비평의 역사, 아리스토텔레스에서 헤겔까지'라는 주제로 행해진 프란체스코 데 상크티스의 강연 내용을 앞으로 출간할 것이라고 발표한 바 있다. 이탈리아 미학의 역사에 대해서는 Alfredo Rolla, *Storia delle idee estetiche in Italia*, Turin, 1904를 참고하라. 또한 이 책에 대해서는 앞서 언급한 나의 저서 *Problemi di estetica*, pp. 401-415를 보라.

대개 미학에 대한 논고들의 도입부에 자리하게 되는 역사적 언급이나 역사에 관한 장들에 대해 일일이 다 주목할 필요는 없다. 가장 중요한 것들만 보고자 한다면 졸거, 헤겔, 슐라이어마허의 책들을 보면 된다. 단, 표현론의 엄밀한 관점에서 쓰인 미학에 대한 보편적 역사는 나의 이 책이 처음이다.

18세기 말까지 내려가는 참고문헌 목록을 보려면 추후에 폰 블랑켄부르크가 추가한 부분이 있는 줄처의 책 Sulzer, *Allgemeine Theorie der schönen Künste*, 제2판, Leipzig, 1792(총 4권)이 정말로 완벽하며, 무한한 정보의 원천이다. 밀스 개이레이와 프레드 뉴턴 스캇이 수집한 19세기의 많은 자료들은 Gayley & Scott, *An Introduction to the Methods and Materials of Literary Criticism, The Bases in Æsthetics and Poetics*, Boston, 1899에 수록되어 있다. 줄처의 책 외에도 다음과 같은 미학 사전들이 언급될 수 있다. Gruber, *Wörterbuch zum Behuf der Ästhetik schönen Künste*, Weimar, 1810, Jeithles, *Ästhetisches Lexikon*, vol. i. A-K, Vienna, 1835, Hebenstreit, *Encyklopädie der Ästhetik*, 제2판, Vienna, 1848.

이어서 각 장별로 해당되는 참고문헌의 목록이다. 이 중에는 필자가 보지는 못했지만 공부하는 학생들의 편의를 위해 포함된 것들도 몇 권 있다.

I장 고대의 미학과 관련해서는 2권으로 된 E. Müller, *Geschichte der Theorie der Kunst bei den Alten*, Breslau, 1831~1837보다 더 나은, 혹은 더 광범위한 작업은 찾을 수 없을 것이다. 아름다운 것과 관련된 연구는 J. Walter, *Die Geschichte der Ästhetik im Alterthum ihrer begrifflichen Entwicklung nach*, Leipzig, 1893을 특히 참조하라. 또한 E. Egger, *Essai sur l'histoire de la critique chez les Grecs*, 제2판, Paris, 1886, 그리고 짐머만의 책 1권, 보상케 2~5장, 세인츠버리 1권도 보라.

셀 수 없이 많은 특별한 학술 논문들 중에서 다음을 참조하라. 플라톤의 미학과 관련해서는 A. Ruge, *Die platonische Ästhetik*, Halle, 1832. 아리스토텔레스의 미학과 관련해서는 Döring, *Die Kunstlehre des Aristoteles*, Jena, 1876, C. Bénard, *L'Esthétique d'Aristote et de ses successeurs*, Paris, 1890, S. H. Butcher, *Aristotle's Theory of Poetry and Fine Art*, 제3판, London, 1902. 플로티노스의 미학과 관련해서는 E. Vacherot, *Histoire critique de l'école d'Alexandrie*, Paris, 1846, E. Brenning, *Die Lehre vom Schönen bei Plotin im Zusammenhang seines Systems dargestellt*, Göttingen, 1864. 호라티우스의 『시학』에 대해서는 A. Viola, *L'arte poetica di Orazio nella critica italiana e straniera*, 전 2권. Naples, 1901~1907.

고대 영혼론의 역사에 대해서는 H. Siebeck, *Geschichte der Psychologie*, 1880, A. E. Chaignet, *Histoire de la psychologie des Grecs*, Paris, 1887, L. Ambrosi, *La psicologia dell' immaginazione nella storia della filosofia*, Rome, 1898. 언어철학의 역사에 대해서는 H. Steinthal, *Geschichte der Sprachwissenschaft bei den Griechen und Römern mit besonderer Rücksicht auf die Logik*, 제2판, Berlin, 1890~1891, 전 2권.

II장 아우구스티누스와 초기 기독교 저자들의 미학 사상에 대해서는 앞서 언급한 Menendez y Pelayo, pp. 193-266을 보라. 토마스 아퀴나스에 대해서는 다음을 보라. L. Taparelli, *Delle ragioni del bello secondo la dottrina di san Tommaso d' Aquino* (*Civiltá cattolica*, 1859~1860에 실려 있음), P. Vallet, *L'Idée du beau dans la philosophie de St. Thomas d'Aquin*, 1883, M. de Wulf, *Études historiques sur l'esthétique de St. Thomas*, Louvain, 1896.

중세의 문예 학설들에 대해서는 D. Comparetti, *Virgilio nel medio evo*, 제2판, Florence, 1893, 제1권과 앞서 언급된 Saintsbury, 제1권 pp. 369-486. 초기 르네상스에 대해서는 K. Vossler, *Poetische Theorien in der italienischen Frührenaissance*, Berlin, 1900. 전성기 르네상스의 시학에 대해서는 J. E. Spingarn, *History of Literary Criticism in the Renaissance, with special reference to the influence of Italy*, New York, 1899 (수정 및 증보된 이탈리아어 번역본은 Bari에서 1905년 출간), de Sanctis, *Storia della letteratura italiana*, Naples, 1870. 중세와 르네상스의 플라톤주의와 신플라톤주의적 전통들에 대해서라면 앞서 언급한 Menendez y Pelayo, 제1권 제2부와 제2권을 통해 최고의, 그리고 가장 풍부한 정보를 얻을 수 있다. 아름다움과 사랑에 대한 이탈리아의 논고들은 M. Rosi, *Saggi sui trattati d' amore del cinquecento*, Recanati, 1899, F. Flamini, *Il cinquecento*, Milan, Vallardi Inc., 제4장, pp. 378-381. 타소에 대해서는 A. Giannini, *Il "Minturno" di T. Tasso*, Ariano, 1899, E. Proto in *Rassegna critica della letteratura italiana* 제6권 (Naples, 1901), pp. 127-145. 레오네 에브레오에 대해서는 E. Solmi, *Benedetto Spinoza e L. E., studio su una fonte italiana dimenticata dello spinozismo*, Modena, 1903, G. Gentile in *La Critica*, 제2호., pp. 313-319.

스칼리게르에 대해서는 다음을 참조하라. E. Lintilhac, *Un Coup d'État dans la république des lettres: Jules César Scaliger, fondateur du classicisme cent ans avant Boileau* (*Nouvelle Revue*, 1890, 제64호, pp. 333-346과 528-547). 프라카스토로에 대해서는 G. Rossi, *Girolamo Fra-*

castoro in relazione all' aristotelismo e alla scienza nel Rinascimento, Pisa, 1893. 카스텔베트로에 대해서는 A. Fusco, *La poetica di Ludovico Castelvetro*, Naples, 1904. 파트리치에 대해서는 O. Zenatti, *F. Patrizzi, Orazio Ariosto, e Torquato Tasso*, etc. (Verona, per le nozze Morpurgo-Franchetti, Inc.)

III장에서 다루고 있는 시대에 대해서는 다음을 참조하라. H. von Stein, *Die Entstehung der neueren Ästhetik*, Stuttgart, 1886, K. Borinski, *Die Poetik der Renaissance und die Anfänge der litterarischen Kritik in Deutschland*, Berlin, 1886 (특히 마지막 장), 같은 저자의 *Baltasar Gracian und die Hofliteratur in Deutschland*, Halle a. S., 1894, B. Croce, *I trattatisti italiani del Concettismo e B. Gracian*, Naples, 1899 (*Atti dell' Accademia Pontaniana* 제29권과 *Problemi di estetica* pp. 309-345에도 다시 실려 있다), G. Smith(편집 및 서문), *Elizabethan Critical Essays*, Oxford, 1904, 전 2권, J. E. Spingam(편집), *Critical Essays of the Seventeenth Century*, Oxford, 1908, 전 2권, Leone Donati, *J. J. Bodmer und die italienische Litteratur* (*J. J. Bodmer, Denkschrift z. C. C. Geburtstag*, Zürich, 1900, pp. 241-312에 수록), 그리고 나의 *Problemi di estetica*, pp. 371-380도 보라.

베이컨에 대해서는 K. Fischer, *Franz Baco von Verulam*, Leipzig, 1856 (제2판, 1875), P. Jacquinet, *F. Baconis in re litteraria iudicia*, Paris, 1863. 그라비나에 대해서는 다음을 참조하라. E. Reich, *G. V. Gravina als Asthetiker* (빈 학술원 번역본, 제120권, 1890에 실려 있음), B. Croce, *Di alcuni giudizî sul Gravina considerato come estetico*, Florence, 1901 (*Miscellanea d' Ancona*, pp. 456-464에 실려 있음), 이 글은 *Problemi di estetica*, pp. 360-370에 다시 실렸다. 뒤 보스에 대해서는 Morel, *Étude sur l'abbé du Bos*, Paris, 1849, P. Petent, *J. B. Dubos*, Tramelan, 1902. 부우르에 대해서는 Doncieux, *Un jésuite homme de lettres au XVII siècle*,

Paris, 1886. 부우르-오르시 논쟁에 대해서는 F. Fottano, *Una polemica nel settecento, in Ricerche letterarie*, Leghorn, 1897, pp. 313-332, A. Boeri, *Una contesa letteraria franco-italiana nel secolo XVIII*, Palermo, 1900 (*Giornale storico della letteratura italiana*, xxxvi. pp. 255-256), 앞서 언급한 *Rassegna critica della letteratura italiana* 제6권 pp. 115-126에 실리고 *Problemi di estetica* pp. 346-359에 재수록된 나의 글, *Varietá di storia dell' estetica*.

IV장 문학에 있어서 데카르트주의에 대해서는 다음을 참조하라. É. Krantz, *L'Esthétique de Descartes étudiée dans les rapports de la doctrine cartésienne avec la littérature classique française au XVIII siècle*, Paris, 1882. 또한 이 책의 앙드레에 대한 장(pp. 311-341)과 쿠쟁이 *Oeuvres philosophiques du père André*, Paris, 1843에 쓴 서문을 참조하라. 부알로에 대해서는 Borinski, *Poetik der Renaissance*, 제6장 pp. 314-329와 *Revue des Deux Mondes*, 1899년 6월 1일 자에 실린 J. Brunetière, *L'Esthétique de Boileau*.

영국의 지성주의 미학자들에 대해서는 앞서 언급한 Zimmerman, pp. 273-301과 3장에서 언급한 von Stein, pp. 185-216을 참조하라. 샤프츠베리와 허치슨에 대해서는 특히 다음을 참조하라. G. Spicker, *Die Philosophie des Grafen von Shaftesbury*, Freiburg i. B., 1872, 제4부, 예술과 문학에 대해서는 이 책의 pp. 196-233, T. Fowler, *Shaftesbury and Hutcheson*, London, 1882, W. R. Scott, *Francis Hutcheson, his life, teaching and position in the history of philosophy*, Cambridge, 1900.

라이프니츠, 바움가르텐, 그리고 동시대 독일 저자들에 대해서는 다음을 보라. T. W. Danzel, *Gottsched und seine Zeit*, 제2판, Leipzig, 1855, H. G. Meyer, *Leibnitz und Baumgarten als Begründer der deutschen Ästhetik*, Inaugural Dissertation, Halle, 1874, J. Schmidt, *Leibnitz und Baumgarten*, Halle, 1875, E. Grucker, *Histoire des doc-*

trines littéraires et esthétiques en Allemagne (from Opitz to the Swiss writers), Paris, 1883, F. Braitmaier, *Geschichte der poetischen Theorie und Kritik von den Diskursen der Maler bis auf Lessing*, Frauenfeld, 1888-1889. 마지막에 언급된 책의 첫 번째 부분은 독일에서의 시학과 비평의 시작을 다루고 있는데, 이들과 고전, 프랑스, 영국의 학설들과의 관계를 고려하고 있다. 두 번째 부분은 라이프니츠-볼프주의적 심리학의 기반에서 미학적 철학과 시론을 세우고자 했던 시도들을 다루는데, 이는 바움가르텐에 대한 긴 논의와 다음의 두 논문에서 발췌한 인용을 포함한다. Raabe, A. G. *Baumgarten, Æstheticae in disciplinae formam parens et auctor*, Prieger, *Anregung und metaphysische Grundlage der Ästhetik von A. G. Baumgarten*, 1875 (제2권, p. 2).

V장 미학자로서의 비코에 대해서는 다음을 보라. B. Zumbini, *Sopra alcuni principî di critica letteraria di G. B. Vico* (*Studî di letteratura italiana*, Florence, 1894, pp.257-268에 재수록), B. Croce, *G. B. Vico primo scopritore della scienza estetica*, Naples, 1901 (1901년 4월 *Flegrea*에 실린 것을 재수록. 서론에서 언급한 바와 같이 이 내용은 여기 이 책에도 실려 있다.) 또한 다음을 참고하라. Gentile in *Rassegna critica della letteratura italiana* 제6권. pp. 254-265, E. Bertana in *Giornale storico della letteratura italiana*. xxxviii. pp. 449-451, A. Martinazzoli, *Intorno alle dottrine vichiane di ragion poetica* (*Rivista di filosofia e sceine affini*, Bologna, 1902년 7월호에 실려 있음), 또한 같은 잡지 1902년 8월호에 실린 나의 답변도 참조, G. Rossi, *Il pensiero di G. B. Vico intorno alia natura della lingua e all' ufficio delle lettere*, Salerno, 1901. 이 책들보다 앞서서 미학과 관련하여 비코가 차지하는 중요한 위치를 언급하고 있는 것은 C. Marini, *G. B. Vico al cospetto del secolo XIX*, Naples, 1852, 제7장 제10절. 비코가 미친 영향에 대해서는 B. Croce, *Per la sioria della critica e storiografia letteraria*, Naples, 1903 (*Atti dell' Accademia Pon-*

taniana 제28권에 실려 있음), pp. 7-8, 26-28 (*Problemi di estetica*, 423-425에 재수록), G. A. Borgese, *Storia della critica romantica in Italia*, Naples, 1905.

비코의 미학뿐만 아니라 그의 사상 일반에 대해서는 B. Croce, *La filosofia di Giambattista Vico*, Bari, 1911(콜링우드의 영역본, 1913)을 보라. 비코와 관련된 풍부한 문헌들에 대해서는 *Bibliografia vichiana*, Naples, 1904에 실린 나의 글(*Atti dell' Accademia Pontaniana* 제36권에 실렸던 것을 다시 실은 것)을 보라. 같은 책의 1907년 증보판, 1910년 두 번째 증보판에도 실려 있다.

VI장 콘티의 문예적 학설에 대해서는 G. Brognoligo, *L' opera letteraria di A. Conti, in Archivio veneto*, 1894, 제1권, pp. 152-209. 체사로티에 대해서는 V. Alemanni, *Un filosofo delle lettere*, 제1권, Turin, 1894. 파가노에 대해서는 B. Croce, *Varietà di storia dell' estetica*, 3절, *Di alcuni estetici italiani della seconda metà del secolo XVIII, in Rassegna critica della letteratura italiana* 제7권, 1902, pp. 1-17 (*Problemi di estetica*, pp. 381-450에 재수록)

독일 미학자들에 대해서는 이미 인용했던 다양한 일반적 역사들에 덧붙여 R. Sommer, *Grundzüge einer Geschichte der deutschen Psychologie und Ästhetik von Wolff-Baumgarten bis Kant-Schiller*, Würzburg, 1892를 보라. 매우 조악하지만 다음을 참조할 수도 있다. M. Dessoir, *Ceschichte der neueren deutschen Psychologie*, 제2판, Berlin, 1897.(앞의 절반만이 출판되었는데, 칸트까지만 다루고 있다.)

줄처에 대해서는 4장에서 언급된 Braitmaier, 2권 pp. 55-71을 보라. 멘델스존에 대해서는 같은 책 pp. 72-279를 보라. 엘리아스 슐레겔에 대해서는 같은 책 1권의 p. 249와 거기에 이어지는 쪽들을 보라. 멘델스존에 대해서는 또한 T. W. Danzel, *Gesammelte Aufsätze*, Leipzig, Jahn, 1855, pp. 85-98과 Kannegiesser, *Stellung Mendelssohns in der*

Geschichte der Ästhetik, 1868을 참고하라. 리델에 대해서는 K. F. Wize, *F. J. Riedel und seine Ästhetik*, Diss., Berlin, 1907. 헤르더에 대해서는 C. Joiet, *Herder et la renaissance littéraire en Allemagne au XVIII siècle*, Paris, 1875, R. Haym, *Herder nach seinem Leben und seinen Werken*, 전 2권, Berlin, 1880, G. Jacobi, *Herder's und Kant's Ästhetik*, Leipzig, 1907. 시의 기원에 관한 하만과 헤르더의 생각에 대해서는 Critica 제 9권 (1911), pp. 469-472에 실린 나의 글을 보라. 언어학의 역사에 대해서는 다음을 참고하라. T. Benfey, *Geschichte der Sprachwissenschaft in Deutschland*, Munich, 1869의 서문, H. Steinthal, *Der Ursprung der Sprache im Zusammenhange mit den letzen Fragen alles Wissens, eine Darstellung, Kritik und Fortentwicklung der vorzüglichsten Ansichten*, 제4판, Berlin, 1888.

VII장 바퇴에 대해서는 E. von Danckelmann, *Charles Batteux, sein Leben und sein ästhetisches Lehrgebäude*, Rostock, 1902를 보라. 호가드와 버크, 홈에 대해서는 앞서 언급한 Zimmerman, pp. 223-273과 Bosanquet, pp. 202-210을 보라. 홈에 대해서는 특히 J. Wohlgemuth, *H. Home's Ästhetik*, Rostock, 1894, 그리고 W. Neumann, *Die Bedeutung Homes für die Ästhetik, und sein Einfluss auf der deutschen Ästhetik*, Halle, 1894를 보라. 헴스테르호이스에 대해서는 E. Grucker, *François Hemsterhuis, sa vie et ses oeuvres*, Paris, 1866을 보라.

빙켈만에 대해서는 다음을 보라. Goethe, *Winckelmann und sein Jahrhundert*, 1805 (괴데케가 편집한 전집 제31권에 실려 있음), C. Justi, *Winckelmann und seine Zeitgenossen*, 제2판, Leipzig, 1898. 빙켈만의 이론에 대한 비판은 H. Hettner in *Revue Moderne*, 1866을 참고하라. 멩스에 대해서는 앞의 Zimmerman, pp. 338-355를 참고하라. 레싱에 대해서는 다음을 보라. T. W. Danzel, *G. E. Lessing, sein Leben und seine Werke*, Leipzig, 1849-1853, K. Fischer, *Lessing als Reformator der deutschen Litteratur*, Stuttgart, 1881, E. Grucker, *Lessing*, Paris, 1891, E. Schmidt, *Lessing*, 제2판, Berlin, 1899, K. Borinski, *Lessing*, Berlin, 1900.

스팔레티에 대해서는 B. Croce, *Varietà di storia dell' estetica*, 3절 (*Problemi di estetica*, pp. 392-398)을 보라. 마이어와 히르트와 괴테에 대해서는 Danzel, *Goethe und die Weimarsche Kunstfreunde in ihrem Verhältniss zu Winckelmann*. 이 글은 *Gesammelte Aufsätze* pp. 118-145 에 실려 있다. 괴테의 미학에 대해서는 특히 W. Bode, *Goethes Ästhetik*, Berlin, 1901을 보라.

Ⅷ장 칸트의 미학에 대한 비판적 해설은 이탈리아에서도 매우 많다. 가령, O. Colecchi, *Questioni filosofiche*, Naples, 1843, 제3권, C. Cantoni, *E. Kant*, Milan, 1884, 제3권. 독일에서는 특히 H. Cohen, *Kants Begründung der Ästhetik*, Berlin, 1889, 그리고 Ⅵ장에서 언급한 Sommer, pp. 337-352 역시 중요하다. 기타 여러 저작들이 있지만 이들을 대표할 만한 것으로는 빅터 바쉬의 정교한 작업인 V. Basch, *Essai critique sur l'esthétique de Kant*, Paris, 1896이 있다. 또한 『판단력 비판』의 이탈리아어 번역본과 관련해서는 Critica, 제5호(1907), pp. 160-164에 실린 내 글을 참고하라.

칸트의 강연들과 그의 『판단력 비판』의 역사적 선행자들에 대해서는 (H. Falkenheim의 논문, *Die Entstehung der kantischen Ästhetik*, Heidelberg, 1890과 R. Grundmann, *Die Entwickel d. Ästh. Kants*, Leipzig, 1893 외에도) 거의 모든 것을 포괄하는 오토 슈랍의 저서 O. Schlapp, *Kant's Lehre vom Genie und die Entstehung der Kritik der Urtheilskraft*, Göttingen, 1901을 참고하라.

Ⅸ장이 다루고 있는 시대 전체에 대해서는 앞에서 인용하며 매우 상세하게 다룬 종합적인 역사책들과 더불어 다음의 문헌들을 참고

하라. T. W. Danzel, *Über den gegenwärtigen Zustand der Philosophie der Kunst und ihre nächste Aufgabe* (피히테의 *Zeitschrift für Philosophie* 1844~1845에 실려 있고, *Gesammelte Aufsätze*, pp. 1-84에 재수록) 이 글은 pp. 51-84에 걸쳐 칸트, 실러, 피히테, 셸링, 헤겔 그리고 특히 졸거에 대해 다루고 있다. 또한 H. Lotze, *Geschichte der Ästhetik in Deutschland*, Munich, 1868 (뮌헨의 바이에른 왕립 학술원이 출간한 총서 "History of the Sciences in Germany"에 실려 있음). 1권은 바움가르텐에서부터 헤르바르트 학파에 이르기까지 보편적 관점으로 본 역사를 기술하고 있고, 2권은 각각의 근본적인 미학적 개념들의 역사를 다루고 있으며, 3권은 예술 이론의 역사에 관한 것이다. E. von Hartmann, *Die deutsche Ästhetik seit Kant* (제1부, historico-critical), Berlin, 1886. 이 책은 두 권으로 나눠져 있다. 1권은 주요 미학자들의 학설들을 논하며, 칸트가 세운 철학적 미학의 기초에 대해 소개한 후 미학을 다음과 같이 나눠서 다룬다. 추상적 관념론(셸링, 쇼펜하우어, 졸거, 크라우제, 바이세, 로체), 구체적 관념론(헤겔, 트란도르프, 슐라이어마허, 도이팅거, 외르스테드, 피셔, 차이징, 카리에르, 샤슬러), 느낌의 미학(키르히만, 비이너, 호르비츠). 형식의 미학. 이는 다시 추상적 형식주의(헤르바르트, 짐머만)와 구체적 형식주의(쾨스틀린, 지벡)로 구분된다. 2권은 더 중요한 특별한 문제들에 초점을 맞추고 있다.

실러의 미학에 대한 수많은 논문들 중에서 특히 다음을 참고하라. Danzel, *Schillers Briefwechsel mit Körner*, in *Gesammelte Aufsätze* pp. 227-244, G. Zimmermann, *Versuch einer schillerschen Ästhetik*, Leipzig, i88g, F. Montargis, *L'Esthétique de Schiller*, Paris, 1890, 앞서 언급한 Sommer, pp. 365-432, V. Basch, *La Poétique de Schiller*, Paris, 1901.

낭만주의 미학에 대해서는 다음을 보라. R. Haym, *Die romantische Schule: ein Beitrag zur Geschichte des deutschen Geistes*, Berlin, 1870 (티크에 대해서는 1권, 노발리에 대해서는 3권, 슐레겔 형제에 대한 비판은 2권 및 3권의 제5장 참조), N. M. Pichtos, *Die Ästhetik A. W. von Schlegel in ihrer geschichilichen Entwickelung*, Berlin, 1893. 피히테

의 미학에 대해서는 G. Tempel, *Fichtes Stellung zur Kunst*, Metz, 1901 을 보라.

헤겔의 미학에 대해서는 다음을 참고하라. Danzel, *Über die Ästhetik der hegelschen Philosophie*, Hamburg, 1844, R. Haym, *Hegel und seine Zeit*, Berlin, 1857, pp. 433-443, J. S. Kedney, *Hegel's Æsthetics: a critical exposition*, Chicago, 1885, K. Fischer, *Hegels Leben und Werke*, Heidelberg, 1898~1901, 38~42장, pp. 811-947, 그리고 *Zeitschrift für Philosophie*, 1902, 120권 2절에 실려 있는 J. Kohn, *Hegels Ästhetik*. 또한, B. Croce, *Ciò che è vivo e ciò che è morto della filosofia di Hegel*, Bari, 1907, 6장 (D. Ainslie의 영역본은 1915)

X장 쇼펜하우어의 미학에 대해서는 다음을 보라. F. Sommerlad, *Darstellung und Kritik der ästhetischen Grundanschauungen Schopenhauers, Diss.*, Giessen, 1895, E. von Mayer, *Schopenhauers Ästhetik und ihr Verhältniss zu den ästhetischen Lehren Kants und Schellings*, Halle, 1897, E. Zoccoli, *L'estetica di A. Schopenhauer: propedeutica all'estetica Wagneriana*, Milan, 1901, G. Chialvo, *L' estetica di A. Schopenhauer, saggio esplicativocritico*, Rome, 1905.

헤르바르트의 미학에 대해서는 위에서 언급한 Zimmerman, pp. 754-804와 함께 O. Hostinsky, *Herbarts Ästhetik in ihrer grundlegenden Theilen quellenmässig dargestellt und erläutert*, Hamburg-Leipzig, 1891을 보라.

XI장 슐라이어마허의 미학에 대해서는 Zimmerman, pp. 609-634와 von Hartmann, pp. 156-169에서 완벽하게 다루고 있다.

XII장 언어 이론의 역사에 대해서는 위에서 언급한 Benfey 책의 서문과 함께 다음을 참조하라. M. L. Loewe, *Historiae criticae grammatices universalis seu philosophicae lineamenta*, Dresden, 1839, A. F. Pott, *W. von Humboldt und die Sprachwissenschaft.* 이 글은 홈볼트의 *Verschiedenheit des menschlichen Sprachbaues*의 제2판(Beriin, 1880)에 붙여진 서문이다.

홈볼트에 대해서는 특히 Steinthal, *Der Ursprung der Sprache*, pp. 59-81과 바로 앞에서 언급한 Pott, *W. von Humboldt und die Sprachwissenschaft*의 서문을 보라.

XIII장 이 시기를 불필요할 정도로 풍부하게 다루고 있는 책으로는 앞서 언급한 von Hartmann, 제1권이 있다. Menendez y Pelayo, 초판 4권 1부 6~8장에서는 좀 더 간명하게 다뤄지고 있다.

미의 변양에 대한 이설들에 대해서는 Zimmerman, pp. 715-744, Schasler, 517-546 절, Bosanquet, 14장 pp. 393-440을 보라. von Hartmann, 제2권, 1부 pp. 363-461에서는 더욱 상세히 다뤄지고 있다.

숭고의 역사에 대해서는 F. Unruh, *Der Begriff des Erhabenen seit Kant*, Königsberg, 1898도 참조하라. 유머에 대해서는 다음을 보라. B. Croce, *Dei varî significanti della parola umorismo e del suo uso nella critica letteraria* (*Journal of Comparative Literature*, New York, 1903, 제3절에 실렸고 *Problemi di estetica*, pp. 275-286에 다시 실렸다.), F. Baldensperger, *Les Définitions de l'humour* (*Études d'historie littéraire*, Paris, 1907에 실려 있다.) 우아미 개념의 역사에 대해서는 다음을 보라. F. Torraca, *La grazia secondo il Castiglione e secondo lo Spencer* (Morandi, *Antologia della critica letteraria italiana* 제2판, Città di Castello, 1885, pp. 440-444에 실려 있다), 앞서 언급된 F. Braitmaier, 제2권, pp. 166-167.

XIV장 19세기 프랑스 미학의 역사에 대해서는 Menendez y Pelayo, 제
3권, 2부 3~9장이 최선이다. 같은 책의 1장과 2장은 영국 미학에 관한
풍부한 정보들을 제공하고 있다.

　19세기 전반부의 이탈리아 미학에 대해서는 K. Werner, *Idealis-
tische Theorien des Schönen in der italienischen philosophie des neun-
zehnten Jahrhunderts*, Vienna, 1884(빈 학술원의 원고)를 참고하라.
로스미니에 대해서는 특히 P. Bellezza, *Antonio Rosmini e la grande
questione letteraria del secolo XIX* (총서 *Per Antonio Rosmini nel prima
centenario*, Milan, 1897, 제1권, pp. 364-385에 실려 있다)를 보라. 조베
르티에 대해서는 A. Faggi, *V. Gioberti esteta e letterato*, Palermo, 1901
(*Atti della Reale Accademia di Palermo*, s. iii. vol. vi.)을 보라. 델피코에
대해서는 G. Gentile, *Dal Genovesi al Galluppi*, Naples, 1903, 2장. 레오
파르디에 대해서는 E. Bertana in *Giornale storico della letteratura ital-
iana, xli.* pp. 193-283, R. Giani, *L'estetica nei pensieri di G. Leopardi*, Tu-
rin, 1904 (G. Gentile, *Critica* 제2호, pp. 144-147도 참조). 또한 A. Rolla
가 인용한 책과 앞서 언급된 내 책을 참조하라. 거기에는 19세기 이탈
리아에서 나온 미학 서적들의 목록이 들어 있다. (*Problemi di estetica*
pp. 401-415에서도 볼 수 있다.)

　이탈리아 낭만주의자들의 이론에 대해서는 F. De Sanctis, *La po-
etica del Manzoni, in Scritti vari* (크로체 편집), 제1권, pp. 23-45, 그리고
같은 저자의 *La letteratura italiana nel secolo XIX* (크로체 편집), Na-
ples, 1897을 참조하라. 토마세오에 대해서는 pp. 233-243, 칸투에 대해
서는 pp. 244-273, 베르케트에 대해서는 pp. 479-493, 마치니에 대해서
는 pp. 424-441 참조. 특히 마치니에 대해서는 F. Ricitari, *Concetto dell'
arte e della critica letteraria nella mente di G. Mazzini*, Catania, 1896을
참조하라. 그리고 이들 모두에 대해 보려면 G. A. Borgese, *Storia della
critica romantica in Italia*를 참조하라.

XV장 데 상크티스의 삶과 그의 저술 목록에 대해서는 내가 편집한 *Scritti varî*, 제2권, pp. 267-308과 M. Mandalari가 편집한 *In memoria di Francesco de Sanctis*, Naples, 1884를 보라.

문예 비평가로서의 데 상크티스에 대해서는 다음을 참조하라. P. Villari, Commemorazione, A. C. de Meis, Commemorazione, 둘 다 위에서 언급한 *In memoria di Francesco de Sanctis*에 실려 있다. M. Monnier in *Revue des Deux Mondes*, 1884년 4월 1일, P. Ferrieri, *F. de Sanctis e la critica letteraria*, Milan, 1888, B. Croce, *La critica letteraria*, Rome, 1896, 제5장, *F. de Sanctis e i suoi critici recenti* (*Atti dell' Accademia Pontaniana* 제28권에 실렸고, *Scritti varî*, 부록 pp. 309-352에 재수록되어 있다), 또한 앞에서 언급한 *La letteratura italiana nel secolo XIX*의 서문, 그리고 *Scritti varî*; *De Sanctis e Schopenhauer*, in *Atti della Accademia Pontaniana*, 제32권, 1902, E. Cocchia, *Il pensiero critico di F. de Sanctis nell' arte e nella politica*, Naples, 1899, 앞서 언급한 G. A. Borgese, 마지막 장.

XVI장 형이상학적 미학의 마지막 단계에 대해서는 다음을 참조하라. G. Neudecker, *Studien zur Geschichte der deutschen Ästhetik seit Kant*, Würzburg, 1878. 여기에서는 특히 피셔(자기비판), 짐머만, 로체, 쾨스틀린, 지벡, 페히너, 도이팅거에 대해 논하고 비판한다. 짐머만에 대해 언급한 von Hartmann, pp. 267-304와 Bonatelli, in *Nuova Antologia*, October 1867을 참조하라. 로체에 대해서는 F. Kogel, *Lotzes Ästhetik*, Göttingen, 1886, A. Matragrin, *Essai sur l'esthétique de Lotze*, Paris, 1901. 쾨스틀린에 대해서는 von Hartmann, pp. 304-317. 샤슬러에 대해서는 같은 책 pp. 248-252와 Bosanquet, pp. 414-424. 하르트만에 대해서는 A. Faggi, *E. Hartman e l' estetica tedesca*, Florence, 1895. 피셔에 대해서는 M. Diez, *F. Vischer und d. ästh. Formalismus*, Stuttgart, 1889.

프랑스와 영국의 미학자들에 대해 언급한 메넨데스 이 펠라요의 저서와 함께 러스킨에 대해서는 J. Milsand, *L'Esthétique anglaise, étude sur J. Ruskin*, Paris, 1864, R. de la Sizeranne, *Ruskin et la religion de la beauté*, 제3판, Paris, 1898, 제3부 참조. 포르나리에 대해서는 V. Imbriani, *Vito Fornari estetico* [*Studî letterarî e bizzarri e satiriche* (크로체 편집), Bari, 1907에 재수록]. 타리에 대해서는 N. Gallo, *Antonio Tari, studio critico*, Palermo, 1884, *Critica*, 제5호 (1907), pp. 357-361에 실린 나의 글, A. *Tari, saggi di estetica e metafisica*, Bari, 1910에 실린 나의 서문도 참조하라.

XVII장 실증주의 미학에 대해서는 Menendez y Pelayo, (초판) 제2권. pp. 120-136, 326-369, N. Gallo, *La scienza dell' arte*, Turin, 1887, 6~8장, pp. 162-216.

XVIII장 키르히만에 대해서는 von Hartmann, pp. 253-265. 최근의 많은 독일 미학자들에 대해서는 H. Spitzer, *Kritische Studien zur Ästhetik der Gegenwart*, Leipzig, 1897을 참조하라. 니체에 대해서는 E. G. Zoccoli, *F. Nietzsche*, Modena, 1898, pp. 268-344, J. Zeitler, *Nietzsches Ästhetik*, Leipzig, 1900. 플로베르에 대해서는 A. Fusco, *La teoria dell' arte in G. Flaubert*, Naples, 1907. 또한 *Critica*, 제4호(1908), pp. 125-134도 보라. 19세기의 마지막 10년간 출간된 미학서들에 대해서는 L. Arréat, *Dix années de philosophie, 1891-1900*, Paris, 1901, pp. 74-116을 참조하라. 동시대 미학에 대한 몇몇 언급들을 W. Windelband가 편집한 *Die Philosophie im Beginn des XX Jahrhunderts*, Heidelberg, 1904-1905에 실린 K. Groos의 글에서 찾을 수 있다. 최근의 미학서에 대해서는 1903년부터 내가 나폴리에서 계속해서 발행하고 있는 *Critica*를 보라. 매 권마다 최근 미학서들에 대한 리뷰가 실려 있다. 또한 막스 데수아가 편집한 *Zeitschrift für Ästhetik und allgemeine Kunstwissenschaft*가

F. 엔케의 편집으로 슈투트가르트에서 출간되었을 때 1906년 이후의 미학서들에 대한 논평이 수록되었다.

XIX장 미학의 역사에서, 특정한 문제들의 역사는 보통 생략되거나, 기껏해야 잘못 다뤄지기 일쑤다. 예컨대, 앞서 1장에서 언급한 뮐러, 제2권의 서문 pp. vi-vii을 보라. 그는 수사학의 역사를 시학의 역사와 연관시켜 다루면서 어려움을 겪었다. 다른 저자들은 수사학을 개별 예술이나 예술적 기법들에 결합시킨다. 어떤 이들은 미의 변양에 대한 학설들과 (형이상학적 의미에서의) 자연미에 대한 학설들을 특별한 문제들로서 다룬다. 또 다른 이들은 예술의 종류나 분류를 부수적인 문제로 취급하여 주요한 미적 문제와 결합시키려 하지 않는다.

1) 고대의 의미에서 수사학의 역사에 대해서는 다음을 보라. R. Volkmann, *Die Rhetorik der Griechen und Römer in systematischer Übersicht dargestellt*, 제2판, Leipzig, 1885 (매우 중요함), A. E. Chaignet, *La Rhétorique et son histoire*, Paris, 1888 (자료가 풍부하지만, 배열이 잘못되었고, 수사학이 여전히 과학적 작업이라는 선입견을 가지고 있음.) 수사학을 특별히 취급하고 있는 것들로는 C. Benoist, *Essai historique sur les premiers manuels d'invention oratoire, jusqu'à Aristote*, Paris, 1846, G. Thiele, *Hermagoras, ein Beitrag zur Geschichte der Rhetorik*, Strasburg, 1893을 보라. 근대에는 수사학의 역사가 없다. 비베스와 다른 스페인 저자들에 대한 비판은 Menendez y Pelayo(제2판), 제3권, pp. 211-300을 보라. 파트리치에 대해서는 B. Croce, *F. Patrizzi e la critica della rettorica antica*를 보라. 이 글은 A. Graf를 기리는 *Studi*의 특별호(Bergamo, 1903)에 실려 있고 *Problemi di estetica*, pp. 297-308에서도 볼 수 있다.

고대 문예 형식 이론으로서의 수사학에 대해서는 위의 Volkmann, pp. 393-566, 위의 Chaignet, pp. 413-539, 또한 앞서 1장에서 언급된 에거의 책 여러 부분과 세인츠버리의 책 1, 2권을 보라. 이들과의 비교를 위해서는 P. Reynaud, *La Rhétorique sanskrite exposée dans son dével-oppement historique et ses rapports avec la rhétorique classique*, Paris, 1884를 참고하라. 중세에 대해서는 Comparetti. *Virgilio nel medio evo*, 제1권과 세인츠버리 3권을 보라. 이러한 의미에서 보면 근대 수사학에 대한 책이 하나 있을 필요가 있다. 그뢰버의 이론에 따라 수사학이 최종적으로 갖게 된 모습에 대해서는 다음을 참조하라. B. Croce, *Di alcuni principî di sintassi e stilistica psicologiche del Gröber, in Atti del-la Accademia Pontaniana* 제29권, 1899, K. Vossler, *Literaturblatt für germanische und romanische Philologie*, 1900, B. Croce, *Le categorie rettoriche e il prof. Gröber, in Flegrea*, April 1900, K. Vossler, *Positivis-mo e idealismo nella scienza del linguaggio*, 이탈리아어 번역본, Bari, 1908, pp. 48-61 (*Problemi di estetica*, pp. 143-171). 은유 개념의 역사를 매우 불완전하게 기술하고 있는 책으로 A. Biese, *Philosophie d. Met-aphorischen*, Hamburg-Leipzig, 1893, pp. 1-16. 그러나 이 책은 비코의 영향력과 그에 대한 검토의 중요성에 대해 주목하게 했다는 측면에서 장점이 있다.

2) 고대의 문학 장르들의 역사에 대해서는 뮐러, 에거, 세인츠버리에 의해 인용된 작업들과 아리스토텔레스의 시학에 관한 방대한 문헌들을 참조하라. 산스크리트 시학과의 비교를 위해서는 S. Levi, *Le Théâtre indien*, Paris, 1890, 특히 pp. 11-152. 중세의 시에 대해서는 특히 G. Marl, *I trattati medievali di ritmica latina*, Milan, 1899와 그의 최신 본인 *Poetica magistri Iohannis qnglici*, 1901을 보라.

르네상스 시대 장르들의 역사에 대해서는 주로 앞서 언급된 Sp-ingarn, 제1권 3~4장, 제2권 2장, 제3권 3장을 참조하라. 또한 메넨데스 이 펠라요, 보린스키, 세인츠버리의 책도 보라.

특별한 저술들: 피에트로 아레티노에 대해서는 다음을 참조하라. De Sanctis, *Storia della letteratura italiana*, 제2권, pp. 122-144, A. Graf, *Attraverso il cinquecento*, Turin, 1888, pp. 87-167, K. Vossler, *Pietro Aretino's künstlerisches Bekenntniss*, Heidelberg, 1901. 구아리니에 대

해서는 V. Rossi, *G. B. Guarini e il Pastor Fido*, Turin, 1886, pp. 238-250. 스칼리게르에 대해서는 2장에서 언급된 Lintilhac을 보라. 세 가지 통 일성에 대해서는 다음을 참조하라. L. Morandi, *Baretti contro Voltaire*, 제2판, Città di Castello, 1884, Breitinger, *Les Unités d'Aristote avant le Cid de Corneille*, 제2판, Geneva-Basle, 1895, J. Ebner, *Beitrag zur einer Geschichte der dramatischen Einheiten in Italien*, Munich, 1898. 희극 과 관련된 스페인에서의 논쟁 그리고 희극과 *Arte nuevo*의 옹호자들 에 대해서는 *Bulletin Hispanique of Bordeaux*, 제3권과 4권에 실린 A. M. Fatio의 글, 극 이론에 대해서는 Arnaud, *Les Théories dramatiques au XVII siècle, étude sur la vie et les oeuvres de l'abbé D'Aubignac*, Paris, 1888, P. Dupont, *Un Poète philosophe au commencement du XVIII siè- cle, Houdar de la Motte*, Paris, 1898, A. Galletti, *Le teorie drammatiche e la tragedia in Italia nel secolo XVIII*, part i. 1700~1750, Cremona, 1901 을 보라. 프랑스 시학의 역사에 대해서는 F. Brunetiere, *L'Évolution des genres dans l'histoire de la littérature*, Paris, 1890, 제1권의 서론 "L'evo- lution de la critique depuis la Renaissance jusqu'à nos jours."를 보라. 영국 시학의 역사에 대해서는 P. Hamelius, *Die Kritik in der englischen Literatur des 17 und 18 Jahrhundert*, Leipzig, 1897을 보라. 또한 이 주 제에 관한 스케치인 앞서 언급된 Gayley & Scott, pp. 382-422의 한 장 은 매우 알차게 기술되어 있다. 낭만주의 시기에 대해서는 A. Michiels, *Histoire des idées littéraires en France au XIX siècle, et de leurs origines dans les siècles antérieures*, 제4판, Paris, 1863을 보라. 이탈리아에 대해 서는 앞서 나온 G. A. Borgese를 보라.

3) 예술의 경계와 분류에 대한 초기의 역사는 레싱과 그의 *La- okoon*과 관련하여 앞서 인용된 문헌(Blümner의 주석)을 보라. 이어지 는 역사에 대해서는 다음을 참조하라. H. Lotze, 앞서 언급된 책의 제3 권, M. Schasler, *Das System der Künste auf einem neuen, im Wesen der Kunst begründeten Gliederungsprincip*, 제2판, Leipzig-Berlin, 1881, 서 론, von Hartmann, *Deutsche Ästhetik seit Kant*, 제2권, 제2부, 특히 pp.

524-580, V. Basch, *Essai sur l'esthétique de Kant*, pp. 483-496.

4) 양식에 대한 고대의 학설들은 Volkmann, pp. 532-566. 문법과 말의 구성요소들에 대한 역사는 고대의 그리스-로마와 관련해서는 L. Lersch, *Die Sprachphilosophie der Alten*, Bonn, 1838~1841에서 충분히 다루고 있는데, 앞서 거론된 Steinthal의 제2권은 그보다 더 낫다. 아폴로니오스 디스콜로스에 대해서는 Egger, *Apollon Dyscole*, Paris, 1854. 중세 문법의 역사에 대해서는 C. Thurot, *Extraits de divers manuscrits latins pour servir à l'histoire des doctrines grammaticales au moyen âge*, Paris, 1869. 근대에 대해서는 C. Trabalza, *Storia della grammatica italiana*, Milan, 1908. 비평의 역사에 대해서는 위의 2)에서 언급된 몇몇 책들을 참조할 수 있을 것이다. 이에 덧붙여 B. Croce, *Per la storia della critica e storiografia letteraria*에는 이탈리아의 사례들이 포함되어 있다. (*Problemi di estetica*, pp. 419-448) 최근의 프랑스 비평 이론에 대해서는 É. Hennequin, *La Critique scientifique*, Paris, 1888, E. Tissot, *Les Évolutions de la critique française*, Paris, 1890. "낭만주의"라는 개념에 대해서는 다음을 참조하라. G. Muoni, *Note per una poetica storica del romanticismo*, Milan, 1906. *Critica*, 제4호, pp. 241-245(*Problemi di estetica*, pp. 285-294에 재수록)에 실린 나의 글 *Le definizioni del romanticismo*도 참조하라.

주

1 이론 부분 제17장 앞의 두 개 절 참조. 저자의 이름만을 제시하거나 다른 방식으로 축약된 인용들은 그 완전한 제목이 참고문헌 목록을 소개하는 '서지 정보 관련 부록'에서 제시되는 저술들을 가리킨다.

2 *Rosmini, Nuovo saggio sull' origine delle idee*, sections iii. 과 iv., 여기에서 지식에 대한 이론들이 분류된다.

3 이론 부분 제11장 유희 이론과에 대한 비판 부분 참조

4 이론 부분 제8장 신비주의적 미학 관련 절 참조

5 *Republic*, x. 607.

6 *Republic*, x. 607.

7 Plutarch, *De audiendis poetis*, ch. i.

8 *Republic*, x.

9 *Frogs*, l. 1055.

10 Plato, *Laws*, bk. ii.; Aristotle, *Poet.* ch. 14; *Polit.* bk. viii.

11 Strabo, *Geographica*, i. ch. 2, §§ 3-9.

12 E. Müller, *Gesch. d. Th. d. K.* i. pp. 57-85에 모아진 텍스트들

13 Plutarch, *De aud. poetis*, chs. 1-4, 14.

14 *De rerum natura*, i. 935-947.

15 *Ad Pisones*, 333-334.

16 *Memorab.* iii. ch. 8; iv. ch. 6.

17 Müller, *op. cit.* ii. pp. 84-107에 모아진 텍스트들

18 *Hippias maior, passim.*

19 *Rhet.* i. ch. 9.

20 *Metaphys.* xii. ch. 3.

21 *Poet.* ch. 7.

22 Diog. Laert. v. ch. 1, § 20.

23 *Tuscul. quaest.* bk. iv. § 13.

24 *Poet.* ch. iv. 3.

25 *De aud. poetis*, ch. 3.

26 *Enneads*, I. bk. vi. ch. 1.

27 *Enneads*, loc. cit. chs. 2-9.

28 *Enneads*, V. bk. viii. ch. 1.

29 *Enneads*, loc. cit. chs. 2-3.

30 *Phaedrus*, ch. 4.

31 *Poet.* ch. 4, § 2.

32 *Poet.* ch. 9, §§ 1-4.

33 *Poet.* ch. 4, §§ 4-5.

34 *Poet.* chs. 24-25.

35 *Apoll. vita*, vi. ch. 10.

36 *Memorab.* iii. ch. 10.

37 *Orator ad Brutum*, ch. 2.

38 예컨대, Seneca, *Epist.* 65.

39 Pliny, *Nat. Hist.* xxxiv. ch. 19.

40 Gorgias in *De Xenoph., Zen. et Gorg.* (in Aristot., ed. Didot), chs. 5-6.

41 *Rhet.* bk. iii. ch. 1.

42 *De interp.* ch. 4.

43 *Rhet.* bk. iii. ch. 2.

44 *Diog. Laert.* bk. x. § 75.

45 Steinthal, *Gesch. d. Sprachw.*, 2nd ed., i. pp. 288, 293, 296-297.

46 *Confess.* iv. x. ch. 13; *De Trinitate*, vi. ch. 10; *Epist.* 3, 18; *De civitate Dei*, xxii. ch. 19 (in *Opera*, ed. dei Maurini, Paris, 1679-1690, vols. i. ii. vii. viii.).

47 *Summa theol.* I. 1. xxxix. 8; I. 11. xxvii. 1 (ed. Migne, i. cols. 794-795; ii. col. 219).

48 Comparetti, *Virg. nel medio evo*, vol. i. passim.

49 *De vulg. eloq.* (ed. Rajna), bk. ii. ch. 4.

50 *Vita nuova*, ch. 25.

51 *Convivio*, i. 1.

52 *Prohemio al Condestable de Portugal*, 1445-1449 (in *Obras*, ed. Amador de los Rios, 1852), § 3.

53 *De vulg. eloq.* bk. i. ch. 3.

54 최근에 재인쇄된 M. Fernandez Garcia 신부의 편집본(Ad claras Aquas (Quarracchi), 1902).

55 Windelband, *Gesch. d. Phil.* ii. pp. 251-270; De Wulf, *Philos. médiév.*, Louvain, 1900, pp. 317-320.

56 *Dialogi di amore, composti per Leone, medico* ... , Rome, 1535.

57 *Libro di natura e d' amore*, Venice, 1525 (Ven. 1563).

58 *De divina proportione*, Venice, 1509.

59 G. P. Lomazzo, *Trattato dell' arte della pittura, scultura ed architettura*, Milan, 1585, i. 1, pp. 22-23.

60 Aug. Niphi, *De pulcro et amore*, Rome, 1529.

61 *Il Minturno o vero de la belleza* (in *Dialoghi*, ed. Guasti, vol. iii.).

62 *Ration. philos.* part iv.: *Poeticor.* (Paris, 1638), art. vii.

63 Fr. Robortelli, *In librum Aris. de arte poet. explicationes*, Florence, 1548; Lud. Castel-

vetro, *Poetica d' Aristotele vulgarizzata ed esposta*, 1570 (Basle, 1576), part i. particella iv. pp. 29-30.

64 Bern. Segni, *Rettor. e poet. trad.* Florence, 1549; Vinc. Madii, *In Arist. ... explanationes*, 1550; Petri Victorii, *Commentarii*, etc., Florence, 1560.

65 *Poetica*, 1561 (ed. 3, 1586), i. 1; vii. 3.

66 *Annotationi nel libro della Poetica*, Venice, 1575, preface.

67 *Gerus.* lib. i. 3.

68 *Poetic.* ch. 1, art. 1.

69 *Poetica trad.* preface.

70 *Pensieri diversi*, bk. x. ch. 18.

71 La Ménardière, *Poétique*, Paris, 1640; Le Bossu, *Traité du poème épique*, Paris, 1675.

72 Borinski, *Poet. d. Renaiss.* p. 26.

73 Hyeron. Frascatorii *Opera*, Venetian edition, Giunti, 1574, pp. 112-120.

74 *Poet., ed. cit.* i. 1; ii. 1; iii. 7; v. 1 (pp. 64, 66, 71-72, 208, 580).

75 *Annotationi*, preface.

76 *Philosophia antiqua poetica*, Madrid, 1596 (reprinted Valladolid, 1894).

77 Francesco Patrici, *Della poetica, la Deca disputata*, "여기에서는 역사, 이성, 고대의 가장 훌륭한 인물들의 권위에 의해 우리 자신의 시대에 이르는 시에 관한 가장 인정받는 견해들이 잘못되었음이 보여진다." Ferrara, 1586.

78 *E.g.* Molière, *Préc.* ridic. sc. 1, 10.

79 *I fonti dell' ingegno ridotti ad arte*, Bologna, 1650.

80 *Delle acutezze che altrimenti spiriti, vivezze e concetti volgarmenti si appellano*, Genova-Bologna, 1639.

81 *Agudeza y arte de ingenio*, Madrid, 1642; enlarged, Huesca, 1649.

82 *Saggio del gusto e delle belle arti*, 1783, ch. 1, note.

83 Ital. trans. in Orsi, *Considerazioni*, etc. (Modena, 1735), vol. i. dial. 1.

84 *Orl. Furioso*, xxxv. 26; L. Dolce, Dial. del pittura (Venice, 1557); ad init.

85 Borinski, Poet. *d. Renaiss.* p. 308 seqq.; B. Gracian, pp. 39-54.

86 *Riflessioni sopra il buon gusto* (Venice, 1766), introd. pp. 72-84.

87 Gracian, *Obras* (Antwerp, 1669); *El héroe, El discreto*, with introd. by A. Farinelli, Madrid, 1900. Cf. Borinski, *Poet. d. Renais. l.c.*

88 *Les Caractères, ou les mœurs du siècle*, ch. 1; *Des ouvrages de l'esprit*.

89 In the programme: *Von der Nachahmung der Franzosen*, Leipzig, 1687.

90 *Opera ... nella quale con alcune certe considerazioni si mostra in che consista il vero buon gusto ne' suddetti componimenti*, etc., etc., Bologna, 1696.

91 *Delle riflessioni sopra il buon gusto nelle scienze e nell' arti*, 1708 (Venice, 1766).

92 Muratori, *Della perfetta poesia italiana*, Modena, 1706, bk. ii. ch. 5.

93 Mazzuchelli, *Scrittori d' Italia*, vol. ii. part iv. p. 2389.

94 Cicero, *De oratore*, iii. ch. 50; Quintilian, Inst. Orator. vi. ch. 5.

95 *De la délicatesse*, Paris, 1671.

96 *Il buon gusto*, ch. 39, p. 367.

97 *Del bene* (Naples, 1681), bk. i. part i. chs. 49-53. Cf. the same writer's *Arte della perfezion cristiana*, Rome, 1665, bk. i. ch. 3.

98   *Perfetta poesia*, bk. i. chs. 14, 21.

99   *Ragion poetica*, in *Prose italiane*, ed. De Stefano, Naples, 1839, i. ch. 7.

100 *Il buon gusto*, p. 10.

101 *Esame degl' ingegni degl' huomini per apprender le scienze* (Ital. trans. by C. Camilli, Venice, 1586), chs. 9-12.

102 *De dignitate et augmentis scientiarum*, bk. ii. ch. 13.

103 *De homine* (in Opera phil., ed. Molesworth, vol. iii.), ch. 2.

104 *Spectator*, Nos. 411-421 (*Works*, London, 1721, pp. 486-519).

105 *Die Discourse der Mahlern*, 1721-1723; *Von dem Einfluss und Gebrauche der Einbildungskraft*, etc., 1727; and other writings of Bodmer and Breitinger.

106 *Pascal, Pensées sur l'éloquence et le style*, § 15.

107 *Réflexions critiques sur la poésie et la peinture*, 1719 (ed. 7, Paris, 1770), *passim*; see especially sections 1, 23, 26, 28, 33, 34.

108 Cartaut de la Villate, *Essais historiques et philosophiques sur le goût*, Aix, 1737; Trublet, *Essais sur divers sujets de littérature et de morale*, Amsterdam, 1755.

109 Cf. Du Bos, *op. cit.* § 33.

110 Borinski, *B. Gracian*, p. 39.

111 Trevisano, *op. cit.* pp. 82, 84.

112 *Perfetta poesia*, bk. ii. ch. 1 (ed. cit. i. p. 299).

113 A. Pope, *An Essay on Criticism*, 1709 (in Poetical Works, London, 1827), lines 81, 82.

114 *Kritik der Urtheilskraft* (ed. Kirchmann), § 33.

115 *Essai sur le goût* (in appendix to A. Gerard, *Essai sur le goût*, Paris, 1766).

116 Quoted in Sulzer, *Allg. Th. d. s. K.* ii. p. 377.

117 *Ibid.*

118 *Manière de bien penser* (Ital. trans. cit.), dial. 4.

119 *Ibid.*

120 *Op. cit.* chs. 2-4.

121 *Osservazioni critiche* (in vol. ii. of Orsi's *Considerazioni*), ch. 8, p. 23.

122 *Traité du beau* (Amsterdam ed., 1724), i. p. 170.

123 J. Ulr. König, *Untersuchung von dem guten Geschmack in der Dicht- und Redekunst*, Leipzig, 1727, and (Calepio-Bodmer) *Briefwechsel von der Natur des poetischen Geschmackes*, Zürich, 1736; cf. for both Sulzer, ii. p. 380.

124 *Les Entretiens d'Ariste et d'Eugène*, 1671 (Paris ed., 1734), conversation v.; "*Le je ne sçai quoi*"; cf. Gracian, *Oraculo manual*, No. 127, and *El héroe*, ch. 13.

125 In the notes to Muratori's *Perfetta poesia*.

126 Feijoó, *Theatro critico*, vol. vi. Nos. 11-12.

127 *Essai sur le goût dans les choses de la nature et de l'art*. Posthumous fragment (in appendix to A. Gerard, *op. cit.*).

128 *Del bene, cap. cit.*

129 Marino, in one of the sonnets in the *Murtoleide* (1608).

130 *Del bene*, bk. i. part i. ch. 8.

131 *Trattato dello stile* (Rome, 1666), ch. 30.

132 *Il buon gusto*, pp. 12-13.

133 *Perf. poesia*, i. ch. 18, pp. 232-233.

134 Venice, 1745.

135 *Perf. poesia*, i. ch. 6.

136 *Op. cit.* i. ch. 4, p. 42.

137 *Ragion poetica*, i. ch. 7.

138 *De dignitate*, ii. ch. 13; iii. ch. 1; iv. ch. 2; v. ch. 1.

139 *Spectator, loc. cit.* esp. pp. 487, 503.

140 *Op. cit.* § 2.

141 Letters to Balzac and the Princess Elizabeth.

142 *Art poétique* (1669-1674).

143 Letters to Marquis Maffei, about 1720, in *Prose e poesie*, Venice, 1756, ii. p. cxx.

144 Sulzer, *op. cit.* i. p. 50.

145 *Traité du beau* (2nd ed., Amsterdam, 1724; Paris ed., 1810).

146 *Essai sur le beau*, Paris, 1741.

147 *An Essay concerning Human Understanding* (French trans. in Œuvres, Paris, 1854), bk. ii. ch. 11, § 2.

148 *Characteristics of Men, Manners, Opinions, Times*, 1709-1711.

149 *Enquiry into the Original of our Ideas of Beauty and Virtue*, London, 1723.

150 역사 부분 제2장 스콜라철학에 나타난 미학의 단초들 관련 절 참조

151 *Opera philosophica* (ed. Erdmann), p. 78.

152 *Nouveaux Essais*, ii. ch. 22.

153 *Ibid.* preface.

154 *Op. cit.* ii. ch. 11.

155 *Essais de Théodicée*, part. ii. § 148.

156 Francisci Sanctii, *Minerva seu de causis linguae latinae commentarius*, 1587 (ed. with add. by Gaspare Scioppio, Padua, 1663); cf. bk. i. chs. 2, 9, and bk. iv.

157 Gasperis Sciopii, *Grammatica philosophica*, Milan, 1628 (Venice, 1728)

158 *De dignitate*, etc., bk. vi. ch. 1.

159 Locke, *Essay*, etc., bk. iii.; Leibniz, *Nouveaux Essais*, bk. iii.

160 *Psychol. empirica* (Frankfurt and Leipzig, 1738), §§ 138-172.

161 Joh. Chr. Gottsched, *Versuch einer critischen Dichtkunst*, Leipzig, 1729.

162 *Dilucidationes philosophicae de Deo, anima humana et mundo*, 1725 (Tübingen, 1768), § 268.

163 Preface to *Rifless. sul gusto, ed. cit.* p. 75.

164 Borinski, *Poetik d. Renaiss.* p. 380 note.

165 Halae Magdeburgicae, 1735 (reprinted, ed. B. Croce, Naples, 1900).

166 Med. § 116.

167 *Aesthetica*, i. pref.

168 *Aesthetica. Scripsit Alex. Gottlieb Baumgarten, Prof. Philosoph., Traiecti cis Viadrum, Impens. Ioannis Christiani Kleyb*, 1750; 2nd part, 1758.

169 *Med.* § 116.

170 *Aesth.* § 1.

171 *Med.* § 117.

172 *Aesth.* § 71.

173 *Ibid.* § 53.

174 *Med.* § 115.

175 *Aesth.* § 14.

176 *Ibid.* § 18.

177 *Med.* § 92.

178 Ritter, *Gesch. d. Philos.* (Fr. trans., *Hist. de la phil. mod.* iii. p. 365); Zimmermann, *Gesch. d. Aesth.* p. 168; J. Schmidt, *L. u. B.* p. 48.

179 Danzel, *Gottsched*, p. 218; Meyer, *L. u. B.* pp. 35-38.

180 Schmidt, *op. cit.* p. 44.

181 *Med.* §§ 19, 20, 23.

182 *Aesth.* § 424.

183 *Op. cit.* § 441.

184 *Op. cit.* § 560.

185 *Aesth.* § 424.

186 *Op. cit.* § 557.

187 *Op. cit.* §§ 425, 429.

188 *Op. cit.* § 443.

189 *Op. cit.* § 448.

190 *Op. cit.* § 483.

191 *Op. cit.* § 484.

192 *Aesth.* §§ 485, 486.

193 *Op. cit.* §§ 7, 12.

194 *Op. cit.* § 478.

195 Cf. Wolff, *Psych. empir.* § 511 (거기에 인용된 데카르트의 구절도 보라); also §§ 542, 550.

196 Th. Joh. Quistorp, in *Neuen Bücher-Saal*, 1745, fasc. 5 (시는 이미 그 자체로 애호가들을 불행하게 만들 소지가 있다는 증거); A. G. Baumgarten, *Metaphysica*, 2nd ed., 1748, preface; cf. Danzel, *Gottsched*, pp. 215, 221.

197 *Aesth.* § 122.

198 *Med.* § 9.

199 *Op. cit.* §§ 111, 113.

200 *Aesth.* § 11.

201 *Scienza nouva prima*, bk. iii. ch. 5 (*Opere di G. B, Vico*, edited by G. Ferrari, 2nd ed., Milan, 1852-1854).

202 *Scienza nuova seconda*, Elementi, liii.

203 *Scienza nuova pr.* bk. iii. ch. 26.

204 *Scienza nuova sec.* bk. ii. introd.

205 *Op. cit.* Elem. xxxvi.

206 *Op. cit.* bk. ii.; Sentenze eroiche.

207 Letter to De Angelis of December 25, 1725.

208 Letter to De Angelis, cit.

209 *Scienza nuova sec.* bk. iii.; Letter to De Angelis, cit.; Giudizio su Dante.

210 *Scienza nuova sec.* bk. ii.; Logica poetica.

211 *Republica*, x.

212 *Scienza nuova sec.* bk. iii. ad init.

213 Letter to De Angelis, cit.

214 *Scienza nuova sec.* bk. iii. passim.

215 *Scienza nuova pr.* bk. iii. ch. 4.

216 Letter to Solla, January 12, 1729; cf. *Scienza nuova sec.* Elem. xl iii.

217 *Scienza nuova sec.* bk. iii.

218 *Scienza nuova pr.* bk. iii. ch. 6.

219 *Scienza nuova sec.* bk. ii., *Corollari d' intorno all' origine della locuzion poetica*, etc.

220 *Scienza nuova pr.* bk. iii. ch. 22.

221 *Scienza nuova sec.* bk. ii., *Corollari d' intorno all' origini delle lingue*, etc.

222 *Op. cit.* bk. ii., *Corollari d' intorno a' tropi*, etc., § 4.

223 *Scienza nuova pr.* bk. iii. ch. 22.

224 *Scienza nuova sec.* bk. iii., Pruove filosofiche.

225 *Scienza nuova pr.* bk. iii. ch. 22.

226 *Op. cit.* bk. iii. chs. 27-33.

227 Letter to De Angelis, cit.

228 *Scienza nuova sec.* bk. ii. introd.

229 *Scienza nuova sec.* bk. ii., Ultimi corollari, § vi.

230 *Scienza nuova pr.* bk. iii. ch. 2.

231 *Scienza nuova sec.* bk. ii., Della metafisica poetica, etc.

232 *Vita scritta da sè medesimo*, in *Opere*, ed. cit. iv. p. 365.

233 *Scienza nuova pr.* bk. iii. ch. 37.

234 *Note all' Arte poetica di Orazio*, in *Opere*, ed. cit. vi. pp. 52-79.

235 Letter to De Angelis, cit.

236 *Scienza nuova pr.* bk. iii. ch. 22; cf. the review of Clerico (Le Clerc) in *Opere*, iv. p. 382.

237 *Giudizio intorno alla gram. d' Antonio d' Aronne*, in *Opere*, vi. pp. 149-150.

238 *Scienza nuova sec.* bk. ii., *Corollari d' intorno all' origini delle lingue*, etc.

239 *Vita*, cit. p. 343.

240 *Instituzioni oratorie e scritti inediti*, Naples, 1865, pp. 90 seqq.: *De sententiis, vulgo del ben parlare in concetti.*

241 Letter to the Duke of Laurenzana, March 1, 1732; and cf. letter to Muzio Gaeta.

242 역사 부분 제3장 첫 번째 절 참조

243 *Scienza nuova sec.* bk. i., Del metodo.

244 *Scienza nuova sec.*, Ultimi corollari, § 5.

245 *Scienza nuova pr.* bk. iii. ch. 3; *Scienza nuova sec.* bk. ii., *Della metafisica poetica*; and bk. iii. ad init.

246 Herder, B*riefe zur Beförderung der Humanität*, 1793-1797, Letter 59; Goethe, *Italien-ische, Reise*, Mar. 5, 1787.

247 Vico, *Opere*, ed. cit. iv. p. 305.

248 볼프가 체사로티에게 보낸 편지, June 5, 1802; in Cesarotti, *Opere*, vol. xxxviii. pp. 108-112; cf. *ibid.* pp. 43-44, 또한 vol. xxxvii, pp.281, 284, 324; 볼프와 비코의 관계에 대

해서는 다음을 참조. *Croce, Bibliografia vichiana*, pp. 51, 56-58; *Supplemento*, pp. 12-14.

249 Ferrante에게 보낸 프랑스어 편지(1719); Marquis Maffei에게 보낸 편지, *Prose e posie*, Venezia, vol. ii(1756), pp. lxxxv.-civ., cviii.-cix 참조

250 *Ibid.* vol. i. 1739, pref.

251 *Ibid.* vol. ii. pp. clxxi.-clxxvii.

252 역사 부분 제2장 프라카스토로 부분 참조

253 *Prose e posie*, vol. ii. pp. 242-246.

254 *Ibid.* vol. ii. pp. 249.

255 *Ibid.* vol. ii. pp. 252-253.

256 *Ibid.* vol. ii. pp. 233-234.

257 *Ibid.* vol. i. pref.

258 *Ibid.* ii. p. 127.

259 *Ibid.* vol. i. p. xliii.

260 Fr. Sav. Quadrio, *Della storia e della ragione d'ogni poesia*, Bologna, 1739, vol. i, part i. dist. i. ch. 1.

261 Fr. M. Zanotti, *Dell' arte poetica, ragionamenti cinque*, Bologna, 1768.

262 오시안에 대해서는 다음을 참조. *Opere*, vol. ii.-v.; 호메로스에 대해서는 다음을 참조. *Opere*, vol. vi.-x.; *Saggio sopra il diletto della tragedia*, vol, xxix. pp. 117-167; *Saggio sul bello*, vol. xxx. pp. 13-70; on *Filosofia del gusto*, vol. i.; on Eloquenza, lecture, vol. xxxi.

263 *Opere*, vol. xl. p. 49.

264 *Ibid.*, vol. xl. p. 55.

265 코르니아니가 체사로티에게 보낸 편지, November 21, 1790, in *Opere*, vol. xxxvii. p. 146.

266 *Saggio sopra le istituzioni scolastiche, private e pubbliche*, in *Opere*, vol, xxix. pp. 1-116.

267 Letter of March 30, 1764, in *Opere*. vol. xxxv. p. 202.

268 Saverio Bettinelli, *Dell' entusiasmo nelle belle arti*, 1769, in *Opere*, iii, pp. xi.-xiii.

269 Fr. M. Pagano, *De' saggi politici*, Naples, 1783-1785, vol. i. Appendix, to § 1, "Sull' origine e natura della poesia"; vol. ii. §6, "Del gusto e delle belle arti".

270 역사 부분 제4장 바움가르텐의 지성주의 부분 참조

271 *Anfangsgründe aller schönen Wissenschaften*, Halle, 1748-1750.

272 *Auszug aus den Anfangsgründen*, etc., *ibid.* 1758.

273 *Betrachtungen über den ersten Grundsätzen aller schönen Künste und Wissenschaften*, *ibid.* 1757.

274 Preface to 2nd ed. (1768) of vol. ii. of *Anfangsgründe*, and *Betrachtungen*, cit., esp. §§ 1, 2, 34.

275 Preface to vol. i., and cf. § 5.

276 1747년 고트셰트에게 보낸 편지, in Danzel, Gottsched, p. 215.

277 *Anfangsgründe*, § 23.

278 *Ibid.* § 92.

279 *Ibid.* § 49.

280 *Ibid.* § 55.

281 *Ibid.* §§ 355-370.

282 *Ibid.* §§ 529-540.

283 *Ibid.* § 5.

284 *Ibid.* § 413.

285 *Ibid.* §§ 541-670.

286 *Betrachtungen,* § 20.

287 *Ibid.* § 21.

288 *Briefe über die Empfindungen,* 1755 (in *Opere filosopfiche,* Ital. trans., Parma, 1800, vol. ii.), Letters 2, 5, 11.

289 *Betrachtungen über die Quellen der schönen Künste und Wissenschaften,* 1757, later entitled *Über die Hauptgrundsätze,* etc., 1761, in *Opere,* ed. cit. ii. p. 10, 12-15, 21-30.

290 J. E. Schlegel, *Von der Nachahmung,* 1742; cf. Braitmaier, Geschichte der poetischen Theorie, i. p. 249ff.

291 Koller, *Entwurf zur Geschichte und Literatur der Aesthetik,* p. 103.

292 *Die ersten Grundsätze der schönen Kunst überhaupt, und der schönen Schreibart insbesondere,* Bonn, 1790; cf. Sulzer, i. p. 55, and Koller, pp. 55-56.

293 서지 정보 관련 부록 참조

294 *Entwurf zur Geschichte und Literatur der Aesthetik,* etc., Regensburg, 1799; 서지 정보 관련 부록 참조

295 Koller, *op. cit.* p. 7.

296 슐처와 콜러의 메모와 발췌 참조, opp. citt.

297 J. A. Eberhard, *Theorie der schönen Künste und Wissenschaften,* Halle, 1783; reprinted 1789, 1790.

298 J. J. Eschenberg, *Entwurf einer Theorie und Literatur der Schönen Wissenschaften,* Berlin, 1783; reprinted 1789.

299 *Allgemeine Theorie der schönen Künste,* on Words Schön, *Schönheit, Wahrheit, Werke des Geschmacks,* etc.

300 Karl Heinrich Heydenreich, *System der Ästhetik,* vol. i. Leipzig, 1790, esp. pp. 149-154, 367-385, 385-392.

301 *Kritische Wälder oder Betrachtungen über die Wissenschaft und Kunst des Schönen,* Fourth Forest, 1769, in *Sämtliche Werke,* ed. B. Suphan, Berlin, 1878, vol iv. pp. 19, 21, 27.

302 *Kritische Wälder,* loc. cit. pp. 22-27.

303 Fragment, *Von Baumgarten Denkart;* and cf. *Kritische Wälder,* pp. 132-133.

304 *Aesthetica in nuce,* in *Kreuzzüge des Philologen,* Königsberg, 1762; quoted in Herder, Werke, xii. 145.

305 역사 부분 제6장 비코의 영향 부분 참조

306 *Kaligone,* 1800, in Werke, ed. cit., xii. pp. 145-150.

307 *Ibid.* pp. 35-55.

308 *Ibid.* pp. 308-317.

309 *Kritische Wälder,* loc. cit. iv. pp. 47-127.

310 *Ibid.* pp. 27-36.

311 *Sophron,* 1782, § 4.

312 *Encyclopédie,* ad verb.

313 *Du marsias, Méthede raisonnée*, 1722; *Traité des tropes*, 1730; *Traité de grammaire générale* (in *Encyclopédie*); De Beauzée, *Grammaire générale pour servir de fondement à l'étude de toutes les langues*, 1767; Condillac, 0, 1755; J. Harris, *Hermes or a Philosophical Enquiry concerning Language and Universal Grammer*, 1751.

314 *Éloge de Du Marsais*, 1756 (introd. to *Œuvres Du Marsais*, Paris, 1797, vol. i.).

315 *Discours sur l'origine de l'inégalité parmi les hommes*, 1754.

316 De Brosses, *Traité de la formation mécanique des langues*, 1765; Court de Gébelin, *Histoire naturelle de la parole*, 1776; Monboddo, *Origin and Progress of language*, 1774, Süssmilch, *Beweis, dass der Ursprung der menschlichen Sprache göttlich sei*, 1766; Tiedemann, *Ursprung der Sprache*; Cesarotti, *Saggio sulla filosofia delle lingue*, 1785 (in *Opere*, vol. i.); D. Colao Agata, *Piano ovvero ricerche filosofiche sulle lingue*, 1774; Soave, *Ricerche intotno all' istituzione naturale d' una società e d' una lingua*, 1774.

317 *Abhandlung über den Ursprung der Sprache*, in a small book Zwei Preisschriften, etc. (2nd ed., Berlin, 1789), esp. pp. 60-65.

318 Steinthal, *Ursprung der Sprache*, 4th ed., pp. 39-58.

319 *Les Beaux Arts réduits à un même principe*, Paris, 1746. 특히 다음을 참조. part i. ch. 3; part ii. chs. 4, 5; part iii. ch. 3.

320 이론 부분 제14장 미적인 것의 점성술 부분 참조

321 *Analysis of Beauty*, London, 1753 (Ital. tras., Leghorn, 1761).

322 *Op. cit.* p. 47.

323 *Op. cit.* p. 57.

324 *Op. cit.* p. 93.

325 *Op. cit.* p. 61, 65.

326 *Analisi della bellezza*, p. 91.

327 *Op. cit.* p. 176.

328 *A Philosophical Enquiry into the Origin of Ideas of the Sublime and the Beautiful*, 1756(Ital. trans. Milan, 1804); cf. the preliminary discourse on "Taste".

329 *Op. cit.* part iii. § 18.

330 *Element of Criticism*, 1761, vol. i. introd. and chs. 1-3.

331 *Op. cit.* i. ch. 3, pp. 201-202.

332 *Neue Anthropologie*, Leipzig, 1790, § 814, 그리고 사후 출간된 1836년 미학 강의; cf. Zimmermann, *op. cit.* p. 204.

333 Zimmermann, *op. cit.* pp. 302-309; v. Stein, *Entstehung der neueren Ästhetik*. p. 113.

334 *Geschichte der Kunst des Altertums*, 1764 (in Werke, Stuttgart, 1847, vol. i.), bk. iv. ch. 2, § 51, p. 131.

335 *Op. cit.* § 22, pp. 131-132.

336 *Op. cit.* § 23, p. 132.

337 *Op. cit.* § 19, pp. 130-131.

338 *Op. cit.* bk. iv. ch. ii. § 24.

339 *Op. cit.* bk. v. chs. ii. and vi.

340 Letter of January 2, 1778, *Opere*, Rome, 1787 (reprinted Milan, 1836), ii. pp. 315-316.

341 *Opere*, i. p. 206.

342 *Riflessioni sulla belleza e sul gusto della pittura*, in *Opere*, i. pp. 95, 100, 102-103.

343 *Opere*, i. p. 197.

344 *Ibid.* p. 161.

345 *Ibid.* p. 206.

346 *Laokoon*, § 2.

347 *Op. cit.* §§ 23, 24.

348 *Hamburgische Dramaturgie* (ed. Göring, vols. xi. and xii.), passim, esp. Nos. 11, 18, 24, 78, 89.

349 *Laokoon*, appendix, § 31.

350 *Op. cit*, §§ 22, 23.

351 *Op. cit*, ad fin. p. 268.

352 *Dell' arte di vedere nelle belle arti del disegno secondo i principi di Sulzer e di Mengs*, Venice, 1871.

353 D'Azara, in Mengs, *Opere*, i. p. 168.

354 *Investigaciones filosóficas sobre la belleza ideal, considerada como objeto de todas las artes de imitación*, Madrid, 1789.

355 *Ricerche su le belleze della pittura* (Ital. trans., Parma, 1804); cf. D'Azara, *Vita del Mengs*, in *Opere*, i, p. 27.

356 *Saggio sophra la bellezza*, dated "Grottaferrata, July 14, 1764," and published at Rome, 1765, anonymously.

357 *Saggio*, esp. §§ 3, 12, 15, 17, 19, 34.

358 *Über das Kunstschöne*, in the review *Die Horen*, 1797; cf. Hegel, *Vorlesung über die Ästhetik*, i. p. 24; and Zimmermann, *Geschichte der Ästhetik*, pp. 356-357.

359 Goethe, *Der Sammler und die Seinigen* (in Werke, ed. Goedeke, vol. xxx.).

360 B. Spaventa, *Prolus. ed. introd. alle lezioni di filosofia*, Naples, 1862, pp. 83-102; *Scritti filosofici*, ed. Gentile, pp. 139-145, 303-307.

361 *Kritik der reinen Vernunft* (ed. Kirchmann), i, 1, § 1, note.

362 역사 부분 제6장 마이어의 혼동 부분 참조

363 1764년 및 그 이후의 칸트 강의록에 대한 발췌는 다음을 참조. O. Schlaoo, *Kant's Lehre vom Genie*, passim, esp. pp. 17, 58, 59, 79, 93, 96, 131-134, 136-137, 222, 225, 231-232, etc.

364 *Kritik der Urtheilskraft* (ed. Kirchmann), § 16.

365 *Ibid.* § 49.

366 *Ibid.* § 50.

367 *Ibid.* § 48.

368 *Ibid.*

369 *Ibid.* § 17.

370 *Ibid.* § 16.

371 이러한 삼분법의 역사적 기원에 대해서는 다음을 참조. Schlapp, *op. cit.* pp. 150-153.

372 이에 대해서는 다음을 참조. *Anthropologie*, (ed, Kirchmann), §§ 26-31; cf. Schlapp, *op. cit.* p. 296.

373 *Kritik der reinen Vernunft*, i. 1, § 1 and note.

374 *Ibid.* §§ 1-8.

375 이론 부분 제1장 직관과 시간·공간의 개념 부분 참조

376 *Krit. der reinen Vernunft*, § 8, and introd. to 2nd part; cf. Kritik der Urtheilskraft, § 15.

377 다음 책의 카탈로그 참조. Schlapp, *op. cit.* pp. 403-404, and passim.

378 *Kritik der Urtheilskraft*, §§ 1-9.

379 *Ibid.* §§ 10-22.

380 *Schlapp, op. cit.* p. 78.

381 *Kritik der Urtheilskraft*, §§ 14.

382 헤르더에 대한 칸트의 평가에 대해서는 다음을 참조. Schlapp, *op. cit.* pp. 320-327.

383 *Kritik der Urtheilskraft*, §§ 57-59.

384 *Vorlesungen über die Ästhetik* (2nd ed., Berlin, 1842), vol. i. p. 78.

385 Sommer, *Geschichte der Psychologie und Ästhetik*, pp. 365-432.

386 Danzel, *Gesammelte Aufsätze*, p. 242.

387 *Briefe über die ästhetische Erziehung* (in Werke, ed. Goedecke), Letters 15, 27.

388 *Ibid.* Letter 15.

389 *Ibid.* Letter 22.

390 *Ibid.* Letter 25.

391 *Ibid.* Letter 20.

392 *Ibid.* Letter 15.

393 Danzel, *Op. cit.* p. 241

394 *Vorschule der Ästhetik.*, 1804 (French trans., *Poétique ou introduction à l'Esch.*, Paris, 1862), preface.

395 *Ibid.* chs. 2, 3.

396 Zimmermann, *Grundlagen der Wissenschaftslehre*, in *Werke* (Berlin, 1845), vol. i. pp. 214-217.

397 Danzel, *Op. cit.* pp. 25-30; Zimmermann, *Op. cit.* pp. 522-572.

398 Hegel, *Op. cit.* introd. vol. i. pp. 82-88.

399 *Vorlesungen über die Methode des akademischen Studiums* (1803), lecture 14; in *Werke* (Stuttgart, 1856-1861), vol. v, pp. 346-347.

400 *Über das Verhältniss der bildenden Künste zu der Natur*, in *Werke*, vol. vii. pp. 299-310.

401 *Philosohie der Kunst*, posthumous, introd. in *Werke*, v. p. 362.

402 *System des transzendentalen Idealismus*, in *Werke*, § 1, vol. iii. introd. § 3, p. 349.

403 *Ibid.* § 4, p. 351.

404 *Ibid.* part vi. 4, § 3, p. 627.

405 *Ibid.* § 3, pp. 627-629.

406 *Philosohie der Kunst*, pp. 368-369.

407 *Ibid.* p. 369.

408 *Ibid.* General Part, p. 381.

409 *Ibid.* p. 382.

410 *Ibid.* p. 383.

411 *Ibid.* p. 385.

412 *Ibid.* pp. 389-390.

413 *Ibid.* pp. 390-393.

414 *Ibid.* p. 395.

415 *Ibid.* pp. 405-451.

416 *Vorlesungen über Ästhetik*, Heyse, Leipzip, 1829, pp. 35-43.

417 *Ibid.* pp. 186-200.

418 *Ibid.* pp. 48-85.

419 *Enzyklopädie der philosophischen Wissenschaft*, §§ 557-563.

420 *Vorlesungen über die Ästhetik*, (ed. cit.) i, p. 118.

421 *Ibid.* pp. 129-133.

422 *Ibid.* p. 141.

423 *Ibid.* p. 89.

424 *Ibid.* pp. 50-51.

425 *Ibid.* pp. 354-355.

426 *Enzykl.* § 449.

427 Danzel, *Ästhetik der Hegelschen Schule*, p. 62; Zimmermann, *Geschichte der Ästhetik*, pp. 693-697; J. Schmidt, *Leibniz und Baumgarten*, pp. 103-105; Spitzer, *Kritische Studien*, p. 48.

428 Fr. Ast, *System der Kunstlehre*, Leipzig, 1805; cf. Spitzer, *op. cit.* p. 48.

429 *System des transzendentalen Idealismus* (1800), part vi. § 2; in *Werke*, § 1, vol. iii. pp. 622-623.

430 *Vorles.* ü. d. Ästh. i, pp. 66-67.

431 *Ibid.* p. 353.

432 *Ibid.* p. 72.

433 *Ibid.* pp. 13-16.

434 *Welt als Wille und Vorstellung*, 1819 (in *Sämmtl. Werke*, ed. Grisebach, vol. i.), bk. iii. § 49.

435 *Ergänzungen* (ed. Grisebach, vol. ii.), ch. 29.

436 *Welt als Wille und Vorstellung*, iii. § 35.

437 역사 부분 제9장 셸링 부분 참조

438 *Welt als Wille und Vorstellung*, iii. §§ 42-51.

439 역사 부분 제9장미와 특성: 예술과 철학 부분 참조

440 *Welt als Wille und Vorstellung*, iii. § 52.

441 *Ibid.* § 34.

442 *Ibid.* § 32.

443 *Kritik der kantischen Philosophie*, in append. to *op. cit.* pp. 558-576.

444 *Ergänzungen*, ch. 38.

445 *Einleitung in die Philosophie*, 1813, in Werke, ed. Hartenstein, vol. i. p. 49.

446 *Ibid.* pp. 125-128.

447 *Allgemeine praktische Philosophie*, in Werke, viii. p. 25.

448 *Einleitung*, p. 128.

449 *Ibid.* p. 162.

450 *Ibid.* pp. 129-130.

451 *Ibid.* p. 163.

452 *Vorlesungen über die Ästhetik*, published by Lommatsch, Berlin, 1842 (Werke, sect.

iii. vol. vii.).

453 Zimmermann, *Geschichte der Ästhetik*, pp. 608-634.

454 E. von Hartmann, *Deutsche Ästhetik seit Kant*, pp. 156-159.

455 *Vorlesungen über die Ästhetik*, pp. 1-30.

456 *Op. cit.* pp. 35-51.

457 *Op. cit.* pp. 51-54.

458 *Op. cit.* pp. 55-61.

459 *Op. cit.* pp. 61-66; cf. Dialektik, ed. Halpern, pp. 54-55, 67.

460 *Op. cit.* pp. 67-77.

461 *Op. cit.* pp. 79-91.

462 *Op. cit.* pp. 123, 143-150.

463 *Op. cit.* p. 505; cf. p. 607.

464 *Op. cit.* p. 505.

465 *Op. cit.* pp. 506-508.

466 *Op. cit.* pp. 156-157.

467 *Op. cit.* pp. 550-551.

468 *Op. cit.* p. 608.

469 *Op. cit.* pp. 684-686.

470 *Op. cit.* pp. 191-196; cf. pp. 364-365.

471 *Op. cit.* pp. 209-219; cf. pp. 527-528.

472 *Op. cit.* pp. 98-111.

473 *Op. cit.* pp. 635-648.

474 Cf. e.g. p. 467 seqq.

475 *Antihermes oder philosophische Untersuchung über den reinen Begriff der menschlichen Sprache und die allgemeine Sprachlehre*, Frankfurt and Leipzig, 1795.

476 언급된 저자들에 대해서는 아래 책의 언급과 인용을 참조하라. Loewe, *Historiae criticae grammatices univeralis, passim*; Pott, *Wilhelm von Humboldt und die Sprachwissenschaft*, Einleitung, pp. clxxi.-ccxii.; cf. also Benfey, *Geschichte der Sprachwissenschaft*, Einleitung.

477 In *Philosophie der Mythologie*: cf. Steinthal, *Ursprung*, pp. 81-89.

478 *Über die Verschiedenheit des menschlichen Sprachbaues*, posthumous work (2nd ed. by A. F. Pott, Berlin, 1880).

479 *Op. cit.* pp. 308-310.

480 *Op. cit.* pp. 54-56.

481 *Op. cit.* pp. 25, 73-74, 79.

482 *Op. cit.* pp. 105-118.

483 Zimmermann, *Geschichte der Ästhetik*, pp. 533-544.

484 *Verschiedenheit*, etc., pp. 326-328.

485 *Op. cit.* pp. 239-240.

486 *Op. cit.* pp. 205-206, 547, etc.

487 *Grammatik, Logik und Psychologie, ihre Principien und ihr Verhältnis zu einander*, Berlin, 1855.

488 *Op. cit.* pp. 153-158.

489 이론 부분 제3장 역사적 비평, 역사적 회의주의 부분 참조

490 *Gramm., Log. u. Psych.* pp. 183, 195.

491 *Einleitung in die Psychologie und Sprachwissenschaft* (2nd ed., Berlin, 1881), p. 62.

492 *Gramm., Log. u. Psych.* p. 231.

493 *Op. cit.* pp. 285, 292, 295-306.

494 Steinthal, *Ursprung der Sprache* (4th ed. Berlin, 1888), pp. 120-124. M. Lazarus, *Das Leben der Seele*, 1855 (Berlin, 1876-1878), vol. ii. *Zeitschrift für Völkerpsychologie und Sprachwissenschaft*, 1860ff.

495 *Gramm., Log. u. Psych.* pp. 139-140, 146.

496 *Einleitung, op. cit.* pp. 34-35.

497 이론 부분 제10장 표현의 가치로서의 미 혹은 단지 표현으로서의 미 부분 참조

498 *Abriß der Ästhetik*, post. 1837; *Vorlesungen über Ästhetik* (1828-29), post. 1882.

499 *Ästhetik*, Berlin, 1827.

500 *Ästhetik*, Leipzig, 1830; *System der Ästhetik, lectures*, post. Leipzig, 1872.

501 *Kunstlehre*, Regensburg, 1845-1846 (Grundlinien einer positiven Philosophie, vol. iv. v.).

502 *Der Geist in der Natur*, 1850-1851; *Neue Beiträge zu d. G. I. d. Natur*, post. 1855.

503 *Ästhetische Forschungen*, Frankfurt a. M. 1855.

504 *Die theistische Begründung der Ästhetik im Gegensatz zu der pantheistischen*, Jena, 1857; same author, *Vorschule der Ästhetik*, Karlsruhe, 1864-1865.

505 *Über das Erhabene und Komische*, Stuttgart, 1837.

506 *Ästhetik oder Wissenschaft des Schönen*, Reutlingen, Leipzig and Stuttgart, 1846-1857, 3 parts in 4 vols.

507 *Ästhetik*, introd., §§ 2-5.

508 Hartmann, *Deutsche Ästhetik seit Kant*, p. 217, note.

509 *System der spekulativen Ethik*, Heilbronn, 1841-1842.

510 *Ästhetik*, introd., § 5.

511 *Op. cit.* §§ 15-17.

512 *Op. cit.* §§ 19-24.

513 Griepenkerl, *Lehrbuch der Ästhetik*, Braunschweig 1827; Bobrik, *Freie Vorträge über Ästhetik*, Zürich, 1834.

514 *Über die Prinzipien der Ästhetik*, Kiel, 1840.

515 *Gesammelte Aufsätze*, pp. 216-221.

516 이론 부분 제12장 참조

517 역사 부분 제2장 르네상스: 필로그라피아와 미에 대한 철학적·경험적 연구 부분 참조

518 *Cannochiale aristotelico*. ch. 3: *Perfetta poesia*, bk. I. chs. 6, 8.

519 역사 부분 제4장 드 크루자와 앙드레, 제7장 호가드 부분 참조

520 역사 부분 제8장 『판단력 비판』에서의 예술 부분 참조

521 *Kalligone, op. cit.* pp. 55-90.

522 *System des transcendentalen Idealismus*. part. vi. § 2.

523 *Vorlesungen über die Ästhetik*. p. 4.

524 *Op. cit.* I. pp. 4-5.

525 *Op. cit.* pp. 148-180.

526 *Op. cit.* introd.

527 *Ansichten der Natur*, 1808; *Kosmos*, 1845-1858.

528 *Ästhetik der Pflanzenwelt*, Leipzig, 1853.

529 *Ästhetik*, § 341.

530 *Poet.* 5. 13-14; *Rhet.* iii. 10, 18.

531 *De Oratore.* ii. 54-72; *Institutio Oratoria.* vi. 3.

532 *Caractères*, I.

533 *Hamburger Dramaturgie.* Nos. 74-75.

534 Letter to abbé d'Olivet, August 20, 1761.

535 *Hamburgische Dramaturgie.* No. 93; in *Werke*, ed. cit. xii. pp. 170-171, note.

536 *Kritische Wälder*, in Werke, ed. cit. iv. pp. 182-186.

537 *Schlapp, op. cit.* p. 55.

538 *Kritik der Urtheilskraft*, Anmerkung, § 54.

539 *Op. cit.* bk. ii. §§ 23-29.

540 *System der Ästhetik*, introd. p. xxxvi n.

541 *System der Kunstlehre*; Hartmann, *op. cit.* p. 387.

542 *Vorschule der Ästhetik*, chs. 6-9.

543 역사 부분 제10장 내용과 형식의 총합으로서의 예술 부분 참조

544 *Vorlesungen über die Ästhetik.* I. p. 240 seqq.

545 Cf. Zimmermann, G. d. Ästh. p. 788.

546 *Philosophie der Kunst*, §§ 65-66.

547 Cf. Hartmann, *Deutsche Ästhetik seit Kant*, pp. 363-364.

548 *Vorlesungen über Ästhetik.* p. 85.

549 *Neue Vorschule der Ästhetik.* Halle, 1837.

550 K. Rosenkranz, *Ästhetik des Häßlichen*, Königsberg, 1853.

551 *Op. cit.* pp. 36-40.

552 *Ästhetik*, § 83-84, 154-155.

553 *Ästhetische Forschungen*, p. 413.

554 Émeric-David, *Recherches sur l'art du statuaire chez les anciens*, Paris, 1805(Ital. trans., Florence, 1857)

555 Quatremère de Quincy, *Essai sur l'imitation dans les beaux arts*, 1823.

556 *Recherches sur la nature et les lois de l'imagination*, 1807.

557 *Du vrai, du beau et du bien*, 1818, many lines revised (23rd ed. Paris, 1881).

558 *Op. cit.* lectures 6-8.

559 *Cours d'esthétique*, ed. damiron, Paris, 1843.

560 *De l'art et du beau*, 1843-1846.

561 Victor Hugo, Preface to *Cromwell*, 1827.

562 Dugald Stewart, *Elements of the Philosophy of the Human Mind*, 1837.

563 Gayley-Scott, *An Introd.* pp. 305-306.

564 P. B. Shelley, *A Defence of Poetry* (in Works, London, 1880, vol. vii.)

565 Parini, *Principi delle belle lettere applicati alle belle arti*, from 1773 onward; Foscolo, *Dell' origine e dell'uffizio della letteratura*, 1809, and *Saggi di critica*, composed in England.

566 M. Delfico, *Nuove ricerche sul bello*, Naples, 1818, ch. 9.

567 Malaspina, *Delle leggi del bello*, Milan, 1828, pp. 26, 233.

568 P. Balestrieri, *Fondamenti di estetica*, Naples, 1847.

569 Friedrich Bouterweck, *Ästhetik*, 1806, 1815 (3rd ed., Göttingen, 1824-1825).

570 O. Colecchi, *Questioni filosofiche*, vol. iii., Naples, 1843.

571 P. Lichtenthal, *Estetica ossia dottrina del bello e delle arti belle*, Milan, 1831.

572 *Elementi di filosofia* (5th ed., Naples, 1846), vol. ii, pp. 427-426.

573 *Sistema filosofico*, by A. Rosmini-Serbati, Turin, 1886, § 210.

574 Cf. *Nuovo saggio sopra l'orig. delle idee*, § v. part iv. ch. 5.

575 *Sull' idillio e sulla nuova letteratura italiana* (opuscoli filosofici, vol. I.).

576 V. Gioberti, *Del buono e del bello* (Florence ed., 1857).

577 *Del bello*, ch. 1.

578 *Op. cit.* ch. 7.

579 *Op. cit.* ch. 7.

580 *Del bello*, chs. 8-10

581 *Op. cit.*, ch. 4.

582 G. Berchet, *Opere*, ed. Cusani, Milan, 1863, p. 227.

583 1870년 출간된 판에는 이 구절이 없다.

584 *Epistolario*, ed. Sforza, i. pp. 285, 306, 308; *Discorso sul romanzo storico*, 1845; *Dell' invenzione*, dialogue.

585 *Addizioni alle Miei Prigioni*, 1831 (in Pellico, Prose, Florence, 1858); see pp. about the *Conciliatore*.

586 *Del bello e del sublime*, 1827; *Studi filosofici* (Venice, 1840), vol. ii. part v.

587 Cf. De Sanctis, *Lett. ital. nel s. XIX*, ed. Croce, Naples 1896, pp. 427-431.

588 *Frammenti di scuola, in Nuovi saggi critici*, pp. 321-333; *La giovinezza di Fr. de S.* (auto-biography), pp. 62, 101, 163-166 (인용된 것은 모라노가 편집하여 나폴리에서 인쇄한 12 권에 들어 있는 데 상크티스의 저작들이다.)

589 . *La giovinezza di Fr. de S.* pp. 260-261, 315-316.

590 *Saggi critici*, p. 534.

591 *De Meis, Comm. di Fr. de S.* (in vol. In Memoria, Naples, 1884, p. 116).

592 *Scritti varî*, ed. Croce, vol. ii. pp. 153-154.

593 *Saggi critici*, p 18.

594 *Op. cit.* pp. 226-228 (De Meis로 추정); Scritti varî ii. pp. 185-187; cf. vol ii. p. 70

595 *Saggi critici*, ed. Imbriani, p. 91.

596 *Saggi critici*, p. 228; cf. Scritti varî, vol. ii. p. 70.

597 *Storia della letteratura*, i. pp. 66-67; Saggi critici, pp. 98-99; Scritti varî, vol. i.. pp. 276-278, 384.

598 *La giovinezza di Fr. de S.* pp. 279, 313-314, 321-324.

599 *Scritti varî*, vol. ii. p. 83; cf. p. 274.

600 *Op. cit.* vol. i. pp. 228-236.

601 *Saggio sul Petrarca*, new ed. by B. Croce, p. 309 seqq.

602 *Saggi critici*, pp. 361-363, 413-414; Klein에 대해서는 *Scritti varî*, vol. i. pp. 32-34.

603 *Op. cit.*, *Schopenhauer e Leopardi*, pp. 246, 299.

604 Schopenhauer, *Briefe*, ed. Grisebach, pp. 405-406; cf. pp. 381-383, 403-404, 438-439.

605 *Saggi critici*, p. 269, note.

606 Cf. *Scritti varî*, I. pp. 39-45, and *Letterat. ital. nel sec. XIX*, lectures, ed. Croce, pp. 241-243, 427-432.

607 *Saggio sul Petrarca*, introd. pp. 17-29.

608 *Saggio sul Petrarca*, p. 29 seqq.

609 *Scritti varî*, vol. i. pp. 276-277, 317.

610 *Nuovi saggi critici*, pp. 239-240, note.

611 *Nuovi saggi critici*, loc. cit.

612 *Ibid.* and cf. *Saggio sul Petrarca*, p. 182; also *Scritti varî*, i. pp. 209-212, 226.

613 *Lettres à George Sand*, Paris, 1884 (Letter of Feb. 2, 1869), p. 81.

614 프랑스 비평에 대한 데 상크티스의 판단에 대해서는 독일 미학에 대한 비판을 언급하고 있는 이 장의 앞선 절 참조

615 *Allgemeine Aesthetik als Formwissenschaft*, Vienna, 1865; see also Meyer's *Konversations - Lexikon* (4th ed.), art, *Aesthetik*, by Zimmermann.

616 *Kritische Gänge*, vi., Stuttgart, 1873, pp. 6, 21, 32.

617 *Geschichte d. Asth. i. Deutschl., passim*, esp. pp. 27, 97, 100, 125, 147, 232, 234, 265, 286, 293, 487; *Grundzüge der Ästh.* (posth., Leipzig, 1884), §§ 8-13; 그리고 두 권의 초 기작 *Üb. d, Begriff d. Schönheit*, Göttingen, 1845, and *Üb. d. Bedingungen d. Kunstschönheit*, Göttingen, 1847.

618 *Leibniz u. Baumgarten*, Halle, 1875, pp.76-102.

619 G. Neudecker, *Studien z. Gesch. d. dischn. Ästh. s. Kant*, pp. 54-55.

620 Polemic in *Zeitschr. f. exacte Philos.* (Herbartian organ) for 1862-1863, ii. p. 309 seqq., ii. p. 384 seqq, iv. pp. 26 seqq., 199 seqq., 300 seqq.

621 Volkmann, *Lehrbuch der Psychologie*, 3rd ed., Cöthen, 1884-1885. Lazarus, *Das Leben der Seele*, 1856-1858.

622 Moriz Carriere, *Ästhetik*, 1859 (3rd ed., Leipzig, 1885).

623 *Kritische Gänge*, v., Stuttgart, 1866, p.59.

624 *Ästhetik*, Tübingen, 1869.

625 역사 부분 제13장 마지막 두 절 참조

626 *Ästhetik*, Leipzig, 1886, I. pp.1-16, 19-24, 70; ii. p. 52: cf. *Kritische Gesch. der Ästhetik*, pp. 795, 963, 1041-1044, 1028, 1036-1038.

627 *Kritische Gänge*, v. pp. 112-115.

628 *Die dtsche. Ästh. s. Kant*, 1886 (Part i. of Ästh.).

629 *Philosophie des Schönen* (Part ii. of Ästh.), Leipzig, 1890, pp. 463-464; cf. *Deutsche Ästh. s. K.* pp. 357-362.

630 *Philosophie des Schönen* pp. 434-437.

631 *Op. cit.* pp. 115-116.

632 *Op. cit.* pp. 197-198.

633 *Op. cit.* pp. 150-152.

634 Ch. Levêque, *La Science du beau*, Paris, 1862.

635 E. Saisset, *L'Esthétique française* (in app. to vol. L'Âme et la vie, Paris, 1864), pp.

118-120.

636 In *Revue philosophique*, vols. i . ii . x . . xvi.

637 J. Ruskin, *Modern Painters* (4th ed., London, 1891); cf. De la Sizeranne, pp.112-278.

638 Vito Fornari, *Arte del dire*, Naples, 1866-1872; cf. vol. iv.

639 A. C. De Meis, *Dopo la laurea*, Bologna, 1868-1869.

640 Nic. Gallo, *L' idealismo e la letteratura*, Rome, 1880; *La scienza dell' arte*, Turin, 1887.

641 E.g. F. Masci, *Psicologia del comico*, Naples, 1888.

642 *Estetica ideale*, Naples, 1863; *Saggi di critica* (collected posthumously), Trani, 1886.

643 A. Tari, *Lezioni di estetica generale*, collected by C. Scamaccia-Luvarà, Naples, 1884.
     Elementi di estetica, complied by G. Tommasuolo, Naples, 1885

644 V. Pica, *L'Arte dell' Estremo Oriente*, Turin, 1894, p. 13

645 *Essays, Scientific, Political, and Speculative*, 1858-1862.

646 *Principles of Psychology*, 1855; 2nd ed. 1870, part viii. ch. 9, §§ 533-540.

647 J. Sully, *Outlines of Psychology*, London, 1884; *Sensation and Intuition, Studies in Psy-
     chology and Aesthetics*, London, 1874; cf. *Encycl. Britannica*, ed. 9, art. "Aesthetics";
     Alex. Bain, *The Emotions and the Will*, London, 1859, ch. 14.

648 *Physiological Aesthetics*, London, 1877; various arts, in *Mind*, vols. iii. iv. v. (o.s.).

649 Vernon Lee and C. Anstruther-Thomson, " Beauty and Ugliness," in *Contemp.
     Review*, October-November, 1897: (abstract in Arréat, *Dix années de philosophie*,
     pp. 80-85); same author's *Le Rôle de l' élément moteur dans la perception esthétique
     visuelle, Mémoire et questionnaire soumis au 4me Congrés de Psychologie*, reprinted
     Imola, 1901.

650 H. Helmholtz, *Die Lehre von der Tonempfindungen als physiologische Grundlage für die
     Theorie der Musik*, 1863, 4th ed., 1877; Brücke-Helmholtz, *Principes scientifiques des
     beaux arts*, Fr. ed., Paris, 1881; C. Stumpf, *Tonpsychologie*, Leipzig, 1883.

651 *Philosophie de l'art*, 1866-1869 (4th ed. Paris, 1885).

652 *Op. cit.* i. pp. 13-15.

653 *Op. cit.* i. pp. 17-54.

654 *Op. cit.* i. p. 37.

655 *Op. cit.* i. p. 54.

656 *Op. cit.* i. p. 15.

657 *Op. cit.* i. p. 277.

658 *Op. cit.* ii. pp. 257-400.

659 *Op. cit.* ii. pp. 257-258.

660 *Op. cit.* ii. p. 393.

661 *Vorschule der Ästhetik*, 1876 (2nd ed. Leipzig, 1897-1898).

662 *Vorschule der Ästhetik*, i. ch. 19.

663 Schasler, *Krit. Geschichte d. Ästh.* p. 1117.

664 *Vorschule der Ästh.* ii. pp 273-314.

665 *Op. cit.* pref. p. iv.

666 *Op. cit.* i. pp. 15-30.

667 *Op. cit.* i. p. 32.

668 *Vorschule der Ästh.* ii. pp. 12-13.

669 *Op. cit.* i. p. 38.

670 *Die Anfänge der Kunst*, Freiburg i. B. 1894.

671 *Op. cit.* p. 19

672 *Die Anfänge der Kunst*, pp. 45-46.

673 *Op. cit.* pp. 46-48.

674 *Op. cit.* pp. 293-301.

675 *Du principe de l'art et de sa destination sociale*, Paris, 1875.

676 M. Guyau, *L'Art au point de vue sociologique*, 1889 (3rd ed. Paris, 1895); *Les Problèmes de l'esthètique contemporaine*, Paris, 1884; cf. Fouillée, pref. to the former work, pp. xli-xliii.

677 *L'Art au point de vue sociologique*, pref. p. xlvii.

678 *Op. cit.*, passim, esp. ch. 4; cf. pp. 64, 85, 380.

679 Max Nordau, *Social Function of Art*, 2nd ed., Turin, 1897.

680 Karl Bücher, *Arbeit u. Rhythmus*, 2nd ed., Leipzig, 1899.

681 *Custom and Myth*, p. 276; quoted by Knight, *The Philosophy of the Beautiful*, vol. i. pp. 9-10.

682 *Lectures on the Science of Language*, 1861 and 1864 (Fr. tr., Paris, 1867).

683 William Dwight Whitney, *The Life and Growth of Language*, London, 1875 (It. tr., Milan, 1876).

684 Hermann Paul, *Principien der Sprachgeschichte*, 1880 (2nd ed., Halle, 1886).

685 Wilh. Wundt, *Über Wege u. Ziele d. Völkerpsychologie*, Leipzig, 1886.

686 *Die Sprache*, Leipzig, 1900, 2 vols, (part i. of *Völkerpsychologie, eine Untersuchung der Entwicklungsgesetze von Sprache, Mythus und Sitte*).

687 *Die Sprache*, passim; cf. i. p. 31 seqq., ii. pp. 599, 603-609.

688 *Ethik*, ed. 2, Stuttgart, 1892, p. 6.

689 A. F. Lange, *Geschichte des Materialismus, u. Kritik seiner Bedeutung i. d. Gegenwart*, 1866.

690 J. F. V. Kirchmann, *Aesthetik auf realistischer Grundlage*, Berlin, 1868.

691 *Ästh. auf real. Grund.* vol. i. pp. 54-57, 이론 부분 제10장의 마지막 두 절 참조

692 *Kritische Gänge*, vol. v. pp. 25-26, 131.

693 R. Vischer, *Über das optische Formgefühl*, Leipzig, 1873.

694 *Der Symbol-Begriff in der neuesten Ästh.*, Jena, 1876.

695 *Das Wesen d. ästh. Anschauung, Psychologische Untersuchungen z. Theorie d. Schönen u. d. Kunst*, Berlin, 1875.

696 Max Diez, *Theorie des Gefühls z. Begründung d. Ästhetik*, Stuttgart, 1892.

697 Friedr. Jodl. *Lehrb. der Psychologie*, Stuttgart, 1896, § 53, pp. 404-414.

698 *Komik und Humor, eine psychol. ästhet. Untersuch.*, Hamburg-Leipzig, pp. 223-227.

699 Paul Stern, *Einfühling u. Association i. d. neueren Ästh.*, 1898, in *Beiträge z. Ästh.*, ed. Lipps and R. M. Werner (Hamburg-Leipzig).

700 Alfr. Biese, *Das Associationsprincip u. d. Anthropomorphismus i. d. Asth.*, 1890; *Die Philosophie des Metaphorischen*, Hamburg-Leipzig, 1893.

701 Konrad Lange, *Die bewusste Selbsttäuschung als Kern des künstlerischen Genusses*, Leipzig, 1895.

702 Karl Groos, *Einleitung i. d. Ästhetik*, Giessen, 1892.

703 *Op. cit.* pp. 6-46, 83-100.

704 *Op. cit.* pp. 100-147.

705 *Op. cit.* pp. 168-170.

706 *Op. cit.* pp. 175-176.

707 *Op. cit.* pp. 46-50, and all part iii.

708 *Op. cit.* p. 292, note.

709 이론 부분 제12장 희극적인 것과 유머러스함의 정의를 다루고 있는 절 참조

710 *Komik und Humor*, p. 199 seqq.

711 Eug. Véron, *L'Esthéitique*, 2nd ed,, Paris, 1883.

712 *Op. cit.* p. 89.

713 역사 부분 제17장 귀요를 다루고 있는 절 참조

714 *Esthétique*, pp. 38, 109, 123 seqq.

715 *Correspondance*, 1830-1880, 4 vols., new ed., Paris, 1902-1904.

716 *What is Art?* Eng. tr.

717 *Op. cit.* pp. 171-172, 308.

718 *Op. cit.* pp. 201-202.

719 *Die Geburt der Tragödie oder Griechenthum und Pessimismus*, 1872 (Ital. trans., Bari, 1907).

720 이론 부분 제15장 개별 예술들의 미학 이론들에 대한 비판을 다루고 있는 절 참조

721 *Vom Musikalisch-Schönen*, Leipzig, 1854; 7th ed. 1885 (French trans., Du beau dans la musique, Paris, 1877).

722 *Vom Musikalisch-Schönen*, p. 20.

723 *Op. cit.* p. 98.

724 *Op. cit.* p. 101

725 *Op. cit.* p. 119, note.

726 *Op. cit.* p. 50.

727 *Op. cit.* p. 65.

728 *Op. cit.* pp. 50-51.

729 *Op. cit.* pp. 25-39.

730 *Op. cit.* p. 122.

731 *Op. cit.* pp. 52, 67, 113, etc.

732 Conrad Fiedler, *Der Ursprung der künstlerischen Thätigkeit*, Leipzig, 1887. 저자의 다른 저작들과 함께 *Schriften über die Kunst*, ed. H. Marbach, Leipzig, 1896에 실려 있다.

733 *Das Problem der Form in der bildunden Kunst*, 2nd ed. 1898 (4th ed., Strassburg, 1903).

734 이론 부분 제2장 참조

735 H. Bergson, *Le Rire, essai sur la signification du comique*, Paris, 1900, pp. 153-161 (Eng. tr., London).

736 Conrad Hermann, *Die Ästhetik in ihrer Geschichte und als wissenschaftliches System*, Leipzig, 1876.

737 *Die Ästhetik*, etc., passim.

738 *Die Ästhetik*, § 56

739 Willy Nef, *Die Ästhetik als Wissenschaft der anschaulichen Erkenntniss*, Leipzig, 1898.

740 *A History of Aesthetics*, pp. 4-6, 372, 391, 447, 458, 466.

741 B. Croce, *La storia ridotta sotto il concetto generate dell' arte*, 1893 (2nd ed. entitled *Il concetto della storia nelle sue relazioni col concetto dell' arte*, Rome, 1896); P. R. Trojano, *La storia come scienza sociale*, vol. i., Naples, 1897; G. Gentile, *Il concetto della storia* (in Crivellucci's *Studi storici*, 1889); 또한 F. de Sarlo, *Il problema estetico, in Saggi di filosofia*, vol. ii., Turin, 1897와, 같은 저자의 *I dati dell' esperienza psichica*, Florence, 1903의 마지막 장도 참조할 것.

742 *La letteratura italiana nel secolo XIX*, edited by B. Croce, Naples, 1896; 또한 *Scritti vari*, ed. Croce, Naples, 1898, 2 vols.

743 H. Rickert, *Die Grenzen der naturwissenschaftlichen Begriffsbildung*, Freiburg i. B., 1896-1902.

744 고르기아스 조언과 관련해서는 Aristotle, *Rhet*, iii. ch. 18을 보라.

745 Cicero, *Orat. ad Brut.*, introd.

746 Quintilian, *Inst. orat.* xii. ch. 1.

747 Fran. Patrizzi, *Della rhetorica*, ten dialogues, Venice, 1582, dial. 7; Tassoni, *Pensieri diversi*, bk. x. ch. 15.

748 *De causis corruptarum artium*, 1531, bk. iv.; De ratione dicendi, 1533.

749 Cicero, *De orat*: i. chs. 10-11; Quintil. Inst. orat. iii. ch. 5.

750 *De orat.* ii. chs. 16-17.

751 P. Ramus, *Instit. dialecticae*, 1543; *Scholae in artes liberales*, 1555, etc.; Talaeus, *Instit. orator.*, 1545.

752 *Della rhetorica*, dial. 10, and passim.

753 *Ration. Philos.*, part iii. *Rhetoricorum liber unus juxta propria dogmata* (Paris, 1636), ch. 3.

754 *Theoretische Lehre von den Gemüthsbewegungen überhaupt*, Halle, 1744.

755 *Kritik d. Urtheilskraft*, § 53 and n.

756 H. F. Ortloff, *Die gerichtliche Redekunst*, Neuwied, 1887; R. Whately, *Rhetoric*, 1828 (for Encycl. Brit.); Ital. trans., Pistoia, 1889.

757 Aristotle, *Rhet.* iii. ch. 1.

758 Quintil. *Inst. orat.* viii. ch. 3.

759 *Rhet.* iii. ch. 10.

760 *Poet.* chs. 19-22; cf. *Rhet.* iii. cc. 2, 10.

761 이론 부분 제9장 수사학 범주들에 대한 비판 부분 참조

762 Quintilian, *Inst. orat.* viii. ch. 6; ix. ch. 1.

763 Aristotle, *Rhet.* iii. ch. 2; *Poet.* ch. 22.

764 *De sublimitate* (in Rhet. graeci, ed. Spengel, vol. i. § 32).

765 Giulio Camillo Delminio, *Discorso sopra le Idee di Ermogene* (in *Opere*, Venice, 1560); and trans. of Hermogenes (Udine, 1594).

766 *De causis corruptarum artium*, loc. cit.

767 *Della rhetorica*, dial. 6.

768 *Diálogo de las lenguas* (ed. Mayans y Siscar, *Origines de la lengua española*, Madrid, 1873), pp. 115, 119.

미학

769 *Essais*, i. ch. 52 (ed. Garnier, i. 285); cf. *ibid*. chs. 10, 25, 39; ii. ch. 10.

770 Croce, *I trattatisti italiani del concettismo*, pp. 8-22.

771 Boileau, *Art poétique*, i. ll. 43-44, 153-154.

772 G. G. Orsi, *Considerazioni sopra la maniera di ben pensare*, etc., 1703 (reprinted Modena, 1735, with all polemics relating thereto).

773 역사 부분 제5장 17세기 저술가들이 비코에게 미친 영향 관련 절 참조

774 역사 부분 제5장, 시와 언어 관련 절 참조

775 *Des tropes ou des différens sens dans lesquels on peut prendre un même mot dans une même langue*, Paris, 1730 (Œuvres de Du Marsais, Paris, 1797, vol. i.).

776 *Op. cit.* part i. art. 1; cf. art. 4.

777 *Elem. of Criticism*, iii. ch. 20.

778 Hugh Blair, *Lectures on Rhetoric and belles lettres* (London, 1823).

779 *Op. cit.* lecture 14.

780 Marmontel, *Éléments de littérat.* (in Œuvres, Paris, 1819), iv. p. 559.

781 Cesarotti, *Saggio sulla filos. del linguaggio*, part ii.

782 *Ricerche intorno alla natura dello stile* (Turin, 1853), ch. 1.

783 R. Bonghi, *Lettere critiche*, 1856 (4th ed., Naples, 1884), pp. 37, 65-67, 90, 103.

784 Gustav Gröber, *Grundiss d. romanischen Philologie*, vol. i. pp. 209-250; K. Vossler, *B. Cellinis Stil in seiner Vita, Versuch einer psychol. Stilbetrachtung*, Halle a. S., 1899; cf. the self-criticism of Vossler, *Positivismus u. Idealismus in der Sprachwissenschaft*, Heidelberg, 1904 (It. trans., Bari, Laterza, 1908).

785 Ernst Elsteb, *Principien d. Literaturwissenschaft*, Halle a. S., 1897, vol. i. pp. 359-413.

786 Biese, *Philos. des Metaphorischen*, Hamburg-Leipzig, 1893.

787 *La Giovinezza di Fr. de S.* chs. 23, 25; *Scritti varî*, ii. pp. 272-274

788 이론 부분 제9장 참조

789 *Republic*, iii. 394; see also E. Muller, *Gesch. d. Th. d. Kunst*, i. pp. 134-206; ii. pp. 238-239, note.

790 *Poet.* ch. 6.

791 *Annotazioni*, introd.

792 Cf. for Sanskrit poetry S. Levi, *Le Théâtre indien*, pp. 11-152.

793 Cf. Menendez y Pelayo, *op. cit.* I., i. pp. 126-154, 2nd ed.

794 Introd. to his tr. of the *Poetics*.

795 Lintilhac, *Un Coup d'État*, etc., p. 543.

796 *Hamburg. Dramat.* Nos. 81, 101-104.

797 *Op. cit.* Nos. 96, 101-104.

798 G. B. Giraldi Cintio, *De' romanzi, delle comedie e delle tragedie*, 1554 (ed. Daelli, 1864).

799 Iacopo Mazzoni, *Difesa della commedia di Dante*, Cesena, 1587.

800 G. M. Cecchi, prologue to *Romanesca*, 1585.

801 Cf. besides the two Veratti, the *Compendio della poesia tragicomica*, Venice, 1601.

802 *Proginn. poet.*, Florence, 1627, iii. p. 130.

803 Cf. A. Belloni, *Il seicento*, Milan, 1898, pp. 162-164.

804 *Examens, and Discours du poème dramatique, de la tragédie, des trois unités*, etc.

805 *Réflexions sur le comique larmoyant*, 1749 (trans. by Lessing, Werke, vol. cit.).

806 Gellert, *De comaedia commovente*, 1751; Lessing, *Abhandlungen von den weinerlichen oder rührenden Lustspiele*, 1754 (in Werke, vol. vii.).

807 Prologue to the *Cortigiana*, 1534.

808 *Degli eroici furori in Opere italiane*, ed. Gentile, ii. pp. 310-311.

809 *Il Veratto* (against Jason de Nores), Ferrara, 1588.

810 Menendez y Pelayo, *op. cit.* iii. pp. 174-175 (1st ed.), i.

811 Menendez y Pelayo, *op. cit.* iii. p. 468 (2nd ed.).

812 *Arte nuevo de hacer comedias* (1609), ed. Morel Fatio, ll. 40-41, 138-140, 157-158.

813 Menendez y Pelayo, *op. cit.* iii. p. 459.

814 Marino, letter to G. Preti, in Lettere, Venice, 1627, p. 127.

815 *Dell' arte rappresentiva meditata e all' improvviso*, Naples, 1699; cf. pp. 47, 48, 65.

816 *Trattato dello stile e del dialogo*, 1646, preface.

817 *Discorso su l'Endimione* (in *Opere* italiane, ed. cit.), ii. pp. 15-16.

818 *Della tragedia*, 1715 (*ibid.* vol. i.).

819 *Prose e poesie, cit.*, pref. and passim.

820 In Orsi, *Considerazioni*, ed. cit. ii. pp. 8, 9.

821 *Réflexions, cit.* sect. 34.

822 *Discours sur la tragédie*, 1730.

823 *Opuscoli* of Agatopisto Cromaziano, Venice, 1797.

824 Danzel, *Gottsched*, p. 206 seqq.

825 *Elements of Criticism*, iii. pp. 144-145, note.

826 See conversation of Napoleon with Goethe, in Lewes, *The Life and Works of Goethe*, ii. p. 441.

827 Manzoni, *Epistol.* i. pp. 355-356; cf. Lettera sul romanticismo, *ibid.* pp. 293-299.

828 *Lettera di Grisostomo, opere*, ed. Cusani, p. 227.

829 *Lettera sul romanticismo, ibid.* p. 280.

830 *La giovinezza di F. de S.* chs. 26-28.

831 *Philos. d. Kunst*, pp. 639-645.

832 *Op. cit.* pp. 657-659.

833 *Op. cit.* p. 687.

834 *Philosophie d. Schönen*, ch. 2, § 2.

835 See, e.g., Volkelt, *Ästh. d. Tragischen*, Munich, 1897; Lipps, *Der Streit über Tragödie*, etc.

836 See his other works, *L'Évolution des genres dans l'histoire de la littérature*, Paris, 1890 seqq., and *Manuel de l'hist. de la littér. française, ibid.*, 1898.

837 Croce, *Per la storia della critica e storiografia letter.* pp. 23-25.

838 이론 부분 제15장 개별 예술들에 관한 기술적 이론들, 개별 예술들의 미학 이론들에 대한 비판, 예술 분류에 대한 비판 부분들 참조

839 D. Diderot, *Lettre sur les aveugles*, 1749; *Lettre sur les sourds et muets*, 1751; *Essai sur la peinture*, 1765.

840 M. Mendelssohn, *Briefe über Empfind.*, 1755; *Betrachtungen, cit.*, 1757.

841 J. Chr. Wolff, *Psychol. empirica*, §§ 272-312; Meier, *Anfangsgründe*, §§ 513-528, 708-735; *Betrachtungen*, § 126.

842 Letter to Lodovico Cardi da Cigoli, June 26, 1612.

843 *Laokoon*, §§ 16-20.

844 *Laokoon*, appendix, § 43.

845 *Plastik, einige Wahrnehmungen über Form und Gestalt aus Pygmalions bildenden Traume*, 1778 (Select Works of Herder in the collection *Deutsche Nationlitteratur*, vol. 76, part iii. § 2).

846 *System der Ästhetik*, pp. 154-236.

847 *Kritik d. Urtheilskr.* § 51.

848 *Phil. d. Kunst*, pp. 370-371.

849 *Vorles. üb. Ästh.* pp. 257-262.

850 *Op. cit.* ii. p. 222.

851 역사 부분 제10장 쇼펜하우어: 예술의 대상으로서 이념, 미적 카타르시스 관련 절 참조

852 *Einleitung*, § 115, pp. 170-171.

853 *Schriften z. prakt. Phil.* in *Werke*, viii. p. 2.

854 *Einleitung*, § 110, pp. 164-165.

855 Cf. Hartmann, *Dtsche, Ästh. s. Kant*, pp. 539-540.

856 *Ästh. Forsch.* pp. 547-549.

857 *Ästh.* §§ 404, 535, 537, 838, etc.

858 Gustav Gerber, *Die Sprache als Kunst, Bromberg*, 1871-1874.

859 *Das System der Künste*, 2nd ed., Leipzig-Berlin, 1881.

860 *Phil. d. Sch.* chs. 9, 10.

861 E.g. by Sulzer, *Allg. Theorie*, on word *Oper*.

862 Rich. Wagner, *Oper und Drama*, 1851.

863 Gustav Engel, *Ästh. der Tonkunst*, 1884, abstracted in Hartmann, *Dtsche. Ästh. s. Kant*, pp. 579-580.

864 Lotze, *Geschichte d. Ästh.* pp. 458-460; cf. p. 445.

865 *Essai critique sur l'Esth. de Kant*, pp. 89-496.

866 *Das System der Künste*, p. 47.

867 *Poet.* ch. 1.

868 *Vorles. üb. Ästh.* pp. 11, 122-129, 137, 143, 151, 167, 172, 284-286, 487-488, 508, 635.

869 이론 부분 제13장 자연미와 인공미 관련 절 참조

870 *Das Naturgefühl nach Verschiedenheit der Zeiten und Volksstämme*, in Cosmos, ii.

871 V. Laprade, *Le Sentiment de la nature avant le christianisme*, 1866; also *chez les modernes*, 1867; Alfred Biese, *Die Entwicklung des Naturgefühls bei den Griechen und Römern*, Kiel, 1882-1884; *Die Entwicklung des Naturgefühls im Mittelalter und in der Neuzeit*, 2nd ed., Leipzig, 1892.

872 *Kritische Gänge*, v. pp. 5-23.

873 *Dtsche. Ästh. s. Kant*, pp. 217-218; cf. *Philos. d. Schönen*, bk. ii. ch. 7.

874 역사 부분 제1장 아름다움에 관한 탐구 관련 절 참조

875 *Hippias maior*, passim.

876 *Elements of Criticism*, introd., and cf. ch. 3.

877 Herder, *Kritische Wälder* (in *Werke*, ed. cit. iv.), pp. 47-53; cf. *Kaligone* (*ibid.* vol. xxii.), passim; and fragment on *Plastic*.

878 *Vorles. üb. Ästh.* i. pp. 50-51.

879 *Op. cit.* p. 92 seqq.

880 *Ästh.* i. p. 181.

881 *Ästh.* pp. 80-83.

882 E.g. Grant Allen, *Physiological Aesthetics*, chs. 4 and 5.

883 Tolstoy, *What is Art?* pp. 19-22. Kralik은 *Weltschönheit, Versuch einer allgemeinen Äs-thetik* (Vienna, 1894) 의 저자이다.

884 이론 부분 제2장 미적 감각들의 이론에 대한 비판 부분 참조

885 Cf. Volkmann, *Rhet. d. G. u. Röm.* pp. 532-544.

886 Comparetti, *Virgilio nel M. E.* i. p. 172.

887 *Nuove ricerche sul bello*, ch. 10.

888 이론 부분 제18장 문법적 장르 혹은 언어의 요소들 관련 절 참조

889 *Inst. Orat.* i. ch. 6.

890 이 모든 것에 대해서는 Lersch와 Steinthal의 저술들을 참조하라. 이 저술들은 더 중요한 텍스트들을 포함하고 있다.

891 Comparetti, *Virgilio nel M. E.* i. pp. 169-170.

892 Pott, introd. to Humboldt, cit. Paul, *Principien d. Sprachgeschichte*, ch. 20.

893 Batteux, *Les Beaux Arts*, part ii. p. 54.

894 *Elem. of Criticism*, iii. ch. 25.

895 *Essays, Moral, Political and Literary* (London, ed., 1862), ch. 23: On the Standard of Taste.

896 *Perfetta poesia*, bk. v. ch. 5.

897 *Essai sur le beau*, disc. 3.

898 *Essai sur le goût*, cit.

899 역사 부분 제8장 칸트 미 이론의 신비주의적 면모 관련 절 참조

900 *Essay on Criticism*, 1711, part ii, ll. 233-234.

901 Letter to Maffei, in *Prose e poesie*, ii. pp. cxx-cxxi.

902 *System d. Ästhetik*, pref. pp. xxi-xxv.

903 특히 *Saggi critici*, pp. 355-358.

904 이론 부분 제16장 상대적 상대주의에 대한 비판 부분부터 이 장 끝까지 참조

905 *E.g.* A. Ricardou, *La Critique littéraire*, Paris, 1896.

906 *E.g.* A. Conti, *Sul fiume del tempo*, Naples, 1907.

907 *Perf. poesia*, bk. v. ch. 5.

908 *Untersuchung v. d. guten Geschmack*, 1727.

909 *Les Beaux Arts*, part ii. ch. 1.

910 *Kritik d. Urtheilskr.* § 48.

911 Eckermann, *Gespräche mit Goethe*, under date March 21, 1831.

912 *Über naive und sentimentalische Dichtung*, 1795-1796 (in Werke, ed. Goedeke, vol. xii.).

913 *Quoted in Danzel, Ges. Aufs.* pp. 21-22.

914 *Ub. naive u. sentim. Dicht.*, ed. cit., p. 155, note.

915 역사 부분 제9장 셸링 관련 절 참조

916 *Vorles. üb. Ästh.*, vols. ii. and iii.

917   Cf. von Hartmann, *Dtsche. Ästh. s. Kant*, pp. 99-101.

918   *Ästh.* part iii.

919   역사 부분 제17장 스펜서의 미학 관련 절 참조

920   C. Fiedler, *Ursprung d. künstl. Thätigkeit*, p. 136 seqq.

921   Ad. *Venturi, La Madonna*, Milan, 1899. Cf. B. Labanca, in *Rivista polit. e lett.* (Rome), Oct. 1899, and in *Rivista di filos. e pedag.* (Bologna), 1900; and B. Croce, in *Nap. nobiliss., Rivista di topografia e storia dell' arte*, viii. pp. 161-163, ix. pp. 13-14 (reprinted in *Probl. di estetica*, pp. 265-272). 예술사와 문학사에서의 방법에 대한 이론에 대해서는 이론 부분 제17장을 참조하라.

찾아보기

인명

ㄱ

ㄴ

ㅇ
_____

서명

역자 후기

이탈리아 철학자 베네데토 크로체의 저서 『미학』의 한국어판을 기쁜 마음으로 독자들에게 내놓습니다. 크로체의 『미학』은 1902년 이탈리아에서 출간된 후 20세기 초반 영어, 독일어를 포함한 전 세계 주요 언어로 번역되어 읽혔고 현재까지도 예술철학적 논의에서 빠짐없이 거론되고 있는 중요한 저서입니다. "예술은 곧 표현"이라는 그의 간명한 이론은 여전히 예술 현장에서 선호되는 영향력 있는 교리 중 하나를 대변하고 있으며, 그러한 주장의 배경이 되는 그의 철학적 사유 역시 많은 면에서 크로체에게 빚지고 있는 또 한 명의 중요한 20세기 초반의 미학자 로빈 컬링우드의 미학 이론과 함께 학계에서 여전히 연구되고 또 교육되고 있습니다. 최근 우리나라에서도 미학에 대한 관심이 나날이 증가하고 있는데, 차츰 미학의 고전으로 간주될 수 있는 저술들도 전문 연구자들을 넘어 예술과 인문학에 관심 있는 좀 더 넓은 독자층에게 다가갈 수 있게 되면 좋겠습니다. 이 번역이 그러한 추세에 기여하게 되기를 희망합니다.

원문 500쪽에 달하는 크로체의 『미학』은 150쪽 정도의 이론 부분과 350쪽 분량의 역사 부분으로 구성되어 있습니다. 그의 이론의 핵심은 지각이나 상상력이 개입된 인간 정신의 가장 기본적인 인식 활동을 직관으로 상정하고, 그러한 직관이 능동적이고 자유로운 표현 활동이며, 나아가 그것이 논리적인 것이나 그 밖의 실천적인 것(유용성, 도덕성)과 구별되는 것으로서 예술의 요체를 이룬다는 것입니다. 상상력에 의한 자유로운 창조, 감정의 표현 등 낭만주의 이후 현대 예술이 표방했던 방향을 철학적으로 정당화시켜줄 수 있는 이론임과 동시에 예술의 자율성, 철학에 대한 미학의 우선성 등을 생각해볼 수 있게 하는 이론입니다. 이론에 이어지는 역사 부분은 크로체가 새로운 관점으로 천명한 자신의 미학이 전체적인 미학 사상의 역사를 통해 어떻게 확인될 수 있는지를 다루고 있습니다.

서지 정보에서도 알 수 있듯이, 이미 존재하는 미학의 역사에 대한 저술이 크로체 스스로가 참고했다고 밝힌 것만도 적지 않은데, 그럼에도 크로체가 미학 이론에 상당한 분량의 역사를 덧붙여 자신의 『미학』을 이렇게 독특하게 구성한 이유가 무엇일지 조금은 언급해볼 만합니다. 일반론으로 말하자면 역사와 이론이 상보적인 역할을 하기 때문이겠지요. 새로운 이론적 관점은 당연히 많은 것들을 새롭게 볼 수 있게 합니다. 따라서 자신의 이론이 정당하다면, 크로체는 그에 따라 기존의 역사와는 달리 재구성된 역사가 따라나오는 것이 필수적이라고 느꼈을 것입니다. 그러나 이와 동시에 기존의 사상가들을 취사선택하고 강조점을 바꾸는 방식으로 새롭게 구성된 역사의 내러티브는 크로체가 자신의 이론을 정당화하려는 또 하나의 전략, 즉 좀 더 큰 규모로 펼쳐지는 또 하나의 논변으로도 볼 수 있습니다. 이 점에서 "크로체의 미학사는 편파적"이라는 기존의 비판은 어느 정도 수긍됩니다. 크로체의 지나친 학문적 자신감에 기인한 단정적인 서술 태도 역시 이러한 인상을 형성하는 요인이 되었을 것이라 생각됩니다.

그러나 어쩌면 바로 그 '편파성'에서 크로체 미학사의 매력과 가치가 발견될 수 있을지도 모르겠습니다. 사실 크로체가 주목한 '구상적 능력으로서의 상상', 혹은 보다 크로체적인 용어로 '원초적 인식인 직관이자 곧 자유로운 활동인 표현'이라는 기준은 그것을 줄거리로 삼아 미학사를 서술하기에 결코 궁벽한 관점이 아닙니다. 오히려 현대적 의미에서 미학이 인간에 대한 총체적 이해를 그 학문적 목표로 삼고자 한다면 당연히 눈여겨보아야 할 지점이라 생각됩니다. 역사의 전 시대를 이러한 일관된 관점으로 조망할 수 있다는 것은 미학이라는 학문적 기획의 역사를 풍부하게 이해하는 한 방법이 될 수 있습니다. 좀 더 실질적인 차원에서 보더라도 크로체 미학의 역사 부분은 우리에게 미학사에 등장하는 낯익은 사상가들에 대한 새로운 관점에서의 비판을 제공해줍니다. 더불어 비교적 간과되었던 학자들(예를 들어 비코나 슐라이어마허 같은)에 대한 재평가도 만날 수 있습니다. 특히 근대 미학의 전개와 관련하여 이탈리아, 독일, 프랑스, 영국에서 진행되었던 내용들을 세세하게 알려주고, 당시 유럽에서 그들 간의 교류와 영향 관계가 어떻게 얽혀 있었는지 보여주기도 하며, 미학과 문예 이론과의 관계에도 주목하게 해줍니다. 이 모든 것은 다른 역사서에서는 보기 힘든 내용들로, 크로체의 미학 이론에 동의하는지 여부와는 무관하게 충분히 음미해볼 수 있는 미학사의 자산들입니다. 무엇보다도 미학을 공부하는 데 있어 등장하는 거의 모든 이론가들을 망라하면서도 그들 모두를 자신의 기준으로 재단하고 평가하고 있는 이 대가의 판단과 그 근거들, 그리고 이를 가능하게 한 그의 학식의 깊이와 넓이를 접하는 일은 비록 '중립적인 미학사 교과서'의 역할은 하지 못할지라도 그 이유만으로는 간과될 수 없을 가치를 담고 있다는 생각입니다. 물론 그러한 학식과 대가적 스타일은 그만큼 더 번역을 고통스러운 작업으로 만들었다는 점을 부인하지는 않겠습니다.

이 책은 20여 년 전에 이해완의 번역으로 이론 부분만 국내에서 출간된 적이 있었습니다. 당시로서는 능력과 시간 등 여러 가지 이유로 이론 부분의 두 배가 넘는 역사 부분까지 번역한 완역본을 출간할 엄두는 낼 수 없었습니다. 따라서 그때의 역자 후기에는 '훗날을 기약하며'라는 상투적인 변명이 적혀 있었습니다. 이 '훗날'이 실현되도록 하는 일이 밀린 숙제처럼 남아 있었지만 유학을 떠나 제법 긴 시간을 보내고, 돌아와 직장을 구하고, 그때그때 눈앞에 닥치는 일들을 하다 보니 애초부터도 다소 미적지근했던 기약을 위해 시간과 에너지를 내는 일은 불가능에 가까웠습니다. 당시 출판을 맡았던 회사가 폐업하고 책은 절판되어버린 것 역시 오히려 약속을 지키지 않아도 될 구실을 제공해주는 것 같았습니다.

　이렇게 없었던 일이 될 것 같았던 이 번역이 반전의 결실을 맺게 된 데는 세 가지 요인이 작용했습니다. 우선 『예술과 그 가치』의 번역으로 인연을 맺었던 북코리아의 이찬규 사장이 가치 있는 미학 서적이 독자들을 만나지 못하는 것을 안타깝게 여겨 이 책의 번역 판권을 정식으로 구입하고 역자에게 완역 출판을 제안했습니다. 물론 '역사 부분까지 마저 번역하는 일'이 그 제안으로부터도 또 5년이 지난 지금에서야 완료될 줄은 아마도 예상하지 못했을 것입니다. 새삼 미안한 마음과 감사의 마음을 전합니다. 한편 그런 제안이 있던 중 서울대학교 인문학 연구원을 통해 약간의 학술 기금을 지원받을 수 있는 기회가 생겼습니다. 이 역시 깊이 감사드릴 일입니다. 그리고 그 기금 덕에 어쩌면 가장 중요한 요소로 이 책을 공동 번역하게 된 두 사람의 학자 권혁성과 박정훈에게 함께 역사 부분을 번역해보자는 제안을 꺼내볼 수 있었습니다. 두 사람의 흔쾌한 참여로 인해 이 책의 한국어판이 이렇게 세상에 나오게 된 것입니다.

　마치고 보니, 특히 이 책의 역사 부분에 대한 이해는 어느 한 사람의 능력으로는 충분히 다가가기 어려웠으리라는 것을 확신하게 되었습니다. 고대 미학과 근대 독일 미학을 각각 전공한 두 사람의 지식에 힘입어 크로체의 단편적인 언급들이나 난해한 형이상학적 미학에 대한 평가를 비로소 이해 가능한 맥락 위에 위치시킬 수 있었다고 생각합니다. 공역이 아니었더라면 가능하지 않았을 것입니다.

　저희는 각자의 분담 부분에 대해 초벌 번역을 마친 후 약 1년 반 기간 동안 매달 두 번 정도씩의 모임을 가지면서 서로가 상대방의 작업을 검토하고 오류를 바로잡고 불분명한 내용을 토론하고 개선의 방향을 제안하곤 했습니다. 그 일은 더디게 진행되었으며 극복해야 할 어려움이 적지 않았습니다. 우선 번역의 대본이 된 것은 더글러스 에인즐리의 1922년 영역본(역사 부분까지 완역된 유일한 영역본으로, 이를 통해 크로체의 미학 사상이 세계적인 주목을 받을 수 있었습니다)이었기에 예상되었다시피 중역의 문제가 있었습니다. 이탈리아어 원본의 참조가 매우 제한적일 수밖에 없는 데서 오는 한계는 박정훈이 가지고 있던 독일어 번역본(파이스트와 페터스가 개정된 이탈리아어 제6판을 대본으로 1930년에 번역 출간한 것으로 튀빙겐의 모어(지벡) 출판사에서 출간한 크로체 전집의 첫 권)과의 대조를 통해 상당히 많이 극복될 수 있었습니다. 특히 크로체가 본문에서 독일어 원전을 인용한 경우는 가능한 한 모두 그 내용을 확인했습니다. 이론 부분에 한해서는 영국 미학자 콜린 라이어스 교수의 1992년 번역본(이론 부분만 영역)과 꼼꼼히 대조하여 이해가 부족한 부분에 도움을 받았습니다.

물론 언어로 해결되지 않는 철학의 문제가 대두되는 것이 언제나 더 큰 난점이었습니다. 지나치게 확신에 가득 찬 크로체의 시각 탓이건, 100년이 넘는 세월의 간격에서 유래한 메우기 쉽지 않은 배경 맥락의 차이 탓이건, 번역은 되었으나 흔쾌히 납득할 수는 없는 내용 이해를 앞에 두고 긴 토론의 시간을 가져야 하는 경우도 적지 않았습니다. 흔히 '협업'의 기치를 들고 시작한 작업이 이러한 어려움에 좌초되어 '분업'으로 변질되는 일은 공부하는 이들에게는 낯선 일이 아님을 알고 있습니다. 이번 번역이 그러한 전철을 밟지 않을 수 있었던 이유는 오로지 함께한 공역자 두 사람의 능력과 인품, 특히 열린 마음과 유연함 때문이었다고 생각합니다. 덕분에 '사상의 역사'라는 가장 까다로운 영역에 도전하여 씨름했던 이 긴 작업이 고통만이 아닌, 유쾌한 학술 교류와 지적 성장의 추억으로 남게 된 것 같습니다. 천상 학자인 이 두 사람에 대해 동료 연구자로서 갖게 된 존경과 고마움을 표시해 남겨두고자 합니다.

저희들이 들인 노력만큼 이 번역이 완벽에 가까웠으면 좋겠지만, 그렇지 않을 것임을 잘 알고 있습니다. 원전의 난해함에서 기인한 아직 발견 안 된 오류와 정확하고자 했다는 평계로는 양해되기 어려운 어색한 표현은 아마도 적잖이 남아 있을 것입니다. 추후의 노력과 읽는 이들의 지적으로 바로잡아가겠습니다. 마지막으로 고마운 도움을 주신 분들, 스페인어 구절들을 번역해주시고 검토해주신 서울대 스페

언어학과 임호준 선생님, 이탈리아어와 스페인어 구절들의 이해에 도움을 주선해주신 인원근 선생님, 프랑스어 구절 및 인명 발음 자문에 응해주신 조희원 선생님, 역사 부분 5장 및 14~18장 초벌 번역에 참여해주었던 미학과 대학원생들(최근홍, 윤주한, 기경서, 김태연), 19장 수사학 용어 검토에 조력해주었던 고전학과 박사과정 윤재성 학생, 인명 및 저서의 색인과 크로체 주석의 검토에 꼼꼼함을 발휘해준 미학과 왕혜지 학생에게 감사를 드립니다.

2016년 12월 번역자들을 대표하여
이해완

저자

베네데토 크로체(Benedetto Croce)

이탈리아가 낳은 뛰어난 철학자이자 문예학자이고 역사가이자 정치가이기도 했던 크로체는 평생을 인문학자로서의 연구와 저술에 헌신한 당대의 지성인이었다. 1866년에 페스카세롤리에서 태어나 나폴리에 정착하여 평생을 보냈다. 1903년 격월간지 『라 크리티카』를 창간하여 42년간 편집인으로 활동하면서 수없이 많은 논문과 비평문을 발표하였다. 철학적으로는 17세기 이탈리아 사상가 비코에게서 받은 영감으로 미학을 근본으로 삼는 정신 철학의 체계를 구상하였는데 1893년 논문 "예술이라는 일반 개념하에 포섭되는 역사"를 필두로 1902년 『미학』, 1905년 『순수 개념의 학으로서 논리학』, 1913년 『미학 요설』 등을 통해 이러한 체계를 설명하고 옹호하였다. 1936년의 『시론』은 크로체 미학의 최종 모습으로 간주된다. 비코, 헤겔, 단테, 괴테, 셰익스피어 등에 대한 연구서를 포함하여 1952년 임종 시까지 80권에 달하는 저서를 출간하였고 이탈리아와 영국을 포함한 유럽 문화계에 큰 족적을 남겼다.

역자

권혁성

서울대학교 인문대학 미학과 학부와 대학원을 졸업하고(1995) 계속해서 미학과 고전 철학을 공부하여 독일 프라이부르크 대학에서 아리스토텔레스의 철학에 대한 연구로 박사학위를 받았다(2009). 귀국 후 현재까지 서울대학교를 비롯하여 여러 대학에서 고중세철학사, 미학사, 라틴어 등을 강의해 오고 있고, 주요 논문으로 「아리스토텔레스의 보편자 이해와 개별주의 실체관: 『형이상학』 Z 13을 중심으로」(2011), 「아리스토텔레스와 비극의 카타르시스: 주도적 해석들의 재검토를 통한 새로운 해석의 시도」(2014), 「아리스토텔레스 철학에 나타나는 감정의 본성」(2016) 등이 있다.

박정훈

서울대학교 인문대학 미학과 학부와 대학원을 졸업하고(2004) 독일 프라이부르크 대학에서 헤겔 철학에 대한 연구로 철학박사 학위를 받았으며(2014) 현재 서울대학교를 비롯하여 여러 대학에서 예술철학, 예술사, 철학사 등을 강의하고 있다. 저서 『Moral, Religion und Geschichte. Untersuchung zum neuzeitlichen Sittlichkeitsbegriff in Hegels 'Phänomenologie des Geistes'』(2016), 역서 『미와 예술』(2016)을 출간하였고, 논문으로 「예술의 역사와 종교의 역사 - 헤겔 철학 체계에서 절대정신과 세계사의 연관」(2015), 「감성학으로서의 미학 - 데카르트에서 바움가르텐까지」(2016) 등이 있다.

이해완

서울대학교 인문대학 미학과 대학원을 졸업하고(1989) 미국 오하이오 주립대학에서 현대 영미 인식론으로 박사 학위를 받았다(2002). 2003년부터 서울대학교 미학과 교수로 재직하면서 분석철학 전통의 미학을 연구하고 가르치고 있다. 저서 『노엘 캐럴』(2017), 역서 『비평철학』(2015), 『예술과 그 가치』(2010)가 있고 「예술을 통한 명제적 지식의 획득 가능성에 대한 재고」(2016) 「농담, 유머, 웃음: '유머의 윤리'를 중심으로」(2014) 등의 논문을 발표하였다.